●収録内容一覧

■2025年度中学受験用

吉祥女子中学校

4年間(＋3年間HP掲載)スーパー過去問

入試問題と解説・解答の収録内容

2024年度　１回	算数・社会・理科・国語	実物解答用紙DL
2024年度　２回	算数・社会・理科・国語	実物解答用紙DL
2023年度　１回	算数・社会・理科・国語	実物解答用紙DL
2023年度　２回	算数・社会・理科・国語	実物解答用紙DL
2022年度　１回	算数・社会・理科・国語	実物解答用紙DL
2022年度　２回	算数・社会・理科・国語	実物解答用紙DL
2021年度　１回	算数・社会・理科・国語	
2020～2018年度(HP掲載) 「カコ過去問」 （ユーザー名）koe （パスワード）w8ga5a1o	問題・解答用紙・解説解答DL ◇著作権の都合により国語と一部の問題を削除しております。 ◇一部解答のみ（解説なし）となります。 ◇９月下旬までに全校アップロード予定です。 ◇掲載期限以降は予告なく削除される場合があります。	

～本書ご利用上の注意～　以下の点について，あらかじめご了承ください。

★別冊解答用紙は巻末にございます。実物解答用紙は，弊社サイトの各校商品情報ページより，一部または全部をダウンロードできます。
★編集の都合上，学校実施のすべての試験を掲載していない場合がございます。
★当問題集のバックナンバーは，弊社には在庫がございません（ネット書店などに一部在庫あり）。

合格を勝ち取るための『スーパー過去問』の使い方

本書に掲載されている過去問をご覧になって，「難しそう」と感じたかもしれません。でも，多くの受験生が同じように感じているはずです。なぜなら，中学入試で出題される問題は，小学校で習う内容よりも高度なものが多く，たくさんの知識や解き方のコツを身につけることも必要だからです。ですから，初めて本書に取り組むさいには，点数を気にしすぎないようにしましょう。本番でしっかり点数を取れることが大事なのです。

過去問で重要なのは「まちがえること」です。自分の弱点を知るために，過去問に取り組むのです。当然，まちがえた問題をそのままにしておいては意味がありません。

本書には，長年にわたって中学入試にたずさわっているスタッフによるていねいな解説がついています。まちがえた問題はしっかりと解説を読み，できるようになるまで何度も解き直しをしてください。理解できていないと感じた分野については，参考書や資料集などを活用し，改めて整理しておきましょう。

このページも参考にしてみましょう！

◆どの年度から解こうかな　「入試問題と解説・解答の収録内容一覧」

本書のはじめには収録内容が掲載されていますので，収録年度や収録されている入試回などを確認できます。

※著作権上の都合によって掲載できない問題が収録されている場合は，最新年度の問題の前に，ピンク色の紙を差しこんでご案内しています。

◆学校の情報を知ろう!!「学校紹介ページ」

このページのあとに，各学校の基本情報などを掲載しています。問題を解くのに疲れたら息ぬきに読んで，志望校合格への気持ちを新たにし，再び過去問に挑戦してみるのもよいでしょう。なお，最新の情報につきましては，学校のホームページなどでご確認ください。

◆入試に向けてどんな対策をしよう？「出題傾向＆対策」

「学校紹介ページ」に続いて，「出題傾向＆対策」ページがあります。過去にどのような分野の問題が出題され，どのように対策すればよいかをアドバイスしていますので，参考にしてください。

◇別冊「入試問題解答用紙編」

本書の巻末には，ぬき取って使える別冊の解答用紙が収録してあります。解答用紙が非公表の場合などを除き，（注）が記載されたページの指定倍率にしたがって拡大コピーをとれば，実際の入試問題とほぼ同じ解答欄の大きさで，何度でも過去問に取り組むことができます。このように，入試本番に近い条件で練習できるのも，本書の強みです。また，データが公表されている学校は別冊の１ページ目に過去の「入試結果表」を掲載しています。合格に必要な得点の目安として活用してください。

本書がみなさんの志望校合格の助けとなることを，心より願っています。

株式会社　声の教育社　編集部

吉祥女子中学校

所在地	〒180-0002 東京都武蔵野市吉祥寺東町4-12-20
電　話	0422-22-8117
ホームページ	https://www.kichijo-joshi.jp/
交通案内	JR中央線（総武線・地下鉄東西線）「西荻窪駅」より徒歩8分 西武新宿線「上石神井駅」より西荻窪駅行きバス15分「地蔵坂上」下車徒歩8分

くわしい情報はホームページへ

トピックス

★2021年度入試より，2月1日と2月2日の2回入試となりました。
★9月28日・29日に文化祭（吉祥祭）が開催予定です（※詳細は学校HPで公表）。

創立年 昭和13年 ｜ 女子校 ｜ 高校募集なし

応募状況

年度	募集数	応募数	受験数	合格数	倍率
2024	①134名	603名	571名	187名	3.1倍
	②100名	1007名	762名	232名	3.3倍
2023	①134名	626名	581名	190名	3.1倍
	②100名	1006名	738名	220名	3.4倍
2022	①134名	606名	565名	202名	2.8倍
	②100名	977名	696名	227名	3.1倍

2023年度の主な大学合格実績

＜国公立大学・大学校＞

東京大，東京工業大，一橋大，北海道大，筑波大，東京外国語大，千葉大，横浜国立大，東京医科歯科大，埼玉大，東京学芸大，東京農工大，お茶の水女子大，防衛医科大，東京都立大

＜私立大学＞

慶應義塾大，早稲田大，上智大，国際基督教大，東京理科大，明治大，青山学院大，立教大，中央大，法政大，学習院大，津田塾大，東京女子大，日本女子大，東京慈恵会医科大，順天堂大，昭和大，東京医科大，星薬科大

入試情報（参考：昨年度）

・試験日程：第1回　2024年2月1日
　　　　　　第2回　2024年2月2日
・受 験 料：各回25,000円
・試験科目：国語・算数・社会・理科
・合格発表：第1回　2024年2月1日　20：30～
　（HP）　第2回　2024年2月2日　20：30～

学校説明会等日程（※予定）

【第2回学校説明会】
5月11日，18日（校内）　10：30～12：30
5月29日（ライブ配信）　11：00～12：30
【第3回学校説明会】
9月11日（ライブ配信）　11：00～12：30
9月14日（校内）　10：30～12：30
【第4回学校説明会】
10月16日（校内）　10：30～12：30
10月19日（校内）　10：30～12：30
【第5回学校説明会】
11月9日（校内）　10：30～12：30
11月13日（校内）　10：30～12：30
11月20日（ライブ配信）　11：00～12：30
【第6回学校説明会（入試会場見学会）】
12月14日（校内）　9：50～10：20／11：10～11：40／12：30～13：00
※オンライン上で事前の予約が必要となります。
※ほかに，オープンキャンパス（6月22日）や個別学校見学も実施しています（詳細は学校HPでご確認ください）。

編集部注―本書の内容は2024年3月現在のものであり，変更されている場合があります。正式な情報は，学校のホームページ等で必ずご確認ください。

算数 出題傾向＆対策

◆基本データ（2024年度１回）

試験時間／満点	50分／100点
問題構成	・大問数…５題 計算・応用小問１題（７問） ／応用問題４題 ・小問数…24問
解答形式	解答らんには必要な単位などが記入されている。途中の式や考え方などを書く設問のほかに作図もある。
実際の問題用紙	Ｂ５サイズ，小冊子形式
実際の解答用紙	Ｂ４サイズ

◆過去４年間の出題率トップ５

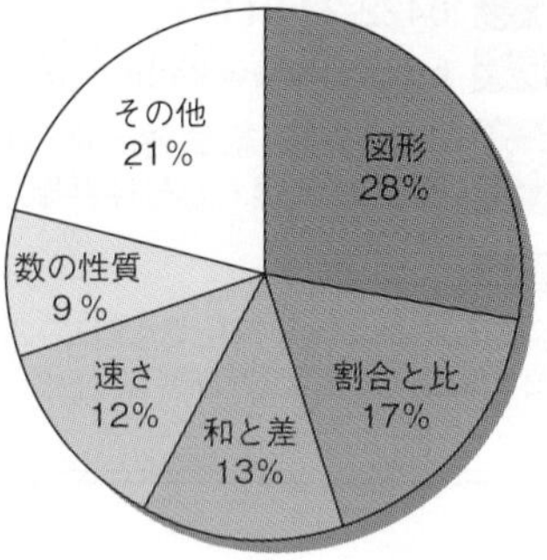

※　配点（推定ふくむ）をもとに算出

◆近年の出題内容

【 2024年度１回 】			【 2023年度１回 】		
大問	1	逆算，濃度，平均とのべ，消去算，整数の性質，辺の比と面積の比	大問	1	逆算，平均とのべ，比の性質，仕事算，角度，割合と比
	2	場合の数		2	数列
	3	割合と比		3	平面図形－構成，面積，相似，辺の比と面積の比
	4	速さと比，旅人算，整数の性質，仕事算		4	流水算，旅人算，つるかめ算
	5	立体図形－相似，分割，面積		5	条件の整理

◆出題傾向と内容

全体的に見ると，**基本的な考え方を組み合わせることによって確実に解けるものから，複雑な考え方を要する応用問題まで，はば広い出題**といえそうです。

最初の大問は，応用小問集合題です。食塩水の濃度，約束記号，比と割合，場合の数，基本的な特殊算，図形の求積などから出題されています。それほど難しい問題は見られないので，確実に得点できるようにしましょう。

残りの応用問題は，全体的に難度が高めになっています。よく出題されるのは，特殊算では旅人算などの速さの問題にグラフをからめたもの，図形では回転体，平行移動や回転移動した図形の求積，移動のようすをグラフ化したものなどです。また，最近では特に整数の性質をあつかうものが多くなっています。後半に配置されている大問はかなり難しめですから，これらの大問以外の部分を確実にこなす必要があります。

◆対策～合格点を取るには？～

まず，計算力は算数の基礎力養成の最低条件ですから，反復練習することが大切です。

図形は，面積や体積ばかりでなく，長さ，角度，展開図，縮尺，相似比と面積比，体積比などの考え方や解き方をはば広く身につけ，割合や比を使ってすばやく解けるようになること。また，図形をいろいろな方向から見たり分割してみたりして，図形の性質もおさえておきましょう。

数量分野では，特に数の性質，規則性，場合の数などをマスターしましょう。教科書にある重要事項を自分なりに整理し，類題を数多くこなして，基本的なパターンを身につけてください。

なお，全体を通していえることですが，算数では答えを導くまでの考え方や式がもっとも大切なので，ふだんから**ノートに自分の考え方，線分図，式を，後から見返しやすいようにていねいにかく習慣をつけておきましょう。**

算数　出題分野分析表

分野 ＼ 年度		2024		2023		2022		2021
		1回	2回	1回	2回	1回	2回	
計算	四則計算・逆算	◎	◎	◎	◎	◎	◎	◎
	計算のくふう							
	単位の計算							
和と差	和差算・分配算				○		○	
	消去算	○	○		○			○
	つるかめ算		○	○		○	○	
	平均とのべ	○		○			○	○
	過不足算・差集め算					○		
	集まり							
	年齢算		○					
割合と比	割合と比	○	○	○				◎
	正比例と反比例							
	還元算・相当算		○		○		○	○
	比の性質			○	○			
	倍数算							
	売買損益				○			○
	濃度	○			○		○	
	仕事算	○		○		○		
	ニュートン算							
速さ	速さ							
	旅人算	○	○	○	○			
	通過算							
	流水算			○			○	○
	時計算							
	速さと比	○	○		○	○	○	○
図形	角度・面積・長さ	○	◎	◎	●	○	◎	○
	辺の比と面積の比・相似	◎	○	○	○	○	○	
	体積・表面積							
	水の深さと体積							
	展開図							
	構成・分割	○		○		○		
	図形・点の移動		○		○		○	
表とグラフ								
数の性質	約数と倍数							
	N進数							
	約束記号・文字式				○			
	整数・小数・分数の性質	◎				○	●	○
規則性	植木算							
	周期算						○	○
	数列			○			○	
	方陣算							
	図形と規則					○		
場合の数		○			○			
調べ・推理・条件の整理			○	○				◎
その他								

※ ○印はその分野の問題が１題，◎印は２題，●印は３題以上出題されたことをしめします。

社会 出題傾向＆対策

◆基本データ(2024年度１回)

試験時間／満点	35分／70点
問題構成	・大問数…３題 ・小問数…38問
解答形式	択一式の記号選択と用語の記入が大部分をしめる。用語の記入には，漢字やカタカナ指定のものもある。２～３行で書かせる記述問題も出題されている。
実際の問題用紙	Ｂ５サイズ，小冊子形式
実際の解答用紙	Ｂ４サイズ

◆過去４年間の分野別出題率

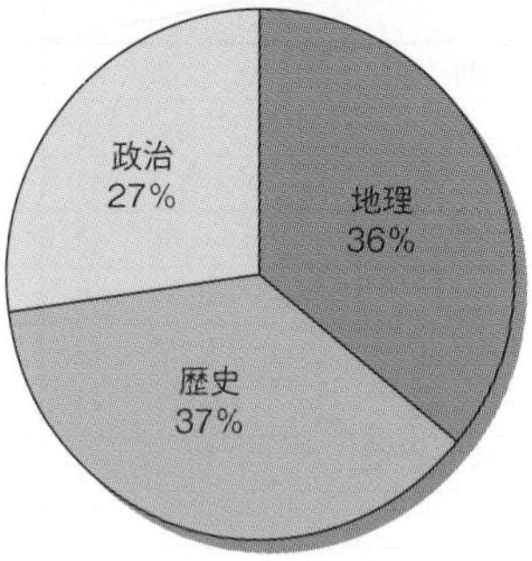

※　配点(推定ふくむ)をもとに算出

◆近年の出題内容

【 2024年度１回 】		【 2023年度１回 】	
大問	1〔歴史〕各時代の歴史的なことがら	大問	1〔歴史〕各時代の歴史的なことがら
	2〔総合〕紙幣を題材にした問題		2〔地理〕地理の用語を題材にした問題
	3〔政治〕男女格差を題材にした問題		3〔政治〕文通費を題材にした問題

◆出題傾向と内容

地理・歴史・政治の各分野から１題ずつ出題されます。試験時間と問題量とのバランスはよく，ひと通り解けると思われます。全体としては，**各分野の重要事項を取り上げており，難易度の点でも標準的な問題がそろっている**といえます。

地理分野からは，各都道府県の地勢と産業，日本の観光産業，日本の貿易，世界遺産などが出題されています。グラフや表，地形図などの資料が多用されており，それを読み取って考察するものが頻出しています。

歴史分野の大問は，外交，交通，食文化，都市，絵画などをテーマにして，原始から現代まで，各時代をはば広く問うスタイルをもっとも目にします。まぎらわしい選択肢があったり，できごとの並べかえや説明記述があったりと，ほかの２分野よりやや難しい内容になっています。

政治分野では，日本国憲法(基本的人権，大日本帝国憲法との対比など)，選挙のしくみ，国会のしくみとはたらき，国会と内閣の関係，行政(内閣と省庁)のしくみとはたらき，社会保障，国際連合などの出題が見られます。また，時事的な問題として，近年の国政選挙，ノーベル賞を受賞した日本人などが取り上げられています。

◆対策～合格点を取るには？～

問題のレベルは標準的ですから，**まず基礎を固めることを心がけてください。説明がていねいでやさしい標準的な参考書を選び，基本事項をしっかりと身につけましょう。**

地理分野では，地図とグラフが欠かせません。つねにこれらを参照しながら，白地図作業帳を利用して地形と気候をまとめ，そこから産業のようすへと広げていってください。

歴史分野では，教科書や参考書を読むだけでなく，自分で年表をつくって覚えると学習効果が上がります。それぞれの分野ごとにらんをつくり，ことがらを書きこんでいくのです。できあがった年表は，各時代，各分野のまとめに活用できます。

政治分野では，日本国憲法の基本的な内容と三権についてはひと通りおさえておいた方がよいでしょう。また，時事問題については，新聞やテレビ番組などでニュースを確認し，国の政治や経済の動き，世界各国の情勢などについて，ノートにまとめておきましょう。

社会 出題分野分析表

分野＼年度			2024		2023		2022		2021
			1回	2回	1回	2回	1回	2回	
日本の地理		地図の見方		○	○				○
		国土・自然・気候	○	○	○	○	○	○	○
		資源							
		農林水産業	○	○	○	○	○	○	○
		工業	○	○	○	○	○	○	○
		交通・通信・貿易	○			○		○	○
		人口・生活・文化	○	○	○	○	○		○
		各地方の特色	○				○	○	
		地理総合		★	★	★	★	★	★
世界の地理								○	
日本の歴史	時代	原始～古代	○	○	○	○	○	○	○
		中世～近世	○	○	○	○	○	○	○
		近代～現代	○	○	○	○	○	○	○
	テーマ	政治・法律史							
		産業・経済史							
		文化・宗教史							
		外交・戦争史							
		歴史総合	★	★	★	★	★	★	★
世界の歴史									
政治		憲法	○		○	○	○	○	○
		国会・内閣・裁判所	○	○	○	○	○	○	○
		地方自治	○	○	○				○
		経済	○			○			
		生活と福祉	○	○			○	○	
		国際関係・国際政治	○	○			○	○	○
		政治総合	★	★	★	★	★	★	★
環境問題				○	○				○
時事問題				○		○			○
世界遺産							○		
複数分野総合			★						

※ 原始～古代…平安時代以前，中世～近世…鎌倉時代～江戸時代，近代～現代…明治時代以降
※ ★印は大問の中心となる分野をしめします。

理科 出題傾向＆対策

◆基本データ（2024年度１回）

試験時間／満点	35分／70点
問　題　構　成	・大問数…４題 ・小問数…28問
解　答　形　式	記号選択と計算結果の記入が中心となっている。計算問題の解答欄には，あらかじめ単位が記入されている。記号選択は複数選択のものもある。記述問題は見られない。
実際の問題用紙	Ｂ５サイズ，小冊子形式
実際の解答用紙	Ｂ４サイズ

◆過去４年間の分野別出題率

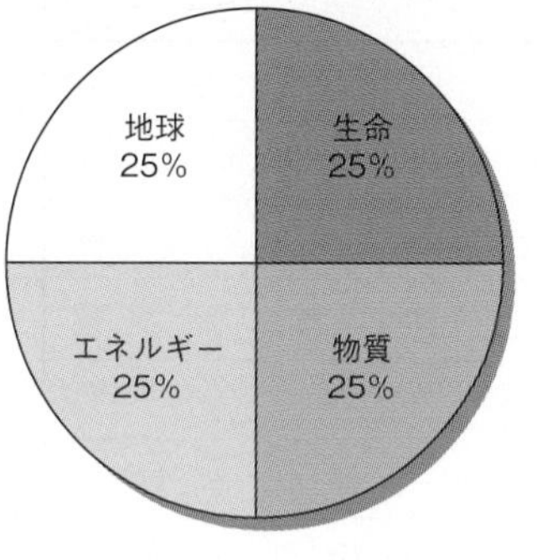

※　配点（推定ふくむ）をもとに算出

◆近年の出題内容

【 2024年度１回 】			【 2023年度１回 】		
大問	1	〔生命〕花粉	大問	1	〔生命〕虫，ミツバチの行動
	2	〔地球〕月の観測		2	〔地球〕地層
	3	〔物質〕電気分解		3	〔エネルギー〕電気回路
	4	〔エネルギー〕物体のつり合い		4	〔物質〕水溶液の性質と中和

◆出題傾向と内容

内容的には**基本的なものがほとんどで，理科的な思考力を要求されるものが目立ちますが，難しい知識問題はなく，基礎的な知識があれば解けるようになっています。**

「生命」「物質」「エネルギー」「地球」の各分野から１題ずつというのが出題パターンとして定着しています。なお，一つの問題で複数のテーマをまとめて問うこともあります。

「生命」では，半透膜と生物，動植物のからだのつくりとはたらき，デンプンと消化，水中の小さな生物，メダカの育ち方などが出題されました。「物質」からは，状態変化，気体の性質，塩の作り方，中和の実験などが，「エネルギー」からは，てこ・滑車などを使った力のつり合い，電熱線，ものの温まり方，光の屈折と虹のでき方，電気回路などが取り上げられました。「地球」では，地球のつくり，太陽の動き，月の見え方，地層のでき方，星の動きと見え方，気温・地温の変化などが出題されています。

◆対策～合格点を取るには？～

各分野からまんべんなく出題されていますから，**基礎的な知識をはやいうちに身につけ，そのうえで問題集で演習をくり返しながら実力アップをめざしましょう。**

「生命」は，身につけなければならない基本知識の多い分野ですが，楽しみながら確実に学習する心がけが大切です。

「物質」では，気体や水溶液，金属などの性質に重点をおいて学習してください。計算問題に慣れておく必要もあります。

「エネルギー」は，てこや浮力，かん電池のつなぎ方や方位磁針のふれ方，磁力の強さなどの出題が予想される単元ですから，学習計画から外すことのないようにしましょう。

「地球」では，太陽・月・地球の動き，季節と星座の動き，天気と気温・湿度の変化，地層のでき方などが重要なポイントです。

なお，環境問題・身近な自然現象に日ごろから注意をはらうことや，テレビの科学番組，新聞・雑誌の科学に関する記事，読書などを通じてさまざまな知識を吸収することも大切です。

理科　出題分野分析表

分野	年度	2024		2023		2022		2021
		1回	2回	1回	2回	1回	2回	
生命	植物	★					★	○
	動物			★	★			○
	人体		★					○
	生物と環境					★		
	季節と生物							
	生命総合							★
物質	物質のすがた					○		
	気体の性質						★	★
	水溶液の性質		○	★				
	ものの溶け方				○	○		
	金属の性質		★					
	ものの燃え方							
	物質総合	★			★	★		
エネルギー	てこ・滑車・輪軸	★						
	ばねののび方							
	ふりこ・物体の運動							
	浮力と密度・圧力					★		
	光の進み方				★		★	
	ものの温まり方		★					○
	音の伝わり方							
	電気回路			★				★
	磁石・電磁石							
	エネルギー総合							
地球	地球・月・太陽系	★			○	★	★	
	星と星座				★			
	風・雲と天候		★				○	
	気温・地温・湿度							★
	流水のはたらき・地層と岩石			★				
	火山・地震							
	地球総合							
実験器具		○						○
観察								
環境問題								
時事問題								
複数分野総合								

※ ★印は大問の中心となる分野をしめします。

国語　出題傾向＆対策

◆基本データ（2024年度１回）

試験時間／満点	50分／100点
問　題　構　成	・大問数…３題 　文章読解題２題／知識問題１題 ・小問数…29問
解　答　形　式	記号選択と文章中のことばの書きぬきなどのほかに，30～90字程度で書かせる記述問題も数問出題されている。
実際の問題用紙	Ｂ５サイズ，小冊子形式
実際の解答用紙	Ｂ４サイズ

◆過去４年間の分野別出題率

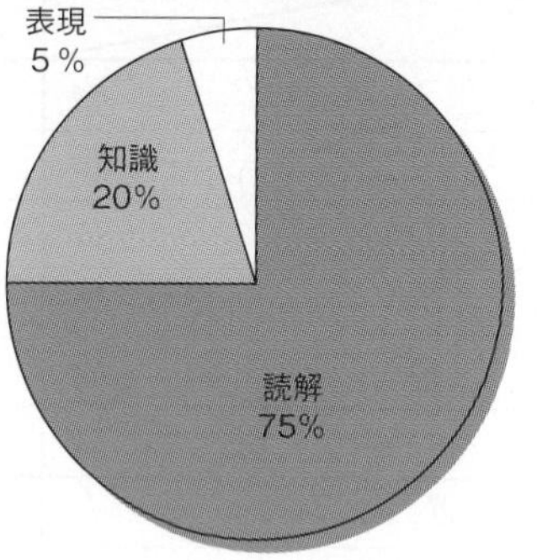

※　配点（推定ふくむ）をもとに算出

◆近年の出題内容

【 2024年度１回 】			【 2023年度１回 】		
大問	一	〔**説明文**〕野口恵子『かなり気がかりな日本語』（約2500字）	大問	一	〔**小説**〕伊坂幸太郎『逆ソクラテス』（約5100字）
	二	〔**小説**〕如月かずさ『給食アンサンブル』（約5600字）		二	〔**説明文**〕齋藤亜矢『ルビンのツボ　芸術する体と心』所収「仮想と現実」（約4000字）
	三	〔**知識**〕漢字の書き取り		三	〔**知識**〕漢字の書き取り

◆出題傾向と内容

読解問題の出題文としては，説明的文章（説明文・論説文）と文学的文章（随筆文，小説・物語文）から１題ずつということが多いようです。

設問の内容を見ると，説明文・論説文については，文章の読解を中心として，語句の穴うめや説明，要旨，接続語の補充，指示語の内容などとなっており，択一式の選択問題はもちろんのこと，表現力をみるために記述式の設問も多く出題されます。次に随筆文，小説・物語文については，人物の心情・性格，文学的な表現などを問うものが出題されています。また，語句に関する設問なども出され，広範囲な設問形式となっています。

全体的に，**読解力・表現力といった，国語の総合的な力を見ようとする傾向**がうかがえます。読解力についていえば，説明的文章・文学的文章などに題材を広く求め，それぞれの読解のポイントについて問題が設定されています。また，表現力については，出題文の内容とからめながら，筆者の考えなどを70～80字程度（多いときには100字近く）で記述させる設問も見られます。

◆対策～合格点を取るには？～

本校の国語は，読解力と表現力をみる問題がバランスよく出題されていますから，**まず読解力をつけ，そのうえで表現力を養う**ことをおすすめします。

読む力をつけるためには，物語文，随筆文，説明文など，ジャンルは何でもよいですから精力的に読書をし，読解力を養いましょう。そして，書く力をつけるために，感想文を書いたり，あらすじをまとめたりするとよいでしょう。**ただし，本校の場合はつっこんだ設問が多いので，適切に答えるには相当な表現力が求められます。**まず文脈や心情の流れをしっかりつかみ，次に自分の考えや感想をふまえて全体を整理し，そのうえで文章を書くことが大切です。うまく書く必要はありませんが，自分の頭でまとめたことがらを文章で正確に表現することを意識しましょう。

なお，知識に関しては，参考書を１冊仕上げておくこと。また，漢字については，読み書きはもちろん，同音（訓）異義語，その意味についても辞書で調べておくようにするとよいでしょう。

国語 出題分野分析表

分野		年度	2024		2023		2022		2021
			1回	2回	1回	2回	1回	2回	
読	文章の種類	説明文・論説文	★	★	★	★	★		★
		小説・物語・伝記	★	★	★	★	★	★	★
		随筆・紀行・日記						★	
		会話・戯曲							
		詩							
		短歌・俳句							
解	内容の分類	主題・要旨	○	○					
		内容理解	○	○	○	○	○	○	○
		文脈・段落構成							
		指示語・接続語	○	○	○			○	○
		その他	○	○	○	○	○	○	○
知	漢字	漢字の読み				○	○		○
		漢字の書き取り	★	★	★	○	★	★	★
		部首・画数・筆順							
	語句	語句の意味	○	○	○	○	○	○	○
		かなづかい							
		熟語				○			
		慣用句・ことわざ	○						○
	文法	文の組み立て							
		品詞・用法							
		敬語							
識	形式・技法						○		○
	文学作品の知識								
	その他							○	
	知識総合								
表現	作文				○	○	○	○	○
	短文記述								
	その他								
放送問題									

※ ★印は大問の中心となる分野をしめします。

カコを追いかけ
ミライをつかめ
「今の説明、もう一回」を何度でも
web過去問
ストリーミング配信による入試問題の解説動画
もっと古いカコモンないの?
カコ過去問
「さらにカコの」過去問をHPに掲載(DL)
声の教育社
詳しくはこちらから

2024年度 吉祥女子中学校

【算　数】〈第１回試験〉(50分)〈満点：100点〉

1　次の問いに答えなさい。

(1)　次の空らん□にあてはまる数を答えなさい。

$$\left(\frac{1}{3}+2.625\times\square\right)\div 13-\frac{7}{12}=\frac{1}{4}$$

(2)　次の空らん□にあてはまる数を答えなさい。

$$(0.75-\square)\div 0.5-\frac{1}{8}\times\left(\frac{1}{2}-\frac{1}{6}\right)=\frac{5}{8}$$

(3)　10％の食塩水300ｇに，４％の食塩水を加えて６％の食塩水を作りました。４％の食塩水を何ｇ加えましたか。

(4)　Ａさん，Ｂさん，Ｃさん，Ｄさんの４人が算数のテストを受けました。ＡさんとＢさんの平均点は78点でした。また，ＡさんとＣさんとＤさんの平均点は75点で，ＢさんとＣさんとＤさんの平均点は71点でした。Ａさんは何点でしたか。

(5)　下の図の４本の直線AE，BF，CG，DHはすべて平行です。AB：BC：CD＝3：2：4，BF：CG＝5：6のとき，AE：DHをもっとも簡単な整数の比で答えなさい。

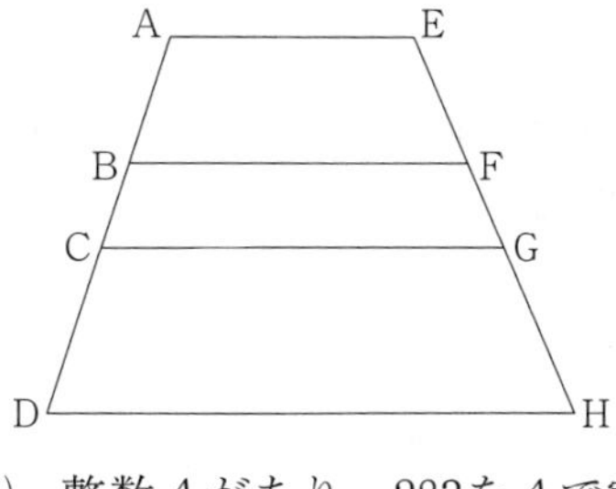

(6)　整数Aがあり，283をAで割った余りは，356をAで割った余りよりも４だけ小さく，463をAで割った余りより４だけ大きいです。整数Aを答えなさい。

(7)　下の図の三角形ABCと三角形ADEは正三角形です。正三角形ABCの一辺の長さは12cmで，BDの長さは４cmです。三角形ADFの面積は正三角形ABCの面積の何倍ですか。

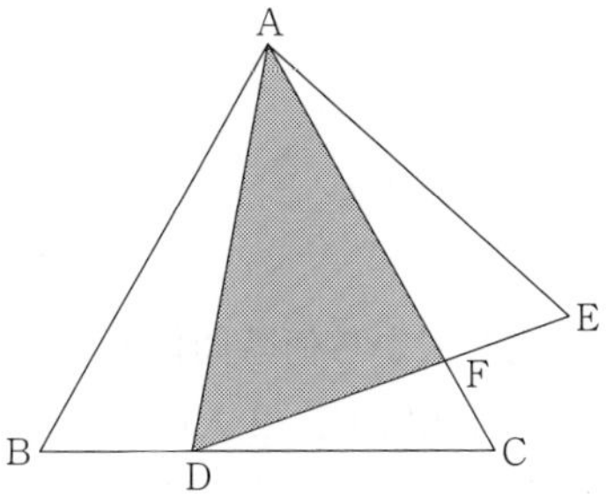

2　「１」と「２」と「３」だけを使って整数を作り，それらの数を下のように小さい順に並べます。

１，２，３，11，12，13，21，22，23，31，32，33，111，……

次の問いに答えなさい。

(1)　これらの数のうち，２けたの数をすべて足すといくつになりますか。

(2)　これらの数のうち，３けたの数をすべて足すといくつになりますか。

(3)　これらの数のうち，１から3333までの数をすべて足すといくつになりますか。

3　３本の給水管Ａ，Ｂ，Ｃがあり，それぞれ一定の割合でプールに水を入れます。ＢとＣの１分あたりの給水量の比は５：４です。空《から》のプールに半分まで水を入れるのにかかる時間は，Ａだけを使うときの方がＢだけを使うときよりも10分短くなります。また，空のプールに $\frac{3}{4}$ まで水を入れるのにかかる時間は，Ｂだけを使うときの方がＣだけを使うときよりも15分短くなります。次の問いに答えなさい。

(1)　Ａだけを使って空のプールをいっぱいにするのにかかる時間と，Ｃだけを使って空のプールをいっぱいにするのにかかる時間の差は何分ですか。

(2)　Ｃだけを使って空のプールをいっぱいにするのにかかる時間は何時間何分ですか。

(3)　空のプールをいっぱいにするのに，最初はＡだけを使い，途中《とちゅう》からＢを加えてＡとＢの両方を使ったところ，Ａだけを使ったときよりも10分早く終わりました。Ｂを使った時間は何分何秒ですか。途中の式や考え方なども書きなさい。

4　花子さんと妹は，次のように，家にある荷物を学校まで何回か往復して運ぶことにしました。ただし，花子さんが最初に家を出発した９分後に，妹が家を出発します。

- 家から学校に向かうときは，花子さんは分速90ｍで，妹は分速54ｍで進みます。
- 花子さんは学校で毎回５分間休み，妹は学校で毎回４分間休みます。
- 学校から家にもどるときは，花子さんは分速108ｍで，妹は分速90ｍで進みます。
- 花子さんが家を出発してから，家にもどってくるまで27分かかります。
- 家では２人とも休みません。

次の問いに答えなさい。

(1)　家と学校の間の距離《きょり》は何ｍですか。

(2)　妹が家を出発してから，初めて家にもどってくるまで何分かかりますか。

(3)　２人が初めてすれちがうのは，家から何ｍの地点ですか。

(4)　２人が初めて同時に家に着くのは，花子さんが最初に家を出発してから何時間何分後ですか。

(5)　花子さんが一度に運ぶ荷物の量は，妹が一度に運ぶ荷物の量の1.5倍で，２人はそれぞれ毎回同じ量の荷物を運びます。２人が２回目に同時に家に着いたとき，２人があと１回ずつ荷物を運ぶとすべての荷物をちょうど運び終える状態でした。今まで運んだ荷物をふくめたすべての荷物を花子さんが１人で運ぶと，何回ですべての荷物を運び終えますか。

5　図１のように，水平な地面に，一辺の長さが６cmの正方形ABCDがかかれています。頂点Aの真上に光源Pがあります。光源Pの地面からの高さは12cmです。地面に物体をおき，光源Pから光を当てたときに地面にできる影《かげ》について考えます。次の問いに答えなさい。

図１

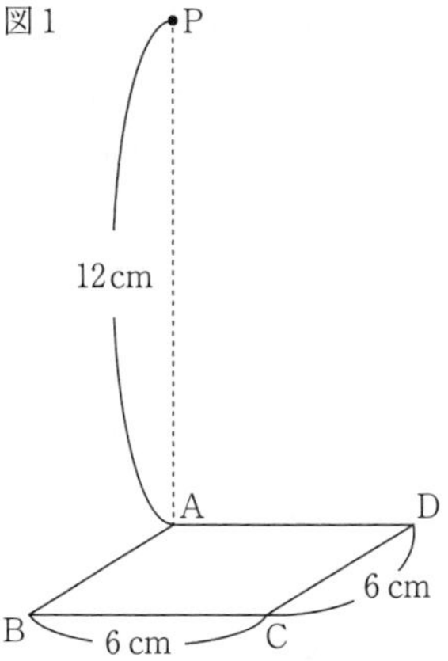

(1)　下の図２のように，頂点Dに長さ６cmの棒を地面と垂直に立てたとき，地面にできる影の長さは何cmですか。

図２

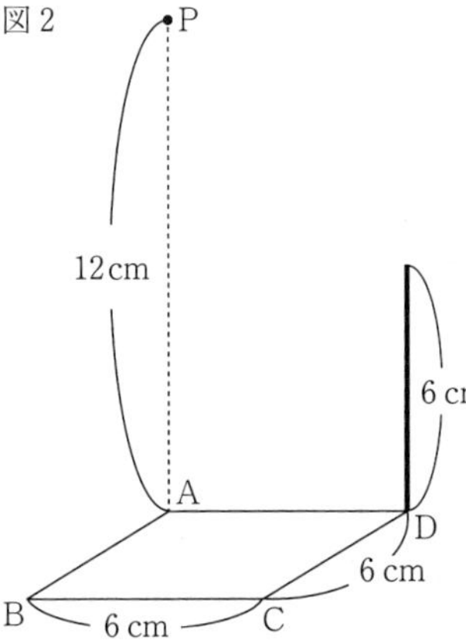

図３

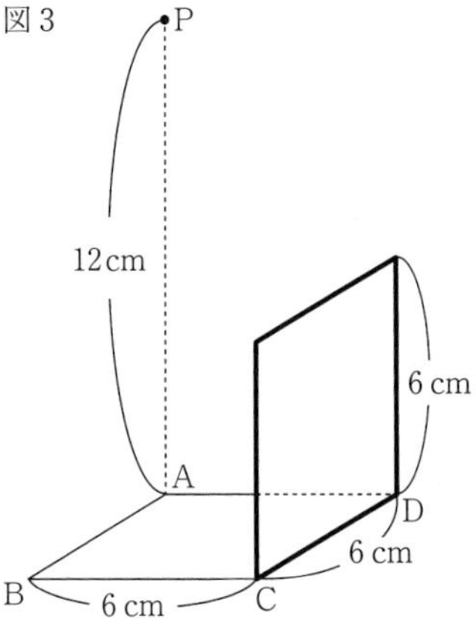

(2)　上の図３のように，辺CDに一辺の長さが６cmの正方形の板を地面と垂直に立てたとき，地面にできる影の面積は何cm^2ですか。

図４のように，正方形ABCDがかかれている位置に一辺の長さが６cmの立方体ABCD−EFGHをおきます。

図４

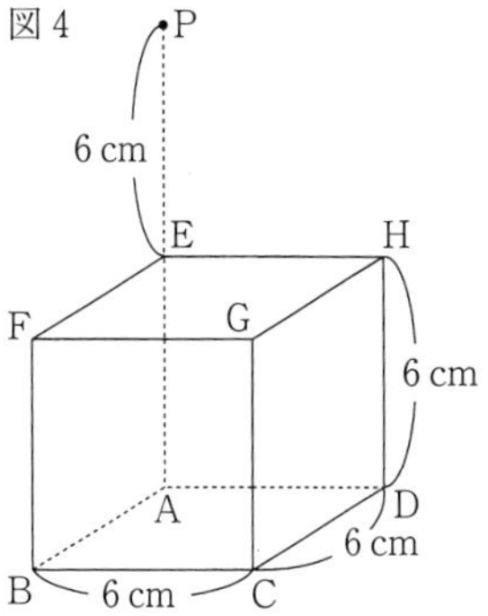

(3)　立方体ABCD−EFGHに光を当てたとき，地面にできる影の面積は何cm^2ですか。ただし，正方形ABCDの内部は影にはふくめません。

(4)　立方体ABCD−EFGHを３点F，C，Hを通る平面で切断し，頂点Gをふくむ方の立体を取り除きます。残った立体に光を当てたとき，地面にできる影の面積は何cm^2ですか。ただし，正方形ABCDの内部は影にはふくめません。

図５

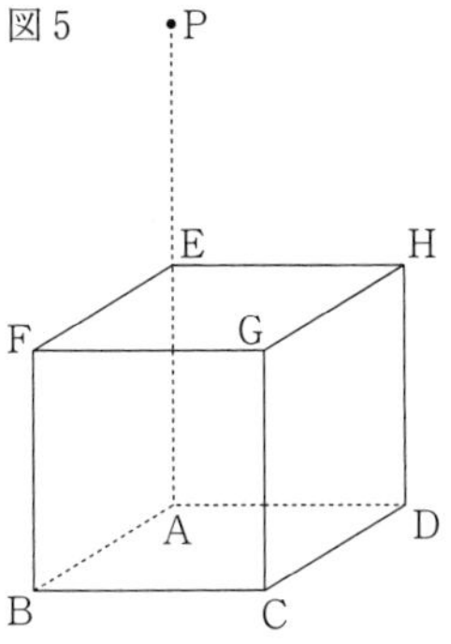

(5) 右の図６のように，辺DHを二等分する点をQとし，立方体ABCD−EFGHを３点E，Q，Cを通る平面で切断します。

① 切り口の図形を解答用紙の図にかき入れなさい。

② 立方体ABCD−EFGHを３点E，Q，Cを通る平面で切断し，頂点Gをふくむ方の立体を取り除きます。残った立体に光を当てたとき，地面にできる影の面積は何 cm^2 ですか。途中《とちゅう》の式や考え方なども書きなさい。ただし，正方形ABCDの内部は影にはふくめません。

図６

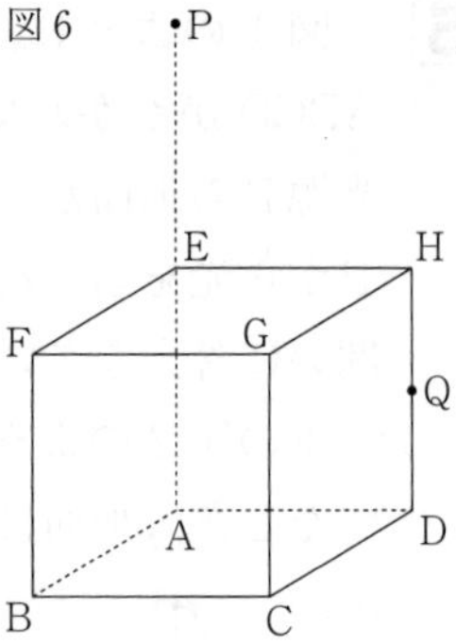

(6) 図７のように，辺CGを二等分する点をRとします。立方体ABCD−EFGHを３点F，R，Dを通る平面で切断し，頂点Gをふくむ方の立体を取り除きます。残った立体に光を当てたとき，地面にできる影の面積は何 cm^2 ですか。ただし，正方形ABCDの内部は影にはふくめません。

図７

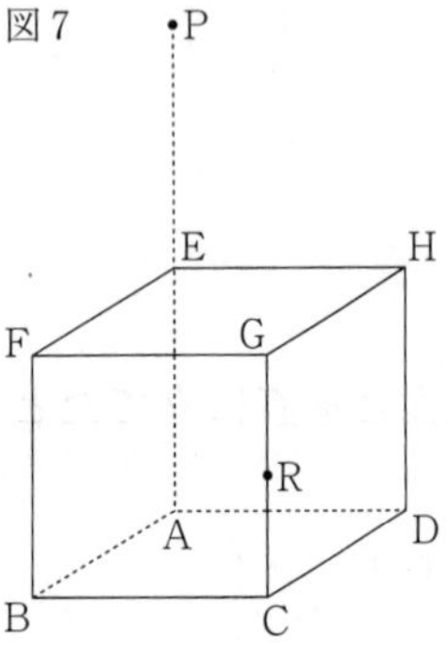

【社　会】〈第１回試験〉（35分）〈満点：70点〉

1　次の文章を読んで，後の問いに答えなさい。

周囲を海に囲まれた日本の人々は，①日常的に多くの魚介類《ぎょかいるい》を得て生活してきました。日本の漁業について，その歴史をたどってみましょう。

約１万年前，日本列島では狩猟・採集に加えて漁労が発達しました。例えば，②東京湾一帯で見つかった縄文時代の貝塚では，あじ・くろだい・はまぐり・しじみなどが出土し，青森県の遺跡でも約50種類の魚の痕跡《こんせき》が残っています。これらのことから，当時の人々が魚介類をよく食べていたことがわかります。また，各地の遺跡から発見されている丸木舟は，魚をとる際に利用されていたと考えられています。

稲作が普及《ふきゅう》し米などの穀物が主食になると，魚介類はおかずとして食べられるようになっていきます。川の中にしずめて魚をとる筌《うけ》と呼ばれる仕掛《しかけ》や，たこ壺《つぼ》を用いるなど，漁法にも工《く》夫《ふう》が見られるようになりました。『魏志』倭人伝には，倭人が魚やあわびをもぐってとっている様子が記され，潜水《せんすい》漁法があったことが指摘《してき》されています。③ヤマト王権が支配を確立して以降，さらに人口も増えて魚介類の需要が高まりました。『古事記』や『万葉集』からは，筌だけでなく，鵜《う》という鳥を用いた漁の存在が読み取れます。藤原京や④平城京・平安京などから出土した，中央へ納める税の項目を記した木簡にも，かつおや牡蠣《かき》をはじめとする記述があり，魚介類の種類が豊富であったことがわかっています。

さて，鎌倉幕府の成立により政治の中心が移ったことから，関東地方でも漁業が発展したと言われています。⑤伊豆や安房《あわ》の半島を中心に日釣《ひづり》・夜釣《よづり》などが行われ，駿河《するが》・相模《さがみ》・上総《かずさ》・武蔵《むさし》などの地域では，農業をするかたわら漁をして暮らしをたてる生活がさかんになったようです。

⑥室町時代に大量に輸入されていた綿花が，次第《しだい》に日本各地で栽培されるようになると，江戸時代には丈夫《じょうぶ》な綿糸を用いて網《あみ》がつくられ，すくい網・かぶせ網・⑦引き網などの漁法が発達しました。製塩業がさかんになると魚の保存処理も進み，大阪・江戸などには魚問屋が集まる魚市場が形成され，流通する範囲《はんい》も広がります。俵物《たわらもの》と言われる，いりこ・干しあわび・ふかひれは，⑧長崎での貿易で重要な輸出品とされました。

幕末から明治初期にかけては，水産資源の枯渇《こかつ》や⑨政治的な混乱で，漁業生産は停滞《ていたい》・減少の時期に入ったと言われます。しかし1890年代末ごろからは，綿糸工業の成長で漁業用の網が多く生産できるようになったことや，⑩朝鮮周辺の海への進出，漁業組合の結成もあって，漁業生産が増加していきます。明治後期から昭和初期にはトロール漁業の導入，漁船の動力化・大型化，冷凍《れいとう》保存技術の使用などで，沖合・遠洋漁業がより発展しました。

1935年ごろ，日本は漁業種目と漁獲量《ぎょかくりょう》で世界一位の水産国でした。しかし沿岸漁業は，水産資源の減少や，⑪大正末期から続く恐慌の影響《えいきょう》で衰退《すいたい》していきました。⑫満州事変から太平洋戦争中には，漁船のほとんどが戦争に用いられ，操業する海域も危険であることから，漁業に出づらくなりました。老人や女性，子どもを中心に古い網をつくろって魚をどうにかとる状態で，日本の漁業は壊滅的《かいめつてき》になりました。

戦後，多くの漁船がつくられ，遠洋漁業を中心に生産を拡大させたことで，1950年代はじめには漁獲量が戦前の水準にもどります。日本の独立回復を取り決めた[　⑬　]が発効すると，漁船は太平洋北部・インド洋・大西洋などへ進出し，南極海での捕鯨《ほげい》も最盛期《さいせいき》をむかえました。

魚群探知機やレーダーなどが進歩して1965年の漁獲量が1935年の約２倍の量に増加しただけでなく，のりや貝類の養殖など「つくる漁業」も増加しました。しかし1970年代になると，高度経済成長を背景として次第に漁業就業者が減ったり，海洋が汚染《おせん》されたりしたほか，［⑭X］の影響で燃料価格が高騰《こうとう》しました。また，欧米などが［⑭Y］海里以内の水域で外国漁船の漁獲を制限する政策を行ったことで日本の漁業可能な海域が狭《せば》まります。これらのことから，日本の漁獲量は1984年をピークに減少していきました。一方で，こうした状況《じょうきょう》に対応して，時代とともに漁船の省エネ化や養殖業の効率を高める技術開発が進められてきたのも事実です。

現在，世界全体で漁業における需要量・供給量が増加する一方，日本の漁獲量・消費量は減る傾向《けいこう》にあります。また人手不足，海洋環境の変化，水産資源や環境の管理，領土問題に関連する漁業水域の問題など解決すべきことが山積みであり，地域の特徴《とくちょう》を考えた早急《さっきゅう》な対応が求められています。

問１　下線部①に関連して，日本の漁業とその漁業に関する土地の歴史について述べた次のＡ・Ｂの文が正しいか誤っているかを判断し，その正誤の組み合わせとして正しいものを後の**ア**～**エ**から一つ選び，記号で答えなさい。

Ａ　現在たい類や真珠などの養殖がさかんな英虞湾《あごわん》一帯は，かつて藤原純友がこの地の海賊《かいぞく》を率いて反乱を起こした地域である。

Ｂ　北洋漁業の基地として栄え，かつて十数年にわたって水あげ量が日本一をほこった港は，18世紀にラクスマンが来航し通商を求めた場所である。

ア　Ａ－正　Ｂ－正
イ　Ａ－正　Ｂ－誤
ウ　Ａ－誤　Ｂ－正
エ　Ａ－誤　Ｂ－誤

問２　下線部②に関連して，次の地図は関東地方一帯で発見された，紀元前4000年ころのいくつかの貝塚の位置を示したものです。この地域の貝塚が内陸地に多く見られる理由を，次のページのグラフを参照し当時の気温の状況を関連させて**２行以内**で説明しなさい。

地図

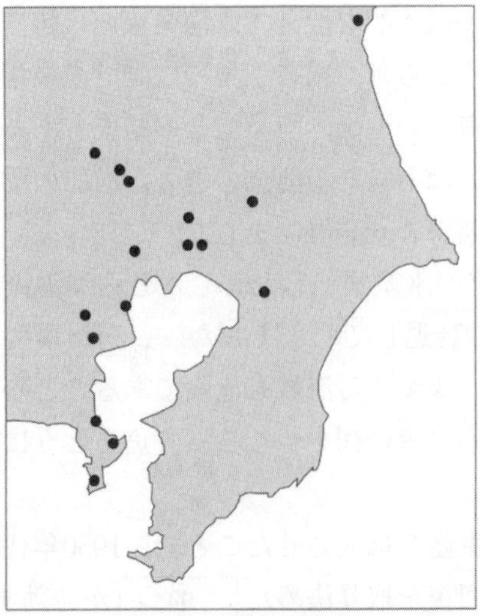

(『新詳日本史』浜島書店より作成)

グラフ

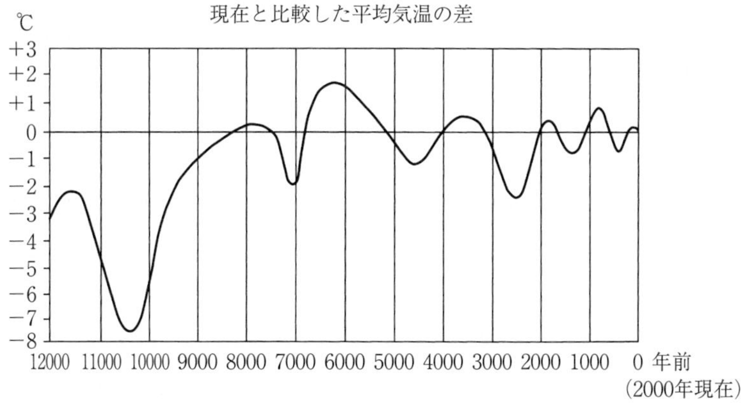

(安田喜憲 著『縄文文明の環境』吉川弘文館より作成)

問３　下線部③について述べた文として正しいものを次の**ア**〜**エ**から一つ選び，記号で答えなさい。

ア　朝鮮半島の鉄や技術を求めて加羅と手を結び，百済の好太王と戦った。

イ　仏教の導入を進めた蘇我氏が物部氏をやぶり，大きな力を持つようになった。

ウ　大王は姓という豪族《ごうぞく》集団に臣や連といった氏を与《あた》え，政治に参加させた。

エ　倭の五王の一人である武が，中国皇帝から「親魏倭王」という称号《しょうごう》を受けた。

問４　下線部④に関連して，奈良時代から平安時代までのできごとについて述べた次のＡ〜Ｃの文を時期の古いものから順に並べかえるとどうなりますか。正しいものを後の**ア**〜**カ**から一つ選び，記号で答えなさい。

Ａ　日本で一番古い随筆集《ずいひつしゅう》とされる『枕草子』が書かれた。

Ｂ　行基が民衆に仏教を広め，橋の建造などの社会事業にも従事した。

Ｃ　蝦夷の首長であったアテルイが降伏《こうふく》した。

ア　Ａ→Ｂ→Ｃ　　**イ**　Ａ→Ｃ→Ｂ

ウ　Ｂ→Ａ→Ｃ　　**エ**　Ｂ→Ｃ→Ａ

オ　Ｃ→Ａ→Ｂ　　**カ**　Ｃ→Ｂ→Ａ

問５　下線部⑤に関連して，伊豆・駿河・相模・武蔵の地に関するできごとについて述べた文として正しいものを次の**ア**〜**エ**から一つ選び，記号で答えなさい。

ア　伊豆国へ流された源頼朝は，その地の豪族である北条氏と婚姻《こんいん》関係を結び，後に兵を挙げた。

イ　駿河国では，今川仮名目録という分国法が制定されたが，その地域を治めていた大名は，長篠の戦いで織田信長に敗北した。

ウ　相模国の小田原を本拠地《ほんきょち》として勢力を広げた武田信玄は，釜無川《かまなしがわ》沿いに堤防を築いて，支配地を水害から守った。

エ　武蔵国の秩父で発見された銅などを利用してつくられた和同開珎は，一時関東地方とその周辺のみに流通していた。

問６　下線部⑥の社会や文化について述べた文として正しいものを次の**ア**〜**エ**から一つ選び，記号で答えなさい。

ア「竹取物語」や「浦島太郎」，「一寸法師」といった御伽草子が新たにつくられ，庶民《しょみん》の間で親しまれた。

イ　土一揆の高まりを背景に永仁の徳政令が出され，借金の帳消しが命じられたが，効果はあまりなく，人々の幕府への信頼《しんらい》が低下した。

ウ　米と麦の二毛作が西日本だけでなく東日本へも拡大し，水車によるかんがいの技術も発達した。

エ　三代将軍の保護のもとで出雲の阿国が歌舞伎のもととなる歌舞伎踊《おど》りを始めたほか，観阿弥・世阿弥父子が能を完成させた。

問７　下線部⑦について，江戸時代に九十九里浜では引き網を利用した漁がさかんでした。この漁でとれる魚を加工してつくられ，主に綿花栽培に利用された肥料を答えなさい。

問８　下線部⑧について述べた文として正しいものを次の**ア**～**エ**から一つ選び，記号で答えなさい。

ア　鎖国が行われる前，長崎からは朱印状を持った船がタイやカンボジアなどの東南アジア諸国へ向かい，貿易を行った。

イ　鎖国中，長崎がオランダ・琉球・中国・朝鮮の四つの国と貿易を行う唯一《ゆいいつ》の窓口であったことから，この地は「四つの窓口」と呼ばれた。

ウ　鎖国中，長崎の唐人屋敷で中国人との貿易が行われ，主に中国産の絹織物や陶磁器・金銀が輸入され，日本からは生糸や海産物が輸出された。

エ　鎖国が終結したのは，日米和親条約によって長崎を含《ふく》めた五つの港が開かれ，アメリカとの貿易が開始されたことによる。

問９　下線部⑨に関連して，幕末から明治初期にかけての政治的混乱について述べた文として**正しくないもの**を次の**ア**～**エ**から一つ選び，記号で答えなさい。

ア　大老の井伊直弼は，幕府を批判する吉田松陰らを処罰《しょばつ》した。

イ　米価の高騰に対し富山県の漁村の主婦らが起こした騒ぎが，全国に広がった。

ウ　西南戦争が，徴兵制で集められた政府軍に鎮圧《ちんあつ》された。

エ　イギリス・アメリカ・オランダ・フランスの艦隊《かんたい》が下関の砲台《ほうだい》を占領《せんりょう》した。

問10　下線部⑩に関連して，日本は朝鮮半島への侵略を進め，日露戦争後には韓国統監府を置いてこの地の政治の実権を握《にぎ》りました。この初代統監に就任した人物を**漢字**で答えなさい。

問11　下線部⑪について述べた文として**正しくないもの**を次の**ア**～**エ**から一つ選び，記号で答えなさい。

ア　第一次世界大戦後にヨーロッパの経済が回復し，日本は輸出が減少した。

イ　関東大震災が起こり，被害《ひがい》総額がその年の国の予算を上回った。

ウ　銀行の取り付け騒ぎが起こって大銀行が倒産《とうさん》し，代わりに中小銀行が台頭した。

エ　アメリカで始まった不況《ふきょう》を背景に，アメリカ向けの生糸の輸出が激減した。

問12　下線部⑫の時期に起こったできごとについて述べた次のＡ～Ｃの文を時期の古いものから順に並べかえるとどうなりますか。正しいものを後の**ア**～**カ**から一つ選び，記号で答えなさい。

Ａ　日本が国際連盟から脱退《だったい》した。

Ｂ　日本で国家総動員法が制定された。

Ｃ　奉天郊外《こうがい》で柳条湖事件が起こった。

ア　A→B→C　**イ**　A→C→B　**ウ**　B→A→C
エ　B→C→A　**オ**　C→A→B　**カ**　C→B→A

問13　空らん ⑬ にあてはまる語句を解答らんに合うように答えなさい。

問14　空らん ⑭X と ⑭Y にあてはまる語句の組み合わせとして正しいものを次の**ア**～**カ**から一つ選び，記号で答えなさい。

	⑭X	⑭Y
ア	朝鮮戦争	200
イ	湾岸戦争	200
ウ	第四次中東戦争	200
エ	朝鮮戦争	20
オ	湾岸戦争	20
カ	第四次中東戦争	20

2　次の文章を読んで，後の問いに答えなさい。

今年の７月ごろから，①紙幣《しへい》のデザインが新しくなる予定です。これまでにも紙幣のデザインは改められてきました。その主な目的は偽造《ぎぞう》防止にあり，紙幣を傾《かたむ》けると文字が浮《う》かび上がったり，色が変化して見えたりするといったさまざまな工夫《くふう》がなされてきました。新紙幣では，見る角度を変えることによって肖像画《しょうぞうが》が動いているように見える技術も用いられています。さらに，目の不自由な人が紙幣の金額を区別するために付けられたざらつきのあるマークの位置を変えたり，漢字を使わない外国人も金額を区別しやすくするために金額の数字を大きくしたりするなど，　②　に基《もと》づいてつくられています。

次の表１は，2024年から発行予定の紙幣，2004年から発行されている紙幣，1984年から発行された紙幣の一万円札，五千円札，千円札に描《えが》かれている肖像の人物をまとめたものです。

表１　紙幣に描かれている肖像の人物

	2024年から 発行予定の紙幣	2004年から 発行されている紙幣	1984年から 発行された紙幣
一万円札	渋沢栄一	福沢諭吉	福沢諭吉
五千円札	津田梅子	樋口一葉	新渡戸稲造
千円札	③	野口英世	夏目漱石

では，④紙幣の肖像となった人物を何人か紹介《しょうかい》します。

「日本資本主義の父」と呼ばれる渋沢栄一は，1840年に現在の埼玉県で生まれました。家業の⑤畑作のほか，養蚕や⑥染料《せんりょう》となる藍《あい》玉の製造・販売《はんばい》を手伝う一方，読書に勤《いそ》しみ，『論語』なども学びました。そして，徳川慶喜《よしのぶ》の家臣として活躍《かつやく》し，1867年のパリ万博《ばんぱく》に，庶務《しょむ》・会計係として参加しました。そのとき，先進的な⑦鉄道，電信，上下水道，⑧工場，銀行，造幣《ぞうへい》局《きょく》などについて，たくさんのことを見たり，聞いたりしました。この経験を活《い》かし，帰国後，新政府の役人として，郵便制度の整備や鉄道を敷《し》くなど，日本の近代化に尽《つ》くしました。しかし渋沢栄一は，欧米《おうべい》が発展をとげたのは商工業のおかげだと考え，役人を退いて商人となり，率先《そっせん》して日本の実業界を牽引《けんいん》していこうと決意します。その後，たくさんの民間企業《きぎょう》の設立・

運営や公共事業の推進に関わったため，⑨日本の各地方に渋沢栄一のゆかりの地があります。

津田梅子は，1864年に現在の東京で生まれました。1871年，岩倉使節団とともに，最初の女子留学生の一人として，わずか６歳《さい》で⑩アメリカ合衆国に渡《わた》ります。彼女《かのじょ》は，17歳で帰国するまで，ワシントン市近郊に住む夫妻の元に約11年間滞在《たいざい》し英語などの勉強に熱心に取り組みました。そして，女性の地位を高めるために学校をつくりたいと願い，教員生活や再度の留学を経て，1900年に女子英学塾《じゅく》を創立します。生徒は家事から解放されて勉強に専念することができるように，原則学校の寄宿舎に入りました。そのため，教員が密に生徒に接することができ，津田梅子もまた生徒達《たち》と食事をともにし，ダンスをしたり，語り合ったりしたそうです。

③は，⑪熊本県出身で，感染症《かんせんしょう》の予防に生涯《しょうがい》を捧《ささ》げ「近代日本医学の父」と呼ばれる微生物《びせいぶつ》学者・教育者です。1886年，32歳のときに国費でドイツに留学し，結核菌《けっかくきん》を発見したコッホの下で研究しました。そして，破傷風菌《はしょうふうきん》の純粋培養《じゅんすいばいよう》に成功し，世界を驚《おどろ》かせます。帰国後，伝染病《でんせんびょう》研究所の設置を政府に求めましたが，政府の動きはにぶく，私財を投じて研究所の設立を支援《しえん》したのは，福沢諭吉であったという逸話《いつわ》もあります。また，1894年には，ペストの原因調査のため香港に渡りペスト菌を発見します。さらに，私設の研究所を立ち上げたり，医学団体や病院を設立したりと，社会活動も積極的に行いました。

野口英世は，1876年，⑫福島県に生まれました。彼《かれ》の生家は，東北地方で最大の面積を誇《ほこ》る⑬の湖畔《こはん》に保存されています。彼は，幼少期に左手に大やけどを負いましたが，家族・友人・恩師の励《はげ》ましと援助《えんじょ》を受け，その苦難を克服《こくふく》しました。左手の手術により医学のすばらしさを実感し，自らも医学の道を志しました。③が所長を務めていた伝染病研究所で助手をしていたこともあります。最先端の研究が行われていたアメリカのロックフェラー医学研究所を拠点《きょてん》に世界で活躍し，ノーベル医学賞の候補にも挙がりました。しかし，1928年に現在のガーナで黄熱病の研究中，彼自身が黄熱病に感染し51歳で亡《な》くなりました。

紙幣には，人物の肖像以外にも，さまざまな⑭建物や風景，植物が描かれています。ぜひ調べてみましょう。

問１　下線部①に関連して，通貨について述べた次のＡ・Ｂの文が正しいか誤っているかを判断し，その正誤の組み合わせとして正しいものを後の**ア〜エ**から一つ選び，記号で答えなさい。

Ａ　日本に出回っている通貨のうち，紙幣は日本銀行が発行するが，硬貨は日本政府が発行する。

Ｂ　物価が上がり続け，通貨の価値が下がることをインフレーションという。

ア　Ａ―正　Ｂ―正　　**イ**　Ａ―正　Ｂ―誤
ウ　Ａ―誤　Ｂ―正　　**エ**　Ａ―誤　Ｂ―誤

問２　空らん②にあてはまる語句を解答らんに合うように**カタカナ**で答えなさい。

問３　空らん③にあてはまる人物を**漢字**で答えなさい。

問４　下線部④について述べた文として**正しくないもの**を次の**ア〜エ**から一つ選び，記号で答えなさい。

ア　福沢諭吉は，『学問のすゝめ』を著《あらわ》し，東京専門学校を創立した。
イ　新渡戸稲造は，『武士道』を著し，国際連盟の事務局次長を務めた。
ウ　樋口一葉は，『たけくらべ』や『にごりえ』を著した。
エ　夏目漱石は，『坊っちゃん』や『吾輩は猫である』を著した。

問５　下線部⑤に関連して，次の地図**ア〜エ**は，たまねぎ，トマト，なす，ほうれんそうのいずれかの生産量の上位５位（2021年）の都道府県を示したものです。トマトの生産量上位５位を示したものとして正しいものを次の**ア〜エ**から一つ選び，記号で答えなさい。

ア

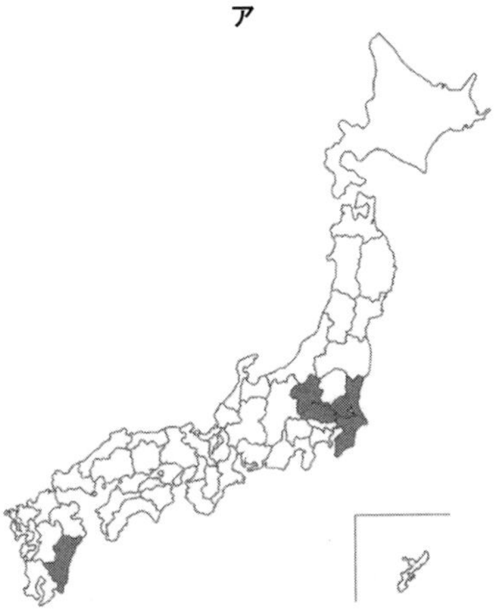

イ

ウ

エ

（『データでみる県勢 2023』より作成）

問６　下線部⑥などに使われる紅花の生産がさかんな地域は，何という川の流域ですか。正しいものを次の**ア〜エ**から一つ選び，記号で答えなさい。

ア　北上川　　**イ**　紀の川　　**ウ**　長良川　　**エ**　最上川

問７　下線部⑦について述べた次のＡ・Ｂの文が正しいか誤っているかを判断し，その正誤の組み合わせとして正しいものを後の**ア〜エ**から一つ選び，記号で答えなさい。

Ａ　日本国内の貨物輸送量（2021年）は，航空機，自動車，鉄道，船の中で，鉄道がもっとも多い。

Ｂ　日本国内の携帯《けいたい》電話と固定電話の契約数《けいやくすう》（2022年）を比較《ひかく》すると，固定電話の契約数の方が多い。

ア　Ａ－正　Ｂ－正

イ　Ａ－正　Ｂ－誤

ウ　Ａ－誤　Ｂ－正

エ　Ａ－誤　Ｂ－誤

問８　下線部⑧に関連して，次の地図Ａ～Ｃは，製紙工場，セメント工場，半導体工場のいずれかの所在地を示したものである。Ａ～Ｃと工場の組み合わせとして正しいものを後の**ア～カ**から一つ選び，記号で答えなさい。

Ａ

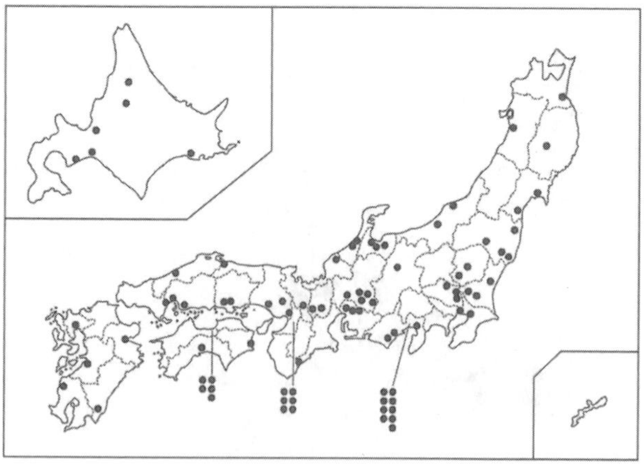

Ｂ

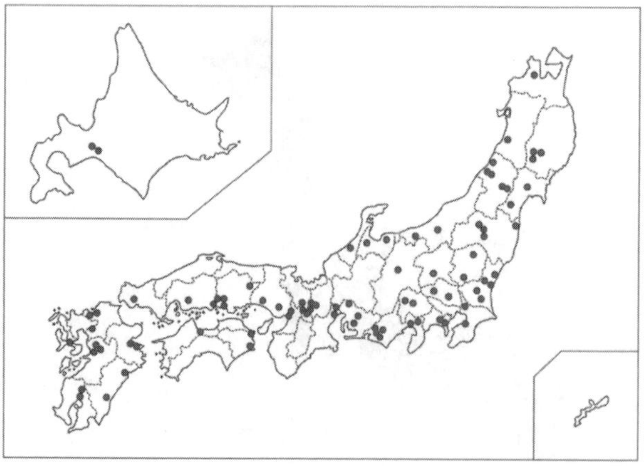

Ｃ

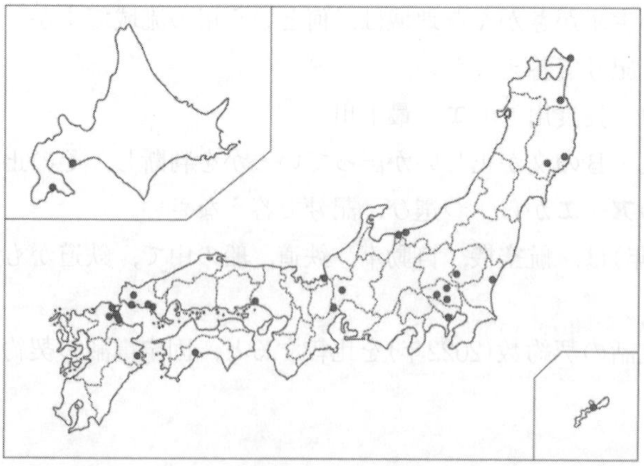

(『データでみる県勢 2023』より作成)

	A	B	C
ア	製紙工場	セメント工場	半導体工場
イ	製紙工場	半導体工場	セメント工場
ウ	セメント工場	製紙工場	半導体工場
エ	セメント工場	半導体工場	製紙工場
オ	半導体工場	製紙工場	セメント工場
カ	半導体工場	セメント工場	製紙工場

問９　下線部⑨に関連して，次の表は，日本全国を８つの地方に分けたとき，面積と人口(2022年)の上位10位までの都道府県の数を地方ごとにまとめたものであり，**ア～オ**は，東北地方，関東地方，中部地方，近畿地方，九州地方のいずれかです。中部地方と近畿地方にあてはまるものを**ア～オ**から一つずつ選び，記号で答えなさい。

	ア	**イ**	**ウ**	**エ**	**オ**
面積の上位10位の都道府県の数	5	3	1	0	0
人口の上位10位の都道府県の数	0	2	1	2	4

(『日本国勢図会 2023/24』より作成)

問10　下線部⑩に関連して，次のグラフは，日本とアメリカ合衆国および日本と中国の貿易について，1980年から2020年の貿易額の推移を10年ごとに示したものです。このグラフから読み取れることやその背景について述べた下の会話文の中で，**正しくないこと**を言っているのは誰《だれ》ですか。後の**ア～エ**から一つ選び，記号で答えなさい。

日本とアメリカ合衆国との貿易額

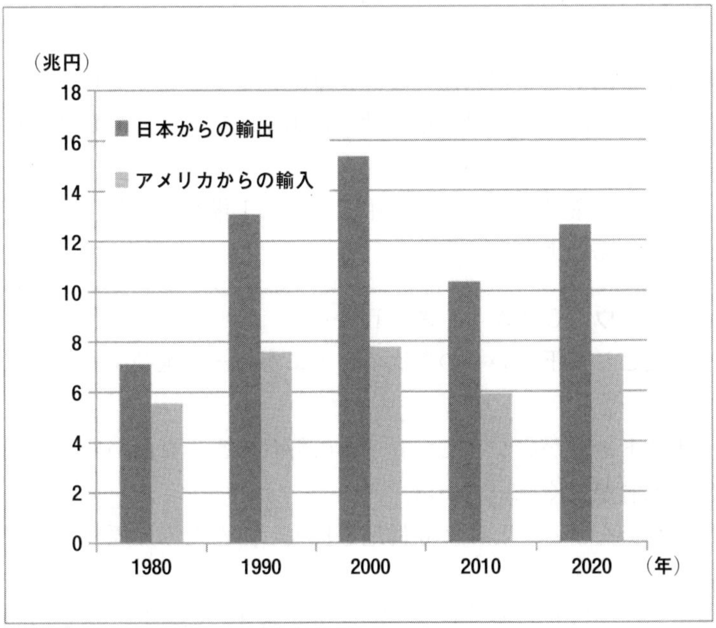

日本と中国との貿易額

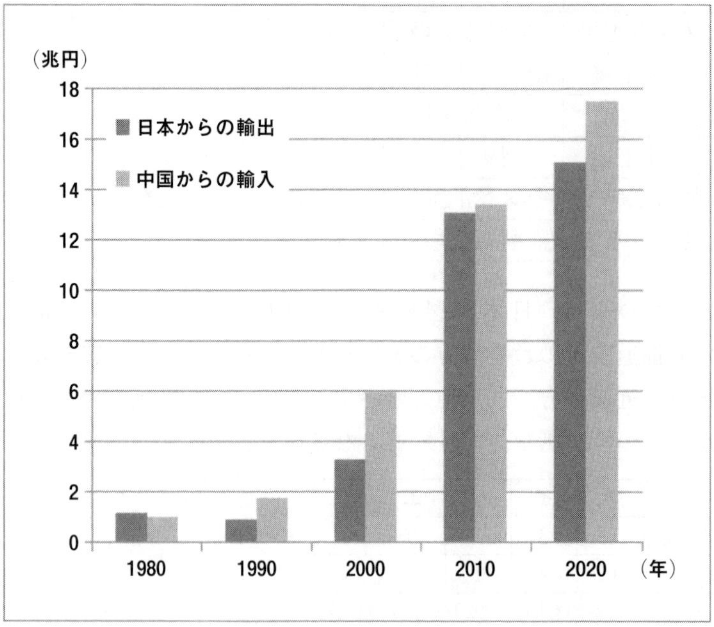

(『数字でみる日本の100年(改訂第７版)』,『日本国勢図会 2022/23』より作成)

Ａさん：アメリカ合衆国との貿易では，日本からの輸出が，アメリカ合衆国からの輸入を上回っていて，貿易摩擦が生じる可能性があるね。

Ｂさん：日本にとって最大の貿易相手国はずっとアメリカ合衆国だと思っていたけど，2020年の輸出入額の合計は，アメリカ合衆国よりも中国の方が大きいことが読み取れるね。

Ｃさん：アメリカ合衆国や中国からの輸入額の約50％は，日本の自動車会社が現地で生産した自動車なんだけど，日本の自動車会社の進出先がアメリカ合衆国から中国に変化したことがグラフに表れているね。

Ｄさん：1985年以降，日本の企業は人件費の安い中国などに工場を進出し，工業製品の輸入が年々増えているんだよ。

ア　Ａさん　　**イ**　Ｂさん　　**ウ**　Ｃさん　　**エ**　Ｄさん

問11　下線部⑪について述べた文として正しいものを次の**ア**～**エ**から一つ選び，記号で答えなさい。

ア　阿蘇山には広大なカルスト地形が広がっており，羊の群れのような白い岩が点在する様子が見られ，地下には鍾乳洞が長く続いている。

イ　有明海の干拓地では，客土をすることにより耕地を拡大し，たたみの原料となるい草をさかんに栽培している。

ウ　熊本市は，熊本城を中心に発達した城下町起源の都市であり，もっとも新しい政令指定都市である。

エ　水俣市は，かつてカドミウムによる公害病の発生地であったが，現在は環境《かんきょう》問題に先進的に取り組んでおりSDGs未来都市に指定されている。

問12　下線部⑫に関連して，福島県のほかに名前に「島」が付く県は４県あります。この４県のいずれかについて述べた文のうち，４県の中で人口密度がもっとも高い県について述べたものを次の**ア**～**エ**から一つ選び，記号で答えなさい。

ア　この県では，養殖うなぎの生産量が日本一である。畜産もさかんであり，豚や肉用牛の飼育頭数も多い。県内には，宇宙ロケットの発射基地がある。

イ　この県では，養殖かきの生産量が日本一である。レモンの生産量とソース類の出荷《しゅっか》額《がく》も日本一である。県庁所在地は，三角州上に発達している。

ウ　この県では，しじみの漁獲量《ぎょかくりょう》が日本一である。あじ類やぶり類の漁獲量も全国有数である。県内には，神話に関わる観光地があり，多くの観光客が訪《おとず》れる。

エ　この県では，すだちの生産量が日本一である。ブランド化された地鶏《じどり》やさつまいもも生産されている。うず潮や夏祭りを目的に，多くの観光客が訪れる。

問13　空らん［⑬］にあてはまる湖を解答らんに合うように**漢字**で答えなさい。

問14　下線部⑭に関連して，近年，建物の耐久性《たいきゅうせい》が強化された結果，北海道では，図１のような住宅が減り，図２のような住宅が増えています。図１のような住宅にはどのような危険がありますか。また，図２のような住宅では，その危険をなくすためにどのような工夫をしていますか。**３行以内**で説明しなさい。

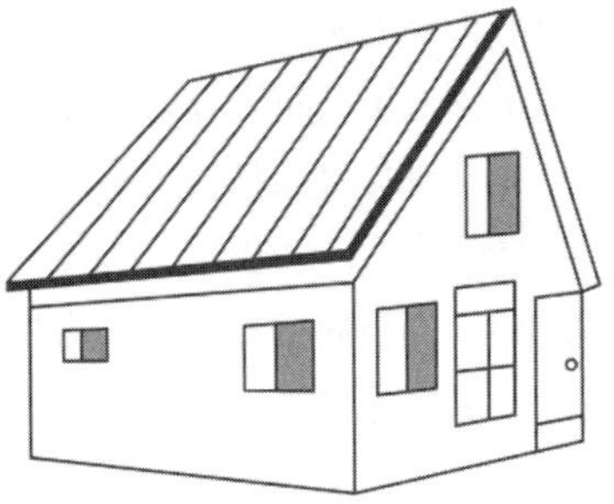
図１

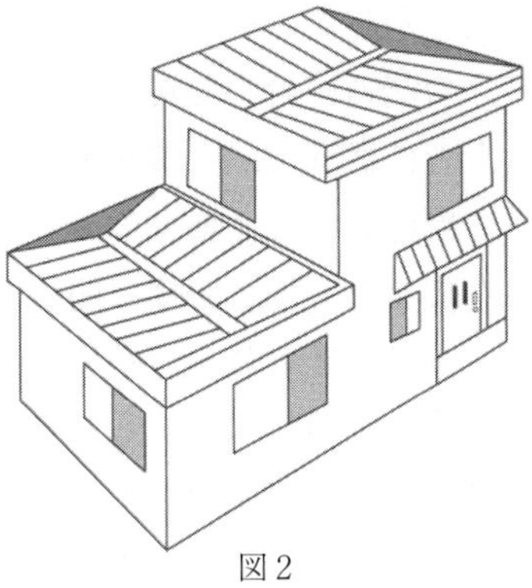
図２

3　次の文章を読んで，後の問いに答えなさい。

2023年の株主総会で，取締役《とりしまりやく》(企業《きぎょう》の経営責任者)に女性を増やした企業や，新たに選任した企業が増えたことが話題になりました。その背景の一つに，①政府が企業に対して女性の役員(取締役などの重役)を増やすよう，数値目標や行動計画を求めたことが挙げられます。それは，日本が世界の中でも男女の格差が大きい国だからです。例えば，※2023年５月末の時点で女性の役員比率は11.4％で，約２割の企業では女性役員がいません。世界経済フォーラム(世界の政治や②経済などのリーダーが連携《れんけい》して世界情勢の改善に取り組む国際機関)が2023年６月に発表した日本のジェンダーギャップ指数(政治や経済活動への参画度などから算出される男女格差を示す指標)は146ヵ国中125位です。政府はこの③格差を正し，男女平等を目指そうとしているのです。

もう一つの背景が，企業のトップには多様な人材がいた方が良いという考え方が広がったことです。多様な経験や考え方を持つ人がいた方が，より良いアイデアが生まれやすく，誤った判断を避《さ》けやすいと考えられるようになってきたのです。同様の理由で，東京工業大学は

2024年度入試から女子枠《わく》を設定することを決定しました。多様な能力や価値観，経験を持つ人々が集まることで，新しいものを生み出すことができ，それが社会貢献《こうけん》にもつながると考えているのです。他にも多くの大学が，留学生との交流を促進したり，障害者の学びをサポートするなど，多様性が尊重される環境《かんきょう》づくりを打ち出しています。

このように，今ある格差を正すために，不利な立場にある人々に特別な機会を与《あた》えることを，ポジティブ・アクション（アファーマティブ・アクション）と呼びます。例えば④外国では，企業の役員，大学の入学者，⑤議員や候補者などの一定割合を，女性や少数派の人種や民族に割り当てる措置《そち》をとっている場合があります。このようなポジティブ・アクションを日本にも導入するべきだという声があり，これを推進する立場の人たちは，その理由として，格差はそれ自体正すべきであるということや，多様性が社会に与える恩恵《おんけい》を主張します。

一方で，ポジティブ・アクションに対する批判もあります。ポジティブ・アクションによって，男性や多数派であるという理由で活躍《かつやく》する機会が減る人々が生じることになり，逆差別にあたるという主張です。過去に九州大学が入学試験に女子枠を設定しようとした際に，この理由から強い反発が起き，撤回《てっかい》したことがあります。また2023年６月にはアメリカ合衆国の連邦《れんぽう》最高裁判所が，ハーバード大学とノースカロライナ大学の入学選考での黒人などへの優遇《ゆうぐう》措置が⑥憲法に違反するという判決を下しました。企業が同様の取り組みをすることについても，憲法違反だと訴《うった》える⑦裁判が起こされています。その背景には，人は能力によって評価されるべきであり，誰《だれ》もが自分の能力に対して責任を持ち，そのための努力をするべきだという考え方があります。この考え方に従うと，人種を理由とする優遇措置は不公正となるのです。

しかし，能力は本当に自己責任だと言えるでしょうか。アメリカでは人種によって貧困率《ひんこんりつ》や犯罪率に大きな差があります。所得と密接に関係する⑧大学進学率も，人種によって大きく違《ちが》います。また，所得によって受けられる医療《いりょう》にも差があるため，人種間で⑨健康にも格差が存在します。その格差は人種や性別に由来する資質ではなく，社会構造によって生じたものです。そんな中で，不利な立場にある人が，その不利をはねのけるには大きな困難が伴《ともな》います。日本では，家事や育児にかける時間が男女で大きく違います。また，女性は数学や物理に向かないという偏見《へんけん》が今もあります。自分で努力を重ね，能力や経験に責任を持つ以前に，置かれた環境に差があるのです。

いずれにしても，ポジティブ・アクションは，大学入学者や，企業経営者，政治家などに自然と多様性が生じるようになれば必要なくなる，一時的な措置であると考えられています。これまで不利な立場にいた人たちだけでなく，有利な立場にいた人たちにとっても公正だと思えなければ，政策はうまくいきません。多様性を尊重し合う社会づくりには，他者に対する想像力と立場を超《こ》えた対話が，今まで以上に必要となるのです。

※東京証券取引所のプライム市場上場企業（大企業の中でも優良企業）に関する数値です。

問１　下線部①について述べた文として正しいものを次の**ア～エ**から一つ選び，記号で答えなさい。

ア　内閣を構成しているのは内閣総理大臣と国務大臣であり，全員が文民でなければならないと憲法に定められている。

イ　内閣総理大臣と国務大臣は，全員が国会議員でなければならないと憲法に定められている。

ウ　国務大臣の人数は法律で定められており，全員がいずれかの省庁の長として行政事務を管理している。

エ　内閣が総辞職しなければならないのは，内閣不信任決議の可決後に内閣が衆議院を解散しなかった時と，特別国会が召集された時だけである。

問２　下線部②について，近年の日本経済をめぐる状況《じょうきょう》について述べた文として**正しくないもの**を次の**ア**～**エ**から一つ選び，記号で答えなさい。

ア　2020年度と比べて2022年度は経済成長率が低い。

イ　2021年末と比べて2023年末は円安ドル高である。

ウ　2022年に日本を訪《おとず》れた外国人は2021年より多い。

エ　2023年に全ての都道府県で最低賃金が引き上げられた。

問３　下線部③に関連して，社会が目指すべき平等には，全ての人を等しく扱《あつか》う平等と，状況に応じて異なる扱いをすることで，格差を正すことを目指す平等があります。このうち，後者について述べた文として正しいものを次の**ア**～**エ**から一つ選び，記号で答えなさい。

ア　法律を制定し，企業が従業員を募集《ぼしゅう》，採用する際に特定の性別を優先することを禁止すること。

イ　それまで女性のみに設けられていた，時間外労働時間や深夜労働，休日労働などの制限を撤廃《てっぱい》すること。

ウ　職場におけるセクシュアル・ハラスメント（性的嫌《いや》がらせ）の防止を事業者に義務付けること。

エ　両親ともに育児休業を取得する場合は，片方しか取得しない場合よりも長く育児休業を取得できる制度を作ること。

問４　下線部④について，NATO（北大西洋条約機構）に加盟していない国を次の**ア**～**エ**から一つ選び，記号で答えなさい。

ア　トルコ　　**イ**　ベラルーシ　　**ウ**　イギリス　　**エ**　ドイツ

問５　下線部⑤に関連して，日本の国会議員や地方議会の議員について述べた文として正しいものを次の**ア**～**エ**から一つ選び，記号で答えなさい。

ア　衆議院議員選挙の比例代表制は全国１区だが，参議院議員選挙の比例代表制は全国が11のブロックに分けられている。

イ　衆議院議員選挙では小選挙区制と比例代表制の重複立候補が認められているが，参議院議員選挙では認められていない。

ウ　地方議会の議員は，国会が行う弾劾裁判における過半数の賛成によって解職されることがある。

エ　地方議会の議員は，法律とは別に環境に関する規制を条例で定めることができ，法律より条例の方が基準が緩《ゆる》い場合は条例が優先される。

問６　下線部⑥について，日本国憲法前文には「その権力は国民の代表者がこれを行使」すると明記されていますが，代表者を介《かい》さない直接民主制的な制度もあります。そのような制度について述べた文として正しいものを次の**ア**～**エ**から一つ選び，記号で答えなさい。

ア　地方公共団体の長や議員，法律で定めるその他の吏員《りいん》（公務員）はその地方公共団体の住民が，直接選挙で選出する。

イ　国会議員を罷免したい場合に，その議員を選出した選挙区の有権者の３分の１以上の署名を集めて国会に要求する。

ウ　最高裁判所の裁判官を罷免したい場合に，衆議院議員選挙の際に行われる国民審査により罷免する。

エ　参議院議員選挙の比例代表制において，政党が示した候補者の中から，有権者が候補者を選んで投票する。

問７　下線部⑦について，日本の刑事裁判において，犯罪を捜査《そうさ》し，起訴《きそ》する公務員を何と呼びますか。**漢字３字**で答えなさい。

問８　下線部⑧に関連して，教育を受ける権利は，憲法に明記された５種類の基本的人権のうちの何に含《ふく》まれますか。解答らんに合うように**漢字**で答えなさい。

問９　下線部⑨に関連して，国民の健康で文化的な生活を保障するための社会保障制度について述べた文として正しいものを次の**ア〜エ**から一つ選び，記号で答えなさい。

ア　全ての国民がいずれかの年金保険に入っており，高齢になった時や入院した時などに年金を受け取ることができる。

イ　40歳《さい》以上の全ての国民が介護保険に入っており，介護が必要となった時には無料で介護サービスを受けることができる。

ウ　働くことができず資産も収入もないなど，最低限度の生活を営むことができない国民に対して費用を支給する制度がある。

エ　国や地方公共団体は，感染症《かんせんしょう》予防のための予防接種などの医療や，文化的な生活を営むための図書館などの環境整備を提供する。

問10　ポジティブ・アクションに対する賛成・反対の根拠《こんきょ》として本文中に述べられているものと合致《がっち》する文として正しいものを次の**ア〜エ**から一つ選び，記号で答えなさい。

ア　大学入学者に女子枠を設けることにより，一般《いっぱん》枠よりも女子枠の入学者の方が合格最低点が低くなり，「女性は能力が低い」というレッテルが貼《は》られることになるため，ポジティブ・アクションは導入するべきでない。

イ　大学入学者に女子枠を設けることにより，より低い学力で入学する学生が増えて研究や教育の質が低下する可能性が生じるため，ポジティブ・アクションは導入するべきでない。

ウ　現在の日本の国会議員に女性が少ないのは，これまで女性が差別されてきた結果であるため，差別への補償《ほしょう》という必要からポジティブ・アクションを導入するべきである。

エ　人が自らの努力によって能力を身につける環境は，社会構造によって性別や人種間に差が生じているため，この差を解消させるためにポジティブ・アクションを導入するべきである。

【理　科】〈第１回試験〉（35分）〈満点：70点〉

1　花粉について，後の問いに答えなさい。

植物の種子がどのようにしてできるのかを調べました。

［調べたこと１］

おしべでつくられた花粉がめしべの柱頭につくことを［1］という。［1］が起こると花粉から花粉管がめしべの中をのびていく。そして花粉管が［2］にとどくと［3］が起き，やがて［2］は種子になる。

(1)　空らん［1］～［3］に入る語句の組み合わせとして正しいものを次の**ア**～**エ**から一つ選び，記号で答えなさい。

	［1］	［2］	［3］
ア	受精	はいにゅう	受粉
イ	受精	はいしゅ	受粉
ウ	受粉	はいにゅう	受精
エ	受粉	はいしゅ	受精

(2)　花粉が虫によって運ばれる花と比べて，花粉が風によって運ばれる花は，どのような特徴《とくちょう》がありますか。正しいものを次の**ア**～**オ**から**二つ**選び，記号で答えなさい。

ア　軽くて小さな花粉をつくる。

イ　あざやかな色の花びらをつけるものが多い。

ウ　１つの花にできる花粉の数はごく少数である。

エ　みつをつくらないものが多い。

オ　強い香りを出すものが多い。

(3)　花粉が虫によって運ばれる植物と，風によって運ばれる植物の組み合わせとして正しいものを次の**ア**～**エ**から一つ選び，記号で答えなさい。

	虫	風
ア	ヒマワリ	ススキ
イ	ウメ	ユリ
ウ	トウモロコシ	アサガオ
エ	イチョウ	イネ

けんび鏡を使って，マツの花粉を観察しました。

(4)　けんび鏡の使い方を説明した文として正しいものを次の**ア**～**エ**から一つ選び，記号で答えなさい。

ア　けんび鏡をのぞいたとき，観察したいものが，見えている範囲《はんい》の左下に見えるときは，プレパラートを右上に動かして中央に見えるように移動する。

イ　けんび鏡は直射日光が当たらない明るいところに置き，反射鏡を用いて光を取り入れる。

ウ　高倍率の対物レンズを使ってピントを合わせてから，レボルバーをまわして低倍率の対物レンズにかえる。

エ　ピントを合わせるときは，対物レンズをプレパラートから遠ざけておき，接眼レンズをのぞきながら調節ねじで対物レンズをプレパラートに近づけていく。

(5)　マツの花粉をスケッチしたものとして，もっとも適当なものを次の**ア**～**エ**から一つ選び，記号で答えなさい。

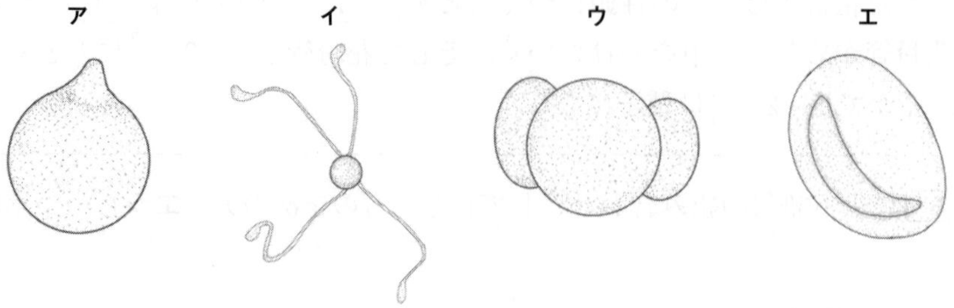

スギは日本国内に広く植林されている植物で，都市部にも周辺のスギ林から花粉が飛んできます。そのため，その花粉は私たちの生活に大きな影響《えいきょう》を与《あた》えており，空気中の花粉の数や，花粉が飛び始める日についてはくわしい調査が行われています。

空気中の花粉の数をどのように測定しているのかを調べました。

［調べたこと２］

①　スライドガラスの片面にワセリンというベタベタする薬品をうすくぬる。

②　①のスライドガラスを，雨や雪が直接当たらないようにして屋外に置く。

③　24時間後にスライドガラスを室内に入れ，スライドガラス上の花粉を染色《せんしょく》して図１のような縦18mm，横18mmの正方形のカバーガラスをのせる。

④　③をけんび鏡で観察して，１cm^2あたりの花粉の数を求める。

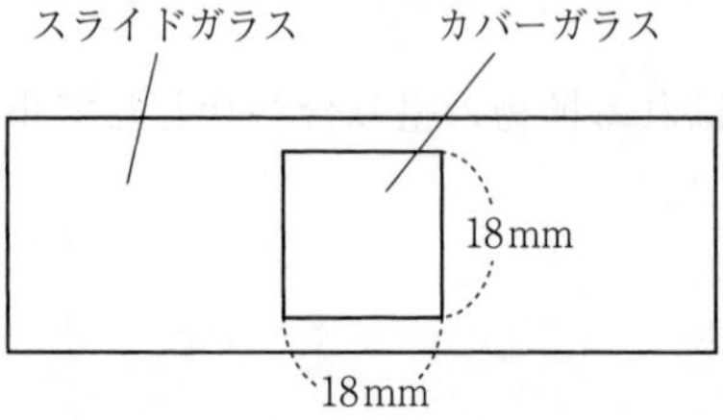

図１

(6)　［調べたこと２］において，カバーガラスでおおわれた部分には花粉が40個観察されました。このとき１cm^2あたりにある花粉の数は何個ですか。割り切れない場合は小数第２位を四捨五入して小数第１位まで答えなさい。

スギ花粉の飛び始める日を予想する方法について調べました。

［調べたこと３］

スギ花粉が飛び始める日は，その年の１月１日からの１日ごとの最高気温の合計が400をこえた日だと考えられている。表はある地点の２月の日ごとの最高気温を表したものである。また，この地点のこの年の１月の日ごとの最高気温の合計は317.6だった。

表

月/日	最高気温(℃)	月/日	最高気温(℃)	月/日	最高気温(℃)
2/1	13.1	2/11	14.1	2/21	9.2
2/2	9.2	2/12	16.9	2/22	10.4
2/3	6.2	2/13	10.3	2/23	14.4
2/4	11.2	2/14	10.7	2/24	12.1
2/5	12.0	2/15	7.8	2/25	12.7
2/6	13.6	2/16	9.6	2/26	10.7
2/7	15.4	2/17	10.8	2/27	15.0
2/8	11.7	2/18	15.0	2/28	19.4
2/9	10.6	2/19	18.5		
2/10	3.5	2/20	14.7		

(7) [調べたこと3]より，この地点でスギ花粉が飛び始めると予想された日として正しいものを次の**ア**～**カ**から一つ選び，記号で答えなさい。

ア 2月4日　**イ** 2月8日
ウ 2月14日　**エ** 2月18日
オ 2月24日　**カ** 2月28日

次に日本のスギの分布と各地の空気中のスギ花粉の数を調べました。

[調べたこと4]

図2は日本のスギの分布を示したものであり，スギが生えている場所を灰色の点で示している。また，下の図3は，日本国内のA～Dの4地点で1月から4月の空気中の花粉の数についてまとめたものである。なお，A～Dは函館《はこだて》，仙台《せんだい》，東京，那《な》覇《は》のいずれかの都市である。

図2

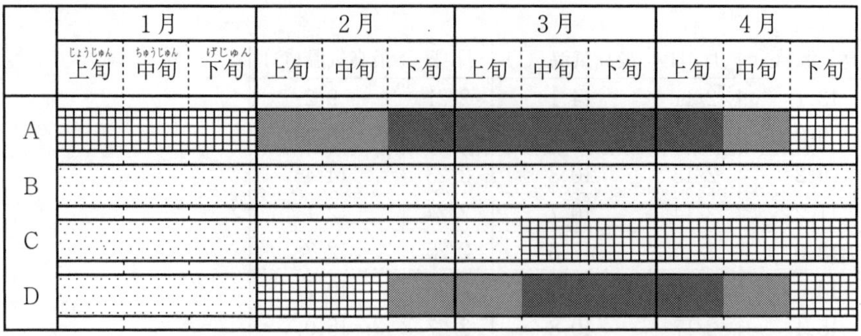

※図は１日の１cm²あたりのスギ花粉の平均の個数を示しており，個数に応じて次のように分けられている。

図３

(8)　20～22ページの［調べたこと３］と［調べたこと４］からＡ～Ｄはそれぞれどの都市と考えられますか。もっとも適当な組み合わせを次の**ア～ク**から一つ選び，記号で答えなさい。

	A	B	C	D
ア	函館	仙台	東京	那覇
イ	函館	東京	仙台	那覇
ウ	仙台	那覇	函館	東京
エ	仙台	函館	那覇	東京
オ	東京	那覇	函館	仙台
カ	東京	函館	那覇	仙台
キ	那覇	仙台	東京	函館
ク	那覇	東京	仙台	函館

2　月の観測について後の問いに答えなさい。ただし観測を行う日はすべて快晴で，夕方18時から明け方の６時までは空が暗い夜間とします。

2024年１月，祥子《しょうこ》さんは東京の自宅で月や星の観測をするために，次の表のような月ごよみのカレンダーを調べました。

表　１月の月ごよみのカレンダー

日曜日	月曜日	火曜日	水曜日	木曜日	金曜日	土曜日
	１日 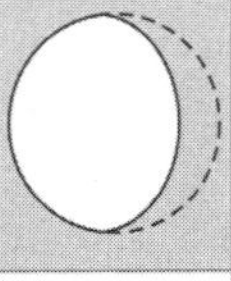	２日	３日	４日 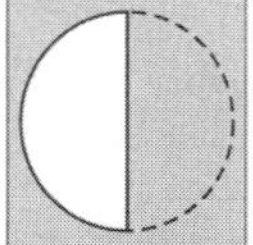	５日	６日
７日 	８日	９日	10日	11日　新月 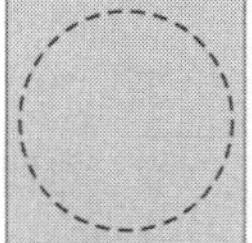	12日	13日
14日 	15日	16日	17日	18日 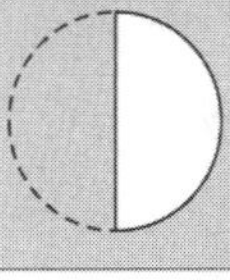	19日	20日
21日 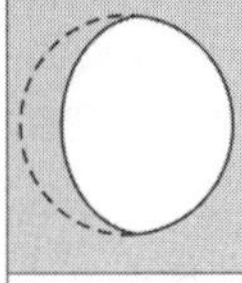	22日	23日	24日	25日	26日　満月 	27日
28日	29日	30日	31日 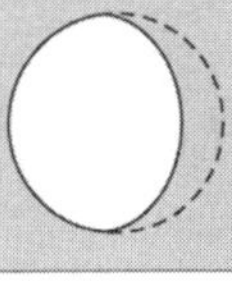			

月の満ち欠けは太陽からくる光と月と地球の位置関係で決まります。次の図は北極星側からその様子を見たものを模式的に示したものです。

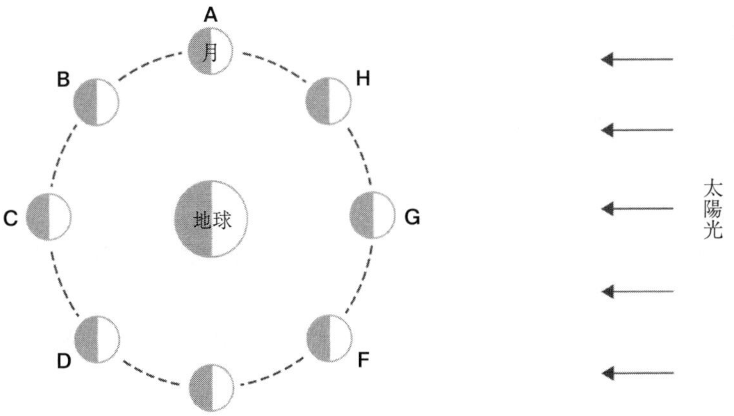

図

(1)　前のページの図の**A**の位置にあるときの月は何と呼ばれていますか。正しいものを次の**ア**～**オ**から一つ選び，記号で答えなさい。

ア　新月　　**イ**　三日月　　**ウ**　上弦《じょうげん》の月

エ　満月　　**オ**　下弦《かげん》の月

(2)　図の**F**の位置にある月は表のどの日に見られますか。もっとも適当なものを次の**ア**～**キ**から一つ選び，記号で答えなさい。

ア　１月４日ごろ　　**イ**　１月７日ごろ　　**ウ**　１月11日ごろ

エ　１月14日ごろ　　**オ**　１月18日ごろ　　**カ**　１月21日ごろ

キ　１月26日ごろ

(3)　図の**F**の位置にある月が南中するのは何時ごろですか。もっとも適当なものを次の**ア**～**ク**から一つ選び，記号で答えなさい。

ア　０時　　**イ**　３時　　**ウ**　６時　　**エ**　９時

オ　12時　　**カ**　15時　　**キ**　18時　　**ク**　21時

(4)　図の**E**の位置にある月が東の地平線近くにあるときの様子としてもっとも適当なものを次の**ア**～**カ**から一つ選び，記号で答えなさい。

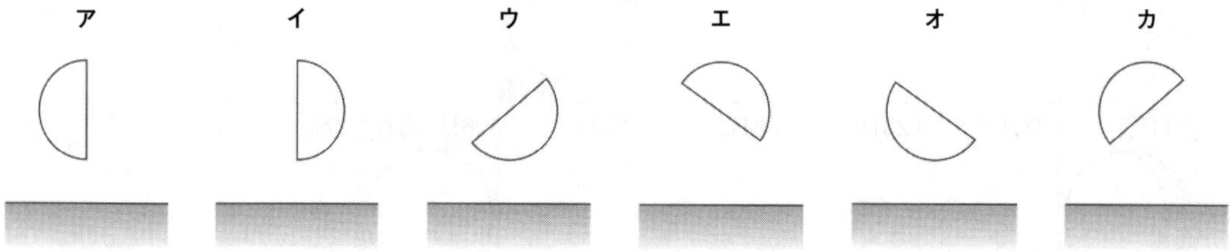

(5)　夜の地平線近くに三日月が見える時間帯としてもっとも適当なものを次の**ア**～**オ**から一つ選び，記号で答えなさい。

ア　20時ごろ　　**イ**　22時ごろ　　**ウ**　０時ごろ

エ　２時ごろ　　**オ**　４時ごろ

祥子さんは２時間ごとの月の動きを自宅のベランダから観察しようと計画しました。なお，祥子さんの自宅のベランダは西側にあり，天球の西側半分が観測可能で，建物など空をさえぎるものはないものとします。

(6)　19時，21時，23時の３回連続で月を観測できる日としてもっとも適当なものを次の**ア**～**キ**から一つ選び，記号で答えなさい。

ア　１月４日　　**イ**　１月７日　　**ウ**　１月11日

エ　１月14日　　**オ**　１月18日　　**カ**　１月21日

キ　１月26日

夜空の月の明るさはその他の星に比べて格段に明るいので，月以外の星の観測をするには夜空に月が出ていない方がよいとされています。

(7)　18時から24時まで月以外の星を観測することにしました。月が空に出ておらず，観測にもっとも適した日を次の**ア**～**カ**から一つ選び，記号で答えなさい。

ア　１月１日　　**イ**　１月７日　　**ウ**　１月14日

エ　１月18日　　**オ**　１月21日　　**カ**　１月31日

3 電流を流す水溶液《すいようえき》について調べるために，次の[実験1]を行いました。後の問いに答えなさい。

[実験1]
図1のように，発泡《はっぽう》ポリスチレン製の板に電極を2本さし，導線を使って豆電球や電池と接続した。ビーカーに水を入れ，さまざまな物質を溶《と》かし，豆電球が点灯するか調べた。

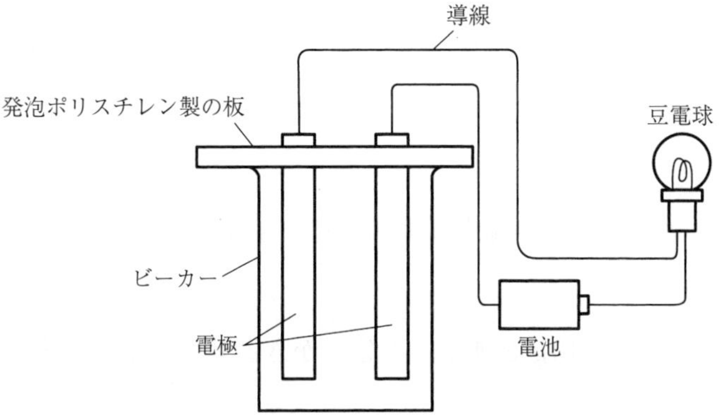

図1

(1) 図1の電極に使えるものとしてもっとも適当なものを，次の**ア**～**エ**から一つ選び，記号で答えなさい。

ア ガラス棒　**イ** 割りばし　**ウ** 消しゴム　**エ** えんぴつの芯《しん》

(2) [実験1]で豆電球が点灯する物質として，もっとも適当なものを次の**ア**～**エ**から一つ選び，記号で答えなさい。

ア 砂糖　**イ** かたくり粉　**ウ** お酢　**エ** アルコール

(3) (2)で豆電球が点灯しているとき，電極どうしの間かくを少しずつ変化させ，そのときの豆電球の明るさを観察しました。電極どうしの間かくと豆電球の明るさの関係について説明した文として，もっとも適当なものを次の**ア**～**ウ**から一つ選び，記号で答えなさい。

ア 電極どうしの間かくが広いほど，明るくなる。
イ 電極どうしの間かくがせまいほど，明るくなる。
ウ 電極どうしの間かくによらず，同じ明るさになる。

次に，水100gに食塩を溶かすとき最大で何g溶けるのかを調べるため，次の[実験2]を行いました。

[実験2]
① 70gの水が入ったビーカーに食塩30gを加え，十分にかき混ぜたところ，白い固体が溶け残った。
② ①の上ずみの水溶液を10g取り，蒸発皿に入れた。
③ 蒸発皿をガスバーナーで加熱し，水溶液中の水をすべて蒸発させたところ，白い固体が2.6g残った。

(4) ガスバーナーの炎《ほのお》の大きさは変えずに，炎の色を黄色から青色にするために行う操作として，もっとも適当なものを次の**ア**～**エ**から一つ選び，記号で答えなさい。

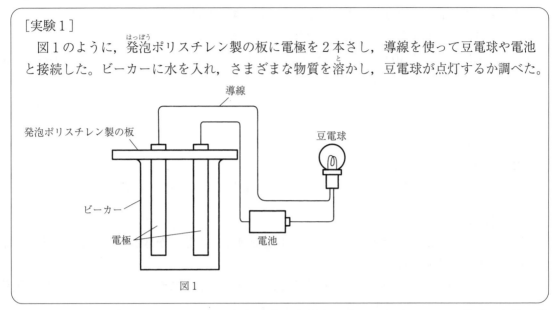

ア　空気調節ねじをおさえ，ガス調節ねじを少しずつ開ける。
イ　空気調節ねじをおさえ，ガス調節ねじを少しずつ閉める。
ウ　ガス調節ねじをおさえ，空気調節ねじを少しずつ開ける。
エ　ガス調節ねじをおさえ，空気調節ねじを少しずつ閉める。

(5)　［実験２］から，水100gに食塩は最大で何gまで溶けることがわかりますか。小数第２位を四捨五入して小数第１位まで答えなさい。

(6)　［実験２］の下線部について，溶け残った白い固体の重さは何gですか。もっとも適当なものを次の**ア**～**オ**から一つ選び，記号で答えなさい。
ア　11.4g　　**イ**　9.4g　　**ウ**　7.4g
エ　5.4g　　**オ**　3.4g

次に，［実験３］を行いました。ただし，水の温度はすべて同じものとします。

［実験３］
①　50gの水が入ったビーカーに食塩10gを加え，十分にかき混ぜたところ，すべて溶けた。この水溶液をAとする。
②　50gの水が入ったビーカーに食塩20gを加え，十分にかき混ぜたところ，白い固体が溶け残った。この上ずみの水溶液をBとする。
③　50gの水が入ったビーカーに食塩30gを加え，十分にかき混ぜたところ，白い固体が溶け残った。この上ずみの水溶液をCとする。
④　［実験１］の図１の装置を３つ用意し，それぞれのビーカーに水溶液A，B，Cを同じ量ずつ入れ，水溶液中につかる電極の面積や電極どうしの間かくが同じになるようにして，豆電球の明るさを比べた。

(7)　［実験３］の豆電球の明るさについて説明した文として，もっとも適当なものを次の**ア**～**カ**から**二つ**選び，記号で答えなさい。
ア　AはBよりも明るい。
イ　BはAよりも明るい。
ウ　AとBの明るさは同じである。
エ　BはCよりも明るい。
オ　CはBよりも明るい。
カ　BとCの明るさは同じである。

4　もののつり合いについて，後の問いに答えなさい。

重さがそれぞれ120g，200g，280gであるおもりP，Q，Rと棒を組み合わせて，つり合わせます。

はじめに，長さが40cmで重さを無視してよい棒１の左端《ひだりはし》におもりPを，右端《みぎはし》におもりQをつり下げました。棒１の左端から［ 1 ］cmの点に糸を取り付けました。

これを長さが60cmで重さを無視してよい棒２の左端に取り付け，右端にはおもりRをつり下げました。棒２の左端から［ 2 ］cmの点に糸を取り付けて全体を次のページの図１のようにつり下げたところ，棒１と棒２はともに水平な状態で静止しました。

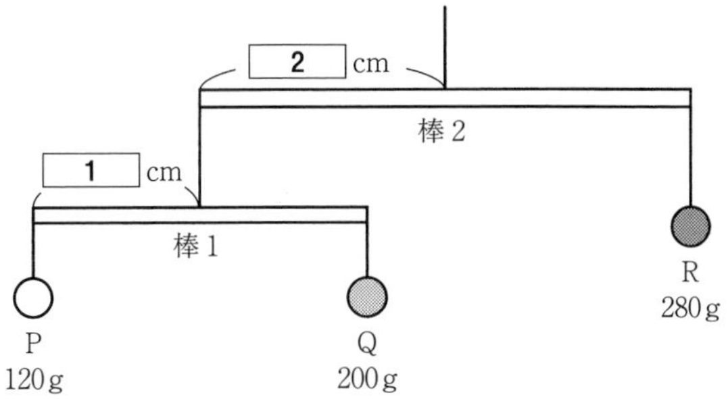

図１

(1)　文中の空らん[1]，[2]に入る数を答えなさい。

次に，長さが60cmで重さが40gである一様な棒３の両端《りょうはし》にそれぞればねばかりXとばねばかりYを取り付けました。このとき，ばねばかりX，Yは棒の重さを１：１の比で支えます。これに加えて，図２のように棒３の左端から20cmの点におもりPをつり下げて，棒３が水平になるように静止させると，ばねばかりX，YはおもりPの重さを[3]の比で支えるので，ばねばかりXは[4]gを示します。

また，ばねばかりを取り外し，図３のように棒３の左端から[5]cmの点に糸を取り付けて全体をつり下げると，棒３が水平な状態で静止しました。

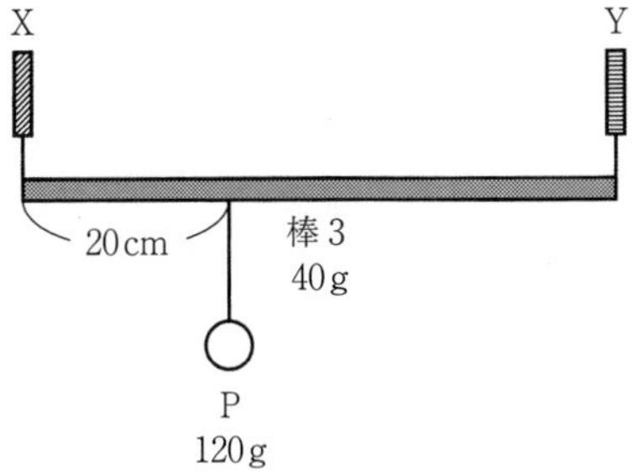

図２

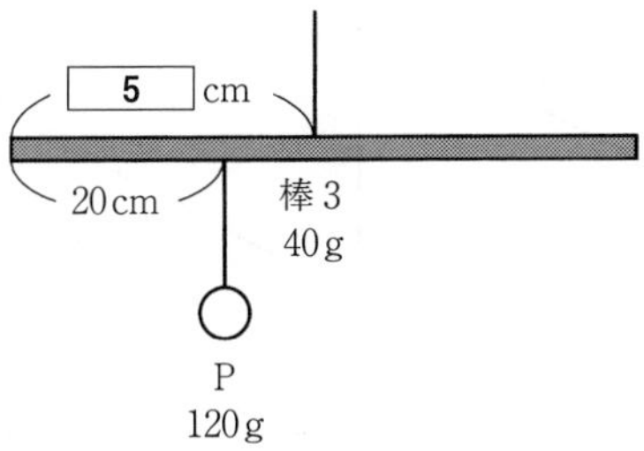

図３

(2)　文中の空らん[3]に入る比と[4]に入る数の組み合わせとして正しいものを次の**ア**～**コ**から一つ選び，記号で答えなさい。また，空らん[5]に入る数を答えなさい。

	3	4
ア	1：1	60
イ	1：1	80
ウ	1：2	40
エ	1：2	60
オ	2：1	80
カ	2：1	100
キ	1：3	30
ク	1：3	50
ケ	3：1	90
コ	3：1	110

次のページの図４のような台形の板ABCDについて考えます。板の厚さは一様とし，板ABCDの重さは486gとします。

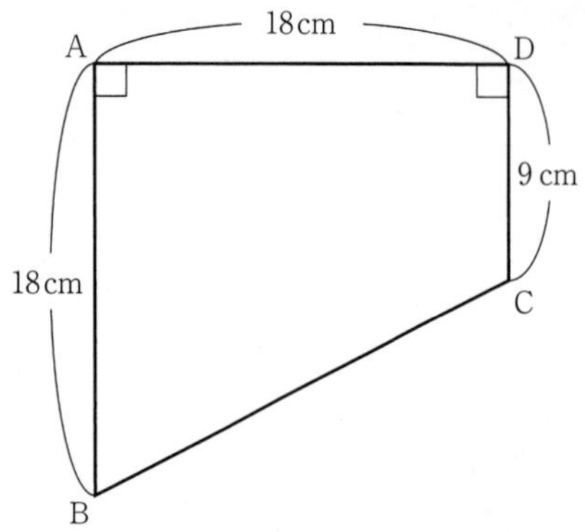

図4

(3) 図5のように，点AとDにそれぞればねばかりXとばねばかりYを取り付け，辺ADが水平な状態で静止させると，Xは270gを示しました。このとき，ばねばかりYは何gを示しますか。

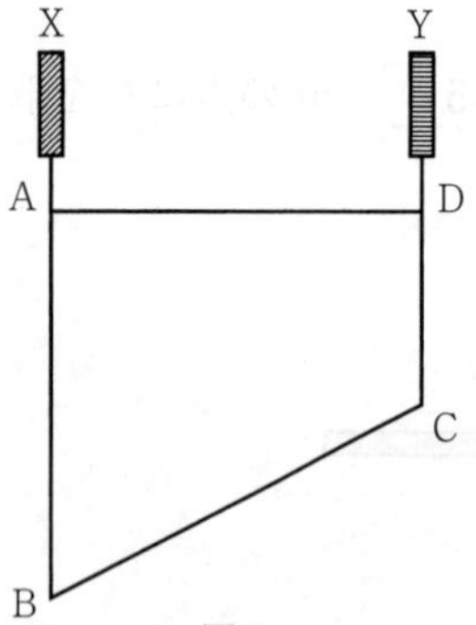

図5

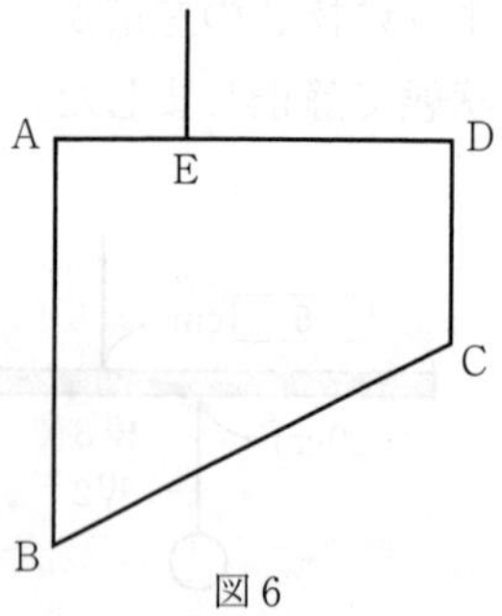

図6

(4) 図6のように，辺AD上の点Eに糸を取り付けると，辺ADが水平な状態で静止しました。AEの長さは何cmですか。

次に，図7のように，辺BA上の点Fに糸を取り付けると，辺BAが水平な状態で静止しました。このとき，BFの長さは11cmでした。

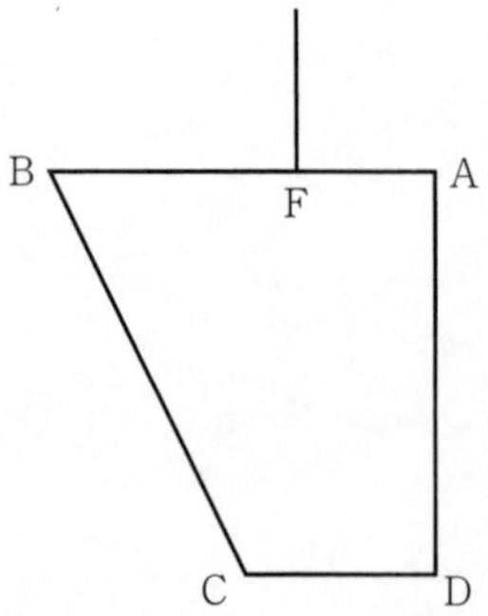

図7

(5) 図8のように，点BとAにそれぞればねばかりXとばねばかりYを取り付け，辺CDを二等分する点Gに重さが120gのおもりPをつり下げて，辺BAが水平な状態で静止させました。このとき，ばねばかりYは何gを示しますか。

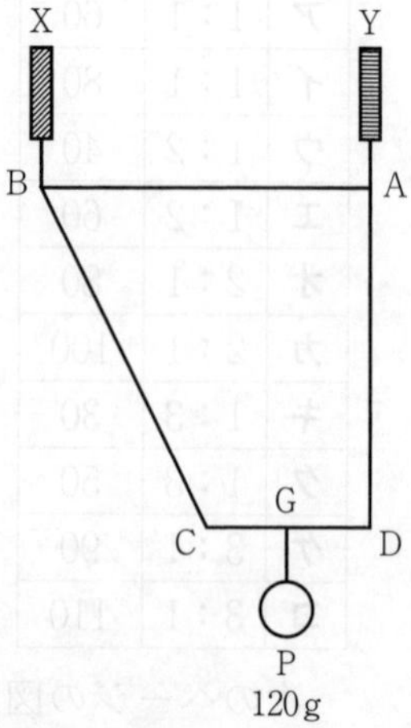

図8

(6) 前のページの図６の点Ｅを通り辺ABに平行な直線をEH，図７の点Ｆを通り辺ADに平行な直線をFIとし，EHとFIが交わる点をＪとします。このとき，**正しくないもの**を後の**ア**～**エ**から一つ選び，記号で答えなさい。

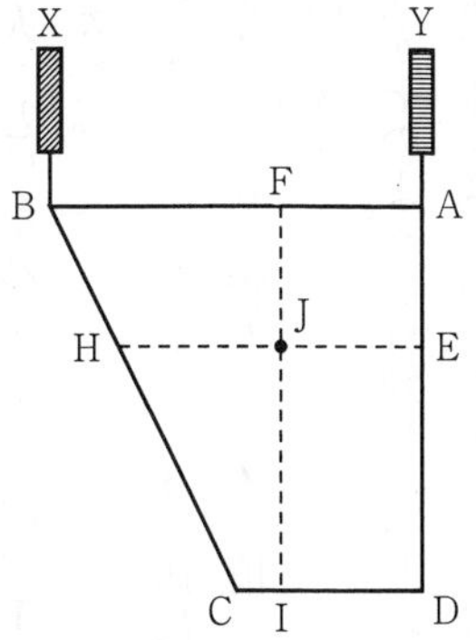

図９

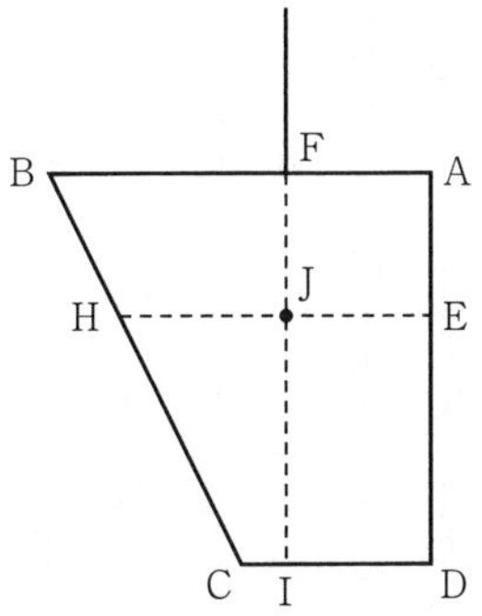

図10

ア　図９で，板をFIで切断して２枚に分けても，ばねばかりＸの示す重さは変わらない。

イ　図９で，点Ｄにおもりをつり下げても，ばねばかりＸの示す重さは変わらない。

ウ　図10で，板をEHで切断して台形HCDEを取り除くと，辺BAは水平な状態を保たず，Ｂの側が下に傾《かたむ》く。

エ　点Ｊに糸を取り付けると，板ABCDが水平な状態で静止する。

答えなさい。

(1) 「四人」とはだれですか。次の**1**～**9**から**四つ**選び、番号で答えなさい。

1 桂太　**2** 美貴　**3** 飯島　**4** 道橋

5 高梨　**6** 雅人　**7** 梢　**8** 朋華

9 沢ちゃん

(2) 四人がそのような行動をとった理由としてもっとも適当なものを次の**1**～**4**から一つ選び、番号で答えなさい。

1 転校する「あたし」と卒業メニューを一緒に食べる最後の機会なので、その瞬間《しゅんかん》をかみしめるため。

2 全員が約束の重みを理解し守りぬこうと心に固く決めていることを「あたし」に伝えるため。

3 四人との約束が守られることを信じていない「あたし」に対して、自分たちの真剣さを伝えるため。

4 自分たちの覚悟《かくご》を再確認することを通して、「あたし」と別れるさびしさを少しでもやわらげるため。

三

次の**1**～**6**の――線のカタカナを漢字で書きなさい。

1 キンベンな学生が多い。

2 コウセキを挙げた人に授与《じゅよ》される賞。

3 マフラーをアむ。

4 物価高は生活のあらゆるリョウイキにおよんでいる。

5 ボウハンのために見回りをする。

6 妹のチームはアブなげなく勝利した。

離れることよりも新しいメダルを手に入れたことを喜んでいるように見えてとまどっている。

問二　――線②「あたしは身構えてしまった」とありますが、ここには「あたし」のどのような気持ちが表れていますか。三十字以上四十字以内で説明しなさい。

問三　――線③「それじゃ意味がないんだ」とありますが、なぜ道橋はこのように言ったと考えられますか。本文全体をふまえて四十字以上五十字以内で説明しなさい。

問四　――線④「結局は桂太の友情の証といっしょだ」とありますが、どのような点で「いっしょ」なのですか。もっとも適当なものを次の**1**～**4**から一つ選び、番号で答えなさい。

1　目に見えるものを持つことで、離れていてもずっと相手を忘れないでいられるという点。

2　かつてはとても仲がよかったことを、その後もずっと目に見える形で残すことができるという点。

3　離れたらもう友達ではなくなってしまうという現実を、ずっと忘れさせないものであるという点。

4　ずっと友達でいるという約束が守られず、期待した自分に悲しみを与《あた》えることになるという点。

問五　――線⑤「あたしの心は揺《ゆ》れていた」とありますが、どのような思いの間で揺れていたのですか。次の□にあてはまるように四十字以上五十字以内で説明しなさい。

□の間で揺れていた。

問六　⑥にあてはまる数字を漢字で答えなさい。

問七　――線⑦「あたしがそれに手をつけるのをためらっている」理由が書かれている一文をぬき出し、初めの七字を書きなさい。

問八　⑧にあてはまる言葉を漢字一字で答えなさい。

問九　――線⑨「あたしはもうへらへらしたふりを続けられなくなっていた」とありますが、このときの「あたし」の気持ちとしてもっとも適当なものを次の**1**～**4**から一つ選び、番号で答えなさい。

1　落ち着かない気持ちを隠そうとふざけたふりをしていたが、自分が望んでいた約束が美貴と本当に交わされようとしている状況《じょうきょう》になり、思わず真剣になっている。

2　自分に会いに来るという美貴の突然の言葉に驚くあまり、落ち着かない気持ちを隠すことができなくなってどうしたらよいか分からなくなっている。

3　美貴の言葉が本心から発せられたものかどうかを判断することができず、自分がどういう態度をとるべきかが分からなくなってしまってうろたえている。

4　美貴が真剣な様子で大切な約束を交わそうとしているのを察知して、自分の普段のふざけた態度で場の雰囲気《ふんいき》を乱してはいけないと考えを改めている。

問十　――線⑩「涙《なみだ》がこぼれそうになった」のはなぜですか。もっとも適当なものを次の**1**～**4**から一つ選び、番号で答えなさい。

1　期待していた以上の言葉を美貴が返してくれたことで、ずっと胸にかかえていた不安から解放されたから。

2　不安で張《は》り詰《つ》めた気持ちを察した美貴が、軽妙《けいみょう》で気の利《き》いた返事をしてくれたので、心が軽くなったから。

3　美貴の友を案じる思いやりに満ちた言葉に触《ふ》れて、美貴が友達でいてくれたことがうれしくなったから。

4　無理なお願いをして嫌《きら》われたと思っていたが、美貴も同様に無理なお願いをしてきたので気持ちが楽になったから。

問十一　――線⑪「四人はあたしのほうに向きなおり、同時にあたしのクレープを口にした。誓いの儀式《ぎしき》のように、厳《おごそ》かに」についてあたしがひそかに望んでいた約束を、美貴はいま、交わしてくれようとしているのだ。あたしが転校したあとも、ずっと忘れずにいる。ずっと友達でいる。そういう約束を。

不安と期待が混ざりあった感情を隠して、あたしは軽い口調でたしかめた。

「そんな約束、ほんとにしちゃっていいの？　あたしの食い意地が張ってるの、美貴も知ってるでしょ。もし約束を破ったら、一生美貴のことを許さないかもよ」

「だから約束になるんでしょう。わたしだって生涯《しょうがい》梢に恨《うら》まれたくはないもの」

美貴はすました顔でこたえた。

⑨あたしはもうへらへらしたふりを続けられなくなっていた。あたしは美貴の顔を見つめ、それからトレイに載ったクレープに視線を落とした。図書室で見つけたカードのメッセージが、頭の中に浮《う》かんでいた。

約束の結果が、どうなるかはわからない。それでもあたしは、美貴のことを信じたい。臆病《おくびょう》な心を奮い立たせ、あたしは美貴にクレープをわたそうとした。

けれどその途中で、あたしはもう少しだけ欲張りたくなってしまった。

「……あのさ、ただ持ってきて、すぐ帰っちゃうとか、そういうのはなしだからね。近場のおすすめスポットとか、おいしい店とか調べとくからさ、帰りの電車の時間まで、ちゃんとつきあってくれなきゃ嫌《いや》だからね。いまみたいに話したり、遊んでくれなきゃ嫌だからね」

「ええ、もとからそのつもり。もっとも、それまでに何度も遊びにいってるだろうから、近所のおいしい店は行きつくしてるかもしれないけど。そのときは、梢の手料理を振舞《ふるま》ってくれればいいわ」

ほっとした拍子《ひょうし》に⑩涙《なみだ》がこぼれそうになった。転校のことを知らないまわりのみんながざわざわしはじめていたけど、あたしは気にしなかった。

美貴にクレープを手渡《てわた》すと、となりの班の桃が美貴のところにやってきた。

「美貴ちゃん、わたしにも半分ちょうだい」

もちろん、と美貴がうなずいた。それから美貴が朋華と沢ちゃんを呼ぶと、ふたりもすぐに飛んできた。あたしたちの話が聞こえていたのか、普段は給食中の出歩きを注意する辻井先生も、いまは黙《だま》って見《み》逃《のが》してくれていた。

美貴が約束の説明をして、四つに分けたクレープをみんなに配った。それから⑪四人はあたしのほうに向きなおり、同時にあたしのクレープを口にした。誓いの儀式《ぎしき》のように、厳《おごそ》かに。

（如月かずさ『給食アンサンブル』）

問一　――線①「あたしはきょとんとしてしまった」とありますが、このときの「あたし」の気持ちとしてもっとも適当なものを次の**1**～**4**から一つ選び、番号で答えなさい。

1　生まれたときから一緒《いっしょ》に過ごしているのに、転校することがつらいという本心を姉の自分にさえ見せようとしないで強がりを言う桂太の意図を理解できないでいる。

2　生まれたときから一緒に過ごしているのに、桂太が転校して友達と別れることを寂しいと感じないとは予想していなかったので、弟の意外な性格を不快に感じている。

3　つらいことを聞いてしまったと悔《く》やんだのに、桂太は離れても友情がとだえることはないと信じ、転校をたいしてつらいとは思っていないと知って意外に思っている。

4　つらいことを聞いてしまったと悔やんだのに、桂太は友達と美貴たちと、あのメッセージカードのような約束を交わすことができないでいた。

　約束をしたって、それが必ず果たされるという確証はない。交わした約束が忘れられてしまうのは、自然と絆《きずな》が消えてしまうより、きっともっと悲しい。そんなふうに考えたら怖気《おじけ》づいてしまって、美貴たちに約束の話を持ちかける勇気が出せなかったのだ。

「ふうん、卒業式の日じゃないのに、卒業メニューが出るのね」

　美貴が給食のトレイに載《の》った豪華《ごうか》なメニューをながめて言った。卒業メニューは毎年恒例《こうれい》だけど、去年まで小中一貫《いっかん》の私立学校に通っていた美貴は、そういうメニューがあることを知らなかったらしい。

「卒業式の日だと、卒業生は給食出ないからさ。メニューはいつも違うんだけど、このデザートのクレープだけは、なんでか毎年変わらないんだよね。まあ、おいしいから全然かまわないんだけど」

　あたしは『卒業おめでとう』とビニールの包装に印刷されたクレープを美貴に見せて説明した。中学になっても給食センターは小学校のときと変わらないから、これを食べるのも、もう ⑥ 度目になる。

　今年の卒業メニューはそのクレープに、メンチカツとミネストローネとフルーツポンチ。どれも人気メニューで、あたしの好物ばかりだ。

　いつもだったら全部おかわりするようなすばらしいメニューなのに、あたしはなかなか箸《はし》が進まなかった。卒業メニューが、お別れメニューのように思えてしまったのだ。

　お別れなんてしたくない。二年後の卒業のときも、この学校で美貴たちといっしょに卒業メニューを食べていたい。そう思ったら、大好きなメニューも食べたくなくなってしまっていた。給食を食べたくないなんて、小学校入学以来はじめてのことだった。

　それでものろのろと食べ進めて、最後にデザートのクレープが残った。⑦あたしがそれに手をつけるのをためらっていると、こっちを見ていた美貴と目が合った。

　美貴はなにかを察したような顔をしていた。そんな美貴に、なんでもないよ、と伝えるようにほほえんでみせると、あたしはクレープに手を伸《の》ばそうとした。

　そのとき突然《とつぜん》、美貴があたしに尋《たず》ねてきた。

「ねえ、そのクレープ、わたしにくれない？」

　あたしは ⑧ を丸くした。美貴が給食をねだることなんて、これまでなかったから。班のみんなも、えっ、というふうに美貴のことを見ていた。

　べつに惜《お》しくはなかったけど、あたしはわざと意地悪に聞きかえした。

「うーん、条件にもよるかな。これの代わりに、美貴はなにをくれるわけ？」

「なにもあげない」

　美貴は平然とこたえた。その返事を聞いてあたしはきょとんとしてしまう。

「いやいや、それはないよ。こんなレアなメニューをただでもらおうなんて、いくらなんでも虫がよすぎ……」

「ごめんなさい、言いなおすわ。いまはなにもあげない」

　美貴があたしの言葉を遮《さえぎ》った。あたしが首を傾げると、美貴はあたしの顔をまっすぐに見つめて続けた。

「でもその代わりに二年後、三年生のときの卒業メニューのデザートを、梢のところに持っていくわ。傷《いた》まないように冷凍《れいとう》して、週末に電車に乗って。絶対に、約束する」

　美貴の眼差《まなざ》しは真剣《しんけん》だった。美貴の言葉の意味に気がついて、あたしの胸は震《ふる》えた。

人の女子の名前と、『二年三組図書室シスターズ』という署名も書き添《そ》えられている。

　二年三組ということは、卒業で離ればなれになったわけじゃない。だとするとここに記してあるのは、もしかしてあたしのように転校していく友達とのあいだで交《か》わした約束なんじゃないだろうか。

　道橋があたしにこの本を押《お》しつけたのは、これを見せたかったからに違《ちが》いない。だけど、とあたしはカードから視線をそらした。だけど、このカードだって、④結局は桂太の友情の証といっしょだ。こんなものを残したところで、約束が果たされなくては意味がない。だいたい、一年だって連絡《れんらく》がなくなってしまうんだから。物語の内容にあわせたんだろうけど、十年越《ご》しの約束なんて無理に決まってる。

　あたしはため息をついて、もとのポケットにカードをしまおうとした。けれどその途中《とちゅう》で、ふとその手を止める。

　道橋のやつが、しつこく下巻も借りるようにすすめてきたのが気になったのだ。あたしにこれを見せたかっただけなら、べつに下巻を借りさせる必要はなかったのに……。

　首を傾《かし》げたところで、まさか、とあたしは息をのんだ。そして手にしたカードをじっと見つめる。

　はっきりとはわからないけど、カードはそれなりに古いものに見えた。続けていきおいよくページをめくってたしかめると、本が出版された年は十年以上前になっていた。

　あたしの鼓動《こどう》はいつのまにか速くなっていた。まさか、そういうことなのか。道橋がほんとうにあたしに見せたかったのはそれなのか。

　あたしは部屋の時計を見た。だけど時間を確認《かくにん》するまでもなく、学校の図書室はもうとっくに校舎ごと閉まったあとだ。

　道橋のすすめに素直《すなお》に従って、下巻もいっしょに借りてこなかったことを、あたしは深く後悔した。

　思いついた可能性が気にかかって、なかなか寝《ね》つくことができず、あたしは寝不足の状態で朝を迎《むか》えた。そしていつもより早めに家事をすませて登校すると、まっすぐ図書室に向かって、うろおぼえの本棚から昨日の本の下巻を見つけだした。

　本を手に取って、最終ページを開く。するとあたしが予想していたとおり、ポケットには上巻と同じように、小さなカードが収められていた。カードはゆうべ見たものより、だいぶ新しそうだった。

　祈《いの》るような気持ちで、ポケットからカードを取りだして、あたしはそこに書かれたメッセージをたしかめた。

『わたしたちの友情は永久に不滅《ふめつ》！』

　カラフルな蛍光《けいこう》ペンで記されたメッセージが、誇《ほこ》らしく輝《かがや》いているように見えた。カードの隅には上巻のものより大人びた筆跡《ひっせき》で、署名と数年前の日付が書いてある。署名の数は四つ。約束を交わした仲間は、誰《だれ》ひとりとして欠けていなかった。

　それを見た途端《とたん》、あたしは目頭《めがしら》が熱くなった。桂太が友達と交わした約束を、あたしは鼻で笑った。そんな約束、なんの意味もないと。だけどこうして、十年越しに果たされた約束を目のあたりにして、⑤あたしの心は揺《ゆ》れていた。

　あたしも美貴たちと、こんな約束を交わすことができたら……。

　心の底から強い願いがあふれてくるのを感じながら、あたしはメッセージカードを見つめていた。ホームルームが始まることも忘れて、いつまでもずっと見つめていた。

　三学期もいよいよ終わりが近づいてきて、給食に卒業メニューが出る日がやってきた。

　転校までに残された時間は、もうあとわずか。けれどあたしはまだのうれしそうな顔を見て、あたしは心から思った。

あたしも桂太みたいに、無邪気《むじゃき》な約束を信じられたらよかったのに、と。

（中略）

「実は、高梨と雅人のふたりから、続けざまに同じ相談をされたんだ。転校する飯島のために、なにかしてやれることを思いつかないか、って」

「えっ、桃はともかく、足立まで？」

ああ、と道橋はこちらを振《ふ》りむかずにこたえた。

「おれにそんな相談をされても困るんだけどな。ただ、たまたま飯島にぴったりの本を知ってたから、それを紹介《しょうかい》しようと思ったんだ」

道橋がそう話したところで、図書室の前に着いた。

本、と②あたしは身構えてしまった。あたしが読むのは基本的に料理の本だけだ。あとは小学生のころに、桃にすすめられて童話をちょっと読んだくらい。

道橋はさっさと図書室に入ると、小説の棚《たな》からその本を選びだした。なるべく薄《うす》くて絵がいっぱいあるのがいいな、と思っていたら、まさかの上下巻だった。

「無理無理、上下巻とか絶対転校までに読めないって。だいたいそれ、絵とか全然ない普通《ふつう》の小説なんでしょ？」

「挿絵《さしえ》はないけど文章は比較的《ひかくてき》読みやすいほうだから、普段読書をしていなくても、まあ読めるだろう」

読めるか。あたしの読書力のなさをなめるな。思わずそう突《つ》っこんでしまったけど、道橋はだいじょうぶだと無責任にあたしを信頼《しんらい》するだけだった。

道橋がしつこくすすめてくるので、最終的に上巻だけ借りることになった。

「下巻は借りなくていいのか？」

「だから、上巻だけだって三学期中に読めるか自信ないんだってば。おもしろかったら、続きは転校先でまた借りて読むからさ」

「いや、③それじゃ意味がないんだ。せめて上巻だけでも頑張《がんば》って最後まで読んでくれ」

無茶言わないでよ、と返しながら、カウンターに本を持っていくと、図書当番の先輩《せんぱい》がバーコードをピッとやって、貸出の手続きをしてくれた。

借りた本はその晩、夕飯の片づけが終わったあとでぼちぼち読みはじめた。あらすじによると、中学卒業後にばらばらになった仲間たちが、十年後に故郷の街で再会する、というような話らしかった。

物語のはじまりは、卒業式を終えた主人公たちが、再会を約束する場面だった。道橋がこれをすすめてきた理由はなんとなくわかったけど、読んでいたらつらくなってしまいそうで、あたしは最初の章も読み終わらないうちに、本を閉じてしまった。

だけど、こう早々と投げだしてしまっては、せっかくすすめてくれた道橋に悪い。そんな気がして、とりあえずぱらぱらとページをめくっていたあたしは、本の最後のページにくっついたポケットから、小さな紙が顔を出しているのを見つけた。ポケットは昔、貸出用のカードかなにかを入れていたもののようだった。

なんだろう、と気になって、その紙を取りだしてみると、それはかわいらしいデザインのメッセージカードだった。そしてそこに記されていたメッセージを読んで、あたしは大きく目を見開いた。

『十年後にまたこの場所で！』

『離《はな》ればなれになっても、わたしたちはずっと友達でいることを誓《ちか》います！』

カードにはそう書いてあった。カラフルな丸文字で、隅《すみ》のほうに四

2　中高年者は見ず知らずの者同士がすすんで会話をするべきであるとされた時代に育ったから。

3　中高年者は携帯電話を用いて知り合いと連絡《れんらく》をとるというコミュニケーションになじみがないから。

4　中高年者は様々な相手と会話することが当たり前だった頃《ころ》の日本を経験しているから。

問九　――線⑦「驚《おどろ》きと不審《ふしん》の目を向けられている」とありますが、それはなぜですか。五十字以上六十字以内で説明しなさい。

問十　――線⑧「かつてはだれもがいつのまにか、したがってさほど苦痛もなく身につけたコミュニケーションのスキル」とありますが、かつての日本人が日常生活の中でどのようにコミュニケーションのスキルを身につけていたかが具体的に説明されている一文をぬき出し、初めの五字を書きなさい。

問十一　――線⑨「『電話のかけ方一つ知らない』」とはどういうことですか。もっとも適当なものを次の**1**～**4**から一つ選び、番号で答えなさい。

1　見ず知らずの人に電話で直接話をすることをこわがり、メールなどの文面で用事をすませたがるということ。

2　電話がかかってくるのを待つばかりで、目上の人には自分からかけるのが礼儀《れいぎ》だと分かっていないということ。

3　声に出して言葉で電話の相手に用件を伝えたり相手の返事を聞いたりするのを苦手としているということ。

4　電話で用件を伝える際に、相手に応じて挨拶や受け答えなどに気をつけながら話すことができないということ。

問十二　筆者は本文で、現在の日本のどのような問題点を指摘《してき》していますか。また、その問題点に対する筆者の解決策はどのようなものだと考えられますか。本文全体をふまえて八十字以上九十字以内で説明しなさい。

二

転校が決まった梢は、弟の桂太とそのことについて話をしています。この場面から始まる次の文章を読んで、後の問いに答えなさい。字数指定のあるものは、句読点やかっこなどもすべて一字に数えます。なお、問題の都合上、もとの文章から一部省略した部分があります。

「……桂太はさ、転校で友達と別れるのが寂《さび》しくないの？」

口にしてしまってから後悔《こうかい》した。そんなこと聞いちゃ駄目《だめ》だ。桂太だってつらいのを隠《かく》してるだけなのかもしれないのに……。

けれど桂太はちょっと驚《おどろ》いたような顔をしただけで、平然とあたしの質問にこたえた。

「寂しいけど、おれにはこれがあるから」

桂太はズボンのポケットをごそごそやって、キラキラしたメダルを取りだした。たしか桂太が好きなアニメに出てくるメダルだ。

「このあいだみんなでおそろいの買ったんだ。転校してもずっと友達だって、約束の証《あかし》なんだよ」

①あたしはきょとんとしてしまった。桂太は友情の証をあたしに見せつけて、自慢《じまん》げな顔をしている。その表情を見つめているうちに、胸の奥《おく》で暗い感情がわきあがってきた。

そんな約束、なんの意味もないよ。あんたの友達も、どうせそのうちあんたのことを忘れてしまうよ。

無性《むしょう》にそう言ってやりたくなった。思いきり意地悪に告げて、桂太を泣かせてやりたくなった。だけどあたしはその衝動《しょうどう》をこらえて、「いい友達じゃん」とにっこりした。

桂太が笑顔《えがお》でうなずいて、約束のメダルをポケットにしまった。そ

4　しかも　　**5**　しかし　　**6**　なぜなら

問三　――線①「そういう体験」とはどのような体験ですか。もっとも適当なものを次の**1**～**4**から一つ選び、番号で答えなさい。

1　他者の意見や考えを幅広く吸収する体験。

2　個人の限られた行動範囲内では得られない体験。

3　想像力が育まれる体験。

4　実際に人と接して言葉を交わす体験。

問四　――線②「暗黙《あんもく》の了解《りょうかい》」が成り立っている具体例として**あてはまらないもの**を次の**1**～**4**から一つ選び、番号で答えなさい。

1　彼はサッカーの試合で完敗して以来ひどく自信を失ってしまっているので、友人たちはできるだけサッカーについては触《ふ》れないようにしている。

2　友人とは長い付き合いで、何も言わなくても表情だけでどんな気分でいるのか分かるので、明るい表情の時には何か良いことがあったか聞くことにしている。

3　先日、私は母に恋愛《れんあい》について相談した。それ以来、母との会話の中では「例の人」と言うだけでそれが私の恋人《こいびと》のことを指すのだと通じるようになっている。

4　私はあるアニメの大ファンで、そのグッズをいつも身につけている。そのアニメが放送された翌日は、友人たちが私にその番組の感想を話してくれる。

問五　――線③「一九七〇年代半ばと八〇年代前半」とありますが、次の⑴と⑵の具体例について、文中で述べられている「一九七〇年代半ばと八〇年代前半」の「パリ」の特徴《とくちょう》にあてはまるものは**1**を、「東京」の特徴にあてはまるものは**2**を、どちらにもあてはまらないものは**3**を書きなさい。

⑴　精肉店に買い物に行くと、店員同士が話に夢中になっていた。精算を終えるまで客である自分の方はちらりとしか見なかった。

⑵　食料品店に買い物に行くと、小学校はいつから夏休みなのかと聞かれた。昨日からだと答えると、家のお手伝いをたくさんするようにと言われたり、私が持ちやすいように買ったものを二つの袋《ふくろ》に分けて入れてくれたりした。

問六　――線④「現在の東京は、人々の態度が当時のパリを思わせる」とはどういうことですか。もっとも適当なものを次の**1**～**4**から一つ選び、番号で答えなさい。

1　現在の東京の人々は、精神的に余裕がなく見ず知らずの人に冷淡《れいたん》であるという点で、当時のパリの人々と似ているということ。

2　穏やかな表情と人のよさそうな笑顔で他人と接する点が、現在の東京の人々と当時のパリの人々との共通点だということ。

3　現在の東京の人々は、一様に険しい顔をして諍いばかり起こしていた当時のパリの人々の影響《えいきょう》を多大に受けているということ。

4　自信と落ち着きを取り戻した当時のパリの人々の態度が、現在の東京の人々に大きな影響を与《あた》えているということ。

問七　――線⑤「赤の他人」との対面コミュニケーションで必要なこととして筆者はどのようなことを挙げていますか。文中から五十字でぬき出し、初めの五字を書きなさい。

問八　――線⑥「情報交換《こうかん》をしたり、愚痴《ぐち》をこぼし合ったり、観念して冗談《じょうだん》を言い合ったりしていたとしたら、それは一部の中高年者だ」とありますが、それはなぜですか。もっとも適当なものを次の**1**～**4**から一つ選び、番号で答えなさい。

1　中高年者は長く生きているぶんコミュニケーションの訓練を多く積んできているから。

な笑顔にほっとしたことを覚えている。パリの町ですれ違う人々は一様に険しい顔つきをしていて、見知らぬ者同士が諍《いさか》いをし、口だけでなく手や足も出る小競《こぜ》り合いを見かけることも珍《めずら》しくなかった。役所や郵便局や小売店に行けば、係員や従業員同士がおしゃべりに忙《いそが》しく、片手間に客の応対をしているような印象すら受けた。二、三〇年という歳月《さいげつ》を経て、パリは自信と落ち着きを取り戻《もど》したのか、人々の表情と言動に余裕が戻ってきたように感じられる。一方、④現在の東京は、人々の態度が当時のパリを思わせる。

ただし大きく異なる点がある。それはいまの東京の人が、当時のパリとも現在のパリとも、またかつての東京とも違って、非常に無口だということだ。事件や事故が起こって電車が大幅に遅《おく》れた場合でも、乗り合わせた⑤赤の他人同士あまり口をきかない。⑥情報交換《こうかん》をしたり、愚痴《ぐち》をこぼし合ったり、観念して冗談《じょうだん》を言い合ったりしていたとしたら、それは一部の中高年者だ。アクシデントに見舞《みま》われた電車内で、連れのいない乗客は、いらいらした面持《おも》ちで黙《だま》りこくっているか、さもなければ携帯《けいたい》電話の電波の先にいる知り合いに自己の置かれた状況《じょうきょう》を説明するだけである。

フランスではしばしば、日本人の顔を評して「ヴィザージュ・エルメティック」と言う。内心の読み取れない無表情な顔、という意味だ。表情が豊かであれば内心が読み取れるかというと必ずしもそうではないが、言語メッセージの内容と顔の表情は密接な関わりを持つと考えている人々にとって、無表情な日本人は不可解な存在だ。それに加えて、パリを訪《おとず》れる日本人団体客は、挨拶《あいさつ》をしない、お礼を言わない、笑顔を見せない、と評判で、「日本人は礼節を重んじる人々だと聞いていたが……」と、⑦驚《おどろ》きと不審《ふしん》の目を向けられている。

東京人が、他人と話をせず、笑顔を見せず、視線を向けようともしなくなったいま、[C]まわりとのコミュニケーションが途絶《とだ》えたいまになって、その重要性が叫《さけ》ばれ始めている。コミュニケーションのトレーニングを積んでこなかった現代人は、話し方教室だの自己＊啓発《けいはつ》セミナーだのに通う。⑧かつてはだれもがいつのまにか、したがってさほど苦痛もなく身につけたコミュニケーションの＊スキルを、いまやお金を出して、苦労して習う時代なのだ。

⑨「電話のかけ方一つ知らない」と若者を非難する大人がいる。携帯電話が普及《ふきゅう》したことで、相手の家に電話をかける時間を気にしたり、取り次いでくれる家族に対する言葉づかいに気を配ったりする必要がなくなったのだ。必要も機会もないとしたら、人はものを覚えない。

（野口恵子『かなり気がかりな日本語』）

注　＊啓発…知識や理解を深めること。また、そのための導き。
＊スキル…技能、腕前《うでまえ》。

問一　〰〰線㋐「事欠かず」・〰〰線㋑「潤滑油《じゅんかつゆ》」とはどのような意味ですか。もっとも適当なものを後の**1**〜**4**からそれぞれ一つ選び、番号で答えなさい。

㋐「事欠かず」
1　不足せず　**2**　不安にならず
3　取り残されず　**4**　注意せず

㋑「潤滑油」
1　始めるきっかけになるもの
2　終えるきっかけになるもの
3　うまく進めるためのもの
4　大いに盛り上げるためのもの

問二　[A]〜[C]にあてはまる言葉としてもっとも適当なものを次の**1**〜**6**からそれぞれ一つ選び、番号で答えなさい。同じ番号をくり返し使ってはいけません。

1　つまり　**2**　たとえば　**3**　さもなければ

2024年度 吉祥女子中学校

【国　語】〈第一回試験〉（五〇分）〈満点：一〇〇点〉

一　次の文章を読んで、後の問いに答えなさい。字数指定のあるものは、句読点やかっこなどもすべて一字に数えます。

ラジオを聴《き》き、人の書いたものを読むことは、他者の意見や考えを幅《はば》広く吸収することでもある。個人の限られた行動範囲《はんい》内では得られない経験を積むことができるうえ、想像力も育まれる。これらは実際に人と接して言葉を交《か》わす経験を補完するものではあるが、①そういう体験にとって代わるものではない。ラジオや書物などを媒介《ばいかい》としたコミュニケーションには、表情や動作をはじめとする言語外のメッセージの往来や、臨機応変な即時《そくじ》の言葉のやりとりがない。それらがともに現れるのは、インターアクション（相互《そうご》作用）をともなう生身の人間との対面コミュニケーションにおいてのみである。

インターアクションをともなう対面コミュニケーションといってもいろいろある。相手が友人や同僚《どうりょう》であれば、共通理解事項《じこう》も多いため話題にⓐ事欠かず、言葉づかいを気にする必要もない。同業者の場合もほぼ同様だ。

それに対して、職業や年齢《ねんれい》の異なる人とは、つねに気楽にコミュニケーションがとれるとは限らない。話題選び、言葉づかいはもちろんのこと、言語と直接関係のない、表情や視線、態度、身だしなみなどへの配慮《はいりょ》も要求される。話題選びにしても、②暗黙《あんもく》の了解《りょうかい》事項の少ない、もしくはほとんどない相手とどんな話をすればよいのか、ジョークを言ってもよい相手なのかそうではないのか、また、どんなジョークなら会話のⓘ潤滑油《じゅんかつゆ》になりうるのか等々、考えるべきことはつきない。　A　、一方的な講義や講演と違《ちが》って、すべてをあらかじめ準備しておけるわけではない。相手の出方次第《しだい》でとっさの判断をしなければならないことのほうがずっと多い。

かつては、日常生活のなかで当たり前のように多種多様な相手と言葉を交わしていた。周囲の人々が話しているのを聞き、自分自身もまたバラエティーに富んだ話し相手を持つことによって、とりわけ子どもたちは日本語の語彙《ごい》を増やし、言い回しを覚え、言葉の駆《か》け引きを学んだ。知らず知らずのうちに、コミュニケーションの訓練を積んでいたと言える。住形態も生活様式も変化した現代人には、横丁のご隠《いん》居《きょ》さんや町の八百屋さんと会話を楽しむ余裕《よゆう》は、もはやほとんどない。横丁も隠居も存在そのものが失われつつあり、買い物はひとことも発することなくスーパーマーケットですませる昨今、会話らしい会話もせずに日々を送る者もいるほどだ。

三〇年ほど前に比べて明らかに、日本人、厳密には東京で見かける日本人は、見ず知らずの人と話をしなくなり、笑顔《えがお》を見せることがなくなった。その三〇年前ですらすでに、高度経済成長期以降の東京人が他人に無関心になったことを憂《うれ》える声は少なくなかった。　B　、当時の東京では、長い間家族ぐるみの付き合いをしてきた下町の人々は言うまでもなく、郊外《こうがい》の新興住宅地の住民であっても、たえず言葉を交わし合い、互《たが》いのことをよく知っていた。声をかける相手は知り合いばかりではなかった。停留所でバスを待つ間に見ず知らずの者同士がおしゃべりをしたり、電車のなかに赤《あか》ん坊《ぼう》連れの若い母親がいれば、まわりの者が寄ってたかって赤ん坊をあやしたり、だっこさせてもらったりするのは、ごくふつうの光景だった。

③一九七〇年代半ばと八〇年代前半にフランスのパリにしばらく滞《たい》在《ざい》して帰国したとき、私は東京の人々の穏《おだ》やかな表情と人のよさそう

2024年度

吉祥女子中学校　▶解説と解答

算　数　＜第１回試験＞（50分）＜満点：100点＞

解　答

1 (1)　4　(2)　$\frac{5}{12}$　(3)　600 g　(4)　84点　(5)　7：16　(6)　23　(7)　$\frac{14}{27}$倍
2 (1)　198　(2)　5994　(3)　186180　**3** (1)　40分　(2)　1時間40分　(3)　13分20秒　**4** (1)　1080m　(2)　36分　(3)　648m　(4)　1時間21分後　(5)　12回
5 (1)　6 cm　(2)　$54cm^2$　(3)　$108cm^2$　(4)　$36cm^2$　(5)　①　解説の図６を参照のこと。　②　$12cm^2$　(6)　$36cm^2$

解　説

1 **逆算，濃度《のうど》，平均とのべ，消去算，相似，整数の性質，辺の比と面積の比**

(1)　$\left(\frac{1}{3}+2.625\times\square\right)\div13-\frac{7}{12}=\frac{1}{4}$より，$\left(\frac{1}{3}+2.625\times\square\right)\div13=\frac{1}{4}+\frac{7}{12}=\frac{3}{12}+\frac{7}{12}=\frac{10}{12}=\frac{5}{6}$，$\frac{1}{3}+2.625\times\square=\frac{5}{6}\times13=\frac{65}{6}$，$2.625\times\square=\frac{65}{6}-\frac{1}{3}=\frac{65}{6}-\frac{2}{6}=\frac{63}{6}=\frac{21}{2}$　よって，$\square=\frac{21}{2}\div2.625=\frac{21}{2}\div2\frac{5}{8}=\frac{21}{2}\div\frac{21}{8}=\frac{21}{2}\times\frac{8}{21}=4$

(2)　$\frac{1}{8}\times\left(\frac{1}{2}-\frac{1}{6}\right)=\frac{1}{8}\times\left(\frac{3}{6}-\frac{1}{6}\right)=\frac{1}{8}\times\frac{2}{6}=\frac{1}{24}$より，$(0.75-\square)\div0.5-\frac{1}{24}=\frac{5}{8}$，$(0.75-\square)\div0.5=\frac{5}{8}+\frac{1}{24}=\frac{15}{24}+\frac{1}{24}=\frac{16}{24}=\frac{2}{3}$，$0.75-\square=\frac{2}{3}\times0.5=\frac{2}{3}\times\frac{1}{2}=\frac{1}{3}$　よって，$\square=0.75-\frac{1}{3}=\frac{3}{4}-\frac{1}{3}=\frac{9}{12}-\frac{4}{12}=\frac{5}{12}$

(3)　４％の食塩水の重さを□ｇとして図に表すと，下の図１のようになる。図１で，ア：イ＝(10－６)：(６－４)＝２：１だから，$300:\square=\frac{1}{2}:\frac{1}{1}=1:2$となる。よって，$\square=300\times\frac{2}{1}=600$(ｇ)と求められる。

(4)　(平均点)＝(合計点)÷(人数)より，(合計点)＝(平均点)×(人数)となるので，Ａさん，Ｂさん，Ｃさん，Ｄさんの点数をそれぞれⒶ点，Ⓑ点，Ⓒ点，Ⓓ点とすると，下の図２のア～ウの式を作ることができる。図２で，イの式からウの式をひくとエの式のようになる。さらに，アの式とエの式を足すと，Ⓐ×２＝156＋12＝168(点)となるから，Ⓐ＝168÷２＝84(点)と求められる。

図１

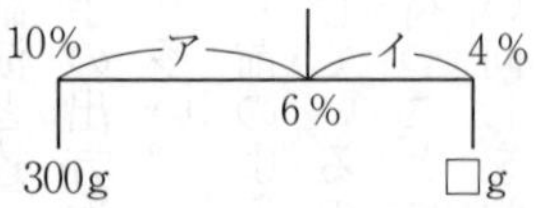

図２

Ⓐ＋Ⓑ　　　　＝78×２＝156(点)…ア
Ⓐ　　＋Ⓒ＋Ⓓ＝75×３＝225(点)…イ
　　Ⓑ＋Ⓒ＋Ⓓ＝71×３＝213(点)…ウ
Ⓐ－Ⓑ　　　　＝225－213＝12(点)…エ

図３

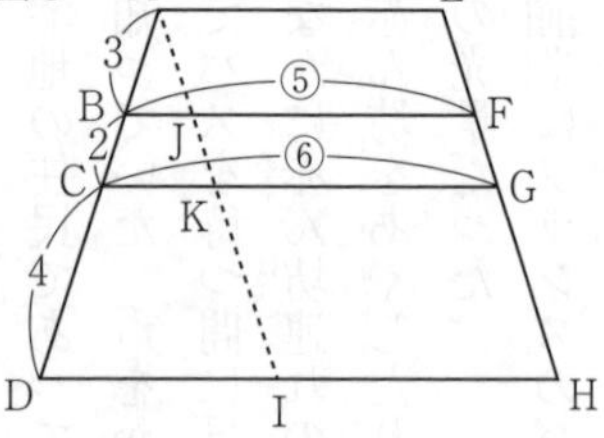

(5)　上の図３のようにＡを通りEHに平行な直線AIを引くと，四角形AIHEは平行四辺形になる。図３で，３つの三角形ABJ，ACK，ADIは相似であり，相似比は，AB：AC：AD＝３：(３＋

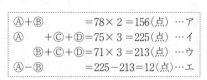

2）：（3＋2＋4）＝3：5：9なので，BJ：CK：DI＝3：5：9となる。そこで，BJ＝$\boxed{3}$，CK＝$\boxed{5}$，DI＝$\boxed{9}$とすると，JF＝⑤－$\boxed{3}$，KG＝⑥－$\boxed{5}$と表すことができる。これが等しいから，⑤－$\boxed{3}$＝⑥－$\boxed{5}$，⑥－⑤＝$\boxed{5}$－$\boxed{3}$より，①＝$\boxed{2}$とわかる。よって，AE＝JF＝⑤－$\boxed{3}$＝$\boxed{10}$－$\boxed{3}$＝$\boxed{7}$，DH＝DI＋IH＝$\boxed{9}$＋$\boxed{7}$＝$\boxed{16}$となるので，AE：DH＝7：16と求められる。

⑹　割られる数が1小さくなると余りも1小さくなるから，283をAで割った余りは，356－4＝352をAで割った余りと等しくなる。また，割られる数が1大きくなると余りも1大きくなるので，283をAで割った余りは，463＋4＝467をAで割った余りと等しくなる。よって，等しい余りを□として図に表すと，右上の図4のようになる。図4で，太線部分はすべてAの倍数だから，ア，イの部分もAの倍数になる。また，ア＝352－283＝69，イ＝467－352＝115なので，Aは69と115の公約数になる。さらに，69＝3×23，115＝5×23より，69と115の最大公約数は23とわかるので，Aは23である。

図4

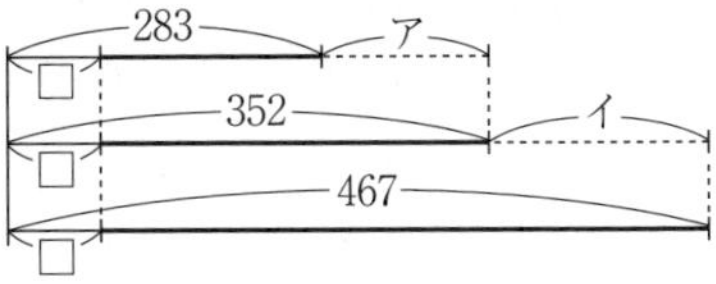

⑺　右の図5で，角BADの大きさを●，角ADBの大きさを○とすると，●と○の和は，180－60＝120(度)だから，角FDCの大きさは●，角DFCの大きさは○になる。すると，三角形ABDと三角形DCFは相似とわかる。このとき，相似比は，AB：DC＝12：8＝3：2なので，CF＝$4\times\frac{2}{3}=\frac{8}{3}$(cm)であり，CF：FA＝$\frac{8}{3}:\left(12-\frac{8}{3}\right)$＝2：7となる。よって，三角形ABCの面積を1とすると，三角形ADCの面積は，$1\times\frac{8}{12}=\frac{2}{3}$，三角形ADFの面積は，$\frac{2}{3}\times\frac{7}{2+7}=\frac{14}{27}$となるから，三角形ADFの面積は三角形ABCの面積の，$\frac{14}{27}\div 1=\frac{14}{27}$(倍)である。

図5

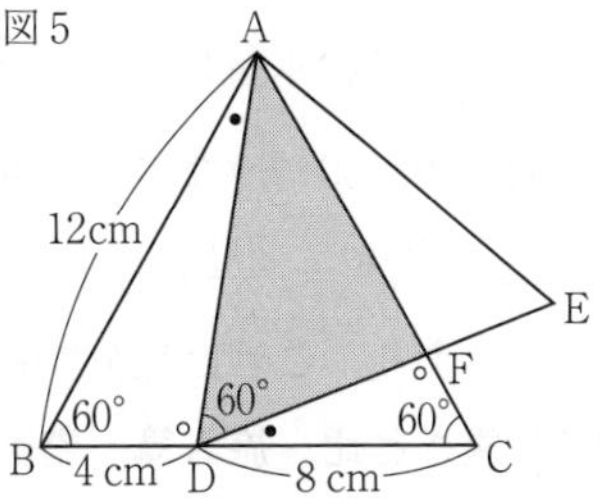

2　場合の数

⑴　十の位にも一の位にも｛1，2，3｝の3通りの数字を使うことができるから，2けたの数は全部で，3×3＝9(個)ある。このとき，どちらの位にも｛1，2，3｝が同じ回数だけあらわれるので，各位にあらわれる｛1，2，3｝の回数は，9÷3＝3(回)になる。よって，十の位と一の位の和はどちらも，（1＋2＋3）×3＝18になるから，2けたの数の和は，18×10＋18×1＝18×11＝198と求められる。

⑵　⑴と同様に考える。3けたの数は全部で，3×3×3＝27(個)あり，どの位にも｛1，2，3｝が同じ回数だけあらわれるので，各位にあらわれる｛1，2，3｝の回数は，27÷3＝9(回)である。よって，各位の和はすべて，（1＋2＋3）×9＝54になるから，3けたの数の和は，54×100＋54×10＋54×1＝54×111＝5994と求められる。

⑶　⑴，⑵と同様に考えて，4けたの数の和を求める。4けたの数は全部で，3×3×3×3＝81(個)あるので，各位にあらわれる｛1，2，3｝の回数は，81÷3＝27(回)とわかる。よって，各位の和はすべて，（1＋2＋3）×27＝162になるから，4けたの数の和は，162×1000＋162×100＋162×10＋162×1＝162×1111＝179982と求められる。さらに，1けたの数の和は，1＋2＋3＝6なので，1から3333までの和は，6＋198＋5994＋179982＝186180となる。

3　割合と比

⑴　プールをいっぱいにするのにかかる時間の差は，半分まで水を入れるのにかかる時間の差の２倍である。すると，いっぱいにするのにかかる時間は，Ａだけを使うときの方がＢだけを使うときよりも，10×２＝20（分）短くなる。また，いっぱいにするのにかかる時間の差は，$\frac{3}{4}$まで入れるのにかかる時間の差の$\frac{4}{3}$倍になる。すると，いっぱいにするのにかかる時間は，Ｂだけを使うときの方がＣだけを使うときよりも，$15\times\frac{4}{3}=20$（分）短くなる。よって，Ａだけを使うときとＣだけを使うときの差は，20＋20＝40（分）とわかる。

⑵　ＢとＣの１分あたりの給水量の比は５：４だから，Ｂだけを使っていっぱいにするのにかかる時間と，Ｃだけを使っていっぱいにするのにかかる時間の比は，$\frac{1}{5}:\frac{1}{4}=4:5$となる。この差が20分なので，比の１にあたる時間は，20÷（５－４）＝20（分）となり，Ｃだけを使っていっぱいにするのにかかる時間は，20×５＝100（分）と求められる。100÷60＝１余り40より，これは１時間40分となる。

⑶　Ｂ，Ｃの１分あたりの給水量をそれぞれ５，４とすると，プールの容積は，４×100＝400となる。また，Ａだけを使っていっぱいにするのにかかる時間は，100－40＝60（分）だから，Ａの１分あたりの給水量は，$400\div60=\frac{20}{3}$とわかる。次に，このときにいっぱいにするのにかかった時間は，60－10＝50（分）なので，Ａが入れた水の量は，$\frac{20}{3}\times50=\frac{1000}{3}$となる。よって，Ｂが入れた水の量は，$400-\frac{1000}{3}=\frac{200}{3}$だから，Ｂを使った時間は，$\frac{200}{3}\div5=\frac{40}{3}=13\frac{1}{3}$（分）と求められる。$60\times\frac{1}{3}=20$（秒）より，これは13分20秒となる。

4　速さと比，旅人算，整数の性質，仕事算

⑴　花子さんの行きと帰りの速さの比は，90：108＝５：６だから，花子さんが行きと帰りにかかる時間の比は，$\frac{1}{5}:\frac{1}{6}=6:5$となる。この和が，27－５＝22（分）なので，行きにかかる時間は，$22\times\frac{6}{6+5}=12$（分）とわかる。よって，家と学校の間の距離《きょり》は，90×12＝1080（ｍ）と求められる。

⑵　妹が行きにかかる時間は，1080÷54＝20（分），帰りにかかる時間は，1080÷90＝12（分）だから，妹が家を出発してから初めて家にもどってくるまでの時間は，20＋４＋12＝36（分）となる。

⑶　２人の進行のようすをグラフに表すと，右の図１のようになる。図１で，かげをつけた２つの三角形は相似であり，相似比は，（29－17）：（27－９）＝２：３なので，ア：イ＝２：３とわかる。よって，家から初めてすれちがった地点までの距離は，$1080\times\frac{3}{2+3}=648$（ｍ）と求められる。

図１

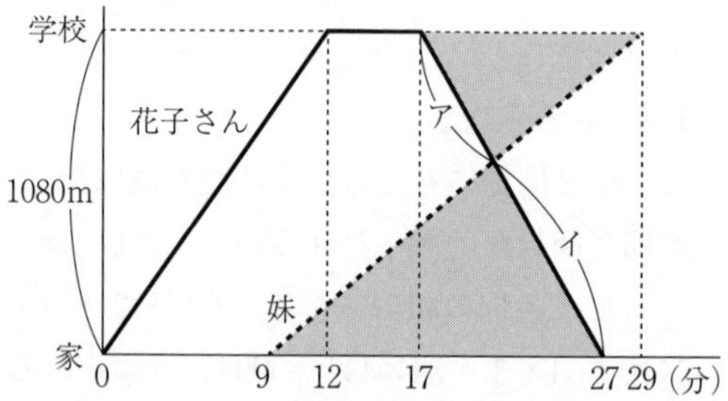

⑷　花子さんは27分ごとに家に着くから，花子さんが家に着くのは，花子さんが出発してから，{27，54，81，…}分後である。一方，妹は花子さんが出発してから９分後に出発し，その後は36分ごとに家に着くので，妹が家に着くのは，花子さんが出発してから，{45，81，…}分後である。よって，２人が初めて同時に家に着くのは，花子さんが出発してから81分後とわかる。81÷60＝１余り21より，これは１時間21分後となる。

⑸　花子さんが出発してから81分後に２人は同時に家を出発し，花子さんは27分ごと，妹は36分ご

とに家に着く。また，右の図２の計算から，27と36の最小公倍数は，３×３×３×４＝108とわかるから，２人が２回目に同時に家に着くのは，花子さんが出発してから，81＋108＝189(分後)となる。よって，それまでに運んだ回数は，花子さんが，189÷27＝７(回)，妹が，(189－９)÷36＝５(回)なので，すべての荷物を運び終えるのは，花子さんが，７＋１＝８(回)，妹が，５＋１＝６(回)運んだときとわかる。したがって，妹が１回に運ぶ量を１，花子さんが１回に運ぶ量を1.5とすると，すべての荷物の量は，1.5×８＋１×６＝18となるから，花子さんが１人で運ぶと，18÷1.5＝12(回)で運び終える。

図２

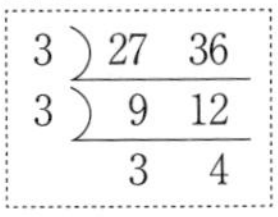

5 立体図形―相似，分割，面積

(1) 下の図１のDJの長さを求める。図１で，三角形PAJと三角形IDJは相似であり，相似比は，PA：ID＝12：６＝２：１である。よって，AD：DJ＝(２－１)：１＝１：１だから，DJ＝６cmとわかる。

図１

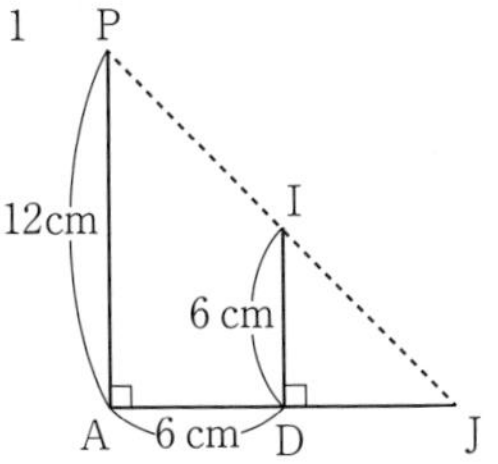

図２

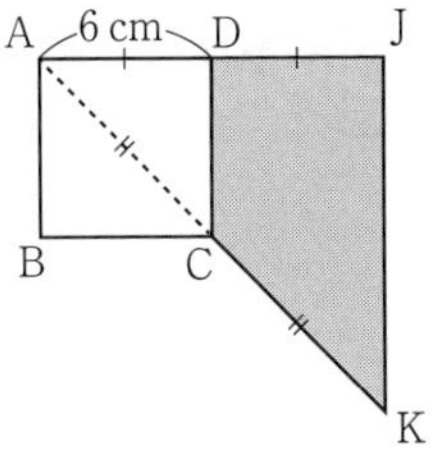

図３

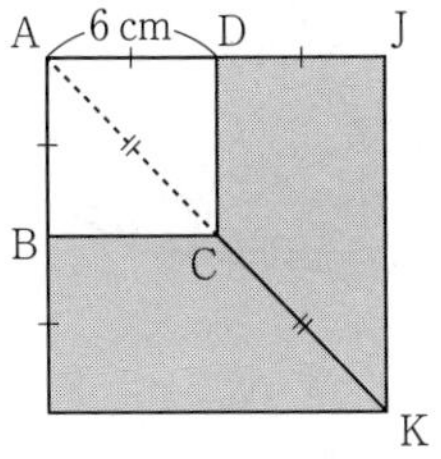

(2) 図１で，棒IDがどこにあっても，AD：DJ＝１：１となるので，真上から見ると上の図２のようになる。図２で，三角形AKJは直角二等辺三角形だから，JK＝６＋６＝12(cm)となり，影《かげ》の面積は，(６＋12)×６÷２＝54(cm²)と求められる。

(3) 上の図３のようになるので，影の面積は図２の２倍であり，54×２＝108(cm²)とわかる。

(4) 立方体の上の面の対角線が交わる点をＬとすると，面EACGは下の図４のようになるから，点Ｌの影はちょうど頂点Ｃにくることがわかる。よって，影は下の図５のようになるので，影の面積は，６×６÷２×２＝36(cm²)である。

図４

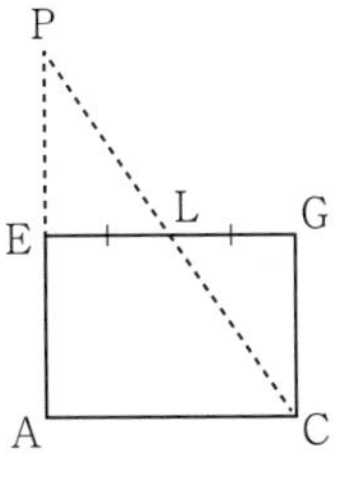

図５

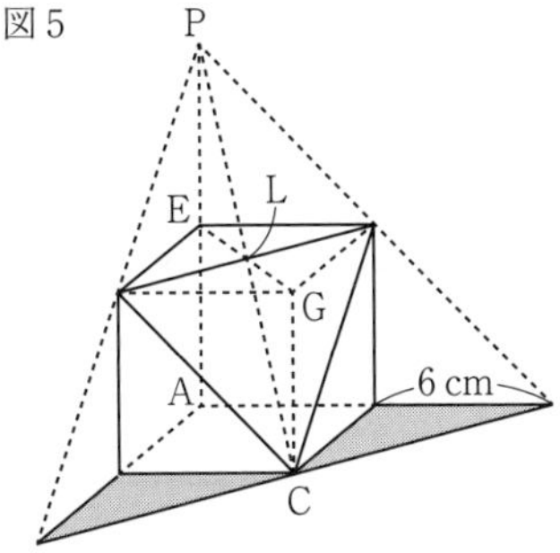

図６

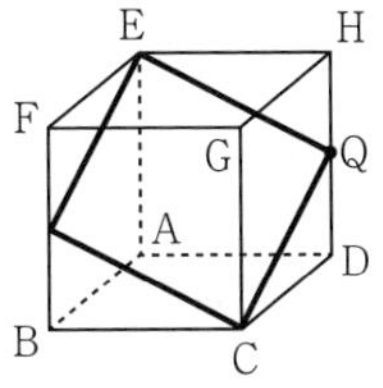

(5) ① ＥとＱ，ＱとＣはそれぞれ同じ面上にあるから，直接結ぶことができる。また，Ｅを通りQCに平行な直線と，Ｃを通りEQに平行な直線を引くと，切り口は上の図６のようになる。 ② 下の図７のように，PQとADをそれぞれ延長して交わる点をＳとすると，三角形PASと三角形QDSは相似になる。このとき，相似比は，PA：QD＝(６＋６)：３＝４：１なので，AD：DS＝(４－１)：１＝３：１となり，DS＝６×$\frac{1}{3}$＝２(cm)とわかる。よって，影の面積は，２×６÷２×２＝12(cm²)と求められる。

(6)　切り口は下の図８のようになり，面EACGは下の図９のようになる。図９で，三角形PAMと三角形RCMは相似であり，相似比は，PA：RC＝（６＋６）：３＝４：１だから，AC：CM＝（４－１）：１＝３：１とわかる。よって，真上から見ると影は下の図10のようになる。図10で，三角形ABCと三角形ACDの面積はどちらも，６×６÷２＝18(cm^2)なので，三角形MDCと三角形MBCの面積はどちらも，18×$\frac{1}{3}$＝６(cm^2)となる。また，三角形ABMの面積は，18＋６＝24(cm^2)だから，三角形BNMの面積も24cm^2である。したがって，影の面積は，６＋６＋24＝36(cm^2)と求められる。

図７
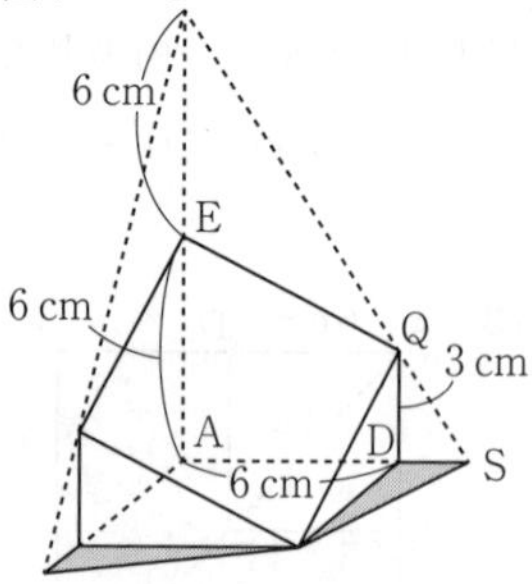

図８
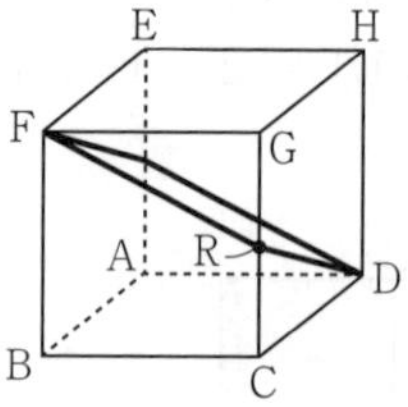

図９
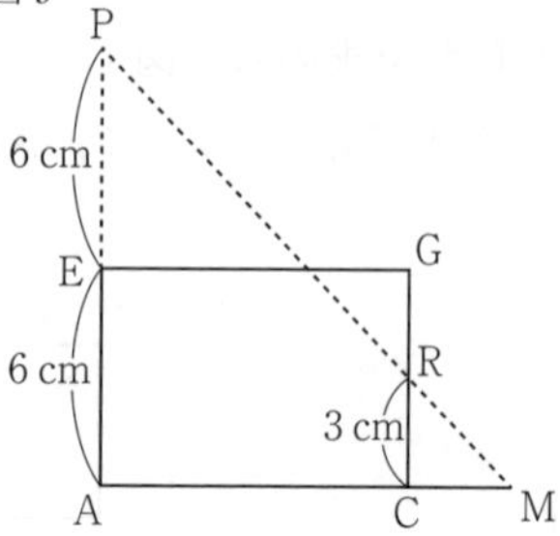

図10
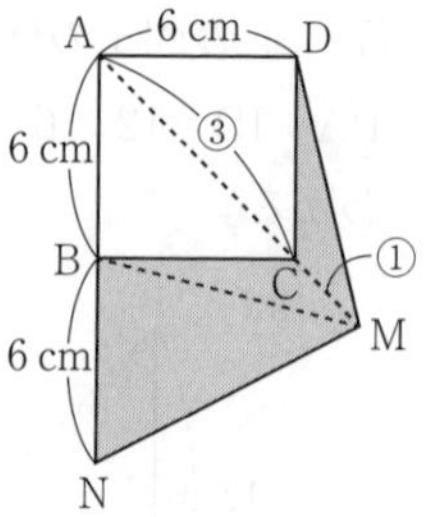

社　会　＜第１回試験＞（35分）＜満点：70点＞

解　答

1 **問１**　エ　**問２**　（例）　現在よりも気温が温暖で，海水面が今よりも高く，海岸線が内陸まで入りこんでいたから。　**問３**　イ　**問４**　エ　**問５**　ア　**問６**　ウ　**問７**　ほしか　**問８**　ア　**問９**　イ　**問10**　伊藤博文　**問11**　ウ　**問12**　オ　**問13**　サンフランシスコ平和（サンフランシスコ講和）　**問14**　ウ　**2** **問１**　ア　**問２**　ユニバーサル　**問３**　北里柴三郎　**問４**　ア　**問５**　エ　**問６**　エ　**問７**　エ　**問８**　イ　**問９**　**中部地方**…イ　**近畿地方**…エ　**問10**　ウ　**問11**　ウ　**問12**　イ　**問13**　猪苗代　**問14**　（例）　図１では，落雪による事故の危険があるが，図２では，屋根の傾斜を内側に向けて，雪解け水を溝から排出することができる。（図１では，落雪による事故の危険があるが，図２では，屋根の上に雪をためて，少しずつ解かすことができる。）　**3** **問１**　ア　**問２**　ア　**問３**　エ　**問４**　イ　**問５**　イ　**問６**　ウ　**問７**　検察官　**問８**　社会　**問９**　ウ　**問10**　エ

解　説

1 **漁業の歴史を題材にした問題**

問１　現在たい類や真珠《しんじゅ》の養殖《ようしょく》がさかんで，かつて藤原純友《すみとも》が反乱を起こしたのは宇和海沿岸である。英虞《あご》湾は三重県にある真珠の養殖で有名な湾である（A…誤）。北洋漁業の基地として栄え，かつて十数年にわたって水あげ量が日本一だったのは釧路《くしろ》港で，18世紀にラクスマンが来航したのは根室である（B…誤）。

問２　6000年前ごろの貝塚が内陸部にも点在しているのは，グラフからわかるように，縄文時代は

現在よりも気温の高い時期があり，その時期には海水面が高くなったことで，海岸線が内陸部まで入りこんでいたからだと考えられる。

問３　日本に仏教が伝来すると，仏教を受け入れようとする蘇我《そが》氏が，仏教の受け入れに反対する物部《もののべ》氏を滅《ほろ》ぼし，大きな力を持つようになった(イ…○)。なお，アの日本軍を破った好太王は，高句麗《こうくり》の王である。ウの氏姓《しせい》制度における氏《うじ》は血縁などでまとめられた豪族ごとの組織，姓《かばね》は氏にあたえられた地位や職務を表す称号である。エの倭の五王の一人である武が中国皇帝からあたえられた称号は「安東大将軍」で，「親魏《ぎ》倭王」は邪馬台国の卑弥呼が授《さず》けられた称号である。

問４　Ａは11世紀(随筆《ずいひつ》『枕草子』の成立)，Ｂは８世紀(行基の活躍《かつやく》)，Ｃは９世紀(蝦夷《えみし》の族長アテルイの降伏)のことなので，時代の古い順にＢ→Ｃ→Ａとなる。

問５　伊豆国(静岡県)に流された源頼朝は，地元の豪族である北条氏の援助で兵を挙げ平氏を滅ぼした(ア…○)。なお，イの駿河《するが》国(静岡県)の今川義元が織田信長に敗れたのは桶狭間《おけはざま》の戦い(1560年)，ウの相模《さがみ》国(神奈川県)の小田原を本拠地《ほんきょち》としたのは後北条氏で，武田信玄は甲斐《かい》国(山梨県)の戦国大名，エの武蔵国秩父《ちちぶ》(埼玉県)から銅が献上《けんじょう》されて鋳造《ちゅうぞう》した「和同開珎《わどうかいちん》」は平城京(奈良県)とその周辺でしか流通しなかった。

問６　室町時代，米の裏作として麦を栽培《さいばい》する二毛作が東日本にも広がり，水田のかんがいに水車が利用されるようになった(ウ…○)。なお，アの『竹取物語』は平安時代前半に成立したとされる物語で，御伽草子《おとぎぞうし》ではない。イの永仁の徳政令(1297年)は鎌倉幕府が御家人救済のために発した法令，エの出雲《いずも》の阿国《おくに》が歌舞伎踊《かぶきおど》りを始めたのは17世紀初めのことである。

問７　江戸時代，九十九里浜(千葉県)で大量に漁獲《ぎょかく》されたイワシは，油分をしぼった干鰯《ほしか》として商品作物の肥料に使用された。

問８　江戸時代初め，貿易許可証である朱印状を得た長崎や大阪，京都の商人が東南アジア各地に進出し，日本町を形成した(ア…○)。鎖国中の長崎では清(中国)やオランダと交易が行われ，琉球(沖縄県)は薩摩藩《さつまはん》(鹿児島県)で，朝鮮は対馬《つしま》藩(長崎県)で，アイヌは松前藩(北海道)で交易していた(イ…×)。長崎貿易で生糸は輸入品，金銀は輸出品であった(ウ…×)。日米和親条約(1854年)で開港したのは下田(静岡県)と函館《はこだて》(北海道)の２港である(エ…×)。

問９　米不足やシベリア出兵が原因で米価が上がったことで起きた米騒動は，大正時代の1918年のことである(イ…×)。

問10　伊藤博文は長州藩(山口県)出身の政治家で，1885年に内閣制度を創設して初代内閣総理大臣となり，大日本帝国憲法の発布にも貢献《こうけん》した。日露戦争(1904～05年)後に初代韓国統監となったものの，1909年６月には統監をやめていたが，10月に満州(中国東北部)のハルビン駅で朝鮮の独立運動家である安重根に暗殺された。

問11　1923年の関東大震災から慢性《まんせい》的な不況が続き，1927年に起こった金融恐慌では，中小銀行があいついで倒産する中で，五大銀行ともいわれる大銀行が中小銀行を取りこんで経済的な地位を高めていった(ウ…×)。

問12　Ａは1933年(日本の国際連盟脱退)，Ｂは1938年(国家総動員法の制定)，Ｃは1931年(柳条湖事件)のことなので，年代の古い順にＣ→Ａ→Ｂとなる。

問13　1951年，日本は連合国48か国とサンフランシスコ平和(講和)条約を結び，翌1952年条約が発効したことで日本は独立を回復することになった。

問14　1970年代には，第四次中東戦争(1973年)による第一次石油危機(オイルショック)で燃料費が高騰《こうとう》したことや，各国が200海里漁業専管水域(排他的経済水域)を設定したことで，日本の遠洋漁業は大きな打撃を受けた。

2　紙幣《しへい》の肖像《しょうぞう》となった人物を題材にした問題

問１　紙幣である日本銀行券は日本銀行，硬貨は政府が独立行政法人造幣局につくらせて発行する(A…正)。インフレーションは貨幣の流通量が多くなることで貨幣価値が下がり，物価が上昇する現象である(B…正)。

問２　国籍や言語・年齢や性別の違い，障がいのあるなしにかかわりなく，全ての人が利用できる製品やサービスなどのデザインをユニバーサルデザインという。

問３　2024年に発行が予定されている紙幣のうち，千円札の肖像は北里柴三郎である。北里柴三郎は細菌《さいきん》学者で，ドイツに留学して破傷風《はしょうふう》血清療法《りょうほう》を発見し，帰国して伝染《でんせん》病研究所を設立した。

問４　福沢諭吉は慶應義塾大学の創立者で，東京専門学校(現在の早稲田大学)を創立したのは大隈重信である(ア…×)。

問５　トマトの収穫《しゅうかく》量は熊本県が全国の約18.3％を占《し》め，以下北海道，愛知県，茨城県，千葉県が続く(エ…○)。なお，アはほうれんそう，イはなす，ウはたまねぎの収穫量上位５位までの都道府県を示している(2021年)。

問６　紅花《べにばな》は赤色染料の原料として栽培され，江戸時代には現在の山形県の最上川流域がその主産地となった。なお，アの北上川は岩手県と宮城県，イの紀の川は奈良県と和歌山県，ウの長良《ながら》川は岐阜県と三重県を流れる。

問７　日本国内の貨物輸送量(2021年)は，自動車，船，鉄道，航空機の順に多い(A…誤)。固定電話の契約数は5139万件，携帯電話の契約数は20548万件(2022年)で，携帯電話の方が多い(B…誤)。

問８　Aは全国的に分布しているが，静岡県，大阪府，愛媛県に工場が多いので，製紙工場である。Bも全国的に分布するが，シリコンロードと呼ばれる東北地方や，シリコンアイランドと呼ばれる九州に工場が多いので，半導体工場である。Cは関東内陸部と山口県，福岡県に集中しているので，セメント工場である。

問９　中部地方には，面積上位10位の都道府県として，長野県，新潟県，岐阜県の３県があり，人口上位10位の都道府県として，愛知県と静岡県の２県がある(中部地方…イ)。近畿地方には，面積上位10位の都道府県はなく，人口上位10位の都道府県として，大阪府と兵庫県の２府県がある(近畿地方…エ)。なお，アは東北地方(面積上位10位は岩手県，福島県，秋田県，青森県，山形県の５県)，ウは九州地方(面積上位10位は鹿児島県，人口上位10位は福岡県)，オは関東地方(人口上位10位は東京都，神奈川県，埼玉県，千葉県の４都県)。面積上位10位と人口上位10位の残り１つは，いずれも北海道である。

問10　アメリカ合衆国と中国からの輸入額のうち，自動車は50％に達していない(ウ…×)。

問11　熊本市は江戸時代に，城下町として発展した。また，2012年に全国で20番目の政令指定都市になった(ウ…○)。なお，アの阿蘇《あそ》山は世界でも最大級のカルデラがあることで知られる。カルスト地形は秋吉台(山口県)などに見られる。イのたたみの原料となるい草の主産地は八代海に面している八代平野である。エの水俣病は有機水銀が原因で起こった。

問12　名前に「島」がつく県のうち，人口密度が最も高い県は広島県である。広島県はかきの養殖やレモンの栽培がさかんで，県庁所在地の広島市は三角州上に位置している(イ…○)。なお，アは鹿児島県，ウは島根県，エは徳島県の説明である。

問13　猪苗代《いなわしろ》湖は福島県中央部にあり，国内で４番目に面積が大きく，東北地方では最大の湖である。その北部には，野口英世の生家が記念館として保存されている。

問14　図１を見ると，屋根の勾配《こうばい》が急な家の造りになっている。この場合は屋根からの落雪による事故が起こることが考えられる。一方，図２を見ると，屋根の中央部がくぼんでおり(屋根の傾斜が内向きになっており)，屋根に積もった雪の雪解け水を溝《みぞ》から排出《はいしゅつ》するようにしている。

3　経済の分野における男女格差についての問題

問１　日本国憲法第66条２項より，内閣を構成する内閣総理大臣と国務大臣は，全て文民でなければならない。文民とは，軍人でない人をいう(ア…○)。なお，イの国務大臣は日本国憲法第68条１項より，過半数が国会議員でなければならない。ウの国務大臣は各省庁の長を務めるが，内閣官房長官と内閣府の特命担当大臣などの無任所大臣もいる。エについて，日本国憲法第70条より，内閣総理大臣が欠けたときも，内閣は必ず総辞職しなければならない。

問２　2020年度はコロナ禍《か》の影響《えいきょう》で経済が低迷したが，2022年度は物価高になりながらも，経済は復調傾向にあった(ア…×)。

問３　育児休業は男女を問わず等しく認められているが，女性に比べて男性の育児休業取得率は低い。そこで，両親ともに育児休業を取得する場合，片方の親だけの取得より育児休業期間を長くする制度を作れば，男性の育児休業の取得率を上げ，男女の育児休業取得率の差を減らすことにつながるといえる(エ…○)。

問４　NATO(北大西洋条約機構)は，北アメリカ２か国とヨーロッパ30か国が加盟する西側の軍事同盟で，主にソ連などの東側の国々に対抗して1949年につくられた。ベラルーシはロシアと軍事同盟を結んでいるので，NATOには加盟していない(イ…×)。

問５　国政選挙において，衆議院の場合は小選挙区と比例代表区の両方に立候補する重複立候補が認められているが，参議院は選挙区と比例代表区の両方に立候補することはできない(イ…○)。なお，アについて，比例代表区は衆議院が11ブロック，参議院が全国区の１つである。ウの国会が行う弾劾裁判は，訴追《そつい》を受けた裁判官を裁くものである。エの条例は地方公共団体が独自に定められるその地域だけに通用する規則であるが，法律の範囲内という条件があるので，その運用では法律より条例が優先されるということはない。

問６　物事を決めるときに人々が直接話し合いに参加し，意見を表明することを直接民主制という。最高裁判所裁判官(長官を含め15名)がその職にふさわしいかという議案について，国民が直接意見を表明するという点で，衆議院議員総選挙のときに最高裁判所裁判官が適任かどうか審査する国民審査は直接民主制の考え方に近い(ウ…○)。なお，アについて，住民が地方議会議員を選ぶことは，住民の代表者である議員が議会で話し合いを行って物事を決める間接民主制の仕組みを利用した民主主義を表している。イについて，国会議員に対し有権者が解職請求することはできない。エについて，参議院の比例代表区の場合，有権者は立候補者の個人名のほか，政党名を記入して投票することもできる。

問７　刑事裁判において，容疑者を裁判所に起訴するのは，検察官である。

問８　教育を受ける権利は，生存権や働く権利などとともに社会権にふくまれる。

問９　社会保障制度は，社会保険・社会福祉・公的扶助(生活保護)・公衆衛生の四本柱からなり，このうち公的扶助は生活困窮《こんきゅう》者を救済するために生活費を支給するものである(ウ…○)。アの入院したときのためにある制度は，健康保険である。イの介護保険の費用は，１～３割が自己負担になる。エについて，図書館の整備は社会保障制度と直接関わらない。

問10　文章では，ポジティブ・アクション(アファーマティブ・アクション)は「今ある格差を正すために，不利な立場にある人々に特別な機会を与《あた》えること」であるとしている(第３段落)。このポジティブ・アクションについて，人は能力によって評価されるべきであるのに，人種や性別によって特定の人を優遇《ゆうぐう》することは逆差別にあたるという反対意見があることを紹介している(第４段落)。しかし，こうした主張に対し，能力の差は自己責任ではなく社会構造によって生まれるものだと反論している(第５段落)。また，日本においても社会的につくられた男女の格差があり(第１・５段落)，ポジティブ・アクションは多様性が生まれるための一時的な措置《そち》であるという考えが示されている(第６段落)。

理　科　＜第１回試験＞（35分）＜満点：70点＞

解　答

[1] (1) エ　(2) ア，エ　(3) ア　(4) イ　(5) ウ　(6) 12.3個　(7) イ　(8) オ　[2] (1) ウ　(2) イ　(3) エ　(4) オ　(5) ア　(6) オ　(7) イ　[3] (1) エ　(2) ウ　(3) イ　(4) ウ　(5) 35.1 g　(6) エ　(7) イ，カ　[4] (1) **1**　25cm　**2**　28cm　(2) **記号**…カ　**数**…22.5cm　(3) 216 g　(4) 8 cm　(5) 387 g　(6) ア

解　説

[1] 花粉についての問題

(1) 花粉がめしべの先の柱頭につくことを受粉という。受粉すると，花粉から花粉管とよばれる管がはいしゅに向かってのび，花粉の中にあった精細胞《さいぼう》が花粉管の中を移動していく。その後，はいしゅの中の卵細胞と精細胞が合体して受精が起こると，はいしゅは成長して種子になる。

(2) 花粉が風で運ばれる花を風ばい花という。風ばい花は花びらが目立たず，においなどもない花が多い。また，風ばい花の花粉は，風に乗って運ばれるため，軽くて小さいものが多く，１つの花がつくる花粉の数は多くなっている。

(3) ヒマワリ，ウメ，ユリ，アサガオ(自家受粉も行う)は虫ばい花，ススキ，トウモロコシ，イチョウ，イネは風ばい花である。よって，アが適する。

(4) アについて，一般《いっぱん》的な光学けんび鏡の場合，見えている向きは実際の向きとは上下左右が逆転している。そのため，視野の左下に見えるものは実際には右上にあるので，中央で見たいときはプレパラートを左下に移動する。ウについて，はじめは観察するものを見つけやすいように低倍率で観察し，そのあとで高倍率にする。エについて，対物レンズとプレパラートがぶつかるのを防ぐために，対物レンズとプレパラートを横から見ながら近づけ，接眼レンズをのぞきながら対物レンズとプレパラートを遠ざけながらピントを合わせる。

⑸　マツの花は風ばい花で，その花粉には空気ぶくろがついていて風に乗りやすいようになっている。なお，アはスギの花粉，イはスギナの胞子《ほうし》，エはユリの花粉を表している。

⑹　１辺の長さが，18mm＝1.8cmの正方形の面積は，1.8×1.8＝3.24(cm^2)で，この中に40個の花粉が見られたので，１cm^2あたりの花粉の数は，40÷3.24＝12.34…より，12.3個となる。

⑺　400－317.6＝82.4より，２月１日以降の最高気温の合計が82.4℃をこえる日を調べればよい。よって，１日から順に加えた気温が，13.1＋9.2＋6.2＋11.2＋12.0＋13.6＋15.4＋11.7＝92.4(℃)となり，はじめて82.4℃をこえる２月８日に花粉が飛び始めると予想される。

⑻　図２で，沖縄本島にはスギが分布していないので花粉はほとんど飛ばず，函館《はこだて》付近にはスギが少ししかないので，花粉が飛ぶ量は少ないと考えられる。よって，Ｂに那覇《なは》，Ｃに函館が入る。仙《せん》台《だい》と東京はどちらもまわりにスギが多く，花粉の飛散量は多いと考えられるが，仙台《せんだい》の方が気温が低く，花粉が飛び始めるのは東京よりも遅《おそ》いと考えられるので，Ａに東京，Ｄに仙台が選べる。

2　月の動きと見え方についての問題

⑴　月が図のＡの位置にあるときに見えるのは，右半分が光って見える上弦《じょうげん》の月である。なお，Ｇは新月，Ｃは満月，Ｅは左半分が光る下弦の月が見える月の位置になる。

⑵　図のＦの位置にあるときに見られる月は，下弦の月と新月の間の，左側が細く光って見える月で，この月は１月７日ごろに見られた。

⑶　Ｅの位置にあるときに見られる下弦の月が南中するのは明け方の６時ごろ，Ｇの位置にあるときの新月が南中するのは正午ごろだから，その間のＦの位置にある月は午前９時ごろに南中する。

⑷　下弦の月は真夜中ごろに東からのぼってくる。このとき，オのように，直線になっている部分が右上を向くようにのぼる。

⑸　三日月は太陽のやや東側に位置して見える月で，太陽の後を追うようにして西にしずむ。よって，三日月が地平線にしずむのは，日没《にちぼつ》から少し経った20時ごろとなる。

⑹　19時から23時に南から西の空に見えるのは，18時ごろ南中して０時ごろ西にしずむ上弦の月である。よって，１月18日が選べる。

⑺　18時に月が西にしずむのは新月で，それ以降は，月がしずむ時間が遅くなっていく。また，24時に月が東からのぼるのは下弦の月で，これより前は月がのぼる時間が早くなる。よって，18時から24時までの間に月が出ていないのは，下弦の月から新月までの間とわかる。カレンダーでは下弦の月が４日，新月が11日なので，イの１月７日が選べる。

3　電流を流す水溶液《すいようえき》，ものの溶《と》け方についての問題

⑴　電極として利用できるのは，電流を流すものである。金属以外では炭素も電流を流すので，ここでは炭素を材料としてつくられているえんぴつの芯《しん》が適する。

⑵　酸性やアルカリ性の水溶液はすべて電流を流すので，お酢《す》が適する。なお，中性の水溶液は溶けているものによって電流を流すかどうかが異なり，食塩水は電流を流すが，砂糖水やアルコールは電流を流さない。また，かたくり粉は水に溶けにくいため電流を流さない。

⑶　電極どうしの間かくがせまいほど，水溶液中を電流が流れやすくなるため大きな電流が流れ，豆電球の明るさは明るくなる。

⑷　炎《ほのお》の大きさが変わらないようにするとき，ガス調節ねじは動かさないようにする。また，炎の色が黄色のときは空気が不足しているので，炎を青色にするには，空気調節ねじを少しずつ開け

て，空気を適量に調節する。

⑸　固体が溶け残ったので，①の上ずみ液は飽和《ほうわ》(それ以上食塩が溶けない状態)している。上ずみ液10ｇに白い固体(食塩)が2.6ｇ溶けているから，食塩を溶かしている水の重さは，10－2.6＝7.4(ｇ)である。よって，この温度の水100ｇに食塩は，$2.6\times\frac{100}{7.4}$＝35.13…より，35.1ｇまで溶ける。

⑹　70ｇの水に溶ける食塩の最大の重さは，⑸から，$35.1\times\frac{70}{100}$＝24.57より，24.6ｇである。したがって，溶け残った固体の重さは，30－24.6＝5.4(ｇ)である。

⑺　純すいな水は電流を流しにくいため，食塩水の濃《こ》さが濃いほど，電流を流しやすく，豆電球は明るくつくと考えられる。実験３の②，③では食塩が溶け残ったので，ＢとＣは飽和している。また，このときの水の温度が実験２と同じだとすると，水50ｇに食塩は最大で，$35.1\times\frac{50}{100}$＝17.55より，約17.6ｇまで溶けるので，ＡはＢやＣよりもうすい食塩水になる。したがって，ＢとＣの明るさは同じで，どちらもＡよりは明るい。

４　もののつり合いについての問題

⑴　**1**　棒１や棒２のようなてこでは，おもりの重さの比と支点からおもりまでの長さの比が逆比になる。よって，棒１で，(棒１の左端から糸までの長さ)：(棒１の右端から糸までの長さ)＝$\frac{1}{120}$：$\frac{1}{200}$＝５：３となるので，棒１の左端から糸までの長さは，$40\times\frac{5}{5+3}$＝25(cm)になる。　**2**　棒２についても同様に考えると，(棒２の左端から中央の糸までの長さ)：(棒２の右端から中央の糸までの長さ)＝$\frac{1}{120+200}$：$\frac{1}{280}$＝７：８だから，棒２の左端から中央の糸までの長さは，$60\times\frac{7}{7+8}$＝28(cm)である。

⑵　図２のおもりＰの重さは，ばねばかりＸとばねばかりＹに，$\frac{1}{20}$：$\frac{1}{60-20}$＝２：１に分かれてかかる。また，棒３の重さは，ばねばかりＸ，ばねばかりＹに１：１の比でかかると述べられているので，ばねばかりＸが示す値は，$120\times\frac{2}{2+1}+40\times\frac{1}{1+1}$＝100(ｇ)と求められる。次に，図３において，棒３をつるしている糸には，棒３の重さとおもりＰの重さの合計の，40＋120＝160(ｇ)がかかっている。また，棒３の重さは棒３の中央にかかると考えてよい。よって，棒３の左端からつるした糸までの長さを□cmとすると，棒３の左端を支点としたときのてこのつり合いより，160×□＝40×(60÷２)＋120×20が成り立ち，□＝22.5(cm)と求められる。

⑶　ばねばかりＸとばねばかりＹで板ABCDの重さを支えているので，ばねばかりＹが示す値は，486－270＝216(ｇ)である。

⑷　物体の重さが１点に集まったとみなせる点をその物体の重心という。図６のように，１点を糸でつるした場合，重心は糸の真下の方向にある。また，⑶より，図５のばねばかりＸとばねばかりＹが示す値の比が，270：216＝５：４となることから，AE：ED＝$\frac{1}{5}$：$\frac{1}{4}$＝４：５となり，AE＝$18\times\frac{4}{4+5}$＝８(cm)と求められる。

⑸　板の重さは点Ａと点Ｂそれぞれでばねばかりに分かれてかかっている。図７で，AF：BF＝(18－11)：11＝７：11であり，点Ｆの真下に台形ABCDの重心があるので，ばねばかりＹには，板ABCDの重さのうち，$486\times\frac{11}{7+11}$＝297(ｇ)がかかる。また，おもりＰはCD間で，点Ｄより左に，９÷２＝4.5(cm)の位置にある。これはABを，4.5：(18－4.5)＝１：３に分ける位置なので，ばねばかりＹには，おもりＰの重さのうち，$120\times\frac{3}{1+3}$＝90(ｇ)がかかる。よって，ばねばかりＹは，

297＋90＝387（g）を示す。

⑹　ア　切断した後の板の重さは板を正面から見た面積に比例する。図９で台形ABCDの面積は，（18＋９）×18÷２＝243(cm^2)，長方形AFIDの面積は，７×18＝126(cm^2)だから，台形BCIFの面積は，243－126＝117(cm^2)となる。よって，切断した後にばねばかりXにつるされる板の重さは，486×$\frac{117}{243}$＝234（g）とわかる。これは，切断する前にばねばかりXにかかっていた，486－297＝189（g）より重い。よって，誤り。　イ　点DはばねばかりYの真下にあるので，点Dにつるしたおもりの重さは，ばねばかりYだけにかかり，ばねばかりXにはかからない。　ウ　右の図で，三角形CMHと三角形CLBは相似で，相似比は，CM：CL＝(18－８)：18＝５：９だから，HMの長さは，(18－９)×$\frac{5}{9}$＝５(cm)となる。よって，EHの長さは，５＋９＝14(cm)なので，HJ＝14－７＝７(cm)とわかる。よって，HJ＝EJ＝７cm，BF＝11cm，AF＝７cmより，EHで切り取ったあとの板は，FJより左側にある部分の方が重く，かつ，重心も右側の部分よりも点Fから離《はな》れているので，残った板はBの側を下にして傾《かたむ》く。　エ　右上の図で台形ABCDの重心は，点Eを通り地面に平行な直線上にあり，かつ，点Fを通り地面に垂直な直線上にあるので，その２直線の交点の点Jが台形ABCDの重心である。よって，板を水平にした状態で点Jに糸を取り付けると，その状態で静止する。

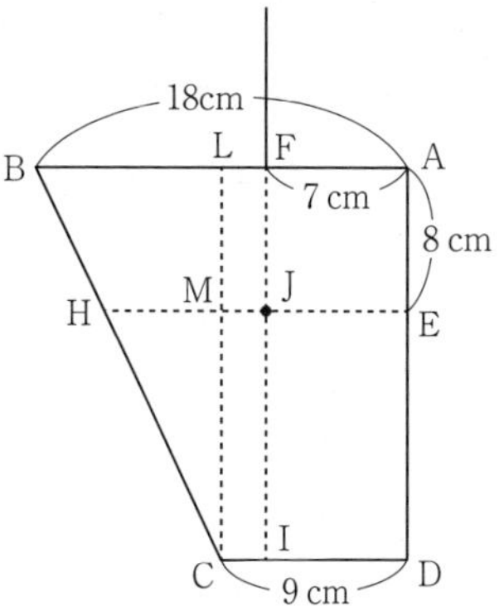

国語　＜第１回試験＞（50分）＜満点：100点＞

解答

一　**問１**　㋐　１　㋑　３　**問２**　A　４　B　５　C　１　**問３**　４　**問４**　２　**問５**　⑴　１　⑵　２　**問６**　１　**問７**　話題選び，　**問８**　４　**問９**　（例）　日本人は礼節を重んじると言われているのに挨拶もお礼もしないうえ，笑顔を見せず無表情で何を考えているかわからないから。　**問10**　周囲の人々　**問11**　４　**問12**　（例）　住形態や生活様式の変化によってコミュニケーション能力が低下したという問題点を指摘している。その解決策は，各自が対面でやり取りをする機会を増やして訓練を積んでいくことだと考えられる。

二　**問１**　３　**問２**　（例）　読書力に自信がないのに難しい本をすすめられるのではないかと警かいする気持ち。　**問３**　（例）　今の学校にある本の上下巻のカードを見なければ，再会の約束が果たされた事実があることがわからないから。　**問４**　４　**問５**　（例）　自分も友人たちと再会の約束を交わしたいという思いと，約束が忘れられてしまうことがこわいという思い（の間で揺れていた。）　**問６**　七　**問７**　卒業メニューが　**問８**　目(眼)　**問９**　１　**問10**　１　**問11**　⑴　２，５，８，９　⑵　２　三　下記を参照のこと。

●漢字の書き取り

三　１　勤勉　２　功績　３　編(む)　４　領域　５　防犯　６　危(なげ)

解　説

一　出典：野口恵子《のぐちけいこ》『かなり気がかりな日本語』。日本人が使う日本語の劣化《れっか》が進んでいると考える筆者は，その原因が，住形態や生活様式の変化によって，現代の日本人のコミュニケーション能力が低下したことにあると指摘《してき》している。

問１　㋐「事欠く」は，“不足する，なくて不自由する”という意味なので，それを打ち消す「事欠かず」の意味は１がふさわしい。　㋑　物事をうまく進めるための役割を果たすもの。

問２　**Ａ**　職業や年齢《ねんれい》の異なる人とのコミュニケーションでは，「話題選び」だけを見てもさまざまな配慮《はいりょ》が要求される，とその難しさが前に述べられている。後には，“すべての配慮をあらかじめ準備できるわけではない”と続く。よって，前のことがらを受けて，さらに別のことをつけ加えるときに使う「しかも」が合う。　**Ｂ**「三〇年前ですらすでに，高度経済成長期以降の東京人が他人に無関心になった」ことが指摘されていたと前にある。後には，当時の東京では，下町はもちろん新興住宅地の住民さえも「たえず言葉を交《か》わし合い，互《たが》いのことをよく知っていた」と続く。よって，前のことがらに反する内容が後に続くときに使う「しかし」がよい。　**Ｃ**　直前の「他人と話をせず，笑顔《えがお》を見せず，視線を向けようともしなくなったいま」を，「まわりとのコミュニケーションが途絶《とだ》えたいま」と後で言いかえているので，“要するに”という意味の「つまり」が入る。

問３「そういう体験」は，直前にある「実際に人と接して言葉を交わす経験(体験)」にあたる。よって４が選べる。

問４「暗黙《あんもく》の了解《りょうかい》」とは，言葉にしていないが，互いに納得《なっとく》したり理解したりしていること。１では「彼」にはサッカーの話をしないこと，３では「例の人」が「私」の恋人《こいびと》を指すこと，４では「私」が聞きたいと思うはずの，「私」の好きなアニメの感想を話すことが「暗黙の了解」になっている。２は，「私」の友人が明るい表情でいても，その理由を聞かれたいかどうかはわからないので，２が選べる。

問５　⑴“小売店などの従業員どうしがおしゃべりに夢中になり，客の応対は二の次になっていた”というのは当時のパリの状況《じょうきょう》にあたるので，１になる。　⑵　当時の東京の人々は知り合い以外にも声をかけ，たまたまその場に居合わせた者たちが赤《あか》ん坊《ぼう》をあやしたりだっこしたりするなど，人々が穏《おだ》やかで人のよさそうな感じだったのだから，２がよい。

問６　ぼう線④は，現在の東京の人々の態度が「当時のパリ」の人々のそれと似ているという意味である。「当時のパリ」の人たちは，「一様に険しい顔つき」で，見知らぬ者どうしのいさかいもよくあったし，たとえ客であっても他人には関心がなかった，と述べられている。さらに，“自信や落ち着きがなく，表情や言動にも余裕《よゆう》がなかった”というので，１があてはまる。

問７「赤の他人」は，全く関わりのない他人のこと。第三段落の初めに，職業や年齢が異なり，気楽にコミュニケーションがとれるとは限らない人に対しては，「話題選び，言葉づかいはもちろんのこと，言語と直接関係のない，表情や視線，態度，身だしなみなどへの配慮」も要求されるとあるので，この部分がぬき出せる。

問８　中高年者は，見ず知らずの人と話をしたり，笑顔を見せたりすることが「ごくふつうの光景」だった一九七〇年代半ばから八〇年代前半の日本を経験しているので，なかには，アクシデントが起こった際などにぼう線⑥のような言動をとる人もいると思われる。よって，４が選べる。

問９　「日本人は礼節を重んじる」と言われているが，そのイメージに反する表情や態度が「驚《おどろ》きと不審《ふしん》」の感情を呼ぶのである。同じ段落で，パリを訪《おとず》れる日本人観光客の団体は，挨拶《あいさつ》もお礼もしないうえ，笑顔を見せず無表情で，何を考えているのかわからず，不可解に感じられると書かれているので，これらの部分をまとめる。

問10　第四段落で，人々は「かつては，日常生活のなかで当たり前のように多種多様な相手と言葉を交わし」，「知らず知らずのうちに，コミュニケーションの訓練を積んでいた」として，筆者は，「周囲の人々が話しているのを聞き～日本語の語彙《ごい》を増やし，言い回しを覚え，言葉の駆《か》け引きを学んだ」と，その方法を具体的に説明している。

問11　次の文に，ぼう線⑨のようになった理由として，携帯《けいたい》電話の普及《ふきゅう》によって家などの固定電話にかける機会が少なくなったことがあげられている。友人に電話をかける場合でも，相手の迷惑《めいわく》にならない時間帯かどうかを気にしたり，電話に出る可能性のある友人の家族に対して適切な言葉づかいをしたりなどの気づかいができなくなったと説明されているので，４がふさわしい。

問12　問10でみたように，かつての日本では，日常生活でさまざまな相手と会話をしながら自然とコミュニケーションの訓練を積んでいたが，「住形態も生活様式も変化した現代人」にはその余裕も機会もなく，見ず知らずの人に笑顔を見せることもなくなった。筆者は，住形態や生活様式の変化により，ぼう線⑧の“かつてはだれもがいつの間にか身につけていたコミュニケーションのスキル（能力）”が低下したことを問題点として指摘している。その解決策は“ふだんの生活のなかでコミュニケーションの訓練を積むこと”であり，「必要も機会もないとしたら，人はものを覚えない」と筆者は述べているので，第一段落にあるような「表情や動作をはじめとする言語外のメッセージの往来や，臨機応変な即時《そくじ》の言葉のやりとり」をともなう，対面でのコミュニケーションの機会を各自で増やしていく必要があると考えられる。よって，これらの部分をまとめるとよい。

二　**出典：如月《きさらぎ》かずさ『給食アンサンブル』**。父の転勤で引っ越《こ》すことになった梢《こずえ》は，転校したら，友だちは自分のことなど忘れてしまうだろうとつらく思っていたが，親友の美貴たちは梢に対し，ずっと友だちでいると約束する。

問１　「きょとんと」は，あっけにとられたり，事情がのみこめなかったりしてぽかんとしているようす。転校で友だちと別れるのが寂《さび》しくないのかと桂太《けいた》に聞いてしまってから，桂太もつらいだろうにと聞いたことを後悔《こうかい》したが，“離《はな》れても友だちでいる証《あかし》として，みんなとおそろいのメダルを買ったから転校はそれほどつらくない”と桂太が平然としていたので，梢は意外に思いながらもその単純さにあきれている。よって３が選べる。

問２　転校する梢のために何かしたいと梢の友だち（高梨と雅人）から相談された道橋が，本を紹《しょう》介《かい》しようとしていると知った梢の反応である。読書力がなく，開くのは料理の本ばかりで，童話ですらまともに読んだことがない梢は，難しい本をすすめられるのではないかと警かいして身構えたと考えられる。

問３　文章の最初に，転校しても友だちでいようとみんなと約束したという弟の話を聞いて，そんな約束は守られるはずがないと梢が思う場面がある。梢が持ち帰った上巻には，転校してしまう友人と十年後に再会する約束を記したメッセージカードが入っていたため，道橋がしつこく下巻も借りるようにすすめてきたことが気になった梢は，次の朝，図書室で下巻を開いてみる。すると，そこには十年越《ご》しに約束が果たされた証がはさまれていた。転校先ではなく今の学校にある本の上下巻のカードを見ないと，再会の約束が果たされたかどうかわからないため，ぼう線④の直前にあるとおり，道橋はこの学校の図書室で下巻も借りて梢にカードを見てほしいと思ったのである。

問４　ぼう線④の直後の文に注目する。梢は，ずっと友だちだと約束したところで，その約束が果たされなければ意味がないと感じている。桂太が友情の証として友だちとおそろいのメダルを買ったと知ったときには，“その友だちも，どうせそのうち桂太のことを忘れてしまう”とも思っており，図書室の本にはさまれたカードを書いた「四人の女子」や桂太のように“約束”を信じて期待すれば，後で傷つくことになると梢が考えていると読み取れるので，４が選べる。

問５　梢は，“桂太が友達《ともだち》と交わした約束”を「なんの意味もない」とばかにしていたが，下巻の最終ページに再会の約束が果たされた証があるのを目にして，「四人の女子」と同じように，自分も美貴たちと「ずっと友達でいる」という約束を交わしたいと心から願うようになった。その一方で，約束も自分のことも友人たちに忘れられてしまったらとおそれており，これら“二つの思い”の間で気持ちが揺《ゆ》れたのである。

問６　空らん⑥の前に「中学になっても給食センターは小学校のときと変わらない」とあるので，梢は中学生だとわかる。さらに，少し後にある「二年後の卒業」という言葉から，今は中学一年生だと考えられるので，毎年出る卒業メニューを食べるのは小学校時代から通算で「七」度目ということになる。

問７　梢は，「大好きなメニューも食べたくなくなって」，デザートのクレープに「手をつけるのをためらって」いる。そして，梢の箸《はし》が進まない理由が，「卒業メニューが，お別れメニューのように思えてしまったのだ」という二段落前の文で明かされている。転校する梢は，美貴たちと別れたくないという気持ちが強まり，お別れメニューのような給食を食べ終えてしまったら，本当に「お別れ」しなくてはならないように思えて食べたくなくなったのである。

問８　「目(眼《め》)を丸くする」は，おどろいて目を見開くという意味。給食をねだったことなどない美貴が「そのクレープ，わたしにくれない？」と聞いてきたので，梢はおどろいている。

問９　直前の部分に注目する。梢のクレープをくれたら，二年後の卒業メニューのデザートを転校した梢に持っていくと約束するという美貴の真剣《しんけん》な言葉に，自分の望んでいた「ずっと友達でいる」という約束を美貴が交わそうとしてくれていると感じ，梢は不安と期待で胸がふるえている。落ち着かない気持ちを隠《かく》そうと「へらへらしたふり」をして冗談《じょうだん》まじりにはぐらかすような対応をした梢だったが，待ち望んでいた約束が美貴と交わされるのを前にして，自分も真剣にならざるをえなくなったことが読み取れる。よって，１がふさわしい。

問10　ずっと友だちだという約束をしたところで本当にそれが守られるかどうかはわからないが，美貴を信じたいと思い，二年後にクレープを持ってきたときはちゃんと時間を取って一緒にいてほしいと梢が伝えると，美貴は当然だと言うばかりか，それまでに何度も遊びに行くつもりだと言ってくれた。梢は約束が忘れられる不安をかかえていたが，それから解放されて「ほっとした」のだから，１がよい。

問11　⑴　梢が転校した後もずっと友だちでいると約束した四人とは，そのとき集まった美貴，桃《もも》，朋華《ともか》，沢ちゃんである。前半で「桃」は道橋に「高梨」と呼ばれているので，２，５，８，９が選べる。　⑵　“梢とこれからもずっと友だちでいて，二年後には梢に卒業メニューのデザートを届けにいく”という約束の説明を美貴から聞いたみんなは，梢のほうを向いて「約束を守る」と誓《ちか》うようにクレープを口にしているのだから，２が合う。

三 漢字の書き取り

1　勉強や仕事などにはげむこと。　**2**　ものごとを成しとげた手がら，りっぱな働き。すぐれた成果。　**3**　音読みは「ヘン」で，「編集」などの熟語がある。　**4**　ある力や作用などがおよぶ範囲《はんい》。　**5**　犯罪を防ぐこと。　**6**　音読みは「キ」で，「危険」などの熟語がある。

Dr.福井の

入試に勝つ！脳とからだのウルトラ科学

意外！　こんなに役立つ“替え歌勉強法”

病気やケガで脳の左側（左脳）にダメージを受けると，字を読むことも書くことも，話すこともできなくなる。言葉を使うときには左脳が必要だからだ。ところが，ふしぎなことに，左脳にダメージを受けた人でも，歌を歌う（つまり言葉を使う）ことができる。それは，歌のメロディーが右脳に記憶されると同時に，歌詞も右脳に記憶されるからだ。ただし，歌詞は言葉としてではなく，音として右脳に記憶される。

そこで，右脳が左脳の10倍以上も記憶できるという特長を利用して，暗記することがらを歌にして右脳で覚える“替え歌勉強法”にトライしてみよう！

歌のメロディーには，自分がよく知っている曲を選ぶとよい。キミが好きな歌手の曲でもいいし，学校で習うようなものでもいい。あとは，覚えたいことがらをメロディーに乗せて替え歌をつくり，覚えるだけだ。メロディーにあった歌詞をつくるのは少し面倒かもしれないが，つくる楽しみもあって，スムーズに暗記できるはずだ。

替え歌をICレコーダーなどに録音し，それを何度もくり返し聞くようにすると，さらに効果的に覚えることができる。

音楽が苦手だったりして替え歌がうまくつくれない人は，かわりに俳句（川柳）をつくってみよう。五七五のリズムに乗って覚えてしまうわけだ。たとえば，「サソリ君，一番まっ赤は，あんたです」（さそり座の１等星アンタレスは赤色——イメージとしては，運動会の競走でまっ赤な顔をして走ったサソリ君が一番でゴールした場面）というように。

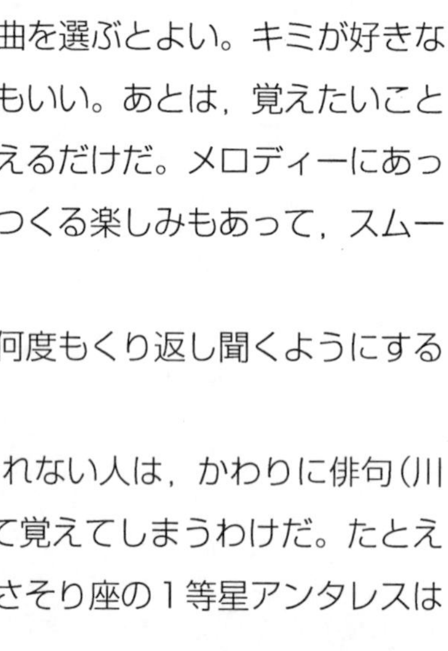

Dr.福井（福井《ふくい》一成《かずしげ》）…医学博士。開成中・高から東大・文Ⅱに入学後，再受験して翌年東大・理Ⅲに合格。同大医学部卒。さまざまな勉強法や脳科学に関する著書多数。

2024年度 吉祥女子中学校

【算　数】〈第２回試験〉（50分）〈満点：100点〉

1　次の問いに答えなさい。

⑴　次の空らん□にあてはまる数を答えなさい。

$$\frac{8}{9}+\left(2\frac{5}{6}-\square\div6\right)\times4\frac{2}{3}=4$$

⑵　次の空らん□にあてはまる数を答えなさい。

$$7.2\times\left\{1\frac{3}{4}-5\div(3+\square)\right\}\div4.5+\frac{3}{5}=1$$

⑶　ある本を１日目に全体の $\frac{2}{5}$ だけ読みました。２日目に残りの $\frac{2}{3}$ を読んだところ，17ページ残りました。この本は全部で何ページありますか。

⑷　ある中学校の１年生と２年生の人数の比は６：７です。また，１年生の男子と女子の人数の比は５：４で，２年生の男子と女子の人数の比は３：４です。このとき，１年生と２年生を合わせた男子と女子の人数の比を，もっとも簡単な整数の比で答えなさい。

⑸　現在，花子さんは10才，お父さんは36才，お母さんは33才，弟は８才，妹は３才です。両親の年令の和の３倍が，花子さんと弟と妹の年令の和の７倍になるのは今から何年後ですか。

⑹　あるお店では，メンチカツ５個とコロッケ３個を合わせた値段と，両方とも定価の１割引きにしたときのメンチカツ５個とコロッケ４個を合わせた値段が同じになります。１個の定価はメンチカツの方がコロッケより30円高いです。メンチカツ１個の定価は何円ですか。

⑺　下の図のように，正方形ABCDと直角二等辺三角形AEFが重なっています。直角二等辺三角形AEFの面積は何 cm^2 ですか。

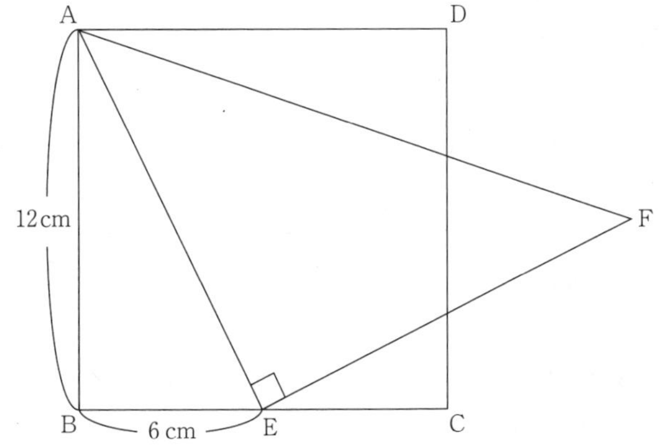

２　東西にのびる線路とその線路沿いに道路があります。東に向かう電車も西に向かう電車もすべて同じ速さで，すべて８分ごとの等しい間かくで運転されています。花子さんは線路沿いの道路を時速６kmの速さで東に向かって歩いています。このとき，花子さんは東に向かう電車の先頭に10分ごとに追いこされます。次の問いに答えなさい。

(1)　電車の速さは時速何kmですか。

(2)　花子さんは，西に向かう電車の先頭と何分何秒ごとにすれちがいますか。途中《とちゅう》の式や考え方なども書きなさい。

(3)　東に向かう電車の先頭が，西に向かう電車の先頭とすれちがってからその次の西に向かう電車の先頭とすれちがうまでに，東に向かう電車は何m走りますか。

３　ＡさんとＢさんはそれぞれ毎月の初めに一定の金額のおこづかいをもらっています。これから２人はおこづかいの一部を貯金して，合わせて15400円を貯めようとしています。２人がそれぞれ毎月おこづかいの２割を貯金すると11ヵ月目でちょうど15400円貯まります。次の問いに答えなさい。

(1)　２人が１ヵ月にもらうおこづかいの金額の合計は何円ですか。

(2)　２人がそれぞれ毎月のおこづかいの４割を貯金すると，何ヵ月目で初めて15400円以上貯まりますか。

(3)　Ａさんが毎月のおこづかいの３割，Ｂさんが毎月のおこづかいの４割を貯金すると７ヵ月目で初めて15400円以上貯まります。

①　７ヵ月目でちょうど15400円貯まるとすると，Ａさんの毎月のおこづかいは何円ですか。

②　Ａさんの毎月のおこづかいはもっとも少なくて何円が考えられますか。ただし，それぞれの毎月のおこづかいの金額は100で割り切れます。

４　右の図のような台形ABCDがあります。

２点Ｐ，Ｑはどちらもこの台形の辺上を動く点です。この２点は同時に頂点Ａを出発し，点Ｐは秒速２cmの速さで時計回りに動き，点Ｑは秒速１cmの速さで反時計回りに動きます。

頂点Ａを出発してから18秒後に，２点Ｐ，Ｑは初めて出会いました。次の問いに答えなさい。

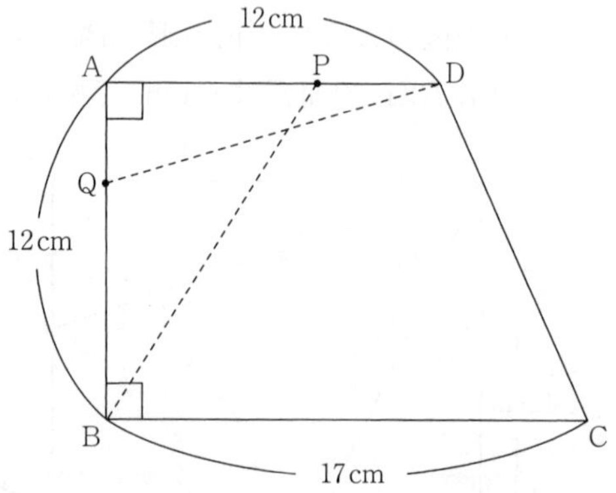

(1)　辺CDの長さは何cmですか。

(2)　２点Ｐ，Ｑが初めて出会ったときの，三角形ABPと三角形ADQの面積はそれぞれ何cm^{2}ですか。

(3)　三角形ABPと三角形ADQの面積が初めて等しくなったのは，２点Ｐ，Ｑが出発してから何秒後ですか。また，そのときの三角形の面積は何cm^{2}ですか。

(4)　(3)のとき，三角形ABPと三角形ADQが重なっている部分の面積は何cm^{2}ですか。途中の式や考え方なども書きなさい。

5　Ａさんと Ｂさんは，２人で次のようなゲームをします。

- はじめにＡさんとＢさんは，得点を100点ずつ持っています。
- ＡさんとＢさんの２人がじゃんけんをして，勝てば得点が３点増え，負ければ得点が２点減ります。
- じゃんけんをして引き分けになったときには，２人とも得点が１点減ります。
- ２人の得点の差が15点以上になったときに，このゲームを終わりにします。

たとえば，ＡさんとＢさんがじゃんけんを１回すると，次のようになります。

Ａさんが勝ち→Ａさん103点，Ｂさん 98点
Ｂさんが勝ち→Ａさん 98点，Ｂさん103点
引き分け　→Ａさん 99点，Ｂさん 99点

次の問いに答えなさい。

(1)　じゃんけんを３回しました。Ａさんが３回勝ったとき，ＡさんとＢさんの得点の差は何点ですか。

(2)　じゃんけんを３回しました。ＡさんとＢさんが１回ずつ勝ち，引き分けが１回だったとき，ＡさんとＢさんの得点は，それぞれ何点ですか。

(3)　５回目のじゃんけんでＡさんの得点が，Ｂさんの得点より15点多くなったので，ゲームが終わりました。このときのＡさんのじゃんけんの勝ち，負け，引き分けの回数の組み合わせは２通りあります。各場合について，Ａさんの勝ち，負け，引き分けの回数は，それぞれ何回ありましたか。

(4)　25回目のじゃんけんでゲームが終わりました。Ａさんの得点は108点，Ｂさんの得点は93点でした。

①　引き分けは何回ありましたか。

②　Ａさんはじゃんけんに何回勝ちましたか。

(5)　20回目のじゃんけんでゲームが終わりました。Ａさんは20回目のじゃんけんに勝ち，初めて得点が110点以上となりました。このときのＡさんのじゃんけんの勝ち，負け，引き分けの回数は，それぞれ何回ありましたか。

【社　会】〈第２回試験〉(35分)〈満点：70点〉

1　次の文章を読んで，後の問いに答えなさい。

2023年，①創刊から101年を迎《むか》えたある大手週刊誌の休刊が決まりました。情報機器の発達により，印刷された雑誌や書籍《しょせき》を読む機会が減っていることを示すできごとでした。それではそれぞれの時代の社会や技術の発展に注意しながら，日本の人々と本とのかかわりをふりかえってみましょう。

今日の本は，文字を紙に記したものが一般的《いっぱんてき》です。②２世紀中ごろの土器に漢字が刻まれているという報告もあり，このころには，文字が日本列島に伝わっていたと考えられます。また，日本における読書の記録でもっとも古いものは，古墳時代に，大王の子が③『論語』・『千字文』という中国の本を学んだという歴史書の伝承です。７世紀後半に律令国家が整備されるなかで，役人を養成する教育機関がつくられ，中国の本が教材とされました。さらに，こうした教育機関に本が備えられる以外に，④古代・中世には，権力者が私的に本を収集することもありました。

日本語による本が増加するのが平安時代です。⑤かなの発明により，日本語をそのまま記すことができるようになり，和歌・物語・日記などの多くの文学作品がつくられ，貴族社会のなかで読まれるようになりました。

本が庶民《しょみん》へと広がりを見せたのは江戸時代です。特に⑥寛政年間(1789～1801年)以降に，都市部の民衆には読書を楽しむ人が増加しました。この背景の一つには，木版印刷の普及《ふきゅう》で本が多くつくられ，手に入れやすくなったことがあります。また，⑦当時の小説はふりがなも多く，難しい漢字が分からなくても，読むことができたのです。このような娯楽《ごらく》としての読書の広まりは，明治維新後まもない日本に滞在《たいざい》した⑧ロシア人のメーチニコフの記録からも知ることができます。彼《かれ》は，東京の庶民が何冊もの手垢《てあか》にまみれた本を持っており，暇《ひま》さえあればそれをむさぼり読んでいるのを見たと記しています。とはいえ，全国的に見ると，文字を読むことのできる人はまだ少なかったので，読書を楽しんだのは，都市の住民など一部の人々に限られていました。

一方で，明治時代には，活字印刷の導入という大きな変化がおきました。それ以前にも，⑨安土・桃山時代にキリスト教の宣教師が活字印刷を使用したこともありました。ただし，日本語を表す文字の数・種類が多く，活字をつくる手間がかかったため，ほとんど行われませんでした。しかし，⑩本木昌造《もときしょうぞう》により，活字を簡単につくる仕組みが紹介《しょうかい》されると，活字印刷が急速に広まったのです。印刷技術の進歩で出版量は増え，それまで以上に本が行き渡りやすくなりました。ただ，文字を読めない人はまだ多かったので，文字を読める人が新聞や本を声に出して解説しながら読み聞かせることも多かったようです。⑪自由民権運動の思想を伝える本は，政治に関する難しい考えや用語が書かれていましたが，訴《うった》えかけるように音読されることで，全国の人々に広まったとも言われます。ただし，⑫こうした読み聞かせは，明治30年代には姿を消していったようです。

さらに，大正時代以降，読書に親しむことのできる環境が整っていきました。具体的には，次の二つを指摘《してき》できます。一つめは，図書館が利用しやすくなったことです。東京では大正時代に無料で利用できる公立図書館が増え，気軽に本を借りて読めるようになりました。占領期になると，⑬GHQの指示で公立図書館の利用を無料とすることを定めた法律が制定され，身近に図書館を利用できる環境が全国に広まりました。二つめは，大衆を対象とした読み物が多く出版されるようになったことです。大正時代から昭和のはじめにかけて，大衆小説や週刊誌など簡単に読める本が増加しました。こうした傾向《けいこう》は戦後も続き，漫画《まんが》などさらに読みやすい本も広まりました。

しかし，高度経済成長が終わった⑭1970年代後半以降，本を読まない「活字離《ばな》れ」の問題が指摘されるようになりました。近年では，短い動画を視聴《しちょう》するばかりで漫画すら読まない人も増えています。日本の人々と本とのかかわりは転換期《てんかんき》を迎えているようです。

問１　下線部①に関連して，この週刊誌の刊行が開始された1920年代の東京や大阪について述べた文として**正しくないもの**を次の**ア**～**エ**から一つ選び，記号で答えなさい。

ア　レンガ造りの建物やガス灯を街灯とした舗装《ほそう》道路が見られるようになった。

イ　都市化が進み，郊外《こうがい》の住宅地から鉄道で通勤する人も増えた。

ウ　木造住宅に加えて，地震に強いコンクリートのアパートも建築された。

エ　鉄道駅に直結する，生鮮《せいせん》食品などの日用品を多く扱《あつか》ったデパートが登場した。

問２　下線部②の時期の日本の暮らしについて述べた文として正しいものを次の**ア**～**エ**から一つ選び，記号で答えなさい。

ア　海水面の低下によって大陸と陸続きになり，そこから渡ってきたマンモスやナウマンゾウのような大型動物の狩猟《しゅりょう》を集団で行っていた。

イ　木の実の採取やオオツノジカやイノシシといった小動物の狩猟を行い，自然のなかの精《せい》霊《れい》をあがめ，土偶《どぐう》など呪術的《じゅじゅつてき》な道具を用いた。

ウ　朝鮮半島から新たな土器の焼き方が伝わり，のぼりがまを用いて高温で焼き上げた，やや白めの土器も使用されるようになった。

エ　指導者のもとに協力して水田を開発し，稲を育て，石包丁などで収穫《しゅうかく》した米は高床倉庫で保存された。

問３　下線部③は孔子という中国古代の思想家の発言をまとめた本です。孔子に始まる教えや学問のことを何と言いますか。**漢字２字**で答えなさい。

問４　下線部④に関連して述べた次のＡ～Ｃの文を時期の古いものから順に並べかえるとどうなりますか。正しいものを後の**ア**～**カ**から一つ選び，記号で答えなさい。

Ａ　北条実時は執権の北条時頼のもとで引付衆を務め，武蔵国六浦《むつら》に自身の蔵書を集めた金沢文庫を設けた。

Ｂ　藤原道長は天皇や貴族たちと漢詩文をつくることを好み，多くの中国の本を所有し，自宅内に図書室を設けた。

Ｃ　石上宅嗣《いそのかみのやかつぐ》は『万葉集』や『懐風藻《かいふうそう》』に和歌や漢詩を遺《のこ》し，自宅の一部を芸亭《うんてい》という公開図書館とした。

ア　Ａ→Ｂ→Ｃ　　**イ**　Ａ→Ｃ→Ｂ

ウ　Ｂ→Ａ→Ｃ　　**エ**　Ｂ→Ｃ→Ａ

オ　Ｃ→Ａ→Ｂ　　**カ**　Ｃ→Ｂ→Ａ

問５　下線部⑤について，かなは漢字にくらべて文字数が少ないことから，簡単に習得でき，教育水準が高くない武士などにも広まったと言われています。次のページのグラフは，1046年から1318年までの古文書のうちで，かなを用いたものの割合を示したものです。このグラフとそれぞれの時期の武士のあり方について述べたＡ～Ｄの文のうち，正しいものの組み合わせを後の**ア**～**カ**から一つ選び，記号で答えなさい。

かなまじり古文書の比率

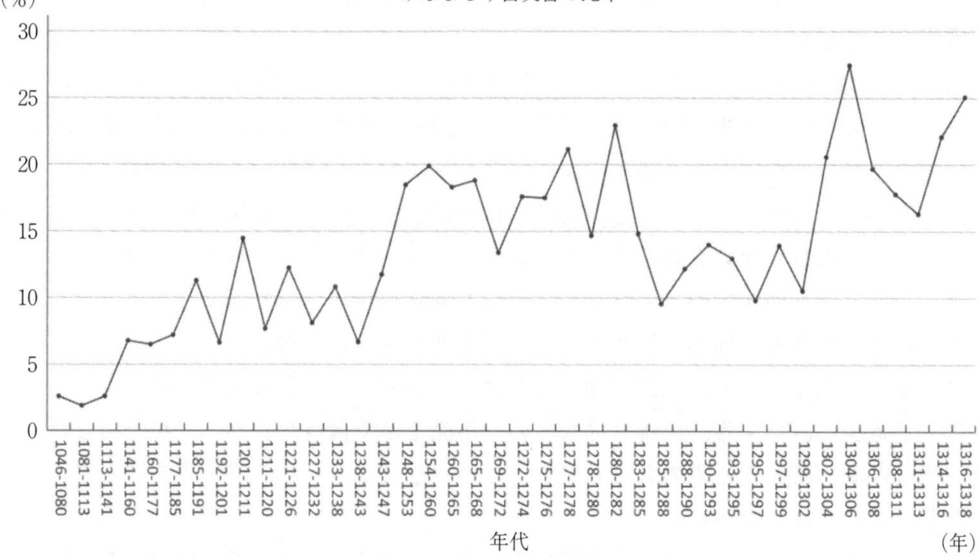

※同じ年が示されている場合には，その年の途中で分けています。

(網野善彦「日本の文字社会の特質」『網野善彦著作集第15巻』岩波書店をもとに作成)

Ａ　12世紀には，かなを用いた文書の比率は５％をこえるようになった。この時期には保元・平治の乱が発生するなど，武士が中央政界でも力を強めた。

Ｂ　13世紀前半には，かなを用いた文書の比率は最低でも10％以上となった。この時期には武士が地頭に任命され，荘園などの土地を支配していた。

Ｃ　13世紀後半には，かなを用いた文書の比率は20％をこえることもあった。この時期には武士がモンゴル襲来に備えて九州を警備することもあった。

Ｄ　14世紀に入ると，かなを用いた文書の比率は25％をこえることもあった。この時期には最初の武家法が制定され，これはかなで記されていた。

ア　ＡとＢ　　**イ**　ＡとＣ
ウ　ＡとＤ　　**エ**　ＢとＣ
オ　ＢとＤ　　**カ**　ＣとＤ

問６　下線部⑥の前半には，江戸幕府で幕政改革が行われました。この改革で行われた政策について述べた文として正しいものを次の**ア**～**エ**から一つ選び，記号で答えなさい。

ア　幕府の財政を改善するため，参勤交代における江戸の滞在《たいざい》期間を半減する代わりに大名に米を上納させる上米の制を導入した。

イ　ききんで疲弊《ひへい》した農村の立て直しに努め，再度のききんに備えて村で米をたくわえるように命じた。

ウ　生類憐みの令を出して生命を大切にする気風を広めたり，寺社の造営を進めたりするなど社会の安定をはかった。

エ　農村から江戸に出ていた農民を強制的に村に帰らせ，新たに江戸に出てくることも禁止した。

問７　下線部⑦に関連して，当時の民衆は民間の教育施設《しせつ》で簡単な文字の読み書きを学びました。

江戸時代に各地につくられた読み・書き・そろばんなどを学ぶ教育施設を何と言いますか。**漢字３字**で答えなさい。

問８　下線部⑧はロシア語の教師として1874年から1876年まで日本に滞在しました。メーチニコフが日本を去った後の日本とロシアの関係について述べた文として正しいものを次の**ア**～**エ**から一つ選び，記号で答えなさい。

ア　ロシアで社会主義の政府がつくられると，日本はイギリスやアメリカとともにシベリアに軍隊を送り，革命を失敗させようとした。

イ　ロシアの皇帝の命令を受けたレザノフが長崎に来航して通商を求めたが，日本側は半年も回答せず待たせたうえに拒否《きょひ》した。

ウ　ロシアとの国境を確定するために，日本は榎本武揚を派遣《はけん》し，樺太の北半分をロシア領とする見返りに千島列島を日本領とする条約を結んだ。

エ　ロシアのバルチック艦隊をやぶった日本は，ドイツの仲介《ちゅうかい》でロシアと講和を結ぶことに成功し，多額の賠償金《ばいしょうきん》を獲得《かくとく》した。

問９　下線部⑨について述べた文として**正しくないもの**を次の**ア**～**エ**から一つ選び，記号で答えなさい。

ア　大きな天守閣を備えた城がつくられるようになり，金や銀を下地に用いたあざやかな障壁画《しょうへきが》で屋内が飾《かざ》られた。

イ　役人を派遣して各地の田畑の面積や収穫高を調査し，耕作する農民の名前とともに記録する検地が全国で実施《じっし》された。

ウ　ポルトガル人が伝えた鉄砲が国内で生産できるようになり，足軽の鉄砲隊が敵の騎馬《きば》部隊を圧倒《あっとう》する戦いがおきた。

エ　日本が明に貢《みつ》ぎ物《もの》を持っていく形式で行われる勘合貿易がさかんとなり，貿易にかかわる堺や博多といった港町が繁栄《はんえい》した。

問10　下線部⑩は，幕末に外交使節の通訳として外国船の修理にかかわったことから，幕府による西洋式の軍艦《ぐんかん》導入にもたずさわりました。これに関連して，幕府の軍艦である咸臨丸《かんりんまる》の船長として太平洋の横断に成功し，戊辰戦争の際に新政府に江戸城を引き渡すことを西郷隆盛との間で取り決めた人物は誰《だれ》ですか。**漢字**で答えなさい。

問11　下線部⑪に関連するできごとについて述べた次のＡ～Ｃの文を時期の古いものから順に並べかえるとどうなりますか。正しいものを後の**ア**～**カ**から一つ選び，記号で答えなさい。

Ａ　板垣退助が自由党を結成した。

Ｂ　民選（撰）議院設立の建白書が政府に提出された。

Ｃ　埼玉県秩父地方の農民の蜂起《ほうき》を軍隊が鎮圧《ちんあつ》した。

ア　Ａ→Ｂ→Ｃ　　**イ**　Ａ→Ｃ→Ｂ

ウ　Ｂ→Ａ→Ｃ　　**エ**　Ｂ→Ｃ→Ａ

オ　Ｃ→Ａ→Ｂ　　**カ**　Ｃ→Ｂ→Ａ

問12　下線部⑫について，明治30年代に読み聞かせによる読書がすたれたのはなぜだと考えられますか。次のページに示すグラフの推移と表の内容をふまえて**２行以内**で説明しなさい。

義務教育就学率の変化

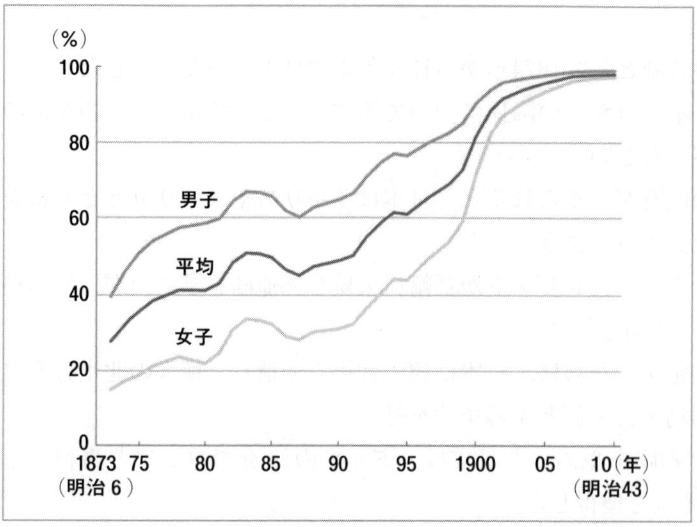

(『学制百年史』をもとに作成，『詳説日本史』山川出版社より)

※尋常《じんじょう》小学校の教科目別週間教授時数
(明治24年小学校令による)

<table>
<tr><th></th><th>時間数</th></tr>
<tr><td>修身</td><td>3</td></tr>
<tr><td>読書</td><td rowspan="3">15</td></tr>
<tr><td>作文</td></tr>
<tr><td>習字</td></tr>
<tr><td>算術</td><td>6</td></tr>
<tr><td>体操</td><td>3</td></tr>
</table>

(『学制百年史』より引用)

※尋常小学校とは，小学校のうち最初の４年間にあたる学校を言います。

問13　下線部⑬によって行われた改革について述べた文として**正しくないもの**を次の**ア**～**エ**から一つ選び，記号で答えなさい。

ア　経済を支配していた三井・三菱などの財閥が解体された。

イ　軍国主義的な教育を改め，民主主義的な教育をめざす教育基本法が定められた。

ウ　男子普通選挙で選ばれた議員たちの審議《しんぎ》を経て，日本国憲法が制定された。

エ　地主の土地を小作人に分け与《あた》える農地改革が行われた。

問14　下線部⑭から1990年代はじめのできごとについて述べた文として正しいものを次の**ア**～**エ**から一つ選び，記号で答えなさい。

ア　アジアで初めてのオリンピックが東京で開催《かいさい》され，それに先だって東京と大阪を結ぶ新幹線が開通した。

イ　関門トンネル・瀬戸大橋が同じ年に開通したことで，鉄道によって本州と北海道・四国が結ばれた。

ウ　朝鮮半島での戦争に参加したアメリカ軍が日本に多くの物品を注文したことで，日本は好景気となった。

エ　日本銀行が金利を下げたため投資がさかんになり，土地や株式が急激に値上がりし，日本は好景気となった。

2 次の文章を読んで，後の問いに答えなさい。

皆《みな》さんは，日本遺産を知っていますか。日本遺産は，日本各地に存在する有形無形の文化財を，各地域の歴史的な魅力《みりょく》や特色とからめて物語として構成し，文化庁が認定《にんてい》している制度です。従来は，国宝・重要文化財や史跡《しせき》・名勝・①天然記念物など，個々の遺産を「点」として保存することが重視されてきましたが，日本遺産事業では，遺跡《いせき》や伝統芸能，食文化などをストーリーでつなぎ，文化財を一体的にPRすることで，点在する遺産を「面」として活用・発信し，地域の振興《しんこう》に役立てることが重視されています。

それでは，どのような日本遺産があるのか，各地域ごとにいくつか見ていきましょう。まず北海道では，『カムイと共に生きる上川アイヌ～②大雪山のふところに伝承される神々の世界～』という文化財が指定されており，北海道の先住民族であるアイヌの人々の自然に対する信仰《しんこう》や伝承，文化がさまざまなストーリーとして発信されています。東北地方では，山形県の『③山寺が支えた紅花文化』が知られています。お寺と紅花は一見無関係に思われますが，紅花貿易によってもたらされた莫大《ばくだい》な富の一部が山寺にも寄進され，この地域を経済面でも文化面でも大きく発展させたという点で，両者には深いつながりがあると言うことができます。

関東地方では『かかあ天下―ぐんまの絹物語―』が有名です。現在では④関東内陸工業地域の中心である群馬県ですが，かつては養蚕や製糸・織物などの絹産業がさかんで，特に女性がその担《にな》い手として家計を支えた歴史が描《えが》かれています。同じく養蚕と織物がさかんな東京都の⑤八王子市についても，『霊気満山《れいきまんざん》 高尾山～人々の祈《いの》りが紡《つむ》ぐ桑都《そうと》物語～』が日本遺産の指定を受けています。

中部地方については『葡萄畑《ぶどうばたけ》が織りなす風景―山梨県峡東《きょうとう》地域―』が挙げられます。かつては水田や桑畑だった土地が，先人たちの努力により一面のぶどう畑へと変わっていった歴史が自然景観の中に語られ，⑥果樹栽培が地域の風土に与《あた》えた影響《えいきょう》を感じることができます。また，長野県と岐阜県の『⑦木曽路はすべて山の中～山を守り山に生きる～』は，江戸時代以降，森林資源を守りながら林業を営み，漆器《しっき》などの特産物を生み出した伝統が遺産として認定されたものです。

近畿地方には，滋賀県に『⑧琵琶湖とその水辺景観―祈りと暮らしの水遺産』があります。豊かに水をたたえ，瑠璃色《るりいろ》に輝《かがや》く琵琶湖は「水の浄土《じょうど》」とされるほか，古代から水の神が宿るとして信仰されてきました。また，和歌山県の『「百世《ひゃくせい》の安堵《あんど》」～津波と復興の記憶《きおく》が生きる広川の防災遺産～』は，江戸時代末期に発生した南海地震による被災《ひさい》からの復興の過程で蓄積《ちくせき》された，防災に関連するさまざまな文化によって構成されます。21世紀に生きる私たちにとっても⑨災害に対する備えを再認識《さいにんしき》させる貴重な遺産と言うことができるでしょう。

中国・四国地方については，島根県の『出雲國《いずものくに》たたら風土記～鉄づくり千年が生んだ物語～』が指定されています。⑩近代的な製鉄の技術が確立した現代においても，この地域では世界で唯一《ゆいいつ》，たたら製鉄の炎《ほのお》が燃え続けています。原料となる砂鉄を採取した跡地《あとち》を広大な⑪水田に再生するとともに，燃料に木炭を利用して山林の循環《じゅんかん》利用を図《はか》るなど，持続可能な産業としての側面もあり，SDGsの考え方にも通ずるところがあります。また，⑫四国の4県にまたがる『「四国遍路《へんろ》」～回遊型巡礼路と独自の巡礼文化～』は，弘法大師ゆかりの札所を巡《めぐ》る全長1400kmに及《およ》ぶ巡礼路がテーマとなっています。1200年を超《こ》えて継承《けいしょう》される伝統文化であり，険しい山道や長い石段，のどかな田園地帯，波静かな海辺などを「お遍路さん」が行き交《か》う光景は，四国地方の風物となっています。

九州地方については，佐賀県と長崎県の『日本磁器《じき》のふるさと 肥前～百花繚乱《ひゃっかりょうらん》のやきもの散歩～』が挙げられます。自然豊かな九州北西部の地は，陶石《とうせき》や森林，水など，窯業を営む条件がそろっており，歴史と伝統が培《つちか》った⑬磁器生産の技と美に触《ふ》れることができます。

昨年はコロナ禍《か》によるさまざまな規制が緩和《かんわ》されたこともあり，⑭訪日する外国人をはじめ，多くの人が日本各地を旅行する様子が見られました。今後日本遺産がより注目を集めるようになると考えられますが，文化財や自然環境《かんきょう》の保護と観光資源としての活用を，バランスを取りながら進めていくことが大切と言えるでしょう。

問1　下線部①について，山口県ではカルスト地形で有名な場所が国の特別天然記念物に指定されています。この場所を**漢字**で答えなさい。

問2　下線部②に関連して，大雪山国立公園に水源があり，北海道中西部を通って日本海へと流れる，北海道最長の川を何と言いますか。**漢字**で答えなさい。

問3　下線部③について，次の地形図は，山形県の山寺付近を示したもの(電子地形図25000を拡大)であり，後の文章は，この地形図から読み取れる情報を元に，実際に現地を歩いてみたと仮定した場合の内容です。後の文章中の**下線部が正しくないもの**を**ア～カ**から**二つ**選び，記号で答えなさい。

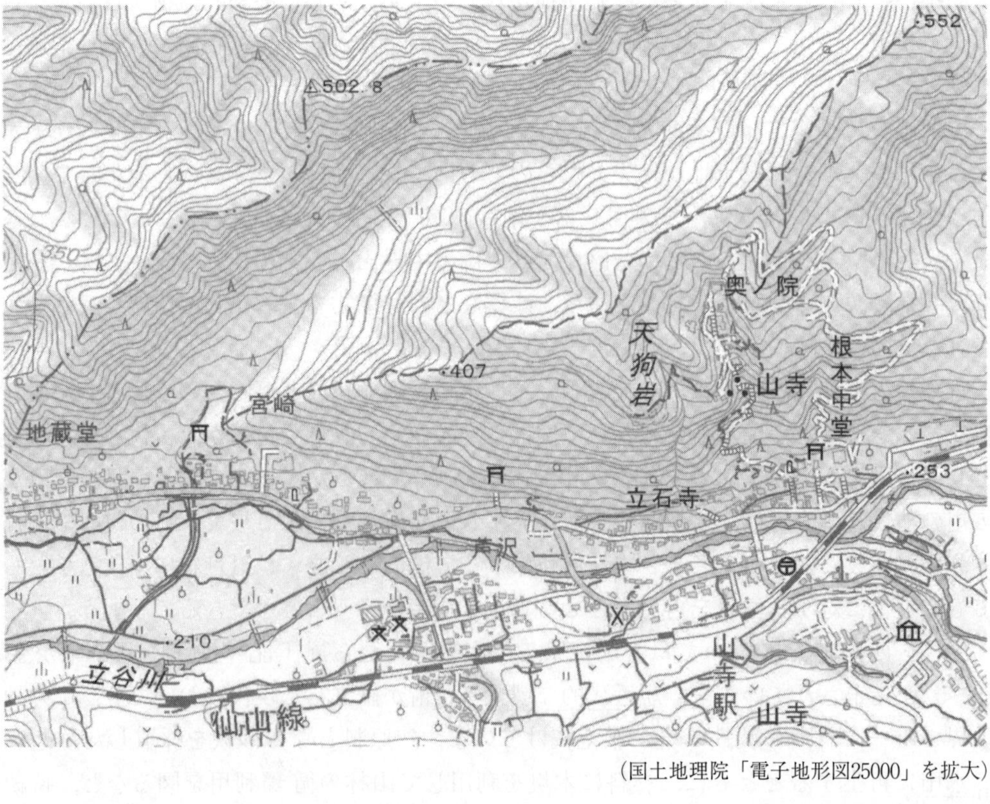

(国土地理院「電子地形図25000」を拡大)

山寺駅を北に出て少し進んで丁字路《ていじろ》を右折し，最初の交差点を左に曲がっていくと，立谷川を渡《わた》る橋がある。流れから見て，**ア**川は西から東に向かって流れていることがわかる。橋を渡って山門を通り，**イ**針葉樹林や広葉樹林が生《お》い茂《しげ》った森の中，急勾配《きゅうこうばい》の石段を上がっていくと，やがて山寺の境内《けいだい》に入る。境内を奥ノ院まで進んだ後，さらに道が続いているので行ってみると，幅《はば》が１ｍ未満の徒歩道(登山道)に入り，さらに進むと別の徒歩道にぶつかった。**ウ**尾根に沿ってこの徒歩道を下っていくと，宮崎の集落が見えてきた。神社があったので立ち寄ってみたが，ちょうどこの辺りの標高は**エ**240ｍくらいのようだ。神社の南にある少し広めの道路に出ると，川沿いの低地に**オ**水田や果樹園が見える。この道路を東に進むと，右手に橋があり，立谷川の向こう側に**カ**中学校と高等学校が見える。さらに歩いていくと，川を渡って右手に交番があり，まもなく山寺駅の前に戻《もど》って来た。

問４　下線部④について，次の**ア**～**エ**のグラフは，関東内陸工業地域，京葉工業地域，瀬戸内工業地域，中京工業地帯のいずれかについて，製造品出荷額等の構成(2020年)を示したものです。このうち関東内陸工業地域にあてはまるものとして正しいものを次の**ア**～**エ**から一つ選び，記号で答えなさい。

ア

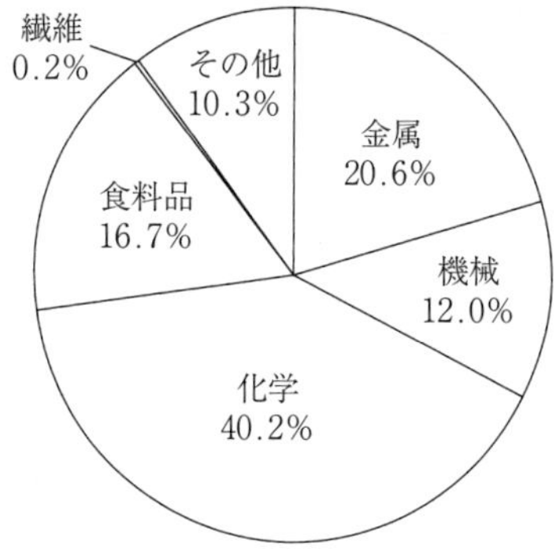

イ

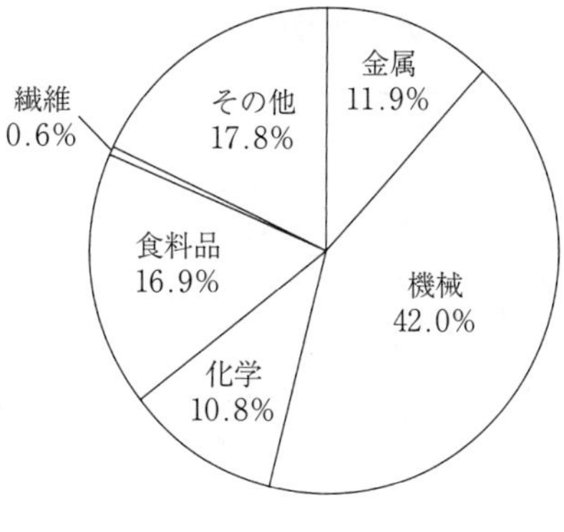

ウ

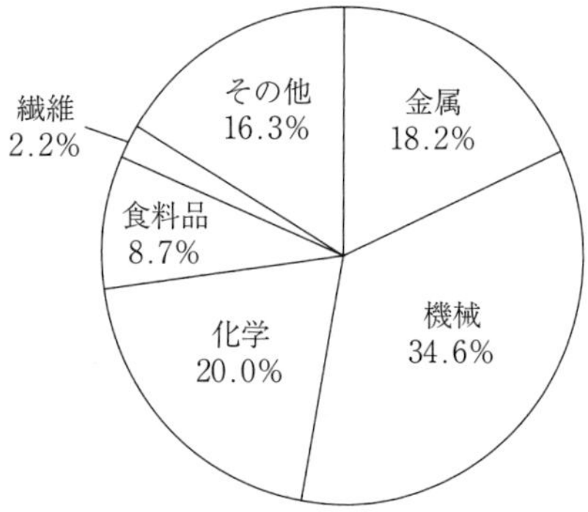

エ

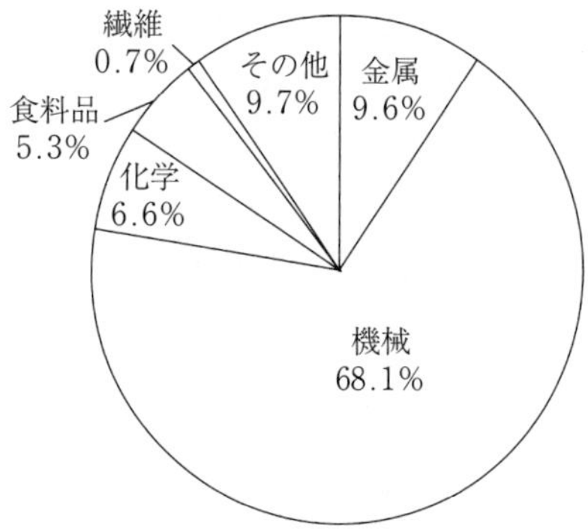

(『日本国勢図会 2023/24』より作成)

問５　下線部⑤に関連して，次のページの表は，八王子市と，東京都の市区町村の中で八王子市と人口が同規模の杉並区，江東区について，いくつかの指標をまとめたものです。表中のＡ～Ｃと市区の組み合わせとして正しいものを後の**ア**～**カ**から一つ選び，記号で答えなさい。

	人口（人）（2022年）	人口密度（人/km^2）（2022年）	65歳以上人口の割合（％）（2022年）	※2003年を100とした時の2023年の面積	製造品出荷額等（億円）（2019年）	年間商品販売額（億円）（卸売業，小売業）（2015年）
A	525,952	12,228.6	21.5	109	2,655	47,221
B	561,758	3,014.0	27.5	100	3,936	12,385
C	569,703	16,726.5	21.1	100	205	9,422

※境界が未確定の部分は含《ふく》まない。

（『データでみる県勢 2023』，国土地理院「全国都道府県市区町村別面積調」より作成）

	A	B	C
ア	八王子市	杉並区	江東区
イ	八王子市	江東区	杉並区
ウ	杉並区	八王子市	江東区
エ	杉並区	江東区	八王子市
オ	江東区	八王子市	杉並区
カ	江東区	杉並区	八王子市

問６　下線部⑥に関連して，次の表は三つの果実（日本なし，みかん，もも）について，生産量の上位５位までの都道府県（2021年）を示したものです。表中のＡ～Ｃと果実の組み合わせとして正しいものを後の**ア**～**カ**から一つ選び，記号で答えなさい。

	A	B	C
1位	山梨県	千葉県	和歌山県
2位	福島県	茨城県	愛媛県
3位	長野県	栃木県	静岡県
4位	山形県	長野県	熊本県
5位	和歌山県	福島県	長崎県

（『データでみる県勢 2023』より作成）

	A	B	C
ア	日本なし	みかん	もも
イ	日本なし	もも	みかん
ウ	みかん	日本なし	もも
エ	みかん	もも	日本なし
オ	もも	日本なし	みかん
カ	もも	みかん	日本なし

問７　下線部⑦は日本三大美林の一つに数えられる樹木で有名です。この樹木として正しいものを次の**ア**～**エ**から一つ選び，記号で答えなさい。

ア　ぶな　　**イ**　すぎ　　**ウ**　ひのき　　**エ**　かし

問８　下線部⑧について述べた文として正しいものを次の**ア**～**エ**から一つ選び，記号で答えなさい。

ア　日本最大の面積を有する湖で，滋賀県の面積の約３分の１を占《し》めている。周囲の山地にある豊富な山林が水源となっている。

イ　琵琶湖疏水《そすい》を通じて隣《となり》の岐阜県に水を供給するほか，大阪府や兵庫県の人々が利用する水道水にもなり，「近畿の水がめ」とも呼ばれる。

ウ　琵琶湖に流れ込《こ》む川は多くあるが，琵琶湖から流れ出す川は熊野川だけであり，宇治川，淀川と名前を変えて大阪湾に注いでいる。

エ　琵琶湖でとれたふなを使ったふなずしは日本でもっとも古い寿司の一つと言われ，滋賀県の郷土料理にもなっている。

問９　下線部⑨について述べた文として**正しくないもの**を次の**ア**～**エ**から一つ選び，記号で答えなさい。

ア　火山が噴火《ふんか》すると，吹《ふ》き出した火山灰により太陽光がさえぎられ，冷害が発生することがある。

イ　地震が起こると，埋《う》め立て地などで地下水と土砂《どしゃ》が混ざり，地盤《じばん》がゆるくなる液状化現象が発生することがある。

ウ　台風が接近すると，高潮に伴《ともな》う急激な気温の低下により霜害が発生し，農作物に被害《ひがい》がおよぶことがある。

エ　集中豪雨《しゅうちゅうごうう》により，特に山間部でがけ崩《くず》れや地すべりが起こるほか，川に土砂が流れ込んで土石流が発生することがある。

問10　下線部⑩について述べた文として正しいものを次の**ア**～**エ**から一つ選び，記号で答えなさい。

ア　鉄鋼の原料となる地下資源のうち，鉄鉱石はほぼ100％を輸入に頼《たよ》っているが，石炭と石灰岩は国内の生産で自給が可能である。

イ　かつて日本の製鉄所の多くは内陸部に位置していたが，石油危機の後，その多くが臨海部の埋め立て地に移転した。

ウ　2021年において，日本の鉄鋼生産量は中国，韓国，アメリカ，インド，ロシアに次ぐ世界第６位である。

エ　鉄鋼は自動車や船舶などの材料としても利用されるため，かつては「産業のコメ」と呼ばれたこともある。

問11　下線部⑪に関連して，米づくりについて述べた文として**正しくないもの**を次の**ア**～**エ**から一つ選び，記号で答えなさい。

ア　北陸地方や東北地方では，年に１回米を栽培する水田単作地帯が多いが，九州地方など温暖な地域では米を２回栽培する二期作が行われることもある。

イ　食生活の多様化を背景に米が余るようになったため，1970年ごろから国によって生産調整が進められ，野菜などの栽培に切り替《か》える転作が行われた。

ウ　第二次世界大戦後は直接田に種もみをまく直《じか》まきという方法で稲を育てるのが一般的《いっぱんてき》であったが，近年は苗《なえ》を育てた後に田植えをする方法も行われている。

エ　稲を収穫《しゅうかく》した後，もみ殻《がら》を取って玄米《げんまい》にし，さらに米ぬかと胚芽《はいが》を取り除いて精米したものが，いわゆる白米である。

問12　下線部⑫について，次の**ア**～**エ**の図は，四国４県の県庁所在地のいずれかの月別降水量を示したものです。このうち高知県の県庁所在地にあてはまるものを次の**ア**～**エ**から一つ選び，記号で答えなさい。

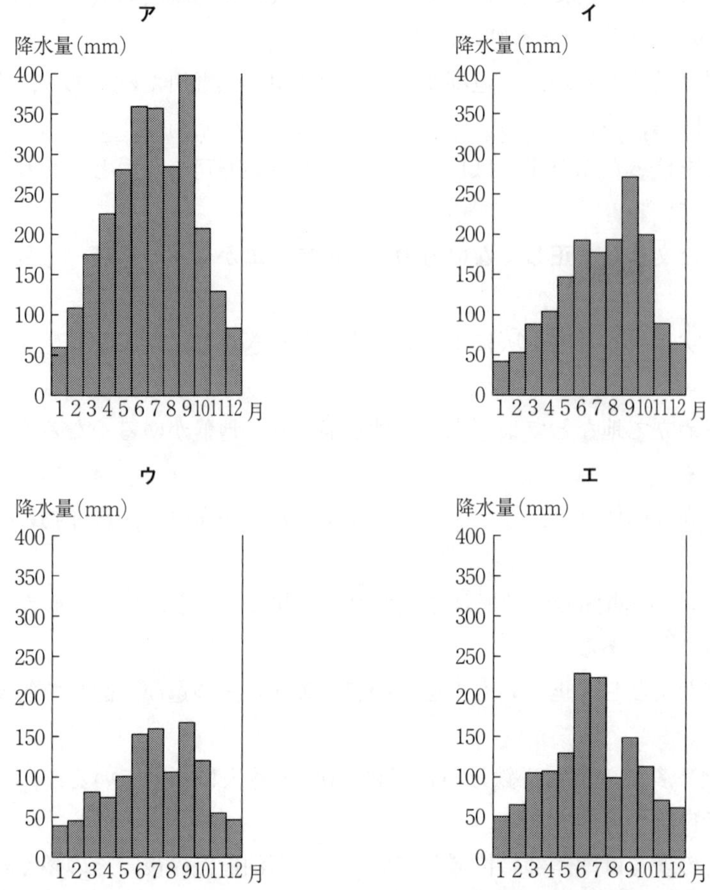

(気象庁ホームページ資料より作成)

問13　下線部⑬に関連して，佐賀県で生産され，国の伝統的工芸品にも指定されている陶磁器として正しいものを次の**ア**～**エ**から一つ選び，記号で答えなさい。

ア　信楽焼　　**イ**　唐津焼　　**ウ**　備前焼　　**エ**　九谷焼

問14　下線部⑭に関連して，もともとは「内向きの」「本国行きの」という意味の英語で，転じて外国人の訪日旅行や訪日外国人旅行客を示すようになった言葉を**カタカナ**で答えなさい。

3　次の文章を読んで，後の問いに答えなさい。

「民主主義は，今まで試みられたすべての政治形態を除いて，最悪の政治形態である」というのは，イギリスのチャーチル元首相の①議会での言葉です。「最悪の政治形態」とは言いながらも，「今まで試みられたすべての政治形態を除いて」と言っていますから，これまで存在していた政治形態と比べると，現状では民主主義が一番「まし」な政治形態だとチャーチルは考えていたのです。民主主義は良いものだと思われがちですが，彼《かれ》のように，民主主義は何かしらの課題を抱《かか》えているという視点を持つのは大切なことです。

そもそも民主主義が実現しているというのは，具体的にどのような状態でしょうか。民主主義は，人々の意志にもとづいて政治的決定が行われるという制度や考え方であり，その実現のために多くの国で採用されているのが国民主権です。②日本国憲法でも「主権は国民に存する」と記されています。例えば，選挙で自分たちの代表者を選ぶというのは，国民の意志にもとづいて政治が行われるための一つの方法かもしれません。しかし選挙以外でも③国民が意見を反映させる方法は考えられます。また民主主義と言われると多数決が頭に浮《う》かぶ人も多いかもしれません。確かに多数決は物事を④効率よく決定できる方法と言えますが，⑤多数決が常に国民の意志を反映するわけではないという批判も可能です。最初のチャーチルの言葉も，多数派となった政党や⑥政府が国民の意志を正確には反映していない，ということを批判するなかで出てきた言葉でした。

また，民主主義とは，単に選挙など国民の意志を政治に反映させるための仕組みを意味するのではなく，社会の抱える課題を自分ごととしてとらえる，人々の考え方や生き方を意味するという見方があります。例えば，「民主主義」は英語の「デモクラシー」の訳語ですが，デモクラシーは「民主制」と訳される場合もあり，この場合は制度について述べられていると言えます。それに対して「デモクラシー」を「民主主義」と訳すとき，そこには単なる制度ではなく「考え方や生き方としての民主主義」という見方があると言えるのです。どのような制度が存在するかではなく，社会の抱える課題に対して，その社会に生きる人たちが自分の意志を持ち，それを反映させるような生き方をしていくこと，それが民主主義なのです。もちろん，国レベルの課題に対して急に自分の意志を持つことは難しいかもしれません。しかし，「地方自治は民主主義の学校」と言われるように⑦自分の住む身近な地域の課題に取り組んだり，⑧自らの権利を守るために戦う人を応援《おうえん》したりすることを通して，社会の問題を自分ごととしてとらえることができるようになるでしょう。また「地球規模で考え，身近なところで行動せよ」という言葉は⑨環境問題について考えるときに使われますが，これは⑩地球規模の課題も身近なところからの取り組みによって解決へと進んでいくということです。このように，社会の抱える課題に一人ひとりが自分ごととして向き合う民主主義という考え方・生き方が，より良い社会の実現につながっていくと言えるのです。

問１　下線部①に関連して，現在の日本の国会について述べた文として正しいものを次の**ア**～**エ**から一つ選び，記号で答えなさい。

ア　衆議院で法律案が可決される場合，本会議で最低でも233人の議員の賛成が必要である。

イ　衆議院の方が参議院よりも国民の意見をより強く反映すると考えられるため，憲法改正の発議などの重要なことがらについて衆議院の優越が認められている。

ウ　国会で予算案や法律案が審議《しんぎ》されるとき，学者や専門家などを招いて意見を聞くことがあるが，この会は公聴会と呼ばれる。

エ　内閣総理大臣は，国会においてもっとも議席を多く持つ政党が指名し，その指名にもとづいて国会が任命する。

問２　下線部②の規定において，衆議院の解散中に国会の審議が必要になった場合に，内閣の求めによって開かれる会議を何と言いますか。解答らんに合うように**漢字**で答えなさい。

問３　下線部③に関連して，日本の裁判員制度について述べた文として正しいものを次の**ア**～**エ**から一つ選び，記号で答えなさい。

ア　裁判員は，20歳《さい》以上の国民から抽選《ちゅうせん》で選ばれ，選ばれた人が裁判のために仕事を休むことになる場合は裁判所から手当が支給される。

イ　裁判員制度は，重大な刑事裁判の第一審に限定されているので，民事裁判に裁判員が関わることはない。

ウ　裁判官３人と裁判員６人の９人による多数決で判断を下すため，裁判員だけの判断で有罪の判決が下されることもある。

エ　裁判員は有罪か無罪かの判断を行い，有罪になった場合にどのような刑を課すかは裁判官が決める。

問４　下線部④に関連して，医療《いりょう》を効率化するために日本政府がマイナンバーカードに一体化することを進めているものがあります。それに対して「カードを持つことの強制ではないか」という批判もありますが，マイナンバーカードとの一体化が進められているものは何ですか。**漢字５字**で答えなさい。

問５　下線部⑤に関連して，次の会話文中の空らんに入る言葉はどのようなものになると思いますか。**２行以内**で書きなさい。

先生：政治における多数決と言えば選挙ですが，皆《みな》さんも知っている通り，小選挙区制の選挙は死票が多いという特徴《とくちょう》があります。これは落選者に投票した少数者の意見が反映されないという点で民意を反映していないと言えるでしょう。しかし，実はそれ以外にも「民意を反映していない」と言える場合が考えられるのです。

生徒：そうなんですか。

先生：例えば「原子力発電所(原発)を増やすべきか」ということを唯一《ゆいいつ》の争点としたある小選挙区制の選挙を考えてみましょう。ある選挙区に３人の候補者(Ａ～Ｃ)がおり，Ａさんが「原発は増やすべき」，Ｂさんは「現状維持《いじ》」，Ｃさんは「原発は減らすべき」と考えていたとします。そして投票権を持った人たち100人に，この３人を当選してほしい順に並べてもらいました。その結果が下の表のような状態だったとしましょう。この場合の選挙結果はどうなるか考えてみてください。その結果では「民意を反映していない」と考えることもできると思います。選挙結果と「民意を反映していない」と考えられる理由を合わせて説明してください。

１位	２位	３位	人数
Ａさん	Ｂさん	Ｃさん	40人
Ａさん	Ｃさん	Ｂさん	０人
Ｂさん	Ａさん	Ｃさん	５人
Ｂさん	Ｃさん	Ａさん	30人
Ｃさん	Ａさん	Ｂさん	０人
Ｃさん	Ｂさん	Ａさん	25人

生徒：この場合だと，［　　　　　　］。ですから，確かに民意を反映しているとは言えないのかもしれませんね。

問６　下線部⑥に関連して，現在の日本の行政について述べた文として正しいものを次の**ア～エ**から一つ選び，記号で答えなさい。

ア　衆議院の解散や条約の公布など，天皇が行う国事行為に対して，内閣は助言と承認《しょうにん》を行い，その責任を負う。

イ　国の収入や支出を検査する会計検査院が内閣の下にあり，公平な検査ができないため，会計検査院の独立が求められている。

ウ　行政の仕事を民営化することで，効率を重視するのではなく，より公平にサービスが提供されるようになると考えられている。

エ　閣議では，内閣総理大臣とすべての国務大臣が，行政についての重要なことがらを多数決で決定する。

問７　下線部⑦に関連して，日本の地方自治について述べた文として**正しくないもの**を次の**ア**～**エ**から一つ選び，記号で答えなさい。

ア　地方議会は総議員の３分の２以上の出席の下，４分の３以上の賛成で首長の不信任を議決でき，それを受けて首長は10日以内に議会を解散しなければ失職する。

イ　首長は，地方議会が制定した条例や予算の議決に対して反対の場合には，審議のやり直しを求める権限を持つ。

ウ　地域住民にとって重要な問題について住民投票を行うことができるが，その規定は条例が定めるので，小・中学生が投票した例もある。

エ　地方公共団体の収入や支出などを監査するよう求めるためには，有権者数の50分の１以上の署名を首長に提出する必要がある。

問８　下線部⑧に関連して，労働者たちが労働条件の改善・維持などのために働くことを一時的にやめる行為を何と言いますか。正しいものを次の**ア**～**エ**から一つ選び，記号で答えなさい。

ア　デモ　　**イ**　リコール　　**ウ**　ストライキ　　**エ**　リデュース

問９　下線部⑨に関連して，海洋汚染《おせん》の原因の一つであり，食物連鎖《れんさ》のたびに海に住む生物の体内に蓄積《ちくせき》され，生態系に悪影響《あくえいきょう》を及《およ》ぼすと考えられているものとして正しいものを次の**ア**～**エ**から一つ選び，記号で答えなさい。

ア　マイクロプラスチック　　**イ**　フロンガス

ウ　赤潮　　**エ**　二酸化炭素

問10　下線部⑩について取り組む組織の一つである国際連合に関連して述べた文として正しいものを次の**ア**～**エ**から一つ選び，記号で答えなさい。

ア　国際連合の安全保障理事会の常任理事国であるアメリカ・ロシア・イギリス・ドイツ・中国の５ヵ国はすべて核兵器を保有している。

イ　国際連合の総会においては，一つの国は人口の大小にかかわらず投票権を１票持ち，一《いっ》般的《ぱんてき》な問題は過半数で，重要問題は３分の２以上の賛成で決定される。

ウ　日本が国内で男女雇用《こよう》機会均等法を制定したことを受けて，あらゆる分野での女性差別をなくすために国際連合の総会で女性差別撤廃条約が採択《さいたく》された。

エ　国際連合の加盟国は，設立当初はアジアの国がもっとも多かったが，冷戦終結後，ヨーロッパの加盟国が増加し，現在はヨーロッパの国がもっとも多い。

【理　科】〈第２回試験〉（35分）〈満点：70点〉

1　風について，後の問いに答えなさい。

2023年４月に開かれたG7(主要７ヵ国)気候・エネルギー・環境相《かんきょうしょう》会合で，**a** 資源に限りがなく永続的に使うことができるエネルギーの開発と，化石燃料の段階的廃止《はいし》を加速させることが合意されました。永続的に使うことのできるエネルギーを活用した発電方法には，太陽光発電や **b** 風力発電があります。現在の日本では，さまざまな場所に設置可能なソーラーパネルによる太陽光発電の普及《ふきゅう》が進んでいます。一方で風力発電は，風力原動機の設置できる場所が限られ，その多くは海沿いに設置されています。

(1)　下線部 **a** のエネルギーを**漢字４字**で答えなさい。

(2)　下線部 **b** について，もっとも適当なものを次の**ア**～**エ**から一つ選び，記号で答えなさい。

ア　太陽光のエネルギーを間接的に利用している。

イ　電力の需要《じゅよう》の変化に合わせて発電量を調節しやすい。

ウ　地域や季節のちがいによる影響《えいきょう》を受けにくい。

エ　長い年月をかけて蓄《たくわ》えられた資源を利用している。

図１は晴れた日の海面と海辺に近い地面の１日の温度変化を表すグラフです。

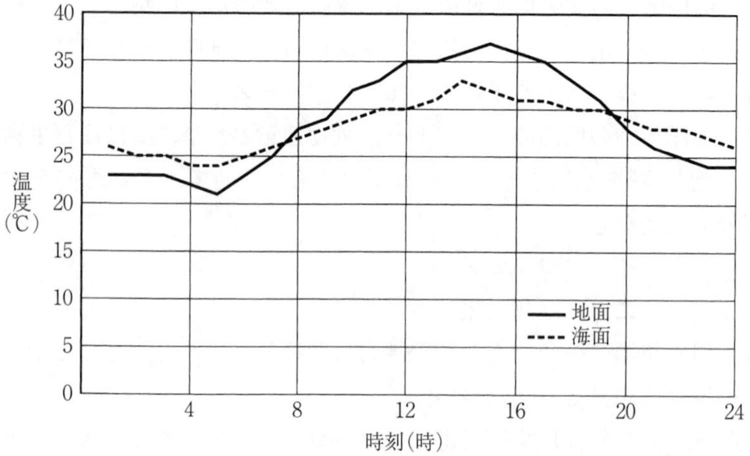

図１

(3)　図１のグラフからわかる海面と地面の温まりやすさと冷めやすさを説明した文として，もっとも適当なものを次の**ア**～**エ**から一つ選び，記号で答えなさい。

ア　海面は地面より温まりやすく，冷めにくい。

イ　海面は地面より温まりやすく，冷めやすい。

ウ　海面は地面より温まりにくく，冷めにくい。

エ　海面は地面より温まりにくく，冷めやすい。

海沿いの風は海面と地面の温度に関係しています。太陽光が当たる時間帯に吹《ふ》く風を再現するために次の[実験]を行いました。

[実験]

２つの容器を用意し，この容器に体積の等しい水と砂をそれぞれ入れた。容器に入った水と砂をしばらく室内に置いた後，太陽光を当てた。

次に砂と水の入った容器の間に火のついた線香《せんこう》を置き，図2のように透明《とうめい》な水そうをかぶせてしばらく置いた後，c線香のけむりの動きを観察した。

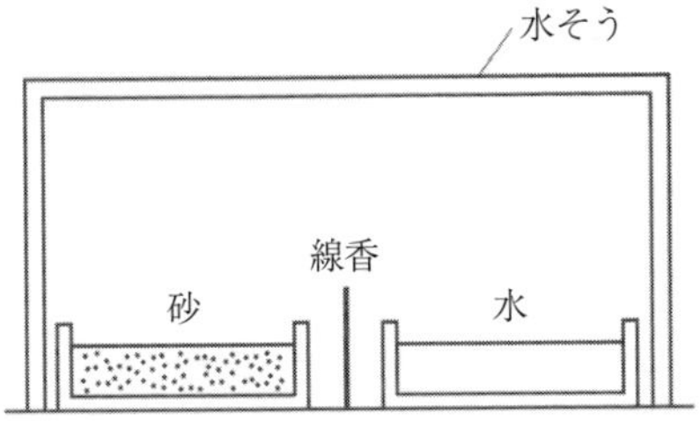

図2

(4)　下線部cで観察された線香のけむりの動きを表した矢印として，もっとも適当なものを次の**ア**～**エ**から一つ選び，記号で答えなさい。

ア

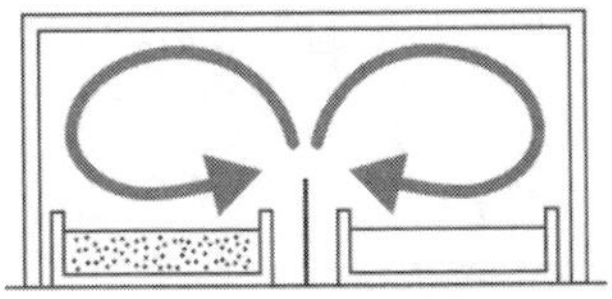

イ

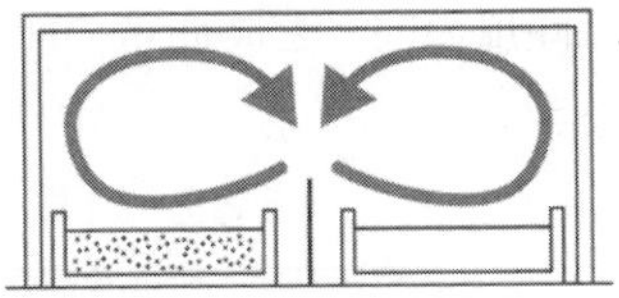

ウ

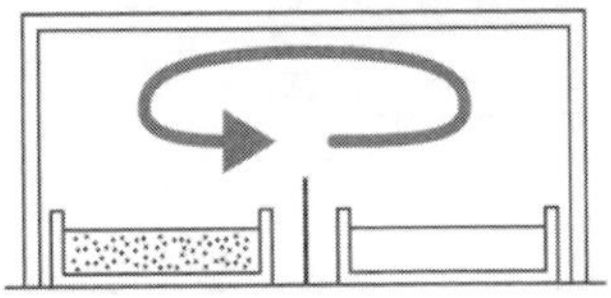

エ

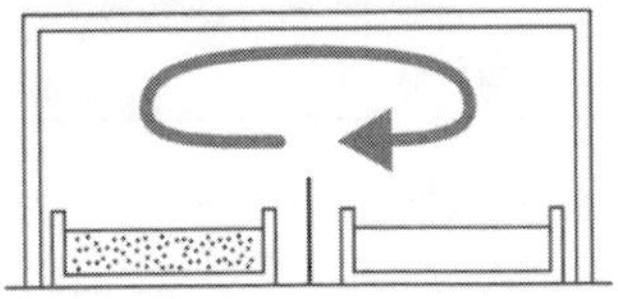

下線部cで観察された線香のけむりの動きについて考えました。

［考えたこと］

空気は温められると体積が［1］なり，温められた空気は［2］する。［実験］のように太陽の光を当てることで，水と砂が温められると同時に水と砂の上にある空気も温められる。このとき［3］の上にある空気の方が，より強く温められると考えられる。

その結果［3］の上の空気が［2］し，そこに［4］の上の空気が流れ込《こ》むことで空気の流れが生じ，線香のけむりが動いたと考えられる。

(5)　［考えたこと］の空らん［1］～［4］に入る語句の組み合わせとして，もっとも適当なものを次の**ア**～**ク**から一つ選び，記号で答えなさい。

	1	2	3	4
ア	小さく	上昇《じょうしょう》	水	砂
イ	小さく	上昇	砂	水
ウ	小さく	下降	水	砂
エ	小さく	下降	砂	水
オ	大きく	上昇	水	砂
カ	大きく	上昇	砂	水
キ	大きく	下降	水	砂
ク	大きく	下降	砂	水

［実験］で観察された現象は，海面と海辺に近い地面の間で生じる温度差によっても起こります。このときの空気の流れを海陸風と呼びます。

(6)　［実験］と［考えたこと］より，海陸風の向きと時間帯の組み合わせとして適当なものを次の**ア**～**エ**から**二つ**選び，記号で答えなさい。

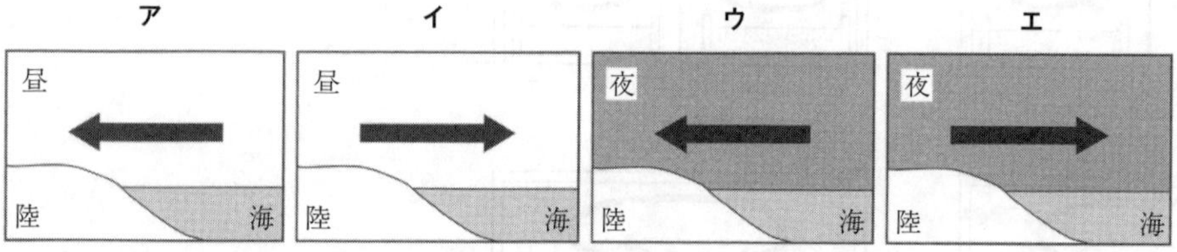

東京湾《とうきょうわん》周辺に吹く風について，調べました。

［調べたこと］

東京湾と関東平野内部の間では海陸風が吹きやすい。図３は５月のある晴れた日に東京湾周辺の地表付近に吹いた風を矢印で表している。X，Y，Zはそれぞれ日の出前(４時ごろ)，昼前(11時ごろ)，昼過ぎ(14時ごろ)のいずれかの様子である。

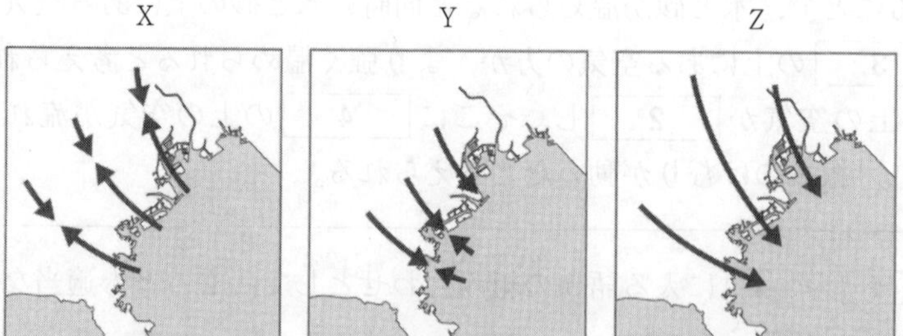

図３

(7)　図３のX，Y，Zは日の出前(４時ごろ)，昼前(11時ごろ)，昼過ぎ(14時ごろ)のどれですか。その組み合わせとして，もっとも適当なものを次の**ア**～**カ**から一つ選び，記号で答えなさい。

	日の出前	昼前	昼過ぎ
ア	X	Y	Z
イ	X	Z	Y
ウ	Y	X	Z
エ	Y	Z	X
オ	Z	X	Y
カ	Z	Y	X

2　デンプンと消化について，後の問いに答えなさい。

祥子《しょうこ》さんはデンプンと消化について興味を持ち，調べました。

［調べたこと］

植物は **a** 光合成を行いブドウ糖を作り，そのブドウ糖をたくさんつなげてデンプンにしてから蓄《たくわ》えている。動物はこのデンプンを食べるとそのままでは体内に吸収できないので消化を行う。消化の過程ではデンプンはアミラーゼという消化酵素《しょうかこうそ》によって，麦芽糖《ばくがとう》に分解される。さらに麦芽糖はマルターゼという消化酵素によって，ブドウ糖に分解される。

(1)　下線部 **a** の光合成の反応を示したものとしてもっとも適当なものを，次の**ア**～**エ**から一つ選び，記号で答えなさい。

ア　水素＋二酸化炭素→ブドウ糖＋水　　**イ**　水素＋二酸化炭素→ブドウ糖＋酸素

ウ　水＋二酸化炭素→ブドウ糖＋水素　　**エ**　水＋二酸化炭素→ブドウ糖＋酸素

祥子さんはデンプンをそのままでは吸収できない理由について，先生と話をしました。

祥子「なぜ，デンプンを消化酵素で分解する必要があるのでしょうか？」

先生「栄養分の多くは **b** 小腸で吸収されます。小腸の細胞《さいぼう》の中に入るためには，細胞を包む膜《まく》を通れる大きさになっていなければなりません。」

祥子「**c** デンプンはブドウ糖がたくさんつながっていて，大きいので小さくしてから取り入れるということですね。」

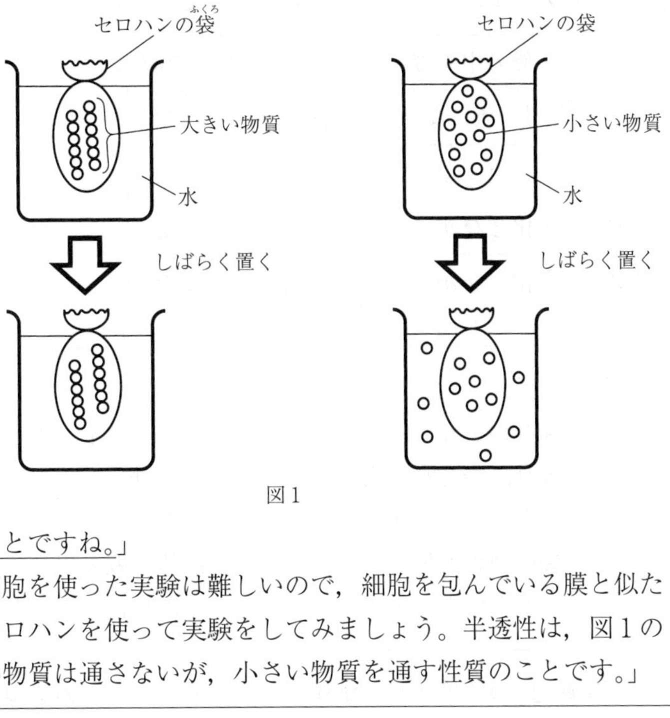

図１

先生「その通りです。実際の細胞を使った実験は難しいので，細胞を包んでいる膜と似た半透性《はんとうせい》という性質を持つセロハンを使って実験をしてみましょう。半透性は，図１のように水溶液《すいようえき》の中の大きい物質は通さないが，小さい物質を通す性質のことです。」

(2)　下線部**b**の小腸にはその表面にひだがあり，さらに柔毛《じゅうもう》とよばれる細かいでこぼこがある。このひだや柔毛がある理由を説明した次の文の[1]，[2]に入る語句の組み合わせとしてもっとも適当なものを後の**ア**～**エ**から一つ選び，記号で答えなさい。

　消化された食べ物は小腸の表面から吸収されていく。表面にひだや柔毛があることで，[　　1　　]ができる。その結果，[　　2　　]，効率よく栄養分が吸収される。

	[1]	[2]
ア	小腸でさらに細かくくだくこと	食べ物が表面と接触《せっしょく》しやすくなり
イ	小腸でさらに細かくくだくこと	栄養分を増やすことができ
ウ	小腸の内側の表面積を増やすこと	食べ物が表面と接触しやすくなり
エ	小腸の内側の表面積を増やすこと	栄養分を増やすことができ

　祥子さんは消化酵素について調べるために，次の[実験１]，[実験２]を行いました。

[実験１]

①　図２のように，セロハンでできた袋にデンプンのりを入れ，袋を水の入ったビーカーに入れた。

②　水温を36℃に保ってしばらく置いた。

③　袋の中の液体とビーカーの中の液体を取り出して，ヨウ素液を加えて色を調べた。

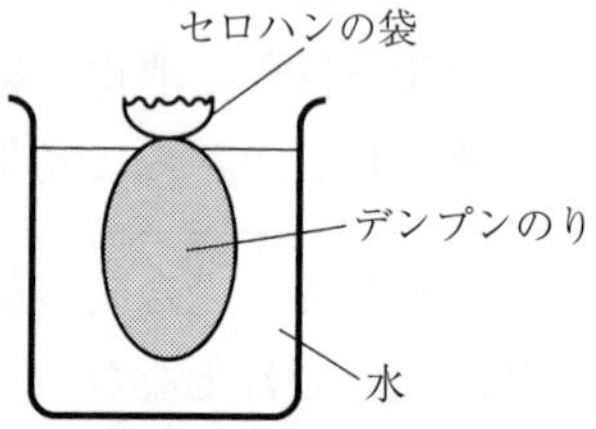

図２

(3)　[実験１]の結果はどうなりますか。前のページの下線部**c**から考えて，もっとも適当なものを次の**ア**～**エ**から一つ選び，記号で答えなさい。

	袋の中の液	ビーカーの中の液
ア	青紫色《あおむらさきいろ》になった	青紫色になった
イ	青紫色になった	変化しなかった
ウ	変化しなかった	青紫色になった
エ	変化しなかった	変化しなかった

[実験２]

①　図３のように，セロハンでできた袋にブドウ糖水溶液を入れ，袋を水の入ったビーカーに入れた。

②　水温を36℃に保ってしばらく置いた。

③　袋の中の液体とビーカーの中の液体を取り出して，ベネジクト液を加えたのちに加熱してから色を調べた。

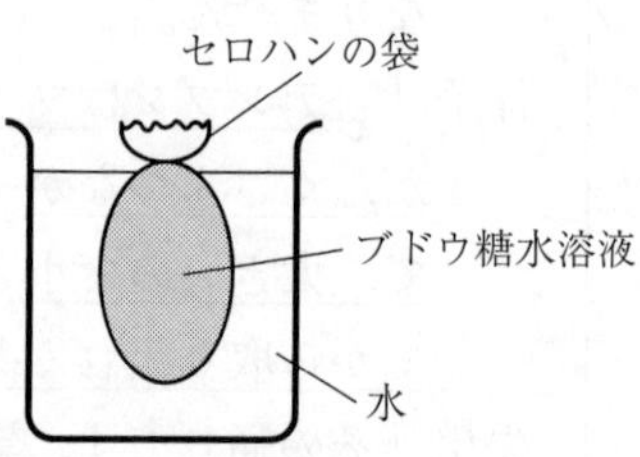

図３

(4)　[実験２]の結果はどうなりますか。前のページの下線部**c**から考えて，もっとも適当なものを次の**ア**～**エ**から一つ選び，記号で答えなさい。

	袋の中の液	ビーカーの中の液
ア	赤かっ色になった	赤かっ色になった
イ	赤かっ色になった	変化しなかった
ウ	変化しなかった	赤かっ色になった
エ	変化しなかった	変化しなかった

祥子さんはだ液に含《ふく》まれる消化酵素について調べるために，次の[実験3]を行いました。

[実験3]

① 表1のように試験管A～Dにだ液または水を加え，その後，36℃または80℃の湯の中に10分間入れた。

表1

試験管	A	B	C	D
入れたもの	だ液1mL	だ液1mL	水1mL	水1mL
温度	36℃	80℃	36℃	80℃

② 試験管A～Dを36℃にした後で，それぞれの試験管に9mLずつデンプンのりを入れて，混ぜた後，10分間置いた。

③ ②の試験管A～Dからそれぞれ液を5mL取り出して，ヨウ素液を加えて，色を調べた。

④ ②の試験管A～Dからそれぞれ液を5mL取り出して，ベネジクト液を加えたのち加熱して色を調べた。その結果を表2にまとめた。

表2

試験管	A	B	C	D
ヨウ素液	変化なし	青紫色	青紫色	青紫色
ベネジクト液	赤かっ色	変化なし	変化なし	変化なし

(5) [実験3]から，だ液にデンプンを分解する消化酵素が含まれていることは，どの試験管の結果を比較するとわかりますか。正しいものを次の**ア**～**カ**から一つ選び，記号で答えなさい。

ア AとB

イ AとC

ウ AとD

エ BとC

オ BとD

カ CとD

(6) [実験3]から，デンプンを分解する酵素が一度でも80℃になるとはたらかなくなることは，どの試験管の結果を比較するとわかりますか。正しいものを(5)の**ア**～**カ**から一つ選び，記号で答えなさい。

祥子さんは酵素について，先生と話をしました。

祥子「先生，『消化』についてはわかったのですが，『酵素』とは何ですか？」
先生「酵素とは，生物が体内で色々な物質を分解したり，合成したりするために必要なものです。」
祥子「消化以外でも酵素は使われているのですか？」
先生「呼吸や光合成でも使われています。パン生地を膨《ふく》らませるときに使うドライイーストには酵素が含まれていてブドウ糖を分解して気体を発生させます。このドライイーストの中の酵素はセロハンを通る物質と通らない物質でできています。これを確認する実験をしてみませんか。」

酵素のはたらきを調べるために，次の[実験４]を行いました。

[実験４]
① ドライイーストをすりつぶして水を加えて酵素液を作った。
② 図４のようにビーカーに①の酵素液の一部を入れて80℃に保って20分間置いた。その後，36℃に冷やしたものを溶液Ｅとする。

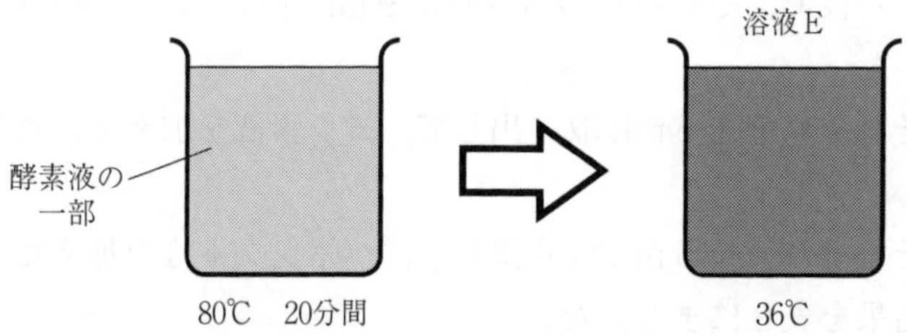

図４

③ 図５のようにセロハンでできた袋に①の酵素液の一部を入れ，袋を水の入った水そうに入れ，水温を36℃に保って２時間置いておく。２時間後に水そうの水を新しいものとかえる。この作業を10回行った。最初の２時間後の袋の外にある水そうの液を外液Ｆとする。また，20時間後の袋の中の液を内液Ｇとする。

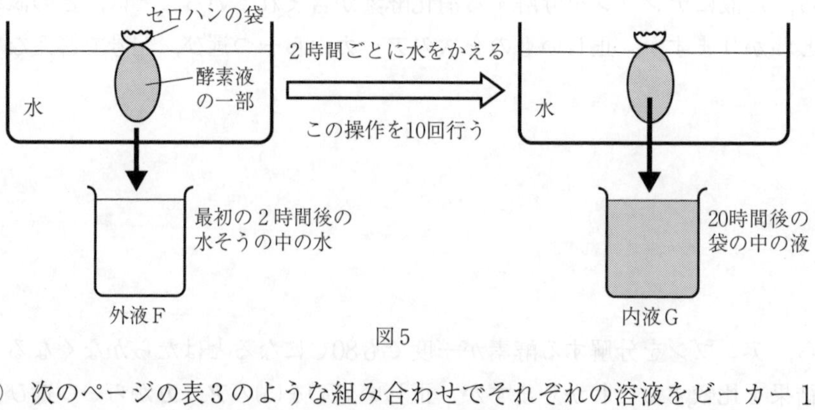

図５

④ 次のページの表３のような組み合わせでそれぞれの溶液をビーカー１～７に入れて，36℃に保って10分間置いておいた。また，結果として気体が発生したかどうかを記録した。

表３

	ビーカーに入れたもの	気体
ビーカー１	①の酵素液＋ブドウ糖	発生した
ビーカー２	②の溶液Ｅ＋ブドウ糖	発生しない
ビーカー３	③の外液Ｆ＋ブドウ糖	発生しない
ビーカー４	③の内液Ｇ＋ブドウ糖	発生しない
ビーカー５	②の溶液Ｅ＋③の外液Ｆ＋ブドウ糖	発生しない
ビーカー６	②の溶液Ｅ＋③の内液Ｇ＋ブドウ糖	発生した
ビーカー７	③の外液Ｆ＋③の内液Ｇ＋ブドウ糖	発生した

祥子さんは，[実験４]の結果から次のように考えました。

[考えたこと]

ビーカー１とビーカー２の結果から，ブドウ糖を分解する酵素も高温になるとはたらかなくなることがわかる。ビーカー３とビーカー４の結果とビーカー７の結果から，ブドウ糖を分解する酵素は，セロハンを通る物質と通らない物質に分かれた後，混ぜ合わせると [3] ことがわかる。

また，ビーカー５とビーカー６の結果から，高温になるとはたらかなくなるのは [4] であることがわかる。

(7) [考えたこと]の空らん [3]，[4] に入る語句の組み合わせとしてもっとも適当なものを次の**ア**～**エ**から一つ選び，記号で答えなさい。

	[3]	[4]
ア	酵素としてはたらかない	セロハンを通らない物質
イ	酵素としてはたらかない	セロハンを通る物質
ウ	再び酵素としてはたらく	セロハンを通らない物質
エ	再び酵素としてはたらく	セロハンを通る物質

3 金属について，後の問いに答えなさい。

祥子《しょうこ》さんは東京都庁に見学に行き，そこで東京2020オリンピック・パラリンピックで使用された金・銀・銅のメダルの展示を見ました。これらのメダルは，持続可能な社会の実現を目指した取り組みとして，使用済みの電子機器や小型家電製品などから取り出した金属を原料に作られたそうです。祥子さんはこのことについて興味を持ち，調べました。

[調べたこと１]

使用済みの携帯電話《けいたいでんわ》やパソコンなど，そのまま廃棄《はいき》されてしまう家電製品には実は多くの金属材料が含《ふく》まれている。このような金属材料を資源として活用することを，鉱山に見立てて「[1] 鉱山」と呼ぶことが知られている。これらの中には，「[2] メタル」のように産業では重要なのにもかかわらず，地球上にあまり存在していない金属も含まれている。

(1)　[調べたこと１]の空らん [1]，[2] に入る語句として正しいものを，それぞれの選択肢《せんたくし》から一つ選び，記号で答えなさい。

[1] の選択肢

ア　金属　　**イ**　都市　　**ウ**　リサイクル　　**エ**　家電

[2] の選択肢

オ　アース　　**カ**　バイ　　**キ**　レア　　**ク**　ゴールド

(2)　金，銀，銅について説明した文として**正しくないもの**を，次の**ア**～**エ**から一つ選び，記号で答えなさい。

ア　金は，たたくとうすく平たくのびる性質がある。

イ　金，銀，銅の中で，もっともよく熱を伝えるのは銀である。

ウ　銅は電気をとてもよく導くため，電線などに利用されている。

エ　金，銀，銅はいずれも磁石につく性質がある。

祥子さんは，「[2] メタル」の他に「ベースメタル」という言葉があることを知りました。「ベースメタル」とは，人間が古くから利用してきたアルミニウムなどの金属のことです。アルミニウムは飲料品の缶《かん》などに多く用いられています。祥子さんが，アルミニウム製の缶について調べたところ，東京消防庁のホームページに気になる内容が書かれていました。

[調べたこと２]

アルミニウム製の飲料品の缶に洗剤《せんざい》を入れてふたを閉めておいたら，缶が破れつしてしまった，という事故が起きている。これは，洗剤に含まれる成分とアルミニウム缶が化学反応してしまい，そのときに発生した気体が缶の中にたまって破れつしたからである。洗剤には，うすい塩酸を含む酸性洗剤や，うすい水酸化ナトリウム水溶液を含むアルカリ性洗剤などがある。アルミニウム缶はこのどちらとも反応し，いずれも気体Ｘが発生することが実験によって確かめられている。事故を防止するために，洗剤はアルミニウム缶などの金属でできた容器には入れないほうがよい。

(3)　気体Ｘについて説明した文として，適当なものを次の**ア**～**カ**から**二つ**選び，記号で答えなさい。

ア　つんと鼻をつくようなにおいがする。

イ　石灰水《せっかいすい》に通すと白くにごる。

ウ　水上置《すいじょうち》換法《かんほう》で集めることができる。

エ　下方置《かほうち》換法《かんほう》で集めることができる。

オ　水でぬれた青色リトマス紙を近づけると赤色に変わる。

カ　試験管に集めてマッチの火を近づけるとポンと音を立てて燃える。

祥子さんは，アルミニウムと酸性洗剤の成分との反応に興味を持ち，次の[実験１]を行いました。この実験では，酸性洗剤の成分としてうすい塩酸を用いました。

［実験１］

①　かわいた試験管に0.09gのアルミニウム片《へん》を入れた。

②　①の試験管に，ある濃《こ》さのうすい塩酸Ａを25cm^{3}加えて反応させた。

③　②の反応が終わるまでに発生した気体Ｘの体積を測定した。

④　0.09gのアルミニウム片に加える塩酸Ａの体積を変えて，①～③と同様の操作を行った。

結果を次の表１にまとめた。

表１

加えた塩酸Ａの体積(cm^3)	25	50	75	100	125	150
発生した気体Ｘの体積(cm^3)	28	56	84	112	112	112

(4)　0.045gのアルミニウム片に塩酸Ａを48cm^{3}加えて反応させました。反応が終わるまでに発生した気体Ｘの体積は何cm^{3}ですか。

塩酸Ａのかわりに，塩酸Ａの２倍の濃さの塩酸Ｂを用いて，［実験１］と同様の操作を行いました。

(5)　加えた塩酸Ｂの体積(cm^3)と発生した気体Ｘの体積(cm^3)の関係を表すグラフを解答用紙にかきなさい。

(6)　0.108gのアルミニウム片に塩酸Ｂを加えて，アルミニウム片をすべて反応させることとします。このとき，少なくとも塩酸Ｂを何cm^{3}加えればよいですか。

次に，祥子さんはアルミニウムとアルカリ性洗剤の成分との反応について確かめるために［実験２］を行いました。この実験では，アルカリ性洗剤の成分としてうすい水酸化ナトリウム水溶液を用いました。

［実験２］

①　かわいた試験管に0.036gのアルミニウム片を入れた。

②　①の試験管に，ある濃さの水酸化ナトリウム水溶液Ｃを20cm^{3}加えて反応させた。

③　②の反応が終わるまでに発生した気体Ｘの体積を測定した。

④　0.036gのアルミニウム片に加える水酸化ナトリウム水溶液Ｃの体積を変えて，①～③と同様の操作を行った。

結果を次の表２にまとめた。

表２

加えた水酸化ナトリウム水溶液Ｃの体積(cm^3)	20	40	60	80	100	120
発生した気体Ｘの体積(cm^3)	11.2	22.4	33.6	44.8	44.8	44.8

(7)　同じ重さのアルミニウム片に，塩酸Ａまたは水酸化ナトリウム水溶液Ｃを十分に加えて完全に反応させました。このとき，発生する気体Ｘについて説明した次の文の空らんに入る数を，もっとも簡単な整数比で答えなさい。

発生する気体Ｘの体積の比は，

塩酸Ａ：水酸化ナトリウム水溶液Ｃ＝□：□である。

4 水の温度変化と熱の関係について，後の問いに答えなさい。

物体に熱を加えることで，物体の温度を変えることができます。「キロカロリー」とは熱量を表す単位です。１キロカロリーは，１kg の水の温度を１℃上昇《じょうしょう》させるのに必要な熱量です。

水そうの中に10℃の水を20kg 用意し，200秒間加熱したところ水の温度は40℃まで上昇しました。水の温度上昇は時間の経過とともに常に一定の割合で行われたものとして，この間に，水に加えた熱量について考えました。ただし，以下では，熱は水の温度上昇のみに使われるものとし，水の温度は水そう内でどこでも同じであるものとします。

［考えたこと１］

水そう内の水の温度が上昇する様子を，横軸《よこじく》が水の温度，縦軸《たてじく》が水の重さとするグラフで表すと，図１の太い実線のようになる。200秒間で水に加えた合計の熱量は，20×(40−10)＝600 キロカロリーと計算できる。この熱量は，図１の太い実線と横軸に囲まれた面積(影《かげ》をつけた部分の面積)の大きさと一致《いっち》することがわかる。

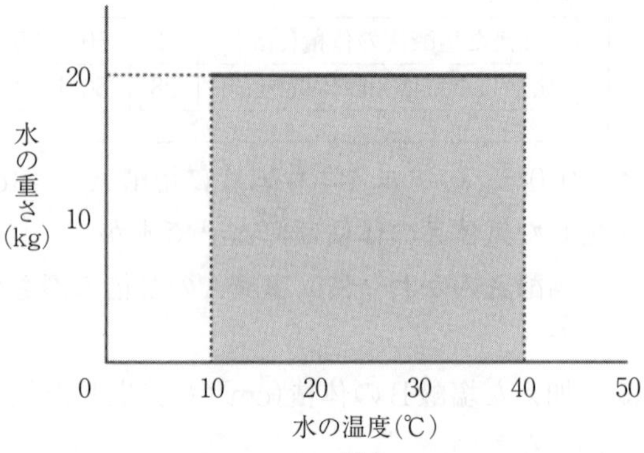

図１

(1) 水そうの中に，10℃の水を 0.2kg 用意しました。

① この水そうの温度を10℃から16℃に上昇させるとき，水に加える熱の総量は何キロカロリーですか。

② この水そうの温度を10℃から22℃に上昇させるとき，水に加える熱の総量は何キロカロリーですか。

(2) 10℃の水を 0.15kg 用意し，1.2キロカロリーの熱量を加えた後の水の温度は何℃ですか。

(3) 水の重さと温度との関係が図１のグラフとなるように水を加熱していくとき，横軸が時間，縦軸がその時間までに水に加えた熱の総量とするグラフはどのようになりますか。もっとも適当なものを，次の**ア**～**エ**から一つ選び，記号で答えなさい。

ア

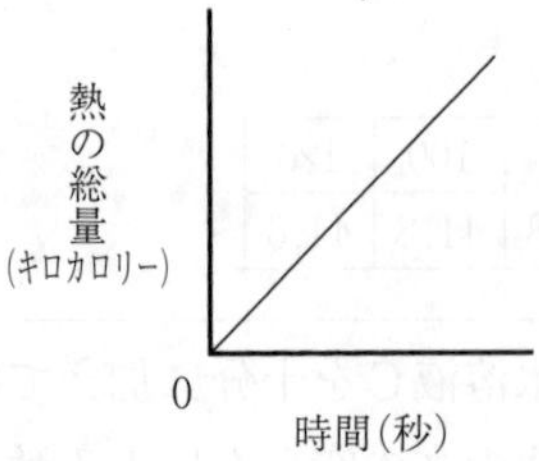

イ

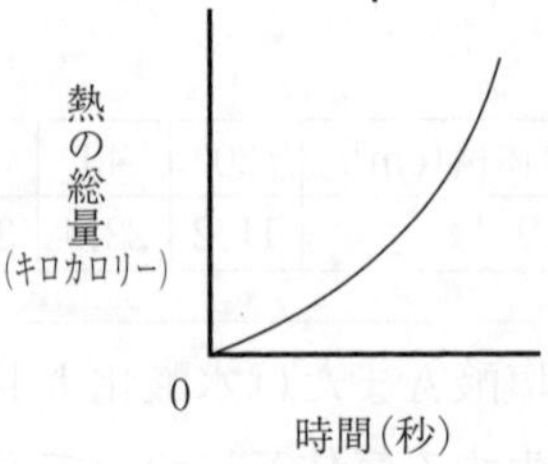

ウ

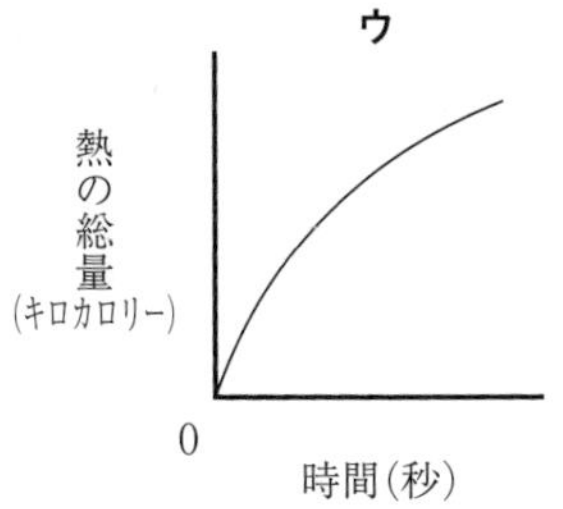

エ

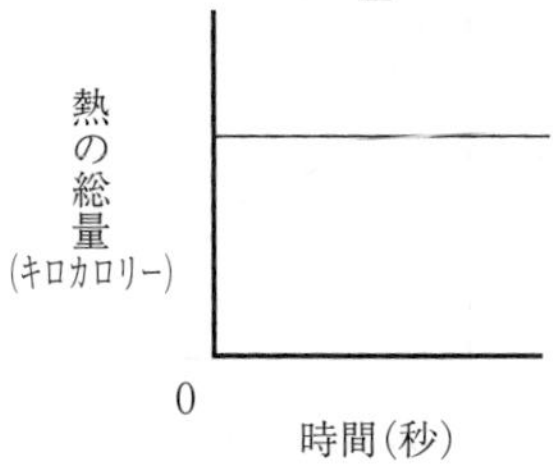

次に，水そうの中に10℃の水を 20kg 入れ，この水そうから毎秒 0.05kg ずつ排水《はいすい》したところ，200秒後に水そうの中の水が 10kg となりました。この間，排水するのと同時に加える熱量を調節し，水の温度を図２のように変化させました。このとき，水に加えた熱の総量を時間に対してどのように変化させたのか考えました。

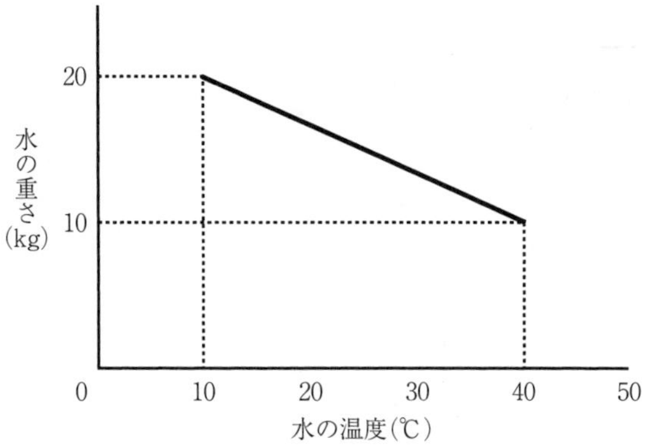

図２

[考えたこと２]

　排水しながら実験した場合であっても[考えたこと１]と同様に，図２のグラフと横軸に囲まれた部分の面積の大きさと等しい数値が，加えた熱の総量になると考えれば，水に加えた合計の熱量が求められる。

(4)　水の重さと温度との関係が図２のようなグラフとなるように水に熱を加えていったとき，200秒間で水に加えた熱の総量は何キロカロリーですか。

(5)　水の重さと温度との関係が図２のグラフとなるように水を加熱していくとき，横軸が時間，縦軸がその時間までに水に加えた熱の総量とするグラフはどのようになりますか。もっとも適当なものを，(3)の**ア**～**エ**から一つ選び，記号で答えなさい。

　水そうの中に10℃の水を 20kg 入れ，この水そうから毎秒 0.05kg ずつ排水したところ，200秒後に水そうの中の水が 10kg となりました。この間，排水するのと同時に，水に１秒間あたり0.2キロカロリーの一定の大きさで熱量を加え続けました。

(6)　横軸が水の温度，縦軸が水の重さとして，このときの変化を表したグラフとしてもっとも適当なものを，次の**ア**～**エ**から一つ選び，記号で答えなさい。

ア

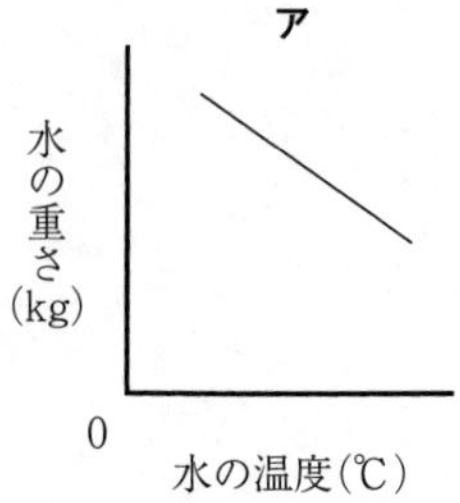

イ

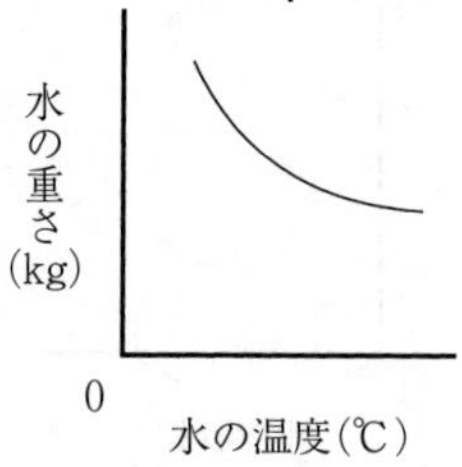

ウ

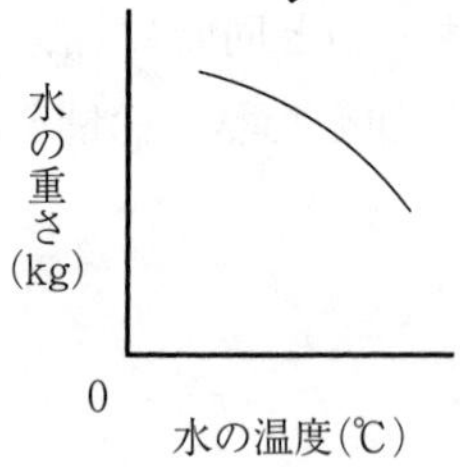

エ

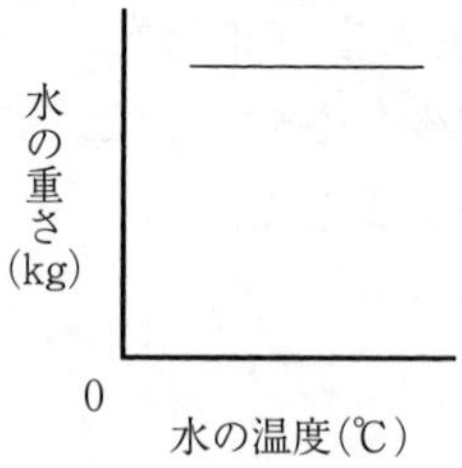

口伝はどのようなことを目的としたものですか。もっともわかりやすく説明している部分を――線⑤より後から四十字以上五十字以内でぬき出し、初めと終わりの三字を書きなさい。

問八 ――線⑥「寝かせる時間」とありますが、この時間によってどのようなことができるのですか。三十字以上四十字以内で説明しなさい。

三 次の**1**～**6**の――線のカタカナを漢字で書きなさい。

1 港からギョセンが出ていく。

2 しばらく公園をサンサクすることにした。

3 トトウを組んで、強い力を発揮した。

4 ジュウオウ無尽《むじん》の活躍《かつやく》を見せる。

5 自らをリッすることができる人になりたい。

6 年末の大掃除《おおそうじ》に家族ソウがかりで取り組んだ。

問一 [ア]～[ウ]にあてはまる言葉の組み合わせとしてもっとも適当なものを次の**1**～**4**から一つ選び、番号で答えなさい。

1 **ア** そして　**イ** しかし　**ウ** そうして
2 **ア** けれども　**イ** そのため　**ウ** だから
3 **ア** だから　**イ** つまり　**ウ** また
4 **ア** しかし　**イ** ですから　**ウ** たとえば

問二 ――線①「堂塔《どうとう》の建立《こんりゅう》には木を買わず山を買え」という口伝の意味としてもっとも適当なものを次の**1**～**4**から一つ選び、番号で答えなさい。

1 さまざまな場所の木を買い集めるのではなく、丸ごと買った一つの山の中から伐り出した木材を使うほうが、頑丈《がんじょう》な建物をつくることができるという意味。
2 神社など歴史的な建造物を建立するには、安価でふぞろいな木材を大量に使うよりも、高価でも丁寧《ていねい》に整えられた木材を使うほうが、建物が長持ちするという意味。
3 広大な土地を必要とする神社のお堂や塔を建立するときには、広い土地で伸び伸びと育った木を選んで買い集めるほうが、丈夫な建物になるという意味。
4 複数の場所で育った多くの種類の木材を買い集めるよりも、一つの山で育った限られた種類の木材を使ったほうが、丈夫な建物をつくることができるという意味。

問三 ――線②「自分の育った環境の影響を大きく受けている」とありますが、育った環境と木が受ける影響についての例としてもっとも適当なものを次の**1**～**4**から一つ選び、番号で答えなさい。

1 他の木が集まっているところに生えた木は、少しの日光を効率よく吸収するために葉が多く茂る。
2 尾根筋にある木は土壌が肥えているため栄養分は豊富だが、風に耐えるためにねじれが強くなる。
3 湿度《しつど》の高い谷で育った木は水分を豊富に含むが、腐葉土が流れてしまうため大きくなりにくい。
4 林の中の木よりも縁に生える木のほうが強く風を受ける一方、日光をより受けて大きく育つ。

問四 ――線③「日を受けて育ったほうを『日表』、日の当たらないほうを『日裏』と呼んで区別し、使い方に工夫《くふう》を凝《こ》らします」とありますが、

(1) 「日表」の木材にはどのような長所がありますか。「…こと。」に続くように十字以内で書きなさい。
(2) 建物を建てるときにはこれらの木材をどのように工夫して用いるのですか。「…という工夫。」に続くように十五字以上二十字以内で書きなさい。

問五 [A]・[B]にはそれぞれ一語の言葉が入ります。あてはまるもっとも適当な言葉を文中からぬき出して書きなさい。

問六 ――線④「『癖』は悪いもののように考えられがちです」とありますが、なぜですか。もっとも適当なものを次の**1**～**4**から一つ選び、番号で答えなさい。

1 人と違う個性を持っていることで、全体の輪にうまくなじめず排除される可能性が生じてしまうため。
2 個性の強い相手を尊重するためには我慢《がまん》が必要となることがあり、全体の不満がたまってしまうため。
3 個人の性質を重視してしまうと全体のまとまりが損《そこ》なわれ、効率よく機能しなくなってしまうため。
4 良い性質も悪い性質もすべて認めようとすることは、調和を乱し社会の崩壊《ほうかい》につながってしまうため。

問七 ――線⑤「『木は癖で組め』という口伝」とありますが、この

この柱に四本とも左ねじれの癖のある木を使ったら、建物は時間がたつにつれて木の癖が出て、たがいの力が同じ方向にはたらいて、建物そのものが左にねじれてしまうでしょう。屋根や壁《かべ》はねじれを計算していませんから、ひびが入ったり隙間《すきま》ができたりして建物の寿命を短くしてしまうでしょう。ところが、右ねじれと左ねじれをじょうずに組み合わせれば、木はたがいの癖を補い合いながら、なおしっかりと建物を維持《いじ》していくでしょう。法隆寺はこうした癖を生かして、千三百年ももってきたのです。

こうした癖をじょうずに組み合わせることで、より丈夫な建物をつくりあげる。それがこの口伝「木を組むには癖で組め」の教えるところです。癖を悪いものとして排除《はいじょ》するのではなく、長所と見てじょうずに生かして使えるようになることが必要だといっているのです。

木は伐り出してから寝《ね》かせておけば、癖が出てきます。癖を出させてから使えば、大工さんは難なくその木の癖を見取ることができますから、使いやすくなります。ところが、技術の進歩はこうした⑥寝かせる時間というものを許さなくなりました。山の木は昔は伐ってから筏《いかだ》に組んだり、牛に運ばせたり、人間が引きずり出すなどして建築現場に届けられました。伐ってから現場に届くまで、ずいぶん時間のかかるものでした。

今は山の奥深《おくぶか》くまで道を切り開き、大型車が入っていきます。ときには鉄線を張って吊《つる》して運んだり、ヘリコプターを使うこともあります。

山で伐って数日のうちに製材所に運び、寸法通りに加工して柱や板にすることも難しいことではありません。寝かす時間がとても少なくなっているのです。

今では、どんな木であれ、コンピュータを組み込んだ機械で一ミリの数十分の一もの正確さで加工できます。製材所も大工さんもそうした機械を便利なものとして使っています。こうした機械を使えば、長い修行をしなくても正確に木を刻むことができるからです。しかし、それは木がまったく癖がないものとして考えられているから使われている方法です。

でも木には必ず癖があります。癖がないものとして製材し、建物をつくってしまうと、木は建物になってから癖を出しはじめます。

ケヤキという木は「暴れる」木です。癖を出させるために寝かせてから使っても、ねじれたり曲がったりすることがあります。ですから製材所でも注文通りの寸法の木を出すためには、それよりずっと大きく製材し、寝かせておきながら、暴れ具合を見て、出荷《しゅっか》まで少しずつ補正しながら製材していかなければならないのだそうです。木にも素《す》直《なお》な性格のもの、ちょっと暴《あば》れん坊《ぼう》なものがあるのです。使う側はその木の性格を見ぬいて、少しの時間で使えるもの、長い時間待たなければならないものと決めていくのです。

（中略）

それなのに、現在は効率を求めるあまり、自然の素材である木を工場生産の品物と同じように扱っています。これは木に対する考えばかりではないかもしれません。人間に対しても効率や利益を求めるあまり、癖や個性を無視してしまっているのではないでしょうか。

技術が発達することは、それによって得られるものも多いのですが、失われるものもまた多いのです。

（塩野米松『木の教え』）

注　＊口伝…大事なことがらや秘密を口で伝えること。
＊梁…建物の重みを支え固定するために、柱の上部に水平にかけ渡《わた》す木材。
＊棟梁…大工たちをまとめる頭《かしら》。

向で建物にすれば、建物は長くもちますよ」と教えているのです。
古い創建当時の法隆寺の柱を見ると、南側の柱には A が多くあります。

南側の木はさきに話しましたように、 B がたくさん出てきますので A も多いのです。

山の南側の木は建物になっても南へ使えといいましたが、一本の大きな木の場合、二つや四つに割って柱にすることもあります。一本の木でも中心の部分と樹皮に近いところでは、含まれる水分の量などが違うために、そのまま乾燥《かんそう》させるとひび割れが生じます。そのため、大きな木が手に入るなら二つや四つに割って柱をつくります。

もし二つに割ったのであれば、日表と、日裏に割り、それぞれを南と北の柱に使います。四つに割れば、南は南、北は北、東は東、西は西にと、生育のままに使うのです。

木を生育のままに使うためには木を一本ずつ買うのではなく、最初に紹介《しょうかい》した口伝の「木を買わず山を買え」を守らなければなりません。

「生育のままに使う」木のさらなる使い方を指示した口伝に「堂塔の木組みは木の癖組み」というものがあります。

木は工場から出てくる鉄骨やブロックのように均一のものではありません。南に面した木と北に面した木では性質が違いますし、風のあるところで育った木と林の真ん中で育った木でも性質は違います。木は一本一本木が育った環境も経歴も違います。人間が何人いても、まったく同じ人がいないように、木も一本一本性質が異なるのです。

その一本一本の木の性質を見ぬいて使えば、建物は丈夫で長持ちし、材となった木の寿命を使いきることができるというのです。

しかし、現代の物づくりでは効率が優先されます。こうした一本一本の性質の違いを区分けしていたのでは速くつくることができません。ですから、工場や製材所から出てくる寸法に仕立てられた木を「均一」な性質のものとして扱っているのが現状です。

しかし、実際には木は一本一本育った環境や受け継いだ遺伝子が違うのですから、異なった性質を持っています。

木のこの一本一本の異なる性質を大工たちは「癖」と呼んでいます。檜《ひのき》、杉《すぎ》、ケヤキ、栗《くり》、松などのように樹種ごとに木の癖は違いますが、同じ檜や同じ杉でも、生えている場所やそれらの種をつくった親木の違いで癖が違うのです。

人間でいうと、みんなが同じように生きていく会社や学校、社会では、④「癖」は悪いもののように考えられがちです。団体で生活していくためには、そのほうが便利で統制がとりやすいからです。たとえば戦争をするときに軍隊は同じ命令にいっせいに従わなくては、攻撃《こうげき》や守備に欠陥《けっかん》が出てしまいます。学校でも運動会のマスゲームを思い出してください。みんなが揃《そろ》わなくては困ります。ですが、人間は工場から出てきた製品のように、みんな同じではありません。みんなが違う個性を持っています。社会生活を営むうえでは、まったく違う個性がそれぞれを主張して生きていくのはなかなか大変なことです。この癖ばかりを尊重していては効率が悪くなります。そういう考えがあるから「癖」を悪いものと考えるようになったのです。

実際、現代の大工さんの多くは製材所に注文するときに、木の癖や生育を気にせずに「何センチ角の柱」というふうに頼《たの》み、それを使います。こうした使い方では、⑤「木は癖で組め」という口伝を生かしようがありません。

木を癖で組むとはどういうことか例を一つあげましょう。
四本の柱で建つ建物を想像してください。

環境が変われば土壌《どじょう》も変わります。土は岩が崩《くず》れてできたものです。そこに育った植物や昆虫《こんちゅう》などの遺骸《いがい》も、バクテリアなどによって土にかえります。[イ]土はその場所ごとに異なり、そこで育つ木々も少しずつ性質に違《ちが》いが出ます。また、同じ山でも尾根筋は、風が当たり、雨が降れば腐葉土《ふようど》(落ち葉が積もって土にかえったもの)や土と一緒《いっしょ》に栄養分が下に流れ出します。ですから、尾根筋よりも谷のほうが土壌は肥えています。尾根は乾《かわ》いていますが、谷には沢《さわ》が流れていたりするので湿気《しっけ》があります。林のなかでも、林の縁《ふち》と、林のなかで木々に囲まれて生きているのとではずいぶん違います。縁では外側が日や風に当たります。なかは風に影響《えいきょう》を受けにくいかわりに日当たりもよくありません。

木はこうしたあたえられた環境のなかで長い時間をかけて大きくなります。

木が生きていくうえで必要なのは地中から吸い上げる栄養分と水、それと太陽からの光です。同じ場所に育つ木でも、光を十分に受けられない木はやせ細り死んでいきます。ですから密林のようなところでは、木同士が必死で背を伸《の》ばそうと競争しています。

太く大きな木は寿命《じゅみょう》の長い木です。大きな木はその時間の分だけ、②自分の育った環境の影響を大きく受けていることになります。それがその木の癖《くせ》となって、材木になった後でも出てくるのです。

一方、厳しい環境で育った木は、それに耐《た》え続けてきたという癖を持っています。見た目には何でもない、枝を張り、葉を茂《しげ》らせた一本の木でも、[ウ]ずっと西風に吹《ふ》かれて育ってきた木は風に立ち向かっていくために枝をしっかり張り、根元も風に負けないようにがっしりと張っています。そして風に押《お》されたら押し返す力が蓄《たくわ》えられています。こういう木を伐《き》り、材にしますと、木に備わった風に対抗《たいこう》する力がねじれとなって出てくるのです。

また木はたくさんの日の光を受けるほうが栄養分を蓄積《ちくせき》できて大きくなります。ですから、日当たりのいい南側には枝がたくさん出て葉を茂らせます。北側の枝には日が当たりませんので、枝の数も少ないのです。木の枝のあったところは柱や板にすると節となって残ります。ですから一本の木から柱をつくっても日当たりのいい南側には節が多く、北側には節が少なくなります。材木を扱《あつか》う大工さんたちは、③日を受けて育ったほうを「日表」、日の当たらないほうを「日裏」と呼んで区別し、使い方に工夫《くふう》を凝《こ》らします。木には育ったところによってそれぞれこうした癖があるので「木は生育のままに使え」という口伝が残されているのです。

大工さんは柱を見れば、「日表」と「日裏」をすぐに見わけます。こういう言葉が生まれ、使いわけられるほどに、同じ一本の木でも、日の当たる側と日の当たらない部分では性質が異なるのです。

昔、小さな舟《ふね》は櫓《ろ》という道具でこぎました。櫓は舟を推進させる道具ですから丈夫《じょうぶ》でなければなりません。多くはカシの木を使いました。櫓をつくる職人さんは一本の丸太を買うのですが、使うのは日表だけでした。その部分が丈夫で粘《ねば》りがあったからです。

日が当たるところと当たらないところができるのは、家や寺などの建物についてもいえます。家も木と同じように一度建ったら動かすことはできません。

一軒《いっけん》の家がぽつんと建っていると想定しますと、東側には朝日が当たります。南側は日中に日が当たりますし、西側には夕方日が当たり、そして北側は日が当たることはありません。法隆寺の宮大工たちはこのことをよく知っていて、「木を生育のまま」に使ってきました。山の南斜面にある木は建物の南側に、北のものは北に。それも生えていたときと同じ方向に使ったのです。この口伝は「木は育ったままの方

1 それまでは「僕」から懸命《けんめい》な姿勢を感じたために自然と笑顔になっていたが、語り合う中で水墨画の道の厳しさを「僕」に伝えなければならないと思うようになった。

2 それまでは先生として「僕」の成長を喜んでいたために自然と笑顔になっていたが、語り合う中で「僕」の未熟な部分を知って改めさせたいと感じるようになった。

3 それまでは「僕」との実力の差が分かったために自然と笑顔になっていたが、語り合う中で「僕」と距離《きょり》を置くことによって更《さら》に成長してほしいと思うようになった。

4 それまでは水墨画に対する「僕」の考え方を誇りに思ったために自然と笑顔になっていたが、語り合う中で「僕」を一人前に育てることを重責だと感じるようになった。

問十一 ――線**X**「絵は絵空事だよ」とありますが、湖山先生は水墨画をどのようなものと考えているのですか。これまでの問いで考えたことをふまえて七十字以上八十字以内で説明しなさい。

二 次の文章を読んで、後の問いに答えなさい。字数指定のあるものは、句読点やかっこなどもすべて一字に数えます。

＊口伝の一つに「①堂塔《どうとう》の建立《こんりゅう》には木を買わず山を買え」というものがあります。堂塔の堂とは、法隆寺《ほうりゅうじ》などの伽藍《がらん》のなかにある金堂や講堂などのお堂のことです。塔は五重塔《ごじゅうのとう》や三重塔《さんじゅうのとう》のことです。

「伽藍」は聞き慣れない言葉でしょうが、昔の寺社建築の門や塔、堂の廻廊《かいろう》などを含《ふく》むすべてをいいます。伽藍の配置は仏教の解釈《かいしゃく》により、時代や寺ごとに異なっていました。

法隆寺でもそうですが、昔の寺は学校の役目を果たしていましたから、釈迦《しゃか》を祀《まつ》る堂やお骨を安置した塔、授業を受ける講堂が伽藍の中心を占《し》めます。このほかにも敷地内《しきちない》には修行僧《しゅぎょうそう》たちが生活するたくさんの建物がありました。

「堂塔の建立には木を買わず山を買え」という口伝は、大きな建物をつくるときには、木を一本一本バラバラに買わずに山を丸ごと買いなさいという意味です。便利だから、安いからといってあちこちの山や林から買い集めてはいけませんという忠告です。

今、ふつうの民家を建てるとき、大工さんは製材された木を材木屋さんや製材所に注文して、柱や＊梁《はり》や天井《てんじょう》用にと目的に合わせて買ってきます。製材所では運《はこ》び込《こ》まれた木を、柱用や梁用に寸法を決めて用意します。

ア 昔は＊棟梁《とうりょう》が自ら山に行って「この木は柱に」「この木は梁に」と使い道を決めて山で大雑把《おおざっぱ》に製材して運んできていました。大きな建物をつくるには大変な量の木材がいりますが、そうした材料を買うときには山の木を丸ごと買うことを勧《すす》めているのです。

なぜ山ごと買うことがいいのか、その訳はつぎの口伝「木は生育のままに使え」に関係があります。

木は自然のなかで育ちます。植物は自分の意思で動くことはできません。世代を替《か》えて、種を遠くに飛ばしたり、鳥に運んでもらって子供たちが別の場所に移ることはできますが、芽生え、根を張った木は自分の意思で場所を選ぶことはできません。ですから、木や草はあたえられた環境《かんきょう》に適した生き方を選びます。適応できないものは死んでいくしかありません。

木の生えている山は南の日当たりのいい斜面《しゃめん》もあれば、北の日当たりの悪い、寒い場所もあります。尾根筋《おねすじ》の風の当たる場所もあれば、谷沿いの比較的《ひかくてき》風当たりの少ない場所もあります。尾根は山の高くなったところ、谷は凹《へこ》んだ部分です。山はこの繰《く》り返《かえ》しでできています。

問四　――線③「絵を描き始めてから僕はようやく何かを見ることができるようになった」とありますが、どういうことですか。もっとも適当なものを次の**1**～**4**から一つ選び、番号で答えなさい。

1　ただ目に映るものを見るだけでなく、自分がどう表現したいかということを考えながらものを見るようになったということ。

2　ただ一つの姿としてものを捉えるのではなく、その時々に変化するさまざまな姿を持つものとして捉えるようになったということ。

3　いつもはただ過ぎ去るものとして眺めていたものを、絵という形に表現するために目に焼き付けるようになったということ。

4　これまでも目には映っていたが、描くために集中して見ることで初めて本質に気付くことができるようになったということ。

問五　――線④「だが、ほかの誰が描いてもこうはならない」とありますが、湖山先生の絵の説明としてもっとも適当なものを次の**1**～**4**から一つ選び、番号で答えなさい。

1　際立った特徴はないが、言葉では説明のできないような圧倒的な美しさがある。

2　丹念《たんねん》に描《か》きこんで実物の特徴を非常によく捉えており、絵にリアリティがある。

3　一本一本の線にすべて意味があり、気楽に描いているようでとても緻密《ちみつ》である。

4　何かを失うと同時に大切なものを得たような、切なさと複雑さを兼《か》ね備《そな》えている。

問六　――線⑤「湖山先生はどうやらかなり機嫌がいいらしく」とありますが、ここまでの言動から考えて、湖山先生の機嫌がいい理由としてもっとも適当なものを次の**1**～**4**から一つ選び、番号で答えなさい。

1　「僕」と一緒《いっしょ》に歩く中庭が、西濱さんの手入れによって予想以上に美しく整えられていたから。

2　「僕」が水墨画について想像以上に深く考えていることを知り、うれしくなったから。

3　「僕」の返事があいまいだったために、まだ教えられることがあることに気付いたから。

4　「僕」が水墨画のお手本として使える素材が中庭にたくさんあることを、誇《ほこ》らしく思ったから。

問七　――線⑥「たぶん湖山先生もそれを問いたかったのだろう」とありますが、湖山先生が問いたかったのはどういうことですか。もっとも適当なものを次の**1**～**4**から一つ選び、番号で答えなさい。

1　この竹の手入れの様子や生育具合はどうかということ。

2　美術品としてこの竹に価値があるかどうかということ。

3　水墨画の手本としてこの竹をどのように見るかということ。

4　この竹を水墨画に描くとしたならどう描くかということ。

問八　――線⑦「我々の手は現象を追うには遅《おそ》すぎる」とはどういうことですか。「自然」という語を用いて五十字以上六十字以内で説明しなさい。

問九　――線⑧「青山君、これが君の先生だ」とありますが、どういう意味ですか。次の文の□にあてはまるように、三十字以上四十字以内で湖山先生の言葉の意味を説明しなさい。

水墨画は□という意味。

問十　――線⑨「目は笑ってはいなかった」とありますが、それまでの湖山先生の笑顔と対比して、この時の先生の気持ちを説明したものとしてもっとも適当なものを次の**1**～**4**から一つ選び、番号で答えなさい。

枚の絵からほかの人が学び取ることよりも、はるかに多くを感じ、たいせつなことにあっという間に気づいていく。だからこそ、私は君に気づいてほしいと思うことがある」

湖山先生は立ち上がり、数歩先にある小さな菊《きく》に手を伸《の》ばした。何気なく咲《さ》いていた菊だった。

「⑧青山君、これが君の先生だ」

湖山先生は僕に菊を手渡《てわた》した。

「この菊に教えを請《こ》い、描いてみなさい。これは初心者の卒業画題であり、＊花卉画《かきが》の根幹をなす技法がここに収められている。私には伝えられないものがここにある」

背丈の低い白い菊は蕾《つぼみ》と大きな花弁を付けていた。葉は色濃《いろこ》く強い。手渡された瞬間から、僕はこれをどう描くのかを考えていた。

「いいかい、青山君。X絵は絵空事だよ」

僕は視線をあげて、湖山先生を見た。湖山先生の⑨目は笑ってはいなかった。

（砥上裕将『線は、僕を描く』）

注　＊春蘭…植物。ラン科の多年草。
＊肥痩、潤渇、濃淡、階調…線の太さや明るさなど、絵を描く際に工夫《くふう》するさまざまな具合のこと。
＊彩…配色。
＊花卉画…植物画。

問一　〰〰線㋐「相好《そうごう》を崩《くず》した」、㋑「気取られまい」の意味としてもっとも適当なものを後の**1**～**4**からそれぞれ選び、番号で答えなさい。

㋐「相好を崩した」
1　おだやかな表情の　**2**　普段《ふだん》とは異なる表情の
3　にこやかな表情の　**4**　すこし疲《つか》れた表情の

㋑「気取られまい」
1　気付かれないようにしよう
2　気付かれたかもしれない
3　気が付いただろうか
4　気付くはずはないだろう

問二　――線①「穂先《ほさき》が震《ふる》えている」とありますが、この時の「僕」の様子として、もっとも適当なものを次の**1**～**4**から一つ選び、番号で答えなさい。

1　湖山先生の前では何もとりつくろうことはできず、自分の本当の実力が見透かされてしまうと恐《おそ》れている。
2　特段の技術を持つ湖山先生の前で萎縮《いしゅく》してしまい、いつも通りの力を出し切れるか気がかりになっている。
3　湖山先生の求めている段階まで自分の技術が到達《とうたつ》しているか自信がなく、失望されるのではと怯《おび》えている。
4　これまでの練習の成果を発揮し、現時点の全力を湖山先生に見てほしいと思うことで力んでしまっている。

問三　――線②「僕もやっと笑っていた」とありますが、それはなぜですか。もっとも適当なものを次の**1**～**4**から一つ選び、番号で答えなさい。

1　湖山先生から期待していた以上の評価をもらったことに驚き、喜びしか感じられなくなったから。
2　湖山先生の言葉に感動して自分の取り組みにも自信がつき、張りつめていた気持ちが緩《ゆる》んだから。
3　自分の力を出し切って最高の作品を描くことができ、画家としての将来に自信と希望が持てたから。
4　必死に取り組んだ作品をほめてもらい、これまでの苦労や責任からやっと解放されたと思ったから。

たことは一度もない。⑤湖山先生はどうやらかなり機嫌がいいらしく、ときどき不意に立ち止まり、なんでもない景色を数秒眺めてはまた歩き出す、ということを繰《く》り返《かえ》していた。庭の垣根《かきね》の近くにある鉢《はち》に入った竹の前に立つと、こちらを振《ふ》り返《かえ》り、

「こういうのはどうだろう？」

と、嬉《うれ》しそうに訊《たず》ねた。人の背丈《せたけ》とあまり変わらない細身の竹にいくつもの笹《ささ》が付いていた。これまではそこにあって漫然《まんぜん》と通り過ぎていただけのただの笹竹も、湖山先生と並んで見るとやたらと立派な美術品のように見えた。僕は実物の竹を見ながら、水墨で描かれるお手本を透《す》かしてその場所に見ていた。⑥たぶん湖山先生もそれを問いたかったのだろう。僕は、

「複雑ですね」

と答えた。湖山先生はうなずいた。

「そのとおりだ。実際の竹は、描かれた竹ではない。多くのものは目に入り、それを楽しませてくれるが、それを人の手がすべて描くことはできない。あっちを見てごらん？　あちらはどうだろう」

湖山先生が指さした方向の先には、たくさんの葉を茂《しげ》らせた大きな木があった。幹は曲がりくねりごつごつとしていて、うっすらと苔《こけ》が生えている。間違いなく湖山先生が指さしているのは梅の樹《き》だ。こちらもあまりにも多くの葉や枝があり、何処をどう切り取っても、まとまりが生まれない。

「あれも難しそうですね。とてもじゃないけれど僕は描けない」

「そうだね。きっと私も描けない」

僕は驚いて湖山先生を見たが、湖山先生は笑ってから、うなずいてゆっくりと歩き出した。僕はその後ろを並ぶことなく付いていった。

「墨と筆を用いて、その＊肥痩《ひそう》、潤渇《じゅんかつ》、濃淡《のうたん》、階調を使って森羅万《しんらばん》象《しょう》を描《えが》き出《だ》すのが水墨画だが、水墨画にはその用具の限界ゆえに描けないものもたくさんある。絵画であるにも拘《かか》わらず、着彩《ちゃくさい》を徹底《てってい》して排《はい》していることからも、そもそも我々の外側にある現象を描く絵画でないことはよく分かる。⑦我々の手は現象を追うには遅《おそ》すぎるんだ」

「遅すぎる、ですか」

湖山先生と僕は縁側《えんがわ》に腰《こし》かけた。天気がよく風も心地《ここち》よい。穏《おだ》やかな日に庭を前にして座るなんて、なんてことのないことだけれど、そんな、なんてことのない幸福を味わえる人なんてこの世界にどれだけいるのだろうか、と思ったりもした。けれども今日は、僕らの番だ。湖山先生の声は、そんな穏やかな日に似つかわしく、とても優しい。

「いまは家の中に蛍光灯《けいこうとう》もあり、光は停止しているけれど、こうして、庭に出て物の形を眺めていると気づかない間に、物の影《かげ》や形は少しずつ変わっていっているのが分かる。現象を追い、描き始めて、物の形を追い、＊彩《いろどり》を追い、すべてを仕上げても、終わったときには、またすべてが変わっている。光は止まることなく動き続けているんだよ。水墨画という絵画が確立する過程で、きっと昔の人たちはそのことに気が付いたんだと私は思うよ」

「光は止まらない……時間が動き続けるということですか」

「そういうことだ。動き続け、刻々と変わり、姿を変え、形を変え、また現れる。それが自然というものだ。それを描くにはどうしたらいいのか、昔の人たちは考えたんだ」

「どうすればいいんですか？」

湖山先生は笑った。それからとても懐《なつ》かしいものを見るように、僕を見た。

「今日、私は竹を教え、梅を教えた。今の君ならこの二つを簡単にものにしてしまうだろう。類いまれな観察眼と情熱を持つ君なら、この二つのお手本を自分一人でも習得してしまえるはずだ。君はたった一

「ええ、見ました。描いているものとまるで違っていて戸惑《とまど》ったけれど、でも実物を見てから少し気が楽になりました」

「楽に？」

「ええ、あのこんなことを言うと怒《おこ》られそうなのですが、本当はどう描いてもいいんじゃないか、って思って」

「なるほど」

「それから、何気ない草や木を、水墨《すいぼく》はどうしてこんなにも美しいものに変えることができるのだろうって思いました。それで本当はもっといろんなものが美しいのではないかって思いました。いつも何気なく見ているものが実はとても美しいもので、僕らの意識がただ単にそれを捉《とら》えられないだけじゃないかって思って……。③絵を描き始めてから僕はようやく何かを見ることができるようになったんだって思いました」

湖山先生は顎髭を撫でるのをやめて、じっと話を聞いてくれていた。話し終わると少しだけ目を細めた。そして、立ち上がり、僕と席を替《か》わると、いつものようなさりげなくも素早《すばや》い動きで絵を描き始めた。一つは竹、もう一つは梅だった。どちらも湖山先生が描くのを見るのは初めての技法だったが、これまで僕が見てきたものとは別物だった。湖山先生の筆はやはり魔法《まほう》のようだと感じざるを得なかった。

絵の中の何処《どこ》かにリアリティがあり美しいとか、実物の特徴《とくちょう》を丁寧《ていねい》に捉えているとか、線が際立《きわだ》った表現をしているとかではない。むしろそれとは逆で、お手本の中の絵はどれも特に何も主張してはいない。手を抜《ぬ》いて、気楽に描いているのがよく分かる。サラサラと描いていて手数もやたらと少ない。だが、そうした特徴のなさに反比例して、美しいのだ。

これまで水墨のさまざまな表現を見てきて、それぞれの絵師の技法上の特徴と画面上の美の要素を探《さぐ》ることはできていた。いつだって、その絵の中で何を見れば良いのか、はっきりと分かっていた。だが、湖山先生の技法を改めて眺《なが》めると、目の前で描かれていても、どれだけ完成までの瞬間《しゅんかん》を見逃《みのが》さずに見ていても、何が美しいのか、まるで分からない。何が美しいのか、まるで分からないのに、何かが圧倒《あっとう》的《てき》に美しいのだということだけを、理解できないまま感じてしまう。それは意識というよりも、本能的な感覚に近い。

僕は絵を眺めながら、何かが消えて溶《と》けていってしまう感覚に襲《おそ》われた。それは切なさでもあり、充足《じゅうそく》でもあった。ひたすらに何かが消えて去っていきながら、それでいて、何かが生まれ続けている感覚だ。大きな滝《たき》や、巨大《きょだい》な山の前に立ったときのような、侵《おか》しがたい気持ちにも近く、目を奪《うば》われながら離せないような震えだった。絵は二つともどこまでも素朴《そぼく》で単純なものだった。

絵が乾《かわ》いていく瞬間、墨色《すみいろ》の竹は青々と変化しそのまま緑に見え、梅の枝は風雪に耐《た》える力強さをたたえて、花はただの線描《せんびょう》であるはずなのに香りや際立つような白さを伝えた。

手順は簡単に飲《の》み込《こ》める。千瑛や斉藤さんの描く姿を見ていたので、方法は頭に入っていた。それほど複雑な操作は何もない。④だが、ほかの誰が描いてもこうはならない。

絵を描き終えた湖山先生は筆を置いた。

「この二つの画題は、もう見たことがあったかな？」

僕があいまいにうなずくと、湖山先生は笑った。確かにどちらもしっかり見たことはなかった。

「では現物を見に行こう」

湖山先生は立ち上がり、僕もそれに続いた。相変わらず軽い足取りで、湖山先生は中庭に向かってスタスタと歩いていった。

サンダルを履《は》いて初めて歩いた中庭は予想以上に広かった。西濱さんが手入れをしているところを見たことはあるが、実際に降りて歩い

2024年度 吉祥女子中学校

【国　語】〈第二回試験〉（五〇分）〈満点：一〇〇点〉

一　次の文章を読んで、後の問いに答えなさい。字数指定のあるものは、句読点やかっこなどもすべて一字に数えます。

「久しぶりだね、青山君」

㋐相好《そうごう》を崩《くず》した湖山《こざん》先生は相変わらず上機嫌《じょうきげん》だったが、少し痩《や》せて衰《おとろ》えて見えた。

「先生もお元気そうで何よりです」

と答えると、おおとかああとか老人特有のあいまいな感嘆詞《かんたんし》を呟《つぶや》いて、僕《ぼく》に座《すわ》るように言った。僕はその声が好きだった。そのとき、相変わらずなこの和《なご》やかな空気を僕はどれほど求めていたかを思い知った。

「では久々に見せてもらおうかな。少し時間が空いたね」

と言いながら、僕に道具を勧《すす》めると湖山先生はゆったりとした動作で、顎髭《あごひげ》を撫《な》でた。いつもどおり墨《すみ》をすり、道具を整え、筆に水を浸《つ》けて一気に＊春蘭《しゅんらん》を描《えが》こうとすると、まず①穂先《ほさき》が震《ふる》えていることに気づいた。㋑気取られまいとすぐに筆から手を離《はな》したけれど、湖山先生の目をごまかすことはできなかったに違《ちが》いない。先生はさっきよりも優《やさ》しく微笑《ほほえ》んでいた。

以前はただ単に描くだけでよかった。だが今はほかの誰《だれ》でもなく、この人に認められたいという想《おも》いが強くある。僕が見てきたものを伝えたいと思っていた。

筆を持ちなおし、すぐに蘭を描いた。手順はいつもと同じだ。もう手は無意識に動いていた。葉を描き、花を描き、点を打ったとき、たった一枚しか描いていないのに全速力で走ったときのような疲労《ひろう》と走り終えた後の虚脱感《きょだつかん》を感じた。湖山先生は皺皺《しわしわ》の細い目で絵を見て、それから僕を見なおし、また絵に視線を戻《もど》した。湖山先生は顎髭を撫で続けている。何を考えているのか、まったく分からない。そのまましばらく時間が過ぎた。そのしばらくの間、僕の心臓は描き終わったのに、さらに強く脈打っていた。湖山先生の目をまともに見ることができない。

「青山君」

僕は、はい、と答えながら視線を上げた。湖山先生は笑っていた。

「言うことがないよ。すばらしい」

「ありがとうございます」

僕はそのまま机で頭を打ちつけてしまいそうなほど深くお辞儀《じぎ》した。

「よくこの短期間にこれほどまで蘭を極《きわ》めたね。正直に私は驚《おどろ》いたよ」

「あ、ありがとうございます。恐縮《きょうしゅく》です」

「よほど、必死に描いていたんだね。もともとの才能というのもあるのだろうけれど、これほど上達のはやい人は一人も知らないよ。あの斉藤君ですら、もう少し時間がかかったものだ。よくがんばったね」

僕は何も言えなくなって頭を下げた。感極まるというのは、まさしくこういうことなのだろう。喜びで呼吸が乱れた。自分の中に力が生まれてきたのが分かった。僕は大きく息を吸《す》い込《こ》んだ。②僕もやっと笑っていた。

「いい顔になった。そして、いい絵師になったね」

僕は何も言えずに頭を下げ続けた。うんうんと湖山先生はうなずいた。

「美しい線を引くようになったね。本物の春蘭は見たかい？」

2024年度

吉祥女子中学校　▶解説と解答

算　数　＜第２回試験＞（50分）＜満点：100点＞

解　答

1　(1)　13　(2)　$\frac{1}{3}$　(3)　85ページ　(4)　19：20　(5)　４年後　(6)　180円　(7)　90cm²　2　(1)　時速30km　(2)　６分40秒　(3)　2000m　3　(1)　7000円　(2)　６ヵ月目　(3)　①　6000円　②　2400円　4　(1)　13cm　(2)　**三角形ABP**…36cm²，**三角形ADQ**…72cm²　(3)　15秒後，72cm²　(4)　$30\frac{6}{7}$cm²　5　(1)　15点　(2)　**Aさん**…100点，**Bさん**…100点　(3)　**(勝ち，負け，引き分け)**…(４回，１回，０回)，(３回，０回，２回)　(4)　①　８回　②　10回　(5)　**(勝ち，負け，引き分け)**…(９回，６回，５回)

解　説

1　逆算，相当算，割合と比，年令算，相似，面積

(1)　$\frac{8}{9}+\left(2\frac{5}{6}-\square\div 6\right)\times 4\frac{2}{3}=4$ より，$\left(2\frac{5}{6}-\square\div 6\right)\times 4\frac{2}{3}=4-\frac{8}{9}=\frac{36}{9}-\frac{8}{9}=\frac{28}{9}$，$2\frac{5}{6}-\square\div 6=\frac{28}{9}\div 4\frac{2}{3}=\frac{28}{9}\div\frac{14}{3}=\frac{28}{9}\times\frac{3}{14}=\frac{2}{3}$，$\square\div 6=2\frac{5}{6}-\frac{2}{3}=\frac{17}{6}-\frac{4}{6}=\frac{13}{6}$　よって，$\square=\frac{13}{6}\times 6=13$

(2)　$7.2\times\left\{1\frac{3}{4}-5\div(3+\square)\right\}\div 4.5+\frac{3}{5}=1$ より，$7.2\times\left\{1\frac{3}{4}-5\div(3+\square)\right\}\div 4.5=1-\frac{3}{5}=\frac{2}{5}$，$1\frac{3}{4}-5\div(3+\square)=\frac{2}{5}\times 4.5\div 7.2=\frac{2}{5}\times\frac{9}{2}\div\frac{36}{5}=\frac{9}{5}\times\frac{5}{36}=\frac{1}{4}$，$5\div(3+\square)=1\frac{3}{4}-\frac{1}{4}=1\frac{2}{4}=1\frac{1}{2}$，$3+\square=5\div 1\frac{1}{2}=5\div\frac{3}{2}=5\times\frac{2}{3}=\frac{10}{3}$　よって，$\square=\frac{10}{3}-3=3\frac{1}{3}-3=\frac{1}{3}$

(3)　全体のページ数を１とすると，１日目に読んだページ数は，$1\times\frac{2}{5}=\frac{2}{5}$だから，その残りは，$1-\frac{2}{5}=\frac{3}{5}$となる。すると，２日目に読んだページ数は，$\frac{3}{5}\times\frac{2}{3}=\frac{2}{5}$なので，その残りは，$\frac{3}{5}-\frac{2}{5}=\frac{1}{5}$とわかる。これが17ページだから，(全体のページ数)$\times\frac{1}{5}=17$(ページ)と表すことができ，全体のページ数は，$17\div\frac{1}{5}=85$(ページ)と求められる。

(4)　１年生の合計を６，２年生の合計を７とすると，１年生の男子は，$6\times\frac{5}{5+4}=\frac{10}{3}$，１年生の女子は，$6-\frac{10}{3}=\frac{8}{3}$となる。また，２年生の男子は，$7\times\frac{3}{3+4}=3$，２年生の女子は，$7-3=4$とわかる。よって，男子の合計は，$\frac{10}{3}+3=\frac{19}{3}$，女子の合計は，$\frac{8}{3}+4=\frac{20}{3}$なので，男子と女子の人数の比は，$\frac{19}{3}:\frac{20}{3}=19:20$と求められる。

(5)　現在，両親の年令の和は，36＋33＝69(才)であり，３人の子どもの年令の和は，10＋８＋３＝21(才)である。また，両親の年令の和は１年間に，１×２＝２(才)増えるから，①年後には②才増える。同様に，３人の子どもの年令の和は１年間に，１×３＝３(才)増えるので，①年後には③才増える。よって，(69＋②)×３＝(21＋③)×７となるときを求めればよい。したがって，207＋⑥＝147＋㉑，㉑－⑥＝207－147，⑮＝60より，①＝60÷15＝４(年後)と求められる。

⑹　メンチカツ１個の定価を⑩，コロッケ１個の定価を[10]とすると，メンチカツ５個とコロッケ３個を合わせた値段は，⑩×５＋[10]×３＝㊿＋[30]となる。また，定価の１割引きにしたときの値段は，メンチカツが，⑩×（１－0.1）＝⑨，コロッケが，[10]×（１－0.1）＝[9]だから，このときメンチカツ５個とコロッケ４個を合わせた値段は，⑨×５＋[9]×４＝㊺＋[36]とわかる。すると，㊿＋[30]＝㊺＋[36]と表すことができ，㊿－㊺＝[36]－[30]，⑤＝[6]より，①：[1]＝$\frac{1}{5}$：$\frac{1}{6}$＝６：５となる。つまり，メンチカツ１個とコロッケ１個の定価の比は６：５である。この差が30円だから，比の１にあたる金額は，30÷（６－５）＝30(円)であり，メンチカツ１個の定価は，30×６＝180(円)と求められる。

⑺　右の図で，同じ印をつけた角の大きさはそれぞれ等しいので，三角形ABEと三角形ECGは相似である。このとき相似比は，AB：EC＝12：６＝２：１だから，CG＝６×$\frac{1}{2}$＝３(cm)となる。また，AE：EG＝２：１，AE＝EFより，EG：GF＝１：（２－１）＝１：１とわかる。よって，三角形AEGと三角形AGFの面積は等しくなる。次に，台形ABCGの面積は，（３＋12）×12÷２＝90(cm^2)であり，三角形ABEの面積は，６×12÷２＝36(cm^2)，三角形ECGの面積は，６×３÷２＝９(cm^2)だから，三角形AEGの面積は，90－36－９＝45(cm^2)と求められる。したがって，三角形AGFの面積も45cm^{2}なので，三角形AEFの面積は，45＋45＝90(cm^2)とわかる。

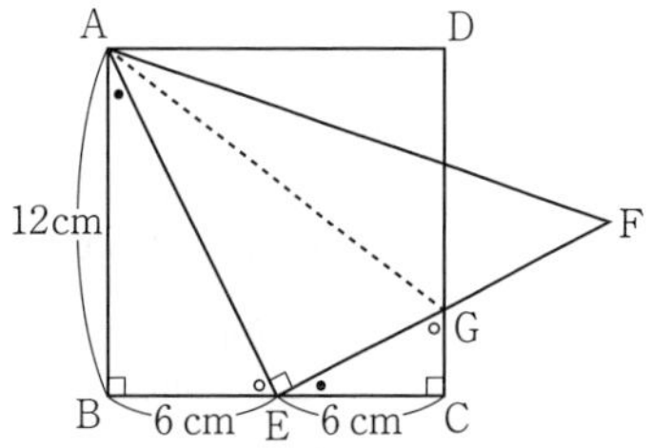

2　旅人算，速さと比

⑴　右の図のように表すことができるから，花子さんが10分で歩く距離《きょり》を電車は，10－８＝２(分)で走ることがわかる。よって，花子さんと電車の速さの比は，$\frac{1}{10}$：$\frac{1}{2}$＝１：５なので，電車の速さは時速，６×$\frac{5}{1}$＝30(km)と求められる。

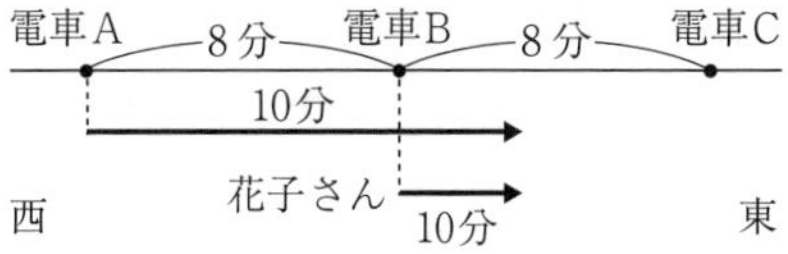

⑵　⑴から，電車と電車の間の距離は，30×$\frac{8}{60}$＝４(km)とわかる。よって，花子さんが西向きの電車Ｂとすれちがってから，西向きの電車Ｃとすれちがうまでの時間は，４÷（６＋30）＝$\frac{1}{9}$(時間)，60×$\frac{1}{9}$＝$\frac{20}{3}$＝$6\frac{2}{3}$(分)と求められる。60×$\frac{2}{3}$＝40(秒)より，これは６分40秒となる。

⑶　東向きの電車Ａが西向きの電車Ｂとすれちがってから，西向きの電車Ｃとすれちがうまでに，４÷(30＋30)＝$\frac{1}{15}$(時間)かかる。よって，そのとき東向きの電車Ａが走る距離は，30×$\frac{1}{15}$＝２(km)，２×1000＝2000(m)である。

3　消去算

⑴　11ヵ月で15400円貯《た》まるから，１ヵ月で貯まる金額は，15400÷11＝1400(円)である。これは，２人が１ヵ月にもらうおこづかいの合計金額の２割にあたるので，（２人の合計金額）×0.2＝1400(円)より，２人の合計金額は，1400÷0.2＝7000(円)と求められる。

⑵　１ヵ月に貯金する金額が，7000×0.4＝2800(円)になるから，15400÷2800＝５余り1400より，初めて15400円以上貯まるのは，５＋１＝６(ヵ月目)とわかる。

⑶　①　ＡさんとＢさんが１ヵ月にもらうおこづかいをそれぞれⒶ円，Ⓑ円とすると，Ⓐ＋Ⓑ＝7000(円)となる。また，１ヵ月に貯金する金額の合計は，Ⓐ×0.3＋Ⓑ×0.4(円)と表すことができる。さらに，７ヵ月目にちょうど15400円貯まるとすると，１ヵ月に貯金する金額は，15400÷７＝2200(円)となるので，下の図１のア，イのような式を作ることができる。次に，アの式の等号の両

側を0.4倍してからイの式との差を求めると，Ⓐ×0.4－Ⓐ×0.3＝Ⓐ×0.1にあたる金額が，2800－2200＝600(円)とわかるから，Ⓐ＝600÷0.1＝6000(円)と求められる。　② ７ヵ月目に初めて15400円以上貯まるので，６ヵ月間で貯金する金額の合計は15400円未満である。よって，１ヵ月に貯金する金額は，15400÷６＝2566$\frac{2}{3}$(円)未満，つまり2566円以下だから，下の図２のア，ウのような式を作ることができる。図１と同様に考えると，Ⓐ×0.1にあたる金額が，2800－2566＝234(円)以上とわかるから，Ⓐにあたる金額は，234÷0.1＝2340(円)以上と求められる。ただし，１ヵ月のおこづかいの金額は100で割り切れるので，Ａさんの１ヵ月のおこづかいはもっとも少なくて2400円である。

図１

Ⓐ×１＋Ⓑ×１＝7000(円)…ア
Ⓐ×0.3＋Ⓑ×0.4＝2200(円)…イ

Ⓐ×0.4＋Ⓑ×0.4＝2800(円)…ア×0.4
Ⓐ×0.3＋Ⓑ×0.4＝2200(円)…イ

図２

Ⓐ×１＋Ⓑ×１＝7000(円)…ア
Ⓐ×0.3＋Ⓑ×0.4≦2566(円)…ウ

Ⓐ×0.4＋Ⓑ×0.4＝2800(円)…ア×0.4
Ⓐ×0.3＋Ⓑ×0.4≦2566(円)…ウ

４ 平面図形―図形上の点の移動，面積

(1) ２点Ｐ，Ｑが18秒間で動く長さの和は，(２＋１)×18＝54(cm)である。これは台形ABCDのまわりの長さにあたるから，辺CDの長さは，54－(12＋12＋17)＝13(cm)と求められる。

(2) 点Ｑが18秒間で動く長さは，１×18＝18(cm)なので，18－12＝６(cm)より，18秒後には下の図１のようになる。図１のとき，三角形ABPの面積は，12×６÷２＝36(cm^2)，三角形ADQの面積は，12×12÷２＝72(cm^2)となる。

図１

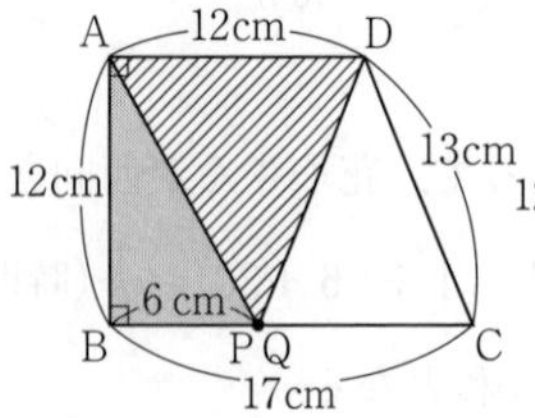

図２

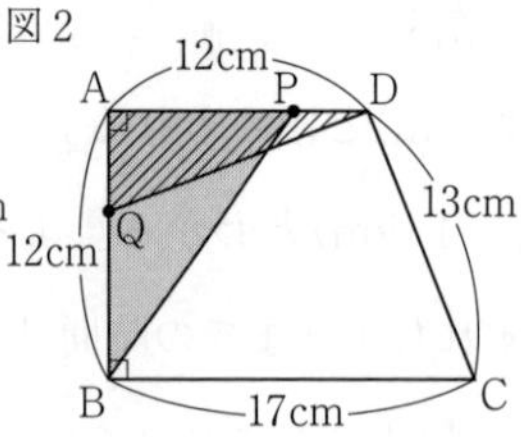

図３

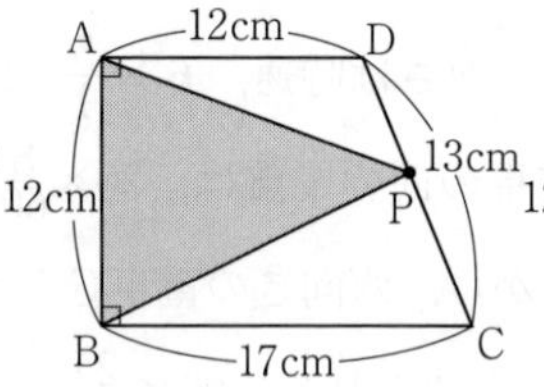

図４

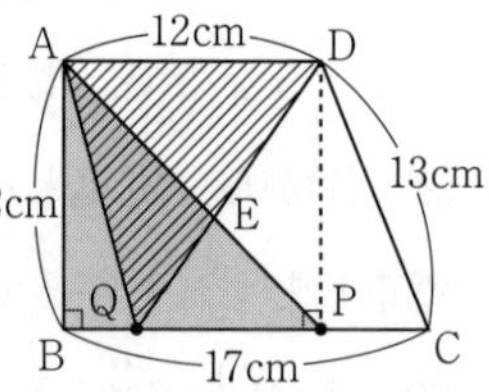

(3) 上の図２のように，点Ｐが辺AD上を動く間は，点Ｑは辺AB上を動く。このとき，三角形ABPの底辺をAB，三角形ADQの底辺をADとすると，底辺は等しいが，APの長さはつねにAQの長さよりも長くなる。よって，面積が等しくなることはない。また，上の図３のように点Ｐが辺DC上を動くとき，三角形ABPの面積はつねに，12×12÷２＝72(cm^2)よりも大きくなる。ところが，三角形ADQの面積が72cm^2よりも大きくなることはないので，面積が等しくなることはない。よって，初めて面積が等しくなるのは，上の図４のように点ＰがＢから12cmの位置にきたときとわかる。このとき，点Ｐが動いた長さは，12＋13＋(17－12)＝30(cm)だから，図４のようになるのは，30÷２＝15(秒後)であり，このときの三角形の面積は72cm^2となる。なお，点Ｑが動いた長さは，１×15＝15(cm)なので，点Ｑは辺BC上にいて，三角形ADQの面積も72cm^2になる。

(4) 図４のように，APとDQの交点をＥとすると，三角形AEDと三角形PEQは相似になる。このとき，BQ＝15－12＝３(cm)より，相似比は，AD：PQ＝12：(12－３)＝４：３とわかるから，DE：EQ＝４：３となる。また，三角形ADQの面積は72cm^2なので，重なっている部分の三角形AQEの面積は，72×$\frac{3}{4+3}$＝$\frac{216}{7}$＝30$\frac{6}{7}$(cm^2)と求められる。

5 条件の整理，つるかめ算

⑴　１回勝負がつくと，２人の得点の差は，３＋２＝５(点)広がる(または縮まる)。よって，３回じゃんけんをして３回ともＡさんが勝つと，２人の得点の差は，５×３＝15(点)になる。

⑵　Ａさんは１勝１敗１引き分けだから，Ａさんの得点は，100＋３－２－１＝100(点)になる。Ｂさんも同様である。

⑶　１回勝負がつくと得点の差は５点広がるので，得点の差が15点になるのは，勝った回数と負けた回数の差が，15÷５＝３(回)になるときである。また，じゃんけんの回数は５回だから，Ａさんの(勝ち，負け，引き分け)の回数は，(４回，１回，０回)，(３回，０回，２回)の２通り考えられる。

⑷　①　Ａさんの得点は，108－100＝８(点)増え，Ｂさんの得点は，100－93＝７(点)減ったので，２人合わせると，８－７＝１(点)増えたことになる。また，勝負がついた場合は２人合わせて，３－２＝１(点)増え，引き分けの場合は２人合わせて，１＋１＝２(点)減るから，２人合わせた得点についてまとめると下の図１のようになる。25回すべて勝負がついたとすると，２人合わせて，１×25＝25(点)増えるので，実際よりも，25－１＝24(点)多くなる。１回引き分けるごとに，勝負がついた場合よりも，１＋２＝３(点)少なくなるから，引き分けの回数は，24÷３＝８(回)と求められる。　②　引き分けを除いた，25－８＝17(回)で考えると，Ａさんの得点は，８＋８＝16(点)増えたことになるので，Ａさんについてまとめると下の図２のようになる。Ａさんが17回すべて勝ったとすると，Ａさんの得点は，３×17＝51(点)増えるから，実際よりも，51－16＝35(点)多くなる。１回負けるごとに，勝った場合よりも，３＋２＝５(点)少なくなるので，負けた回数は，35÷５＝７(回)と求められる。よって，Ａさんが勝った回数は，17－７＝10(回)である。

図１

勝負あり(＋１点)｝合わせて
引き分け(－２点)｝25回で＋１点

図２

勝ち(＋３点)｝合わせて
負け(－２点)｝17回で＋16点

図３

勝ち　(回)	11	10	9	8
負け　(回)	8	7	6	5
引き分け(回)	1	3	5	7
得点　(点)	116	113	110	107

⑸　⑶より，Ａさんが勝った回数は負けた回数よりも３回多いから，引き分けの回数は奇数《きすう》回である。もし，引き分けの回数が１回だとすると，勝負がついた回数は，20－１＝19(回)なので，Ａさんが勝った回数は，(19＋３)÷２＝11(回)，負けた回数は，11－３＝８(回)と求められる。すると，このときのＡさんの得点は，100＋３×11－２×８－１×１＝116(点)になる。ここから，勝ちと負けを１回ずつ減らし，かわりに引き分けを２回増やすと，Ａさんの得点は，３－２＋１＋１＝３(点)減るから，上の図３のようになる。このうち，「20回目のじゃんけんに勝って初めて110点以上になった」という条件に合うのは太線部分だけである。よって，Ａさんの(勝ち，負け，引き分け)の回数は，(９回，６回，５回)とわかる。

社 会 ＜第２回試験＞（35分）＜満点：70点＞

解 答

1 問１　ア　問２　エ　問３　儒教(儒学)　問４　カ　問５　イ　問６　イ　問

7　寺子屋　**問8**　ア　**問9**　エ　**問10**　勝海舟　**問11**　ウ　**問12**　(例)　義務教育の就学率が上昇し，文字を読める人が増えたから。　**問13**　ウ　**問14**　エ　**2**　**問1**　秋吉台　**問2**　石狩川　**問3**　ア，カ　**問4**　イ　**問5**　オ　**問6**　オ　**問7**　ウ　**問8**　エ　**問9**　ウ　**問10**　エ　**問11**　ウ　**問12**　ア　**問13**　イ　**問14**　インバウンド　**3**　**問1**　ウ　**問2**　緊急集会　**問3**　イ　**問4**　健康保険証　**問5**　(例)　原発を増やしたくない人が過半数なのに，増やすべきと考えるＡさんが選ばれます　**問6**　ア　**問7**　エ　**問8**　ウ　**問9**　ア　**問10**　イ

解説

1　文字による記録や出版物の歴史を題材にした問題

問1　1920年代は，大正時代(1912～26年)後半から昭和時代(1926～89年)初めにあたる。レンガ造りの建物やガス灯は明治時代の文明開化のころのことである(ア…×)。

問2　２世紀は，弥生時代後半にあたる。この時期には指導者の下で稲作が組織的に行われ，水田や高床倉庫も整備された(エ…○)。なお，アのマンモスやナウマンゾウなどの大型動物が狩りの対象になったのは旧石器時代，イのオオツノジカは旧石器時代に生息した大型動物で土偶は縄文時代の呪術的な道具，ウののぼりがまによる土器製作の開始は古墳時代のことである。

問3　『論語』は春秋時代の中国の思想家である孔子《こうし》の言行がまとめられた書物で，親子関係や君主と臣下の関係などについての守るべき道徳が示されている。孔子に始まる道徳的な考え方を実行しようとすることを儒教といい，孔子の考え方を研究することを儒学という。

問4　Ａの北条実時《さねとき》が金沢文庫を設立したのは鎌倉時代，Ｂの藤原道長が活躍《かつやく》したのは平安時代，Ｃの石上宅嗣《いそのかみのやかつぐ》が日本初の公開型図書館とされる芸亭《うんてい》を設けたのは奈良時代である。よって，時代の古い順にＣ→Ｂ→Ａとなる。

問5　Ａについて，グラフで12世紀(1101～1200年)には「かなまじり古文書」の比率が５％を超《こ》えるようになり，この時期に保元・平治の乱(1156年，1159年)も起こっている(…○)。また，Ｃについて，グラフで13世紀(1201～1300年)後半には「かなまじり古文書」の比率が20％を超えることもあり，この時期に元寇(文永の役は1274年，弘安の役は1281年)も起こっている(…○)。なお，Ｂについて，グラフで13世紀前半には「かなまじり古文書」の比率は10％を下回ることがあり，地頭が初めて配置されたのは12世紀の終わりころである(…×)。Ｄについて，グラフで14世紀(1301～1400年)に入ると「かなまじり古文書」の比率が25％を超えることもあったが，初の武家法(御成敗式目)の制定は1232年(13世紀)である(…×)。

問6　寛政期には，老中の松平定信による寛政の改革が行われ，ききんに備えて米をたくわえる囲米《かこいまい》の制がとられた(イ…○)。なお，アの上米の制は第８代将軍の徳川吉宗による享保の改革における政策，ウの生類憐《あわれ》みの令は第５代の徳川綱吉の政策，エの人返しの法は老中の水野忠邦による天保の改革における政策である。

問7　江戸時代，一般庶民《いっぱんしょみん》の教育機関として寺子屋がつくられ，「読み・書き・そろばん」が教えられた。なお，武士の子弟は，各藩が設けた藩校で学んだ。

問8　1917年，ロシア革命が起こると，日本はアメリカやイギリスとともにシベリア出兵(1918～22年)を行い，革命に干渉《かんしょう》した(ア…○)。なお，イのレザノフが長崎に来航したのは1804年のこと

である。ウは1875年に結ばれた樺太《からふと》・千島交換条約のことだが，この条約では千島列島全島を日本領，樺太全島をロシア領とした。エの日露戦争(1904～05年)の講和はアメリカの仲介で行われ，ロシアから賠償《ばいしょう》金は得られなかった。

問９　中国の明王朝と朝貢《ちょうこう》(貢《みつ》ぎ物を差し出し臣下の礼をとる)という形で勘合貿易を始めたのは，室町幕府第３代将軍であった足利義満である(エ…×)。

問10　勝海舟は幕臣で，咸臨《かんりん》丸の船長として渡米した。その後，戊辰《ぼしん》戦争(1868～69年)では旧幕府代表として新政府軍(官軍)の西郷隆盛と会見し，江戸無血開城を取り決めた。

問11　Ａは1881年(自由党の結成)，Ｂは1874年(民撰《みんせん》議院設立建白書の提出)，Ｃは1884年(秩父《ちちぶ》事件の発生)である。よって，年代の古い順にＢ→Ａ→Ｃとなる。

問12　グラフより，1900年には，就学率の平均が80％を超えている。また，表より，「読書」「作文」「習字」にあてる時間数が半分以上を占《し》めている。つまり，義務教育の就学率が上昇し，文字を読める人が増えたことで，読み聞かせによる読書がすたれたと考えられる。

問13　GHQ(連合国軍最高司令官総司令部)の指令で1945年12月に衆議院議員選挙法が改正され，満20歳以上の男女による普通選挙が実現した。日本国憲法の制定には，改正後の1946年に行われた選挙で選ばれた議員が関わった(ウ…○)。

問14　1990年代初めには，地価や株価が急激に値上がりするバブル経済が起こった(エ…○)。なお，アのアジア初の東京オリンピックと東海道新幹線の開通は1964年，イの瀬戸大橋と1988年に同時に開通したのは青函《せいかん》トンネルである。ウの特需《とくじゅ》景気は朝鮮戦争(1950～53年)がきっかけとなって起こった。

2　日本遺産を題材にした問題

問１　山口県の秋吉台は，石灰岩が雨水に侵食《しんしょく》されてできたカルスト地形で知られる。

問２　石狩《いしかり》川は北海道中央部の大雪山系に源を発し，上川盆地や石狩平野を経て石狩湾(日本海)に注ぐ。国内では信濃《しなの》川，利根《とね》川に次ぐ３番目の長流である。

問３　地形図において，南に開けた平地は，標高点(・)の「253」と「210」や，等高線より，東から西にかけてゆるやかに傾斜《けいしゃ》しているとわかる。したがって，「立谷川」も東から西へ向かって流れている(ア…×)。また，「立谷川」の南側にある地図記号(文)は「小・中学校」を表している(カ…×)。

問４　関東内陸工業地域は栃木県，群馬県，埼玉県の３県にまたがる工業地域で，自動車や電気機械などの機械工業が発達していることや，他の工業地帯・地域に比べて食料品工業の割合が高い(イ…○)。なお，アは京葉工業地域，ウは瀬戸内工業地域，エは中京工業地帯のグラフである。

問５　表において，Ａは2003年から2023年にかけて埋《う》め立て地が新たに加わったことで面積が増えた江東区である。Ｂは面積が広いことから人口密度が最も少なく，65歳以上人口の割合が最も高いので八王子市である。残ったＣは杉並区である。

問６　日本なしは千葉県，みかんは和歌山県，ももは山梨県が，それぞれ収穫《しゅうかく》量が全国第１位(2021年)である。

問７　木曽《きそ》川流域はひのきの産地として知られ，木曽ひのきは青森(津軽)ひば・秋田すぎとともに日本三大美林に数えられる。

問８　琵琶《びわ》湖は滋賀県にある面積が国内最大の湖で，土地が沈《しず》みこんだところに水がたまってできた断層湖である。琵琶湖で取れたふなを使った「ふなずし」は滋賀県の郷土料理である(エ…○)。なお，アの琵琶湖の面積は滋賀県の面積の約６分の１，イの琵琶湖疏水《そすい》は京都市に引かれた用水，ウの琵琶湖から流れ出すのは瀬田川で，熊野川は近畿地方南部を流れる川である。

問９　霜害《そうがい》は春や秋の気温が低くなる朝に起こりやすく，高潮によるものではない(ウ…×)。

問10　鉄鋼は自動車や船舶の基礎材料になることから，かつては「産業のコメ」と呼ばれた(エ…○)。なお，アの鉄鋼の原料のうち日本で自給が可能なのは石灰岩のみである。イの日本の製鉄所は原料の輸入や製品の輸出に便利な臨海部に立地する。ウの2021年における鉄鋼(粗鋼)生産量は，日本は中国(中華人民共和国)・インドに次ぐ世界第３位である。

問11　稲の種もみを直接水田にまく「直まき」は，現在はあまり行われていない(ウ…×)。

問12　高知市は太平洋側の気候で，梅雨や台風の影響《えいきょう》を受けやすいため，夏の降水量が多い(ア…○)。なお，イは徳島市，ウは高松市(香川県)，エは松山市(愛媛県)の図である。

問13　唐津《からつ》焼をはじめ，有田焼(伊万里焼)などの肥前《ひぜん》国(佐賀県，長崎県)の焼物は，安土桃山時代の豊臣秀吉による朝鮮出兵で，朝鮮人陶工を連行してきたことで始まったとされる。なお，アの信楽《しがらき》焼は滋賀県，ウの備前焼は岡山県，エの九谷焼は石川県の焼物である。

問14　日本を訪れる外国人旅行客をインバウンドという。コロナ禍《か》で一時激減したものの，2022年から増え始め，2023年のインバウンドは2500万人を超え，コロナ禍前の８割まで回復した。

３　民主主義についての問題

問１　国会で予算案や法律案の審議が行われるとき，学者や専門家などの意見をきく公聴会が開かれる(ウ…○)。なお，アについて，衆参両議院の本会議の成立要件(定足数)はそれぞれ総議員の３分の１以上の出席が必要で，出席議員の過半数の賛成で可決される。イの憲法改正の発議には衆議院の優越は認められない。エの内閣総理大臣は国会議員の中から国会が指名し，天皇が任命する。

問２　衆議院が解散されると，参議院も同時に閉会となる。しかし，国会での審議を必要とする緊急な要件が生じたとき，内閣の求めに応じて参議院において緊急集会が開かれる。

問３　裁判員制度の対象となるのは，重大な刑事事件の第１審(地方裁判所)である(イ…○)。なお，アの裁判員に対する手当は，仕事を休む休まないに関係なく，日当が支給される。ウの判決について，裁判員６人と裁判官３人の合議制で決するが，被告人が有罪になるなどの場合，多数派に少なくとも１人の裁判官がいなければならない。エの有罪の場合の量刑についての議論にも裁判員が参加する。

問４　医療を効率化するため，政府は「マイナンバーカード」と「健康保険証」を一体化する方針を示している。

問５　会話文の表において，原発を増やすというＡさんを１位とした人が40人いる。しかし，現状維持《いじ》で原発を増やさないとするＢさんを１位とした人が35人，原発を減らすというＣさんを１位とした人が25人である。したがって，原発を増やすとするＡさんが40票獲得《かくとく》で選ばれるが，過半数である60人の意見は反映されないことになる。

問６　日本国憲法第７条より，内閣は天皇の国事行為に助言と承認を与《あた》える(ア…○)。なお，イの会計検査院は独立して職権を行う独立官庁である。ウの行政の民営化では，効率化を目指して行われている。エの閣議決定は，全会一致を原則とする。

問７　地方自治において，監査の請求は有権者数の50分の１以上の署名を集めて，監査委員に請求することになっている(エ…×)。

問８　労働者には団体行動権(争議権)が認められており，要求を通すため故意に仕事を休む行為をストライキという。なお，アのデモ(デモンストレーション)は集会や街頭行進などによって主張や要求をかかげる示威行動，イの「リコール」は解職請求あるいは欠陥製品の回収，エのリデュースはごみの減量を指す言葉である。

問９　現在，直径５mm以下のマイクロプラスチックによる海洋汚染が，国際問題となっている。なお，イのフロンガスはオゾン層破壊《はかい》の原因物質，ウの赤潮は海中でプランクトンが異常発生した状態，エの二酸化炭素は地球温暖化の原因となる物質を指す言葉である。

問10　国際連合の総会は全加盟国で構成され，一国一票の主権平等を原則とし，採決では通常議題は過半数，重要議題は３分の２以上の賛成で決する(イ…○)。なお，アの安全保障理事会の常任理事国は，アメリカ・ロシア・イギリス・フランス・中国の５か国である。ウの女性(女子)差別撤廃《てっぱい》条約の採択《さいたく》は1979年で，日本は1985年に男女雇用機会均等法を成立させた。エの国連加盟国は現在193か国で，州別ではアフリカ州が54か国で最も多い(2023年末現在)。

理　科　＜第２回試験＞（35分）＜満点：70点＞

解　答

1 (1)　再生可能(エネルギー)　(2)　ア　(3)　ウ　(4)　エ　(5)　カ　(6)　ア，エ　(7)　カ　**2** (1)　エ　(2)　ウ　(3)　イ　(4)　ア　(5)　イ　(6)　ア　(7)　ウ　**3** (1)　**1**　イ　**2**　キ　(2)　エ　(3)　ウ，カ　(4)　53.76cm³　(5)　右の図　(6)　60cm³　(7)　１：１　**4** (1)　①　1.2キロカロリー　②　2.4キロカロリー　(2)　18℃　(3)　ア　(4)　450キロカロリー　(5)　ウ　(6)　イ

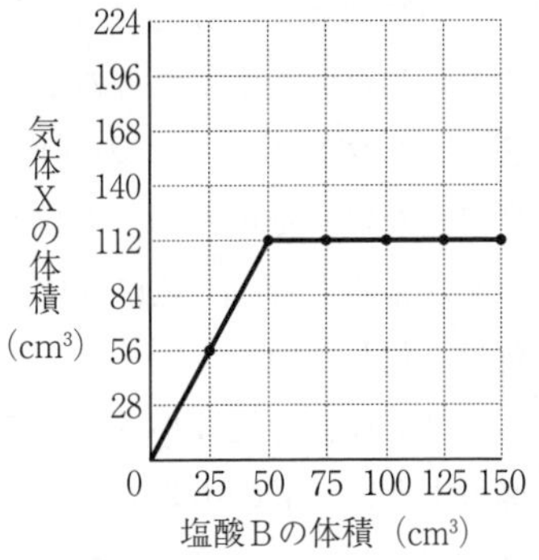

解　説

1　**風の吹《ふ》き方についての問題**

(1)　太陽光，風力，水力，地熱，バイオマスなど，自然の中にある資源で，なくなることがないエネルギーを再生可能エネルギーと呼ぶ。これに対し，石油，石炭，天然ガスなどの化石燃料には限りがあるため，いつかなくなってしまうと考えられている。

(2)　ア　風は，太陽光によって温められることによって生じる空気の動きである。したがって，風力発電は太陽光のエネルギーを間接的に利用しているといえるので，正しい。　イ，ウ　風力は季節や気象の変化に影響《えいきょう》を受け，発電量を自由に調節することはできないので，誤り。　エ　風は空気の動きなので，蓄《たくわ》えることができない。

(3)　図１のグラフで，地面の温度も海面の温度も，昼に高く，夜に低くなっているが，地面の最高温度は海面より高く，最低温度は海面より低い。このことから，海面は地面より温まりにくく冷めにくいといえる。

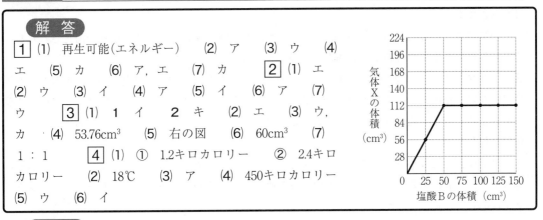

⑷，⑸　⑶より，砂は水よりも温まりやすく，冷めやすいと考えられる。よって，図２の装置に太陽光を当てると，砂の方が水より温度が高くなる。また，空気は温められると，体積が大きくなるため，同じ体積あたりの重さが軽くなって上昇《じょうしょう》する。すると，砂の上の空気の方が，水の上の空気より強く温められるから，水そう内の空気は，砂の上で上昇し，水の上で下降するように動く。このため，水そうの下の方では水の上から砂の上へ，上の方では砂の上から水の上へ空気が動き，⑷のエのようなけむりの動きがおきる。

⑹　実験で，太陽光を当てたときが昼に相当する。砂を陸，水を海に置きかえると，昼は，海面から海辺に近い地面に向けて風が吹くと考えられるので，アの海風を選ぶ。また，夜は，冷めにくい海面の方が，地面よりあたたかく，昼とは逆向きの陸風が吹くので，エも適当である。

⑺　図１で，日の出前（４時ごろ）は，地面の温度が最も低く，海面との温度差も大きいことから，陸から海へ向けて陸風が吹くので，Ｚが当てはまる。昼過ぎ（14時ごろ）は，地面の温度が最高になり，海面との温度差も大きいので，海から陸への海風が強くなるから，Ｘを選ぶ。昼前（11時ごろ）は，ＺからＸに移り変わる間で，地面の方が海面より温度が高く，やや陸からの風が強まっているようすがわかるＹが適当である。

2　消化酵素《こうそ》のはたらきについての問題

⑴　光合成は，日光などの光エネルギーを利用して，水と二酸化炭素からブドウ糖と酸素をつくるはたらきである。

⑵　小腸の表面のひだに柔毛《じゅうもう》があることで，小腸の内側の表面積が大きくなり，消化された食べ物とふれ合いやすくなるので，効率よく栄養分を吸収することができる。

⑶　デンプン（デンプンのり）は，ブドウ糖がたくさんつながった大きい物質なので，セロハンを通過できない。そのため，セロハンでできた袋《ふくろ》の中の液にデンプンがそのまま残り，これにヨウ素液を加えると青紫《むらさき》色に変化する。一方，ビーカーの中の液にはデンプンがないから，ヨウ素液の色は変化しない。

⑷　ブドウ糖の粒《つぶ》は小さいので，セロハンを通ってビーカーの中の液に入る。よって，図１の右の図のように，袋の中の液，ビーカーの中の液の両方にブドウ糖があるため，どちらも，ベネジクト液に反応し，加熱後，赤かっ色になる。

⑸　消化酵素がデンプンを分解して糖ができると，ベネジクト液と反応して赤かっ色に変化する。表２で試験管Ａは，ヨウ素液では色が変わらず，ベネジクト液には反応しているので，デンプンがすべて糖に変化したことがわかる。この反応がだ液に含《ふく》まれる消化酵素のはたらきであることを確かめるには，試験管Ａとだ液の有無の条件だけがちがい，ほかは同じ条件の試験管Ｃの結果と比べるとよい。

⑹　酵素がはたらいた試験管Ａと，10分間80℃の湯に入れたこと以外の条件は同じ試験管Ｂとを比《ひ》較《かく》する。

⑺　３　外液Ｆは，ドライイーストに含まれる酵素のうち，セロハンを通る小さい物質を含んでいるが，ビーカー３の結果から，これだけではブドウ糖を分解することができないとわかる。また，内液Ｇは，酵素のうち，セロハンを通る物質はほとんど残っておらず，セロハンを通らない大きい物質が残っているが，ビーカー４の結果をみると，これだけでも，ブドウ糖を分解できない。しかし，外液Ｆと内液Ｇの両方が入っているビーカー７では，ブドウ糖を分解している。このことから，

酵素のうち小さい物質だけ，もしくは大きい物質だけでは酵素としてはたらかないが，一度分かれたあとでも再びこれらが合わさると，酵素としてはたらくことがわかる。　4　溶液《ようえき》Ｅは，酵素液を80℃に保って20分間置いたものなので，一度高温にした，大きい物質と小さい物質の両方を含んでいる。ビーカー５には，高温にした大きい物質と小さい物質，高温にしていない小さい物質が含まれており，実験結果から，高温にすると大きい物質(セロハンを通らない物質)ははたらかなくなることがわかる。一方，ビーカー６には，高温にした大きい物質と小さい物質，高温にしていない大きい物質が含まれており，こちらは酵素がはたらいているから，小さい物質(セロハンを通る物質)は高温にしてもはたらくとわかる。

3 金属と水溶液の反応についての問題

(1)　**1**　廃棄《はいき》される工業製品などに含まれる金属材料は，分別して取り出すと，資源として活用することができる。これらを資源と見立てて都市鉱山と呼ぶ。　**2**　「レア」は数が少なく貴重なこと，「メタル」は金属の意味で，とくにデジタル機器などに使われている重要な金属であるにもかかわらず，地球上にあまり存在していない金属をレアメタルという。

(2)　磁石につく性質があるのは，鉄やニッケルなど一部の金属だけなので，エが正しくない。なお，アのたたくとうすく平たくのびる性質は，金属全般《ばん》にあてはまる。

(3)　アルミニウムは，塩酸にも水酸化ナトリウム水溶液にも溶《と》けて水素を発生する。水素はにおいがなく，空気より軽いので下方置換《ちかん》法で集めることはできないが，水に溶けにくいため，水上置換法で集めることができる。また，ぬれたリトマス紙の色を変えることはない。石灰水に通すと白くにごるのは，二酸化炭素の性質である。よって，ウとカがあてはまる。

(4)　表１から，アルミニウム片0.09ｇと塩酸Ａ100cm^3が過不足なく反応して，気体Ｘが112cm^3発生することがわかる。アルミニウム片0.045ｇとちょうど反応する塩酸Ａの体積は，$100\times\frac{0.045}{0.09}=50$($cm^3$)だから，加えた塩酸Ａ48$cm^3$がすべて反応して，気体Ｘが，$112\times\frac{48}{100}=53.76$($cm^3$)発生し，アルミニウム片が残る。

(5)　塩酸Ｂは塩酸Ａの２倍の濃《こ》さなので，アルミニウム片0.09ｇとちょうど反応する塩酸Ｂの体積は，塩酸Ａの半分の，$100\div2=50$(cm^3)で，このとき気体Ｘが112cm^3発生する。塩酸Ｂの体積が50cm^3以上のとき，発生する気体Ｘの体積は112cm^3で一定なので，グラフは解答の図のようになる。

(6)　(5)から，0.09ｇのアルミニウム片とちょうど反応する塩酸Ｂの体積は50cm^3なので，アルミニウム片0.108ｇとちょうど反応する塩酸Ｂの体積は，$50\times\frac{0.108}{0.09}=60$($cm^3$)である。

(7)　表２より，水酸化ナトリウム水溶液Ｃ80cm^3とアルミニウム片0.036ｇがちょうど反応し，44.8cm^3の気体Ｘが発生することがわかる。よって，0.09ｇのアルミニウム片を，十分な体積の水酸化ナトリウム水溶液と反応させると，発生する気体Ｘの体積は，$44.8\times\frac{0.09}{0.036}=112$($cm^3$)となり，実験１で発生した気体Ｘの体積と同じになる。以上から，同じ重さのアルミニウム片が反応して発生する気体Ｘの体積は，塩酸Ａと水酸化ナトリウム水溶液Ｃで等しい。

4 水の温度変化と熱量の関係についての問題

(1)　①　0.2kgの水を10℃から16℃に上昇させるのに必要な熱量は，$0.2\times(16-10)=1.2$(キロカロリー)である。　②　0.2kgの水を10℃から22℃に上昇させるには，$0.2\times(22-10)=2.4$(キロカロリー)の熱量が必要である。

(2)　上昇する温度を□℃とすると，$0.15\times\square=1.2$より，$\square=1.2\div0.15=8$（℃）となるから，熱を加えた後の水の温度は，$10+8=18$（℃）とわかる。

(3)　図１の水に加えた熱量を表す長方形の面積は，水の重さが一定なので，上昇した水の温度に比例している。さらに，「水の温度の上昇は時間の経過とともに常に一定の割合で行われた」とあるので，加えた熱量の総量（長方形の面積）は，加熱した時間に比例する。よって，アが最も適当である。

(4)　図２の太い実線と横軸《じく》に囲まれた台形の面積を求めると，$(20+10)\times(40-10)\div2=450$なので，水に加えた熱量の合計は，450キロカロリーとわかる。

(5)　排《はい》水量が一定なので，図２では，時間当たりの水の温度上昇も一定になる。すると，水の温度が10℃から20℃に変化する間と，30℃から40℃に変化する間の熱の総量を比べると，30℃から40℃に変化するときの方が熱の総量が少ないから，ウのようなグラフとなる。

(6)　水に加える熱量が毎秒一定の割合なので，時間とともに水の重さが減少するほど，温度の上がり方は大きくなる。よって，イのようなグラフが選べる。

国　語　＜第２回試験＞（50分）＜満点：100点＞

解　答

一　**問１**　㋐　3　㋑　1　**問２**　4　**問３**　2　**問４**　4　**問５**　1　**問６**　2　**問７**　3　**問８**　（例）　自然は刻一刻と変化してしまうので，人間がそのまま表現しようとしても，変化に追いつき反映させることはできないということ。　**問９**　（例）（水墨画は）他人から教えられるものではなく，実際に描くことで自分でつかみとるしかない（という意味。）　**問10**　1　**問11**　（例）　水墨画とは現実をありのままに描くものではなく，自分の心がとらえたそのものの持つ美しさや本質を，素朴で単純な筆致によって，そのまま描くものだと考えている。　二　**問１**　4　**問２**　1　**問３**　4　**問４**　(1)　（例）　丈夫で粘りがある（こと。）　(2)　（例）　その木が生えていたときと同じ方向で使う（という工夫。）　**問５**　**A**　節　**B**　枝　**問６**　3　**問７**　癖を悪〜ること　**問８**　（例）　その木の癖を出させて性質を見ぬき，それぞれに合わせた使い方を考えること。　三　下記を参照のこと。

●漢字の書き取り

三　1　漁船　2　散策　3　徒党　4　縦横　5　律（する）　6　総（がかり）

解　説

一　**出典：砥上裕将《とがみひろまさ》『線は，僕を描く』**。「僕《ぼく》」（青山）は，水墨画《すいぼくが》の師である湖山《こざん》先生の前で蘭《らん》の絵を描くことになった。先生は「僕」の絵をほめ，水墨画や画題について，語り合った後，初心者が学ぶ四つの題材のうちの最後の画題を示す。

問１　㋐　「相好《そうごう》を崩《くず》す」は，“それまでの緊張《きんちょう》した表情をやわらげて，にこにこする”という意味なので，3が合う。　㋑　「気取《けど》る」は，“察知する，気づく”という意味で，「まい」は打ち消しの意志を表す助動詞なので，1がよい。

問２　次の段落に，今の「僕」には，湖山先生に認められたい，自分のこれまでの成果を先生に見てほしいという「想《おも》い」が強くあったと書かれている。そのために力んでしまい，筆の穂先《ほさき》まで緊張が伝わって震《ふる》えてしまったのだから，４があてはまる。

問３　湖山先生に今の自分の全力を見てほしいと思って描いた蘭の絵は，先生から「すばらしい」「驚《おどろ》いたよ」「よくがんばったね」と最高の評価を得た。同じ段落の前の部分にあるとおり，先生からほめられたことで「僕」は感極《かんきわ》まり，新しい力が自分に生まれたように感じ，緊張からも解き放たれたのだから，２がよい。

問４　ぼう線③をふくむ「僕」の言葉から読み取る。「僕ら」がとらえられていないだけで，実はいつも何気なく見ているものにはたいへんな美が宿っている。水墨画を描くために集中していろんなものを見ることで，それらの美しさの本質にせまれるようになったと「僕」は言っているので，４が選べる。

問５　湖山先生が描いてみせた二つの絵について，「僕」がいだいた感想に注目する。特に何も主張しておらず，特徴《とくちょう》もない「どこまでも素朴《そぼく》で単純」な先生の絵に，「僕」は，はっきりと説明できない「圧倒的な美しさ」を，理屈《りくつ》ではなく本能的に感じているのだから，１がふさわしい。

問６　湖山先生は，「僕」の水墨画に対する考察に「なるほど」と耳を傾けた後に竹と梅を描き，それらの現物を「僕」に見せようと庭に出ている。「僕」がすばらしい絵を描くようになっただけでなく，水墨画について深く考えていることがわかって，喜ばしい気持ちになったと考えられるので，２が合う。

問７　竹の水墨画を描いた後に現物を見ようと庭に出た場面で，先生が鉢に入った竹を指し示して「こういうのはどうだろう？」と訊《たず》ねたのは，「僕」が，「画題」「手本」としてその竹をどう思うかを聞きたかったものと思われる。それに応えて「僕」も，目の前の竹を手本として描かれる水墨画を想像しているので，３が選べる。

問８　続く湖山先生の言葉からまとめる。自然は動き続け，刻々と姿や形を変えていくものなので，どんなに正確に描いても仕上げたときにはもう「物の影《かげ》や形」が変わってしまっている。そのため先生は，人間が自然をそのまま描こうとしても変化に追いつけず，絵に反映させることはできないということが言いたいのだと推測できる。

問９　ぼう線⑧の「これ」は“何気なく咲《さ》いていた小さな菊《きく》”を指し，湖山先生は「この菊に教えを請《こ》い，描いてみなさい」「私には伝えられないものがここにある」と言っている。水墨画とは“誰《だれ》かから教えられるものではなく，実際に自分で描くことで気づき，学び取るものだ”という意味だと考えられる。

問10　湖山先生は「僕」の絵を見たり，絵について語り合ったりする中で「僕」が水墨画に本気で向き合っていると感じて笑顔になっていたが，優れた弟子である「僕」だからこそ気づいてほしいことがあると言い，菊から学ぶようにと伝えるうちに真剣《しんけん》な顔つきになっていった。師として，水墨画の真髄《しんずい》やその道の厳しさを教えなくてはならないと思うにつれ，表情が変化したものと読み取れるので，１が合う。

問11　「絵空事」は，大げさで実際にはありえないことをいう。問８でみたように，そもそも自然の画題をそのまま描くことは不可能であり，湖山先生は，水墨画とは現実をありのままに描くものではないと言いたいのだと考えられる。また，問５で検討したとおり，湖山先生の描いた絵は，特に主張はないが本能的に圧倒的に美しいと感じる「素朴で単純」なものだったことから，教わったとおりに描いたり特別な表現をしたりするのではなく，自分の心や本能がとらえた美しさや本質を，素朴で単純な筆づかいでそのまま描くものだと考えているとまとめられる。

二　**出典：塩野米松《しおのよねまつ》『木の教え』**。筆者は，身近な素材である「木」にまつわるさまざまな口伝や話を通して，日本人が受けついできた“木から得た知識や教訓”“自然に対する価値観”について説明している。

問１　ア　今，ふつうの民家を建てるとき，大工さんは製材された木を目的に合わせて買うと前にあり，後には，昔は棟梁《とうりょう》が自ら山で大雑把《おおざっぱ》に製材して運んでいたと続く。前後で，昔と今の木材の調達の仕方の違《ちが》いが説明されているので，前のことがらに反する内容を述べるときに用いる「けれども」か「しかし」が合う。　　イ　日当たりや風当たりなどの環境《かんきょう》が変わると土壌《どじょう》も変わり，そこで育った生物の遺骸《いがい》も土にかえると前にある。後には，土は場所によって異なり，そこで育つ木も性質に違いが出ると続く。よって，前のことがらを理由・原因として，後にその結果をつなげるときに使う「そのため」か「ですから」が入る。　　ウ　前に，厳しい環境で育った木はそれに耐《た》え続けてきた癖《くせ》を持つとあり，後には，ずっと西風に吹《ふ》かれてきた木は枝も根もしっかりしていると続く。よって，具体的な例をあげるときに用いる「たとえば」がよい。　　よって，４が選べる。

問２　三つ後の段落に，ぼう線①は，「大きな建物をつくるときには，木を一本一本バラバラに買わずに山を丸ごと買いなさいという意味」だとある。さらに後の部分で，木は育った環境によって性質が異なるため，木の性質を見ぬいて「生育のままに使」うことで丈夫で長持ちする建物ができると説明されていて，この口伝は“頑丈《がんじょう》な建物をつくるためには木を一本ずつではなく，山の木を丸ごと買って“適材適所”で使うのがよい”という教訓だといえるので，１が合う。

問３　直前の段落に，密林のようなところでは木どうしが背を伸《の》ばそうと競い合うとあるが，葉を多く茂《しげ》らせているとは書かれていない。三つ前の段落には，尾根筋《おねすじ》よりも谷のほうが土壌が肥えていて，腐葉土《ふようど》が流れ出すのは尾根筋だと書かれている。したがって，１～３は合わない。林のなかより縁《ふち》のほうが日や風に当たると書かれているので，４がよい。

問４　(1)　二つ後の段落で，舟《ふね》の櫓《ろ》に日表だけが使われていたのは「丈夫で粘りがあった」からだと述べられている。　　(2)　四つ後の段落に，法隆寺《ほうりゅうじ》の宮大工たちは，山の南斜面《みなみしゃめん》にある木は建物の南側，北のものは北というようにその木が「生えていたときと同じ方向」で使う工夫をしてきたと書かれている。

問５　**Ａ，Ｂ**　問４の(2)でみたように，法隆寺の宮大工は「山の南斜面にある木は建物の南側に」使っていた。したがって，南側の柱に使われた木は南斜面にあった木のはずなので，ぼう線③の段落にあるとおり，南側の木は日当たりがよかったために「枝」（空らんＢ）がたくさん出ており，木の枝のあったところは柱や板にすると節になって残ることから，法隆寺の南側の柱には「節」（空らんＡ）が多くあったと考えられる。

問６　社会生活ではみんなが揃《そろ》わないと困る局面があり，それぞれが持つ個性を尊重しすぎると統制がとれず，効率が悪くなるので，「癖」は悪いものと考えられるようになったと同じ段落で述べられている。したがって，３が選べる。

問７　すぐ後で筆者は，「木を癖で組む」ことの例として「四本の柱で建つ建物」をあげ，木の癖をうまく組み合わせれば，たがいの癖を補い合いながらより丈夫な建物がつくれると述べている。ぼう線⑤は，「癖を悪いものとして排除《はいじょ》するのではなく，長所と見てじょうずに生かして使えるようになること」が必要であると教えるための口伝だといえるので，この部分がぬき出せる。

問８　直前の二文に，木を伐採《ばっさい》した後に寝《ね》かせる時間があれば，その木の癖を出させて使う前に性質を見定めることができると書かれている。そうすれば，問２や問４にあったように，大工さんはそれぞれの木に合った使い方を考えることが可能になるので，これらの内容をまとめる。

三　漢字の書き取り

１　魚や貝などをとる船。　**２**　周囲の景色を楽しみながらぶらぶら歩くこと。　**３**　ある目的のために集まった仲間。　**４**　「縦横無尽《じゅうおうむじん》」は，自由自在であるようす。　**５**　「自らを律する」は，“自分の意志で衝動《しょうどう》や欲求などをおさえ，自分自身を統制して管理する”という意味。　**６**　「総がかり」は，全員が力を合わせて一つのことに取り組むこと。

Memo

2023年度 吉祥女子中学校

【算　数】〈第１回試験〉（50分）〈満点：100点〉

1　次の問いに答えなさい。

(1)　次の空らん□にあてはまる数を答えなさい。

$$1.3+\left(\square\times2-0.25\right)\div\frac{5}{6}=1\frac{2}{5}$$

(2)　次の空らん□にあてはまる数を答えなさい。

$$\left(1\frac{1}{3}-0.8\right)\times\left(3-2\frac{2}{7}\div\square\times2.625\right)+3.8=5$$

(3)　あるテストを20人の生徒が受けたところ20人の得点の平均は73点でした。また，ＡさんとＢさんを除いた18人の得点の平均は72点でした。Ａさんの得点が97点であったとすると，Ｂさんの得点は何点ですか。

(4)　２けたの３つの数A，B，Cがあります。AからBを引いた数とAからCを引いた数の比が７：６で，BとCの比が４：７です。Aはいくつですか。

(5)　Ａさんが１人でするとちょうど40分かかる仕事があります。この仕事を，ＡさんとＢさんの２人でると24分，ＡさんとＣさんの２人ですると15分かかります。この仕事を，Ａさん，Ｂさん，Ｃさんの３人ですると，何分かかりますか。

(6)　右の図のようなおうぎ形AOBがあります。このおうぎ形をBCを折り目として折ると，点Ｄが点Ｏに重なります。このとき，㋐の角度は何度ですか。

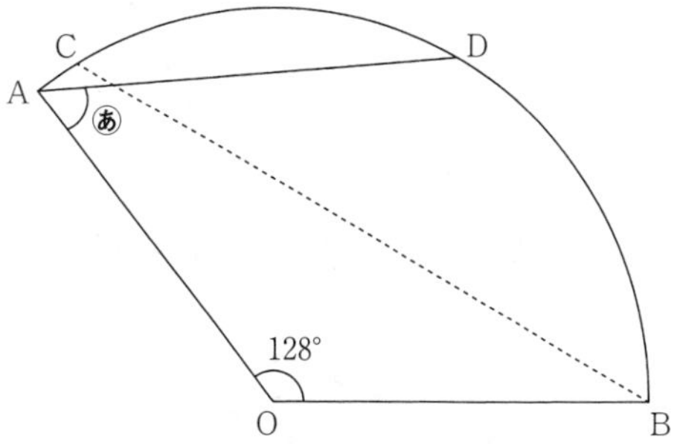

(7)　２つの貯金箱Ａ，Ｂにそれぞれお金が入っています。Ｂに入っている金額はＡに入っている金額の$\frac{3}{4}$です。Ａに入っている金額の$\frac{3}{5}$を使い，Ｂには新たに700円を入れました。その後，Ｂに入っている金額の$\frac{7}{20}$を取り出してＡに入れたところ，ＡとＢに入っている金額は同じになりました。最初にＡに入っていた金額は何円ですか。

2　次の問いに答えなさい。

(1)　一の位を四捨五入すると500になる整数をすべて足すといくつになりますか。

(2)　一の位を四捨五入しても500にならない整数のうち，十の位を四捨五入すると500になる整数は全部で何個ありますか。

(3)　一の位を四捨五入しても500にならない整数のうち，十の位を四捨五入すると500になる整数をすべて足すといくつになりますか。

3　面積が 60cm² の正六角形 ABCDEF について，次の問いに答えなさい。

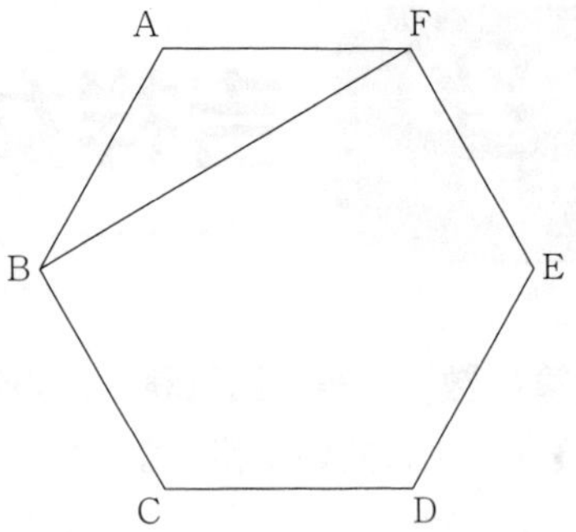

(1)　三角形 ABF の面積は何 cm² ですか。

(2)　辺 AB，辺 EF を２等分する点をそれぞれＬ，Ｍとします。このとき，辺 AF と直線 LM は平行になります。

①　AF：LM：BE をもっとも簡単な整数の比で答えなさい。

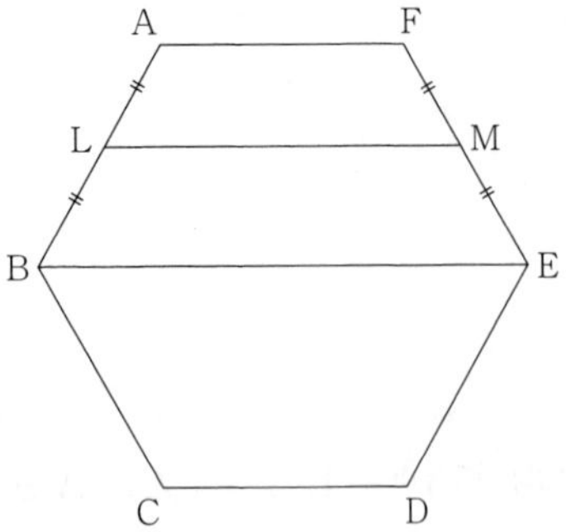

②　直線 AM と直線 LF が交わる点をＰとするとき，三角形 APF の面積は何 cm² ですか。途《と》中《ちゅう》の式や考え方なども書きなさい。

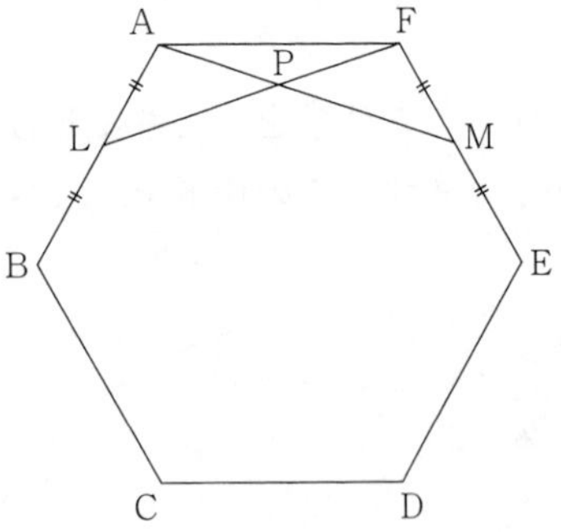

③　辺 CD を２等分する点をＮとします。影《かげ》のついた部分の面積は何 cm² ですか。

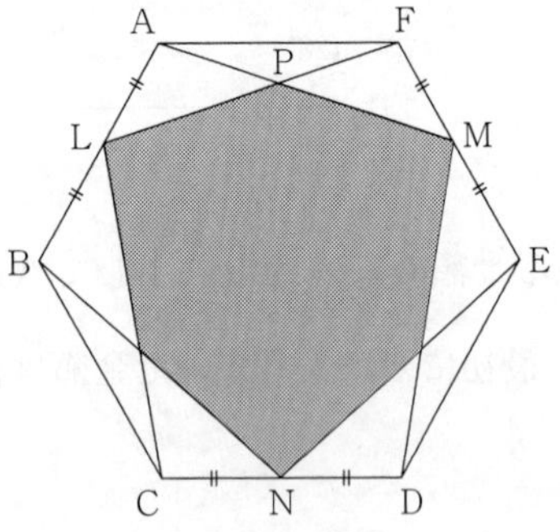

4　ある川の上流にＡ地点と，その下流にＢ地点があり，Ａ地点とＢ地点の距離《きょり》は 30km です。船Ｐが，Ａ地点からＢ地点まで移動するのにかかる時間は２時間で，Ｂ地点からＡ地点まで移動するのにかかる時間は３時間20分です。船Ｑが，Ｂ地点からＡ地点まで移動するのにかかる時間は２時間30分です。船Ｐと船Ｑの静水上での速さと川の流れの速さはそれぞれ一定です。次の問いに答えなさい。

(1) 川の流れの速さは時速何 km ですか。

(2) 船Ｑの静水上での速さは時速何 km ですか。

船Ｐと船Ｑは，それぞれＡ地点とＢ地点の間を次のように往復しました。

> 船Ｐについて
> ・Ａ地点を出発し，Ｂ地点に着いてから１時間後にＡ地点に引き返した。
> 船Ｑについて
> ・船ＰがＡ地点を出発してから１時間後に，Ｂ地点を出発した。
> ・Ａ地点に着いてから30分後にＢ地点に引き返した。
> ・Ｂ地点へ向かう途中《とちゅう》で故障したので，川の流れと同じ速さで流れ，予定していた時刻よりも１時間40分おくれてＢ地点に着いた。

(3) 船ＱがＢ地点を出発してＢ地点にもどってくるまでにかかった時間は，何時間何分ですか。途中の式や考え方なども書きなさい。

(4) 船Ｐと船Ｑは，船Ｑが故障するまでに２回すれちがいます。

① １回目にすれちがう地点は，Ｂ地点から何 km ですか。

② ２回目にすれちがう地点は，Ｂ地点から何 km ですか。

(5) 船Ｑが故障した地点は，Ｂ地点から何 km ですか。

5 縦３列，横３列の正方形状のマス目に，縦，横，ななめに並んだ３個の数の和がすべて等しくなるように，異なる９個の整数を入れていきます。

たとえば右の図では，縦３列，横３列，ななめ２列のどの列も，並んだ３個の数の和は30になっています。次の問いに答えなさい。

6	9	15
19	10	1
5	11	14

(1) 次の**ア**，**イ**にあてはまる数をそれぞれ答えなさい。

ア	3	10
9	7	
4		**イ**

(2) 次の空らんにあてはまる数を答えなさい。

> 右の図について，**X**は縦の列と横の列のどちらにもふくまれているので，**a**と**b**にあてはまる数の和は［　　　］です。

a		
X	6	8
b		

(3) 次の**ウ**，**エ**にあてはまる数をそれぞれ答えなさい。

①

6		
	9	**ウ**
10		

②

11		23
	エ	2

(4) 次の空らんにあてはまる数を答えなさい。

マス目に入れる９個の数の和が72であるとき，縦３列，横３列，ななめ２列のどの列も，並んだ３個の数の和は［　　　］です。

(5) 次の空らんにあてはまる数を答えなさい。

右の図について，中央のマス目にある **X** は次のように４つの列にふくまれています。

a	b	c
h	X	d
g	f	e

a，X，e

b，X，f

c，X，g

d，X，h

マス目に入れる９個の数の和が72であるとき，**X** にあてはまる数は［　　　］です。

(6) 次の**オ**～**ク**にあてはまる数をそれぞれ答えなさい。

①

		27
	オ	2
	カ	37

②

	2	19
6	**キ**	
		ク

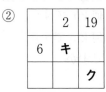

【社　会】〈第１回試験〉（35分）〈満点：70点〉

１　次の文章を読んで，後の問いに答えなさい。

現在，世界でもっとも多く生産されている金属は鉄です。人類が最初に出会った鉄は，地球外から落下してきた隕石《いんせき》の一種で鉄を主成分とする隕鉄であったとする説があります。隕鉄を用いた鉄製品は世界各地の古代遺跡から発見されています。一方で，地球上の鉱石などから鉄を人工的につくり出すことは，①紀元前17世紀から紀元前12世紀ころに西アジアに存在したヒッタイトという国に始まるとされています。近年はその説に疑問も出されていますが，ヒッタイトは鉱石を用いた製鉄技術を初めて持ち，その技術を独占して強大な帝国を築きました。ヒッタイトが滅亡《めつぼう》すると，独占されていた製鉄技術が各地に広まっていったと言われています。

鉄が日本に伝わったのは紀元前４世紀ころとされ，その多くは②朝鮮半島からもたらされたと考えられています。弥生時代の鉄製品は，吉野ヶ里遺跡など九州北部から多く見つかっていますが，この時代に日本で製鉄が行われていたかは諸説あってよくわかっていません。古墳時代の中ごろには，③古墳の内部に副葬品として鉄が見られるようになります。これは，長方形の板状に加工されたもので，さまざまな鉄製品をつくる素材として，朝鮮半島南部から多く入手されたと推定されています。

日本で鉄の生産が始まるのは，確実なところでは６世紀ころとされています。鉄鉱石資源にとぼしい日本では，中国や朝鮮とは異なり，砂鉄から鉄をつくる独自の方法が発展しました。この製鉄法は「たたら製鉄」と呼ばれます。７世紀後半以降は国家的な事業として，東北から九州まで広い範囲《はんい》で行われるようになりました。律令でも調の品目として，絹や塩などとともに鉄が挙げられており，実際に④中国地方のいくつかの国から都に届けられていたことが，⑤荷札として付けられていた木の札から確認できます。

⑥平安時代の後半以降，武士が台頭し戦乱が続くようになると，日本刀に代表される鉄製武器の需要《じゅよう》が高まりました。この時期には，良質の砂鉄がとれる中国地方が鉄生産の中心地となっていました。大量につくられた日本刀は，中国へも輸出されました。特に，室町時代の⑦日明貿易では主要な輸出品となり，その数は総計で20万本に達したとも言われます。16世紀に鉄砲が伝来すると，もともと小規模ながら鉄生産が行われていた種子島では，すぐに鉄砲の製造が始まりました。その後，その製造法は各地に広がり，根来《ねごろ》や　⑧　などが主要な産地となりました。

たたら製鉄では，粘土を積み上げた炉《ろ》の中で木炭を燃やし，千数百度の高熱状態を何日間も維持《いじ》しなければなりません。高熱を保つためには常に空気を炉の中に送り込《こ》む必要があり，古代以来さまざまな送風装置が用いられてきました。江戸時代の⑨元禄年間前後に，左右２枚の板を交互《こうご》に踏む新しい送風装置が開発され，送風量が増加しました。その結果，鉄の生産量が飛躍的《ひやくてき》に高められ，古墳時代から続くたたら製鉄は完成を見たと言われます。

江戸時代の後半になると，相次ぐ外国船の接近を受けて，海防強化の必要性から鉄生産が活発化しました。また，防衛のための大砲をつくることを目的に，高温で鉄を溶《と》かす反射炉が肥前藩，⑩薩摩藩，江戸幕府などによってつくられました。

明治時代には，欧米から安価な鉄が大量に輸入されるようになり，日本の伝統的なたたら製鉄は衰退《すいたい》します。しかし，日本刀の材料となる鉄は，昔ながらのたたら製鉄でつくられたものがもっとも適しており，現在でも良質な日本刀の製作のためにたたら製鉄は細々と行われています。一方で珍《めずら》しいものとして，隕鉄を用いた刀もわずかながら存在します。明治時代中ごろに当時農商務省の大臣であった⑪榎本武揚は巨大な隕鉄を入手し，刀工に命じて日本刀を製作し，これを「流星刀」と名付けました。

富国強兵をかかげて近代化をすすめた明治政府は，鉄生産を重視し，官営製鉄所の建設を計画しました。日清戦争の賠償金を得たことにより，⑫ドイツの技術を取り入れた⑬官営八幡製鉄所が建設され，増大する鉄の需要にこたえていきました。なお，八幡製鉄所は1934年に民間会社と合併《がっぺい》しました。その会社は，戦後になると⑭GHQの指示により分割されたり，のちに再び合併したりなど，変遷《へんせん》をたどりながら，現在においても日本の鉄生産の中心的な役割を果たしています。

問１　下線部①の日本の状況について述べた文として正しいものを次の**ア**～**エ**から一つ選び，記号で答えなさい。

ア　明治時代にモースによって発掘された大森貝塚をはじめ，多くの貝塚が形成された。

イ　素焼きの土製品で，女性をかたどったものが多い埴輪がさかんにつくられ，祈りの場などで用いられた。

ウ　石を打ちくだいてつくられた石器を用いて，マンモスなどの大型動物を狩りの対象としていた。

エ　九州に伝わった農耕文化はすぐに広まり，東北地方でも稲作が行われるようになった。

問２　下線部②に関連するできごとについて述べた次のＡ～Ｃの文を時期の古いものから順に並べかえるとどうなりますか。正しいものを後の**ア**～**カ**から一つ選び，記号で答えなさい。

Ａ　ある年に来日した朝鮮通信使の使節は日光東照宮を参拝して，朝鮮国王がつくらせた鐘《かね》を奉納《ほうのう》した。

Ｂ　朝鮮から倭寇のとりしまりを求められた将軍がそれに応じる形で，日朝貿易が始まった。

Ｃ　加藤清正らの大名がひきいた日本軍が朝鮮半島に攻め入ったが，はじめから苦戦をしいられ，翌年には撤兵《てっぺい》することとなった。

ア　Ａ→Ｂ→Ｃ　**イ**　Ａ→Ｃ→Ｂ　**ウ**　Ｂ→Ａ→Ｃ
エ　Ｂ→Ｃ→Ａ　**オ**　Ｃ→Ａ→Ｂ　**カ**　Ｃ→Ｂ→Ａ

問３　下線部③について述べた文として**正しくないもの**を次の**ア**～**エ**から一つ選び，記号で答えなさい。

ア　多くの古墳の斜面には，ふき石という石がしきつめられたが，これはもり土の流失を防ぐためのものとされる。

イ　古墳内に納められた副葬品としては，４世紀の古墳からは鏡や玉が，５世紀の古墳からは武器や馬具が多く見つかっている。

ウ　４世紀中ごろにつくられた古墳には内部の壁に絵が描かれたものが多く，奈良県の高松塚古墳はその時代の古墳の典型である。

エ　５世紀中ごろにつくられた大阪府の大山古墳は，日本最大級の前方後円墳で，周辺の古墳を含《ふく》めて世界文化遺産として登録された。

問４　下線部④に関連するできごとについて述べた次のＡ～Ｃの文を時期の古いものから順に並べかえるとどうなりますか。正しいものを後の**ア**～**カ**から一つ選び，記号で答えなさい。

Ａ　京都を追われた足利義昭は，諸国を転々としたのち，備後国鞆《とも》の浦《うら》(現在の広島県福山市)に拠点《きょてん》を構えて，権力の復活を目指した。

B　広島城主であった福島正則は，広島城の無断修理が武家諸法度の違反にあたるとされ，50万石近い領地を没収《ぼっしゅう》された。

C　諸国をめぐりながら布教を行った一遍は，備前国福岡市(現在の岡山県瀬戸内市)を訪れた。

ア　A→B→C　　**イ**　A→C→B　　**ウ**　B→A→C
エ　B→C→A　　**オ**　C→A→B　　**カ**　C→B→A

問５　下線部⑤を何と言いますか。**漢字２字**で答えなさい。

問６　下線部⑥について述べた文として**正しくないもの**を次の**ア**～**エ**から一つ選び，記号で答えなさい。

ア　牛馬を耕作に利用するなど農業技術が発展し，西日本では二毛作がさかんに行われるようになった。

イ　浄土教が広がる中で，各地に阿弥陀堂が建てられたが，藤原頼通が開いた宇治の平等院鳳凰堂はその典型である。

ウ　桓武平氏の平将門は反乱を起こし，関東一帯を支配下に置いて，みずから新皇と名のった。

エ　遣唐使派遣の停止を提案した菅原道真は，のちに藤原氏によって大宰府へと左遷《させん》され，現地で死去した。

問７　下線部⑦の貿易船に与えられた合い札を何と言いますか。その名称を**漢字**で答えなさい。

問８　空らん［⑧］には，南蛮貿易で繁栄《はんえい》し，商人によって自治が行われ，千利休の出身地としても知られる都市が入ります。この都市を**漢字**で答えなさい。

問９　下線部⑨に関連して，元禄文化について述べた次のA～Dの文のうち正しいものの組み合わせを後の**ア**～**カ**から一つ選び，記号で答えなさい。

A　歌舞伎や人形浄瑠璃の作者である近松門左衛門が，代表作『曽根崎心中』などをあらわした。

B　滑稽本《こっけいぼん》の作者として有名な十返舎一九が，代表作『東海道中膝栗毛』などをあらわした。

C　浮世絵師の歌川広重が，東海道に置かれた各宿場を主題とする代表作『東海道五十三次』などを描いた。

D　庶民の生活などを描いた浮世草子の作者である井原西鶴が，代表作『世間胸算用』などをあらわした。

ア　AとB　　**イ**　AとC　　**ウ**　AとD
エ　BとC　　**オ**　BとD　　**カ**　CとD

問10　下線部⑩は，ある外国と幕末に数日間の戦争状態になったことがあります。その国と日本との関わりについて述べた文として正しいものを次の**ア**～**エ**から一つ選び，記号で答えなさい。

ア　この国で開かれた講和会議に，日本は西園寺公望を代表として派遣《はけん》した。

イ　この国の使節が18世紀後半に蝦夷地の根室に来航し，通商を求めた。

ウ　この国に日本とロシアの代表が招かれて，講和会議が開催《かいさい》された。

エ　この国は他国に先がけて領事裁判権の撤廃《てっぱい》を認める条約締結《ていけつ》に応じた。

問11　下線部⑪を中心とする旧幕府軍が五稜郭で降伏して戊辰戦争は終わりました。戊辰戦争とその前後のできごとについて述べた文として正しいものを次の**ア**～**エ**から一つ選び，記号で答えなさい。

ア　武力によって幕府を倒そうとする倒幕派が王政復古の大号令を発すると，将軍徳川慶喜は大政奉還を行って，いったん朝廷に政権を返上した。

イ　旧幕府側と新政府側の対立は武力衝突に発展し，最初に京都で鳥羽・伏見の戦いが発生して，旧幕府側が敗れた。

ウ　戊辰戦争が終結すると，明治天皇は新政府の基本方針を五箇条の御誓文にまとめ，天皇が国民に命じるという形式で発表した。

エ　西郷隆盛がひきいた新政府軍は江戸城の総攻撃を計画したが，朝廷の有力者であった勝海舟が西郷隆盛と会談し，攻撃は中止された。

問12　下線部⑫と日本との関わりについて述べた文として正しいものを次の**ア**～**エ**から一つ選び，記号で答えなさい。

ア　日米修好通商条約を結んだのと同じ年，ほぼ同内容の条約をドイツ・フランス・イギリス・ロシアとの間で結んだ。

イ　下関条約で遼東半島が日本に譲《ゆず》られたことに対して，ロシアはドイツとフランスとともに，この地の清国への返還《へんかん》を強く要求した。

ウ　日本では戦時体制が強まり，大政翼賛会が結成された年に，ドイツとイギリスと三国軍事同盟を結んだ。

エ　原子爆弾投下とソ連の参戦を受けて日本が降伏した約１ヵ月後，ドイツがついに降伏し，第二次世界大戦は終結した。

問13　下線部⑬が建設された場所として正しいものを次の地図中の**ア**～**エ**から一つ選び，記号で答えなさい。

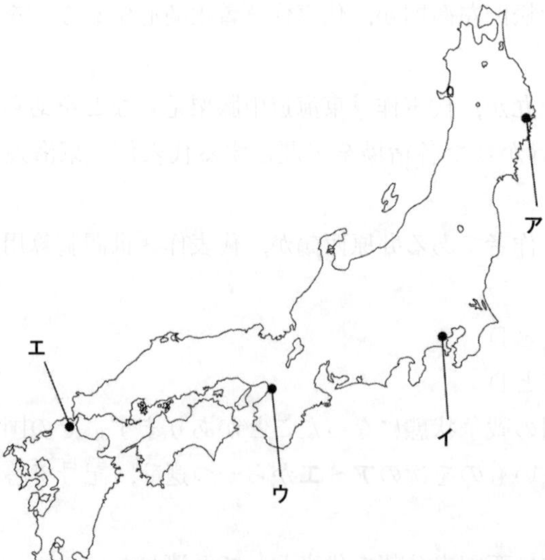

問14　下線部⑭によって日本が占領下に置かれた時期のできごとについて述べた文として**正しくないもの**を次の**ア**～**エ**から一つ選び，記号で答えなさい。

ア　GHQ は占領開始にあたり，天皇を神の子孫とする戦前以来の考え方を否定する指令を，国民に向けてマッカーサーの名で発した。

イ　北緯38度線で分断された大韓民国と朝鮮民主主義人民共和国との間で，朝鮮戦争が始まった。

ウ　衆議院議員選挙法が改正され，満20歳以上の男女に選挙権が与えられることになった。

エ　労働基準法が制定され，労働条件の最低基準を示し，一日８時間労働や男女同一賃金などが定められた。

2　次の文章を読んで，後の問いに答えなさい。

地理の授業で使用される用語の中には，日常生活の中でも使われる身近なものが多く見られます。そこに明確な意味が与《あた》えられている用語やあいまいな意味しか持っていない用語，他の用語と区別が難しい用語などさまざまな用語があります。ここでは，そのような地理の用語をいくつか取り上げていきます。

まず，土地の高さを表す用語には，海抜《かいばつ》と標高があります。①近隣《きんりん》の海面を基準とした土地の高さを海抜といい，津波や高潮などに備える防災用の用語として主に用いられます。一方，東京湾《とうきょうわん》の平均海面を基準とした土地の高さを標高といい，国の機関である［　②　］が用語として用いています。③茨城県つくば市にあるこの機関は，日本各地の土地の高さを測量し，さまざまな地図の基本となる地形図を作成しています。まず，国会議事堂の近くに日本水準原点をおき，これを基準に全国の幹線道路沿いに１万7000以上におよぶ水準点のネットワークをつくり，測量によって全国各地の標高を決めています(下図参照)。なお，現在の日本水準原点の標高は24.3900ｍとされています。ただし，北海道・本州・四国・九州から離《はな》れた島々については，距離的に水準測量が難しいため，近隣の海面の高さを標高の基準にしています。そのため，離島《りとう》の標高は海抜とほぼ同じ考え方で決められているといえます。

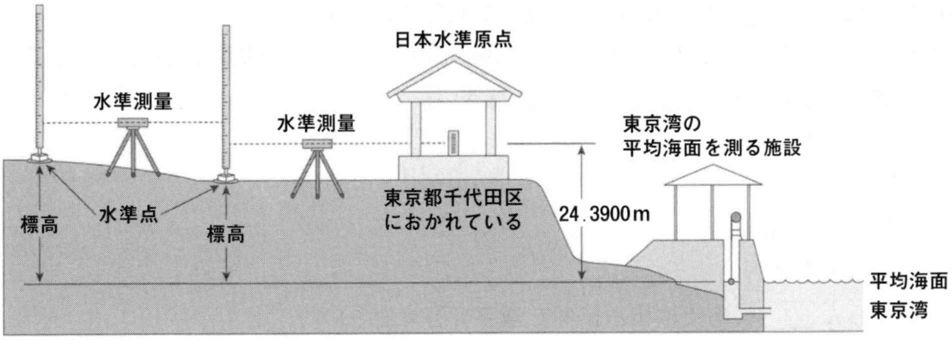

（［　②　］の資料から作成）

湖と沼《ぬま》にも，意味のちがいがあります。［　②　］は，スイスの湖沼《こしょう》学者フォーレルの区分にしたがって，湖と沼のちがいを次のように説明しています。④湖は水深が深く，中央の深いところには植物が生育していないものであり，沼は湖より浅く，深いところにも植物が生えているものだというものです。ただし，この区分にあてはまらない，さまざまな例外があります。また，⑤山脈や山地のように，両者の間に明確な区別がない用語も多く見られます。

農林水産業に関する用語にも，あまり知られていない区別や意味があります。例えば，食べものを意味する「しょくりょう」は，食糧と食料のどちらで表記すべきなのでしょうか。糧は「かて」とも読み，人が生きるために必要な食べものを指すことがあるため，食糧は主に米などの主食を指すことが多いようです。そのため，⑥米などの流通について定めていた食糧管理法(現在の食糧法)の場合は「糧」を使います。一方，食料は主食以外の食べものや食べもの全《ぜん》般《ぱん》を指すことが多く，⑦さまざまな食べものの食料自給率の場合は「料」を使います。ただし，これは農林水産省による用法であり，一般的《いっぱんてき》には両者のちがいが明確に区別されているわけではありません。農林水産省による⑧野菜と果実の区分方法は，私たちの生活感覚と異なると感じられます。漁業では，近年「獲《と》る漁業」から「育てる漁業」への転換《てんかん》が進んでいます。⑨「育てる漁業」は養殖漁業と栽培《さいばい》漁業に分けられますが，両者のちがいは十分に知られていないようです。森と林にも，語源から考えると意味のちがいがあります。森は「盛《も》り」が語源で山とほぼ同じ意味であり，天然のものを意味する一方，林の語源は「生《は》やし」で人工的なものを意味していました。つまり，森と林には語源をたどると⑩天然林と人工林のような意味のちがいがあったといえますが，今ではそのような使い分けは行われていません。

工業の分野では，工業地帯や工業地域という用語が使われています。両者の間に明確なちがいはないようですが，前者は⑪戦前から発達し始めた北九州・阪神・中京・京浜の４ヵ所を指し，後者は戦後の高度経済成長期から発達し始めた地域を指すことが多いようです。また，工業は重工業と軽工業に分けられることがあります。両者はもともと生産したものの大きさや重さによる区分ですが，⑫工業の高度化が進む中で，こうした分類にあてはまらない新しい工業も登場しています。

最後に，私たちが生活している市町村の区別についてふれておきましょう。地方自治法によって，⑬市は人口が５万人以上であることや中心の市街地が全戸数の６割以上で形成されていることなどが定められています。町と村については，各都道府県により規則が異なりますが，第１次産業を基幹とする集落を村，第２次・⑭第３次産業を基幹とする集落を町と言っていたという説があります。ちなみに，1999年には全国に3232の市町村がありましたが，その後⑮「平成の大合併《だいがっぺい》」が進んだため，市町村数は半減しています。

問１　下線部①に関連して，日本の平野とその平野が面している湾の組み合わせとして正しいものを次の**ア**～**エ**から一つ選び，記号で答えなさい。

ア　筑紫平野－鹿児島湾

イ　濃尾平野－敦賀湾

ウ　岡山平野－児島湾

エ　石狩平野－内浦湾

問２　文中の空らん［②］にあてはまる機関を**漢字**で答えなさい。

問３　下線部③に関連して，次の写真はつくば市にある筑波山の写真です。この写真を撮影した方向として正しいものを後の地形図の**ア**～**エ**から一つ選び，記号で答えなさい。

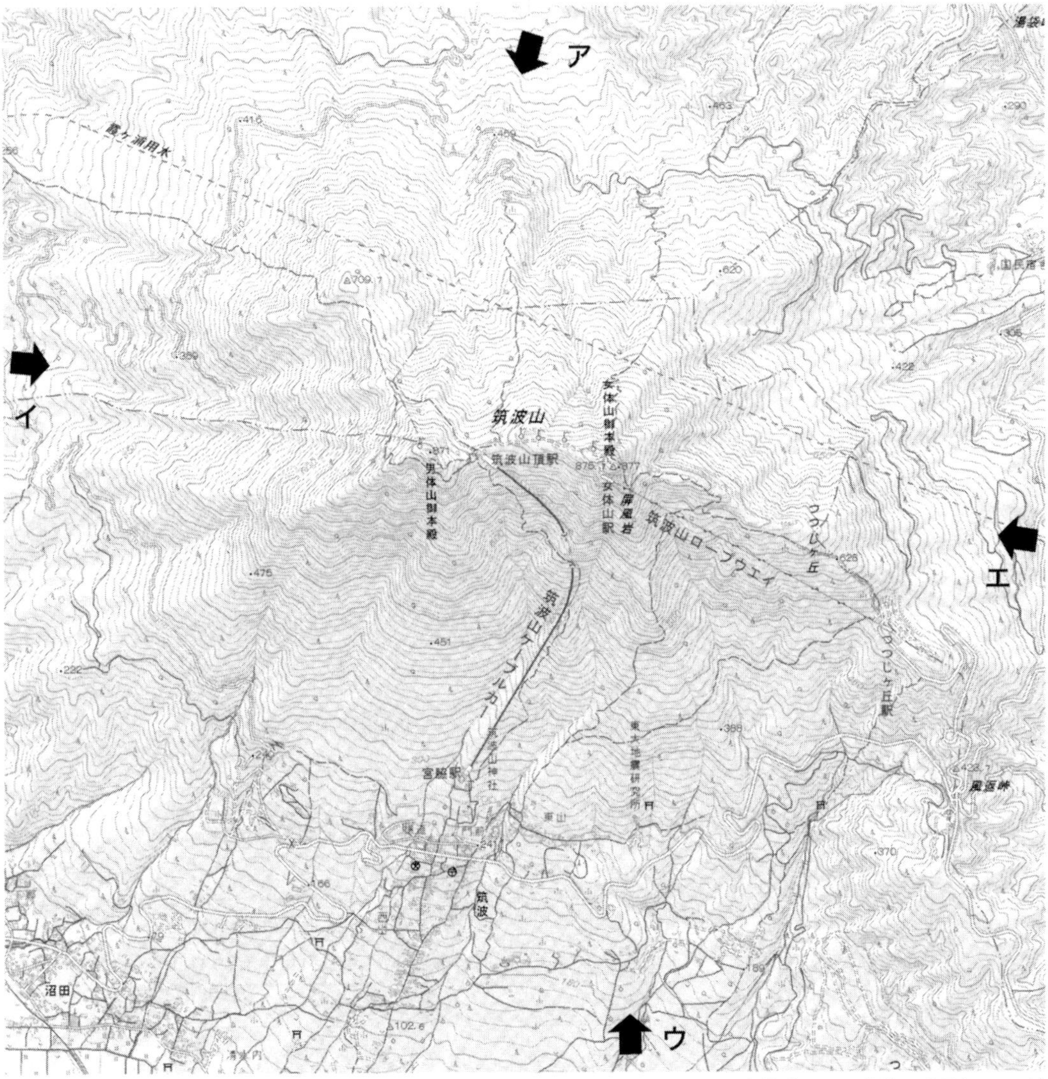

（電子地形図25000より作成，ほぼ等倍で表示している）

問４　下線部④に関連して，日本でもっとも水深が深い湖を何と言いますか。解答らんに合うように**漢字**で答えなさい。

問５　下線部⑤に関連して，右の地図のＡ～Ｄの山脈・山地について述べた文として正しいものを次の**ア**～**エ**から一つ選び，記号で答えなさい。

ア　Ａの山脈には，ぶなの原生林で知られる世界自然遺産があるほか，鳥海山などの火山もある。

イ　Ｂの山脈は日本アルプスの中央に位置する木曽山脈で，現在はリニア中央新幹線のトンネル工事が行われていることで知られる。

ウ　Ｃの山地には，南西からの湿《しめ》った夏の季節風がふくことによる日本有数の多雨地帯があり，かしを代表とする林業が行われている。

エ　Ｄの山地には，阿蘇山をはじめ今も活発に活動する火山が多く，温泉や地熱発電所もある。

問６　下線部⑥に関連して，米の流通について述べた文として**正しくないもの**を次の**ア**～**エ**から一つ選び，記号で答えなさい。

ア　第二次世界大戦後，食糧生産の多様化を目指して食糧管理法が制定され，米などの主要な食糧の流通を政府が管理するようになった。

イ　1970年ごろから米の消費量が減少し，米あまりが発生すると，減反政策による米の生産調整が始まった。

ウ　自主流通米が認められるなど米の流通はしだいに自由化され，1990年代には一部米の輸入も認められた。

エ　現在は，自由に米の販売《はんばい》や流通をすることが認められていて，減反政策も行われなくなった。

問７　下線部⑦に関連して，次のグラフは日本の食料自給率の推移を示したものです。このグラフについて述べた文として正しいものを後の**ア**～**エ**から一つ選び，記号で答えなさい。

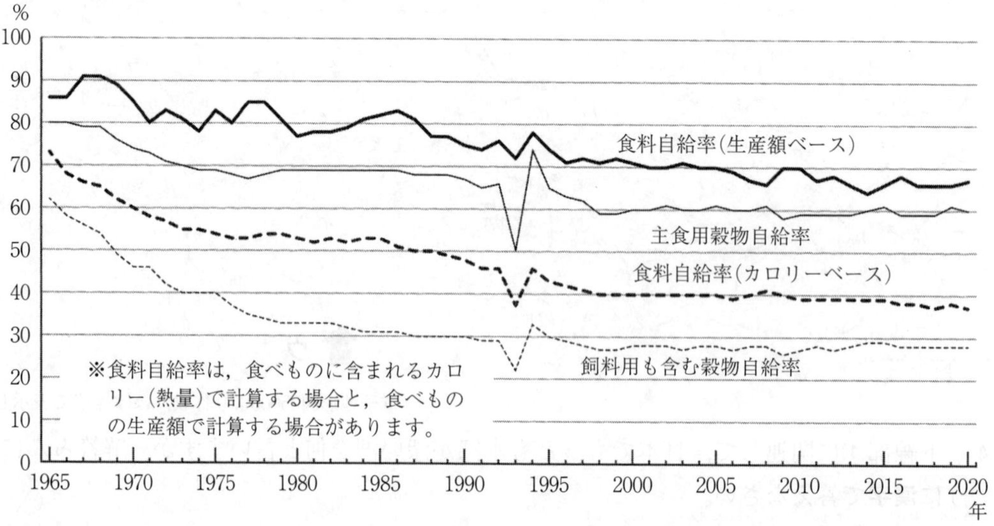

（農林水産省ホームページ資料より作成）

ア　食料自給率について，生産額ベースに比べカロリーベースの自給率が低い理由は，野菜に比べカロリーが低く価格が高い小麦の自給率が高いからである。

イ　穀物自給率について，主食用に比べ飼料用も含む穀物の自給率が低い理由は，米に比べてとうもろこしの自給率が低いからである。

ウ　穀物自給率が1993年に大きく落ち込《こ》んだ理由は，やませの影響《えいきょう》などで東北地方を中心に霜害《そうがい》が全国に広がり，米の生産量が低下したからである。

エ　食料自給率が低下した理由の一つは，1980年代後半に牛肉などの農産物の輸入自由化が進んだことと，国産牛肉の低価格化が進んだことがあげられる。

問８　下線部⑧に関連して，統計上は栽培される形態などによって野菜と果実が区別されています。統計上野菜に分類されるものを次の**ア**～**カ**から**二つ**選び，記号で答えなさい。

ア　いちご　　**イ**　日本なし

ウ　バナナ　　**エ**　みかん

オ　りんご　　**カ**　メロン

問9　下線部⑨に関連して，養殖漁業と栽培漁業は稚魚《ちぎょ》を育てるところまではほぼ同じですが，その後水揚《みずあ》げするまでの過程が異なります。両者のちがいについて，**2行以内**で解答らんに合うように答えなさい。

問10　下線部⑩について述べた次のA・Bの文が正しいか誤っているかを判断し，その正誤の組み合わせとして正しいものを後の**ア〜エ**から一つ選び，記号で答えなさい。

A　戦後，針葉樹を中心に人工林の植林が進んだ。

B　現在もなお，木の量では天然林の方が人工林に比べて多い。

ア　A―正　B―正

イ　A―正　B―誤

ウ　A―誤　B―正

エ　A―誤　B―誤

問11　下線部⑪に関連して，四つの工業地帯における戦前から現在にいたるまでの工業の発達について述べた文として正しいものを次の**ア〜エ**から一つ選び，記号で答えなさい。

ア　戦前の北九州工業地帯では鉄鋼業が発達していたが，戦後は自動車工業が発展し，戦後発達したどの工業地域に比べても高い工業出荷額をほこっている。

イ　戦前の阪神工業地帯は大阪府南部で繊維《せんい》工業が発達していたが，戦後は中小工業が大きく減少し，他の工業地帯に比べ大工場の割合が高い。

ウ　戦前の中京工業地帯は瀬戸市や多治見市で窯業《ようぎょう》が発達していたが，戦後は豊田市で自動車工業が発展したため，工業地帯最大の工業出荷額をほこっている。

エ　戦前の京浜工業地帯は市原市などで石油化学工業が発達したが，戦後は東京で印刷業が発達するなど，総合的な工業地帯となった。

問12　下線部⑫に関連して，工業が高度化する中で重工業に分類されるものの，製品はきわめて小型化・軽量化され，一つひとつの製品が高価格な電子工業も登場することになりました。そのもっとも基本的な部品であるICは日本語では何と言いますか。**漢字4字**で答えなさい。

問13　下線部⑬に関連して，次のグラフA〜Cは愛知県・静岡県・神奈川県における人口が多い上位3市の人口(2021年)を示したものです。A〜Cのグラフと県の組み合わせとして正しいものを後の**ア〜カ**から一つ選び，記号で答えなさい。

A

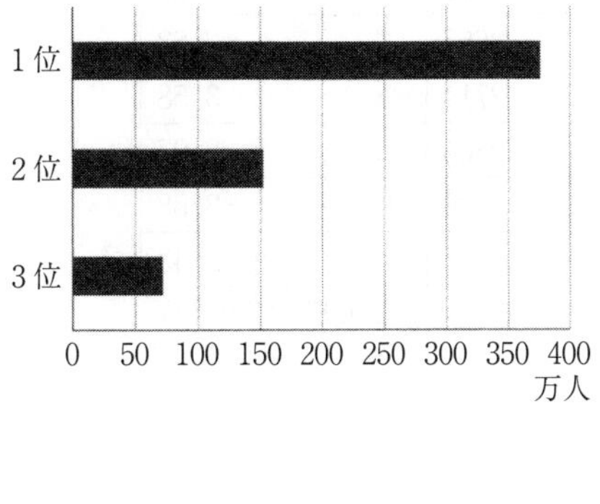

B

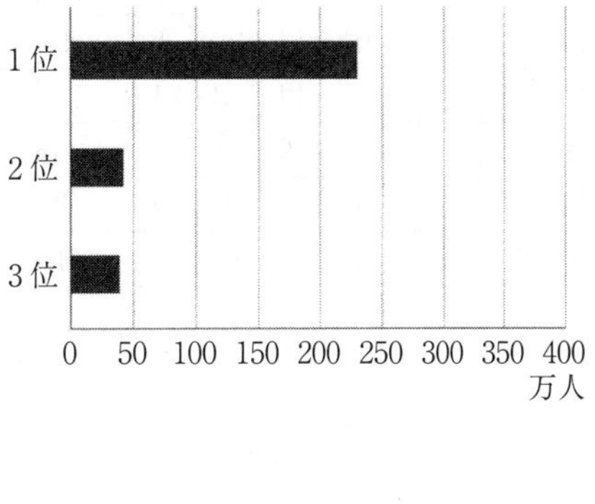

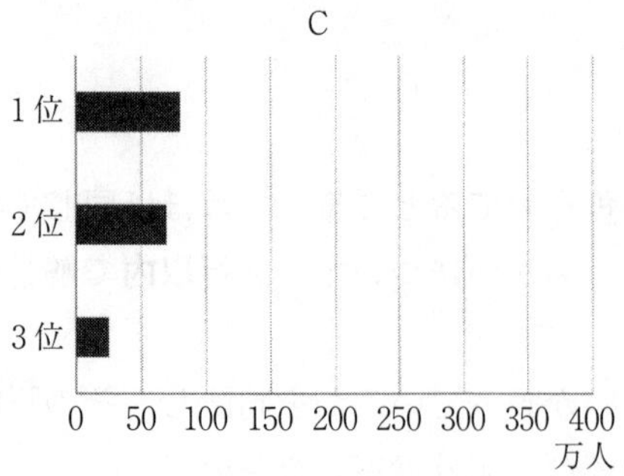

(『データでみる県勢 2022年版』より作成)

	A	B	C
ア	愛知県	静岡県	神奈川県
イ	愛知県	神奈川県	静岡県
ウ	静岡県	愛知県	神奈川県
エ	静岡県	神奈川県	愛知県
オ	神奈川県	愛知県	静岡県
カ	神奈川県	静岡県	愛知県

問14　下線部⑭に関連して，小売業と運輸業について述べた文として正しいものを次の**ア**～**エ**から一つ選び，記号で答えなさい。

ア　小売業では，百貨店の売上高がもっとも高い。

イ　スーパーマーケットは，セルフレジの導入による低価格化で全国に広がった。

ウ　運輸業では，食べものを新鮮《しんせん》なまま輸送するモーダルシフトが進んだ。

エ　運輸業では，食べものを個人宅などに配送するサービスが最近広がっている。

問15　下線部⑮に関連して，次の表は1999年と2021年の九州地方各県の市町村数および，一人あたりの県民所得(2018年)，人口増減率(2015～2020年)を示したものです。この表から推測できることについて述べた文としてもっとも適当なものを後の**ア**～**エ**から一つ選び，記号で答えなさい。

	1999年				2021年				一人あたりの県民所得(千円)(2018年)	※人口増減率(%)(2015～2020年)
	市	町	村	合計	市	町	村	合計		
福岡県	24	65	8	97	29	29	2	60	2885	0.73
佐賀県	7	37	5	49	10	10	0	20	2753	−2.50
長崎県	8	70	1	79	13	8	0	21	2629	−4.65
熊本県	11	62	21	94	14	23	8	45	2667	−2.63
大分県	11	36	11	58	14	3	1	18	2714	−3.58
宮崎県	9	28	7	44	9	14	3	26	2468	−3.07
鹿児島県	14	73	9	96	19	20	4	43	2509	−3.58
沖縄県	10	16	27	53	11	11	19	41	2391	2.43

(『データでみる県勢 2022年版』より作成)

※人口増減率の数字に－(マイナス)がついている場合は，人口が減少していることを意味します。

ア　九州地方全体では，市や町に比べ村の数がもっとも減少している。
イ　九州地方全体では，市町村が合併して新しい市が誕生している。
ウ　一人あたりの県民所得が少ない県ほど，市町村合併がさかんに行われた。
エ　人口が増加している県は，2021年における市の数の割合が高い。

3　次の文章を読んで，後の問いに答えなさい。

2021年12月，文書通信交通滞在費《たいざいひ》(いわゆる文通費)に関する①法律案が国会に提出されました。文通費とは，国会議員の給料である歳費《さいひ》とは別に，政治の活動に必要な書類の郵送や電話などをするのにかかる費用を支給していたものです。その手当の額《がく》は一人あたり毎月100万円でした。文通費については2021年の衆議院議員選挙の後に話題になりました。基本的に衆議院議員の任期は投票日から始まるとされています。そして，この選挙は10月31日が投票日だったため，新たに国会議員になった人が10月にその地位にあったのは１日しかありませんでした。それにもかかわらず，10月分として100万円が全額支給されたのです。これに対して，文通費は国民が納める②税金から支払《しはら》われていることもあり，税金の使われ方として適切ではないといった批判が高まり，③国会で議論されることになったのです。

この時に議論された点を見ていきましょう。一つが「日割り支給への変更《へんこう》」です。議員としての在任期間が１日しかない月に100万円を全額支払うことが批判されました。そこで，その月の在任日数に合わせて，支払う額を計算することが求められたのです。もう一つが「使い方の限定と公開」です。文通費の目的として，法律には「公《おおやけ》の書類を発送し及び公の性質を有する通信をなす等のため」と明記されていましたが，何に使ったかの報告をする義務がありませんでした。過去には文通費を使って④外国の企業《きぎょう》へ投資した議員もいましたが，報告や公開の義務がなかったために，その発覚には時間がかかりました。また，この議員が⑤裁判にかけられたわけでもありません。法律で使い方を限定した上で，何に使ったかを公開させれば，お金が正しく使われたかを確かめることができます。最後が「未使用分の返還《へんかん》」です。文通費は税金から支給されているものですから，使わなかった分は国庫に返すことが求められました。

このような議論を経て，2022年４月に文通費に関する法律が改正され，⑥文書通信交通滞在費は調査研究広報滞在費へと名称《めいしょう》が改められ，その条文にも変更が加えられました。しかし，その改正は十分ではないという意見もあります。

文通費は国会議員に支給されるものですが，⑦地方公共団体の議員にも「議員の調査研究その他の活動」のために政務活動費と呼ばれるものが支給される場合があります。これは収支に関わる報告書を議長に提出することが法律に記されており，その使い道や使わなかった分を返すことについて条例で定められている自治体も多くあります。その点で文通費に比べると透明《とうめい》性《せい》は高いと言えるかもしれません。それでも，規定が守られているとは限らず，住民が監査請求などの⑧権利を行使することで使わなかった分の政務活動費を返すよう指示が出されたこともあります。

⑨日本国憲法に定められた国民主権の原理が守られるためにも，自分たちが納めた税金の使われ方について意識を向けていく必要があるでしょう。

問１　下線部①に関連して，法律案の提出は内閣の権限の一つですが，それ以外に内閣が持つ権限として正しいものを次の**ア**～**エ**から一つ選び，記号で答えなさい。

ア　国会の召集の決定

イ　法律案の拒否

ウ　条約の承認

エ　憲法改正の発議

問２　下線部②に関連して，日本の税制度について述べた文として正しいものを次の**ア**～**エ**から一つ選び，記号で答えなさい。

ア　所得税は，累進課税制度が取り入れられているが，所得の低い人の方が高い人よりも税率が高く，負担が大きいことが問題だと指摘《してき》されている。

イ　所得税は，源泉徴収の制度が取り入れられていることで，税を納めているという意識が強まり，国民が税の使い道に関心を持ちやすいしくみになっている。

ウ　消費税は，負担する人と納める人がちがう税金であり，このような税を間接税と言う。

エ　消費税は，食料品やレストランでの外食など，生活に必要なものの支払いにかかる税率を低く抑《おさ》える軽減税率のしくみを取り入れている。

問３　下線部③に関連して述べた文として正しいものを次の**ア**～**エ**から一つ選び，記号で答えなさい。

ア　内閣不信任決議を行うことができるのは，任期が参議院よりも長く，内閣を長い目で見て評価することができると考えられている衆議院だけである。

イ　衆議院議員の選挙は，選挙区から一人を選ぶ小選挙区制と，政党の得票数に比例してその政党の獲得《かくとく》議席を決める比例代表制を組み合わせた制度である。

ウ　衆議院で多数派となった政党の代表が首相に選ばれることが多いが，それは衆議院の方が参議院より議員数が多いため，多数決で有利だからである。

エ　衆議院は，毎年１月にその年の４月から翌年３月までの予算を作り，内閣がそれを承認することで，その年の予算が決定される。

問４　下線部④と協力して取り組んでいくべき課題が多くあります。そのうちの地球環境問題の対処に関する考え方で，SDGsという言葉の意味にも含《ふく》まれ，1992年の地球サミットにおいて中心となった考え方を何と言いますか。**７字**で答えなさい。

問５　下線部⑤に関連して，高等裁判所の裁判官がその職を離《はな》れる理由となりうるものとして**正しくないもの**を次の**ア**～**エ**から一つ選び，記号で答えなさい。

ア　弾劾裁判

イ　心身の故障

ウ　定年

エ　国民審査

問６　下線部⑥に関連して，次の表は文通費に関する法律である「国会議員の歳費，旅費及び手当等に関する法律」の改正前後を比較《ひかく》したものの一部です。改正前後で異なる部分には下線を引いてあります。表と後の先生と生徒の会話を読み，続く問いに答えなさい。

改正前	改正後
第１条　各議院の議長は207万円を，副議長は158万４千円を，議員は129万４千円を，それぞれ歳費月額として受ける。	第１条　各議院の議長は207万円を，副議長は158万４千円を，議員は129万４千円を，それぞれ歳費月額として受ける。
第２条　議長及び副議長は，その選挙された日から歳費を受ける。議長又は副議長に選挙された議員は，その選挙された日の前日までの歳費を受ける。	第２条　議長及び副議長は，その選挙された日から歳費を受ける。議長又は副議長に選挙された議員は，その選挙された日の前日までの歳費を受ける。
第３条　議員は，その任期が開始する日から歳費を受ける。ただし，再選挙又は補欠選挙により議員となつた者は，その選挙の行われた日から，更正《こうせい》決定又は繰上《くりあげ》補充《ほじゅう》により当選人と定められた議員は，その当選の確定した日からこれを受ける。	第３条　議員は，その任期が開始する日から歳費を受ける。ただし，再選挙又は補欠選挙により議員となつた者は，その選挙の行われた日から，更正決定又は繰上補充により当選人と定められた議員は，その当選の確定した日からこれを受ける。
第４条　議長，副議長及び議員が，任期満限，辞職，退職又は除名の場合には，その日までの歳費を受ける。	第４条　議長，副議長及び議員が，任期満限，辞職，退職又は除名の場合には，その日までの歳費を受ける。
第４条の２　第２条，第３条又は前条第１項《こう》の規定により歳費を受ける場合であつて，月の初日から受けるとき以外のとき又は月の末日まで受けるとき以外のときは，その歳費の額は，その月の現日数を基礎《きそ》として，日割りによつて計算する。	第４条の２　第２条，第３条又は前条第１項の規定により歳費を受ける場合であつて，月の初日から受けるとき以外のとき又は月の末日まで受けるとき以外のときは，その歳費の額は，その月の現日数を基礎として，日割りによつて計算する。
第９条　各議院の議長，副議長及び議員は，公の書類を発送し及び公の性質を有する通信をなす等のため，文書通信交通滞在費として月額100万円を受ける。 ２　前項の文書通信交通滞在費については，その支給を受ける金額を標準として，租税《そぜい》その他の公課を課することができない。	第９条　各議院の議長，副議長及び議員は，国政に関する調査研究，広報，国民との交流，滞在等の議員活動を行うため，調査研究広報滞在費として月額100万円を受ける。 ２　前項の調査研究広報滞在費については，その支給を受ける金額を標準として，租税その他の公課を課することができない。
第11条　第３条から第６条まで（第４条の２を除く。）の規定は第９条の文書通信交通滞在費について，第９条第２項の規定は第８条の２の議会雑費並びに前条第１項の特殊《とくしゅ》乗車券及び航空券について準用する。	第11条　第３条から第６条までの規定は第９条の調査研究広報滞在費について，第９条第２項の規定は第８条の２の議会雑費並びに前条第１項の特殊乗車券及び航空券について準用する。

先生：この改正によって，問題となっていた「１日しか議員ではなかったのにその月分のお金を満額もらう」ということがなくなりました。どの条文の変更からそれが読み取れますか。また，その条文の変更された部分によって，なぜ満額もらうことがなくなったと言えるのか説明してください。

生徒：［　A　］

先生：その通りですね。また，この改正の第９条の規定の変更には批判もありました。その理由は何だと思いますか？

生徒：［　B　］

(1)　空らん［A］に入る言葉はどのようなものになると思いますか。**２行以内**で解答らんに合うように答えなさい。

(2)　空らん B に入る言葉はどのようなものになると思いますか。もっとも適当なものを次の**ア～エ**から一つ選び，記号で答えなさい。

ア　改正前の表現よりも改正後の表現の方が，使い方を限定できなくなるように読めてしまうからだと思います。

イ　改正前には税金を課すことができていたのに，改正後には税金を課すことができなくなっているからだと思います。

ウ　日割りで計算をして支給するはずなのに，月額100万円を払うことが定められてしまっているからだと思います。

エ　改正後の表現にある「調査研究」や「国民との交流」は，文書・交通・通信・滞在のどれも含まないからだと思います。

問7　下線部⑦に関連して，地方自治に関する内容として正しいものを次の**ア～エ**から一つ選び，記号で答えなさい。

ア　有権者数の３分の１以上の署名を首長に提出した場合，住民投票を行って，過半数の賛成があると，議会を解散することができる。

イ　有権者数の50分の１以上の署名を議会に提出した場合，住民投票を行って，過半数の賛成があると，条例を制定することができる。

ウ　都道府県知事は，その都道府県議会の議員によって選出されるため，市民は都道府県知事を直接選挙で選出することはできない。

エ　都道府県議会議員と市区町村の議会議員，市区町村長は被選挙権が満25歳以上だが，都道府県知事の被選挙権は満30歳以上である。

問8　下線部⑧に関連して，いわゆる新しい人権のうち，国民が政治について正しい判断ができるように，国などが持っている情報の公開を求めることができる権利を一般的《いっぱんてき》に何と言いますか。**４字**で答えなさい。

問9　下線部⑨で示されている平和主義に関連する内容として**正しくないもの**を次の**ア～エ**から一つ選び，記号で答えなさい。

ア　国権の発動たる戦争と，武力による威嚇《いかく》又は武力の行使は，国際紛争《ふんそう》を解決する手段としては，永久にこれを放棄《ほうき》する。

イ　陸海空軍その他の戦力は，これを保持しない。国の交戦権は，これを認めない。

ウ　核兵器は，これを保持しない。核兵器の製造又は諸外国からの持ち込みは，これを認めない。

エ　平和を愛する諸国民の公正と信義に信頼《しんらい》して，われらの安全と生存を保持しようと決意した。

【理　科】〈第１回試験〉（35分）〈満点：70点〉

1　虫について，後の問いに答えなさい。

次の文は，虫について説明したものです。

> 虫と言われる生物は，トンボやカブトムシのような昆虫《こんちゅう》と，クモのような昆虫とは異なる生物に分けられる。
>
> 昆虫の体は[　①　]に分かれており，[　②　]にあしがある。また，クモの体は[　③　]に分かれており，[　④　]にあしがある。昆虫のあしの数は[　⑤　]本で，クモのあしの数は[　⑥　]本である。

(1)　空らん[①]～[④]に入る語句の組み合わせとして正しいものを，次の**ア**～**ク**から一つ選び，記号で答えなさい。

	[①]	[②]	[③]	[④]
ア	頭胸部，腹部	頭胸部	頭部，胸部，腹部	胸部
イ	頭胸部，腹部	腹部	頭部，胸部，腹部	胸部
ウ	頭胸部，腹部	頭胸部	頭部，胸部，腹部	腹部
エ	頭胸部，腹部	腹部	頭部，胸部，腹部	腹部
オ	頭部，胸部，腹部	胸部	頭胸部，腹部	頭胸部
カ	頭部，胸部，腹部	胸部	頭胸部，腹部	腹部
キ	頭部，胸部，腹部	腹部	頭胸部，腹部	頭胸部
ク	頭部，胸部，腹部	腹部	頭胸部，腹部	腹部

(2)　空らん[⑤]，[⑥]に入る数をそれぞれ答えなさい。

モンシロチョウの幼虫のことをアオムシと呼ぶように，幼虫に特別な名前がつけられていることがあります。また，幼虫が成虫とは異なる場所で生活しているものもあります。

(3)　トンボの幼虫のことを何といいますか。**カタカナ**で答えなさい。

(4)　カブトムシの幼虫はどこで生活していますか。正しいものを次の**ア**～**エ**から一つ選び，記号で答えなさい。

ア　水の中　　**イ**　木の幹の中

ウ　土の中　　**エ**　えさとする葉の上

身近な昆虫の一つにミチバチがあります。

(5)　ミツバチをスケッチしたものとして，もっとも適当なものを次の**ア**～**エ**から一つ選び，記号で答えなさい。

ア

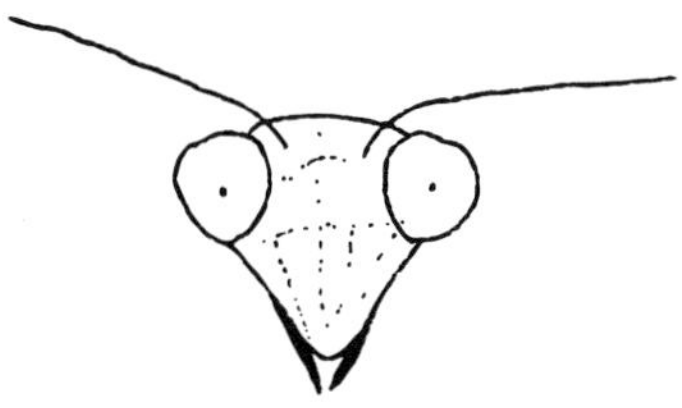

イ

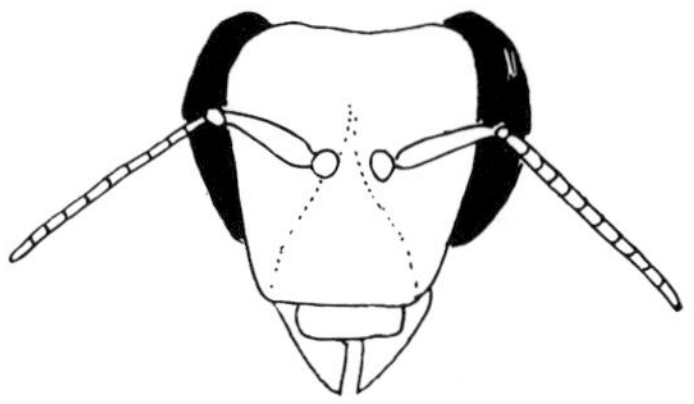

ウ

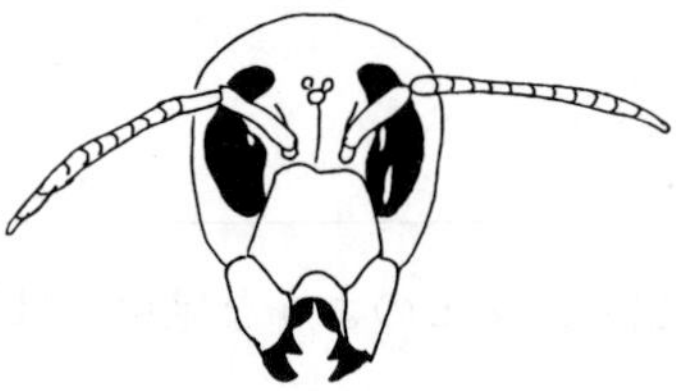

エ

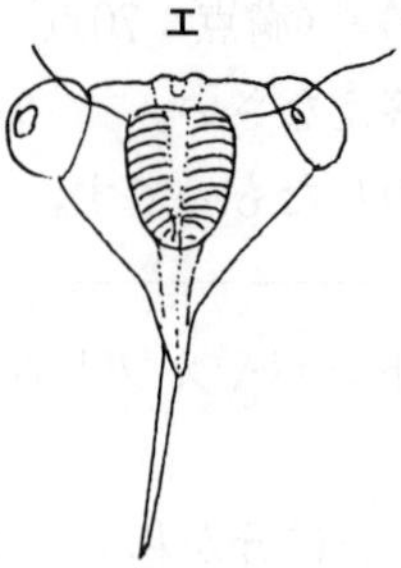

図１はミツバチを飼うときの巣箱と巣板です。一つの巣箱の中には巣板が数枚入っています。ミツバチはこの巣板に巣をつくり生活しています。

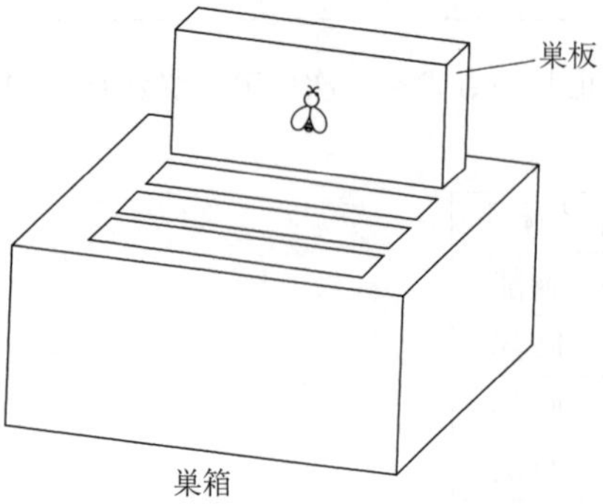

図１

花のあるえさ場から花の蜜《みつ》を巣に持って帰ったミツバチは，８の字ダンスと呼ばれる動きを巣板の表面で行い，えさ場のある方角を仲間に伝えます。この８の字ダンスについて調べました。

［調べたこと］

図２はミツバチの８の字ダンスの動きを示したものである。８の字ダンスは直進部分と半円部分からなる。ミツバチは巣板の表面のＡからＢに直進するとどちらかの片側の半円部分を進み，Ａの位置にもどる。次にＡからＢの位置まで再び直進して，先ほどとは反対側の半円部分を進み，またＡにもどる。これを何回もくり返す。ミツバチはこのときの直進部分の向きによってえさ場のある方角を仲間に伝える。

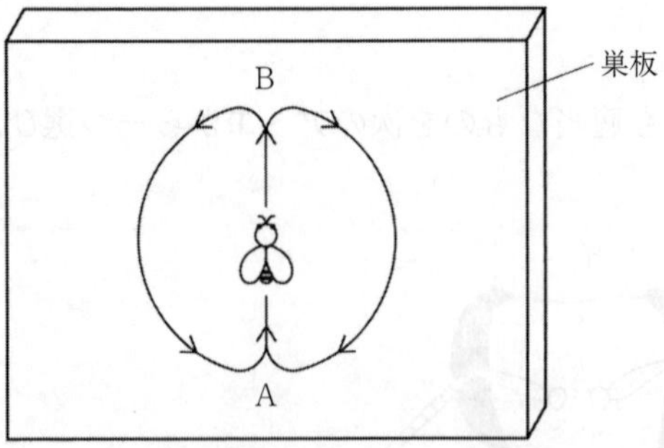

図２

たとえば，図３のように太陽の出ている方角とえさ場の方角が$X°$ずれているときは，巣箱をどの向きに置いても，ミツバチは巣板の表面で図４のような８の字ダンスをする。

ミツバチは巣板上で地面に対して垂直上向きを太陽の方角とみなし，８の字ダンスの直進する向きによってえさ場がある方角を仲間に伝える。

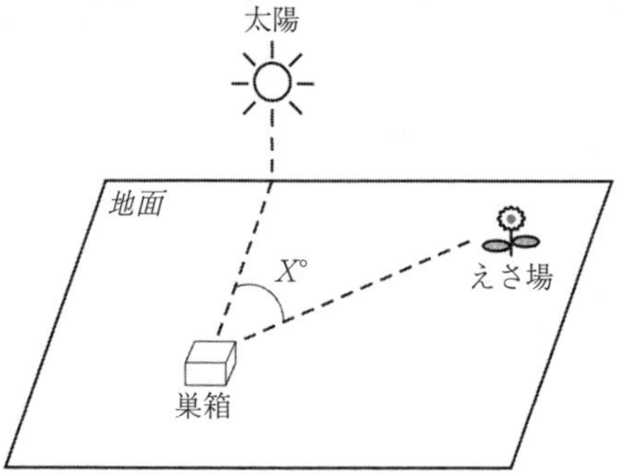

図３

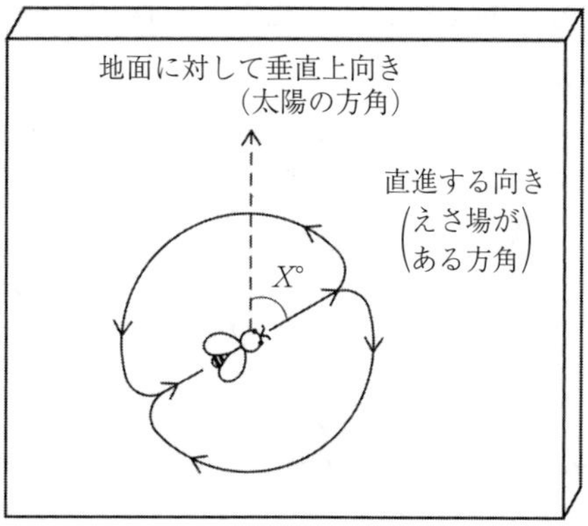

図４

図５は，太陽の出ている方角とえさ場の方角が45°ずれているときの様子を示しています。

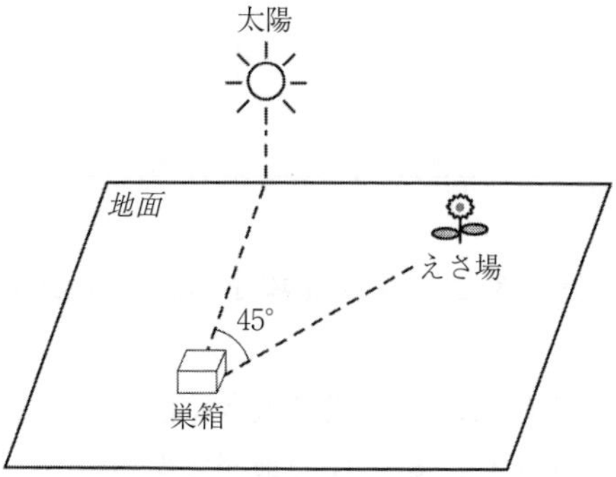

図５

(6) 図５のとき，ミツバチは巣板の表面でどのようなダンスをすると考えられますか。もっとも適当なものを次の**ア**～**エ**から一つ選び，記号で答えなさい。ただし，図の下側に地面があるものとします。

ア

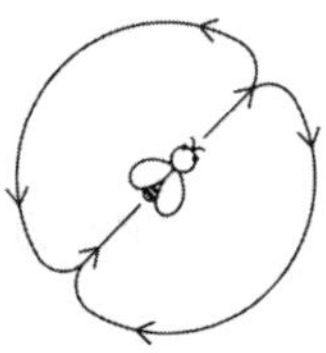

イ

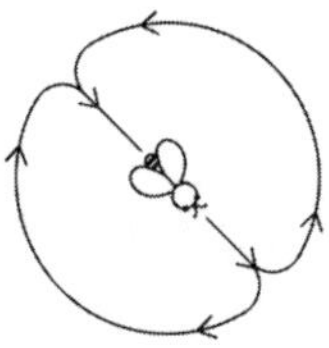

ウ

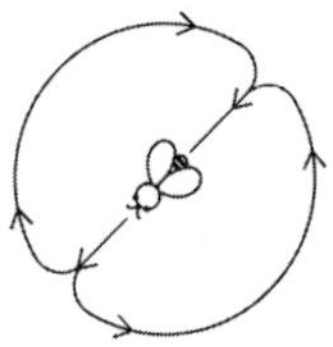

エ

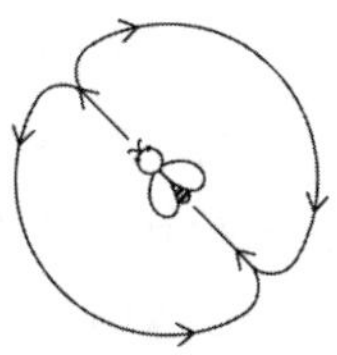

９月下旬《げじゅん》のある日の正午に，日本のある地域で巣板の表面のミツバチを観察したところ，ミツバチが図６のような８の字ダンスをしていました。ただし，図の下側に地面があるものとします。また，この地域では正午に太陽が南中します。

(7) 図６のときのえさ場は巣箱から見てどちらの方角にありますか。もっとも適当なものを次の**ア**～**ク**から一つ選び，記号で答えなさい。

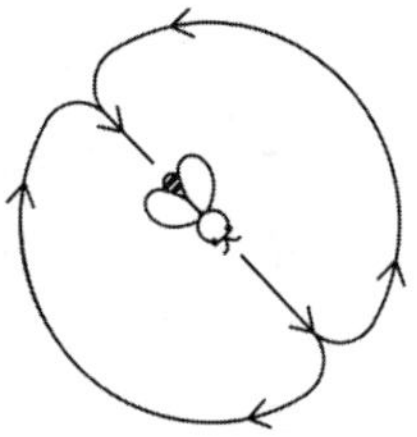

図６

ア 北　**イ** 北東　**ウ** 東　**エ** 南東
オ 南　**カ** 南西　**キ** 西　**ク** 北西

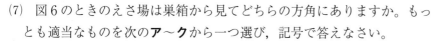

(8)　同じ場所で，図６と同じ日の15時に巣箱の中を観察すると，ミツバチは巣板の表面で，どのような８の字ダンスをしていると考えられますか。もっとも適当なものを次の**ア**～**ク**から一つ選び，記号で答えなさい。ただし，図の下側に地面があるものとし，巣箱とえさ場の場所は変わっていません。

ア
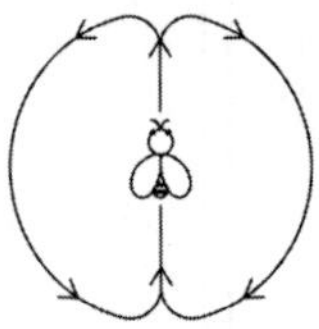
イ
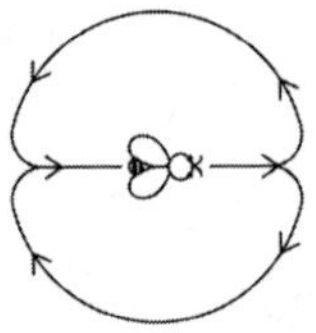
ウ
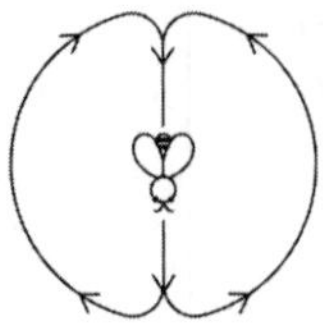
エ
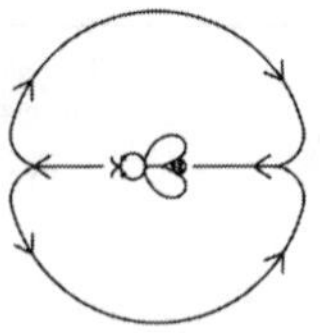
オ
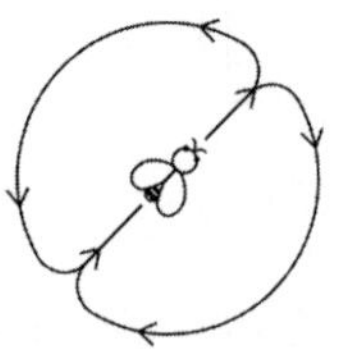
カ
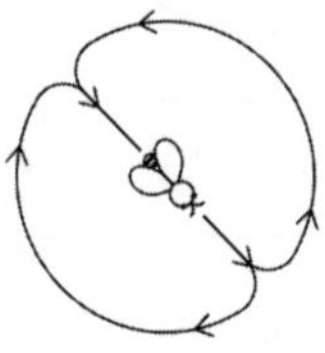
キ
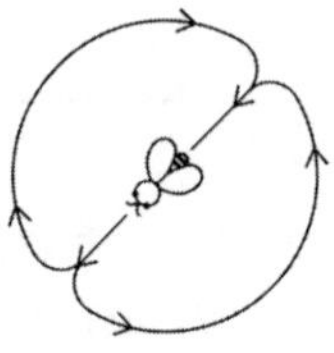
ク
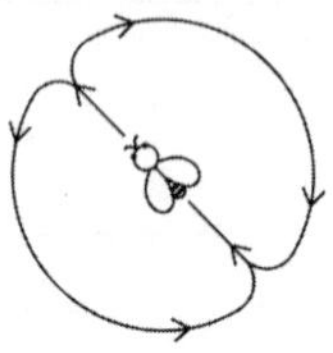

2　地層について，後の問いに答えなさい。
地層と地質時代について調べました。

［調べたこと１］
堆積岩《たいせきがん》の地層から化石が見つかると，その地層ができたころの環境《かんきょう》を考える手がかりになる場合がある。
地質時代は古い順に先カンブリア時代，古生代，中生代，新生代に大きく区分されている。生物の化石が多く見つかっているのは古生代，中生代，新生代の地層である。

(1)　次の**ア**～**オ**のうち，堆積岩を**二つ**選び，記号で答えなさい。
ア　安山岩　**イ**　花こう岩　**ウ**　チャート　**エ**　玄武岩《げんぶがん》　**オ**　石灰岩《せっかいがん》

(2)　サンゴの化石を含《ふく》む地層ができたころの環境としてもっとも適当なものを次の**ア**～**エ**から一つ選び，記号で答えなさい。
ア　寒冷な深い海　**イ**　寒冷な浅い海
ウ　温暖な深い海　**エ**　温暖な浅い海

(3)　古生代，中生代，新生代の化石の組み合わせとしてもっとも適当なものを次の**ア**～**カ**から一つ選び，記号で答えなさい。

	古生代	中生代	新生代
ア	三葉虫	アンモナイト	ナウマンゾウ
イ	三葉虫	ナウマンゾウ	アンモナイト
ウ	アンモナイト	三葉虫	ナウマンゾウ
エ	アンモナイト	ナウマンゾウ	三葉虫
オ	ナウマンゾウ	アンモナイト	三葉虫
カ	ナウマンゾウ	三葉虫	アンモナイト

千葉県の房総《ぼうそう》半島で観察できる地層について調べました。

[調べたこと2]

房総半島の内陸部に図1の地層がある。この地層では，砂岩の層と泥岩《でいがん》の層が交互《こうご》に積み重なっている。この地層からは，深い海に生息する微生物《びせいぶつ》の化石が見つかっている。

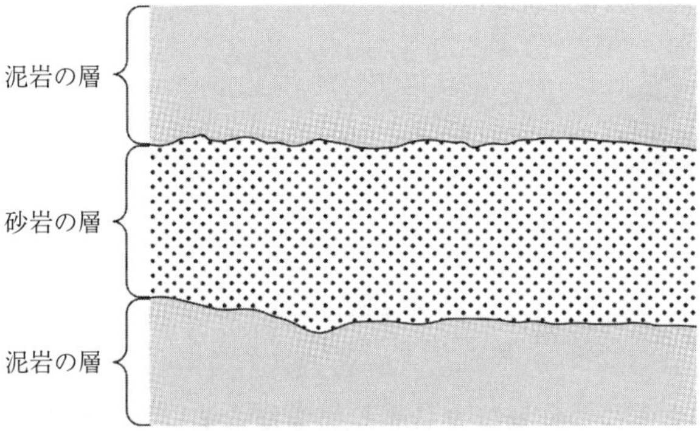

図1

(4) 深い海に生息する微生物の化石の量を砂岩の層と泥岩の層で比べると，どのような傾向《けいこう》があると考えられますか。もっとも適当なものを次の**ア**～**ウ**から一つ選び，記号で答えなさい。

ア 砂岩の層の方が多い　**イ** 泥岩の層の方が多い

ウ ほとんど変わらない

ふつう，地層は上の図1のようにまっすぐに重なりますが，重なった後の地層に力が加わって様子が変化することがあります。地層の変化について調べました。

[調べたこと3]

地層が急激に引っ張られたり圧縮《あっしゅく》されたりすると，地層の重なりがずれることがあり，このことを[P]という。また，地層が圧縮されると，地層が波の形に曲がることがあり，このことを[Q]という。[P]や[Q]は，それまでに重なっていた地層全体にわたって起こる。

傾斜《けいしゃ》のある土地で，表面付近の土砂《どしゃ》が斜面をすべり降りるように移動することがあり，このことを[R]という。移動した土砂と移動しなかった土砂の境界をすべり面という。[R]が起こると，すべり面よりも下の地層の重なりは影響《えいきょう》を受けないが，すべり面よりも上の地層の重なりが変化する。

このような変化が起こった後，同じ場所に新しくまっすぐに重なった地層ができることがある。

(5) [調べたこと3]の空らん[P]～[R]に入る語句としてもっとも適当なものを次の**ア**～**オ**から一つずつ選び，記号で答えなさい。

ア しゅう曲　**イ** 断層　**ウ** 地すべり

エ 隆起《りゅうき》　**オ** 沈降《ちんこう》

図２は，房総半島の東側沿岸部にある土砂が堆積してできた地層のスケッチです。この地層について考えました。

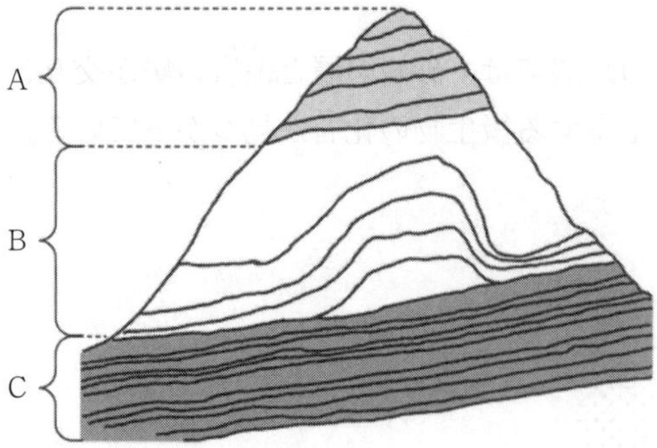

図２

［考えたこと］
Ｂの地層は一部が曲がっており，ＡとＣの地層はまっすぐに重なっている。Ｂよりも下のＣはまっすぐであることから，Ｂの地層ができ始めてから S によって変化した後，同じ場所に新しくまっすぐに地層が重なったと考えられる。

(6) 前のページの［調べたこと３］を参考にして，［考えたこと］の空らん S に入る語句としてもっとも適当なものを次の**ア**～**オ**から一つ選び，記号で答えなさい。

ア しゅう曲　**イ** 断層　**ウ** 地すべり
エ 隆起　**オ** 沈降

地質時代の区分について調べました。

［調べたこと４］
古生代，中生代，新生代はそれぞれ小さな時代に区分されている。「代」は「紀」，「世」に区分されている。新生代は表１のように区分される。
「世」は，さらに「期」に区分されている。期には，完新世のグリーンランディアンのように，その区分の代表的な地層が見られる地点に由来する名前がつけられているものがある。2020年１月，更新世のある期に，日本の地名に由来する名前がつけられた。地質時代の名前に日本の地名がつけられたのは，これが初めてのことである。

表１　新生代の区分(上に記した時代ほど新しい)

代	紀	世
新生代	第四紀	完新世
		更新世
	新第三紀	鮮新世《せんしんせい》
		中新世
	古第三紀	漸新世《ぜんしんせい》
		始新世
		暁新世《ぎょうしんせい》

(7) ［調べたこと４］の下線部の期の名前を**カタカナ５字**で答えなさい。

3　回路について，後の問いに答えなさい。

図１は，２個の豆電球と１個の電池を導線でつないだ回路を示したものです。以下，すべての図中の電池と豆電球はそれぞれ同じものとします。

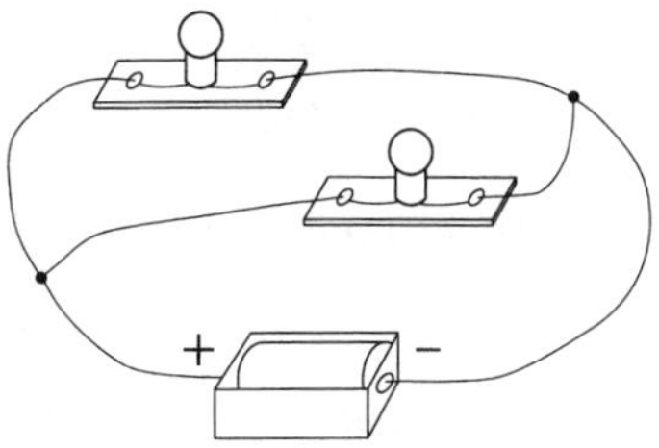

図１

(1)　図１の回路を表す回路図として**正しくないもの**を，次の**ア**～**カ**から**二つ**選び，記号で答えなさい。

ア

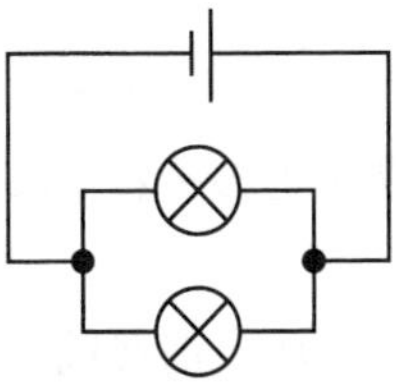

イ

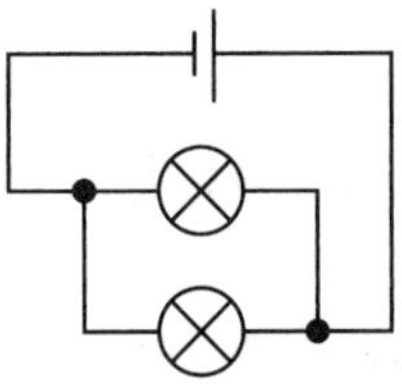

ウ

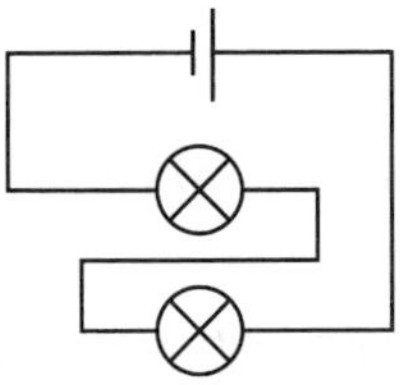

エ

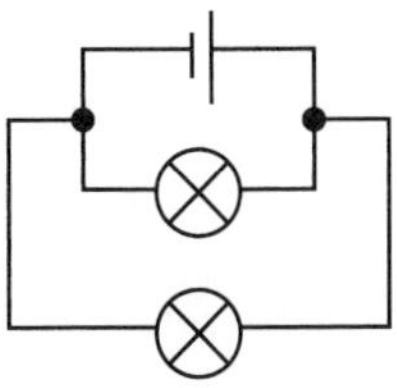

オ

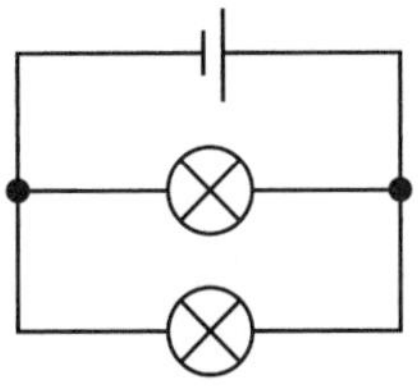

カ

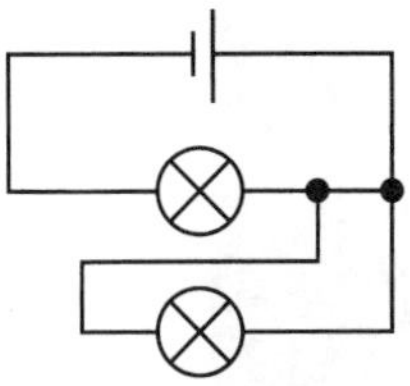

豆電球と電池を用いてつくった図２～図４のような回路を考えます。

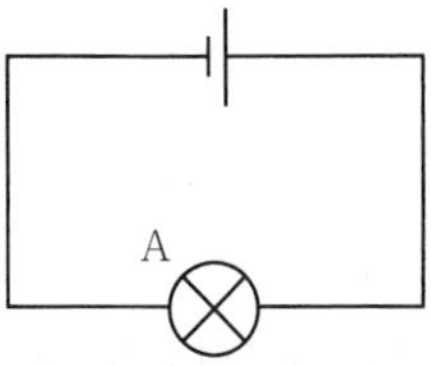

図２

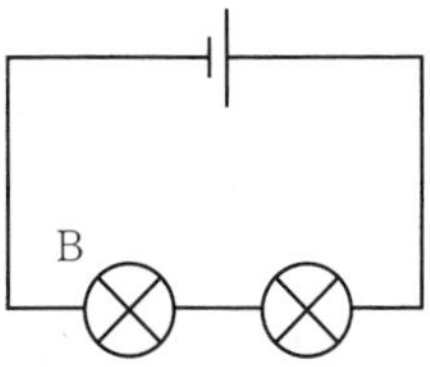

図３

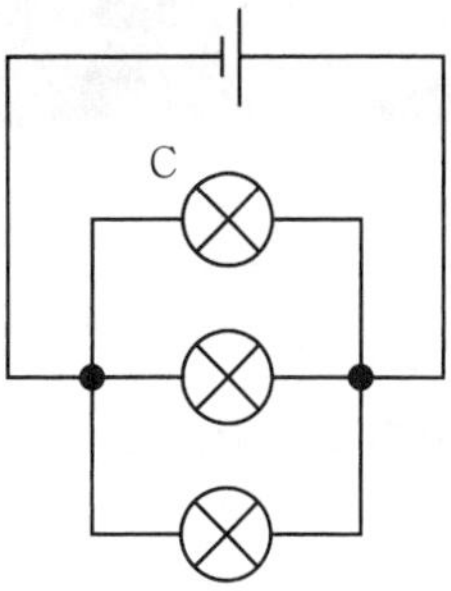

図４

(2)　図３の豆電球B，図４の豆電球Cを流れる電流は，図２の豆電球Aを流れる電流のそれぞれ何倍ですか。正しいものを次の**ア**～**オ**からそれぞれ一つ選び，記号で答えなさい。

ア　１倍　　**イ**　２倍　　**ウ**　３倍　　**エ**　$\frac{1}{2}$倍　　**オ**　$\frac{1}{3}$倍

(3)　図３，図４の電池から流れる電流は，図２の電池から流れる電流のそれぞれ何倍ですか。正しいものを次の**ア**～**オ**からそれぞれ一つ選び，記号で答えなさい。

ア　１倍　　**イ**　２倍　　**ウ**　３倍　　**エ**　$\frac{1}{2}$倍　　**オ**　$\frac{1}{3}$倍

電圧と消費電力について調べました。

［調べたこと１］

電圧は，電流を流そうとするはたらきの大きさを表す。図２のように，１個の豆電球と１個の電池がつながった回路では，電池の電圧と同じ大きさの電圧が豆電球にかかる。図

4のように，並列につなげられたすべての豆電球には同じ電圧がかかり，図3のように，直列につなげられたそれぞれの豆電球には電池の電圧の〔豆電球の個数〕分の1の大きさの電圧がかかることが知られている。つまり，電池がもつ電圧を1とすると，図2，図3，図4の豆電球A，B，Cにかかる電圧はそれぞれ1，$\frac{1}{2}$，1となる。

また，豆電球で1秒間あたりに消費される電気エネルギーを消費電力という。消費電力は，豆電球を流れる電流と豆電球にかかる電圧を使って，次の計算式によって求められる。

〔消費電力〕=〔電流〕×〔電圧〕

(4) 図3の豆電球B，図4の豆電球Cの消費電力は，図2の豆電球Aの消費電力のそれぞれ何倍ですか。

図5のようなコンセントにプラグをさして電化製品を使うときの電流や電圧，消費電力について調べました。

図5

[調べたこと2]

一般《いっぱん》家《か》庭用《ていよう》のコンセントにプラグをさして電化製品を使うと，電化製品には100ボルトの電圧がかかり，電流が流れる。ボルトは電圧の大きさを表す単位である。複数のコンセントで同時に複数の電化製品を使っても，それぞれの電化製品には100ボルトの電圧がかかる。

電気の使いすぎによる火災などを防ぐ目的で，各家庭にはブレーカーという装置がついている。ブレーカーには大量の電流が流れると電流を自動的に止める機能があり，この機能がはたらくことを「ブレーカーが落ちる」という。多くの電化製品を同時に使用するとブレーカーが落ちることから，壁の裏側にある導線によって，複数のコンセントが [X] につながっており，使用した電化製品の [Y] ものと考えられる。

また，電流の強さはアンペア，消費電力の大きさはワットという単位を用いて表す。消費電力を計算するときには，たとえば，「2アンペア×100ボルト=200ワット」，のように上の[調べたこと1]の式を使って消費電力を求める。

(5) [調べたこと2]の空らん [X]，[Y] に入る語句として正しい組み合わせを，次の**ア**～**エ**から一つ選び，記号で答えなさい。

	X	Y
ア	直列	電圧を合わせた大きさの電圧がブレーカーにかかる
イ	直列	電流を合わせた大きさの電流がブレーカーに流れる
ウ	並列	電圧を合わせた大きさの電圧がブレーカーにかかる
エ	並列	電流を合わせた大きさの電流がブレーカーに流れる

以下の問題では100ボルトの電圧をかけるコンセントを考えます。

(6) 消費電力が50ワットの電球を使うとき，電球を流れる電流は何アンペアですか。

(7) 30アンペアの電流でブレーカーが落ちる家庭では，次の電化製品を後の**ア**～**エ**のどの組み合わせで使用するとブレーカーが落ちますか。正しいものを一つ選び，記号で答えなさい。

［電化製品］ 冷蔵庫(250ワット)，炊飯器《すいはんき》(1250ワット)，電子レンジ(1500ワット)，電気ポット(750ワット)，食洗機(900ワット)，洗濯乾燥機《せんたくかんそうき》(1100ワット)，掃除機《そうじき》(950ワット)，ドライヤー(1000ワット)

ア 炊飯器，電気ポット，食洗機

イ 炊飯器，電気ポット，洗濯乾燥機

ウ 冷蔵庫，電子レンジ，洗濯乾燥機

エ 食洗機，掃除機，ドライヤー

(8) 消費電力が750ワットのエアコンを１日中(24時間)つけたままにすると，電気料金は何円になりますか。ただし，100ワットの消費電力で１時間電気を使用し続けると２円の電気料金がかかるものとします。

4

中和について，後の問いに答えなさい。

ある濃《こ》さの硫酸《りゅうさん》Ａと，ある濃さの水酸化ナトリウム水溶液《すいようえき》Ｂの中和について調べるために，次の［実験１］を行いました。

［実験１］

① ビーカーに10cm³の硫酸Ａを入れた。

② ①のビーカーに水酸化ナトリウム水溶液Ｂを25cm³加えたところ，ちょうど中和した。

③ ビーカーに入れる硫酸Ａの体積を変え，②と同様に，ちょうど中和するのに必要な水酸化ナトリウム水溶液Ｂの体積を調べ，その結果を表１にまとめた。

表１

硫酸Ａの体積(cm³)	10	20	30	40	50
水酸化ナトリウム水溶液Ｂの体積(cm³)	25	50	75	100	125

(1) 硫酸ＡにBTB溶液またはフェノールフタレイン溶液を加えたときの色の組み合わせとして，もっとも適当なものを次の**ア**～**カ**から一つ選び，記号で答えなさい。

	BTB 溶液	フェノールフタレイン溶液
ア	緑色	無色
イ	緑色	赤色
ウ	青色	無色
エ	青色	赤色
オ	黄色	無色
カ	黄色	赤色

(2)　35 cm^3 の硫酸Ａに，80 cm^3 の水酸化ナトリウム水溶液Ｂを加えました。この混合溶液をちょうど中和するにはこの後どのような操作を行えばよいですか。もっとも適当なものを次の**ア**～**エ**から一つ選び，記号で答えなさい。

ア　硫酸Ａを２ cm^3 加える。

イ　硫酸Ａを 7.5 cm^3 加える。

ウ　水酸化ナトリウム水溶液Ｂを２ cm^3 加える。

エ　水酸化ナトリウム水溶液Ｂを 7.5 cm^3 加える。

次に，アンモニアを用いた中和について調べました。

［調べたこと１］

アンモニアを溶《と》かした水溶液はアルカリ性を示し，これを酸性の水溶液に加えると中和が起きる。また，アンモニアを酸性の水溶液に直接加えても，中和が起きる。

次の表２は，さまざまな体積の硫酸Ａとちょうど中和するアンモニアの重さについてまとめたものである。

表２

硫酸Ａの体積(cm^3)	10	20	30	40	50
アンモニアの重さ(ｇ)	0.68	1.36	2.04	2.72	3.40

(3)　アンモニアについて説明した文として**正しくないもの**を次の**ア**～**エ**から一つ選び，記号で答えなさい。

ア　無色とう明の気体で，鼻をさすようなにおいがある。

イ　水上置換法で集めることができる。

ウ　空気より軽い気体である。

エ　肥料の原料や虫さされ薬の成分として用いられている。

(4)　1.53ｇのアンモニアとちょうど中和する硫酸Ａは何 cm^3 ですか。

前ページの［実験１］と上の［調べたこと１］をふまえて，次の［実験２］を行いました。

［実験２］

①　50 cm^3 の硫酸Ａをビーカーに入れた。

②　①のビーカーに，ある重さのアンモニアを加えた。

③　②のビーカーに水酸化ナトリウム水溶液Ｂを少しずつ加えたところ，62.5 cm^3 加えたところでちょうど中和した。

(5)　62.5cm^3 の水酸化ナトリウム水溶液Ｂとちょうど中和する硫酸Ａは何 cm^3 ですか。

(6)　[実験２]の②で加えたアンモニアの重さは何ｇですか。ただし，硫酸Ａに加えたアンモニアはすべて反応したものとします。

[実験２]は，食品に含《ふく》まれるタンパク質の量を調べる方法に応用されています。この方法について調べました。

[調べたこと２]

タンパク質は三大栄養素として知られ，さまざまな食品に含まれている。タンパク質を用いて化学反応**X**を行うと，タンパク質中の成分が反応してアンモニアが発生することが知られている。一般的に，タンパク質10ｇが反応したときに発生するアンモニアの重さは2.0ｇであることが確かめられている。

この原理を利用すると，食品に含まれるタンパク質の割合を調べることができる。調べたい食品を用いて化学反応**X**を行い，含まれているタンパク質が反応することで発生したアンモニアの重さを，[実験２]の方法で測定する。その結果から，食品に含まれるタンパク質の重さを求めることができる。

とりもも肉に含まれるタンパク質の重さを調べるために次の[実験３]を行いました。

[実験３]

①　とりもも肉50ｇを用いて化学反応**X**を行った。

②　①で得られたアンモニアを50cm^3 の硫酸Ａに加えた。

③　②のビーカーに水酸化ナトリウム水溶液Ｂを少しずつ加えたところ，50cm^3 加えたところでちょうど中和した。

(7)　[実験３]で得られたアンモニアの重さは何ｇですか。ただし，硫酸Ａに加えたアンモニアはすべて反応したものとします。

(8)　とりもも肉50ｇに含まれるタンパク質の重さは何ｇですか。

三　次の**1**～**6**の――線のカタカナを漢字で書きなさい。

1　先生に自分の作品をコウヒョウしていただく。

2　ウチュウには無数の星がきらめいている。

3　話し合いを三日後にノばす。

4　病院でイチョウの検査を受ける。

5　日光をアびてその建物はかがやいて見えた。

6　新入部員を試合のメンバーとしてトウロクする。

とはなくなる」とありますが、子どもの行動がこのように変化するのはなぜですか。その理由を説明した次の文の［Ⅰ］・［Ⅱ］にあてはまるように、文中から［Ⅰ］は五字以上十字以内で、［Ⅱ］は十字以上十五字以内でそれぞれぬき出しなさい。

幼い子どもにとって身のまわりにあるのは未知のものばかりなので、［　Ⅰ　］する口のまわりで触れることで世界を知ろうとするが、成長すると［　Ⅱ　］、それが何かということやその質感が認識できるようになるから。

問六 ——線⑤「砂を深く掘ると出てくる石ころのように」とありますが、「石ころ」がたとえているものを本文中から五字以上十字以内でぬき出しなさい。

問七 ——線⑥「モネの睡蓮《すいれん》」と——線⑦「雪松図」は、ともにどのような作品の例として挙げられていますか。もっとも適当なものを次の**1**～**4**から一つ選び、番号で答えなさい。

1 緻密に描きこまれたわけではないのに、写実的な表現によって見る者に質感のリアルさを感じさせる作品。

2 色や質感の表現に長《た》けており、緻密な表現によって描かれた繊細な質感が見る者にリアルさを感じさせる作品。

3 思いきった表現なのに、あたかも自分が作品の中にいるかのようなリアルな身体感覚を見る者にもたらす作品。

4 一見すると緻密に描きこまれたリアルな表現だが、よく見ると実に大胆な筆致で描かれたことがわかる作品。

問八 ——線⑧「いまここにいる自分と、いまここにはいない藤幡さんに区別がなかった」のは、何が行われているからですか。——線⑧より後の文中から六字でぬき出しなさい。

問九 ——線⑨「中学生のころ、理科の教科書をぱらぱらめくっていて、急に鳥肌《とりはだ》が立ったことがあった」とありますが、その原因はどのようなことだと考えられますか。もっとも適当なものを次の**1**～**4**から一つ選び、番号で答えなさい。

1 陽イオンのマークが乳児のころに通った病院の赤十字マークと似ていたために、自分では思い出せないが、機器に固定されて検査を受けるのがいやで泣き叫んだときの感覚が呼び起こされたこと。

2 陽イオンのマークが、言葉で表現できるようになった最初の記憶として意識の底に入りこんでいた病院の赤十字マークを連想させ、検査を受けるときの暗くおそろしい感覚がよみがえってしまうこと。

3 中学生になってから陽イオンと自由電子のマークを見たことで、十年以上も思い出さないようにしていた病院の暗室で機器に固定され検査を受けたいやな記憶がしばしばよみがえるようになったこと。

4 陽イオンのマークが、乳児のころ通っていた病院の赤十字のマークと似ているように思え、機器に固定されて検査を受けた十数年前の乳児のころの記憶がよみがえってきて病院が嫌いになったこと。

問十 ——線⑩「鑑賞体験を豊かにするには、やはり現実に『からだで感じる』体験を充実《じゅうじつ》させることなのだと思う」とありますが、「からだで感じる」体験によって作品を観るという体験が豊かになった身近な例を自分で探して、九十字以上百字以内で説明しなさい。なお、どのように豊かになったのかにも触れること。

おこされる感覚の記憶、情動による身体の作用。作品に感じるリアリティは、「からだで感じる」という実感に深く関わっていそうだ。

⑩鑑賞体験を豊かにするには、やはり現実に「からだで感じる」体験を充実《じゅうじつ》させることなのだと思う。

（齋藤亜矢「仮想と現実」―『ルビンのツボ　芸術する体と心』より）

注　＊モネ…フランスの画家。「睡蓮」はその代表作。
　　＊円山応挙…江戸時代の日本の画家。
　　＊ポスドク…大学院博士後期課程を修了した後に就《つ》く研究職。

問一　[A]～[C]にあてはまる言葉の組み合わせとしてもっとも適当なものを次の**1**～**4**から一つ選び、番号で答えなさい。

1　**A**　しかし　**B**　それとも　**C**　たとえば
2　**A**　なぜなら　**B**　そして　**C**　あるいは
3　**A**　じつは　**B**　さらに　**C**　そもそも
4　**A**　でも　**B**　たとえば　**C**　いっぽう

問二　――線①「穴の存在を知らない体《てい》で歩いて、うっかり落ちる」とはどういうことですか。もっとも適当なものを次の**1**～**4**から一つ選び、番号で答えなさい。

1　自分で作った落とし穴に誰《だれ》かがはまるのがあまりにも楽しみで、その誰かが来る前に穴に気づかないふりをしてわざと穴の近くまで行き、自分が穴にはまるということ。
2　せっかく誰かを落とそうとたくらんで落とし穴を掘ったのに、穴を確認するために近づいた際に、不注意にも自分自身が穴にはまるという失敗をしてしまうということ。
3　落とし穴に誰かがはまるのを待っているうちに、実際に自分で穴に落ちる感覚を確かめてみたくなって、まっしぐらに穴まで近づいて行き、はまってみるということ。
4　わざわざ落とし穴を作ったのに誰も穴に落ちないので、獲物を穴に誘い込むおとりとして自分が穴に落ちるふりをしようとして、思わず自分が穴に落ちてしまうということ。

問三　――線②「生きていることのリアリティ」を感じられる体験の例に**あてはまらないもの**を次の**1**～**4**から一つ選び、番号で答えなさい。

1　主人公が冒険《ぼうけん》をくり広げる物語を読んで、胸をおどらせた。
2　きれいにたたまれた新聞紙を破いて、びりびりにさける手ごたえを感じた。
3　暑い夏の日に橋の上から川に飛び込んで、水の冷たさにおどろいた。
4　大好きなシチューをほおばって、口いっぱいにあたたかさとおいしさが広がった。

問四　――線③「そわそわした気持ちになった」理由としてもっとも適当なものを次の**1**～**4**から一つ選び、番号で答えなさい。

1　すくうと水のように流れ落ちる変化自在な砂で遊んだことを思い出し、さらさらとした様子や手にかかるときのくすぐったさを思い出したから。
2　食べられない上に食べてはいけないものだとわかっていた砂を食べたことを思い出し、そのときの不快感や恥ずかしさがよみがえってきたから。
3　砂で遊んでから家に帰ると身体のあちこちからぱらぱらと砂が落ちてきたことを思い出し、全身で砂とたわむれていた後の疲労感《ひろうかん》を思い出したから。
4　砂の上では高いところから飛び降りても全力で走ったり転んだりしても痛くなかったことを思い出し、なつかしさで胸がいっぱいになったから。

問五　――線④「成長するにつれて、なんでも口に入れて確かめるこ

く。

じっと見ていると、しんとした空間から冷たい空気が流れ込んでくるような気がした。

モネの絵と共通するリアリティ。それは自分のからだが絵と同じ空間に入り込んだような身体感覚だった。

二年ほど前に見た、メディア・アートの藤幡正樹さんの作品「Portray the Silhouette」でも、からだが作品に入り込む感覚を味わった。

部屋のなかにテーブルと椅子《いす》があり、その影《かげ》が横の壁《かべ》に映しだされている。そこに、プロジェクタで投影《とうえい》された藤幡さんの影があらわれ、コーヒーをいれたり、椅子に座《すわ》って本を読んだりする。鑑賞《かんしょう》している自分の影も投影されるので、椅子に座ると、影同士が同じテーブルを囲んだりできる。

とてもリアルだった。＊ポスドクのときに藤幡さんの研究室でお世話になっていたので「おひさしぶりです」と影にお辞儀《じぎ》したくなるような変な気持ちになった。

影にはもともと質感がない。影として、ただ光を遮《さえぎ》るものとして存在するとき、⑧いまここにいる自分と、いまここにはいない藤幡さんに区別がなかった。

考えてみれば、この作品も「不在」のアートの一つだ。ここで不在なのは、藤幡さんという実体。でも、影が同じ平面にあることで、実体も同じ空間にいるような気がしてくる。不在を補って想像される実体は、映像やホログラムなどの実体の虚像《きょぞう》よりも、ずっとリアルな存在感があった。

C アニメーションでは、絵を重ねることで動きのリアルさを生み出す。アニメーション作家の山村浩二さんは、意外にもその本質が不連続性にあるとおっしゃっていた。絵の静止や断絶がアニメーションの新しい動きを生み出し、ぎこちなさが想像力の補完をうながすのだという。

不在や不連続性があると、わたしたちは、それを補うために想像力をはたらかせる。想像するための素材は自分の知識や記憶だから、実体験や感覚の記憶がひきだされるほど、よりリアルな鑑賞体験になるのだろう。とくに、忘れていた深い記憶や情動がともなう記憶は、強いリアリティに関わりそうだ。

⑨中学生のころ、理科の教科書をぱらぱらめくっていて、急に鳥肌《とりはだ》が立ったことがあった。そのページには、金属中を流れる電気の模式図が描かれていた。陽イオンの「＋」マークが並んでいる周りを自由電子の「－」マークが飛び回っているだけの無機質なものだ。不思議に思い、怖《こわ》いもの見たさでときどきそのページを開いた。そのたびに鳥肌が立つが理由はわからない。その後すっかり忘れていたが、高校生になったある日、電車のなかでふいにその謎《なぞ》が解けた。ああ、あれは病院の赤十字マークだったのだ、と唐突《とうとつ》に腑《ふ》に落ちたのだ。

右目の疾患《しっかん》のために、生後二ヵ月のころから病院通いをしていた。もちろんそのころの記憶はまったくない。母によると、赤ん坊《ぼう》のわたしは、眼科の暗室のなかで機器に固定されて検査を受け、泣き叫《さけ》ぶ声が廊下《ろうか》まで響《ひび》き渡《わた》っていたそうだ。教科書の陽イオンの＋マークは、乳児のころの言語化される以前の思い出せない記憶に結びついていたのではないか。そう思えたとき、極度の病院嫌《ぎら》いも少しだけ軽くなった。

「怖い」などの情動は、心拍数《しんぱくすう》の増加や発汗《はっかん》など、自律神経系の作用をおこす。それが「からだで感じる」という強いリアリティを生み出すのだろう。それは「美しい」にも関わる重要な作用だ。

触覚にむすびついた質感、作品に入り込んだような身体感覚、呼びを知ろうとしているのだ。

④成長するにつれて、なんでも口に入れて確かめることはなくなる。直接触《さわ》らなくても、見ただけで「なにか」がわかるし、見ただけで、すべすべ、ざらざら、ごつごつ、ふわふわなどの質感も認識《にんしき》できるようになるからだ。

もっとも、見たことのないような質感のものがあると、おとなでもつい触りたくなる。

学生のころ、友人が新しい軟膏《なんこう》の容器を開けるのをぼんやり見ていた。半透明《はんとうめい》のつやつや光るクリームが容器にぴたっと詰《つ》まっている。次の瞬間《しゅんかん》、なぜかわたしの指はその白い柔《やわ》らかな物体のなかに飛び込《こ》んでいた。とっさのことに友人はぽかんとしていたが、自分でも「思わず」だったので驚《おどろ》いた。案外、砂を食べた幼いころと変わっていなかった。

質感の認知に関する最近の研究によると、物を見るときに感じる質感は「見て触れる」という経験によってつくられるという。生理学研究所の郷田直一さんらは、質感の異なる素材の写真をサルに見せたときの脳活動を調べた。このとき実際に素材を「見て触れる」経験をすると、肌触《はだざわ》りが似た質感の素材を見たときの脳の反応が似てくる。つまり質感を見分けられるようになるそうだ。

わたしたちが物を見て感じる質感は、過去に似たような見ための物を触った記憶《きおく》によってつくられる。だから子どものころに砂を食べた経験の有無《うむ》で、砂の見え方もきっと違《ちが》うのだろう。そもそも、人それぞれ積み重ねてきた経験が違うのだから、物の見え方も同じではないということだ。

⑤砂を深く掘ると出てくる石ころのように、原稿《げんこう》を書くうちに、子どものころの記憶が次々と掘りおこされた。とくにリアルに思い出されたのは、触覚や嗅覚《きゅうかく》などの感覚の記憶だ。砂だけでなく、木のぼりをしたネムノキの肌触り、鉄棒の冷たさや握《にぎ》った手の鉄の匂《にお》い、手の甲《こう》を這《は》うアリの細かい脚《あし》の動き。いまの自分の「見る」は、こういうたくさんの感覚経験が支えているのだなと思った。

見て触れる。見て嗅《か》ぐ、見て味わう、見て聞く。触覚だけにとどまらず、複合的な感覚経験を積み重ねることが「見る」という視覚体験を豊かにするのだろう。

それは作品を観るときにも影響《えいきょう》しているはずだ。

B 油絵は、色や質感の表現に長《た》けていて、透明なガラスに鈍《にぶ》く光る真鍮《しんちゅう》、上等なシルクにざっくりした木綿《もめん》など、さまざまな質感の違いを写実的に表現できる。ちょっとぐらいプロポーションがくるっていても案外気づかなかったりするので、形よりも質感の方がリアルさに影響しそうだ。質感に触覚経験が含《ふく》まれるので、より直接的に感じるからだろう。無機物に比べて人の肌や目の描写《びょうしゃ》がむずかしいのは、それが温度やゆらぎのある繊細《せんさい》な質感だからかもしれない。ただ、どんなに緻密《ちみつ》に描《か》きこまれた写実表現でも、なんとなくつくりものっぽいこともあるし、大胆《だいたん》な表現なのにリアルさを感じることもある。

⑥*モネの睡蓮《すいれん》もその一つだ。少しピントをずらして見ることで、リアルな空間がたちあがって、日差しや風や湿度《しつど》さえも感じられる気がしてくる。

*円山応挙の作品でも、細かく緻密に描きこまれた絵よりも、大胆な筆致《ひっち》で描かれた絵に、よりリアルさを感じる。たとえば「⑦雪松図」。一見すると、金屏風《きんびょうぶ》に墨《すみ》で松を描き、積もった雪を胡粉《ごふん》の白で描いているように見える。でも実際には、白い紙に金泥《きんでい》と墨で描いてあり、ふんわり積もった雪の白は、描かずに見せている紙の地色だ。老いた松の鱗《うろこ》のようなリアルな木肌も、近寄るとその筆の大胆さに驚

も自分が相手とは違《ちが》う意見を持っているということを、強い意志を持って明確に示す効果。

3　自分はすでに相手をはるかにしのぐ存在であり、相手のことなどもはや気にかけてもいないのだということを、相手に見せつけて思い知らせる効果。

4　相手にも意見があるのは承知しているが、自分にも考えがあるのをわかってほしいということを、おとなしそうな態度で示し相手の感情をゆさぶる効果。

問十三　――線⑫「安斎の表情がくしゃっと歪み、笑顔《えがお》となるのが目に入るが、すぐに見えなくなった。なぜなら、僕も目を閉じるほど顔を歪め、笑っていたからだ」とありますが、二人が笑っていたのはなぜですか。四十字以上五十字以内で説明しなさい。

二

次の文章を読んで、後の問いに答えなさい。字数指定のあるものは、句読点やかっこなどもすべて一字に数えます。なお、問題の都合上、もとの文章から一部省略した部分があります。

砂は、変化自在で魅力的《みりょくてき》だった。表面付近は白くてさらさら。すくうと水のように流れ落ち、受け止める手に砂粒《すなつぶ》の振動《しんどう》がくすぐったい。少し掘《ほ》ると、白い砂の下からひんやりしめった灰茶色の砂が出てくる。色が濃《こ》いほどまとまりやすいので、プリンやおだんごをつくるときは、なるべく深く掘って濃い色の砂をにぎった。

子どものころに遊んだ公園は、敷地《しきち》全体に砂がしきつめられていた。みんなが力を入れていたのは落とし穴。穴を掘って、段ボールをかぶせ、白い砂をまんべんなくかけて隠《かく》す。まわりに掘りだした灰茶色の砂があると怪《あや》しまれるので、念入りになじませれば完成だ。

A、その穴にだれかが落ちることはめったになかった。獲物《えもの》を待ちきれず、はまるのは、たいてい自分。①穴の存在を知らない体《てい》で歩いて、うっかり落ちる。手で掘るのでたかが知れていて、片足が少しはまる程度なのだが、深く掘れば掘るほど、ずぼっと砂に埋《う》もれて、ひんやりした感覚が心地よかった。当然のことながら、家に帰ると、靴《くつ》や服のあちこちから、ぱらぱら、ぱらぱらと際限なく砂が出てきた。

砂の上では、高いところから飛び降りても、全力で走って、全力で転んでも痛くなかった。五感をフルにつかって全身で世界と関わりあうような日々。いま思うと、②生きていることのリアリティに満ちていた。

公園で遊んでいると、ときどき小さな子が口のまわりを砂だらけにして号泣《ごうきゅう》しているのを見かけた。そのたびに、③そわそわした気持ちになった。

わたしも砂を食べた経験があったからだ。

砂は食べられないし、食べてはいけないものだとわかっていた。でもあのとき、砂がどんな味なのか、どうしても確かめずにはいられなかった。

味見のつもりで控《ひか》えめに口に入れた。とたんに衝撃《しょうげき》がはしる。歯にじゃりっとあたる嫌《いや》な感覚。埃《ほこり》っぽくて苦みもある。あわてて吐《は》きだそうにも、口のなかにまとわりつくばかり。その不快感と、食べてはいけないものを食べてしまったという恥《は》ずかしさで、嗚咽《おえつ》するうちに、じゃりじゃりに塩味もくわわった。

幼い子どもは、手当たり次第《しだい》に手をのばし、なんでも口に入れてしまう。それは、食べられるか食べられないかの分別がつかないからではない。触覚《しょっかく》が最初に発達するのが口のまわりだからだ。幼い子どもにとって身のまわりのものは、まだ見知らぬ、なんだかわからない物だらけ。一つひとつ、手や口で触《ふ》れるという感覚をとおして、世界とも適当なものを次の**1**〜**4**から一つ選び、番号で答えなさい。

1　二人が昨日の強引《ごういん》な態度と同じように、今日もしつこく話しかけてくるのではないかと警戒《けいかい》している。

2　プロである自分に対して指図するかのような二人の態度を思い出して、自尊心が傷ついている。

3　二人によってなかば強引にお願いを引き受けさせられたことを思い出して、緊張《きんちょう》を感じている。

4　二人の頼みごとを引き受けた結果、この後嘘をつかなければならないことに気づいて困っている。

問九　――線⑧「自分に向けられた槍《やり》の切っ先の形を、じっと確認するかのようではあった」とは久留米先生のどのような様子を述べているのですか。もっとも適当なものを次の**1**〜**4**から一つ選び、番号で答えなさい。

1　自分に反抗《はんこう》するような安斎の言葉の意味をはかりかねて、その意図をさぐろうとしている。

2　自分に反抗するような言葉を投げかけた安斎に怒《いか》りを覚えたが、それをぐっと抑《おさ》えている。

3　安斎の反抗的な言葉に自分がどのような対応をすべきか見当もつかず、途方《とほう》に暮れている。

4　ふだんは素直《すなお》な安斎が反抗的な言葉を投げかけてきたことが信じられず、うろたえている。

問十　――線⑨「白く輝《かがや》き、肚の中から光が放射される」における「僕」の心情としてもっとも適当なものを次の**1**〜**4**から一つ選び、番号で答えなさい。

1　打点王氏が草壁を褒める威勢の良い声を聞いたことで、自分たちの計画が間違いなく成功すると確信し、期待に胸をおどらせている。

2　打点王氏の発言によってまわりの生徒からの注目が草壁に集まったことで、久留米に対する怒りがおさまり、穏《おだ》やかな気持ちに包まれている。

3　打点王氏が草壁に対して中学進学後のアドバイスもしてくれたことで、うまくいかない焦《あせ》りやいら立ちが消え、心からの安らぎを感じている。

4　打点王氏が草壁に対して望み通りの発言をしてくれたことで、それまでの心配や不安が解消し、心の底から満たされたと感じている。

問十一　――線⑩「乗りかかった船、の気持ち」の説明としてもっとも適当なものを次の**1**〜**4**から一つ選び、番号で答えなさい。

1　子どもたちの願いを引き受けた結果、思いがけず素質がある子どもに出会えたと高ぶる気持ち。

2　軽い気持ちで引き受けたが、今は本気になって子どもたちに力を貸そうと意気込む気持ち。

3　いったん子どもたちのお願いを引き受けた以上、途中でやめるわけにはいかないという気持ち。

4　子どもたちに頼まれたときは不安だったが、やってみると案外うまくいったと安心する気持ち。

問十二　――線⑪「僕は、そうは、思いません」とありますが、この言葉がわざわざ区切られ、ゆっくりと話されていることで、どのような効果がもたらされていますか。もっとも適当なものを次の**1**〜**4**から一つ選び、番号で答えなさい。

1　相手に比べると自分は弱くて小さな存在で、迷ったり考えたりしながら自分の言葉をやっと口にしているということを、無意識に相手にさらけ出す効果。

2　相手が自分より力のある存在だとはわかっているが、それで

注　＊失敗した絵画作戦…安斎は、美術館にある画家の絵を草壁の作品として学校に提出しようとしたことがあった。
＊スウィング…バットを振る動作。
＊言質…後の証拠《しょうこ》となるような言葉。

問一　〰〰線㋐「様になり」・〰〰線㋑「一瞥《いちべつ》をくれ」・〰〰線㋒「太《たい》鼓判押《こばんお》された」とはどのような意味ですか。もっとも適当なものを後の**1**～**4**からそれぞれ一つ選び、番号で答えなさい。

㋐「様になり」
1　清潔感があって　**2**　洗練されて
3　堂々として　**4**　かっこうがついて

㋑「一瞥をくれ」
1　じっと見つめて　**2**　ちらっと見て
3　目配せをして　**4**　合図を送って

㋒「太鼓判押された」
1　力があることを保証された
2　大げさに褒めてもらえた
3　直接の指導を受けられた
4　特に問題はないと言われた

問二　――線①「厳密に言えば、草壁のためではない」とありますが、安斎の本当の目的は何ですか。「…ため。」に続くように三十字以上三十五字以内で説明しなさい。

問三　――線②「ただ、少し苦笑《くしょう》した」とありますが、この時の打点王氏の気持ちとしてもっとも適当なものを次の**1**～**4**から一つ選び、番号で答えなさい。
1　プロの自分に対してしろうとである子どもたちが意見するので不快に感じている。
2　嘘をついてまで褒めることはしたくないと思い、安斎のお願いにとまどっている。
3　プロとして無責任なことは言えないので、安斎のお願いをどう断るか考えている。
4　嘘をついてまで褒めることが本当に草壁のためになるのかどうかためらっている。

問四　――線③「厳しい現実」とは具体的にどのようなことを指していますか。次の［　　］にあてはまるように文中から十字以上十五字以内でぬき出し、初めの五字を書きなさい。

［　　　　］ということ。

問五　――線④「それはもちろん吝《やぶさ》かではないよ」というのはどういうことですか。もっとも適当なものを次の**1**～**4**から一つ選び、番号で答えなさい。「吝かではない」とは「～をする努力を惜《お》しまない」という意味です。
1　自分でその草壁という少年を、プロ選手の名にかけてしっかり見極《みきわ》めようということ。
2　草壁のスウィングが少しくらい下手でも、素質があると伝えるよう努めるということ。
3　自分から見て草壁の才能がないと思ったら、草壁が傷つかないよう伝えるということ。
4　草壁がバットを振るのを見て少し褒めるだけのことなら、快く引き受けるということ。

問六　――線⑤「腕《うで》に覚えがある」とは、ここではどういうことを言うのですか。十字以上十五字以内で答えなさい。

問七　――線⑥「面白《おもしろ》くない気持ちになった」のはなぜですか。二十字以上三十字以内で説明しなさい。

問八　――線⑦「打点王氏は、僕と安斎に気づくと顔を少しひくつかせた」とありますが、この時の打点王氏の様子の説明としてもっ

「よく練習するのかな」

「テレビの試合を観て、部屋の中だけど、時々」とぼそぼそと言った。

「ちゃんとは、やったことありません」

「そうか」打点王氏はそこで、少し考える間を空けた。体を捻《ひね》り、安斎と僕に㋑一瞥《いちべつ》をくれ、久留米とも視線を合わせた。その後で、草壁の肘や肩《かた》の位置を修正した。

草壁が素振りをする。

ずいぶん良くなったのは、僕にも分かる。同時に、打点王氏が、「いいぞ！」と大きな、透明《とうめい》の風船でも破裂《はれつ》させるような、威勢《いせい》の良い声を出した。まわりの子供たちからの注目が集まる。

「中学に行ったら、野球部に入ったらいいよ」打点王氏は言い、そして、僕たちが望んでいたあの言葉を口にした。「君には素質があるよ」と。

自分の周囲の景色が急に明るくなった。安斎もそうだったに違《ちが》いない。⑨白く輝《かがや》き、肚の中から光が放射される。報《むく》われた、という思いだったのか、達成した、という思いだったのか、血液が指の先にまで辿《たど》り着く、充足感《じゅうそくかん》があった。

草壁は目を丸くし、まばたきを何度もやった。「本当ですか」

久留米がどういう顔をしていたのか、僕は見逃《みのが》していた。もしかすると、見てはいたのかもしれないが、今となっては覚えていない。

「プロの選手になれますか」草壁の顔面は朱《しゅ》に染まっていたが、それは恥《は》ずかしさよりも、気持ちの高まりのためだったはずだ。久留米の立つ方向から、鼻で笑う声が聞こえたのもその時だ。何か、草壁をたしなめる台詞《せりふ》を発したかもしれない。

「先生、草壁には野球の素質があるかもしれないよ。もちろん、ないかもしれないし。ただ、決めつけるのはやめてください」

「安斎はどうして、そんなにムキになっているんだ」久留米が冷静に、淡々《たんたん》といなす。

「でも、草壁君、野球ちゃんとやってみたらいいかもよ」佐久間がいつの間にか、僕たちの背後に立っていた。「ほら、プロに㋒太鼓判押《たいこばんお》されたんだから」

草壁は首を力強く縦に振った。

恐《おそ》る恐《おそ》る目を向けると、打点王氏は僕の予想に反して、明るい顔をしていた。あれは、⑩乗りかかった船、の気持ちだったのだろうか。それとも、先生と安斎とのやり取りから、嘘をつき通すべきだと判断したのか、そうでなければ、草壁の隠《かく》れた能力を実際に見抜《みぬ》いたのか、いやもしかすると、豪放磊落《ごうほうらいらく》の大打者はあまり深いことは考えていなかったのかもしれない。彼は、草壁に向かい、「そうだね。努力すれば、きっといい選手になる」と付け足した。

久留米はそこでも落ち着き払《はら》っていた。「何だかそんな風に、持ち上げてもらってありがたいです」と打点王氏に頭を下げた。「草壁、おまえ、本気にするんじゃないぞ」とも言った。「あくまでもお世辞だからな」

念押《ねんお》しする口調が可笑《おか》しかったからか、数人が笑った。場が和《なご》んだといえば、和んだが、わざわざそんなことを言わなくとも、と僕は承服できぬ思いを抱《いだ》いた。

「先生、でも」草壁が言ったのはそこで、だ。「僕は」

「何だ、草壁」

「先生、僕は」草壁はゆっくりと、「⑪僕は、そうは、思いません」と言い切った。

⑫安斎の表情がくしゃっと歪み、笑顔《えがお》となるのが目に入るが、すぐに見えなくなった。なぜなら、僕も目を閉じるほど顔を歪め、笑っていたからだ。

（伊坂幸太郎『逆ソクラテス』）

氏が近づいていくと緊張《きんちょう》のせいなのか、顔を真っ赤にした。

「やってごらん」打点王氏が声をかける。

草壁はうなずいた。

「うなずくだけじゃなくて、返事をきちんとしなさい」久留米がすかさず注意をした。

草壁はびくっと背筋をのばし、「はい」と声を震《ふる》わせた。あたふたしながら、バットを一振りする。僕から見ても不恰好で、バランスが悪かった。腕だけで振っているため、どこか弱々しかった。

「草壁、女子じゃないんだから、何だそのフォームは」久留米の声は大きくはないのだが、低く、あたりによく聞こえる。近くにいた子供たちが、「草壁、女子みたいだって」と言い、土田か誰かが、「クサ子」と囃《はや》した。安斎が舌打ちをするのが聞こえた。久留米が意図的に言ったとは思わぬが、確かに、そういった発言により、他の子供たちが、「草壁のことを下位に扱っても良し」と決めている節はある。

安斎は縋《すが》るような目で、打点王氏を見上げた。「草壁はどうですか?」と、草壁の名前をはっきりと発音し、昨日の依頼《いらい》を想起させるように言った。

打点王氏は眉《まゆ》を少し下げ、口元を歪《ゆが》めた。このスウィングを褒めるのは至難のわざ、と思ったのかもしれない。

「よし、じゃあ草壁、もう一回、やってみなさい」久留米が言ったが、そこで安斎が、「先生、黙《だま》ってて」と言い放った。

久留米は、自分に反発するような声を投げかけた安斎に、目をやった。⑧自分に向けられた槍《やり》の切っ先の形を、じっと確認するかのようではあった。むっとしているかどうかも分からない。

「先生がそういうことを言うと、草壁は緊張しちゃうから」安斎の目には力がこもり、声も裏返っていた。

「こんなことで緊張して、どうするんだ。緊張も何も」

「先生」あの時の安斎はよくも臆《おく》せず、喋《しゃべ》り続けられたものだ。つくづく感心する。「草壁が何をやっても駄目みたいな言い方はやめてください」

「安斎、何を言ってるんだ」

「子供たち全員に期待してください、とは思わないですけど、駄目だと決めつけられるのはきついです」

安斎は、ここが勝負の場だと覚悟《かくご》を決めていたのかもしれない。立ち向かうと肚《はら》を決めたのが分かり、僕は気が気ではなかった。

打点王氏のほうはといえば、大らかなのか鈍感《どんかん》なのか、安斎と久留米との間で起きる火花を気に掛《か》けることもなく、草壁のそばに歩み寄ると、「もう一回振ってみようか」と言った。

はい、と草壁は顎を引くと、すっと構えた。先ほどよりは強張《こわば》りがなく、脚《あし》の開き方も良かった。

先入観を、と僕は念じていた。そのバットで吹《ふ》き飛ばしてほしい、と。

もちろん草壁が、プロ顔負けの美しいスウィングを披露し、その場にいる誰もが呆気《あっけ》に取られ、いちやく学校の人気者になる、といった劇的な出来事が起こると期待していたわけではなかった。むろん、そのようなことは起きなかった。草壁の一振りは、先ほどの腰砕《こしくだ》けのものに比べればはるかに良くなっていたが、目を瞠《みは》るほどではなかった。安斎を見ると、彼はまた、打点王氏を見上げていた。

腕を組んでいた打点王氏は、草壁を見つめ、「もう一回やってみよう」と言う。

こくりとうなずいた草壁がまた、バットを回転させる。弱いながらに、風の音がした。

「君は、野球が好きなの?」打点王氏が訊《たず》ねると、草壁はまた首だけで答えかけたが、すぐに、「はい」と言葉を足した。

「素質があるかなんて、誰にも分からないと思いませんか」安斎は粘《ねば》り強かった。「だったら、嘘とは限らないですよ」

選手は困惑《こんわく》を浮かべた。それは、小学生相手に③厳しい現実を教えることをためらっていたのだろう。「俺《おれ》もプロだから、少しは分かるつもりだよ。素質や才能は一目瞭然《いちもくりょうぜん》だ」

「じゃあ、少し褒めるだけでも」安斎はさらに食い下がり、そうだね④それはもちろん吝《やぶさ》かではないよ、という＊言質《げんち》を取り、ようやく少し安堵《あんど》した。

それから僕たちは、安斎の家の近くでタクシーから降りた。選手は、「じゃあ、また明日」と優《やさ》しい声をかけてくれた。

（中略）

野球教室の日は晴れた。「日ごろの行いが良かったから」と校長先生は典型的な言い回しを口にし、「どうして大人はよくそう言いたがるのかな」と疑問に感じたが、とにかく前日とは打って変わり、快晴だった。

午前中の二時間、希望する子供はバットを持ち、校庭に出て、選手の指示通りに素振《すぶ》りの練習をした。

担任教師たちのいく人かは⑤腕《うで》に覚えがあるのか、子供たちにまじりバットを振った。久留米もその一人で、いつも真面目《まじめ》な顔でチョークを使っているだけであるし、体育の授業でも笛《ふ》を吹く程度であったから、運動が得意な印象はなかったのだが、学生時代は野球部で鳴らしていたというのも嘘ではなかったらしく、美しい姿勢で素振りを披《ひ》露《ろう》した。

「久留米先生、恰好《かっこう》いい」と女子から声が上がり、僕と安斎は顔を見合わせ、なぜか⑥面白《おもしろ》くない気持ちになった。

安斎も、僕と似たり寄ったりの、情けないスウィングをしていたが、途中《とちゅう》で、「加賀、校庭でみんなでバットを振っているのは何だか変だよな」と言った。

「新しい体操みたいだ」

「みんなで振り回して、電気でも起こしている感じにも見える」

打点王氏は真面目な人だったのだろう、形式的にふらふらと歩き回り指導のふりをするのではなく、一人一人のフォームを見ては、肘《ひじ》や膝《ひざ》を触《さわ》り、丁寧《ていねい》にアドバイスをした。

僕たちのいるあたりには、一時間もしてからやっと来た。

⑦打点王氏は、僕と安斎に気づくと顔を少しひくつかせた。前日、タクシーに乗り込んできた二人だと分かったのだ。「昨日はどうも」と挨拶《あいさつ》する様子で、笑《え》みも浮かべた。「どれ、振ってごらん」と声をかけてくる。

僕は、うん、とうなずき、バットを構えたが、「うん、じゃなくて、はい、だろ」と横から指摘《してき》された。見れば久留米が立っていた。スポーツウェア姿も㋐様になり、打点王氏の隣《となり》に立つと、コーチのように見える。

「はい」僕は慌《あわ》てて、言い直す。ろくな素振りはできなかったが、打点王氏は笑うこともなく、「もう少し、顎《あご》を引いてごらん」とアドバイスをしてくれた。「体の真ん中に芯《しん》があるのを意識して」

はい、と答えてバットを振ると、僕自身は変化が分からぬものの、「うん、そうそう」と褒められる。安斎も、僕と似たような扱《あつか》いを受けた。

そして、だ。安斎がいよいよ本来の目的に向かい、一歩踏《ふ》み出す。「久留米先生、草壁のフォーム、どうですか」と投げかけたのだ。

久留米は不意に言われたため、小さく驚《おどろ》き、同時に、草壁がどうかしたのか、と醒《さ》めた表情も浮かべた。草壁がいること自体、忘れている気配すらあった。

草壁は、僕たちのいる場所から少し離《はな》れたところにいたが、打点王

2023年度 吉祥女子中学校

【国　語】〈第一回試験〉（五〇分）〈満点：一〇〇点〉

一　次の文章を読んで、後の問いに答えなさい。字数指定のあるものは、句読点やかっこなどもすべて一字に数えます。なお、問題の都合上、もとの文章から一部省略した部分があります。

「いったい、どうしたんだい」打点王氏は一人だった。球団関係者なのか、もしくは絵本の出版社の人なのか、学校で同行していた男性がいたはずだが、タクシーには乗らなかったらしい。僕《ぼく》たちは、選手の横から後部座席にぐいぐいと中に入った。閉めるよ、とタクシー運転手の無愛想な声がすると同時に、車が発進した。

「こんな風にやってこなくても、君たちの学校には、明日また行くよ。晴れたら、野球教室を」

テレビでしか観《み》たことがないプロ野球選手は、目の前にすると体が大きく、僕たちは圧倒《あっとう》された。プロのスポーツ選手とはこれほどの貫《かん》禄《ろく》に満ちているのか、と眩《まぶ》しさを覚えた。

「それなんです」安斎は強い声で訴《うった》えた。「その野球教室でお願いがあって」

安斎が考え出したのは、＊失敗した絵画作戦よりもさらに大それた計画だった。プロ野球選手を巻き込《こ》もうというのだ。

「同級生のことを褒《ほ》めてもらいたいんです」安斎は単刀直入に言い、そこに至り僕も、彼《かれ》の閃《ひらめ》いた計画について想像することができた。

「褒める？」

「明日、野球教室をやる時、うちのクラスに草壁って男子がいるんだけど、彼の＊スウィングを見たら、『素質がある』って褒めてあげてほしいんです」

「それは」選手は言いながら、頭を整理している様子だった。「その草壁君のために？」

「そう思ってもらって、構いません」安斎は曖昧《あいまい》に答えた。①厳密に言えば、草壁のためではないからだろう。

翌日の野球教室のことを思い浮《う》かべる。草壁がバットを振《ふ》り、久留米が、「上手ではないな」と感じる。「やはり、草壁は何をやっても駄《だ》目《め》だな」と再確認《さいかくにん》する。もしかすると実際に口に出し、「草壁のフォームは駄目だ」と言う可能性もある。そこで選手がやってきて、コメントをする。「君はなかなか素質があるよ」と。

すると、どうなるか。先入観がひっくり返る。

安斎の目論《もくろ》みはそれだろう。

「その、誰《だれ》君だっけ」

「草壁です」

「草壁君は、野球をやっているの？」

僕と安斎は顔を見合わせた。「野球は好きみたいだけど」一緒《いっしょ》に野球をしたこともなかった。

「どうなんだろう」

「草壁を今、連れてくれば良かったな」

「でも、とにかく、草壁を褒めてあげてほしいんです」安斎は言った。雨で濡《ぬ》れたランドセルを背負ったままの僕たちは、車内をずいぶん狭《せま》くしていたが、選手は嫌《いや》な顔もせず、②ただ、少し苦笑《くしょう》した。「もちろん、褒めてあげることはできるけど」

「できるけど？」

「嘘《うそ》はつけないから。素質があるとかそんなに大きいことは言えないよ」

2023年度

吉祥女子中学校　▶解説と解答

算　数　＜第１回試験＞（50分）＜満点：100点＞

解　答

[1] (1) $\frac{1}{6}$　(2) 8　(3) 67点　(4) 75　(5) 12分　(6) 56度　(7) 1200円
[2] (1) 4995　(2) 90個　(3) 44955　[3] (1) $10cm^2$　(2) ① 2：3：4　② $2\ cm^2$　③ $36cm^2$　[4] (1) 時速３km　(2) 時速15km　(3) ６時間20分　(4) ① $6\frac{2}{3}$km　② 16km　(5) ６km　[5] (1) **ア** 8　**イ** 6　(2) 14　(3) **ウ** 7　**エ** 14　(4) 24　(5) 8　(6) **オ** 22　**カ** 12　**キ** 17　**ク** 4

解　説

[1] 逆算，平均とのべ，比の性質，仕事算，角度，割合と比

(1) $1.3+(\square\times2-0.25)\div\frac{5}{6}=1\frac{2}{5}$より，$(\square\times2-0.25)\div\frac{5}{6}=1\frac{2}{5}-1.3=1.4-1.3=0.1$，$\square\times2-0.25=0.1\times\frac{5}{6}=\frac{1}{10}\times\frac{5}{6}=\frac{1}{12}$，$\square\times2=\frac{1}{12}+0.25=\frac{1}{12}+\frac{1}{4}=\frac{1}{12}+\frac{3}{12}=\frac{4}{12}=\frac{1}{3}$　よって，$\square=\frac{1}{3}\div2=\frac{1}{3}\times\frac{1}{2}=\frac{1}{6}$

(2) $1\frac{1}{3}-0.8=\frac{4}{3}-\frac{4}{5}=\frac{20}{15}-\frac{12}{15}=\frac{8}{15}$より，$\frac{8}{15}\times\left(3-2\frac{2}{7}\div\square\times2.625\right)+3.8=5$，$\frac{8}{15}\times\left(3-2\frac{2}{7}\div\square\times2.625\right)=5-3.8=1.2$，$3-2\frac{2}{7}\div\square\times2.625=1.2\div\frac{8}{15}=\frac{6}{5}\times\frac{15}{8}=\frac{9}{4}$，$2\frac{2}{7}\div\square\times2.625=3-\frac{9}{4}=\frac{12}{4}-\frac{9}{4}=\frac{3}{4}$，$2\frac{2}{7}\div\square=\frac{3}{4}\div2.625=\frac{3}{4}\div2\frac{5}{8}=\frac{3}{4}\div\frac{21}{8}=\frac{3}{4}\times\frac{8}{21}=\frac{2}{7}$　よって，$\square=2\frac{2}{7}\div\frac{2}{7}=\frac{16}{7}\times\frac{7}{2}=8$

(3) (平均点)＝(合計点)÷(人数)より，(合計点)＝(平均点)×(人数)となるから，20人の合計点は，73×20＝1460(点)とわかる。そのうち，ＡさんとＢさんを除いた18人の合計点は，72×18＝1296(点)なので，ＡさんとＢさんの合計点は，1460－1296＝164(点)となる。さらに，Ａさんの得点は97点だから，Ｂさんの得点は，164－97＝67(点)と求められる。

(4) 条件を図に表すと，右の図１のようになる。⑦－⑥＝①にあたる大きさと，$\boxed{7}-\boxed{4}=\boxed{3}$にあたる大きさが等しいので，⑦＝$\boxed{3}\times7=\boxed{21}$と表すことができる。よって，$A=\boxed{4}+\boxed{21}=\boxed{25}$となるから，$A:B:C=25:4:7$とわかる。また，$A$，$B$，$C$は２けたの数だから，$A=25\times3=75$，$B=4\times3=12$，$C=7\times3=21$と求められる。

図１

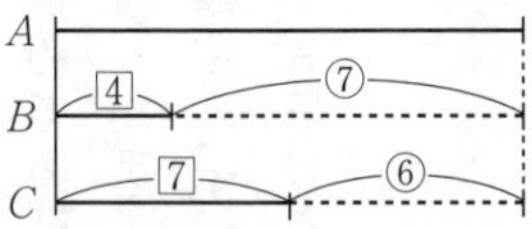

(5) 仕事全体の量を１とすると，Ａさんが１分間にする仕事の量は，$1\div40=\frac{1}{40}$となる。また，ＡさんとＢさんが１分間にする仕事の量の和は，$1\div24=\frac{1}{24}$なので，Ｂさんが１分間にする仕事の量は，$\frac{1}{24}-\frac{1}{40}=\frac{1}{60}$とわかる。さらに，ＡさんとＣさんが１分間にする仕事の量の和は，$1\div15=\frac{1}{15}$だから，Ａさん，Ｂさん，Ｃさんの３人が１分間にする仕事の量の和は，$\frac{1}{15}+\frac{1}{60}=\frac{1}{12}$と求められる。

よって，この仕事を３人ですると，$1\div\frac{1}{12}=12$(分)かかる。

(6)　右の図２で，OB，OD，OAは同じおうぎ形の半径なので，長さは等しい。また，BCで折り返しているから，OBとDBの長さも等しい。よって，三角形OBDは正三角形なので，角DOBの大きさは60度であり，角AODの大きさは，128－60＝68(度)とわかる。さらに，三角形ODAは二等辺三角形だから，㋐の角度は，(180－68)÷２＝56(度)と求められる。

図２

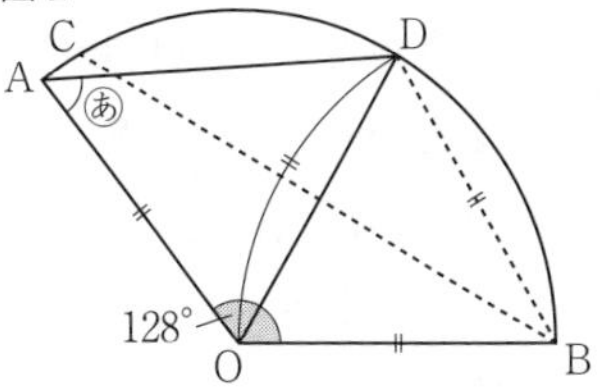

(7)　最初にＡに入っていた金額を４と５の最小公倍数の$\boxed{20}$とすると，最初にＢに入っていた金額は，$\boxed{20}\times\frac{3}{4}=\boxed{15}$となる。また，Ａから使った金額は，$\boxed{20}\times\frac{3}{5}=\boxed{12}$なので，Ａに残っている金額は，$\boxed{20}-\boxed{12}=\boxed{8}$である。一方，Ｂに700円を入れた後の金額は，$\boxed{15}+700$(円)になる。この後，Ｂに入っている金額の$\frac{7}{20}$をＡに移すと，ＡとＢの金額が同じになるから，上の図３より，移す前のＡとＢの金額の比は，$\left(1-\frac{7}{20}\times2\right):1=\frac{3}{10}:1=3:10$である。よって，$\boxed{8}:(\boxed{15}+700)=3:10$と表すことができ，$P:Q=R:S$のとき，$Q\times R=P\times S$という関係が成り立つので，$(\boxed{15}+700)\times3=\boxed{8}\times10$より，$\boxed{15}\times3+700\times3=\boxed{80}$，$\boxed{45}+2100=\boxed{80}$，$\boxed{80}-\boxed{45}=2100$，$\boxed{35}=2100$となる。したがって，$\boxed{1}=2100\div35=60$(円)とわかり，最初にＡに入っていた金額は，60×20＝1200(円)と求められる。

図３

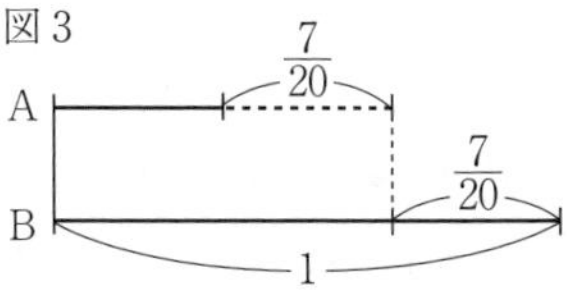

2　数列

(1)　一の位を四捨五入すると500になる整数は，495以上504以下の整数である。これらの整数の個数は，504－495＋１＝10(個)だから，これらの整数の和は，495＋496＋…＋504＝(495＋504)×10÷２＝4995となる。

(2)　十の位を四捨五入すると500になる整数は450以上549以下の整数であり，これらの整数の個数は，549－450＋１＝100(個)である。このうち，495以上504以下の10個の整数は一の位を四捨五入すると500になるので，条件に合う整数の個数は，100－10＝90(個)とわかる。

(3)　450以上549以下の100個の整数の和は，450＋451＋…＋549＝(450＋549)×100÷２＝49950となる。ここから(1)の答えをひくと，条件に合う整数の和は，49950－4995＝44955と求められる。

3　平面図形―構成，面積，相似，辺の比と面積の比

(1)　正六角形は，下の図１のように合同な６個の三角形に分けることができる。よって，三角形ABFの面積は，60÷６＝10(cm^2)である。

図１

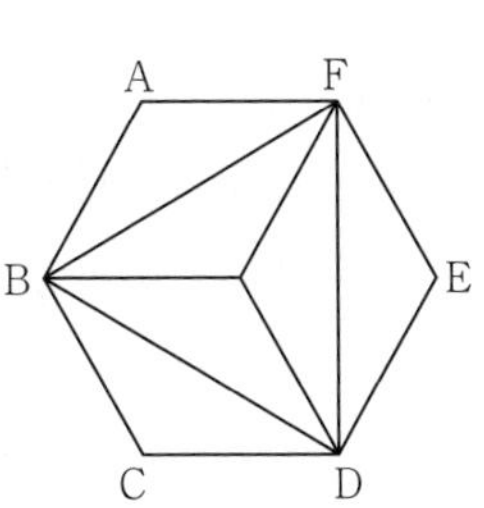

図２

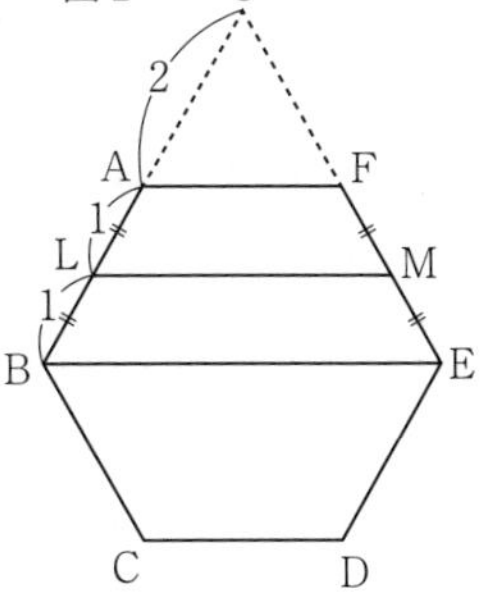

図３

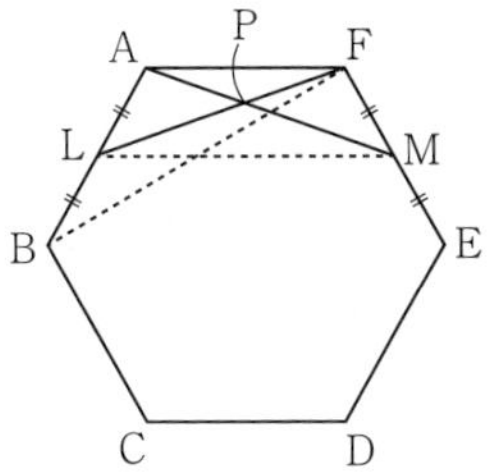

図４

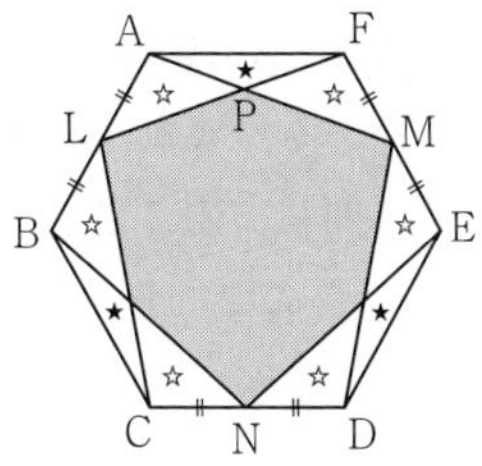

⑵　①　上の図２のように，BAとEFを延長して交わる点をＯとすると，３つの三角形OAF，OLM，OBEは正三角形になる。また，正六角形の１辺の長さを２とすると，正三角形OAFの１辺の長さは２，正三角形OLMの１辺の長さは，２＋１＝３，正三角形OBEの１辺の長さは，３＋１＝４となるから，AF：LM：BE＝２：３：４とわかる。　②　上の図３で，三角形ALFと三角形LBFの面積は等しい。また，⑴から三角形ABFの面積は$10cm^2$とわかるので，三角形ALFの面積は，10÷２＝５(cm^2)となる。次に，三角形APFと三角形MPLは相似であり，①から相似比は，AF：ML＝２：３とわかるから，FP：PL＝２：３となる。よって，三角形APFと三角形ALPの面積の比も２：３になるので，三角形APFの面積は，$5\times\frac{2}{2+3}=2$ (cm^2)と求められる。　③　②より，三角形ALPの面積は，５－２＝３(cm^2)とわかる。上の図４には，三角形APFと合同な三角形(★印)が３個あり，三角形ALPと合同な三角形(☆印)が６個ある。よって，これらの三角形の面積の合計は，２×３＋３×６＝24(cm^2)だから，影《かげ》のついた部分の面積は，60－24＝36(cm^2)と求められる。

4　流水算，旅人算，つるかめ算

⑴　船Ｐについて，下りの速さは時速，30÷２＝15(km)，上りの速さは時速，30÷$3\frac{20}{60}$＝９(km)だから，右の図１のように表すことができる。よって，川の流れの速さは時速，(15－９)÷２＝３(km)とわかる。

図１

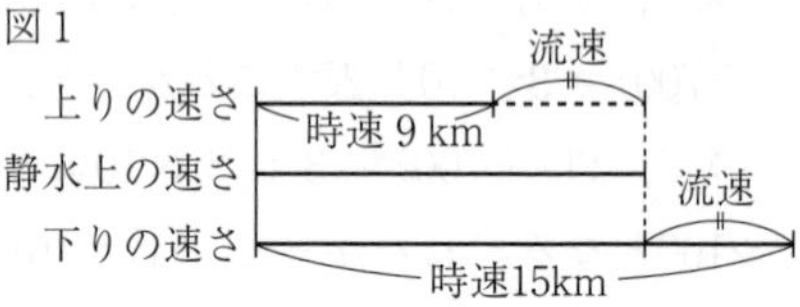

⑵　船Ｑの上りの速さは時速，30÷$2\frac{30}{60}$＝12(km)なので，船Ｑの静水上での速さは時速，12＋３＝15(km)である。

⑶　船Ｑについて，BA間の上りにかかる時間は２時間30分である。また，下りの速さは時速，15＋３＝18(km)だから，AB間の下りにかかる時間は，30÷18＝$\frac{5}{3}$＝$1\frac{2}{3}$(時間)(＝１時間40分)とわかる。よって，Ａ地点で30分止まった時間を含《ふく》めると，予定の時間は，２時間30分＋30分＋１時間40分＝４時間40分となる。実際にはこれよりも１時間40分おくれたので，実際にかかった時間は，４時間40分＋１時間40分＝６時間20分である。

⑷　①　船Ｐと船Ｑの進行のようすをグラフに表すと，右の図２のようになる。影をつけた２つの三角形は相似であり，相似比は，3.5：(２－１)＝７：２だから，ア：イ＝７：２とわかる。よって，Ｂ地点から１回目にすれちがう地点までの距離《きょり》(イの距離)は，$30\times\frac{2}{7+2}=\frac{20}{3}=6\frac{2}{3}$(km)と求められる。

図２

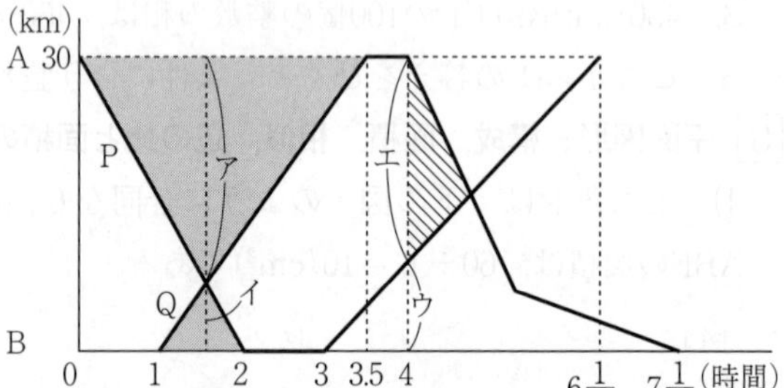

②　斜線《しゃせん》部分に注目する。船Ｐの上りの速さは時速９kmなので，ウの距離は，９×(４－３)＝９(km)となり，エの距離は，30－９＝21(km)とわかる。また，斜線部分での船Ｐと船Ｑの速さの和は時速，９＋18＝27(km)だから，斜線部分の時間は，21÷27＝$\frac{7}{9}$(時間)と求められる。よって，その間に船Ｑが下る距離は，$18\times\frac{7}{9}=14$(km)なので，Ｂ地点から２回目にすれちがう地点までの距離は，30－14＝16(km)である。

⑸　船Ｑが下りにかかった時間は，$7\frac{1}{3}-4=3\frac{1}{3}$(時間)だから，船Ｑの下りについてまとめると下

の図３のようになる。時速18kmで$3\frac{1}{3}$時間進んだとすると，$18\times3\frac{1}{3}$＝60(km)進むので，実際に進んだ距離よりも，60－30＝30(km)長くなる。時速18kmのかわりに時速３kmで進むと，進む距離は１時間あたり，18－３＝15(km)短くなるから，時速３kmで進んだ時間は，30÷15＝２(時間)とわかる。よって，Ｂ地点から故障した地点までの距離は，３×２＝６(km)と求められる。

図３

時速18km ⎫ 合わせて
時速３km ⎭ $3\frac{1}{3}$時間で30km

5 条件の整理

(1) 下の図１で，１列の和は，４＋７＋10＝21である。よって，ア＝21－(９＋４)＝８，イ＝21－(８＋７)＝６とわかる。

(2) 下の図２で，$a+X+b=X+6+8$となる。よって，等号の両側からXと除くと，$a+b=$14となることがわかる。

図１

ア	3	10
9	7	
4		イ

図２

a		
X	6	8
b		

図３

6		
★	9	ウ
10		

図４

11		23
	エ	2
		☆

図５

↑(ⅰ)	↑(ⅱ)	↑(ⅲ)

図６

a	b	c
h	X	d
g	f	e

(3) (2)と同様に考える。上の図３で，★＋９＋ウ＝６＋★＋10となるから，等号の両側から★を除くと，９＋ウ＝16となり，ウ＝16－９＝７と求められる。また，上の図４で，11＋エ＋☆＝23＋２＋☆となるので，等号の両側から☆を除くと，11＋エ＝25となり，エ＝25－11＝14とわかる。

(4) 上の図５で，９個の数の和が72であるとき，(ⅰ)，(ⅱ)，(ⅲ)の列の合計が72になるから，(ⅰ)，(ⅱ)，(ⅲ)の列の和はどれも，72÷３＝24になる。つまり，１列の和は24になる。

(5) 上の図６で，$a+X+e=24$，$b+X+f=24$，$c+X+g=24$，$d+X+h=24$となる。これら４つの式をすべて加えると，$(a+X+e)+(b+X+f)+(c+X+g)+(d+X+h)=$ $24\times4=96$(１列の和の４個分)となる。このうち＿部分の９個の和が72(１列の和の３個分)なので，X３個分の和が，96－72＝24(１列の和)になる。よって，$X=24\div3=8$と求められる。

(6) (5)から，真ん中の数の３倍が１列の和と等しくなることがわかる。右の図７で，１列の和は，27＋２＋37＝66だから，オ＝66÷３＝22と求められる。すると，★＋カ＋37＝★＋22＋27となるので，カ＝49－37＝12とわかる。また，右の図８で，★＋６＋☆＝★＋２＋19より，☆＝21－６＝15となる。よって，キの３倍が，19＋キ＋15＝キ＋34となるので，キの２倍が34になり，キ＝34÷２＝17と求められる。したがって，★＋17＋ク＝★＋２＋19より，ク＝21－17＝４とわかる。

図７

		27
	オ	2
★	カ	37

図８

★	2	19
6	キ	
☆		ク

社 会 ＜第１回試験＞(35分)＜満点：70点＞

解 答

1 問１ ア 問２ エ 問３ ウ 問４ オ 問５ 木簡 問６ ア 問７ 勘合 問８ 堺 問９ ウ 問10 エ 問11 イ 問12 イ 問13 エ 問14 ア

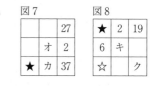

2 **問１** ウ　**問２** 国土地理院　**問３** イ　**問４** 田沢(湖)　**問５** エ　**問６** ア　**問７** イ　**問８** ア，カ　**問９** （例）（養殖漁業は稚魚を)いけすで育てて水揚げするが，(栽培漁業は稚魚を)川や海などに放流して水揚げする。　**問10** イ　**問11** ウ　**問12** 集積回路　**問13** オ　**問14** エ　**問15** イ　**3** **問１** ア　**問２** ウ　**問３** イ　**問４** 持続可能な開発　**問５** エ　**問６** (1)（例）（第)11(条の変更です。なぜなら，)第４条の２にある日割りの計算が第９条にも適用されるからです。　(2) ア　**問７** エ　**問８** 知る権利　**問９** ウ

解　説

1 各時代の歴史的なことがらについての問題

問１　「紀元前17世紀から紀元前12世紀ころ」は，日本では縄文時代にあたる。貝塚は，縄文時代の人々がごみ捨て場として使っていたと考えられる遺跡で，当時の人々の生活のようすを知ることができる。明治時代にモースによって発見された大森貝塚(東京都)は，日本で考古学が始まるきっかけとなった。なお，イは「埴輪《はにわ》」ではなく「土偶《どぐう》」が正しい。埴輪は古墳時代につくられるようになった素焼きの土製品で，古墳の周囲や頂上におかれた。ウの文は，旧石器時代のようすについて述べている。エについて，稲作は弥生時代に広がった。

問２　Ａは江戸時代，Ｂは室町時代，Ｃは安土桃山時代のできごとなので，時期の古いものから順にＢ→Ｃ→Ａとなる。なお，Ｃは豊臣秀吉の行った朝鮮出兵について説明した文。

問３　高松塚古墳(奈良県)は，７世紀末から８世紀初めごろにつくられたと考えられている古墳で，内部の壁には，四神《しじん》(白虎《びゃっこ》・青龍《せいりゅう》・玄武《げんぶ》・朱雀《すざく》)や男女の群像などが極彩色《ごくさいしき》で描かれている。

問４　Ａは安土桃山時代，Ｂは江戸時代，Ｃは鎌倉時代のできごとなので，時期の古いものから順にＣ→Ａ→Ｂとなる。

問５　飛鳥～奈良時代に律令制度が整備されると，情報伝達の必要性が高まったが，当時，紙は貴重品だったため，木簡《もっかん》とよばれる短冊《たんざく》状の木札が用いられた。木簡は税の荷札や役所間の連絡などに使われ，用が済んだあとは削《けず》って再利用された。

問６　牛馬耕が行われるようになり，西日本で米の裏作として麦をつくる二毛作が広まったのは，鎌倉時代のことである。

問７　室町時代前半，明(中国)が倭寇《わこう》(日本の武装商人団・海賊《かいぞく》)の取りしまりを幕府に求めてくると，室町幕府の第３代将軍を務めた足利義満はこれをきっかけとして明と国交を開き，貿易を始めた。日明貿易では，倭寇と区別するため正式な貿易船に勘合《かんごう》という合い札を持たせたことから，この貿易は勘合貿易ともよばれる。

問８　堺(大阪府)は古くから港町として発展し，室町時代には日明貿易の拠点《きょてん》として栄えた。戦国時代には全国有数の鉄砲の産地となり，会合《えごう》衆とよばれる有力な商工業者によって自治が行われた。茶道を大成したことで知られる千利休は，堺の出身である。

問９　元禄文化は，17世紀後半から18世紀初めにかけて，上方とよばれた京都・大坂(大阪)で栄えた町人文化で，歌舞伎《かぶき》・人形浄瑠璃《じょうるり》の脚本《きゃくほん》家である近松門左衛門《もんざえもん》や，浮世草子作家の井原西鶴《さいかく》らが活躍《かつやく》した。十返舎一九《じっぺんしゃいっく》が滑稽《こっけい》本『東海道中膝栗毛《ひざくりげ》』を刊行し，歌川広重が「東海道五十三次」などの浮世絵を描いたのは19世紀のことで，このころには江戸の町人を中心とした化政文化が栄えて

いた。

問10　薩摩藩(鹿児島県)は，1862年の生麦事件で藩士がイギリス人を殺傷すると，翌63年，その報復としてイギリス艦隊《かんたい》の砲撃を受けた(薩英戦争)。1894年，外務大臣陸奥《むつ》宗光《むねみつ》はイギリスとの交《こう》渉《しょう》で，領事裁判権の撤廃《てっぱい》をなしとげた。なお，アはフランス，イはロシア，ウはアメリカが，文中の「この国」にあたる。

問11　ア　1867年10月に江戸幕府の第15代将軍徳川慶喜《よしのぶ》が大政奉還を行うと，同年12月，新政府は王政復古の大号令を出して天皇中心の政治の復活を宣言した。　イ　戊辰《ぼしん》戦争(1868年１月～1869年５月)の始まりについて正しく説明している。　ウ　五箇条《ごかじょう》の御誓文《ごせいもん》は，戊辰戦争のさなかの1868年３月に出された。　エ　勝海舟は幕臣で，旧幕府軍の代表として西郷隆盛と会談した。

問12　ア　1858年，江戸幕府はアメリカと日米修好通商条約を結ぶと，オランダ・イギリス・フランス・ロシアとも同様の条約を結んだ(安政の五か国条約)。　イ　下関条約(1895年)のあとに行われた三国干渉の説明として，正しい。　ウ　「イギリス」ではなく「イタリア」が正しい。　エ　第二次世界大戦(1939～45年)で，ドイツは1945年５月に連合国に無条件降伏《こうふく》した。日本はそのおよそ３か月後の８月14日に，ポツダム宣言を受け入れて連合国に無条件降伏した。

問13　明治時代後半，現在の福岡県北九州市に官営八幡製鉄所が建設され，1901年に操業を開始した。この地が選ばれたのは，付近で石炭や石灰石がとれたことに加え，鉄鉱石の輸入先である中国に近かったためである。

問14　GHQ(連合国軍最高司令官総司令部)のマッカーサーは，占領が始まってすぐの1945年９月に昭和天皇と会見した。そして，翌46年１月，昭和天皇は「人間宣言」を発して，みずからの神格を否定した。

2　日本の地形や産業，各地域の特色についての問題

問１　筑紫《つくし》平野は有明海に，濃尾《のうび》平野は伊勢湾に，岡山平野は児島《こじま》湾に，石狩平野は石狩湾に面している。鹿児島湾は鹿児島県南部，敦賀《つるが》湾は福井県中部，内浦湾は北海道南西部に広がっている。

問２　国土地理院は国土交通省のもとにおかれた特別の機関で，国土の測量や地形図の作成などを行っている。

問３　写真では，筑波《つくば》山の山頂が中央よりやや右に写っているが，アとウから撮影《さつえい》すると，筑波山の山頂が写真の中央より左に写ることになる。イとエを比べたとき，イから撮影した場合は，筑波山の山頂から見て北西(左上)にある標高709.7mの地点が，写真の左側にふくらみとなって写るはずだが，エから撮影した場合，こうしたものは写らない。ここから，イが選べる。

問４　田沢湖は秋田県中西部にある湖で，最大水深423.4mは日本の湖の中で最も深い。

問５　ア　Aは奥羽山脈だが，ブナの原生林で知られるのは，秋田県と青森県にまたがる白神山地である。また，鳥海山は秋田県南西部と山形県北西部にまたがる火山で，奥羽山脈にふくまれない。イ　「日本アルプスの中央に位置する木曽山脈」ではなく，「日本アルプスの南に位置する赤石山脈」が正しい。　ウ　Cは紀伊山地で，夏の季節風は南東から吹《ふ》く。また，古くから林業がさかんに行われており，木の種類は，かしのような広葉樹ではなく，吉野すぎや尾鷲《おわせ》ひのきのような針葉樹が中心である。　エ　Dは九州山地で，その説明として正しい。なお，阿蘇山を九州山地にふくめないこともある。

問６　食糧管理法は，第二次世界大戦中の1942年に制定された法律で，米などの主要食糧を政府が

管理・統制することを目的とした。

問７　ア　一般に，小麦のような主食となる穀物のカロリーは，野菜よりも低い。また，日本は小麦の多くを外国からの輸入に頼っており，自給率は低い。　イ　日本の穀物自給率の現状を，正しく説明している。　ウ　農地に霜《しも》が降りることによって起こる「霜害《そうがい》」ではなく，夏に日照が不足したり気温が十分上がらなかったりすることで起こる「冷害」が正しい。　エ　牛肉の輸入は，1991年に自由化された。

問８　統計上では一般的に，木になり，実を食べるものが果実に，草になり，葉や茎《くき》なども食べるものが野菜に分類される。そのため，いちごやすいか，メロンなどは，統計上野菜に分類される。

問９　養殖漁業では，稚魚《ちぎょ》・稚貝あるいは卵を，十分な大きさに成長するまでいけすや池などで人工的に育て，水揚《みずあ》げする。一方，栽培漁業は稚魚・稚貝を川や海に放流したのち，自然の力で大きく育ったものをとって水揚げする。

問10　日本では昔から植林が行われており，その中心は建築材などとして用いられる針葉樹であった。しかし，1937年に始まった日中戦争や，1941年からの第二次世界大戦の影響で日本の森林は大量に伐採《ばっさい》され，終戦後も復興ために多くの木材が必要とされた。その後は森林を増やすために積極的に植林が行われた。こうしたことから，現在，日本の森林資源量の約６割が人工林となっている。統計資料は『日本国勢図会』2022／23年版による(以下同じ)。

問11　ア　戦後，原材料の輸入先が変わったことや，大消費地から遠いことなどから，北九州工業地帯の工業出荷額は減っていき，日本の工業地帯・地域の中で最も少なくなった。　イ　阪神工業地帯は，機械などをつくる中小工場が多いことが特徴《とくちょう》の一つといえる。　ウ　中京工業地帯の説明として，正しい。　エ　市原市は千葉県の東京湾岸に位置する都市で，石油化学工業がさかんなことで知られる京葉工業地域にふくまれる。

問12　ICは多くの小さな電子部品を集積させたもので，日本語では集積回路と表される。

問13　日本の市の人口は，神奈川県横浜市，大阪市，愛知県名古屋市の順に多い。よって，Aの第１位に横浜市が，Bの第１位に名古屋市があてはまる。なお，Aの第２位は川崎市，第３位は相模《さがみ》原《はら》市，Bの第２位は豊田市，第３位は岡崎市。Cは静岡県で，第１位は浜松市，第２位は静岡市，第３位は富士市となる。

問14　ア　小売業の売上高は大型スーパーが最も大きく，百貨店はコンビニエンスストアよりも小さい。　イ　スーパーマーケットは，1960～70年代にかけて急増した。セルフレジが導入されるようになったのは，2000年代以降のことである。　ウ　モーダルシフトとは，貨物輸送を，トラックなどから，より環境への負荷が小さい船や鉄道に切りかえる取り組みのことをいう。　エ　運輸業の現状として，正しい。

問15　ア　1999年から2021年にかけて最も減少したのは，村ではなく町である。　イ　1999年から2021年にかけて，九州地方のすべての県で町と村が減少する一方で，宮崎県以外で市の数が増えているのは，市町村合併《がっぺい》が行われたためだと考えられる。よって，正しい。　ウ　1999年から2021年にかけて，福岡県・長崎県・鹿児島県の３県では５市が増え，市町村合併がさかんに行われたと考えられるが，一人あたりの県民所得は福岡県が最も多い。　エ　人口増減率がプラスで，人口が増加しているのは福岡県と沖縄県だが，沖縄県の市の数の割合は九州地方で最も低い。

3　**政治のしくみや税，憲法，地方自治などについての問題**

問１　国会の召集《しょうしゅう》は天皇の国事行為の一つだが，その決定は内閣が行う。なお，内閣には，国会が議決した法律案を拒否《きょひ》する権限はない。また，条約の承認と憲法改正の発議は国会の権限である。

問２　ア　所得税に導入されている累進《るいしん》課税制度では，所得が高い人ほど税率が高くなる。　イ　源泉徴収とは，事業者(会社など)が給与(給料)から税をあらかじめ差し引く制度で，事業者が国などに税を納める。給与を受け取る側は，自分が税を納めるわけではないので，税を納めているという意識が低くなると考えられる。　ウ　消費税と間接税については，正しく説明している。
エ　レストランでの外食は，消費税における軽減税率の対象とならない。

問３　ア　衆議院議員の任期は４年で，参議院議員の６年よりも短い。　イ　衆議院議員の選挙について，正しく説明している。　ウ　内閣総理大臣の指名において，両議院の指名が異なったときには両院協議会が開かれ，それでも一致しないとき，または衆議院の指名後，国会休会中を除いて10日以内に参議院が指名しないときには，衆議院の指名が国会の指名となる。指名投票は衆参各議院の出席議員によって行われるので，各院の議員数の差は問題にならない。　エ　予算は，内閣が作成したものを国会が承認することで成立する。

問４　1992年にブラジルのリオデジャネイロで開かれた国連環境開発会議(地球サミット)では，「持続可能な開発」を基本姿勢とした話し合いが行われ，気候変動枠組《わくぐみ》条約や生物多様性保全条約などが採択《さいたく》された。また，2015年に国際連合で採択されたSDGsは，日本語では「持続可能な開発目標」と訳される。

問５　国民審査は，長官をふくめて15名の最高裁判所の裁判官を対象とする制度である。

問６　(1)　第４条の２は，歳費を日割りで計算することを定めているが，改正前の第11条では，第９条で規定された月額100万円の文書通信交通滞在《たいざい》費が，その規定の対象外とされている。そのため，１日しか議員でなかったとしても，その月の文書通信交通滞在費100万円を満額受け取ることができた。改正後は，この適用除外規定が削除《さくじょ》されているので，文書通信交通滞在費から名称の変わった調査研究広報滞在費についても，日割りで計算されることになる。　(2)　「文書通信交通滞在費」は，法律の改正によって「調査研究広報滞在費」という名称に改められた。「文書」「通信」「交通」「滞在」はそれぞれ，どのような使いみちのお金であるかがある程度は特定できるが，「調査」「研究」「広報」はこれらに比べると，具体的なお金の使いみちがわかりづらいといえる。

問７　ア　「首長」ではなく「選挙管理委員会」が正しい。　イ　有権者数の50分の１以上の署名を首長に提出し，議会で過半数の賛成を得ることで，条例の制定や改廃ができる。　ウ　都道府県知事は，各都道府県の有権者の直接選挙で選出される。　エ　地方自治における選挙制度を正しく説明している。

問８　行政機関が持つ情報を国民が自由に入手できるという権利は，一般的に「知る権利」とよばれる。日本国憲法には直接明記されていないが，社会の変化にともなって主張されるようになった「新しい人権」の一つで，この権利を保障するために情報公開制度が整備されている。

問９　日本国憲法は，前文と第９条で平和主義を規定しているが，核兵器についての記述はない。なお，核兵器を「つくらず，持たず，持ちこませず」という考え方は非核三原則とよばれ，日本政府の核兵器に対する基本方針となっている。

理　科　＜第１回試験＞（35分）＜満点：70点＞

解　答

1 (1) オ　(2) ⑤ 6　⑥ 8　(3) ヤゴ　(4) ウ　(5) イ　(6) ア　(7) ク　(8) イ
2 (1) ウ，オ　(2) エ　(3) ア　(4) イ　(5) **P** イ　**Q** ア　**R** ウ　(6) ウ　(7) チバニアン
3 (1) ウ，カ　(2) **B** エ　**C** ア　(3) **図３**…エ　**図４**…ウ　(4) **B** $\frac{1}{4}$倍　**C** １倍　(5) エ　(6) 0.5アンペア　(7) イ　(8) 360円
4 (1) オ　(2) エ　(3) イ　(4) 22.5cm^3　(5) 25cm^3　(6) 1.7 g　(7) 2.04 g　(8) 10.2 g

解　説

1 昆虫《こんちゅう》とそうでない虫，ミツバチの行動についての問題

(1)，(2)　昆虫の体は頭部，胸部，腹部の３つに分かれていて，６本(３対)のあしとはね(多くは４枚)は胸部についている。一方，クモの体は頭胸部と腹部の２つに分かれていて，８本(４対)のあしが頭胸部についている。

(3)　トンボの幼虫は一般《いっぱん》にヤゴと呼ばれ，水中で生活し，小さな魚や小動物をとらえて食べる。

(4)　カブトムシの幼虫は，腐《くさ》った落葉などの混じった土の中で生活している。成虫は樹液をなめるが，幼虫は腐った落葉などを食べる。

(5)　アはカマキリ，イはミツバチ，ウはスズメバチ，エはセミである。ミツバチの頭部には，左右の側面に大きな複眼が１対，中央部(触角《しょっかく》の上方)に３つの単眼がある。口は，ものをかむのに適した大きなあごと，花の蜜《みつ》などを吸うのに適したつくり(イの図では，それが中にしまわれている)を合わせもっている。

(6)　図５を見ると，えさ場は太陽の方角から時計回り(右回り)に45度ずれた方角にある。したがって，巣板の表面のミツバチは，垂直上向きから時計回りに45度ずれた方向に直進するアのダンスを行う。

(7)　正午に太陽が南中しているので，巣板の表面で８の字ダンスをするミツバチにとって，垂直上向き(真上の方向)が南となる。そして，垂直上向きから時計回りに135度ずれた方向に直進しているので，えさ場は南の方角から時計回りに135度ずれた方角，つまり北西にある。

(8)　15時には太陽がほぼ南西の方角にある。南西の方角から見てえさ場のある北西の方角は時計回りに90度ずれているので，ミツバチは垂直上向きから時計回りに90度ずれた方向に直進するイのダンスを行う。

2 地層についての問題

(1)　チャートは二酸化ケイ素という物質を主成分とする堆積《たいせき》岩で，その成分でできた殻《から》をもつ放散虫や海綿動物などの死がいが堆積してできたと考えられている。また，石灰岩は炭酸カルシウムが主成分の堆積岩で，サンゴや貝殻などが堆積してできる場合と，炭酸カルシウムが沈殿《ちんでん》してできる場合とがある。安山岩，花こう岩，玄武《げんぶ》岩は地下のマグマが由来の火成岩である。

(2)　サンゴは温暖できれいな浅い海にすむ生物なので，サンゴの化石を含《ふく》む地層もそれと同じような環境《かんきょう》でできたと考えられる。

⑶　三葉虫やフズリナは古生代，アンモナイトや恐竜《きょうりゅう》は中生代，ナウマンゾウやビカリアは新生代の代表的な化石である。

⑷　川に流されてきた土砂が海に流れ出ると，大きい粒《つぶ》ほど早くしずむので，河口(陸地)に近くて浅い海底にはれきが堆積し，河口からはなれた沖《おき》の深い海底には泥《どろ》が堆積する(砂はれきと泥の中間付近に堆積する)。よって，深い海に生息する微《び》生物の化石は，泥が堆積してできた泥岩《でいがん》の層に多いと考えられる。

⑸　**P**　地層に大きな力が加わると，地層が切れてずれることがある。このずれを断層という。引っ張られたときには正断層，圧縮されたときには逆断層ができる。　**Q**　地層が圧縮されたさい，地層が切れずに波打つように曲がることがある。これをしゅう曲という。　**R**　斜面《しゃめん》などで表面付近の土砂が斜面をすべり降りる現象を地すべりという。

⑹　図２では，Ｂの地層とＣの地層の境目がすべり面となり，Ｂの地層だけが地すべりを起こしたと考えられる。そのため，Ｂの地層の一部が曲がり，すべり面より下のＣの地層はまっすぐのままになっている。もし，この曲がりがしゅう曲であるならば，Ｂの地層だけでなく，その下のＣの地層も同様に曲がっているはずである。

⑺　2020年１月，77.4万年前から12.9万年前までの地質時代の名称《めいしょう》が，そのころの様子(歴史上もっとも新しい地磁気逆転)が千葉県市原市にある地層によく現れていることから，チバニアンと決められた。

3　電流回路についての問題

⑴　図１の回路は電池１個に対して２個の豆電球が並列つなぎとなっているが，ウの回路は２個の豆電球が直列つなぎになっている。また，カの回路では，下側の豆電球には電流が流れず(ショートしている)，電池１個に対して豆電球１個だけがつながった回路となっている。

⑵　図２の回路の豆電球Ａを流れる電流の強さを１とすると電池にも１の電流が流れる。また，図３の回路では，豆電球２個が直列につながっているので，豆電球Ｂには$\frac{1}{2}$の強さの電流が流れる。図４の回路では，豆電球３個の並列つなぎとなっているので，豆電球Ｃには１の強さの電流が流れる。

⑶　図３の回路では，回路全体に$\frac{1}{2}$の強さの電流が流れるため，電池から流れる電流の強さも$\frac{1}{2}$である。図４の回路では，並列つなぎの豆電球３個それぞれに１の強さの電流が流れるため，電池からは($1 \times 3 =$)３の強さの電流が流れる。

⑷　豆電球Ａ，豆電球Ｂ，豆電球Ｃに流れる電流の強さはそれぞれ１，$\frac{1}{2}$，１であり，かかる電圧の大きさはそれぞれ１，$\frac{1}{2}$，１なので，消費電力は，豆電球Ａが，$1 \times 1 = 1$，豆電球Ｂが，$\frac{1}{2} \times \frac{1}{2} = \frac{1}{4}$，豆電球Ｃが，$1 \times 1 = 1$となる。

⑸　豆電球を直列につないだ図３の回路では，豆電球Ｂにかかる電圧が図２の回路より小さくなったが，豆電球を並列につないだ図４の回路では，豆電球Ｃにかかる電圧が図２の回路と同じだった。このことからもわかるように，一般家庭の電気回路は，どの電化製品にも等しく100ボルトの電圧がかかるように，コンセントが並列につながるように配線されている。また使用した電化製品のそれぞれに流れる電流が合わさってブレーカーに流れるようになっており，電流の強さの合計が基準値を上回ると，導線が過熱し，火災《かさい》などの危険が高まるため，「ブレーカーが落ちる」ようになっ

ている。

⑹　電球を流れる電流の大きさを□アンペアとすると，□×100＝50となるから，□＝50÷100＝0.5(アンペア)と求められる。

⑺　使用する電化製品の消費電力の合計が，30×100＝3000(ワット)をこえる組み合わせを調べると，アは，1250＋750＋900＝2900(ワット)，イは，1250＋750＋1100＝3100(ワット)，ウは，250＋1500＋1100＝2850(ワット)，エは，900＋950＋1000＝2850(ワット)となるから，イが選べる。

⑻　750ワットの消費電力で１時間電気を使用し続けた場合の料金は，$2\times\frac{750}{100}=15$(円)である。よって，24時間では，15×24＝360(円)になる。

4　水溶液《すいようえき》の性質と中和についての問題

⑴　硫酸《りゅうさん》は酸性の水溶液なので，BTB溶液は黄色を示す。また，フェノールフタレイン溶液はアルカリ性の水溶液に対して赤色に変化する指示薬なので，硫酸に対しては無色のままとなる。

⑵　表１より，硫酸Ａと水酸化ナトリウム水溶液Ｂは，10：25＝２：５の体積比でちょうど中和するので，35cm³の硫酸Ａとちょうど中和する水酸化ナトリウム水溶液Ｂは，$35\times\frac{5}{2}=87.5$(cm³)である。よって，水酸化ナトリウム水溶液Ｂを，87.5－80＝7.5(cm³)加えるとよい。

⑶　アンモニアは水にきわめて溶《と》けやすい気体で，水上置換《ちかん》法では集められない。

⑷　表２より，(硫酸Ａの体積の値)：(アンモニアの重さの値)＝10：0.68＝250：17のときにちょうど中和することがわかる。したがって，求める硫酸の体積は，$1.53\times\frac{250}{17}=22.5$(cm³)とわかる。

⑸　ちょうど中和するとき，硫酸Ａと水酸化ナトリウム水溶液Ｂの体積比は２：５なので，62.5cm³の水酸化ナトリウム水溶液Ｂとちょうど中和する硫酸Ａは，$62.5\times\frac{2}{5}=25$(cm³)になる。

⑹　アンモニアと中和した硫酸Ａは，50－25＝25(cm³)だから，これとちょうど中和するアンモニアの重さは，$25\times\frac{17}{250}=1.7$(ｇ)である。

⑺　50cm³の水酸化ナトリウム水溶液Ｂとちょうど中和した硫酸Ａは，$50\times\frac{2}{5}=20$(cm³)なので，化学反応Ｘで発生したアンモニアと中和した硫酸Ａは，50－20＝30(cm³)である。よって，この硫酸Ａとちょうど中和したアンモニア，つまり実験３で得られたアンモニアは，$30\times\frac{17}{250}=2.04$(ｇ)と求められる。

⑻　タンパク質10ｇが反応したときに発生するアンモニアの重さは2.0ｇなので，2.04ｇのアンモニアを発生させたとりもも肉50ｇに含まれるタンパク質の重さは，$10\times\frac{2.04}{2.0}=10.2$(ｇ)である。

国　語　＜第１回試験＞（50分）＜満点：100点＞

解　答

一　**問１**　㋐　4　㋑　2　㋒　1　**問２**　(例)　草壁は何をやっても駄目だという久留米先生の先入観をひっくり返す(ため。)　**問３**　2　**問４**　素質や才能　**問５**　4　**問６**　(例)　野球の技量に自信があること。　**問７**　(例)　自分たちが良く思っていない久留米先生がほめられているから。　**問８**　3　**問９**　1　**問10**　4　**問11**　3　**問12**　2　**問13**　(例)　久留米先生の決めつけに自分の言葉でていこうする草壁を見て，期待以上の結果にうれしくなったから。　**二**　**問１**　4　**問２**　1　**問３**　1　**問４**　2　**問５**　I

触覚が最初に発達　Ⅱ　直接触らなくても，見ただけで　**問６**　子どものころの記憶　**問７**　3　**問８**　想像力の補完　**問９**　1　**問10**　（例）　毎年田舎の祖母のもとを訪れ，田んぼの周りで遊んでいたので，稲穂がゆれる田園風景の絵を鑑賞した際に，秋の冷たい空気やあぜ道のどろの感触をありありと思い出し，絵の中に自分が立っているような感覚になった。

三　下記を参照のこと。

●漢字の書き取り

三　１　講評　２　宇宙　３　延(ばす)　４　胃腸　５　浴(びて)　６　登録

解説

一　**出典は伊坂幸太郎《いさかこうたろう》の『逆ソクラテス』による。**草壁《くさかべ》は何をやっても駄目《だめ》だという久留米《くるめ》先生の先入観をひっくり返すために，安斎と「僕《ぼく》」は野球教室に講師で来るプロ野球選手（打点王氏）に，強《ごう》引《いん》なお願いをする。

問１　㋐　「様になる」は，それにふさわしいようすになる。かっこうがつく。　㋑　「一瞥《いちべつ》」は，ちらっと一目見ること。「一瞥をくれる」という表現も，同じ意味で使われる。　㋒　「太鼓判《たいこばん》」は，確実だという保証。「太鼓判を押《お》す」で，確実だと保証する。

問２　少し後に，「安斎の目論《もくろ》みはそれだろう」とあるので，その前の部分から「それ」の内容をまとめる。野球教室で草壁が上手にできないと，「草壁は何をやっても駄目だ」という先入観を持っている久留米先生は，「やはり」と思ってしまう。そこで選手から「君はなかなか素質がある」と言ってもらうことで，その先入観をひっくり返すことが，安斎の本当の目的なのである。

問３　「苦笑」は，返答に困るなどしたときに，それをまぎらすための笑い。草壁を褒《ほ》めてほしいと言われた選手は，褒めることはできるけど，「嘘《うそ》はつけない」と言っているので，２がよい。

問４　「素質があるかなんて，誰《だれ》にも分からない」と言う安斎に対し，選手は困った顔をしたが，それは「厳しい現実」を教えることをためらっていたからなのである。その後，自分もプロだから「素質や才能は一目瞭然《いちもくりょうぜん》だ」と厳しいことを言っている。

問５　「吝《やぶさ》かではない」は“喜んで～する”という意味。選手は，草壁を「少し褒める」だけのことなら喜んで引き受けようと言ってくれたのだから，４が合う。

問６　「腕《うで》に覚えがある」とは，自分の力量や腕前に自信があるということ。ここでは，野球教室でバットを振《ふ》っているのだから，野球の技量に自信があるという意味になる。

問７　ぼう線⑥は，女子たちが久留米先生を「恰好《かっこう》いい」と褒めているのを聞いた，「僕」と安斎の気持ちである。自分たちが良く思っていない久留米先生が褒められているので，不快な気持ちになったと考えられる。

問８　打点王氏は，「僕」と安斎を見て，「前日，タクシーに乗り込《こ》んできた二人だと分かった」と次の文にある。草壁を褒めてあげることを強引に頼《たの》まれて了承《りょうしょう》したことを思い出し，少し緊張《きんちょう》を感じたと考えられる。

問９　「自分に向けられた槍《やり》の切っ先」とは，自分に対して「黙《だま》ってて」と言い放った安斎の反抗《はんこう》的《てき》な言動のたとえ。その形を「じっと確認《かくにん》するかのよう」とは，どうして安斎がそんな言葉を発したのかがわからず，その意図をはかろうとしていることを示している。

問10　「僕」と安斎は打点王氏に，草壁を「素質がある」と褒めるよう頼み込んでいた。自分たちの望み通りの発言を打点王氏がしてくれたため，次の文からわかるように心から満足したのだから，４が合う。

問11　「乗りかかった船」とは，いったんかかわった物事は途中《とちゅう》でやめるわけにはいかないということ。打点王氏は「僕」と安斎の頼みを引き受け，草壁に「素質がある」と言ってくれた。さらに，「努力すれば，きっといい選手になる」とまで付け足してくれたのだから，３が選べる。

問12　打点王氏の草壁への褒め言葉を，久留米先生は「お世辞」だと決めつけた。久留米先生のその言葉に対し，ぼう線⑪のようにゆっくりと，はっきりと言ったのには，自分の意見は違《ちが》うということを相手にはっきりと強く印象づける効果があるので，２がよい。

問13　安斎と「僕」は，草壁は何をやっても駄目だという久留米先生の先入観をひっくり返したいと考え，打点王氏に草壁を褒めてほしいとお願いした。だがその結果，久留米先生の決めつけに草壁は，自分の言葉でていこうした。それを見て，期待以上の結果にうれしくなって，笑ったのである。

二　**出典は齋藤《さいとう》亜《あ》矢《や》の『ルビンのツボ　芸術する体と心』所収の「仮想と現実」による**。さまざまな感覚経験を充実《じゅうじつ》させることが，鑑賞《かんしょう》体験を豊かにすることにつながると述べられている。

問１　Ａ　子どものころに遊んだ公園では，熱心に，怪《あや》しまれないような落とし穴を掘《ほ》ったと前にある。後には，その穴に誰かが落ちることはめったになかったと，期待に反する結果が続いているので，前のことがらに対し，後のことがらが対立する関係にあることを表す「しかし」あるいは「でも」が合う。　　Ｂ　直前には，複合的な感覚経験を積み重ねることが「見る」という視覚体験を豊かにし，それは作品を観《み》るときにも影響《えいきょう》するはずだとある。後には，油絵の具体的な説明が続いているので，具体的な例をあげるときに用いる「たとえば」が入る。　　Ｃ　前には，メディア・アートの藤幡正樹《ふじはたまさき》さんの作品を例に，不在を補って想像する実体にはリアルな存在感が生まれると述べられている。後には，アニメーションでは，絵を重ねることで動きのリアルさが生み出されると書かれている。リアル感を生み出す方法について，アートとアニメーションの違いを示しているので，“他の方面では”という意味の「いっぽう」がよい。

問２　直前の文にある「獲物《えもの》を待ちきれず」とは，自分のつくった落とし穴に誰かがはまるのを待ちきれずに，という意味。誰かがはまるのを楽しみにするあまり，穴に気づかないふりをして自分がわざと穴の近くまで行き，落ちるのだから，１があてはまる。

問３　ぼう線②を感じられる体験とは，直前の文にあるように，五感をつかい，全身で世界と関わり合う体験を指す。「五感」は，視覚・聴覚《ちょうかく》・嗅覚《きゅうかく》・味覚・触覚《しょっかく》をいう。２，３は物に触《ふ》れたときの感覚である「触覚」をつかい，４は「味覚」をつかっている。

問４　次の三段落に注目する。筆者自身も実は砂を食べた経験があり，食べられないうえに食べてはいけないとわかっていたのに口に入れ，不快感と恥《は》ずかしさを味わったことを思い出して「そわそわした気持ち」になったのである。

問５　Ⅰ　直前の段落に，幼い子どもは手や口で触れるという感覚をとおして世界を知ろうとし，「触覚が最初に発達」する口に何でも入れてしまうと書かれている。　　Ⅱ　次の文に，ぼう線④の理由が述べられている。成長すると，「直接触《さわ》らなくても，見ただけで」それが何であるかやその質感が認識できるようになるのである。

問６　続く部分に注目する。子どものころの経験を思い出しながら原稿《げんこう》を書くうちに，石ころが掘り起こされるように，「子どものころの記憶《きおく》」も次々と掘り起こされたと書かれている。

問７　「モネの睡蓮《すいれん》」は，「その一つ」で，ピントをずらすと日差しや風や湿度《しつど》も感じられるリアルな空間がたちあがると述べられているので，直前をみると，「大胆《だいたん》な表現なのにリアルさを感じる」とある。「雪松図」も，直前にあるように，「大胆な」筆づかいゆえに，「よりリアルさを感じる」作品の例にあげられている。

問８　続く部分に注目する。ここに存在する自分も不在の藤幡さんも影《かげ》が同じ平面にあるために，藤幡さんの「実体も同じ空間にいる」ように思われる，つまり，「不在を補って想像される実体」には「リアルな存在感」があると述べられている。ここで行われていることをその後で「想像力の補完」と表現しており，さらに続く部分でも，不在を補うためにわたしたちは想像力をはたらかせると説明している。

問９　続く部分に注意する。陽イオンのマークが，乳児のころに通った病院の赤十字マークに似ていたために，機器に固定されて検査を受けたいやな記憶と結びついていたのだから，１が合う。なお，「言葉で表現できるようになった最初の記憶」，「思い出さないようにしていた～記憶」，「病院が嫌《きら》いになった」とある２～４は合わない。

問10　「からだで感じる」体験を多くしていると，作品を観るときに，自分の感じたリアルな感覚を思い起こして作品に重ね，作品の中に入り込むように味わうことができるはずだと筆者は考えている。「五感」で感じられた自身の体験を思い出してまとめる。

三　漢字の書き取り

１　理由を説明しながら良いところ悪いところを述べること。　**２**　地球・太陽・星など全ての天体をふくむ，空間の広がり。　**３**　音読みは「エン」で，「延長」などの熟語がある。　**４**　胃と腸。　**５**　音読みは「ヨク」で，「浴室」などの熟語がある。　**６**　届《とど》け出て，帳簿《ちょうぼ》にのせてもらうこと。

Dr.福井の入試に勝つ！脳とからだのウルトラ科学

復習のタイミングに秘密あり！

算数の公式や漢字，歴史の年号や星座の名前……。勉強は覚えることだらけだが，脳は一発ですべてを記憶することができないので，一度がんばって覚えても，しばらく放っておくとすっかり忘れてしまう。したがって，覚えたことをしっかり頭の中に焼きつけるには，ときどき復習をしなければならない。

ここで問題なのは，復習をするタイミング。これは早すぎても遅すぎてもダメだ。たとえば，ほとんど忘れてしまってから復習しても，最初に勉強したときと同じくらい時間がかかってしまう。これはとっても時間のムダだ。かといって，よく覚えている時期に復習しても何の意味もない。

そもそも復習とは，忘れそうになっていることを見直し，記憶の定着をはかる作業であるから，忘れかかったころに復習するのがベストだ。そうすれば，復習にかかる時間が一番少なくてすむし，記憶の続く時間も最長になる。

では，どのタイミングがよいか？　さまざまな研究・発表を総合して考えると，１回目の復習は最初に覚えてから１週間後，２回目の復習は１か月後，３回目の復習は３か月後――これが医学的に正しい復習時期だ。復習をくり返すたびに知識が海馬《かいば》（脳の，知識をためる倉庫みたいな部分）にだんだん強くくっついていくので，復習する間かくものびていく。

この計画どおりに勉強するには，テキストに初めて勉強した日付と，その１週間後・１か月後・３か月後の日付を書いておくとよい。あるいは，復習用のスケジュール帳をつくってもよいだろう。もちろん，計画を立てたら，それをきちんと実行することが大切だ。

ちなみに，記憶量と時間の関係を初めて発表したのがドイツのエビングハウスという学者で，「エビングハウスの忘却《ぼうきゃく》曲線」として知られている。

えーと
あ，そうだった！
あ，思い出した！
もう，覚えてるよ

Dr.福井（福井一成《ふくいかずしげ》）…医学博士。開成中・高から東大・文Ⅱに入学後，再受験して翌年東大・理Ⅲに合格。同大医学部卒。さまざまな勉強法や脳科学に関する著書多数。

2023
年度

吉祥女子中学校

【算　数】〈**第２回試験**〉（50分）〈満点：100点〉

1　次の問いに答えなさい。

(1)　次の空らん $\square$ にあてはまる数を答えなさい。

$$\left\{\left(1\frac{1}{4}-\square\right)\div1.5-\frac{1}{2}\right\}\times9=1$$

(2)　次の空らん $\square$ にあてはまる数を答えなさい。

$$2-\left\{2\frac{3}{7}\times\left(\square\div3-\frac{2}{15}\right)-2\frac{2}{5}\div0.6\right\}=1\frac{7}{15}$$

(3)　ＡさんとＢさんの２人がそれぞれお金を持っています。２人の持っている金額の合計は6100円で，Ａさんの持っている金額は，Ｂさんが持っている金額の２倍より400円多いです。Ａさんが持っている金額は何円ですか。

(4)　袋《ふくろ》の中に赤い玉と白い玉が合計で129個入っています。この袋の中から，赤い玉を８個取り出し，白い玉を61個加えたところ，赤い玉と白い玉の個数の比が４：３となりました。はじめに入っていた赤い玉の個数は何個ですか。

(5)　ある品物を定価の２割引きで売ると120円の利益となり，定価の３割引きで売ると72円の損失になります。品物の仕入れ値はいくらですか。

(6)　右の図のように，縦８cmの長方形の中に，半円が２つ重なっています。㋐の面積が㋑の面積の２倍であるとき，長方形の横の長さは何cmですか。ただし，円周率は3.14とします。

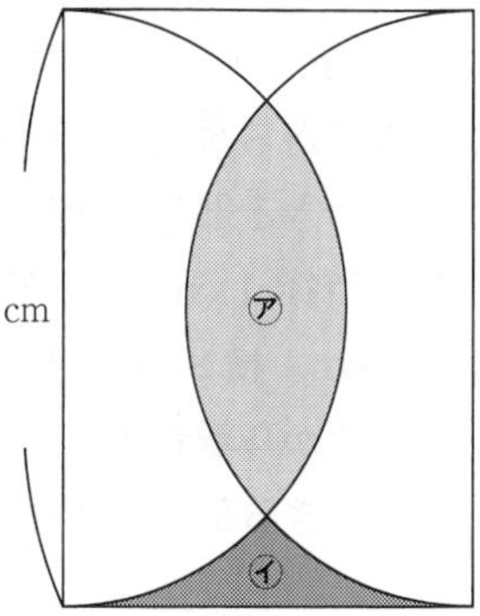

(7)　２つの食塩水Ａ，Ｂがあります。ＡとＢを３：２の割合で混ぜると13％の食塩水ができます。また，ＡとＢを２：３の割合で混ぜると11％の食塩水ができます。ＡとＢを３：５の割合で混ぜたときにできる食塩水の濃《こ》さは何％ですか。

2　右の図のように，三角形ABCの辺AB，BC，CAのそれぞれに平行な直線IF，EH，GDが点Ｐで交わっています。AI：IH：HC＝４：３：５で，三角形IPHの面積は18cm²です。次の問いに答えなさい。

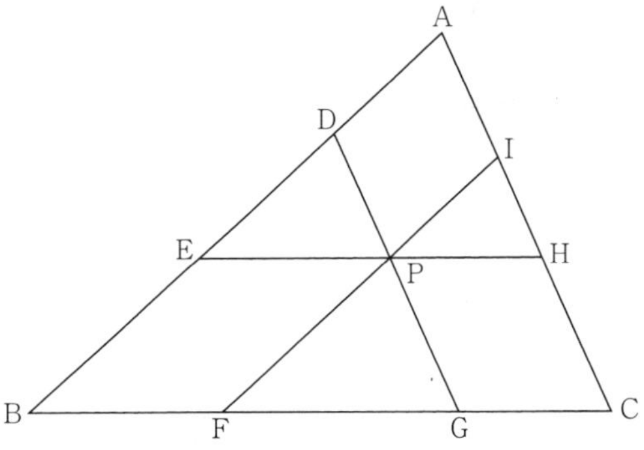

(1)　EP：PHをもっとも簡単な整数の比で答えなさい。

(2)　四角形PGCHの面積は何cm²ですか。

(3)　４つの点Ｄ，Ｅ，Ｆ，Ｈを結んでできる四角形DEFHの面積は何cm²ですか。

3　Ａさん，Ｂさん，Ｃさんの３人が，それぞれ一定の速さで学校から駅まで歩きました。Ａさんが出発した５分後にＢさんが出発し，さらにその10分後にＣさんが出発しました。Ｂさんは出発して20分後にＡさんを追いこし，Ｃさんは出発して30分後にＢさんと同時に駅に着きました。次の問いに答えなさい。

(1)　ＡさんとＢさんの速さの比をもっとも簡単な整数の比で答えなさい。

(2)　ＡさんとＣさんの速さの比をもっとも簡単な整数の比で答えなさい。

(3)　ＣさんがＡさんを追いこすのは，Ａさんが出発してから何分後ですか。途中《とちゅう》の式や考え方なども書きなさい。

4　次の問いに答えなさい。ただし，円周率は3.14とします。

(1)　半径１cmの円が，図１のように，縦２cm，横６cmの長方形の内側を動きます。円が動くことができる部分の面積は何cm^2ですか。

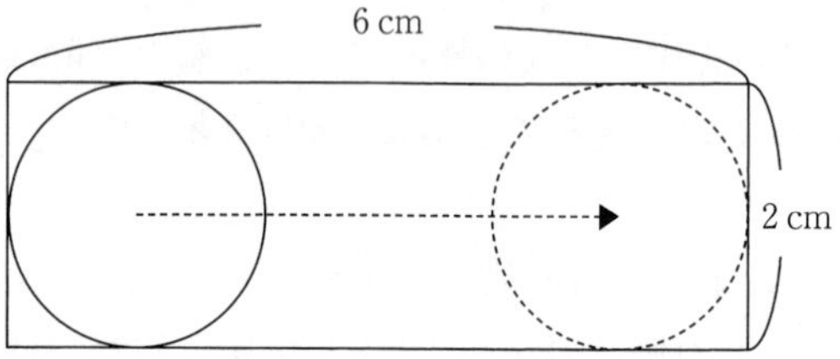

図１

(2)　半径１cmの円が，図２のように，縦３cm，横７cmの長方形の内側を，長方形の辺から離《はな》れずに動きます。円が動くことができる部分の面積は何cm^2ですか。

(3)　半径１cmの円が，図３のように，縦５cm，横８cmの長方形の内側を，長方形の辺から離れずに動きます。円が動くことができる部分の面積は何cm^2ですか。

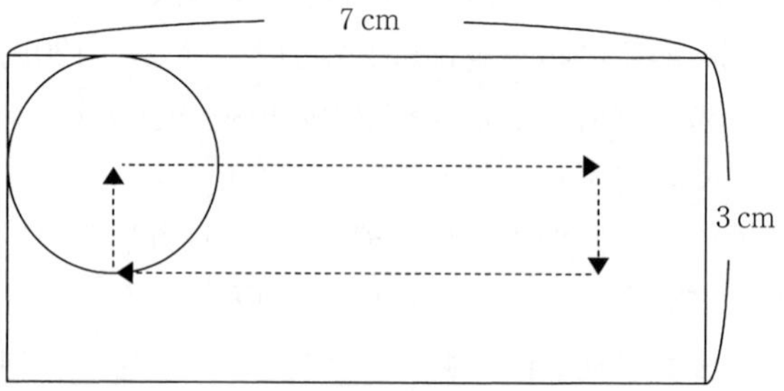

図２

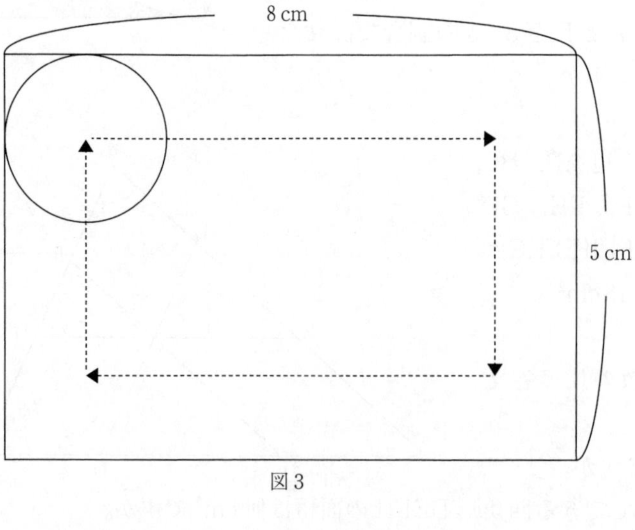

図３

(4)　半径１cmの円が，縦２cmの長方形の内側を，長方形の辺から離れずに動きます。円が動くことができる部分の面積が31.14cm²であるとき，長方形の横の長さは何cmですか。

(5)　半径１cmの円が，縦５cmの長方形の内側を，長方形の辺から離れずに動きます。円が動くことができる部分の面積が31.14cm²であるとき，長方形の横の長さは何cmですか。

(6)　次の空らん□にあてはまる数をすべて答えなさい。

> 縦の長さが横の長さよりも短く，縦と横の長さがどちらも整数である長方形があり，その周の長さは□cmである。
> 半径１cmの円が，この長方形の内側を，長方形の辺から離れずに動いたところ，円が動くことができる部分の面積が191.14cm²であった。

5　整数Xのそれぞれの位の数字のうち，１の個数を$[X]$と表すことにします。
たとえば，[23]＝０，[161]＝２です。次の問いに答えなさい。

(1)　次の空らん[あ]，[い]にあてはまる数を答えなさい。
[517]＝[あ]，[110]＝[い]

(2)　次の空らん[ア]～[エ]にあてはまる数を答えなさい。

> ●[0]＋[1]＋[2]＋[3]＋……＋[9]＝[ア]
> ●[10]＋[11]＋[12]＋[13]＋……＋[19]＝[イ]
> ●[20]＋[21]＋[22]＋[23]＋……＋[99]＝[ウ]
> これらのことから，
> [0]＋[1]＋[2]＋[3]＋……＋[99]＝[エ]である。

(3)　[100]＋[101]＋[102]＋[103]＋……＋[199]はいくつですか。

(4)　[0]＋[1]＋[2]＋[3]＋……＋[999]はいくつですか。

(5)　[0]＋[1]＋[2]＋[3]＋……＋$[A]$＝212となる整数Aをすべて答えなさい。途中《とちゅう》の式や考え方なども書きなさい。

【社　会】〈第２回試験〉（35分）〈満点：70点〉

1　次の文章を読んで，後の問いに答えなさい。

日本の医学は，中国・欧米《おうべい》などの海外の影響《えいきょう》を受けながら発展してきました。

歴史書を見てみると，①中国の医学の知識は，５～６世紀ころには渡来人などを通じて日本に伝わってきていたと記されています。その後も日本は，中国の知識を吸収していきました。例えば唐の僧である鑑真は薬にくわしく，来日したときにその知識を日本に広めたと言われています。また，仏教の，広く民衆を救い労《いたわ》りの心で恵《めぐ》みを与《あた》えるという教えのもと，施薬院や悲田院を建てたことで知られる皇后は，さまざまな薬草をそろえたとされ，その中には中国伝来のものも含《ふく》まれていました。②この皇后は，後に夫である天皇が亡《な》くなると，その供養《くよう》の時に約60種の薬を『種々薬帳《しゅじゅやくちょう》』という目録とともに奉納《ほうのう》しました。この薬の一部と目録は，現在も貴重な資料として残されています。

現存する日本の最古の医学書とされるのは『医心方』です。これは③10世紀後半に中国の多くの医学書を引用して病気の原因や治療法《ちりょうほう》を記したもので，その後長らく公開されずにいましたが，19世紀半ばに刊行され，重要な書として読まれるようになりました。また，16世紀には，曲直瀬道三《まなせどうさん》という人物が中国医学と日本の民間療法《りょうほう》の知識をまとめました。彼《かれ》は，入念な診察《しんさつ》を行った上で症状《しょうじょう》に合わせた薬草で治療するという方法を重視し，④有力武将などの診療《しんりょう》も行いました。当時の中国医学は儒教の教えと強く結びついており，このころから日本でも医療《いりょう》の精神を支える思想が，それまでの仏教から儒教へ移ったと言われます。こうして，中国の医学知識を日本の風土などに合わせて改良していったものは，漢方医学と呼ばれます。

一方，16世紀以降にヨーロッパ人が来航するようになると，中国とは異なる医学が日本に伝わりました。これは西洋医学と呼ばれ，⑤九州地方では，日本人医師がヨーロッパ人の医師から学ぶ機会もありました。⑥17世紀には西洋医学の知識を学ぶ機会は一部に限られていましたが，18世紀にはその機会が増加し，このころから日本でも外科《げか》の技術が進歩していきます。杉田玄白・前野良沢らは，オランダ語の医学書『ターヘル・アナトミア』を日本語に訳そうと試みました。これは翻訳《ほんやく》開始から３年後に『　⑦　』として刊行され，19世紀には一部の⑧農民にも読まれて，その中から西洋医学の知識を持つ医者が出現することもあったようです。幕末からは最新の西洋医学が普及《ふきゅう》し，長崎をはじめ⑨各地に入院治療を可能とする西洋式の病院が次々と建設されていきます。明治時代には政府が⑩ドイツ医学を導入し，病院が付属する大学での医学教育が進められ，病院で治療を行う場面が増えていきました。しかし，この時代の病院は医学教育や富裕層《ふゆうそう》の診療に重点を置くものでした。そのため経済的に豊かでない人々などは，これまで同様，開業医のもとで漢方医学中心の民間医療を受けることが多かったようです。

19世紀末以降，⑪日本が積極的に対外領土を拡大していくようになると，政府は医療制度の整備をさらに進めていきます。これは，戦時体制を支える健康な国民を確保していくための政策でもありました。この傾向《けいこう》は1930年代以降，⑫戦争が長期化する中でいっそう顕著《けんちょ》になります。兵力や戦争に必要な物資を生産する労働力を維持するため，医療は教育や文化とともに重要視され，日本は植民地としていた地域にも病院を開設・運営しました。

第二次世界大戦後の占領期の日本では，GHQ 主導で医療や福祉に関するさまざまな法律が改正・制定され，アメリカの影響を受けた医療・保健福祉のしくみがつくられました。続く

⑬高度経済成長期には，国民の栄養状態や衛生環境がさらに改善され，だれもが必要な時に必要な医療をより受けやすくするための国民皆保険《かいほけん》制度も確立します。医療技術のめざましい進歩，衛生状態や食生活の改善などによって⑭平均寿命も急速に延び，国民がかかる病気の種類や死因となる病気も大きく変化しました。そして，それによる新たな課題も生じています。これらを背景に，現在の医療は病気の治療を目指すだけでなく，一人ひとりの患者《かんじゃ》の生活の質を高めることを重視するようになってきていると言われ，さらなる発展が求められています。

問１　下線部①に関連して，大陸から日本へ伝来した技術や知識について述べた次のＡ～Ｃの文を時期の古いものから順に並べかえるとどうなりますか。正しいものを後の**ア～カ**から一つ選び，記号で答えなさい。

Ａ　百済の王を通じて，日本に正式に仏教が伝わった。

Ｂ　大陸に起源を持つ銅鐸が日本でつくられ，祭器として用いられた。

Ｃ　中国の律令にならって，日本で大宝律令がつくられた。

ア　Ａ→Ｂ→Ｃ　　**イ**　Ａ→Ｃ→Ｂ　　**ウ**　Ｂ→Ａ→Ｃ

エ　Ｂ→Ｃ→Ａ　　**オ**　Ｃ→Ａ→Ｂ　　**カ**　Ｃ→Ｂ→Ａ

問２　下線部②について，『種々薬帳』や薬の一部は，亡くなった天皇の遺品などとともに，ある寺の倉庫に収められました。この寺として正しいものを次の**ア～エ**から一つ選び，記号で答えなさい。

ア　東大寺　　**イ**　唐招提寺　　**ウ**　薬師寺　　**エ**　法隆寺

問３　下線部③に起こったできごとについて述べた文として正しいものを次の**ア～エ**から一つ選び，記号で答えなさい。

ア　白河天皇が，幼い息子《むすこ》に天皇の位を譲《ゆず》り，上皇として自らの屋敷《やしき》で政治を行うようになった。

イ　日本の国の成り立ちを内外に示し，天皇の力を高めるため，『日本書紀』が編纂《へんさん》された。

ウ　唐に留学していた最澄が帰国して天台宗を伝え，比叡山に建てた寺をその総本山とした。

エ　源信は『往生要集』を著《あらわ》して，死後に極楽浄土《ごくらくじょうど》に行くためには，念仏が大切だと説いた。

問４　下線部④について，曲直瀬道三が診療した武将として豊臣秀吉や徳川家康があげられます。次の地図中のＡ～Ｄの場所と，豊臣秀吉と徳川家康に関連するできごとについて述べた文として**正しくないもの**を後の**ア～エ**から一つ選び，記号で答えなさい。

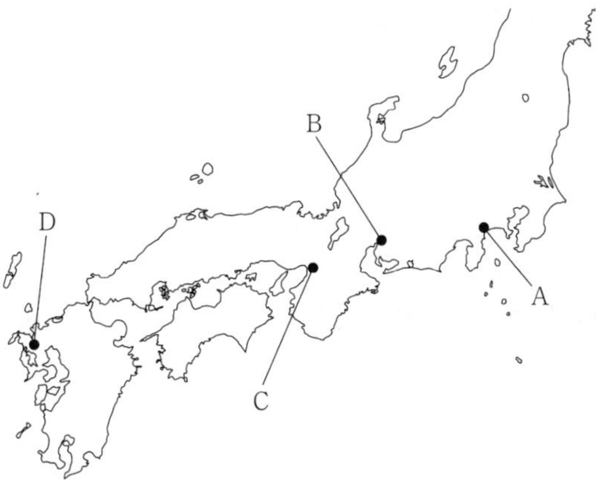

ア　Ａの地では，豊臣秀吉がここを本拠地《ほんきょち》としていた北条氏を攻《せ》め滅《ほろ》ぼし，全国統一を成しとげた。

イ　Ｂの地では，徳川家康が東軍を率いて，政治の実権をめぐって対立していた石田三成らの軍をうち破った。

ウ　Ｃの地では，徳川家康が２度にわたって豊臣秀頼らと戦い，豊臣氏を完全に滅ぼした。

エ　Ｄの地では，豊臣秀吉が朝鮮出兵の時に職人を連れ帰ったことから，以後有田焼(伊万里焼)がつくられた。

問５　下線部⑤は古代から近現代に至るまで，外国との関わりが深い地域でした。これに関連して，九州地方で起こったできごとについて述べた文として**正しくないもの**を次の**ア～エ**から一つ選び，記号で答えなさい。

ア　白村江の戦いで唐と新羅に敗れた中大兄皇子らは，大宰府の守りを固めるために水城や山城を築いた。

イ　執権である北条時宗がフビライ・ハンの要求を退けると，元軍が高麗の兵を従えて攻めてきた。

ウ　オランダ人のヤン・ヨーステンやイギリス人のウィリアム・アダムズらが乗船するリーフデ号が，漂着《ひょうちゃく》した。

エ　欧化《おうか》政策を進めて条約改正を実現するために鹿鳴館を建て，欧米の人々を招いて舞踏会《ぶとうかい》などが開かれた。

問６　下線部⑥に関連して，17世紀に限られた場所でしか西洋医学が学べなかった理由と，18世紀に西洋の知識を取り入れる機会が増加した理由として考えられることを**２～３**行で説明しなさい。その際，江戸幕府の３代将軍と８代将軍が行った具体的な政策にふれること。

問７　空らん［⑦］にあてはまる語句を**漢字**で答えなさい。

問８　下線部⑧に関連して，江戸時代の農村について述べた文として正しいものを次の**ア～エ**から一つ選び，記号で答えなさい。

ア　備中ぐわ，千歯こきなどの新たな農具が発明・改良され，草木灰や油かすなどの肥料が用いられ始めたことで，収穫量《しゅうかくりょう》が増加した。

イ　綿花や菜種，茶，藍《あい》などの商品作物を栽培《さいばい》してこれらを売り，現金を手に入れる農民もいた。

ウ　足尾銅山での採掘《さいくつ》が開始されたことを背景に，渡良瀬川流域の農村で公害が多発し，田中正造らを筆頭に農民や漁民が銅山での採掘中止を訴《うった》えた。

エ　貧しい農村の女子たちは，18世紀ころから製糸業の分野で広く行われたマニュファクチュアの担《にな》い手となった。

問９　下線部⑨に関連して，次のグラフは，1874年から2006年までの日本に建てられた※病院の数(総計)を示したものです。このグラフについて考察したことがらとしてもっとも適当なものを後の**ア～エ**から一つ選び，記号で答えなさい。

※ここでの病院の数とは，精神病院・結核療養所《けっかくりょうようじょ》・一般《いっぱん》病院を合計したものです。1883年から1887年まではデータがないため空白になっています。

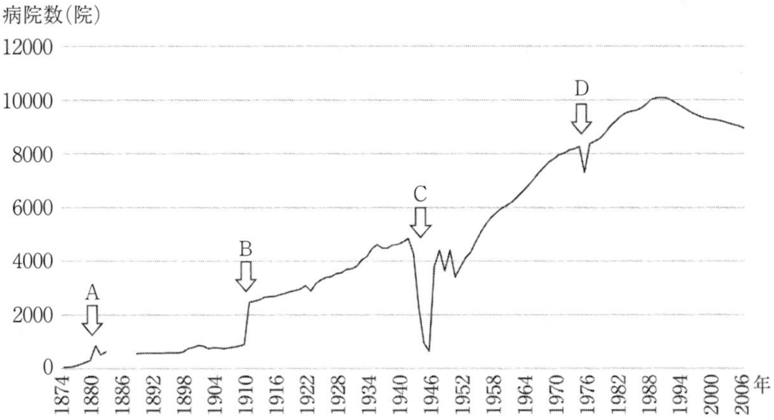

(厚生省医務局『医制百年史』資料編，福永　肇『日本病院史』より作成)

ア　Ａの時期の増加は，戊辰戦争中にけが人の治療を行える場所が緊急《きんきゅう》に必要となり，病院が新たにつくられたからであると考えられる。

イ　Ｂの時期の増加は，関東大震災の被害《ひがい》に対応するため，日本各地に病院が増設されたことが原因であると考えられる。

ウ　Ｃの時期の減少は，第二次世界大戦中に，医師が戦場に動員されて病院が閉鎖《へいさ》されたり，爆撃《ばくげき》で病院が破壊《はかい》されたりしたことが原因であると考えられる。

エ　Ｄの時期の減少は，警察予備隊の結成による軍事費拡張や第四次中東戦争の影響で財政が悪化し，医療にかけられる国家予算が減ったためであると考えられる。

問10　下線部⑩に関連して，ドイツから来たお雇い外国人の一人に「近代日本医学の父」と呼ばれる人物がいます。彼は医学教育を行ったほか，当時の日本の社会を観察して以下の内容を日記に残したことでも知られます。この人物を答えなさい。

> 東京全市は11日の憲法発布をひかえて，準備のため，言語に絶した騒《さわ》ぎを演じている。いたるところ，奉祝門《ほうしゅくもん》，照明，行列の計画。だが，こっけいなことには，誰《だれ》も憲法の内容をご存じないのだ。

問11　下線部⑪に関連して，右の地図中のＡ～Ｃは，明治時代以降に日本が植民地や※傀儡国《かいらいこく》とした場所です。日本が植民地・傀儡国とした順番として正しいものを次の**ア**～**カ**から一つ選び，記号で答えなさい。

※傀儡国とは，名目上は独立しているものの，別の政権や国によって，事実上内外の政治を管理・支配されている国を指します。

ア　Ａ→Ｂ→Ｃ　　**イ**　Ａ→Ｃ→Ｂ

ウ　Ｂ→Ａ→Ｃ　　**エ**　Ｂ→Ｃ→Ａ

オ　Ｃ→Ａ→Ｂ　　**カ**　Ｃ→Ｂ→Ａ

問12　下線部⑫に関連して，戦争が長期化していくと，1940年代にはそれまで兵役を免除《めんじょ》されていた学生も戦場へ送られることになりました。

これを何と言いますか。**漢字**で答えなさい。

問13　下線部⑬のできごとについて述べた文として**正しくないもの**を次の**ア**～**エ**から一つ選び，記号で答えなさい。

ア　経済発展にともなって財閥が解体され，独占禁止法が成立した。

イ　自動車やカラーテレビ，クーラーが家庭に普及し始めた。

ウ　日本のGNPが，資本主義国の中で，アメリカについで２位となった。

エ　環境を守るための基準を示すことで公害防止を目指す法律が初めてつくられた。

問14　下線部⑭について述べた次のＡ・Ｂの文が正しいか誤っているかを判断し，その正誤の組み合わせとして正しいものを後の**ア**～**エ**から一つ選び，記号で答えなさい。

Ａ　東日本大震災やコロナ禍《か》などによる例外はあるが，日本人の平均寿命は年々上昇《じょうしょう》しており，2010年以降女性の平均寿命は90歳《さい》を超《こ》えている。

Ｂ　平均寿命が延びたことは高齢化が進む原因の一つとなり，社会保障費の増大につながっている。

ア　Ａ－正　Ｂ－正　　**イ**　Ａ－正　Ｂ－誤

ウ　Ａ－誤　Ｂ－正　　**エ**　Ａ－誤　Ｂ－誤

2　次の文章を読んで，後の問いに答えなさい。

2022年は，日本に鉄道が開通して150周年という記念すべき年でした。世界で最初の鉄道は19世紀前半にイギリスで開業し，その後欧米諸国《おうべいしょこく》へと普及《ふきゅう》していきました。日本では幕末に，イギリス商人が長崎の街に線路を敷《し》いて蒸気機関車を走らせたという記録が残っています。日本における本格的な鉄道は，1872年に新橋・横浜間で開通したことに始まります。その後1889年には新橋・神戸間，1891年には上野・青森間など，鉄道網《てつどうもう》は徐々《じょじょ》に拡大していきますが，①海峡で隔《へだ》てられた本州と北海道，四国，九州が鉄道でつながったのは，青函トンネルと瀬戸大橋が開通した1988年のことでした。なお現在，沖縄県には他の都道府県と同様の鉄道路線は存在しませんが，県庁所在地の［　②　］市を中心にモノレールが運行しています。

日本の鉄道でもっとも標高が高い地点は，③高原野菜の栽培で有名な長野県の野辺山原にあり，その高さは1375ｍにもなります。多くの場合，鉄道は平地を走りますが，山がちで④急流の川も多い日本では，鉄道の建設は⑤地形による制約を大きく受けます。そのため，鉄道はトンネルや橋の建設など，土木技術の進歩とともに発展してきました。また，第二次世界大戦後は車両や線路の改善が進み，高速化も実現していきました。まず，1964年に東京オリンピックの開催《かいさい》に合わせて東海道新幹線が開通し，1975年に山陽新幹線が全線開業したことで⑥東京・博多間が新幹線で結ばれました。1982年には東北・上越新幹線が開業し，⑦東北地方や新潟県に新幹線で行くことができるようになりました。2015年には北陸新幹線が開業し，現在⑧東京から石川県の金沢まで新幹線で乗り換《か》えなしで行くことができます。2016年に北海道新幹線が開業した後も路線の延伸《えんしん》や新線の開業が続いており，2022年には西九州新幹線が開業したほか，2030年度末には北海道新幹線が札幌まで延伸する見込《みこ》みです。

旅客輸送とともに，鉄道が果たすもう一つの大きな役割は貨物輸送です。鉄道による貨物輸送は，⑨臨海部の工業地帯・工業地域を結びつけるほか，臨海部と内陸部をつなぐ役割を果たしています。また，コンテナを利用した貨物をはじめ，⑩輸入された石油などの資源，⑪ごみや廃棄物《はいきぶつ》など，さまざまな貨物が鉄道で輸送されています。近年では輸送量の面で，自動車輸送との間で大きく差が開いていますが，⑫鉄道輸送には自動車輸送にはないメリットがあります。

鉄道の高速化は，⑬移動時間の短縮をもたらし，私たちの生活を便利にしてきました。しかしその一方で，乗客数が減少したローカル線が廃止《はいし》されるなど，日本の鉄道の総延長距離《そうえんちょうきょり》は減少傾向《げんしょうけいこう》にあります。2020年には新型コロナウイルスの感染拡大《かんせんかくだい》により旅客数が大幅《おおはば》に減少し，鉄道輸送は大きな打撃《だげき》を受けました。こうした中でも，乗客が減った新幹線を利用して新鮮《しんせん》な野菜や果物，⑭水産物などを都市部に輸送して販売《はんばい》する試みがなされるなど，新たに鉄道を活用する道が模索《もさく》されています。人口減少が続く中で，過疎地《かそち》を中心に鉄道の経営状況《けいえいじょうきょう》は厳しくなっていますが，地域社会の維持《いじ》に必要な鉄道を残す取り組みも各地で行われています。

問１　下線部①について，本州と九州の間にある海峡を何と言いますか。解答らんに合うように**漢字**で答えなさい。

問２　空らん［②］にあてはまる都市を**漢字**で答えなさい。

問３　下線部③に関連して，右の表は，はくさい，キャベツ，レタスのいずれかについて，生産量の上位５位までの都道府県（2020年）を示したものです。表中のＡ～Ｃと野菜の組み合わせとして正しいものを次の**ア～カ**から一つ選び，記号で答えなさい。

	A	B	C
１位	茨城県	長野県	愛知県
２位	長野県	茨城県	群馬県
３位	群馬県	群馬県	千葉県
４位	北海道	長崎県	茨城県
５位	鹿児島県	兵庫県	鹿児島県

（『データでみる県勢 2022年版』より作成）

	A	B	C
ア	はくさい	キャベツ	レタス
イ	はくさい	レタス	キャベツ
ウ	キャベツ	はくさい	レタス
エ	キャベツ	レタス	はくさい
オ	レタス	はくさい	キャベツ
カ	レタス	キャベツ	はくさい

問４　下線部④に関連して，日本三大急流の一つで，熊本県を流れる河川を何と言いますか。解答らんに合うように**漢字**で答えなさい。

問５　下線部⑤に関連して，右の地図中のＡ～Ｄの地域で見られる地形とその利用について述べた文として正しいものを次の**ア～エ**から一つ選び，記号で答えなさい。

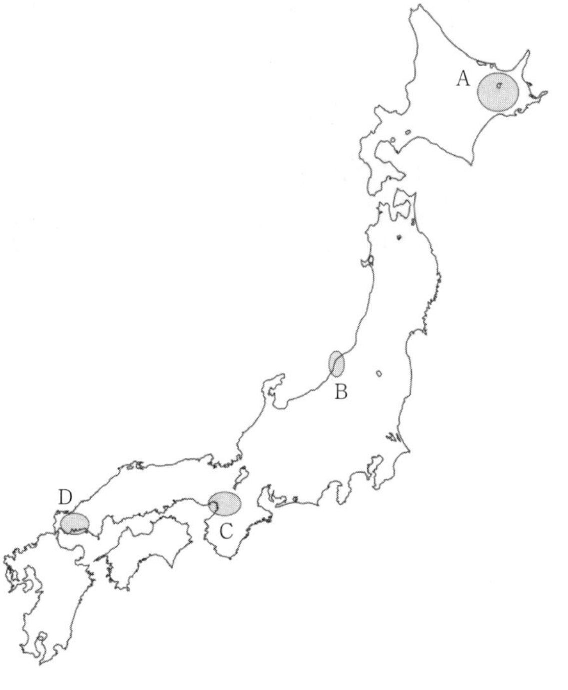

ア　Ａでは，カルデラに水がたまってできた湖が見られ，その多くは干拓されて乳牛を飼育する牧場として利用されている。

イ　Ｂでは，沿岸に掘り込み港がつくられ，海外から輸入した資源を利用した製鉄所や石油化学コンビナートが多く立地している。

ウ　Ｃでは，三つの河川が合流する河口部に三角州がつくられ，日本有数の米の二期作地帯となっている。

エ　Ｄでは，石灰岩でできたカルスト地形の台地が見られ，セメント工業が立地している。

問６　下線部⑥に関連して，次の**ア**～**エ**の※雨温図は，東京と博多(福岡)を結ぶ東海道・山陽新幹線の駅がある４都市(東京・京都・岡山・福岡)のいずれかの都市のものです。このうち岡山にあてはまるものを次の**ア**～**エ**から一つ選び，記号で答えなさい。

※気温・降水量ともに1991年から2020年の平均値です。

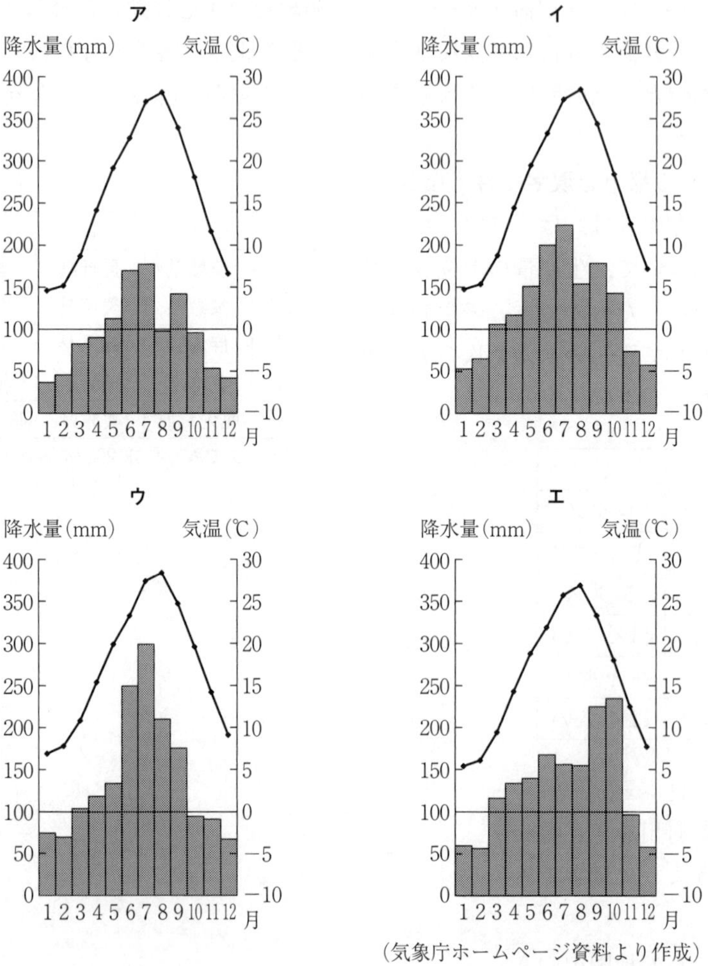

(気象庁ホームページ資料より作成)

問７　下線部⑦に関連して，次の**ア**～**エ**の写真は，東北地方で行われる伝統的な夏祭りの写真です。このうちもっとも緯度が高い都市で行われる夏祭りの写真として正しいものを次の**ア**～**エ**から一つ選び，記号で答えなさい。

ア

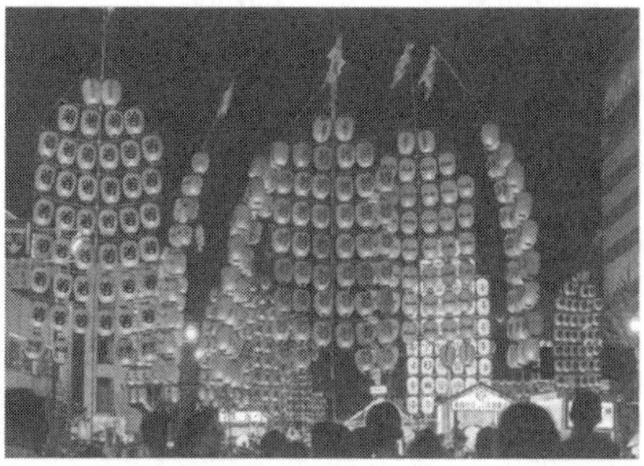

イ

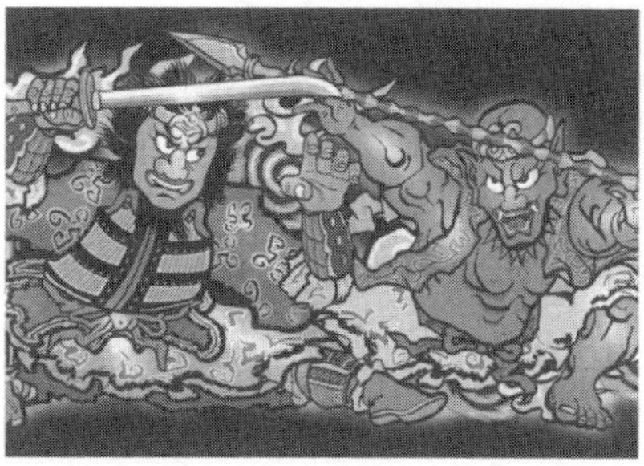

ウ

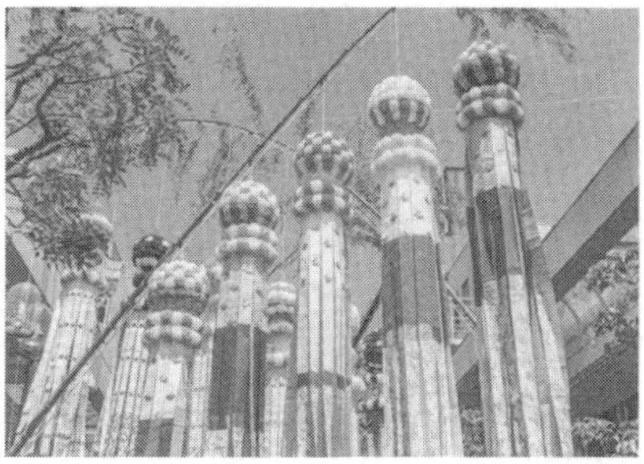

エ

問８　下線部⑧に関連して，次の表は，東京と金沢を結ぶ北陸新幹線が通る埼玉県，群馬県，長野県，新潟県について，いくつかの指標をまとめたものです。このうち群馬県にあてはまるものを次の**ア**～**エ**から一つ選び，記号で答えなさい。

	昼夜間人口比率(2015年)	隣接《りんせつ》する都道府県の数	政令指定都市の数	※可住地面積割合(%)(2020年)
ア	99.8	5	0	33.5
イ	99.9	5	1	33.6
ウ	88.9	7	1	63.0
エ	99.8	8	0	22.4

(『データでみる県勢 2022年版』より作成)

※可住地面積割合とは，人が住むことができる面積の割合のことで，具体的には総面積から林野面積と湖沼《こしょう》面積を差し引いた面積の割合を示します。

問９　下線部⑨に関連して，次のＡ～Ｃのグラフは，臨海部に工業地帯・工業地域が位置する三つの府県(千葉県，愛知県，大阪府)のいずれかの製造品《せいぞうひん》出荷《しゅっか》額等《がくとう》の割合(2019年)を示したものです。Ａ～Ｃと府県の組み合わせとして正しいものを後の**ア**～**カ**から一つ選び，記号で答えなさい。

A

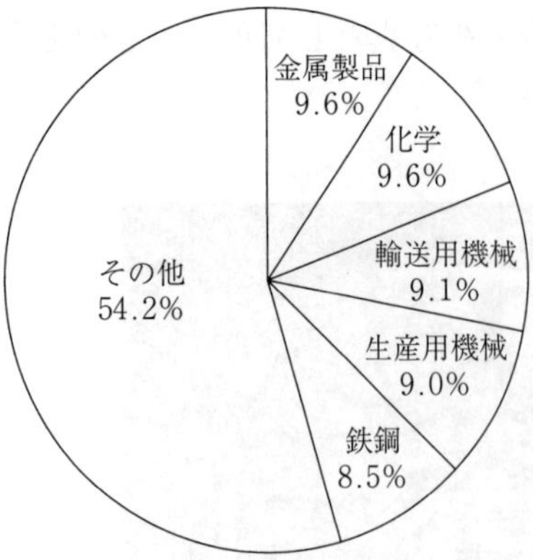

B

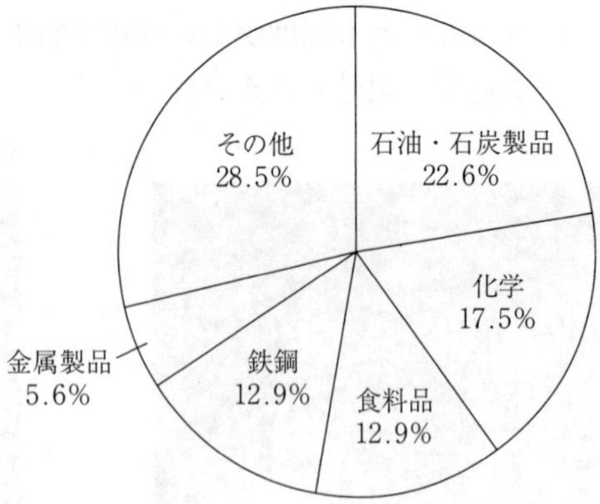

C

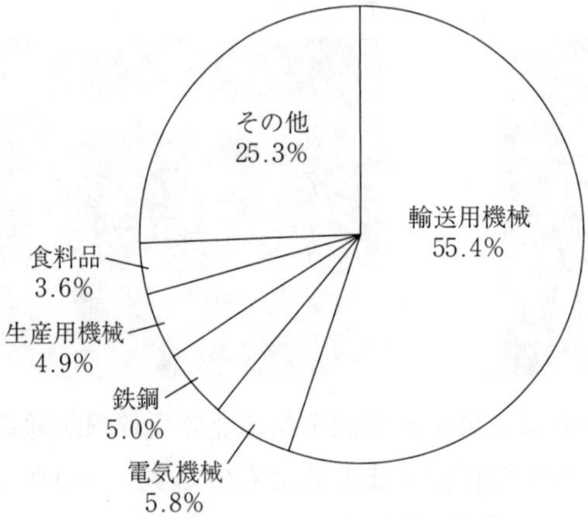

(『データでみる県勢 2022年版』より作成)

	A	B	C
ア	千葉県	愛知県	大阪府
イ	千葉県	大阪府	愛知県
ウ	愛知県	千葉県	大阪府
エ	愛知県	大阪府	千葉県
オ	大阪府	千葉県	愛知県
カ	大阪府	愛知県	千葉県

問10 下線部⑩に関連して，次の表は，日本が輸入に依《い》存《そん》する資源(原油，液化天然ガス，石炭，鉄鉱石)について，輸入先の上位３ヵ国(2020年)を示したものです。このうち石炭にあてはまるものを次の**ア**～**エ**から一つ選び，記号で答えなさい。

	1位	2位	3位
ア	オーストラリア	インドネシア	ロシア
イ	サウジアラビア	アラブ首長国連邦	クウェート
ウ	オーストラリア	ブラジル	カナダ
エ	オーストラリア	マレーシア	カタール

(『日本国勢図会 2022/23』より作成)

問11　下線部⑪を減らすための工夫《くふう》について述べた文として**正しくないもの**を次の**ア**～**エ**から一つ選び，記号で答えなさい。

ア　商品を洗ったり修理したりして，くり返し利用することをリユースと言う。

イ　商品への無駄《むだ》な包装や紙袋《かみぶくろ》・ビニール袋の使用を断ることをリペアーと言う。

ウ　商品を回収した後に工場で別の商品につくり変えることをリサイクルと言う。

エ　不要となって捨てられる商品をできるだけなくすことをリデュースと言う。

問12　下線部⑫について，鉄道による貨物輸送が自動車による貨物輸送に比べて有利な点を**二つ**，それぞれ**１行**で説明しなさい。

問13　下線部⑬に関連して，次のグラフは，東京から500km圏内《けんない》にあるすべての府県庁所在地までの直線距離と，鉄道を利用した場合の※所要時間の関係を示したものです。これを見ると，距離に対して所要時間の長い都市と短い都市があることがわかります。グラフ中のA～Cの都市の組み合わせとして正しいものを後の**ア**～**ク**から一つ選び，記号で答えなさい。

※東京駅を2022年９月１日午前８時以降に出発した場合の最短の所要時間であり，乗り換え時間と待ち時間は含《ふく》みません。新幹線や特急を利用可能な場合は利用することを想定し，府県庁所在地に新幹線の駅が存在する場合はその駅まで，新幹線の駅がない場合は府県庁所在地にもっとも近いJRの主要駅までの所要時間とします。例えばグラフ中の大阪の場合，東京から大阪市までの直線距離は395.9kmあり，東京駅から新大阪駅までの最短の所要時間は150分です。

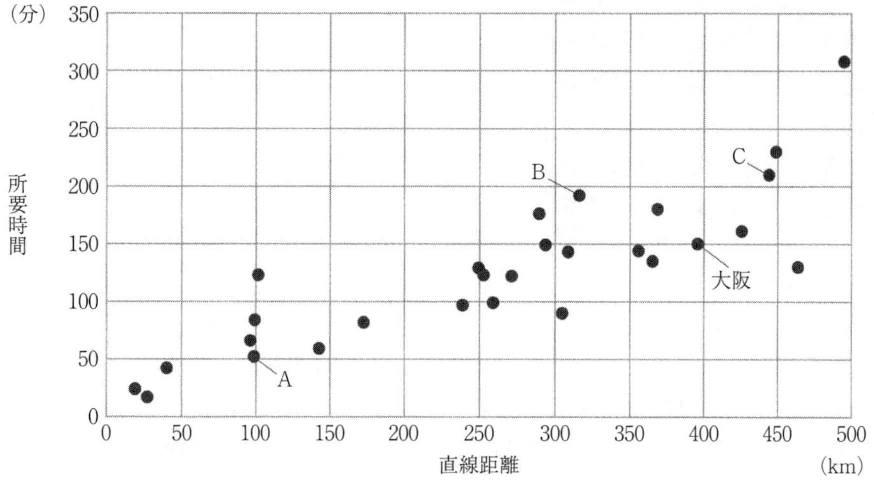

(国土地理院ホームページ資料および『JR時刻表2022年９月号』より作成)

	A	B	C
ア	甲府	仙台	盛岡
イ	甲府	仙台	和歌山
ウ	甲府	福井	盛岡
エ	甲府	福井	和歌山
オ	宇都宮	仙台	盛岡
カ	宇都宮	仙台	和歌山
キ	宇都宮	福井	盛岡
ク	宇都宮	福井	和歌山

問14　下線部⑭に関連して，次のグラフは，日本の漁業種類別生産量の推移を示したものです。

図中のＡ～Ｃにあてはまる漁業種類の組み合わせとして正しいものを後の**ア**～**カ**から一つ選び，記号で答えなさい。

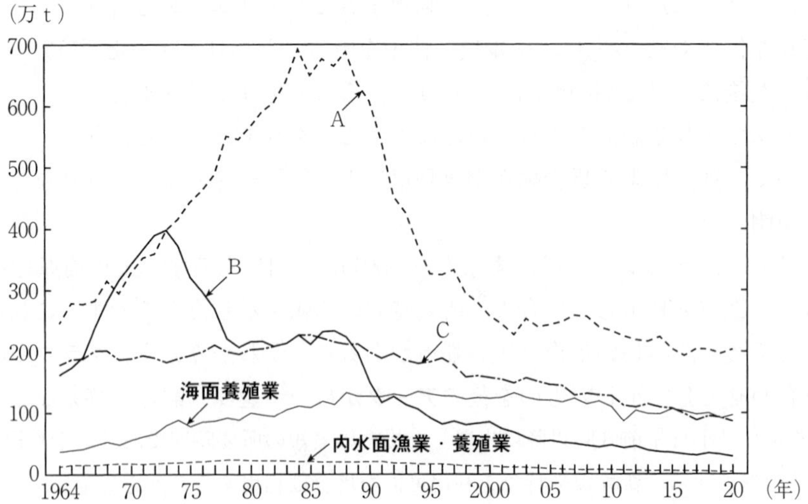

(『日本国勢図会 2022/23』より作成)

	A	B	C
ア	遠洋漁業	沖合漁業	沿岸漁業
イ	遠洋漁業	沿岸漁業	沖合漁業
ウ	沖合漁業	遠洋漁業	沿岸漁業
エ	沖合漁業	沿岸漁業	遠洋漁業
オ	沿岸漁業	遠洋漁業	沖合漁業
カ	沿岸漁業	沖合漁業	遠洋漁業

3 次の文章を読んで，後の問いに答えなさい。

憲法と①法律のちがいは何でしょう。憲法とは，②基本的人権や，統治のしくみなどを定めた国の最高法規です。憲法は国の権力者が守るべき決まりであり，国民の基本的人権を侵害しないように権力者に縛《しば》りをかけるという役割を持っています。一方，法律とは，最高法規である憲法に基づいて制定されたもので，その決まりは主に国民が守るべきものです。国会が制定する法律は，必ず憲法に基づいていなければならず，憲法に反する法律は制定できません。憲法によって国家権力を制限し，基本的人権を保障することを「立憲主義」と言います。

このような役割を憲法に持たせたのは，国家が国民の基本的人権を侵害してきた長い歴史があったからです。イギリスでは，まだ③権力分立のしくみが確立していなかった時代，自分勝手な国王が権力を濫用《らんよう》することを防げず，不当な課税や逮捕がされたことがありました。フランスでは，政教分離の原則が確立していなかった時代，国が特定の信仰を持った人々を迫害《はくがい》したことがあります。そのことで④戦争が起こり，多くの血が流れました。ドイツでは，⑤選挙を経て選ばれた代表者が独裁政治を行い，特定の民族を虐殺《ぎゃくさつ》したことや，戦争を起こして多くの人の命を奪ったこともありました。このように国家は，国民の基本的人権を侵害することが多くありました。これに対して人々は，「国家はこういうことをやってはいけない」という内容を憲法に盛りこんできたのです。憲法には先人たちの試行錯誤《しこうさくご》の経験によって得られた知恵が凝縮《ぎょうしゅく》されており，これによって国民の基本的人権を守っています。

以上のことは，例えば日本国憲法では第97条に「この憲法が日本国民に保障する基本的人権は，人類の多年にわたる自由獲得の努力の成果であって，これらの権利は，過去幾多《いくた》の試練に堪《た》え，現在及び将来の国民に対し，侵すことのできない永久の権利として信託《しんたく》されたものである」と記されています。このように，憲法には時代や地域にかかわらず常に尊重されるべき価値が多く示されています。法律はその時々の国際情勢や政治情勢，⑥経済情勢によって制定され，改正されるものですが，憲法に示された価値を否定することはできません。したがって，選挙によって多数派を形成した政党であったとしても，憲法に反する法律を数の力で成立させることはやってはいけないということになります。仮に成立した場合でも，後から⑦裁判所が違憲立法審査権を行使し，これを無効とすることができます。

政府が憲法を守らなければならないのは言うまでもありません。しかし，権力者が基本的な人権を侵害する可能性は常にあるので，個人は何もしなくても憲法に守ってもらえるとは限りません。私たちは日本国憲法第12条にもある通り，不断の努力によって自ら権利を守る必要があります。そのための第一歩が，歴史を学ぶことや，現在起こっているできごとを知ることを通して，自由や⑧平等，⑨平和の意義に対する理解を深めることです。個人の責任意識が薄れてしまうと，権力者によって政治権力が濫用され，憲法を確実に守らせることが難しくなります。先人たちから受け取ったバトンを未来に渡すためにも，主体的に学ぶことが大切だと言えるでしょう。

問１　下線部①の制定について述べた文として正しいものを次の**ア～エ**から一つ選び，記号で答えなさい。

ア　法律案は衆議院に先議権があり，衆議院の本会議で可決された場合のみ参議院に送られる。

イ　本会議で法律案を議決する際の定足数は，総議員の３分の２以上と規定されている。

ウ　法律案について衆議院と参議院の議決が異なる場合，両院協議会を開いても意見が一致しないときは，最初の衆議院の議決がそのまま国会の議決となる。

エ　国会議員が提出した法律案よりも，内閣が提出した法律案の方が成立する割合が大きい。

問２　下線部②に関連して，現在の日本の刑事事件に関わる人権保障について述べた文として**正しくないもの**を次の**ア～エ**から一つ選び，記号で答えなさい。

ア　取り調べにおいて，被疑者は自分に不利益なことには答えなくて良いという黙秘権が認められている。

イ　取り調べの際の拷問《ごうもん》は禁止されており，裁判の際に証拠《しょうこ》が自白だけのときには有罪にはならない。

ウ　犯罪被害者の人権が十分に保護されていないことが指摘《してき》されているものの，犯罪被害者を保護する法律はいまだに制定されていない。

エ　日本国憲法の定める原則として，現行犯として逮捕される場合を除いては，裁判官が発行する令状なしに逮捕されない。

問３　下線部③について，18世紀のフランスの思想家で『法の精神』を著し，三権分立を主張した人物は誰ですか。**カタカナ**で答えなさい。

問４　下線部④について，2022年２月にロシアがウクライナに侵攻《しんこう》しました。これに先立ち，ロシアは2014年３月にウクライナ領のある地域の併合を宣言しました。この地域はどこですか。解答らんに合うように**カタカナ**で答えなさい。

問５　下線部⑤に関連して，2022年７月10日の参議院の選挙では，通常の改選に加えて補欠選挙で１名が改選されました。この選挙で選出された人数を次の**ア～エ**から一つ選び，記号で答えなさい。

ア　466名　**イ**　311名　**ウ**　249名　**エ**　125名

問６　下線部⑥について，物価が上昇し，貨幣の価値が下落することを何と言いますか。**カタカナ**で答えなさい。

問７　下線部⑦に関連して述べた文として正しいものを次の**ア～エ**から一つ選び，記号で答えなさい。

ア　裁判員制度においては，裁判員が有罪か無罪かを判定し，裁判官がどのような刑罰を与えるかを判定する。

イ　第一審の判決に不服なため第二審の裁判を求めることを上告，第二審の判決に不服なため第三審の裁判を求めることを控訴と言う。

ウ　民事裁判においては，原告である検察官に訴えられた被告人は弁護士をつけることができる。

エ　違憲審査権はすべての裁判所が持つ権限であり，裁判所は裁判で争われている具体的な事件を通して違憲判断を行う。

問８　下線部⑧について，男女があらゆる場で対等に活動し，ともに責任を分担する社会をつくるために1999年に制定された法律として正しいものを次の**ア～エ**から一つ選び，記号で答えなさい。

ア　男女共同参画社会基本法　**イ**　男女雇用機会均等法

ウ　育児介護休業法　**エ**　少子化社会対策基本法

問９　下線部⑨に関連して，平和主義と自衛隊について述べた文として正しいものを次の**ア～エ**から一つ選び，記号で答えなさい。

ア　現在の政府は，自衛隊は憲法第９条に規定された戦力だが，憲法違反ではないとしている。それは，憲法が自衛権まで放棄していないと考えているからである。

イ　湾岸戦争をきっかけに日本の国際貢献が問われるようになったことで，自衛隊がPKO（国連平和維持活動）に派遣されるようになった。

ウ　文民統制の原則にのっとり，自衛隊の最高指揮監督権は防衛大臣にあるとされている。

エ　自衛隊の主な任務は外国から国土を防衛することであり，自然災害などの際に出動を命じられることはない。

問10　本文の内容に合う文としてもっとも適当なものを次の**ア～エ**から一つ選び，記号で答えなさい。

ア　国民が制定した法律によって国家権力を制限し，基本的人権を保障することを立憲主義と言う。

イ　憲法よりも法律の方が，時代や地域にかかわらず常に尊重されるべき事柄が多く示されているため，法律は憲法に反することができる。

ウ　憲法には先人たちの試行錯誤の経験によって得られた知恵が凝縮されており，これによって国民の基本的人権を守っている。

エ　政府が立憲主義を守らなければならないのは言うまでもないことであり，個人は憲法によって一方的に守られる存在である。

【理　科】〈第2回試験〉（35分）〈満点：70点〉

1　天体について，後の問いに答えなさい。

天体には，太陽や星座をつくる恒星《こうせい》，恒星のまわりを公転する惑星《わくせい》，月のように惑星のまわりを公転する衛星などがあります。

図1は，春分，夏至，秋分，冬至のときの地球と太陽，および黄道12星座の位置関係を表したものです。ただし，地球のななめの線は自《じ》転軸《てんじく》を表すものとします。

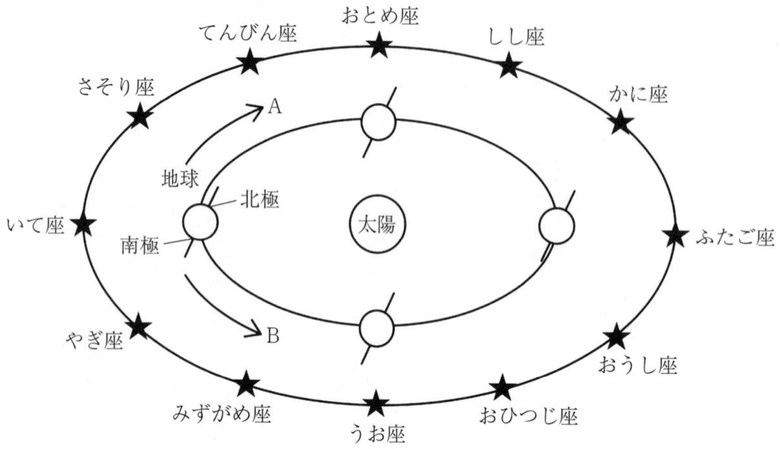

図1

図1について説明した次の文を読み，後の問いに答えなさい。

> 地球は，太陽のまわりを図1の ① の向きに1年かけて公転していて，季節によって地球から見える星座が変わる。例えば，おとめ座が午前0時ごろに真南に見えた「ある日」から1ヵ月経つと，おとめ座は天球上を約 ② ， ③ に動いたように見える。

(1)　文中の空らん ① ～ ③ に入る語句の組み合わせとしてもっとも適当なものを，次の**ア**～**ク**から一つ選び，記号で答えなさい。

	①	②	③
ア	A	15°	西から東
イ	A	15°	東から西
ウ	A	30°	西から東
エ	A	30°	東から西
オ	B	15°	西から東
カ	B	15°	東から西
キ	B	30°	西から東
ク	B	30°	東から西

(2)　下線部の「ある日」としてもっとも適当なものを，次の**ア**～**エ**から一つ選び，記号で答えなさい。

ア　春分　　**イ**　夏至　　**ウ**　秋分　　**エ**　冬至

(3)　下線部の「ある日」に，てんびん座が南中するのは何時ごろですか。もっとも適当なものを，次の**ア**～**エ**から一つ選び，記号で答えなさい。

ア　午後８時
イ　午後10時
ウ　午前２時
エ　午前４時

(4)　下線部の「ある日」から２ヵ月後の午前６時ごろ，南中するのはどの星座ですか。もっとも適当なものを，図１の星座から一つ選び，星座の名前を答えなさい。

2022年のある時期，太陽系の惑星の多くを同時に観測できるめずらしい現象が起こりました。この現象は「惑星パレード」と呼ばれています。図２は「惑星パレード」が起こったある日の東京の空の様子です。

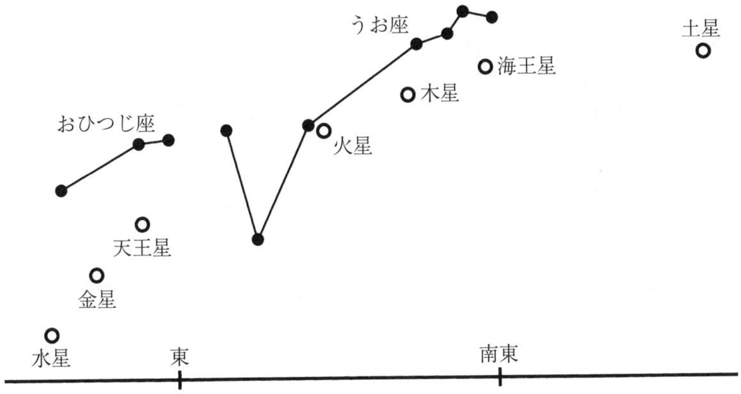

図２

(5)　図２の「惑星パレード」が見えた時刻と時期について説明した次の文の空らん[④]に入る語句としてもっとも適当なものを，後の**ア**～**エ**から一つ選び，記号で答えなさい。

> 東の空に金星が見えていることから，この現象が起こったのは明け方４時ごろであると考えられる。また，明け方４時ごろに東の空におひつじ座が見えていることから，この現象は[　④　]のころに起こったと考えられる。

ア　春分
イ　夏至
ウ　秋分
エ　冬至

(6)　図３は，地球から図２の「惑星パレード」が観測されたときの太陽と惑星の位置関係を模式的に表したものです。このときの地球の位置として，もっとも適当なものを図３の**ア**～**エ**から一つ選び，記号で答えなさい。ただし，この図は地球を北極側から見ており，(太)は太陽，㊌は水星，㊎は金星，㊋は火星，㊍は木星，㊏は土星，(天)は天王星，(海)は海王星を表しています。

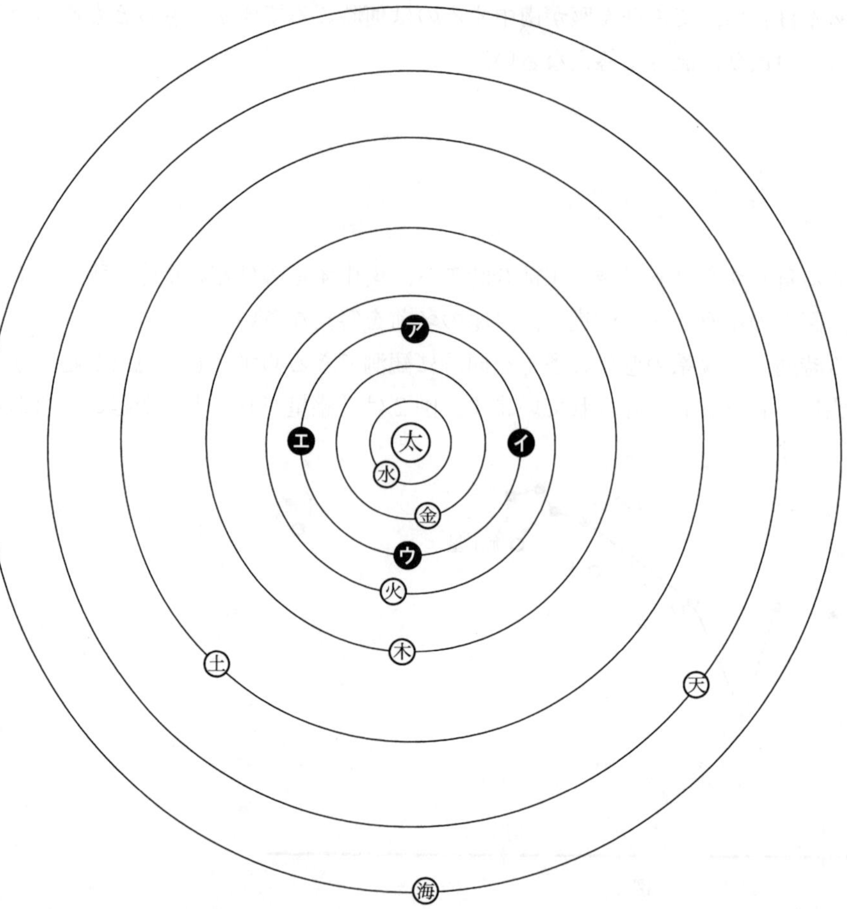

図３

(7)　図２の「惑星パレード」が起こっている時期のある日に，月は図４のように見えました。この日から１週間，毎日同じ時刻に月を観察したところ，惑星や星座の位置はあまり変化していないのにもかかわらず，月の位置と形は大きく変化していました。月の位置と形は，それぞれどのように変化したと考えられますか。もっとも適当なものを，後の**ア**～**エ**から一つ選び，記号で答えなさい。

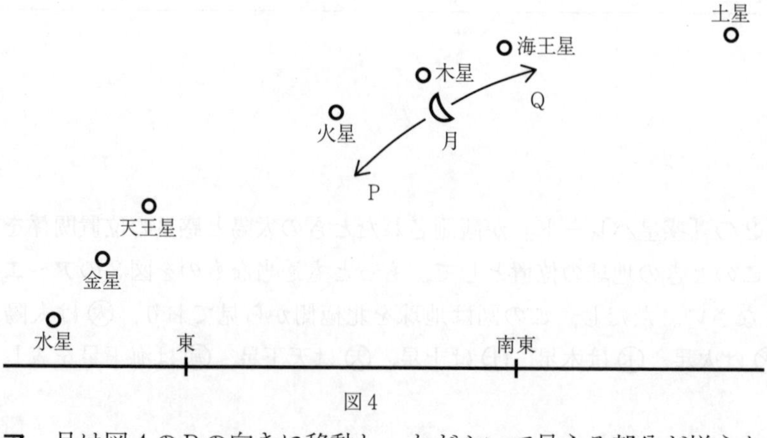

図４

ア　月は図４のＰの向きに移動し，かがやいて見える部分が増えた。

イ　月は図４のＰの向きに移動し，かがやいて見える部分が減った。

ウ　月は図４のＱの向きに移動し，かがやいて見える部分が増えた。

エ　月は図４のＱの向きに移動し，かがやいて見える部分が減った。

2　塩について，後の問いに答えなさい。

祥子さんは旅行先で古くから行われている塩作りを見学し，興味をもち調べました。

［調べたこと］

世界で作られる塩の60％は，海からではなく陸地からとり出されている。陸地でとれる塩を岩塩といい，日本には岩塩をとり出せる場所がない。そのため，平安時代の終わりから江戸時代にかけて次のように海水から塩が作られていた。

海水がしみこまないよう粘土《ねんど》で固めた土台に砂を薄《うす》く広げ，ここにくみ上げた海水をまく。その後，太陽の光にあてて乾《かわ》かした砂を集め，下図のようなたれ舟《ふね》と呼ばれる容器に移す。たれ舟に海水を加え，よく混ぜ合わせた後に A砂（固体）と海水（液体）のうち海水の部分のみを回収し，さらに回収した B海水を加熱して塩を結晶《けっしょう》としてとり出す。この方法をあげ浜《はま》式塩田法と呼ぶ。

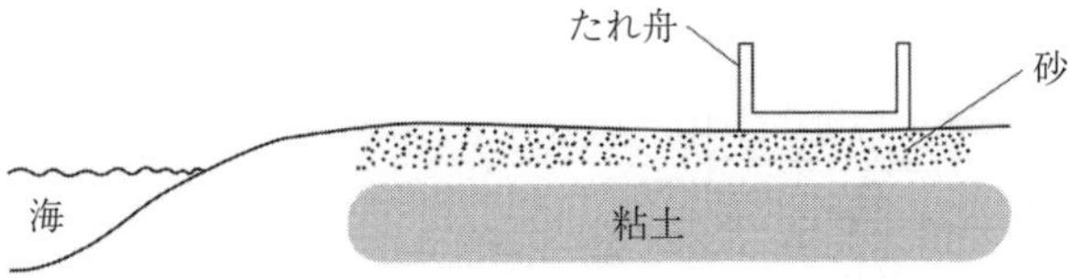

図

(1)　塩の結晶のスケッチとしてもっとも適当なものを次の**ア**～**オ**から一つ選び，記号で答えなさい。

ア

イ
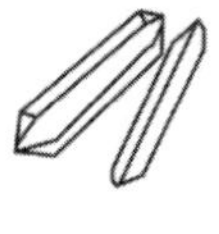

ウ
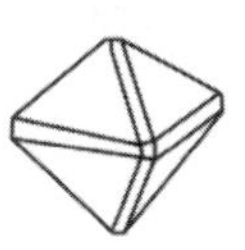

エ

オ
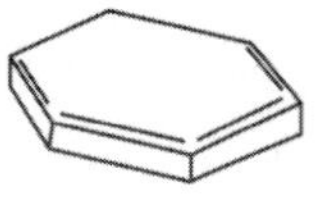

(2)　［調べたこと］の下線部**Ａ**，**Ｂ**の作業と同じ原理を利用して，物質をとり出す方法はどれですか。もっとも適当なものを次の**ア**～**エ**からそれぞれ一つ選び，記号で答えなさい。

ア　ミョウバンが溶《と》けた高温の水溶液《すいようえき》を冷やして，ミョウバンの結晶をとり出す。

イ　ガラス片のまざった砂糖水から，砂糖水をとり出す。

ウ　ホウ酸の溶けた水溶液を加熱して，ホウ酸の結晶をとり出す。

エ　みりんを加熱して，みりんの中のアルコールをとり出す。

祥子さんは，あげ浜式塩田法の再現実験を行いました。

［再現実験］

①　海水の塩分濃度《のうど》に近い3.4％の塩水 800ｇを用意した。

②　トレイに砂をまんべんなくしいた。

③　①で用意した塩水 800ｇのうち 100ｇをトレイの砂の上にまんべんなくまき，この砂を太陽の光にあてて完全に乾かした。

④　③の操作を計６回くり返した。
⑤　完全に乾いた砂を回収し，①の塩水800ｇのうち残った200ｇと砂をよく混ぜた。
⑥　砂と塩水の混合物から塩水のみを回収し，その塩水を火にかけた。しばらくすると塩の結晶が出てきた。

祥子さんは再現実験について，先生に話をしました。次の文はそのときの二人の会話です。

祥子「あげ浜式塩田法の再現実験をしてみたのですが，塩をとり出すまでにとても時間がかかりました。この作業を実際は広い場所で行うのは大変だと思います。くみ上げた海水をそのまま加熱すればよいのではないでしょうか。」
先生「海水を砂に何度もまく作業は本当に必要ないと思いますか？」
祥子「作業をするということは，何か理由があるはずですね。再現実験の操作①で用意した塩水と，操作⑥で回収した塩水について，比較してみようと思います。」

祥子さんは再現実験の操作①で用意した塩水と，操作⑥で回収した塩水について，次のように表にまとめました。

表

	塩水（ｇ）	塩水中の水（ｇ）	塩水中の塩（ｇ）
操作①の塩水	800	C	D
操作⑥の塩水	220.4	E	27.2

(3)　表中の空らん C ～ E に入る数を小数第１位まで答えなさい。
祥子さんは，表を先生に見せに行きました。次の文はそのときの二人の会話です。

祥子「それぞれの塩水について，水と塩の量を求めました。」
先生「比較しやすくなりましたね。では，この塩水から塩をとり出すには，どうすればよいと思いますか？」
祥子「加熱して，水をすべて蒸発させます。」
先生「では，表の C ｇ， E ｇの水をすべて蒸発させるのに必要な熱量は，何キロカロリーになるか求めてみませんか？　はじめ，水の温度は25℃であるとし，100℃で完全に蒸発するとしましょう。このとき，水１ｇの温度を１℃上げるために必要な熱量は１カロリー，さらに100℃の水１ｇを水蒸気にするのに必要な熱量は540カロリーです。また，1000カロリーは１キロカロリーです。」
祥子「 C ｇの水をすべて蒸発させるには F キロカロリー， E ｇの水の場合は，119キロカロリーの熱量が必要だと求められました。あげ浜式塩田法は，何度も海水を砂にまくのは大変ですが，砂から回収した塩水の濃度は元の海水よりも G ，海水をそのまま加熱するよりも H 熱量で塩を作ることができるとわかりました。つまり，あげ浜式塩田法は太陽の光を効率よく利用して，加熱する労力を減らしているのですね。」

(4)　会話文中の空らん F に入る数を，小数第１位を四捨五入して整数で答えなさい。
(5)　会話文中の空らん G ， H に入る語句の組み合わせとして，もっとも適当なものを次の

ア～**エ**から一つ選び，記号で答えなさい。

	G	H
ア	濃く	少ない
イ	濃く	多い
ウ	薄く	少ない
エ	薄く	多い

3　微生物《びせいぶつ》と消化について，次の問いに答えなさい。

(1)　水中で生活するアメーバ，ヤコウチュウ，ミジンコ，ミドリムシ，アオミドロの５種類の微生物のうち，光合成をするものをすべて選んだ組み合わせとして，正しいものを次の**ア**～**カ**から一つ選び，記号で答えなさい。

ア　アメーバ，ヤコウチュウ，ミドリムシ

イ　アメーバ，ヤコウチュウ，ミジンコ

ウ　ヤコウチュウ，ミドリムシ，アオミドロ

エ　ヤコウチュウ，ミドリムシ

オ　ミドリムシ，アオミドロ

カ　ミドリムシ

(2)　家庭や工場から養分の含《ふく》まれた排水《はいすい》が海に流れ込《こ》むと，植物プランクトンが大量に増え，問題が起こることがあります。このような現象を何といいますか。もっとも適当なものを次の**ア**～**エ**から一つ選び，記号で答えなさい。

ア　青潮　　**イ**　茶潮　　**ウ**　赤潮　　**エ**　黒潮

(3)　ほ乳類の消化について説明した文として，**正しくないもの**を次の**ア**～**エ**から一つ選び，記号で答えなさい。

ア　体長に対する消化管の長さを比べると，肉食動物より草食動物の方が長い。

イ　デンプンは，だ液やすい液に含まれる消化酵素《しょうかこうそ》で分解され，小腸で吸収される。

ウ　消化管で吸収されたブドウ糖とアミノ酸は，門脈を通って肝臓《かんぞう》に運ばれる。

エ　すい液は肝臓で作られ，すい臓にためられている。

ゾウリムシについて調べました。

[調べたこと１]

ゾウリムシは１つの細胞《さいぼう》でからだができている「単細胞生物」である。ゾウリムシには図１のように細胞の表面に［　A　］と呼ばれる動く毛が無数にあり，これを動かして泳いでいる。また，消化に関わるつくりはおもに３つに分かれている。食物を取り込む細胞口，食物を包み込んで消化を行う食胞《しょくほう》，消化さ

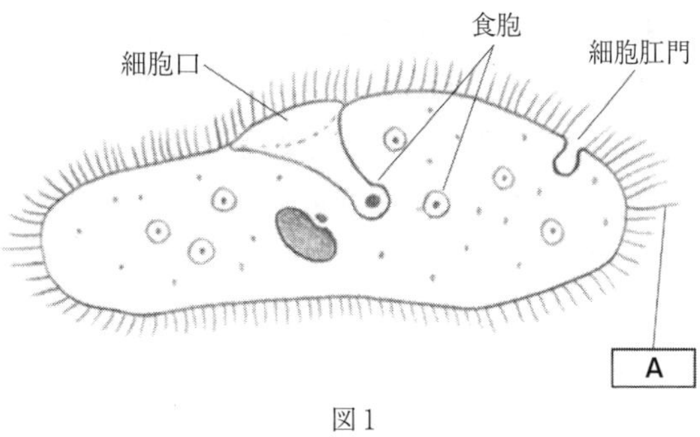

図１

れなかったものを放出する細胞肛門《さいぼうこうもん》である。食胞は消化段階ごとに数多く観察される。

(4)　[調べたこと１]の文中の A に入る語句を**ひらがな**で答えなさい。

ゾウリムシの消化について調べました。

[調べたこと２]

ゾウリムシの消化を調べるために，形が棒状で，中性では赤色，酸性では青色に変色するエサを用意した。赤色の状態のエサをゾウリムシに与《あた》えたところエサは細胞口から取り込まれ，食胞ができた。ゾウリムシは次々にエサを食べ，多数の食胞ができた。

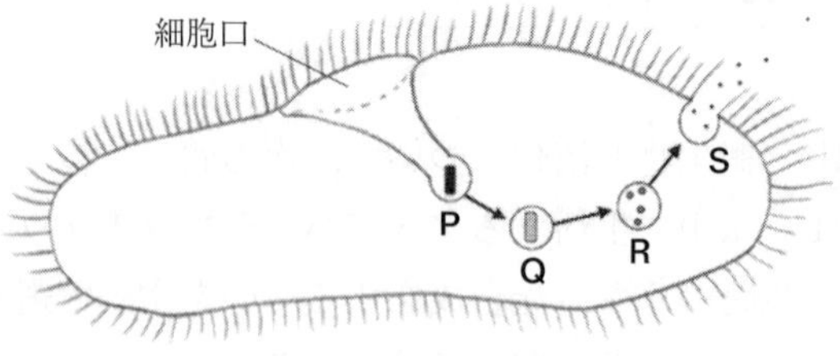

図２

１つの食胞に注目して顕微鏡《けんびきょう》で観察すると，最終的に細胞肛門から，中身を放出した。その消化段階を観察すると，食胞は図２の**P**→**Q**→**R**→**S**の順に細胞内を移動していた。表１は食胞内のエサの色，形や大きさの変化の様子をまとめたものである。

表１　食胞内のエサの様子

	P	Q	R	S
色	赤	青	赤	赤
形や大きさ	棒状	棒状	**Q**より小さい球状	**R**より小さい粒状《つぶじょう》

(5)　ゾウリムシとヒトの消化過程を比較《ひかく》すると，図２の**Q**に相当する食胞の消化段階は，ヒトではどの消化器官の消化段階に相当しますか。もっとも適当なものを次の**ア**～**オ**から一つ選び，記号で答えなさい。また，その消化器官の説明として正しいものを後の**カ**～**コ**から一つ選び，記号で答えなさい。

[消化器官]

ア　小腸　　**イ**　十二指腸

ウ　胃　　**エ**　大腸

オ　食道

[説明]

カ　消化された後に残ったものから水分を吸収する。

キ　消化液と食物を混ぜ合わせ，食物の殺菌《さっきん》や消化を助ける。

ク　消化液は出ておらず，食物を運ぶ。

ケ　たん液やすい液が分泌《ぶんぴつ》され消化を助ける。

コ　分解された栄養分を吸収する。

ゾウリムシに多くのエサを一度に与えたところ，たくさんの食胞ができました。その後，エサのないところにゾウリムシを移して観察を始めました。図３はゾウリムシの体内にある食胞のうち**P**～**S**の数の割合を５分おきに調べた結果です。ただし，図３の**ア**～**エ**のグラフは食胞**P**～**S**のいずれかに対応しています。

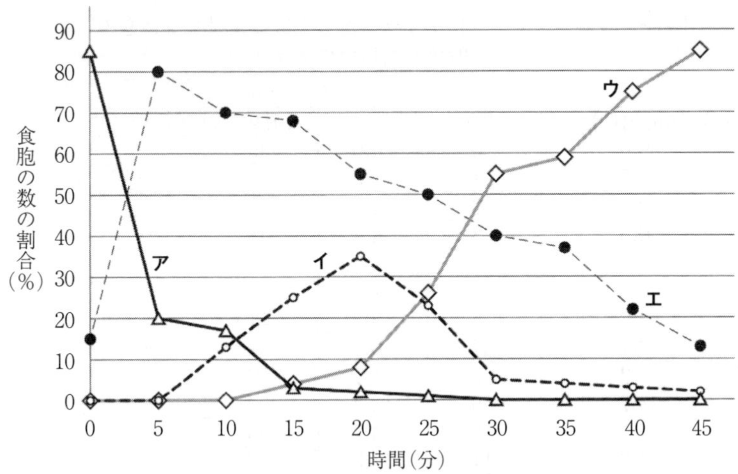

図3

(6) 食胞**P**，**Q**，**R**，**S**に対応するグラフを，図3の**ア**～**エ**からそれぞれ一つ選び，記号で答えなさい。

4 光の屈折《くっせつ》について，後の問いに答えなさい。

光は，空気からガラスへ，または空気から水へというように，異なる物質へななめに出入りするときは，折れ曲がって進みます。これを光の屈折といいます。

図1の角①を「入射角」，角②を「屈折角」といいます。入射角，屈折角は境界面に垂直な線と光のつくる角で表されます。次のページの表1は，光が空気からガラスへ入射するときの入射角と屈折角の関係を表しています。

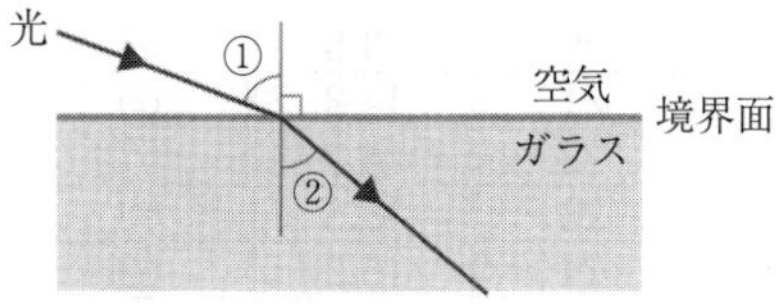

図1

(1) 図1の角①が30°のとき，角②は何度ですか。表1から調べて答えなさい。

次に，図2のような場合を考えます。境界面bでは，角③を入射角，角④を屈折角といいます。次のページの表2は，光がガラスから空気へ入射するときの入射角と屈折角の関係を表しています。

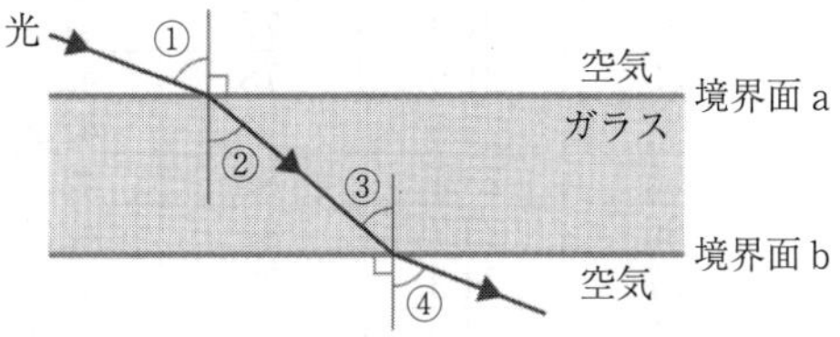

図2

(2) 図2の角①が30°のとき，角④は何度ですか。表1と表2から調べて答えなさい。ただし，図2の境界面aと境界面bは平行とします。

断面が正三角形の，ガラスでできたプリズムを用意しました。図3のようにこのプリズムの境界面cに光を当てると，境界面cと境界面dで屈折し，空気中に出てきます。

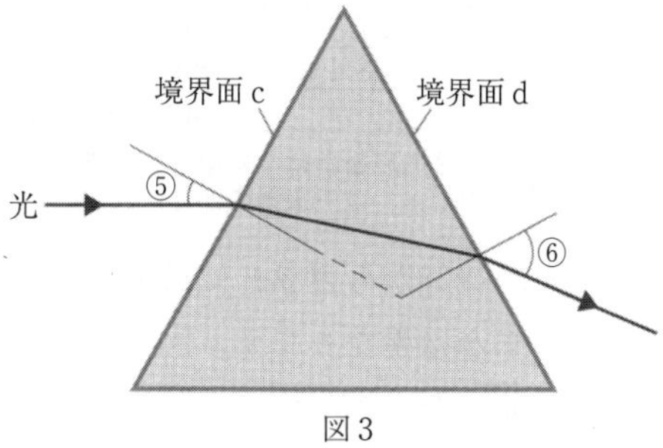

図3

(3) 図3の角⑤が30°のとき，角⑥は何度ですか。次のページの表1と表2から調べて答えなさい。

表１　光が空気からガラスに入射するときの入射角と屈折角の関係

空気→ガラス			
入射角(°)	屈折角(°)	入射角(°)	屈折角(°)
0	0.0	45	29.0
1	0.7	46	29.5
2	1.4	47	30.1
3	2.1	48	30.6
4	2.7	49	31.1
5	3.4	50	31.6
6	4.1	51	32.2
7	4.8	52	32.7
8	5.5	53	33.2
9	6.2	54	33.7
10	6.8	55	34.1
11	7.5	56	34.6
12	8.2	57	35.1
13	8.9	58	35.5
14	9.5	59	36.0
15	10.2	60	36.4
16	10.9	61	36.8
17	11.6	62	37.2
18	12.2	63	37.6
19	12.9	64	38.0
20	13.5	65	38.4
21	14.2	66	38.7
22	14.9	67	39.1
23	15.5	68	39.4
24	16.2	69	39.7
25	16.8	70	40.1
26	17.5	71	40.4
27	18.1	72	40.6
28	18.8	73	40.9
29	19.4	74	41.2
30	20.0	75	41.4
31	20.7	76	41.7
32	21.3	77	41.9
33	21.9	78	42.1
34	22.5	79	42.2
35	23.1	80	42.4
36	23.7	81	42.6
37	24.3	82	42.7
38	24.9	83	42.8
39	25.5	84	42.9
40	26.1	85	43.0
41	26.7	86	43.1
42	27.3	87	43.2
43	27.8	88	43.2
44	28.4	89	43.2
		90	43.2

表２　光がガラスから空気に入射するときの入射角と屈折角の関係

ガラス→空気			
入射角(°)	屈折角(°)	入射角(°)	屈折角(°)
0	0.0	45	―
1	1.5	46	―
2	2.9	47	―
3	4.4	48	―
4	5.8	49	―
5	7.3	50	―
6	8.8	51	―
7	10.2	52	―
8	11.7	53	―
9	13.2	54	―
10	14.7	55	―
11	16.2	56	―
12	17.7	57	―
13	19.2	58	―
14	20.7	59	―
15	22.2	60	―
16	23.7	61	―
17	25.3	62	―
18	26.8	63	―
19	28.4	64	―
20	30.0	65	―
21	31.5	66	―
22	33.2	67	―
23	34.8	68	―
24	36.4	69	―
25	38.1	70	―
26	39.8	71	―
27	41.5	72	―
28	43.3	73	―
29	45.1	74	―
30	46.9	75	―
31	48.8	76	―
32	50.7	77	―
33	52.7	78	―
34	54.7	79	―
35	56.9	80	―
36	59.1	81	―
37	61.5	82	―
38	64.0	83	―
39	66.8	84	―
40	69.8	85	―
41	73.3	86	―
42	77.7	87	―
43	84.7	88	―
44	―	89	―
		90	―

※表１，２の屈折角は小数第２位を四捨五入したものです。
※表２の「―」は，入射角が44°以上のときには屈折した光が存在しないことを表しています。

光が空気からガラスに入射するとき，同じ角度で入射しても，光の色によって屈折する角度はわずかに異なります。図４は，曲がり方が小さい色を左の方に，曲がり方が大きい色を右の方に並べたものです。

太陽光や白い光は，さまざまな色の光が混ざったものです。そのため，プリズムに太陽光や白い光を当てると，図5のように境界面dから出てきた光は分かれ，スクリーンには虹色《にじいろ》に映ります。

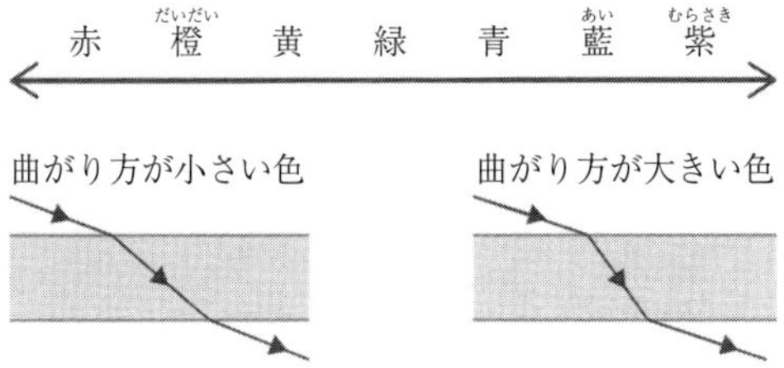

図4

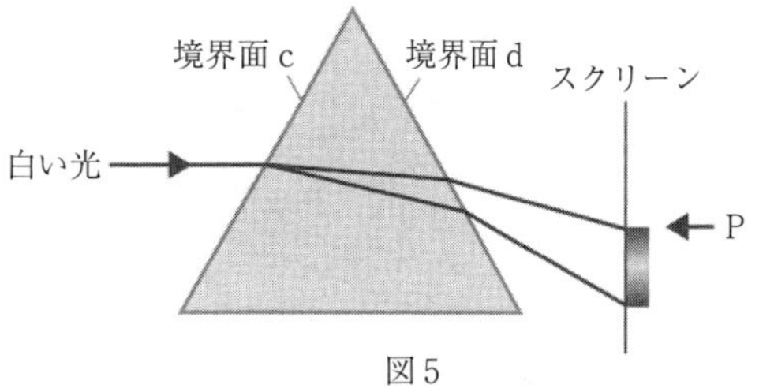

図5

(4) 図5でスクリーンに映った光のうち，図のP付近で見られる色としてもっとも適当なものを次の**ア**～**エ**から一つ選び，記号で答えなさい。

ア 赤　**イ** 緑　**ウ** 紫　**エ** 白

雨が降った後，空気中には無数の小さな水滴《すいてき》が残ります。このとき水滴に太陽光が当たると，水滴内で反射して，ふたたび空気中に出てきます。水滴に入るときと出るときに屈折することで，水滴がプリズムの役割をして，太陽光がさまざまな色に分かれます。これが虹として現れます。図6では，太陽光が屈折をともないながら反射する様子を模式的に表しています。

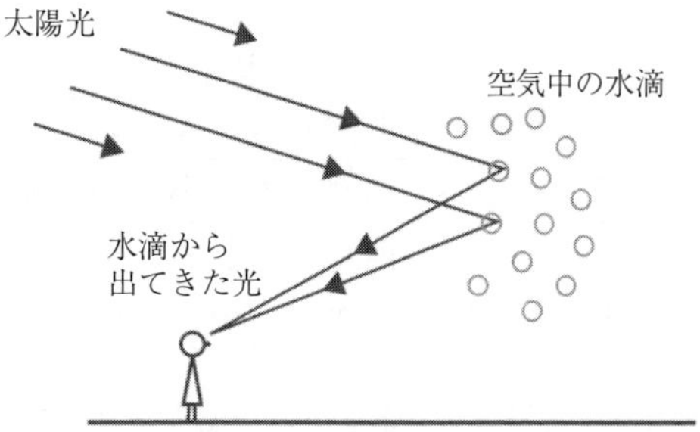

図6

(5) 図7は，太陽光が点Qから入射した後の紫色の光と緑色の光のみちすじを表しています。赤色の光は，点Qから水滴に入射したのち，どのようなみちすじを通って水滴から出てくると考えられますか。解答らんの図にかきなさい。

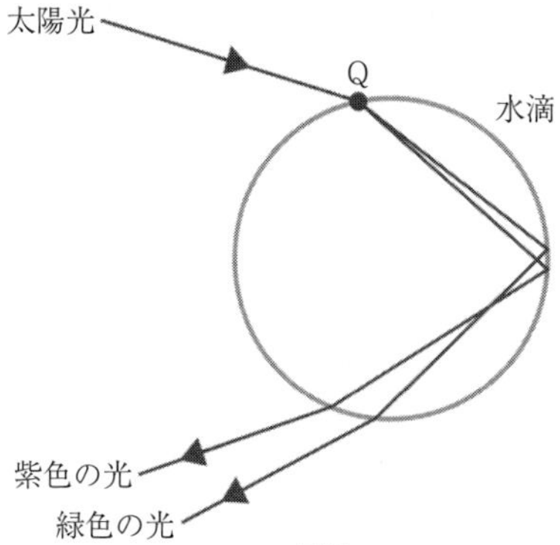

図7

(6) 次の文を読み，空らん A ～ C に入る語句の組み合わせとしてもっとも適当なものを，後の**ア**～**エ**から一つ選び，記号で答えなさい。

太陽光と水滴から出てきた光のつくる角を反射角と呼ぶことにすると，(5)の状況で，赤色の光は紫色の光よりも反射角が A といえる。図8のように，観察者が見上げる角度のちがいによって異なる反射角の色が目に届くため， B 色ほど虹の外側に， C 色ほど虹の内側に並ぶことが分かる。虹はこの反射角が約40～42°の光からなることが知られていて，そのために，虹は円の一部のように見える。

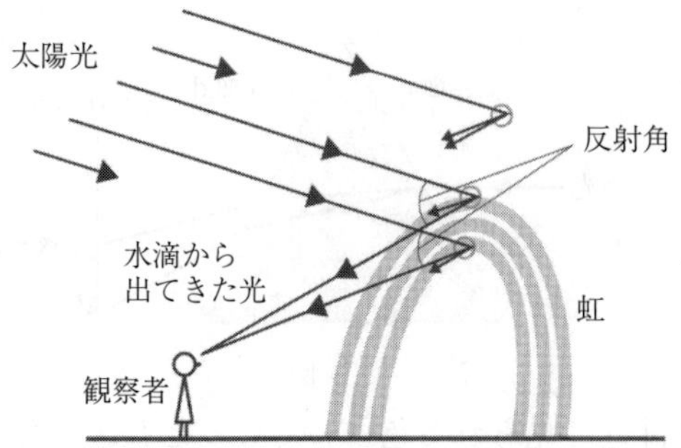

図8

	A	B	C
ア	大きい	曲がり方が大きい	曲がり方が小さい
イ	大きい	曲がり方が小さい	曲がり方が大きい
ウ	小さい	曲がり方が大きい	曲がり方が小さい
エ	小さい	曲がり方が小さい	曲がり方が大きい

(7)　ここまでの内容から，虹について説明した文として**正しくないもの**を次の**ア**～**エ**から一つ選び，記号で答えなさい。

ア　地上から虹を見るためには，太陽に背を向けている必要がある。

イ　太陽の位置が高ければ高いほど，地上から虹が見えることが多い。

ウ　霧《きり》吹《ふ》きで水滴を作っても虹が見えることがあり，自然の虹と同じ順に色が並ぶ。

エ　地上から虹を見ると円の一部のように見えるが，観察者が高いところにいる場合は円形の虹が見えることがある。

だからこそ、直接会って話すことを大切にするべきだということ。

2　人間は遺伝子的に複雑なコミュニケーションをすることができるからこそ、話すことを大切にするべきだということ。

3　人間は知性を蓄積することができるからこそ、常に相手のことをより理解するように努力する必要があるということ。

4　人間は周囲の目を気にしがちだからこそ、それに負けずに自分自身の明確な気持ちを他者にうったえる必要があるということ。

問九　――線Ⓧ「文字や言葉の意味合いに翻弄《ほんろう》されるようになりました」とありますが、本文全体の内容をふまえて、あなたの周りでこれにあてはまる具体例をさがし、どのように翻弄されたのか九十字以上百字以内で説明しなさい。「翻弄」とは「思うようにもてあそぶ」という意味です。

三

次の**1**～**6**の――線のカタカナは漢字で書き、漢字は読みをひらがなで書きなさい。

1　ケワしい表情。
2　港にキテキが響《ひび》き渡《わた》る。
3　主人にチュウセイを誓《ちか》う。
4　ボウエンキョウをのぞく。
5　熱弁を奮う。
6　テーマについてトウギを重ねる。

問三　――線③「今の私たちほど脳の問題を抱《かか》えていない」とありますが、今の私たちが抱えている問題とはどのようなことですか。文中の★の部分の言葉を用いて四十字以上五十字以内で説明しなさい。

問四　――線④「私たちに比べればストレスなく生きていたはず」とありますが、なぜこのように言えるのですか。もっとも適当なものを次の1～4から一つ選び、番号で答えなさい。

1　ネアンデルタール人同士は心の距離が近かったので、単純な言葉でコミュニケーションをとることが可能だったから。
2　ネアンデルタール人は言葉により感情をこめることができ、コミュニケーションの悩みが少なかったと考えられるから。
3　ネアンデルタール人は動物的な感覚をもっていたので、単純なコミュニケーションしかとることができなかったから。
4　ネアンデルタール人の遺伝子には柔軟性があり、ストレスを感じても的確に処理する能力をもっていたと考えられるから。

問五　――線⑤「視線のみで成立するコミュニケーション」とはどういうものですか。もっとも適当なものを次の1～4から一つ選び、番号で答えなさい。

1　白目によって相手の視線を感じることができ、その相手へ反応するようになるもの。
2　白目があることで、相手の複雑な気持ちを視線だけで理解できるようになるもの。
3　白目のおかげで視線の向きが分かり、お互いの考えがはっきりと分かるようになるもの。
4　白目が発達したことでどこを見ているかが分かり、良好な関係を築けるようになるもの。

問六　――線⑥「涙は、自分の状態を群れに知らせるためのサイン」について答えなさい。

(Ⅰ)　どういうことか説明したものとして、もっとも適当なものを次の1～4から一つ選び、番号で答えなさい。

1　涙を流すことで、一時的にその悲しみから解放され、気が晴れること。
2　涙を流すことで、他の生物と人間に差があることを証明できること。
3　涙を流すことで、辛い思いをしているということを他者に知らせること。
4　涙を流すことで、群れの仲間に対して好意的に思っていることを伝えること。

(Ⅱ)　このサインに**あてはまらないもの**を次の1～4から一つ選び、番号で答えなさい。

1　サッカーの試合でミスをした少年が、つい涙をこぼした。
2　大好きなジュースをこぼした子どもが、激《はげ》しく泣いている。
3　仲の良かった友人とけんかした後、母親のもとで泣いた。
4　ペットの犬が病気になってしまい、布団《ふとん》の中で涙を流した。

問七　――線⑦「人間の『見る』ことに最大の効力を発揮させたものは文字でした」とありますが、文字によってできるようになったのはどのようなことですか。「…こと」に続くように――線⑦より後の文中から二十字以内でぬき出し、初めと終わりの五字を書きなさい。

問八　――線⑧「人間が『見る脳』を持っているからこそ、体から発する声がコミュニケーションにおいて大切なのです」とありますが、どういうことですか。もっとも適当なものを次の1～4から一つ選び、番号で答えなさい。

1　人間は視覚的な情報を重視してそれにとらわれてしまいがち

直接会って声を聞く。表情を見る。そういうことで相手のことがもう少し理解できると思います。

逆に人に何かものを伝えるときも、直接言うのが一番です。それも、脳内であれこれ考えた言葉ではダメで、「思わず脳外にこぼれ出てしまった言葉」のほうが伝わります。

私は、大学の教員で、授業やゼミを持っています。そこで学生にものを言ったり、注意したりするときには、あまり脳内でごちゃごちゃ考えずに、ポッと浮上《ふじょう》してきたピュアな言葉を言うようにしています。

⑧人間が「見る脳」を持っているからこそ、体から発する声がコミュニケーションにおいて大切なのです。

（長沼　毅『考えすぎる脳、楽をしたい遺伝子』）

注

＊子音…発音の時、呼気が唇《くちびる》・歯・舌・口蓋《こうがい》などでさえぎられたり、せばめられたりして生じる音。

＊母音…声帯の振動《しんどう》によって生じた声が、口の中で通路を妨《さまた》げられずに発せられる音。現代の日本語ではア・イ・ウ・エ・オの五音。

＊類人猿…人間にもっとも近く知能が発達している猿類。うしろ足で半直立または直立して歩くことができ、大型で尾《お》はない。ゴリラ・オランウータン・チンパンジーをさすが、広義にはテナガザル類も含む。

＊ベース…基礎となるもの。

＊ボディープラン…その動物を特徴づける基本的な身体の構造。

＊カタルシス…抑圧《よくあつ》された精神的苦悩《くのう》を、言葉や行為《こうい》として外部に表出することで消失させる浄化《じょうか》作用。

＊グラフィック…写真や絵画を多用し視覚に訴えるもの。

＊モノクロ…白と黒だけの単色画。

問一　――線①「言葉の発明に関わる違い」とありますが、チンパンジーとヒトにはどのような違いがありますか。もっとも適当なものを次の**1**〜**4**から一つ選び、番号で答えなさい。

1　チンパンジーはうまく音を作れず鳴き声しか発することができないのに対して、ヒトは喉が発達したことにより複雑な音を出して言葉を話すことができる。

2　チンパンジーは喉が小さいために近くの仲間にしか鳴き声がとどかないが、ヒトは喉の作りが複雑なため広域の仲間とコミュニケーションすることができる。

3　チンパンジーとヒトでは声に作用する遺伝子が大きく異なるため言葉の発達に差が生まれ、結果としてチンパンジーよりもヒトの方が高い知性を備えるようになった。

4　チンパンジーとヒトでは喉の成長に関わる遺伝子がわずかに異なるが、チンパンジーが複雑な構造の喉をもちながらも言葉を話せないのに対して、ヒトは言葉を話せるようになった。

問二　――線②「遺伝子には可塑性《かそせい》や柔軟性《じゅうなんせい》があるのです」について、「可塑性」とは「変形する性質」のことですが、遺伝子の可塑性や柔軟性を表わすことがらとしてもっとも適当なものを次の**1**〜**4**から一つ選び、番号で答えなさい。

1　進化の歴史の中で、知性の劣ったネアンデルタール人は滅んでしまった。

2　「氷河の民」の性質を受け継いだホモ・サピエンスが、寒さをしのいで生き残った。

3　ホモ・サピエンスの方が、ネアンデルタール人よりも洗練された道具を使っていた。

4　チンパンジーよりも、ヒトの方が体の成長時における喉の成長期が長かった。

涙《なみだ》を分泌《ぶんぴつ》する生物は他にもいますが、感情の表現として涙を流す生物は人間しかいません。なぜ、このように進化したのかは非常に興味がありますが、これも一つの偶然だったのでしょう。

⑥涙は、自分の状態を群れに知らせるためのサインの役割を果たしています。

たとえば学校のクラスでいじめに遭《あ》ったり、職場で組織全体に関わるような大きな失敗をしてしまったり、パートナーを失ったりしたときのように、人間関係で悲しい出来事があったことを、群れに涙で表現することができるのです。

さらに涙が素晴《すば》らしいのは、泣いている本人は涙をこぼすことによって「＊カタルシス」を感じ、一時的にその悲しみから解放されることです。涙は泣いている人を、内面的にも、群れの中からも助けてくれる、便利な液体だと言えるでしょう。

こうした私たちの体に様々な改造をしていったのはゲノム、つまり遺伝子です。私たちのコミュニケーションや認知は、脳だけでなく、身体性によっても育まれているのです。

人の脳の性質について知っておくことも、あるいはこの世界をとらえる上でヒントになるかもしれません。

私たちの脳から出ている神経の3分の1は、目のために使われています。視神経や目玉の動きを制御《せいぎょ》するための神経などが主なところです。

人間の脳はなぜこんなに「見る脳」に進化したのか。その秘密は、絵や記号、文字などの＊グラフィックの発明にあったと考えられます。元々私たちの先祖は声、つまり音でコミュニケーションしていました。しかしグラフィックが生まれると、それらを使っても交流し始めます。すると、見る記号と、聞く音が脳内で意味的な対応をするようになるのです。それまでは「聞く脳」であ

★

ったはずが、「見る脳」にコミュニケーションが移っていくわけです。そこから人間の見る脳はどんどん発達していって、グラフィックも発達したのです。（余談ですが、多くの動物は音による「聞く脳」の構造を持っていて、＊モノクロの視界を持つ犬は、「匂《にお》い脳」です。）

その中でも、⑦人間の「見る」ことに最大の効力を発揮させたものは文字でした。

現代社会に生きる私たちは文字情報で多くのコミュニケーションを行っています。たとえばツイッターなどは文字で成立している巨大《きょだい》なコミュニケーション媒体《ばいたい》ですし、友人や家族との連絡《れんらく》もメールが多くを占《し》めるようになりました。

今こうして読んでいただいているこの本も、文字のコミュニケーションです。特に本は保存状態がよければ非常に長い時間を越《こ》え、読者と文字を通してコミュニケーションすることができます。文字の発明と「見る脳」の共進化によって、私たちは巨大な知性を育み、蓄積《ちくせき》し、伝えることに成功したのです。

しかし、人間の脳は、聞くことより見ることを選んだために、ⓧ文字や言葉の意味合いに翻弄《ほんろう》されるようになりました。

ネアンデルタール人は歌って話したかもしれない。もしかしたら、人間よりも円滑《えんかつ》なコミュニケーションができたかもしれない、という話をしました。

一方で、人間は見る脳を獲得しました。しかしそれによって、人の心がわからなくなった部分があるはずです。

「あの人が私のことをどう思っているか。悪く思っているのではないか」などと不安に思うことがあると思いますが、そうしたときにはメールや言葉の意味ばかりを考え過ぎてしまっているのではないでしょうか。

移転があった可能性はありますが、逆はなさそうです。もしかしたら実際に、少しバカにしていたかもしれません。

しかし、実は私たちのゲノムにも、ネアンデルタール人のゲノムが一部入っています。進化の歴史の中でネアンデルタール人は滅《ほろ》んでしまったので、私たちの中にある彼らの遺伝子は薄《うす》まる一方ですが、それでもまだ、私たち東アジア人の遺伝子の約３％、ヨーロッパ人の約４％がネアンデルタール人由来なのです。

どんな遺伝子が今に残っているかと言えば、ネアンデルタール人の持っていた遺伝子のうち、ホモ・サピエンスにとって有利だったものが残っています。ネアンデルタール人は「氷河の民《たみ》」と呼ばれ、とても寒さに強い性質を持っていました。ホモ・サピエンスは彼らの遺伝子の中でも寒さに強いものを受け継《つ》ぎ、寒さに適合しました。

このように、②遺伝子には可塑性《かそせい》や柔軟性《じゅうなんせい》があるのです。

結果的にネアンデルタール人は滅びました。彼らがなぜ滅んだのかに、私は今もっとも関心があります。何より、彼らは③今の私たちほど脳の問題を抱《かか》えていない可能性があったのですから。

複雑な言葉をしゃべれないネアンデルタール人は、一度に伝えられる情報は少なかったはずなのですが、その分言葉に感情をたくさん乗せられたと思われます。私たち人間が抱える大きな問題にコミュニケーションのすれ違いがありますが、ネアンデルタール人同士の心と心の距離《きょり》は、非常に近かったかもしれません。そうしたコミュニケーションができる彼らの群れは、一体どんなものだったのでしょうか。彼らにとって周囲の世界はどう見えていたのでしょうか。

彼らは、間違いなく我々と違った世界観、生命観、人間観を持っていたはずです。彼らのほうが自然に近いし、より動物的に生きていけたはずです。

しかし、どうしたわけか、常に脳に悩みを抱えながら生きていく私たちを、進化は選んでしまった。なぜ悩みがちな私たちが生き延びて、④私たちに比べればストレスなく生きていたはずのネアンデルタール人が滅んだのか。これは本当に、謎《なぞ》なのです。

遺伝子の観点では、私たちの体の＊ベースは魚です。サルやチンパンジーよりも遥《はる》か以前の＊ボディープランとして、私たちは魚の体から進化しました。魚を色々と改造して生まれたのが人間というわけです。

私たちは進化の歴史の中で、色んなものを流用、転用、誤用してきました。その結果として、母なる海を離《はな》れ、陸上を二足歩行できるようになりました。

人体には面白《おもしろ》い特徴がたくさんありますが、先ほど紹介《しょうかい》した「ＦＯＸＰ２遺伝子」によって、喉が発達したというのもその一つです。その喉と、舌、歯、唇《くちびる》を組み合わせることで、豊かな発声ができます。こうして偶然《ぐうぜん》、声を手に入れたことで、人間は複雑なコミュニケーションができるようになりました。

しかし、それだけが人のコミュニケーションを可能にしたわけではありません。進化した点は他にもあります。

たとえば、人間は「白目」を手に入れることで、相手の視線がどこに向いているかがわかるようになりました。これを「アイ・ポインティング」と言います。この特徴は哺乳類《ほにゅうるい》では人間だけで、誰《だれ》が誰を見ているか、視線がお互いにわかるようになったのです。これによって、個体の間で反射が起こるようになりました。つまり、誰かに黙《だま》って見つめられると、私たちが「なぜ私を見ているんだろう？」と反応するように、⑤視線のみで成立するコミュニケーションが生まれたのです。

さらに、いよいよ今の体になってから、人間は泣くということも覚えました。

とありますが、なぜですか。もっとも適当なものを次の**1**～**4**から一つ選び、番号で答えなさい。

1　カレンさんの役に立つことができたという喜びを感じるとともに、文字への思い違いを反省したから。

2　代書屋の仕事に慣れていない自分でも、必死に取り組んだことは人の心を打つのだと思い知ったから。

3　カレンさんの字に対する引け目を取り除いたことに感激し、他には何も考えられなくなったから。

4　代書屋の仕事が成功したことで今までの不安だった気持ちがなくなり、自信をもつことができたから。

問十四　――線⑫「影武者《かげむしゃ》というのは、きっとこういうことなのだろう」とありますが、「私」は代書屋の仕事をどのように考えていますか。五十字以上六十字以内で説明しなさい。

二　次の文章を読んで、後の問いに答えなさい。字数指定のあるものは、句読点やかっこなどもすべて一字に数えます。なお、問題の都合上、もとの文章から一部省略した部分があります。

人の悩《なや》みの中でもっとも大きいものは、対人関係の不具合でしょう。ただ、それは人間が複雑なコミュニケーションを取れるようになったからこそ生まれたものです。

それでは、人間はなぜコミュニケーションができるのか。それを知ると悩みを解決する糸口になるかもしれません。

チンパンジーとヒトを大きく隔《へだ》てる特徴《とくちょう》の一つとして、「複雑な言語を話す」というものがあります。チンパンジーがうまく音を作れず、「キー」とか「ワー」といった鳴き声しか発することができないのに対し、ヒトは＊子音《しいん》と＊母音《ぼいん》を組み合わせた非常に複雑な音を作って互《たが》いにコミュニケーションすることができます。

この差がどうして生まれるかというと、ヒトはチンパンジーに比べ、体の成長時における喉《のど》の成長期が長いからです。より時間をかけて、より大きく、より複雑な構造に成長する喉を獲得《かくとく》したことによって、ヒトは複雑な音を出すことができ、そのおかげで言葉が生まれました。

実は、チンパンジーとヒトの遺伝子はわずか数％の違《ちが》いしかないのですが、そのわずかな違いに含《ふく》まれるのが「ＦＯＸＰ２」という遺伝子です。この遺伝子がどんな働きをするのか明確なことはまだわかっていませんが、「複雑な言葉を話せる」ことに関係しているとされています。ＦＯＸＰ２の働きが悪い家系に生まれた人間は言葉が話せないことが確認《かくにん》されているのです。

遺伝子の数％の違いが、①言葉の発明に関わる違いを生んでいます。そしてそれは、チンパンジーとヒトとの知性の大きな差になっているのです。

遺伝子というものはこうしたダイナミックな動きをするものなのです。

ＦＯＸＰ２の働きによってヒトは複雑な音を作り、言葉を話せるようになりましたが、他の＊類人猿はどうだったのでしょうか？

歴史の教科書でおなじみの「ネアンデルタール人（ホモ・ネアンデルターレンシス）」は、実は遺伝子が解読されています。

（中略）

私たちホモ・サピエンスの祖先とネアンデルタール人は、かつてヨーロッパで出会っています。そのときに、私たちの祖先から見てネアンデルタール人は、知性が劣《おと》って見えたのではないかと思われます。

それは、彼《かれ》らが作る道具を見れば、ある程度わかります。ネアンデルタール人も道具などを作ってはいますが、私たちの祖先の側が、より洗練されていました。私たちの祖先からネアンデルタール人に技術時に自身を苦しめることがあるもの。

3 自分の予想通りになることが少なく、場合によっては書く気力を失わせるほど人間離《ばな》れした強い力をもつもの。

4 事前にどんなに練習したり工夫《くふう》したりしても、書き終えるまで結果を予期することが難しいもの。

問九 ――線⑦「文字は、体で書く」とありますが、どういうことですか。もっとも適当なものを次の**1**～**4**から一つ選び、番号で答えなさい。

1 思いやりや優《やさ》しさを込めるだけではなく、体全体を使って緊張しながら書くこと。

2 依頼してきた相手のことをあれこれと考えて、試行錯誤《しこうさくご》しながら書くこと。

3 論理的に考えるのではなく、相手を思い浮かべて自然体で力まずに書くこと。

4 ただ美しく書くことを目的にするのではなく、相手が喜んでくれるように書くこと。

問十 ――線⑧「ツバキ文具店のガラス戸に額や鼻を押しつけるようにして、夜が私を覗《のぞ》き込んでいるような気がした」とありますが、この表現の説明としてもっとも適当なものを次の**1**～**4**から一つ選び、番号で答えなさい。

1 夜を擬人化《ぎじんか》して表現し、約束の時間が迫《せま》っていることを示している。

2 事実をはっきりと言わないことで、現実の辛さをあいまいにしている。

3 比喩《ひゆ》を用いることで、追い込まれた私の焦《あせ》りを明確に表現している。

4 暗いイメージを強調し、この先のうまくいかない展開を暗示している。

問十一 ――線⑨「カレンさんの面影に近づいた」とありますが、なぜそのようにしたのですか。もっとも適当なものを次の**1**～**4**から一つ選び、番号で答えなさい。

1 カレンさんの文字が汚いことを心配するハハを、カレンさんの代わりにメッセージカードを書くことでなぐさめたかったから。

2 頑固《がんこ》ではあるがカレンさんのことを気にかけるハハに喜んでもらえるように、ハハが納得《なっとく》する完璧《かんぺき》な文字を書きたかったから。

3 一枚しかないカードで失敗はできないので、脳裏に刻まれている書く内容を間違えないように、集中する必要があったから。

4 控《ひか》えめで美しいカレンさんのイメージを呼び起こし、ハハの誕生日を心から祝うカレンさんの思いを文字に込めたかったから。

問十二 ――線⑩「おそるおそるカードを差し出す」とありますが、なぜそのようにしたのですか。もっとも適当なものを次の**1**～**4**から一つ選び、番号で答えなさい。

1 カレンさんが期待しているものと差がある気がして、でき上がりに確信がもてなかったから。

2 自身としては納得のいくカードになったが、カレンさんが気に入ってくれるかどうか不安だったから。

3 少し後悔《こうかい》が残る出来になったので、カレンさんに渡したくないという思いがあったから。

4 先代の教え通りに書けたか自信がなかったので、カレンさんに怒《おこ》られるのではないかと心配だったから。

問十三 ――線⑪「また涙があふれてしまって、止まらなくなった」

2 態度に一貫性《いっかんせい》がない
3 強気で荒々《あらあら》しい
4 素朴《そぼく》で作法を身につけていない

㋑「恐縮する」
1 申し訳なく思う
2 思わず打ち消す
3 全くあきれかえる
4 おびえ縮こまる

問二 ＝＝線「（Ⅰ）転（Ⅱ）倒《とう》」は四字熟語です。（Ⅰ）（Ⅱ）に当てはまる漢字を一字ずつ書きなさい。

問三 ――線①「あまりに暴力的すぎる」とありますが、どういうことですか。もっとも適当なものを次の**1**～**4**から一つ選び、番号で答えなさい。
1 字の汚さと心の汚さに関連があると考えることは、字が汚い人への思いやりに欠けているということ。
2 字にはその人の性格が必ず現れていると考えることは、根拠《こんきょ》が確かではなく強引《ごういん》であるということ。
3 字と人格に深いつながりがあると考えることは、確実性がなく安易な考え方であるということ。
4 人柄と字に結びつきがあると考えることは、誰《だれ》もが信じきっている思い込みに過ぎないということ。

問四 ――線②「いつになく力強く言った」とありますが、なぜこのように言ったのですか。もっとも適当なものを次の**1**～**4**から一つ選び、番号で答えなさい。
1 代書屋として依頼《いらい》されたことを断るのは決して許されないという義務感をもっているから。
2 悩んでいるカレンさんの手助けをすることは、今後の自分自身のためになると感じたから。
3 思い悩んだ末に訪《おとず》れたカレンさんの力にならねばならないという使命感にかられたから。
4 心がきれいなカレンさんの必死の訴《うった》えを聞いて、やっと自分が認められたと思ったから。

問五 ――線③「お引き受けいたします」とは何を引き受けるのですか。二十字以上三十字以内で具体的に書きなさい。

問六 ――線④「そんな言葉を体現する人だった」とありますが、どのような人のことですか。もっとも適当なものを次の**1**～**4**から一つ選び、番号で答えなさい。
1 しぐさや立ち居振る舞《ま》いがもたらすイメージが刻々と変化し、不安定な印象を与《あた》える人。
2 しぐさや立ち居振る舞いがもたらすイメージが気取っており、人の目を気にして行動する人。
3 しぐさや立ち居振る舞いがもたらすイメージが時によって変わり、さまざまな美しさを見せる人。
4 しぐさや立ち居振る舞いがもたらすイメージが可憐《かれん》で気高く、手が届かない花のように思われる人。

問七 ――線⑤「筆記用具は、万年筆ではなく、ボールペンにした」とありますが、万年筆にしなかったのはなぜですか。二十字以上三十字以内で書きなさい。

問八 ――線⑥「文字という怪物《かいぶつ》」とありますが、文字をどういうものととらえていますか。もっとも適当なものを次の**1**～**4**から一つ選び、番号で答えなさい。
1 簡単な書体であるほど戸惑《とまど》ってしまい、いくら時間をかけても上手に書けないことがある不気味なもの。
2 いつでも自分が書きたいと思ったように書けるわけではなく、

び持つ。それから、ゆっくりと目を閉じた。書く内容は、もうすでに紙を見なくても脳裏《のうり》に刻まれている。

私は、⑨カレンさんの面影に近づいた。

カレンさんの右手に、そっと自分の手のひらを重ね合わせる。目を閉じたまま、深呼吸するようにカードの上に文字を綴《つづ》った。

ゆっくりと目を開けると、そこにはまるで自分で書いたのではないような見慣れない文字が並んでいた。ボールペンで書いたのも、正解だったかもしれない。カレンさんから漂《ただよ》う清らかな慎《つつし》み深さのようなものが、ふわりふわりと立ちのぼってくる。私は、完成したカードを封筒《ふうとう》に収めた。

夜の七時をまわる頃、カレンさんは再びツバキ文具店に現れた。素材のよさそうな紺《こん》のコートと白いマフラーが、よく似合っている。

「こんな感じに書いてみたのですが……」

⑩おそるおそるカードを差し出すと、カードを見た瞬間《しゅんかん》、カレンさんが歓声《かんせい》を上げた。

「自分が書いたみたい！」

少女のようなはしゃぎようだった。

「ありがとうございます」

カレンさんは、テーブルの上で私の手をぎゅっと握《にぎ》りながらお礼を言う。外がそうとう冷えているのか、カレンさんの手は冷たくなっていた。

「そんな大したことでは……」

㋑恐縮《きょうしゅく》するように、私は言った。けれど、カレンさんはますます感極《かんきわ》まった様子で、

「私、ずーっとこういう字が書きたかったんです」

そうつぶやいて、涙《なみだ》ぐんだ。

「お役に立ててうれしいです」

言いながら、私まで、なぜか涙ぐんでしまう。

正直、本番のカードに目をつぶって書いている時のことは、ほとんど覚えていなかった。とにかく、カレンさんの心と一緒に書こうと必死だった。

涙を拭《ぬぐ》いながら、私は言った。

「こちらこそ、ありがとうございます。私ずっと、誤解してたんです。字が美しくないのは、きっと書く人の心がそうさせるんだ、って。でも、それって、偏見《へんけん》だったんだってことが、カレンさんと出会って、よくわかりました。だから、本当にごめんなさい」

喋《しゃべ》っているうちに、⑪また涙があふれてしまって、止まらなくなった。

「謝《あやま》らないでくださいよー」

カレンさんも、顔をくちゃくちゃにして泣いている。でも、崩《くず》れているはずの泣き顔までが魅力的《みりょくてき》なのだ。カレンさんはきっと、自分の字のことを、いつもいつも気にしていたのだろう。

「また、いつでもいらしてくださいね。私でよければ、お力になりますので」

そう言うと、カレンさんはまた泣きだした。

先代が言っていた⑫影武者《かげむしゃ》というのは、きっとこういうことなのだろう。代書屋を継いでよかった。

（小川　糸『ツバキ文具店』）

注　＊還暦…満六十年で生まれた年の干支《えと》に還《かえ》ることから、数え年六十一歳《さい》のこと。

問一　～～線㋐「無骨な」・～～線㋑「恐縮《きょうしゅく》する」とはどのような意味ですか。もっとも適当なものを**1**～**4**からそれぞれ一つ選び、番号で答えなさい。

㋐「無骨な」

1　何事にも投げやりに接する

カードの文字を書くくらい、簡単なことだ。しかも、文面はすでにカレンさんが用意してくれている。

「ありがとうございます！　助かります。実家が小町なので、わたくし、後でまた寄らせていただきますね」

カレンさんが席を立つ。

立てば芍薬《しゃくやく》、座れば牡丹《ぼたん》、歩く姿は百合《ゆり》の花。

カレンさんは、まさに④そんな言葉を体現する人だった。

だいぶ陽《ひ》がかげってきたし、お客も来なさそうなので、いつもより気持ち早めに店を閉める。

机の上を片付け、さっきカレンさんが持ってきてくれた彼女《かのじょ》の書いた五十音の紙を広げた。それから、カレンさんの面影《おもかげ》を思い起こす。このふたつを、うまく融合《ゆうごう》させなくてはならない。

ただ形が整っているだけが、美しい字ではないのだ。そうではなく、温もりがあり、微笑《ほほえ》みがあり、安らぎがあり、落ち着きがある。そういう字が、私は個人的に好きだった。

カレンさんは、決してツンツンとしたただの美人ではない。カレンさんが美しいのは、その飾《かざ》らない心だ。だからこそ、カレンさんらしい、カレンさんにしか書けない字を書きたかった。まるで、カレンさんそのものであるかのような。

⑤筆記用具は、万年筆ではなく、ボールペンにした。

同じカードが二枚あるなら試《ため》し書きもできるけれど、カードは一枚しかない。しかも、百年も前の紙なのだ。ヨーロッパで作られた紙だったら、基本的には万年筆のインクがにじむようなハプニングはないだろう。けれど、古い紙だけに何が起こるかわからない。インクがにじんでしまったら、取り返しがつかない。

だから、せっかくカレンさんがベルギーで見つけたカードを無駄《むだ》にしないよう、今回はボールペンで書くことに決めた。ただ、ボールペンといっても、インクの出が不均一な安いボールペンではなく、私が子供の頃《ころ》から愛用していたロメオのナンバー3を使う。

ロメオは、大正三年に伊東屋のオリジナルとして発売された筆記具で、万年筆とボールペンが発売された。私が使っているのはその当時のボールペンで、もとは先々代が愛用していたものだ。

ロメオのナンバー3を手にし、カレンさんが用意してくれた文面を、何度か紙に書いてみた。

けれど、簡単な仕事のはずなのに、逆に思い通りの文字が生まれない。イメージ通りの字がスーッと書けることもあれば、百枚書いても二百枚書いても、どうもしっくりこない時もある。要するに、字を書くという行為《こうい》は、生理現象と一緒《いっしょ》だった。自分の意志でどんなにきれいに書こうと思っても、乱れる時はどうしたって乱れてしまう。地面をのたうちまわるようにして、どんなに（Ⅰ）転（Ⅱ）倒《とう》しても、書けない時は書けない。それが、⑥文字という怪物《かいぶつ》だった。

そんな時、ふと耳元で先代の声がした。

⑦文字は、体で書くんだよ。

確かに私は、頭だけで書こうとしていたのかもしれない。

外を見ると、すっかり陽が暮れて暗くなっている。⑧ツバキ文具店のガラス戸に額や鼻を押しつけるようにして、夜が私を覗《のぞ》き込んでいるような気がした。その真っ黒い闇《やみ》の中に、ガラスに映った私の顔が、ぽっかりと上弦《じょうげん》の月のように浮かんでいる。

先代が書いた「ツバキ文具店」の文字は、裏側から見てもやっぱり惚《ほ》れ惚《ぼ》れするくらい美しい。決して活字のように整っているのではなく、少し手を抜《ぬ》いたように見える塩梅《あんばい》が絶妙《ぜつみょう》だった。

さてと。

私は意識して、おへその下の丹田《たんでん》に気持ちを集めた。

ちょうどいい位置に本番のカードを置き、ロメオのナンバー3を再

2023年度

吉祥女子中学校

【国　語】〈第二回試験〉（五〇分）〈満点：一〇〇点〉

一　「私」は祖母の後を引き継《つ》いで、人から頼《たの》まれたさまざまな文章を代筆する「代書屋」の仕事をしています。次の文章を読んで、後の問いに答えなさい。字数指定のあるものは、句読点やかっこなどもすべて一字に数えます。なお、問題の都合上、もとの文章から一部省略した部分があります。

「大変ですね」

私もこれまで、字はその人そのものだと思って疑わなかった。㋐無骨な人は無骨な文字を書くし、繊細《せんさい》な人は繊細な文字を書く。一見几《き》帳面《ちょうめん》に見えても、大胆《だいたん》な文字を書く人は性格にもそれが現れる。きれいだけどもなんだか冷たい字もあれば、整っていないのに焚《た》き火《び》に手を当てている時みたいな温《ぬく》もりを感じる字もある。

そんなふうに、字には、それを書く人の人柄《ひとがら》がそのまま出ると思い込《こ》んでいた。けれど、それは間違《まちが》いだった。カレンさんのように、どうしたって上手に字が書けない人も存在する。字が汚《きたな》いから心も穢《けが》れていると考えるのは、①あまりに暴力的すぎる。

「もうすぐ、ハハの＊還暦《かんれき》なんです」

カレンさんは続けた。もう、カフェオレボウルの柚子茶《ゆずちゃ》はほとんどなくなっている。

「夫と相談してプレゼントを用意したのですが、それに添《そ》えるメッセージカードが、どうしても書けなくて。それを書いていただけないでしょうか」

きっと悩《なや》みに悩んだ末に、ここまで来てくれたのだろう。こういう人のお手伝いをしないで、何が代書屋だと言えるのか。

私は、②いつになく力強く言った。

「③お引き受けいたします」

私が座《すわ》ったままお辞儀《じぎ》をすると、カレンさんが安堵《あんど》の笑《え》みを浮《う》かべる。

カレンさんは、カードも自分で見つけて持ってきていた。

「きれいなカードですねぇ」

見たこともない美しいカードに、思わず目をみはった。

「これ、ベルギーの小さな紙屋さんで見つけたものなんです。ハハのイメージに合うかと思って」

紙の表面に、植物の葉っぱの模様がうっすらと型押《かたお》しされている。

「昔のものかしら？」

紙を汚《よご》さないよう気をつけながら、窪《くぼ》んだ葉っぱの形を指でなぞった。

「多分、そうみたいです。お店の方がおっしゃるには、百年以上前に作られた紙だろう、って」

「やっぱりそうなんですね。なんていうか、肌触《はだざわ》りが違います」

本当は、その紙を頬《ほ》っぺたに当てて頬《ほお》ずりしたい心境だった。高貴な猫《ねこ》の背中を撫《な》でているような、優雅《ゆうが》な気分になる紙質だった。

「お急ぎですか？」

私がたずねると、

「時間はまだあるんですが、実はわたくし、明日からまた海外へのフライトが入っているんです。なので、できれば……」

早い方がいいのだろう。

「わかりました、少しだけお時間いただきますが、本日中にお渡《わた》しします」

2023年度

吉祥女子中学校　▶解説と解答

算　数　＜第２回試験＞（50分）＜満点：100点＞

解　答

[1] (1) $\frac{1}{3}$　(2) 6　(3) 4200円　(4) 112個　(5) 1416円　(6) 6.28cm　(7) 10.75％　[2] (1) 4：3　(2) 60cm^2　(3) 126cm^2　[3] (1) 4：5　(2) 3：5　(3) 37.5分後　[4] (1) 11.14cm^2　(2) 20.14cm^2　(3) 35.14cm^2　(4) 16cm　(5) 7 cm　(6) 104，134，196　[5] (1) **あ** 1　**い** 2　(2) **ア** 1　**イ** 11　**ウ** 8　**エ** 20　(3) 120　(4) 300　(5) 519，520

解　説

[1] 逆算，分配算，比の性質，売買損益，相当算，面積，濃度《のうど》，消去算

(1) $\left\{\left(1\frac{1}{4}-\square\right)\div 1.5-\frac{1}{2}\right\}\times 9=1$ より，$\left(1\frac{1}{4}-\square\right)\div 1.5-\frac{1}{2}=1\div 9=\frac{1}{9}$，$\left(1\frac{1}{4}-\square\right)\div 1.5=\frac{1}{9}+\frac{1}{2}=\frac{2}{18}+\frac{9}{18}=\frac{11}{18}$，$1\frac{1}{4}-\square=\frac{11}{18}\times 1.5=\frac{11}{18}\times\frac{3}{2}=\frac{11}{12}$　よって，$\square=1\frac{1}{4}-\frac{11}{12}=\frac{5}{4}-\frac{11}{12}=\frac{15}{12}-\frac{11}{12}=\frac{4}{12}=\frac{1}{3}$

(2) $2\frac{2}{5}\div 0.6=2.4\div 0.6=4$ より，$2-\left\{2\frac{3}{7}\times\left(\square\div 3-\frac{2}{15}\right)-4\right\}=1\frac{7}{15}$，$2\frac{3}{7}\times\left(\square\div 3-\frac{2}{15}\right)-4=2-1\frac{7}{15}=\frac{30}{15}-\frac{22}{15}=\frac{8}{15}$，$2\frac{3}{7}\times\left(\square\div 3-\frac{2}{15}\right)=\frac{8}{15}+4=4\frac{8}{15}$，$\square\div 3-\frac{2}{15}=4\frac{8}{15}\div 2\frac{3}{7}=\frac{68}{15}\div\frac{17}{7}=\frac{68}{15}\times\frac{7}{17}=\frac{28}{15}$，$\square\div 3=\frac{28}{15}+\frac{2}{15}=\frac{30}{15}=2$　よって，$\square=2\times 3=6$

(3) Ｂさんが持っている金額を①として図に表すと，右の図１のようになる。図１から，Ｂさんが持っている金額の，２＋１＝３(倍)にあたる金額が，6100－400＝5700(円)とわかるから，Ｂさんが持っている金額は，5700÷３＝1900(円)と求められる。よって，Ａさんが持っている金額は，6100－1900＝4200(円)である。

図１

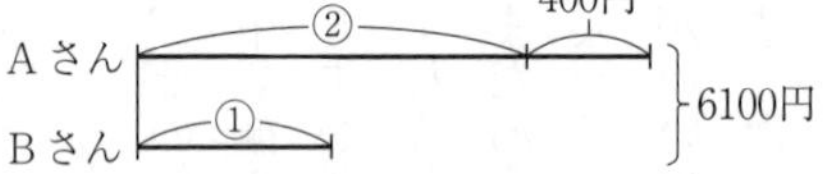

(4) 赤い玉を８個取り出し，白い玉を61個加えると，袋《ふくろ》の中に入っている赤い玉と白い玉の合計は，129－８＋61＝182(個)になる。このときの赤い玉と白い玉の個数の比が４：３なので，このときの赤い玉の個数は，$182\times\frac{4}{4+3}=104$(個)とわかる。よって，８個取り出す前の赤い玉の個数は，104＋８＝112(個)と求められる。

(5) 定価を１として図に表すと，下の図２のようになる。図２から，0.3－0.2＝0.1にあたる金額が，120＋72＝192(円)とわかるから，(定価)×0.1＝192(円)と表すことができる。よって，定価は，192÷0.1＝1920(円)と求められるので，定価の２割引きは，1920×(１－0.2)＝1536(円)とわかる。したがって，仕入れ値は，1536－120＝1416(円)である。

(6) ㋐の面積が㋑の面積の２倍だから，㋐を半分にした図形の面積と㋑の面積が等しくなる。よって，下の図３のように㋐を合同な２つの図形㋒と㋓に分けると，㋓と㋑の面積が等しくなる。さらに，★と☆の部分は合同なので，(㊁＋★)の面積と(㋑＋☆)の面積も等しくなる。また，(㊁＋★)の面積は，４×４×3.14÷４＝12.56(cm^2)だから，(㋑＋☆)の面積も12.56cm^{2}となり，長方形ABCDの面積は，12.56×２＝25.12(cm^2)と求められる。したがって，BCの長さは，25.12÷４＝6.28(cm)である。

図２

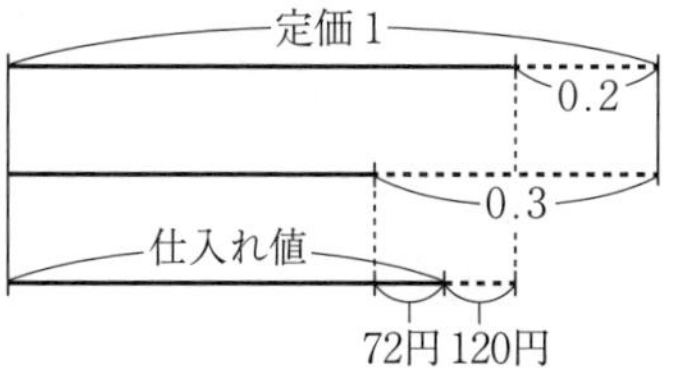

図３

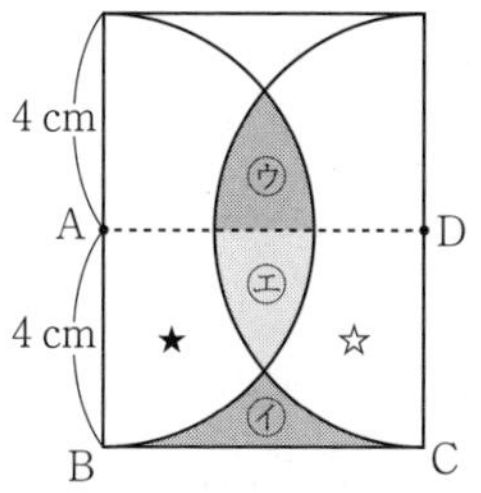

図４

300×Ⓐ＋200×Ⓑ＝65(ｇ)…ア
200×Ⓐ＋300×Ⓑ＝55(ｇ)…イ
⬇
900×Ⓐ＋600×Ⓑ＝195(ｇ)…ア×３
400×Ⓐ＋600×Ⓑ＝110(ｇ)…イ×２

(7)　Ａを300ｇとＢを200ｇ混ぜると濃《こ》さが13％の食塩水が，300＋200＝500(ｇ)できるので，この中に含《ふく》まれている食塩の重さは，500×0.13＝65(ｇ)となる。同様に，Ａを200ｇとＢを300ｇ混ぜると濃さが11％の食塩水が500ｇできるから，この中に含まれている食塩の重さは，500×0.11＝55(ｇ)とわかる。よって，Ａの濃さをⒶ，Ｂの濃さをⒷとすると，上の図４のア，イのような式を作ることができる。次に，アの式の等号の両側を３倍，イの式の等号の両側を２倍してから２つの式の差を求めると，900×Ⓐ－400×Ⓐ＝500×Ⓐの重さが，195－110＝85(ｇ)とわかる。したがって，Ⓐ＝85÷500＝0.17と求められ，これをアの式にあてはめると，Ⓑ＝(65－300×0.17)÷200＝0.07とわかる。つまり，Ａの濃さは17％，Ｂの濃さは７％である。よって，Ａの重さを300ｇ，Ｂの重さを500ｇとすると，これらを混ぜた食塩水に含まれる食塩の重さは，300×0.17＋500×0.07＝86(ｇ)になるので，できる食塩水の濃さは，86÷(300＋500)×100＝10.75(％)と求められる。

２　平面図形―相似，面積

(1)　右の図１について，三角形AEHと三角形IPHは相似であり，相似比は，AH：IH＝(４＋３)：３＝７：３だから，EH：PH＝７：３となる。よって，EP：PH＝(７－３)：３＝４：３とわかる。

図１

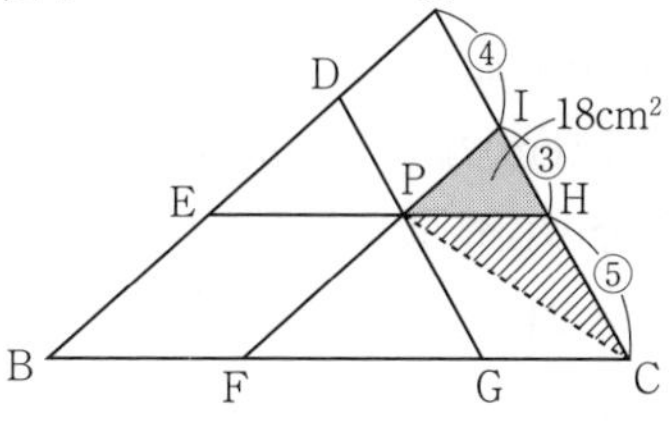

図２

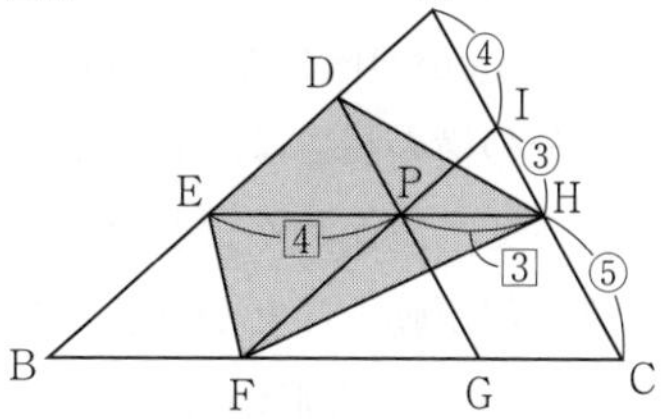

(2)　三角形IPHと三角形HPCは高さが等しい三角形なので，面積の比は底辺の比と等しく３：５である。よって，三角形HPCの面積は，$18\times\frac{5}{3}=30$(cm^2)とわかる。また，四角形PGCHは平行四辺形だから，四角形PGCHの面積は，30×２＝60(cm^2)と求められる。

(3)　右上の図２で，三角形PFHと三角形PCHの面積は同じだから，三角形PFHの面積は30cm^{2}である。また，三角形EFPと三角形PFHの面積の比は，EP：PHの比と等しく４：３だから，三角形EFPの面積は，$30\times\frac{4}{3}=40$(cm^2)とわかる。次に，三角形DEPと三角形IPHは相似であり，相似比は，EP：PH＝４：３だから，面積の比は，(４×４)：(３×３)＝16：９である。すると，三角形DEPの面積は，$18\times\frac{16}{9}=32$(cm^2)となる。さらに，三角形DEPと三角形DPHの面積の比も，EP：

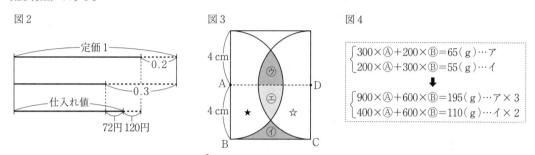

PHの比と等しく４：３だから，三角形DPHの面積は，$32\times\frac{3}{4}=24(cm^2)$になる。したがって，四角形DEFHの面積は，$30+40+32+24=126(cm^2)$と求められる。

3 速さと比，旅人算

⑴　３人の進行のようすをグラフに表すと，右の図１のようになる。Aさんが25分で進む道のりをBさんは，25－５＝20(分)で進む。よって，AさんとBさんが同じ道のりを進むのにかかる時間の比は，25：20＝５：４だから，AさんとBさんの速さの比は，$\frac{1}{5}:\frac{1}{4}=4:5$である。

図１

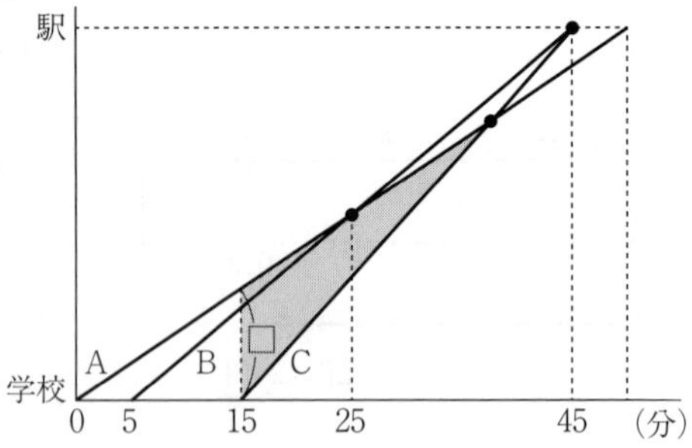

⑵　はじめに，BさんとCさんの速さの比を求める。Bさんが，45－５＝40(分)で進む道のりをCさんは，45－15＝30(分)で進むので，BさんとCさんが同じ道のりを進むのにかかる時間の比は，40：30＝４：３となり，BさんとCさんの速さの比は，$\frac{1}{4}:\frac{1}{3}=3:4$とわかる。よって，右の図２のように比をそろえると，AさんとCさんの速さの比は，12：20＝３：５と求められる。

図２

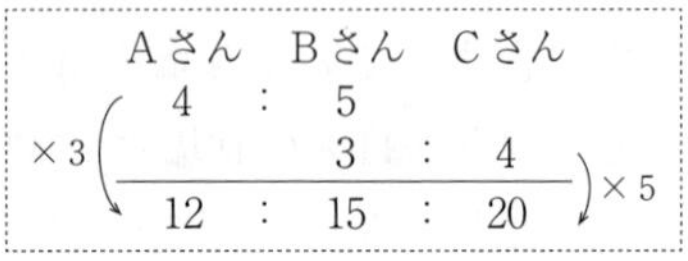

⑶　Aさんの速さを毎分３，Cさんの速さを毎分５とすると，Aさんが15分で進んだ道のり(図１の□)は，３×15＝45となる。また，かげをつけた部分ではAさんとCさんの間の道のりは毎分，５－３＝２の割合で縮まるから，Cさんが出発してからAさんに追いつくまでの時間は，45÷２＝22.5(分)と求められる。よって，CさんがAさんを追いこすのは，Aさんが出発してから，15＋22.5＝37.5(分後)である。

4 平面図形―図形の移動，面積

⑴　円が動くことができるのは，下の図①の斜線《しゃせん》部分とかげの部分である。斜線部分を合わせると半径１cmの円になるから，斜線部分の面積は，１×１×3.14＝$3.14(cm^2)$とわかる。また，かげの部分の横の長さは，６－１×２＝４(cm)なので，かげの部分の面積は，２×４＝$8(cm^2)$である。よって，円が動くことができる部分の面積は，3.14＋８＝$11.14(cm^2)$と求められる。

⑵　円が動くことができるのは，下の図②のかげの部分である。四隅《よすみ》の白い部分を合わせると，１辺２cmの正方形から半径１cmの円を除いたものになるから，四隅の部分の面積の合計は，２×２－１×１×3.14＝$0.86(cm^2)$とわかる。また，長方形全体の面積は，３×７＝$21(cm^2)$なので，円が動くことができる部分の面積は，21－0.86＝$20.14(cm^2)$と求められる。

図①

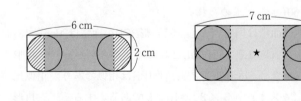

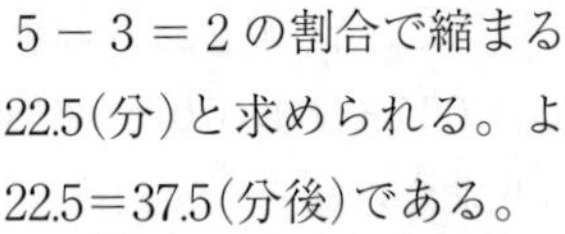

図②

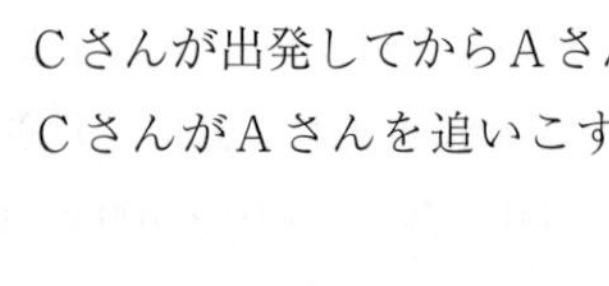

図③

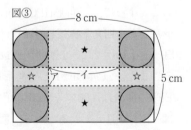

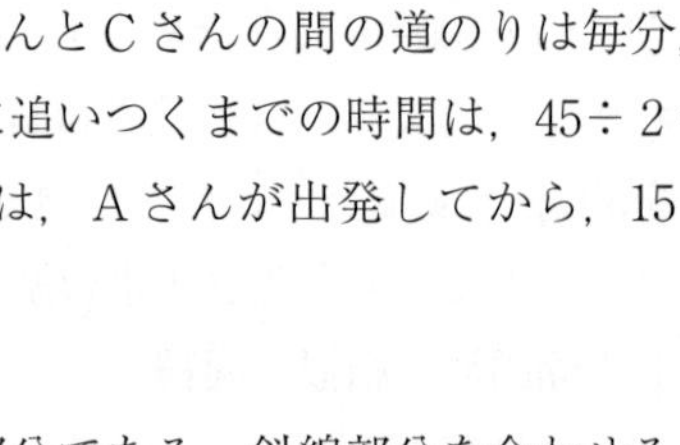

⑶　円が動くことができるのは，上の図③のかげの部分である。アの長さは，５－２×２＝１(cm)，イの長さは，８－２×２＝４(cm)だから，中央の長方形の面積は，１×４＝$4(cm^2)$とわ

かる。また，長方形全体の面積は，５×８＝40(cm^2)で，四隅の部分の面積の合計は0.86cm^{2}なので，円が動くことができる部分の面積は，40－0.86－４＝35.14(cm^2)となる。

⑷　縦の長さは図①と同じである。図①と比べるとかげの部分の面積が，31.14－11.14＝20(cm^2)増えるから，図①よりもかげの部分の横の長さが，20÷２＝10(cm)長いことがわかる。よって，長方形の横の長さは，６＋10＝16(cm)と求められる。

⑸　縦の長さは図③と同じである。図③と比べると，★印の部分１か所の面積が，(35.14－31.14)÷２＝２(cm^2)減るので，図③よりも★印の部分の横の長さが，２÷２＝１(cm)短いことがわかる。よって，長方形の横の長さは，８－１＝７(cm)である。

⑹　縦の長さが２cmの場合は図①と同じ形になる。図①よりもかげの部分の面積が，191.14－11.14＝180(cm^2)増えるから，図①よりもかげの部分の横の長さが，180÷２＝90(cm)長いことがわかる。すると，長方形の横の長さは，６＋90＝96(cm)になるので，長方形の周の長さは，(２＋96)×２＝196(cm)と求められる。また，縦の長さが３cmの場合は図②と同じ形になる。図②よりも★印の部分の面積が，191.14－20.14＝171(cm^2)増えるから，図②よりも★印の部分の横の長さが，171÷３＝57(cm)長いことがわかる。すると，長方形の横の長さは，７＋57＝64(cm)になるので，長方形の周の長さは，(３＋64)×２＝134(cm)と求められる。さらに，縦の長さが４cm以上の場合は図③と同じ形になる(ただし，４cmの場合は中央の長方形はできない)。図③よりも全部で，191.14－35.14＝156(cm^2)増えるから，★印の部分１か所と☆印の部分１か所の面積が合わせて，156÷２＝78(cm^2)増えることになる。また，図③のこの部分の面積の合計は，２×１＋２×４＝10(cm^2)なので，★印の部分１か所と☆印の部分１か所の面積の合計は，10＋78＝88(cm^2)となる。よって，２×ア＋２×イ＝２×(ア＋イ)＝88(cm^2)と表すことができるから，ア＋イ＝88÷２＝44(cm)とわかる。すると，長方形の縦と横の長さの和は，44＋２×４＝52(cm)になるので，長方形の周の長さは，52×２＝104(cm)と求められる。よって，□にあてはまる数は，104，134，196である。

5　約束記号，場合の数

⑴　517には１が１個使われているから，[517]＝１(…あ)である。また，110には１が２個使われているので，[110]＝２(…い)となる。

⑵　０から９のうち１が使われているのは１だけだから，[０]＋[１]＋[２]＋…＋[９]＝１(…ア)となる。また，10から19までの，19－10＋１＝10(個)の整数はすべて十の位に１が使われていて，11だけは一の位にも使われているので，[10]＋[11]＋[12]＋…＋[19]＝10＋１＝11(…イ)とわかる。次に，20から99の中で１が使われているのは{21，31，…，91}の８個だから，[20]＋[21]＋[22]＋…＋[99]＝８(…ウ)となる。これらのことから，[０]＋[１]＋[２]＋…＋[99]＝１＋11＋８＝20(…エ)と求められる。

⑶　100から199までの，199－100＋１＝100(個)の整数は，すべて百の位に１が使われている。また，十の位と一の位に使われている１の個数は，⑵から20個とわかる。よって，[100]＋[101]＋[102]＋…＋[199]＝100＋20＝120となる。

⑷　⑵から，200～299，300～399，…，900～999に使われている１の個数はそれぞれ20個であることがわかる。よっ

[０]＋[１]＋[２]＋…＋[99]＝20
[100]＋[101]＋[102]＋…＋[199]＝120
[200]＋[201]＋[202]＋…＋[299]＝20
[300]＋[301]＋[302]＋…＋[399]＝20
⋮
[900]＋[901]＋[902]＋…＋[999]＝20

て，これまでにわかったことをまとめると上の図のようになるから，［０］＋［１］＋［２］＋…＋［999］＝20＋120＋20×８＝300と求められる。

(5)　(4)より，［０］から［499］までの合計は，20＋120＋20×３＝200なので，残りは，212－200＝12である。よって，*A*にあてはまる数は［500］から［599］の中で合計が12になる数とわかる。そのうち，［500］から［509］までの合計が１，［510］から［519］までの合計が11だから，［０］から［519］までの合計が212になる。さらに，その前後を調べると，［518］＝１，［520］＝０，［521］＝１となるので，*A*にあてはまる整数は519と520である。

社　会　＜第２回試験＞（35分）＜満点：70点＞

解　答

１　**問１**　ウ　**問２**　ア　**問３**　エ　**問４**　イ　**問５**　エ　**問６**　(例)　３代将軍家光のときにはヨーロッパ船来航が禁止されたため限定されていたが，８代将軍吉宗のときにはキリスト教布教に関係しない洋書の輸入が許可されたため増加した。(３代将軍家光のときには鎖国政策が完成したため限定されていたが，８代将軍吉宗のときには一部の洋書の輸入が許可されたため増加した。)　**問７**　解体新書　**問８**　イ　**問９**　ウ　**問10**　ベルツ　**問11**　カ　**問12**　学徒出陣　**問13**　ア　**問14**　ウ　**２**　**問１**　関門(海峡)　**問２**　那覇　**問３**　イ　**問４**　球磨(川)　**問５**　エ　**問６**　ア　**問７**　イ　**問８**　ア　**問９**　オ　**問10**　ア　**問11**　イ　**問12**　(例)　大量に輸送することができる。／環境への影響が少ない。(輸送費が安い。／渋滞がなく時間に正確である。)　**問13**　ク　**問14**　ウ　**３**　**問１**　エ　**問２**　ウ　**問３**　モンテスキュー　**問４**　クリミア(半島)　**問５**　エ　**問６**　インフレーション　**問７**　エ　**問８**　ア　**問９**　イ　**問10**　ウ

解　説

１　各時代の歴史的なことがらについての問題

問１　Aは古墳時代の６世紀，Bは弥生時代，Cは飛鳥時代の701年のできごとなので，時期の古いものから順にB→A→Cとなる。

問２　東大寺は，奈良時代に平城京の外京《げきょう》に開かれた寺院で，聖武天皇の命令にもとづいて全国につくられた国分寺のおおもとの寺とされた。正倉院は東大寺の宝物庫で，校倉《あぜくら》造の建物として知られる。聖武天皇のきさきである光明皇后は，聖武天皇が亡《な》くなると『種々薬帳《しゅじゅやくちょう》』をふくむ遺品を東大寺に奉納し，これらが正倉院に収められた。なお，聖武天皇は亡くなったときは上皇，光明皇后は光明皇太后となっていた。

問３　アは11世紀後半の1086年，イは８世紀前半の720年，ウは９世紀前半の805年，エは10世紀後半の985年のできごとである。

問４　イは1600年の関ヶ原の戦いについて述べた文で，関ヶ原は岐阜県南西部にあるが，Bは愛知県名古屋市の位置である。なお，Aは小田原(神奈川県)，Cは大阪，Dは有田(佐賀県)。

問５　鹿鳴館《ろくめいかん》は，明治政府が進める欧化政策の一つとして，日比谷(東京都)に建てられた。なお，アは飛鳥時代，イは鎌倉時代にともに現在の福岡県で，ウは安土桃山時代に現在の大分県で起こっ

たできごと。

問６　17世紀前半，江戸幕府の第３代将軍徳川家光は，キリスト教禁教を徹底《てってい》し，貿易の利益を独占するため，外国との交易を厳しく制限した。この鎖国体制のもと，キリスト教の布教を行わない清(中国)とオランダだけが，長崎を唯一《ゆいいつ》の窓口として幕府との貿易を認められた。西洋の書物の輸入も制限されていたが，18世紀前半に第８代将軍となった徳川吉宗は，享保の改革とよばれる幕政改革に取り組み，その中で，キリスト教に関係のない漢訳洋書の輸入制限をゆるめるとともに，青木昆陽らにオランダ語を学ばせるなどした。これにより，オランダ語を通じて西洋の自然科学などを学ぶ蘭学《らんがく》がさかんになった。

問７　杉田玄白《げんぱく》と前野良沢《りょうたく》らは，死者の解剖《かいぼう》に立ち会ったさい，オランダ語の医学解剖書『ターヘル・アナトミア』の正確さにおどろき，これを翻訳《ほんやく》しようと決意した。そして，苦心の末にこれをなしとげ，1774年に『解体新書』として刊行した。

問８　ア　草木灰は，鎌倉時代にすでに肥料として使われるようになっていた。　イ　江戸時代の農村について，正しく述べている。　ウ　足尾銅山から出た鉱毒が渡瀬川を汚染し(足尾銅山鉱毒事件)，田中正造がその解決に力をつくしたのは，明治時代のことである。　エ　製糸業の分野では，19世紀に入ってからマニュファクチュア(工場制手工業)が広がっていった。

問９　ア　戊辰《ぼしん》戦争は，1868～69年にかけて行われた。　イ　関東大震災は，1923年９月１日に発生した。　ウ　第二次世界大戦は1939～45年のできごとで，グラフの動きと一致する。　エ　警察予備隊は，朝鮮戦争の開始にともなって1950年に創設された。また，第四次中東戦争は1973年に発生し，これによって(第一次)石油危機とよばれる経済の混乱が生じた。

問10　ベルツはドイツ人医師で，1876年に明治政府の招きでお雇《やと》い外国人として来日した。1905年までの在日中のようすをまとめた『ベルツの日記』の中には，1889年２月11日の大日本帝国憲法発布をひかえた東京市民のようすが記されている。

問11　Ａは満州(中国東北部)，Ｂは朝鮮半島，Ｃは台湾をさしている。台湾は1895年の下関条約で，朝鮮は1910年の韓国併合で日本の支配下に入った。満州は，1931年の柳条《りゅうじょう》湖《こ》事件をきっかけとして始まった満州事変で日本軍に大部分を占領され，1932年には満州国が建国されて日本の植民地になった。

問12　1937年に日中戦争が始まり，続けて1941年から太平洋戦争に突入《とつにゅう》した日本は，戦争の長期化にともなって兵力が不足していった。そのため，1943年以降，それまで兵役を免除されていた文系の大学生などが戦場に送られるようになった。これを学徒出陣《しゅつじん》という。

問13　1950年代後半から1970年代前半にかけて，日本は高度経済成長とよばれるめざましい経済発展をとげた。財閥《ざいばつ》は，太平洋戦争終戦直後にGHQ(連合国軍最高司令官総司令部)の主導する民主化政策の一環として解体され，1947年には独占禁止法が制定された。なお，イは高度経済成長期の後半，ウは1968年のできごと。エは1967年に制定された公害対策基本法について説明した文。

問14　Ａ　日本人の平均寿命《じゅみょう》は世界的にみて高いほうだが，2020年の平均寿命は男性が81.56歳，女性が87.71歳で，90歳を超《こ》えてはいない。統計資料は『日本国勢図会』2022／23年版による(以下同じ)。　Ｂ　高齢化の進行について正しく説明している。

2　日本の地形や気候，産業などについての問題

問１　本州と九州の間にある海峡《かいきょう》は，下関(山口県下関市)と門司《もじ》(福岡県北九州市門司区)の間に広がる海峡であることから，関門海峡とよばれている。関門海峡には現在，関門橋と，道路用の関門国道トンネル，鉄道用の関門トンネル，新幹線用の新関門トンネルが通っている。

問2　那覇市は沖縄島の南部に位置する沖縄県の県庁所在地で，かつては琉球《りゅうきゅう》王国の王城である首里城が置かれるとともに，東南アジアや中国，日本との中継貿易の拠点《きょてん》として栄えた。

問3　はくさい・キャベツ・レタスは，長野県や群馬県などの高冷地で抑制《よくせい》栽培によって生産され，高原野菜として出荷されるものがよく知られており，レタスの収穫《しゅうかく》量は長野県が全国で最も多い。一方，はくさいの収穫量は茨城県が全国第1位，キャベツの収穫量は愛知県が全国第1位となっている。統計資料は『データでみる県勢』2022年版による(以下同じ)。

問4　球磨《くま》川は熊本県南部をおおむねU字形に流れて人吉盆地などを通り，八代《やつしろ》平野を形成して八代海に注ぐ。なお，球磨川と最上川(山形県)，富士川(山梨・静岡県)は合わせて日本三大急流とよばれる。

問5　ア　Aの地域には摩周《ましゅう》湖など数多くのカルデラ湖があるが，これらを干拓して牧場にしたということはない。この地域に広がる根釧《こんせん》台地は，国家事業として行われた大規模な開拓によって，日本有数の酪農地帯に成長した。　　イ　Bの地域には，掘《ほ》り込《こ》み港である新潟東港があるが，石油化学コンビナートや製鉄所は立地していない。イの文は，茨城県南部の鹿島臨海工業地域にあてはまる。　　ウ　Cは大阪平野で，ここで淀川が大阪湾に注いでいる。沿岸部には埋立《うめたて》地が多く，工場などが立地している。　　エ　Dの地域にある山口県の秋吉台とその周辺について，正しく説明している。

問6　岡山市は，夏の南東の季節風を四国山地に，冬の北東の季節風を中国山地にさえぎられるため1年を通じて降水量が少なく，冬でも比較《ひかく》的温暖な瀬戸内の気候に属している。なお，イは京都市，ウは福岡市，エは東京の雨温図。

問7　アは秋田市で行われる秋田竿燈《かんとう》まつり，イは青森市で行われる青森ねぶた祭，ウは仙台市(宮城県)で行われる仙台七夕まつり，エは山形市で行われる山形花笠《はながさ》まつりのようすである。これらの市のうちでは，青森市が最も北，つまり高緯度に位置している。なお，これらの祭りは合わせて東北四大祭りとよばれる。

問8　示された4県のうち，埼玉県ではさいたま市，新潟県では新潟市が政令指定都市となっている。政令指定都市のないアとエのうち，長野県は全国の都道府県で最も多い8県と接しているので，アが群馬県，エが長野県となる。なお，東京都などに通勤・通学する人が多いので昼夜間人口比率が低いウが埼玉県で，残ったイが新潟県である。

問9　千葉県に広がる京葉工業地域には複数の石油化学コンビナートがあるので，製造品出荷額等における石油・石炭製品と化学の割合が非常に大きいBがあてはまる。また，愛知県は，世界的な自動車メーカーの本社やその関連工場がある豊田市を中心として，自動車工業が発展している。愛知県の製造品出荷額等は全国の都道府県で最も多く，輸送用機械がその6割近くを占《し》めているので，Cがあてはまる。残ったAが大阪府である。

問10　日本の石炭の最大の輸入先はオーストラリアで，以下，インドネシア，ロシアが続く。なお，イは原油，ウは鉄鉱石，エは液化天然ガス(LNG)の輸入先。

問11　リペアーは，「修理する，補強する」といった意味の言葉である。無駄《むだ》な包装を断ったり，紙袋・ビニール袋の使用をひかえたりすることは，リフューズという。

問12　自動車による貨物輸送は，戸口から戸口までの配達ができるが，二酸化炭素の排出による環境への負荷が大きい。これに比べて，鉄道による貨物輸送は，重たいものを大量に運べる，輸送費が安い，時間に正確である，二酸化炭素の排出量が少なく環境への負荷が小さいという点で有利といえる。

問13　直線距離と，鉄道を利用した場合の所要時間の長さには，新幹線で直接行けるかどうかが影響する。甲府市（山梨県）には新幹線は通っていないが，宇都宮市には東北新幹線が通っており，駅もあるので，Ａが宇都宮駅となる。同様に，東北新幹線の仙台駅がある仙台市（宮城県）はより所要時間が短く，新幹線が通っていない福井市はより所要時間が長くなる。岩手県の県庁所在地である盛岡市には東北新幹線の盛岡駅があるが，和歌山市には新幹線は通っていない。東京からは，大阪市よりも和歌山市のほうが遠く，新幹線が通っていないぶん所要時間も長くかかると推測できるので，Cが和歌山市となる。なお，大阪市よりも遠いのに所要時間が短いところに打たれている●に，盛岡市があてはまる。直線距離については，問５の地図も参考になる。

問14　1970年代前半，漁業種類別生産量が最も多かったのは遠洋漁業だったが，石油危機（オイルショック）による燃料代の値上がりや，沿岸各国による200海里の排他的経済水域の設定によって，生産量が激減した。その後は，漁業資源の減少などによって1990年代に生産量が大きく減ったものの，沖合漁業の生産量が最も多い状態が続いている。沿岸漁業の生産量はあまり変わっていないが，減少傾向《けいこう》にあり，海面養殖業と同程度となっている。

３　憲法と法律，政治のしくみなどについての問題

問１　ア　衆議院に先議権があるのは，予算案のみである。　イ　本会議の定足数（本会議が成立するのに必要な出席議員数）は，総議員の３分の１以上とされている。　ウ　法律案の議決において衆参の議決が分かれた場合，両院協議会の開催は義務ではない。このとき，衆議院で出席議員の３分の２以上の賛成で再可決されれば，法律が成立する。　エ　法律案について，正しく説明している。

問２　犯罪被害者の権利や利益を保護することを目的として，2004年に犯罪被害者等基本法が成立した。

問３　モンテスキューは18世紀のフランスの思想家で，著書『法の精神』の中で三権分立の考え方を示した。三権分立とは，権力の集中を防ぎ，国民の基本的人権を守るため，国家権力を，法律をつくる立法権，法律にもとづいて政治を行う行政権，裁判を行う司法権の三つに分け，それぞれ別の機関に受け持たせておさえ合うようにするしくみである。

問４　クリミア半島は黒海北部に面する半島で，クリミア自治州というウクライナの領土であった。しかし，2014年にロシアが住民投票を強行し，その結果を受けて一方的に併合《へいごう》した。

問５　参議院の定数は248名で，議員の任期は６年だが，３年ごとに定数の半分，つまり124名が改選される。2022年の参議院議員通常選挙では，これに加えて１名ぶんの補欠選挙が行われたので，合計125名が改選された。

問６　市場に出回る貨幣《かへい》が増えることや，物価の上昇などによって，貨幣価値が下がるような状《じょう》況《きょう》をインフレーション（インフレ）といい，一般的に好景気のときに起こりやすい。なお，この逆の状況はデフレーションとよばれる。

問７　ア　裁判員制度は，６人の裁判員と３人の裁判官の合議によって行われる。裁判員は，有罪か無罪かの判断だけでなく，刑罰の重さの決定にも参加する。　イ　「上告」と「控訴《こうそ》」が逆である。　ウ　民事裁判ではなく，刑事裁判にあてはまる内容である。　エ　違憲審査権について正しく説明している。

問８　1999年，男女があらゆる場で対等に活動し，ともに責任を分担する社会を実現することを目的として，男女共同参画社会基本法が制定された。なお，男女雇用《こよう》機会均等法は1985年，育児介護《かいご》休業法は1991年，少子化社会対策基本法は2003年に制定された。

問９　ア　日本国憲法第９条２項には，戦力の不保持が規定されている。自衛隊は戦力ではなく，「自衛のための最低限の実力」と解釈《かいしゃく》されている。　イ　自衛隊の海外派遣について，正しく説明している。なお，湾岸戦争は1991年のできごとで，この翌年，PKO(国連平和維持活動)協力法が制定された。　ウ　自衛隊の最高指揮監督権は，内閣総理大臣が持っている。　エ　自衛隊は，大規模な自然災害からの復旧・復興支援も任務の一つとしている。

問10　ア　第１段落の最後に，立憲主義とは「憲法によって国家権力を制限し，基本的人権を保障すること」だとある。　イ　第１段落の最後から２文目に，「国会が制定する法律は，必ず憲法に基《もと》づいていなければならず，憲法に反する法律は制定できません」とある。　ウ　第２段落の最後の文の内容に一致する。　エ　最後の段落の２，３文目から，個人が何もしなくても憲法に守ってもらえるわけではなく，「不断の努力によって自ら権利を守る必要」があるとわかる。

理　科　＜第２回試験＞（35分）＜満点：70点＞

解　答

1 (1)　ク　(2)　ア　(3)　ウ　(4)　みずがめ座　(5)　イ　(6)　エ　(7)　イ　**2** (1)　エ　(2)　**A**　イ　**B**　ウ　(3)　**C**　772.8　**D**　27.2　**E**　193.2　(4)　475　(5)　ア　**3** (1)　オ　(2)　ウ　(3)　エ　(4)　せんもう　(5)　**消化器官**…ウ　**説明**…キ　(6)　**P**　ア　**Q**　エ　**R**　イ　**S**　ウ　**4** (1)　20.0度　(2)　30.0度　(3)　69.8度　(4)　ア　(5)　(例)　右の図　(6)　イ　(7)　イ

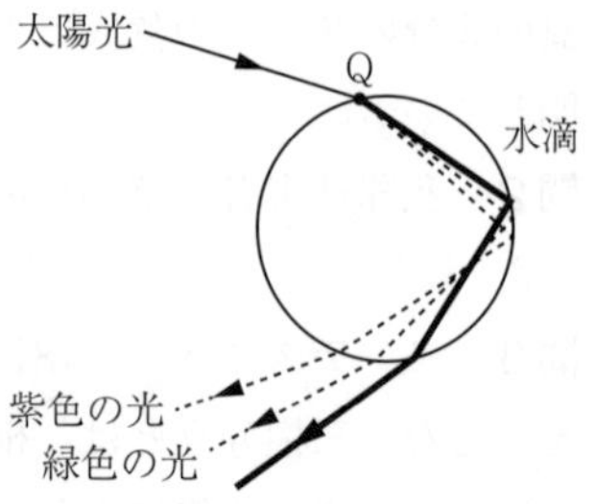

解　説

1　**天体の見え方についての問題**

(1)　北極の上空から見て，地球は太陽を中心にして反時計回りに，１年(365日)で１回(360度)公転している。そのため，おとめ座は天球上を１日に約１度ずつ動く。よって，同じ時刻に観察すると１ヵ月後には約30度移動する。このとき，太陽や星座はほとんど動かず地球が反時計回りに動くので，星座は東から西に動いているように見える。

(2)　夏至のとき，地軸《じく》の北極側が太陽の方向に傾《かたむ》く。そのため，図１の左側に地球があるときに夏至となる。よって，公転の向きから，地球が下側にあるときは秋分，右側にあるときは冬至，上側にあるときは春分となる。おとめ座が午前０時ごろに見えるのは，おとめ座が地球から見て太陽

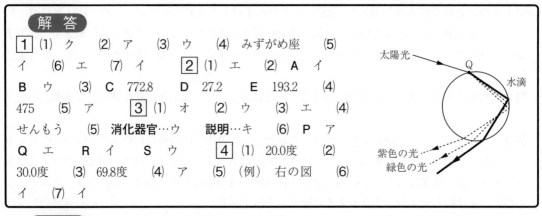

と反対側にあるときなので，図１の上側に地球があるとき，つまり春分のころとわかる。

(3)　図１の12の星座は天球上で円を12等分した位置，つまり，360÷12＝30(度)ずつ離《はな》れた位置にあると考えてよいから，てんびん座はおとめ座の30度東に見えることになる。地球の自転によって星座は１時間に，360÷24＝15(度)ずつ東から西に移動して見えるから，ある日には，30÷15＝２(時間)より，午前０時＋２時間＝午前２時にてんびん座は南中する。

(4)　２ヵ月間に地球は，30×２＝60(度)公転するから，ある日の２ヵ月後の午前０時にはさそり座が真南に見える。よって，同じ日の午前６時には，15×６＝90(度)より，天球上でさそり座より90度東にある星座が真南に見えるので，みずがめ座が南中しているとわかる。

(5)　おひつじ座が東の空に見えていることから，このとき南の空には，天球上でおひつじ座より90度西にあるやぎ座が見える。よって，この日の午前０時には，15×４＝60(度)より，天球上でやぎ座より60度西にあるさそり座が南の空に見えていたので，地球は図１の左側にあり，夏至のころだったと考えられる。

(6)　図２で，金星と天王星がほぼ同じ方角に見えることに注目すると，図３で，地球から見たときに金星と天王星が同じ方角に見えるのは，地球がエの位置にあるときになる。

(7)　月を毎日同じ時刻に観察すると，西から東に移動しているように見える。また，月は右側から満ち欠けしていくので，右側が欠けている図４の月は新月になるまで欠けていくことになる。

２　塩をとり出す方法についての問題

(1)　食塩の結晶《しょう》は，エのような立方体の形をしている。

(2)　**A**　砂は水に溶《と》けないため，たれ舟《ふね》に入れた砂の上から海水を加えると，砂はたれ舟に残り，海水だけをとり出すことができる。同じように，ろ過などをすることで水に溶けないガラス片のまざった砂糖水から，砂糖水だけをとり出すことができる。　**B**　海水を加熱して水を蒸発させると，海水に溶けていた食塩などの固体の成分が結晶となって残る。ホウ酸は加熱しても蒸発しないので，ホウ酸水を加熱して水を蒸発させるとホウ酸の結晶をとり出すことができる。

(3)　**C**，**D**　塩水の濃度《のうど》は3.4％だから，塩水中の塩の重さは，800×$\frac{3.4}{100}$＝27.2(ｇ)で，水の重さは，800－27.2＝772.8(ｇ)である。　**E**　塩水220.4ｇに塩が27.2ｇ溶けているから，水の重さは，220.4－27.2＝193.2(ｇ)である。

(4)　25℃の水772.8ｇを100℃にするには，１×772.8×(100－25)÷1000＝57.96(キロカロリー)必要で，100℃の水772.8ｇをすべて蒸発させるには，540×772.8÷1000＝417.312(キロカロリー)必要になる。したがって，57.96＋417.312＝475.272より，すべての水を蒸発させるには約475キロカロリーの熱量が必要とわかる。

(5)　砂から回収した塩水は，水が蒸発した分，塩水全体の重さが小さくなり，濃度が濃《こ》くなる。また，海水を砂にまかないでそのまま加熱すると必要な熱量は475キロカロリーだが，砂にまく方法では119キロカロリーですむことから，あげ浜式塩田法はより少ない熱量で同じ重さの塩をとり出すことができるといえる。

３　微《び》生物と消化についての問題

(1)　５種類の微生物のうち，光合成をするのは葉緑体をもつミドリムシと植物プランクトンであるアオミドロである。なお，ミドリムシは自ら動き回ることから，植物プランクトンと動物プランクトンの性質をもっている。

⑵　家庭や工場から，食べ物のかすや洗剤などを多く含《ふく》む水が海に流れ込《こ》むと，これらを養分として植物プランクトンが大発生することがある。このような現象を赤潮とよぶ。赤潮が発生すると，植物プランクトンが呼吸をすることで酸素を消費して水中の酸素濃度が低下したり，魚のえらにプランクトンがつまって呼吸できなくなったりして，魚や貝などが大量に死ぬおそれがある。

⑶　すい液はすい臓で作られ，十二指腸に出される。

⑷　ゾウリムシは単細胞《さいぼう》生物で，表面にあるせん毛とよばれる毛で泳ぐことができる動物プランクトンである。

⑸　表１で，食胞《ほう》Ｑのときのエサの色から，食胞Ｑの中が酸性であることがわかる。ヒトの消化段階で，食物が酸性になるのは胃に当たる。胃で出される消化液には塩酸が含まれていて，食物を細かくして小腸での消化を助けたり，食物とともに胃に入ってきた細菌《きん》などを殺したりするはたらきをもつ。

⑹　ゾウリムシがエサを食べると最初に食胞Ｐができる。エサを与《あた》えたあと，エサのないところにゾウリムシを移したことから，時間がたつにつれて食胞Ｐの数は減少すると予想できるので，食胞Ｐに対応するグラフはアである。次に，食胞Ｐが減少するとともに，食胞Ｐの次の消化段階の食胞Ｑが増えると考えられるので，食胞Ｑに対応するグラフはエである。また，消化がもっとも進んだ45分後には，最後の段階である食胞Ｓがもっとも多くなると考えられるので，食胞Ｓに対応するグラフはウである。以上から，食胞Ｒに対応するグラフはイである。

4　光の屈折《くっせつ》についての問題

⑴　表１より，入射角が30度の行から20.0度とわかる。

⑵　図２の境界面ａと境界面ｂが平行だから，境界面ａと境界面ｂに垂直に引いた線どうしも平行になる。⑴より，角②は20.0度で，平行線のさっ角は等しいから角③も20.0度となる。よって，角④は表２の20度の行から30.0度とわかる。

⑶　右の図で，四角形EJLKで角JLKは，360－(60＋90＋90)＝120(度)である。入射角⑤が30度のとき角LJK(屈折角)は20.0度だから，三角形JLKで角LKJは，180－(20.0＋120)＝40(度)になる。したがって，境界面ｄでの入射角である角LKJが40度のとき，表２より，角⑥は69.8度とわかる。

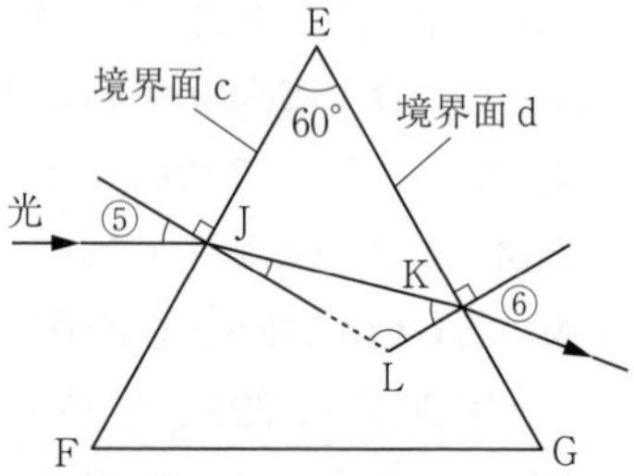

⑷　図５のＰ付近で見られる光は，白い色に混ざっていた色のうちプリズムを通過したときの曲がり方がもっとも小さい色である。よって，図４より，赤色の光とわかる。

⑸　図４，図７より，曲がり方の小さい緑の光の方が紫《むらさき》色の光よりも水滴《すいてき》内の上側で反射し，水滴の下側から出ている。よって，解答に示した図のように，緑色の光より曲がり方の小さい赤色の光は，緑色の光より上側で反射し，緑色の光より下側から出てくる。

⑹　水滴に入るときの太陽光の線と光が出ていくときの線がつくる角度を反射角とするから，⑸より，赤色の光は紫色の光よりも反射角が大きいことがわかる。よって，図８で虹《にじ》の外側に見えるのが赤色の光，内側に見えるのが紫色の光だから，曲がり方が小さい色ほど外側に，曲がり方が大きい色ほど内側に見えるといえる。

⑺　⑹の「反射角」はおよそ42度になることが決まっており，太陽の高さが高くなると，水滴に反

射した光が地上の観察者まで届きにくくなるため，虹は見えにくくなる。よって，イが誤り。なお，太陽の光が空に浮《う》かぶ水滴で反射することによって虹が見られるから，太陽を背にして，太陽と反対方向に向かないと虹は見えない。また，虹の色は光の屈折しやすさで変わるので，霧吹《きりふ》きで水滴をつくっても同じ順に色がならぶ。さらに，観察者が高いところにいると，観察者より低いところに円形の虹が見えることがある。

国　語　＜第２回試験＞（50分）＜満点：100点＞

解　答

一　**問1**　㋐　4　㋑　1　**問2**　Ⅰ　七　Ⅱ　八　**問3**　2　**問4**　3　**問5**　（例）　カレンさんのハハの還暦祝いに贈るメッセージを代書すること。　**問6**　3　**問7**　（例）　古い紙に書くので，万年筆だとインクがにじむ可能性があるから。　**問8**　2　**問9**　3　**問10**　1　**問11**　4　**問12**　2　**問13**　1　**問14**　（例）　代書する相手の心に寄りそいながら，その人が伝えたい内容や気持ちをその人らしい文字で書くことによって，かげで支えること。　二　**問1**　1　**問2**　2　**問3**　（例）「見る脳」に進化し，文字情報によるコミュニケーションを重視するあまり，人の心がわからなくなったこと。　**問4**　2　**問5**　1　**問6**　（Ⅰ）　3　（Ⅱ）　4　**問7**　巨大な知性～し，伝える（こと）　**問8**　1　**問9**　（例）　友人とSNSでやり取りをした際，まじめな相談への返事に「笑」がついていた時は，気持ちを軽くしてくれているのかばかにされているのかがわからず，相手の気持ちをあれこれ考えて必要以上に思いなやんでしまった。　三　**1～4，6**　下記を参照のこと。　**5**　ふる（う）

●漢字の書き取り

三　1　険（しい）　2　汽笛　3　忠誠　4　望遠鏡　6　討議

解　説

一　**出典は小川糸《おがわいと》の『ツバキ文具店』による。**誰《だれ》かの代理で手書きの文章を書く「代書屋」として働く「私」は，ある依頼《いらい》がきっかけでそれまでの思いこみを正されるとともに，自分の仕事の役割を実感する。

問1　㋐「無骨」は，言動に飾《かざ》ったところがなく，洗練されていないさま。　㋑「恐縮《きょうしゅく》する」は，相手に対する感謝や申し訳なさから恐《おそ》れ多く思うこと。

問2　「七転八倒《しちてんばっとう》」は，転げ回ってもがき，苦しむこと。

問3　前の部分には，字には「書く人の人柄《ひとがら》」がそのままあらわれるという「私」の思いこみが，カレンさんに出会ったことで改められたとある。よって，2がよい。「私」は自分の認識《にんしき》を“思いやりに欠ける”というより“強引”なこじつけだったと感じているので，1は合わない。ここでは，字と人格の深いつながりというよりも単純な関連づけについて書かれているので，3はふさわしくない。人格と字の結びつきは，誰もが信じていたことではなく「私」個人の思いこみなので，4は正しくない。

問4　前の部分で「私」は，悩《なや》んだ末に自分を訪ねてきたようすのカレンさんを見て，「こういう人のお手伝いをしないで，何が代書屋だと言えるのか」と自問している。「代書屋」という仕事をする者として，カレンさんを全力で助けたいという強い気持ちがわいてきたことが読み取れるので，３が合う。「私」が持っているのは義務感ではなく，自分の職業を全《まっと》うしたいという意志や誇《ほこ》りなので，１はふさわしくない。「私」が自分の損得を計算する利己的なさまは読み取れないので，２は合わない。「私」が自分を認められたという喜びを感じるようすは書かれていないので，４は正しくない。

問５　前の部分でカレンさんは，もうすぐ還暦《かんれき》をむかえる「ハハ」のためにプレゼントを用意しているので，それに添《そ》えるカードのメッセージを代書してほしい，と「私」に相談している。

問６　「私」はカレンさんを「立てば芍薬《しゃくやく》，座《すわ》れば牡丹《ぼたん》，歩く姿は百合《ゆり》の花」という言葉がぴったりな人だと考えている。美しい人の場面ごとに異なる多様な美しさを花でたとえた言葉なので，３がよい。

問７　続く部分には，カレンさんから預かったカードが「一枚しかない」うえに「百年以上前に作られた」古い紙なので，「私」が「万年筆のインクがにじむ」などの「取り返しがつかない」事態を避《さ》けるためにボールペンを選んだことが書かれている。

問８　前の部分で「私」は，字は「どんなにきれいに書こうと思っても」，「自分の意志」だけでは思い通りにならないと考えている。ときに苦しい闘《たたか》いを強《し》いられるほど難しいさまを「怪物《かいぶつ》」にたとえているので，２がふさわしい。本文には「簡単な仕事」のはずだがかえって「思い通りの文字が生まれない」とはあるが，簡単な書体ほど戸惑《とまど》うとは書かれていないので，１は合わない。書く気力を失わせるという記述はないので，３は正しくない。事前の練習や工夫《くふう》との関連は書かれていないので，４はふさわしくない。

問９　続く部分で「私」は，「体で書く」という先代の言葉に反して自分は「頭だけで書こうとしていた」と考えている。先代の字は「少し手を抜《ぬ》いた」ようにも見えることや，「私」が「目を閉じたまま，深呼吸するように」字を書いていることから，理屈《りくつ》ではなく，ほどよく力の抜けた自然体を理想としているとわかる。よって，３がよい。「私」が字を書くようすから緊張《きんちょう》は読み取れないので，１は合わない。「私」は七転八倒しても「書けない時は書けない」と考えており，試行錯《さく》誤《ご》すれば書けるとは思っていないので，２は正しくない。相手を喜ばせようとして書くという発想は書かれていないので，４はふさわしくない。

問10　「夜が私を覗《のぞ》き込《こ》んでいる」という表現は，夜を人にたとえながら，約束の時が近づいている事実を暗に示しているので，１が合う。「私」は時間内に仕事をやりとげようと集中しているが，現実の辛《つら》さを感じてはいないので，２はふさわしくない。私の焦《あせ》りは明確にではなく，擬人法《ぎじんほう》によって遠回しに表現されているので，３は合わない。続く部分で「私」は納得《なっとく》のいく字を書き終えているので，４は正しくない。

問11　ぼう線④に続く部分で「私」は，カレンさんの「飾らない」美しさを思いながら，「カレンさんらしい」字を書きたいと考えている。「私」はハハの還暦を祝うカレンさんの気持ちに寄り添い，その心が自然とあらわれた字を目指していると想像できるので，４がふさわしい。ハハの思いや性格は本文からは読み取れないので，１，２はふさわしくない。「私」が集中したのは書き損じを避けるためというよりカレンさんの心に寄り添うためなので，３は合わない。

問12　字を書き終えた「私」は，「カレンさんから漂《ただよ》う清らかな慎《つつし》み深さ」が「ふわりふわりと立ちのぼってくる」字が書けたと感じており，できばえに満足しているとわかる。それでもカレンさんがどう感じるかはまだわからないために「おそるおそる」カードを差し出したと想像できるので，２が正しい。「私」が自分の書いた字に自信がないさまは読み取れないので，１，３，４はいずれもふさわしくない。

問13　前の部分で「私」は，感極《かんきわ》まって涙《なみだ》ぐむカレンさんに「役に立ててうれしい」ことを伝えるとともに，字の汚《きたな》さは書く人の心のあらわれだという「偏見《へんけん》」を持っていたことを告白し，謝《あやま》っている。よって，１が合う。この場面で「私」が向き合っているのは，自分の仕事ぶりよりも目の前のカレンさんなので，２，４はふさわしくない。「私」が感激しているのはカレンさんが自分の字を喜んでくれたことであり，またそれ以外にも自分の誤った偏見のことも考えているので，３は正しくない。

問14　問11でみたように，「私」は依頼者である「カレンさんそのものであるかのような」字を心がけ，また「カレンさんの心と一緒《いっしょ》に書こうと必死」になっている。代書屋として，カレンさんの飾らない美しさやハハを思う心のあたたかさなど，「書く人の心」や伝えたい内容を字で表そうとしていることがわかる。なお，「影武者《かげむしゃ》」は目立たないところから誰かを支える存在。

二　**出典は長沼毅《ながぬまたけし》の『考えすぎる脳，楽をしたい遺伝子』による。**筆者は，人間が複雑なコミュニケーションを取れるからこそ対人関係に悩んでいると主張し，遺伝子の性質や脳の進化の歴史を説明している。

問１　前の部分で筆者は，チンパンジーが単純な鳴き声しか発することができないのに対し，ヒトは喉《のど》の構造がより複雑なので言葉を話せると述べている。よって，１が正しい。声がとどく範囲《はんい》の違《ちが》いについては論じられていないので，２はふさわしくない。チンパンジーとヒトの遺伝子の違いは「わずか数％」だと筆者は述べているので，３は正しくない。チンパンジーの喉が複雑な構造を持つとは書かれていないので，４は合わない。

問２　前の部分に，ネアンデルタール人は進化の過程で滅《ほろ》んでしまったものの，その遺伝子の一部は今でも「私たち」ホモ・サピエンスの遺伝子のなかに残っているとある。具体例として，「氷河の民《たみ》」とよばれたネアンデルタール人の「寒さに強い性質」があげられており，筆者はこのように環境《かんきょう》に「適合」するために有利な遺伝子が受け継《つ》がれたことを遺伝子の「可塑性《かそせい》や柔軟性《じゅうなんせい》」とよんでいる。よって，２がよい。

問３　★の部分で筆者は，人間の脳が「見る脳」に進化し，「文字情報」によるコミュニケーションが増えた結果，人は「言葉の意味」にとらわれ，かえって「人の心がわからなくなった」と指摘《してき》している。

問４　前の部分で筆者は，ネアンデルタール人は「複雑な言葉をしゃべれない」代わりに「言葉に感情をたくさん乗せられた」はずだと想像し，「すれ違い」に悩む「私たち」とは異なると述べている。★の部分にも，ネアンデルタール人は「人間よりも円滑《えんかつ》なコミュニケーションができたかもしれない」と書かれているので，２がよい。ネアンデルタール人どうしの心と心の距離《きょり》が近いことは，単純な言葉でコミュニケーションをとれる原因ではなく結果なので，１は合わない。

問５　前の部分で筆者は，相手から無言で見つめられると人は「反応する」という例をあげているので，１が正しい。視線によって相手の複雑な気持ちや考えまでわかるとは書かれていないので，２と３は合わない。視線のみで相手と良好な関係を築けるとは筆者は述べていないので，４はふさわしくない。

問６ (Ⅰ) 続く部分には，「人間関係で悲しい出来事」があったことを，涙によって「群れ」に知らせることができるとあるので，３がよい。一時的に「悲しみから解放される」ことは「カタルシス」の効果なので，１は合わない。 (Ⅱ) 布団《ふとん》の中でひとり涙を流しても他者には伝わらないので，４が正しくない。

問７ 続く部分には，人間は「文字の発明」や「見る脳」への進化によって，「巨大《きょだい》な知性を育み，蓄積《ちくせき》し，伝えること」に成功したと書かれている。よって，この部分がぬき出せる。

問８ 前の部分で筆者は，人間が「見る脳を獲得《かくとく》し」た一方で，「人の心がわからなくなった部分があ」り，ときとして「メールや言葉の意味ばかりを考え過ぎ」ていると主張している。筆者は「直接会って」話すことの重要性を強調しているので，１がよい。人間の脳が進化した理由は，遺伝子というよりも記号や文字の発明によると書かれているので，２は正しくない。知性の蓄積は「見る脳」の利点だが，ここでは筆者は「見る脳」の難点を論じているので，３は合わない。筆者は，人間が相手の気持ちについて不安に感じる理由は，文字のコミュニケーションに頼《たよ》っているからだと述べているので，４はふさわしくない。

問９ 本文を通じて，人間は「コミュニケーションのすれ違い」という「対人関係」に悩んでいると論じられている。本文の最後では，特にメールやSNSなど文字を使ったやりとりの難しさが書かれているので，顔を合わせていないために相手の言葉の意図がわからず，「不安」に思った経験をまとめればよい。

三 漢字の読みと書き取り

１ 音読みは「ケン」で，「険悪」などの熟語がある。 **２** 鉄道や船などで蒸気により音を出す装置。 **３** 組織や目上の人に忠実に従い，仕えること。 **４** 遠くの景色やものを拡大して見るための道具。 **５** 音読みは「フン」で，「奮起」などの熟語がある。 **６** 意見をたたかわせて結論を出すこと。

Memo

Memo

2022年度　吉祥女子中学校

〔電　話〕 (0422) 22－８１１７
〔所在地〕 〒180-0002　東京都武蔵野市吉祥寺東町４－12－20
〔交　通〕 JR中央線―「西荻窪駅」より徒歩８分
「上石神井駅」よりバス―「地蔵坂上」下車８分

【算　数】〈第１回試験〉（50分）〈満点：100点〉

1　次の問いに答えなさい。

(1)　次の空らん □ にあてはまる数を答えなさい。

$$2\frac{2}{3}\div\left(\frac{2}{3}-\frac{8}{9}\div\square\right)-4=0.5$$

(2)　次の空らん □ にあてはまる数を答えなさい。

$$\left(1.375-\frac{1}{6}\right)-\{6-(1.5\times\square+3)\}\div2\frac{2}{5}=\frac{3}{8}$$

(3)　Ａさんが１人でやるとちょうど６分かかり，Ｂさんが１人でやるとちょうど10分かかる仕事があります。この仕事を，ＡさんとＢさんが２人でやると，何分何秒かかりますか。

(4)　30円のお菓子《かし》と50円のお菓子と100円のお菓子を，合わせて43個買いました。30円のお菓子と50円のお菓子は同じ個数だけ買い，代金は2380円でした。100円のお菓子は何個買いましたか。

(5)　教室に，21人の男子と何人かの女子がいます。先生が，持っている折り紙を女子だけに36枚ずつ配ると，23枚余ります。また，全員に12枚ずつ配ると，11枚余ります。女子は何人ですか。

(6)　水そうに，常に一定の割合で水を入れる管Ａと，常に一定の割合で水を出す管Ｂが付いています。管Ａから 2000Ｌ の水を入れるのにかかる時間は管Ｂから 2000Ｌ の水を出すのにかかる時間よりも２分短く，また，管Ａから 2100Ｌ の水を入れるのにかかる時間と管Ｂから 2000Ｌ の水を出すのにかかる時間は同じです。管Ｂから 2000Ｌ の水を出すのにかかる時間は何分ですか。

(7)　Ａ地点から，Ｂ地点を通ってＣ地点まで行くとき，Ｂ地点までは毎分 80ｍ で歩き，そのあとは毎分 200ｍ で走ると，ちょうど６分かかります。また，Ｂ地点までは毎分 200ｍ で走り，そのあとは毎分 80ｍ で歩くと，６分36秒かかります。Ａ地点からＣ地点までの道のりは何ｍですか。

2　次の問いに答えなさい。ただし，円周率は3.14とします。

(1)　図１のような，底辺の長さ２cm，高さ６cm の直角三角形が４枚あります。これらを図２のように配置して，正方形ABCD を作りました。

①　正方形ABCDの面積は何 cm^2 ですか。

②　４点Ａ，Ｂ，Ｃ，Ｄを通る円

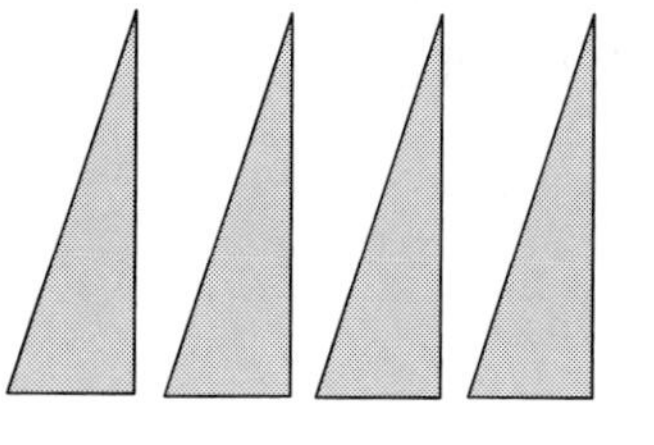

図１

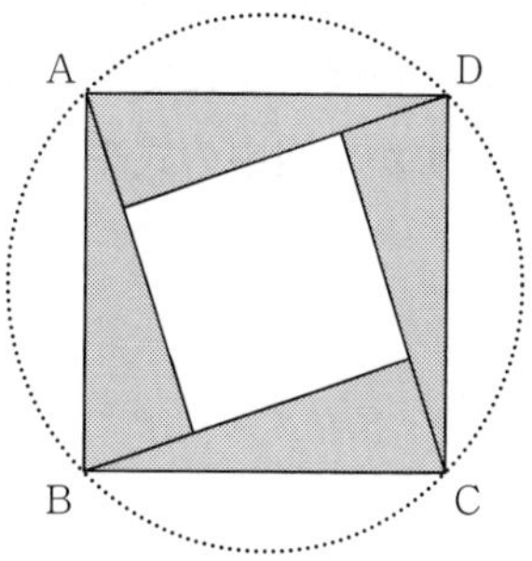

図２

の面積は何 cm² ですか。

⑵　図３のように，縦方向と横方向それぞれに１cm 間かくで直線が引かれている方眼に，円が描《か》かれています。この円は，縦の直線と横の直線が交わる点A，B，C，D，E，F，G，Hを通っています。この円の面積は何 cm² ですか。

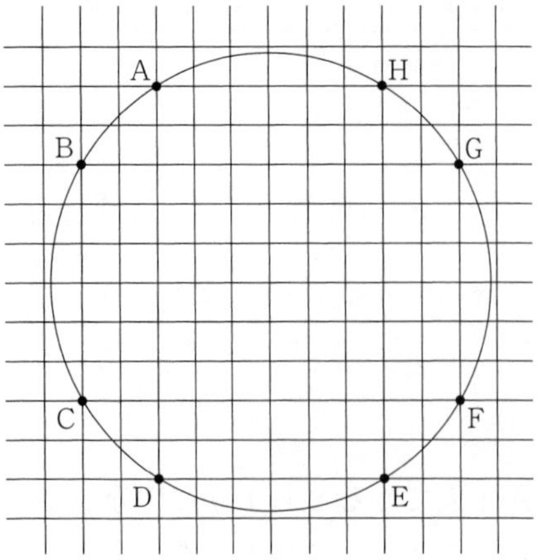

図３

3　１辺の長さが９cm の正方形を，右の図１のように，重ねながら並べていきます。次の問いに答えなさい。ただし，重なる部分は１辺の長さが３cm の正方形になるように並べます。

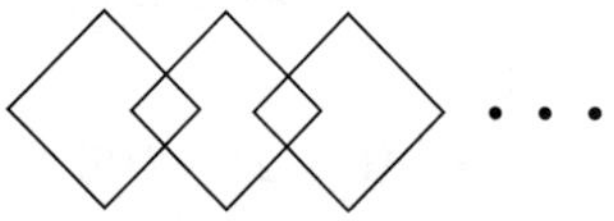

図１

⑴　５個の正方形を並べてできる図形の面積は何 cm² ですか。

１辺の長さが９cm の正方形を，右の図２のように並べていきます。

・１回目は正方形を１個置く。

・２回目は，１回目の正方形に正方形を２個追加し，重ねながら並べる。

・３回目は，２回目にできた図形に正方形を３個追加し，重ねながら並べる。

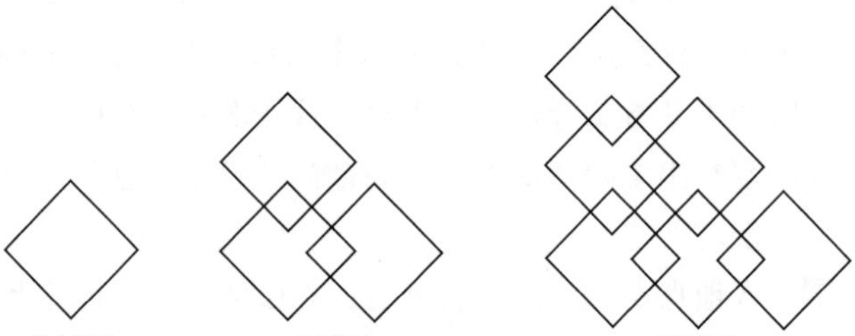

１回目　　２回目　　３回目

図２

この手順で並べていきます。ただし，重なる部分は１辺の長さが３cm の正方形になるように並べます。

⑵　４回目にできた図形の面積は何 cm² ですか。

⑶　何回目かにできた図形は，重なった部分が42カ所ありました。できた図形の面積は何 cm² ですか。途中《とちゅう》の式や考え方なども書きなさい。

4　３個の整数A，B，Cは，次の３つの条件(あ)～(う)をすべて満たしているものとします。

条件(あ)　BはAより大きい
条件(い)　BはAの倍数である
条件(う)　$\frac{1}{A}+\frac{1}{B}=\frac{1}{C}$ が成り立つ

次の問いに答えなさい。

(1)　次の**ア**～**エ**のうち，正しいものを１つ選び，記号で答えなさい。

ア　$\frac{1}{C}$ は $\frac{1}{A}$ より小さいので，CはAより小さい
イ　$\frac{1}{C}$ は $\frac{1}{A}$ より小さいので，CはAより大きい
ウ　$\frac{1}{C}$ は $\frac{1}{A}$ より大きいので，CはAより小さい
エ　$\frac{1}{C}$ は $\frac{1}{A}$ より大きいので，CはAより大きい

(2)　整数Aが３のとき，条件(あ)～(う)を満たす整数B，Cは，１組だけあります。このときのBは，Aの何倍ですか。

(3)　整数Aが４のとき，条件(あ)～(う)を満たす整数B，Cは，１組だけあります。このときのBは，Aの何倍ですか。

(4)　整数Aが６のとき，条件(あ)～(う)を満たす整数B，Cは，全部で２組あります。このときのBは，それぞれAの何倍ですか。

(5)　整数Aが12のとき，条件(あ)～(う)を満たす整数B，Cは，全部で４組あります。このときのBは，それぞれAの何倍ですか。

(6)　整数Aが72のとき，条件(あ)～(う)を満たす整数B，Cは，全部で何組ありますか。

5　次の問いに答えなさい。

(1)　図１のような，高さが10cmの直方体ABCD-EFGHがあります。
　この直方体を，図２のように，頂点Aと頂点Gの両方を通る平面で切断したところ，平面が辺BF上の点Pと，辺DH上の点Qで交わり，QH＝７cmでした。
　PFの長さは何cmですか。

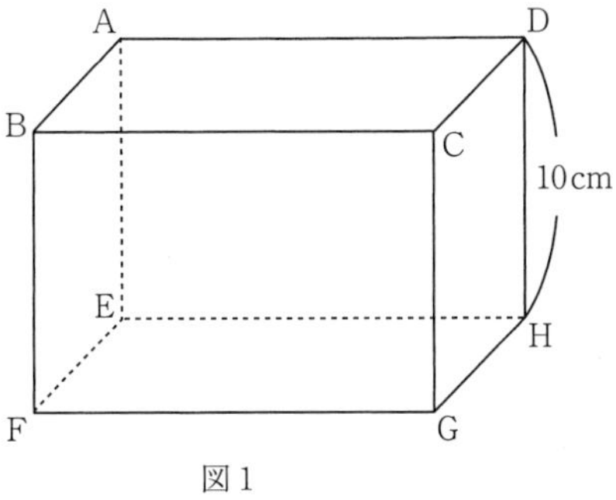

図１

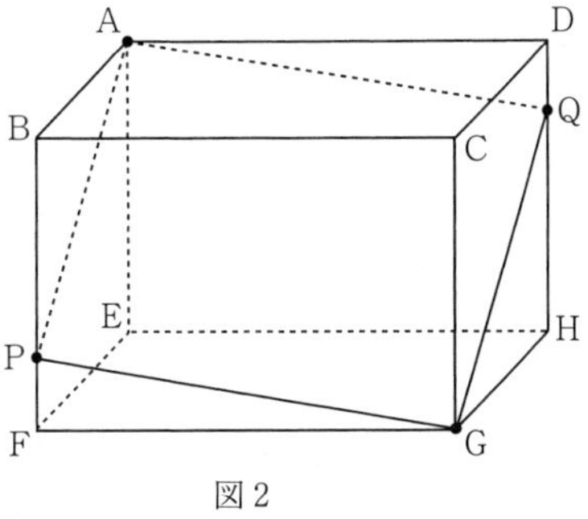

図２

(2) 図3のような，高さが10cmの四角柱ABCD−EFGHがあります。四角形ABCDは，縦4cm，横15cmの長方形から図4のように2つの直角三角形を切り取った台形です。

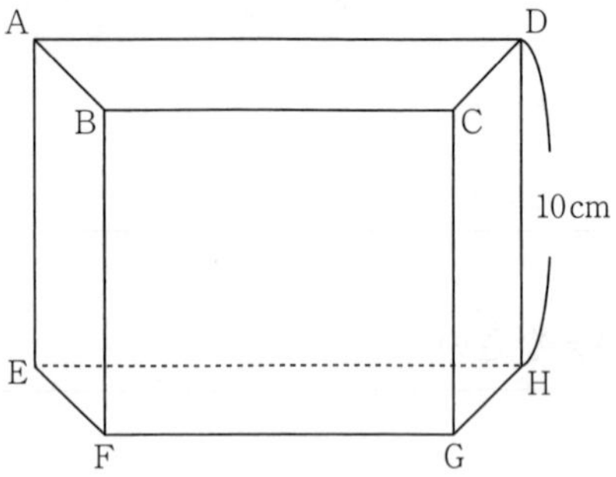

図3

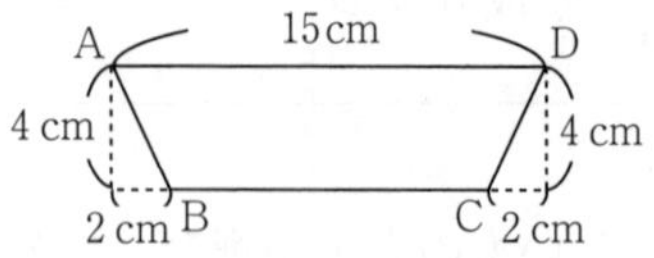

図4

この四角柱を，図5のように，頂点Aと頂点Gの両方を通る平面で切断したところ，平面が辺BF上の点Pと，辺DH上の点Qで交わり，QH＝5.5cmでした。

① PGの長さはAQの長さの何倍ですか。

② PFの長さは何cmですか。

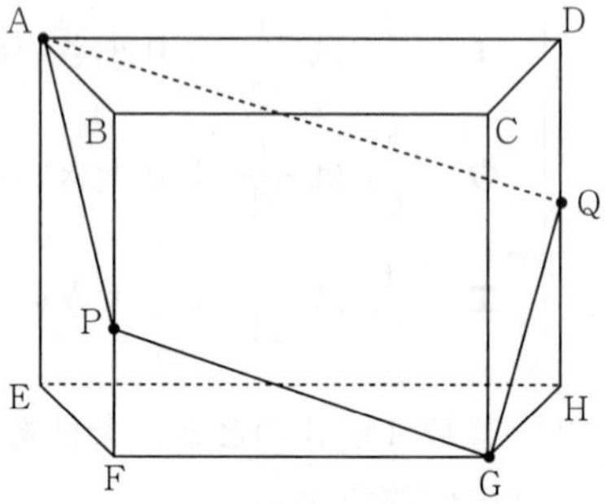

図5

(3) 図6のような，高さが10cmの四角柱ABCD−EFGHがあります。四角形ABCDは，縦4cm，横 **ア** cmの長方形から図7のように2つの直角三角形を切り取った台形です。

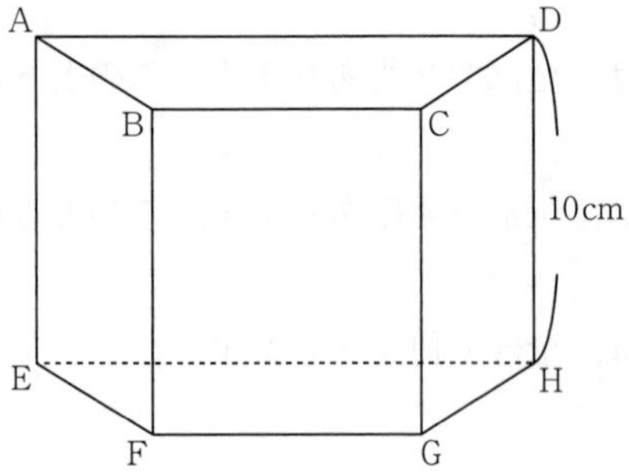

図6

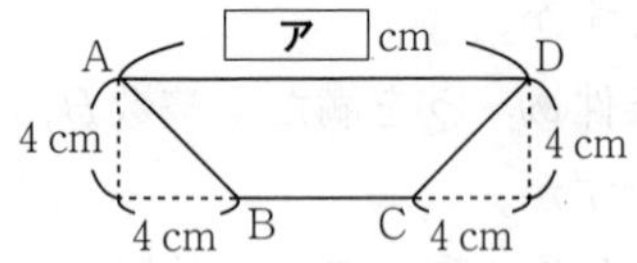

図7

この四角柱を，図8のように，頂点Aと頂点Gの両方を通る平面で切断したところ，平面が辺BF上の点Pと，辺DH上の点Qで交わり，PF＝2.7cm，QH＝3.7cmでした。

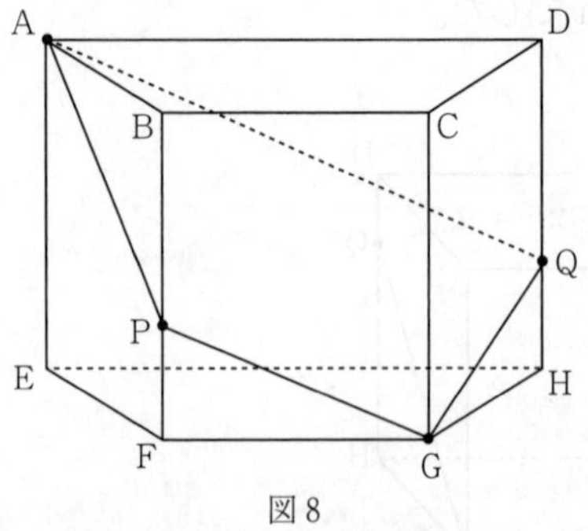

図8

ア にあてはまる数を求めなさい。途中《とちゅう》の式や考え方なども書きなさい。

(4) 図9のような，高さが10cmの四角柱ABCD−EFGHがあります。四角形ABCDは，縦

4 cm，横 イ cm の長方形から図10のように２つの直角三角形を切り取った台形です。

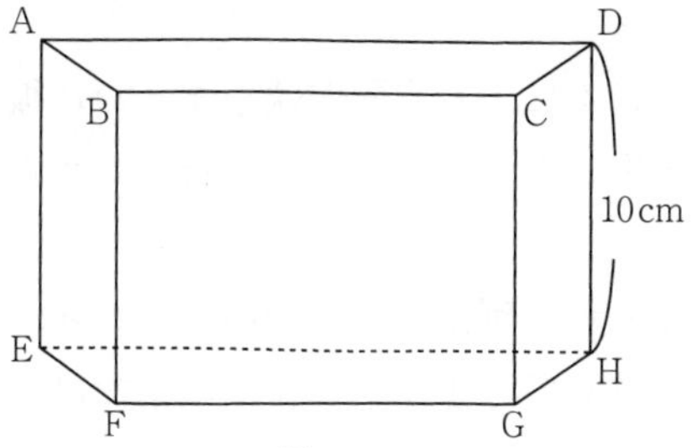

図９

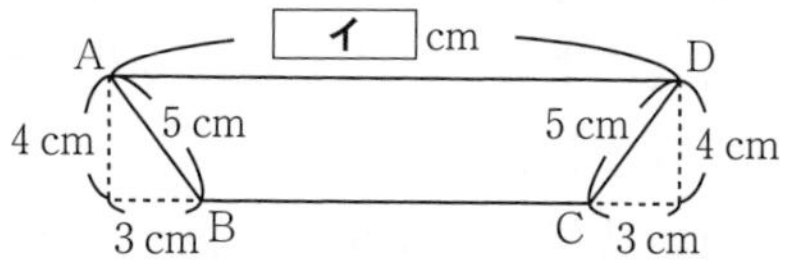

図10

この四角柱を，図11のように，頂点Aを通る平面で切断したところ，平面が辺BF，CG，DHとそれぞれP，R，Qで交わり，QH＝6.4cmで，台形AEFPと台形RGHQの面積の差が16cm²でした。

① PFの長さとRGの長さの差は何cmですか。

② イ にあてはまる数を求めなさい。

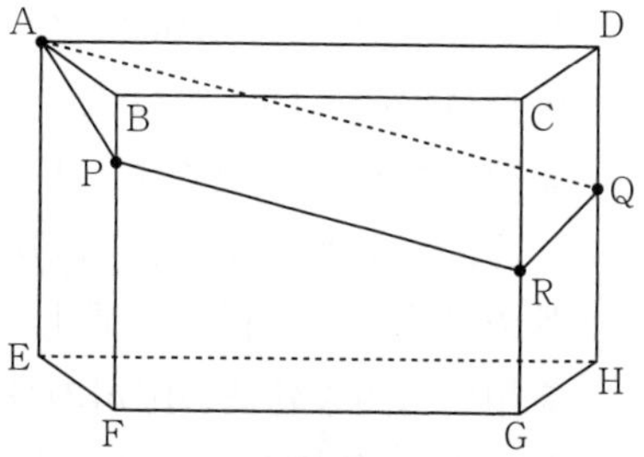

図11

【社　会】〈第１回試験〉（35分）〈満点：70点〉

1　次の文章を読んで，後の問いに答えなさい。

日本では長い間，身分が存在していて，一部の身分の人々による支配が続きました。彼《かれ》らの中にも序列があり，時代によってさまざまに変化してきました。その変化に注目しながら，日本の歴史をふり返ってみましょう。

身分の差はすでに原始時代にも存在していたことが知られ，例えば①墓のあり方から，葬《ほうむ》られた人がその集団においてどのような立場であったかが推測できます。ヤマト政権では大王家と血縁《けつえん》関係のある豪族などが高い地位につきました。大化の改新以降は，大王（天皇）への権力集中を目指す動きが本格化します。そして完成した律令によって，位階という序列が定められ，豪族は位階に応じた役職につく官僚《かんりょう》になりました。しかし，こうした官僚の多くはある程度までしか昇進《しょうしん》を望めず，上級貴族の②藤原氏が重要な役職を占《し》めるようになっていきました。一方，③中下級の貴族で国司として地方に下る者の中に，任期を終えてもその地にとどまり，地方豪族などを従えて武士となる者が現れてきました。例えば，その子孫の［　④　］は武力を用いて関東各地の国司の役所を襲《おそ》い，自らを「新皇」とするなど，朝廷に対する反乱を起こして衝撃《しょうげき》を与《あた》えました。その後，武士は公的な役職に任じられたり，朝廷で昇進していったりすることにより，従来の貴族中心の序列に入りこんでいきました。

源氏によって開かれた⑤武士の政権は，まもなく北条氏に実権が移りました。本来は，一御家人であるはずの北条氏が実権を握《にぎ》り，北条氏以外の御家人はその待遇の差に不満を強めていきました。次に成立した武士政権では，将軍足利義満が有力守護家内部の争いに介入《かいにゅう》して，将軍の権力が大きくなりました。しかし，⑥応仁の乱以降は，将軍に各地の争いを仲裁《ちゅうさい》する力はなく，全国で騒乱《そうらん》が続きました。こうして突入《とつにゅう》した戦国時代は，これまでの序列が通用しない下剋上の世と言えます。例えば織田信長は正式な守護にも任じられたことがありませんでしたが，⑦長篠の戦いの後，朝廷から高い位階と官職を与えられました。しかし信長は早々に辞職しています。信長にとって，朝廷での昇進はもはや重要な意味を持たなかったのです。

その後成立した江戸幕府は，独自のしくみを発達させ，長期間にわたって続くことになる武士の政権です。⑧江戸幕府のしくみは，将軍徳川家光のころに整い，譜代大名を中心とするものになりました。武士の中に新たな序列が生じたと言えます。⑨18世紀後半以降には，外交問題が起こり，それに対応するための役職が置かれていきました。開国後は，混乱の中で外様大名も幕府の政治に深く関わるようになり，幕府における武士の序列は通用しなくなりました。

明治時代になると，武士という身分の特権は失われました。このころに出版された⑩『学問のすゝめ』は，武士に特権を認める従来の身分秩序《ちつじょ》や主従関係を否定し，人々に学問の重要性を訴《うった》えたもので，広く読まれました。⑪明治時代の憲法でも，誰《だれ》でも平等に官僚や軍人になる権利があると定められるなど，身分や出身による差を解消しようとする動きが見られました。しかし，特権をもつ華族という身分はまだ存在していました。また，政府では薩摩藩や長州藩出身者が重要な役職を占めるなど，出身による差がはっきりと見られましたし，⑫地方の農村では農民の間に江戸時代以来の差が残っていました。⑬大正期から昭和初期には，経済発展と教育の普及《ふきゅう》が進み，都市部を中心に「新中間層」と呼ばれる豊かな人々が増えました。しかし恐慌も相次ぎ，⑭満州事変以降には軍部が台頭して戦時統制が強まっていくなど，人々はそれまでの日常生活を失っていきました。

戦後の日本は，「法の下の平等」をうたう新たな憲法で華族などの身分が撤廃《てっぱい》されて，格差や不公平は改めて解消すべきものとなりました。そして日本は，復興を急速に進め，⑮高度経済成長期をむかえると「一億総中流社会」という言葉も生まれました。ところが，それも長くは続かず1990年代のバブル崩壊後の長期不況《ふきょう》の中，個人間の所得の差が拡大していき，「中流崩壊」や「格差社会」という言葉が聞かれるようになりました。現在，こうした格差を解消するために，社会保障の充実《じゅうじつ》や教育の機会均等など，幅広《はばひろ》い対策が求められています。

問１　下線部①に関連して，原始時代の日本での埋葬《まいそう》について述べた文として正しいものを次の**ア**～**エ**から一つ選び，記号で答えなさい。

ア　縄文時代の墓から，首のない人骨や矢じりのささったままの人骨が足を伸《の》ばした状態で発見された。

イ　縄文時代には，円筒形《えんとうけい》の埴輪や，動物，人物，家などをかたどった埴輪が周囲にめぐらされた状態で葬られている人骨もあった。

ウ　弥生時代の墓から，土製の棺《ひつぎ》の中に銅鏡や青銅製の武器とともに埋葬された人骨が発見された。

エ　弥生時代は，貝がらや動物の骨，壊《こわ》れた土器などとともに貝塚に葬られている人骨がほとんどだった。

問２　下線部②について述べた次のＡ～Ｃの文を時期の古いものから順に並べかえるとどうなりますか。正しいものを後の**ア**～**カ**から一つ選び，記号で答えなさい。

Ａ　藤原頼通は，平等院鳳凰堂を建立《こんりゅう》した。

Ｂ　藤原時平《ときひら》は，対立した菅原道真を大宰府に左遷《させん》した。

Ｃ　藤原清河《きよかわ》は，阿倍仲麻呂とともに唐から帰国しようとしたが，失敗した。

ア　Ａ→Ｂ→Ｃ　　**イ**　Ａ→Ｃ→Ｂ　　**ウ**　Ｂ→Ａ→Ｃ

エ　Ｂ→Ｃ→Ａ　　**オ**　Ｃ→Ａ→Ｂ　　**カ**　Ｃ→Ｂ→Ａ

問３　下線部③の一人に「貧窮問答歌」の作者がいます。この人物として正しいものを次の**ア**～**エ**から一人選び，記号で答えなさい。

ア　紀貫之　　**イ**　山上憶良　　**ウ**　源義家　　**エ**　坂上田村麻呂

問４　空らん［④］にあてはまる人物を**漢字**で答えなさい。

問５　下線部⑤に関連して，鎌倉時代と室町時代の武士の政権について述べた文として正しいものを次の**ア**～**エ**から一つ選び，記号で答えなさい。

ア　源頼朝は，鎌倉に政所や侍所，問注所などを置き，国ごとに守護を置いた。守護には主に有力な御家人を任命した。

イ　北条泰時は，武士として初めて法律を定めた。この法は，武士の慣習などをまとめたもので，京都の天皇や貴族にも守ることが強要された。

ウ　足利尊氏は，新田義貞とともに鎌倉幕府を滅ぼした。その後，鎌倉幕府によって大和国の吉野に流されていた後醍醐天皇を救出した。

エ　足利義満は，日本各地の金山を直接支配した。そこから得た大量の金を使用して，京都に金閣を建てたり，全国に流通する金貨を鋳造《ちゅうぞう》したりした。

問６　下線部⑥の社会の様子について述べた文として**正しくないもの**を次の**ア**～**エ**から一つ選び，記号で答えなさい。

ア　日本国内で綿花が本格的に栽培されるようになり，それまで朝鮮からの輸入に頼《たよ》っていた木綿の国内生産が進み，いっそう広く普及した。

イ　交通の便の良い港や，寺社の門前などで，初めて定期市が見られるようになった。こうした市は月に３回開かれるものが一般的《いっぱんてき》で，取引には貨幣《かへい》が使用された。

ウ　加賀国で，一向宗信者を中心とする一揆が起きた。この一揆でこの国の守護が自害に追いこまれ，信者たちによる自治が行われることになった。

エ　フランシスコ・ザビエルが鹿児島に到着《とうちゃく》し，日本にキリスト教を伝えた。これ以降，イエズス会の宣教師がつぎつぎと来日した。

問７　下線部⑦の発生した場所として正しいものを次の地図中の**ア**～**エ**から一つ選び，記号で答えなさい。

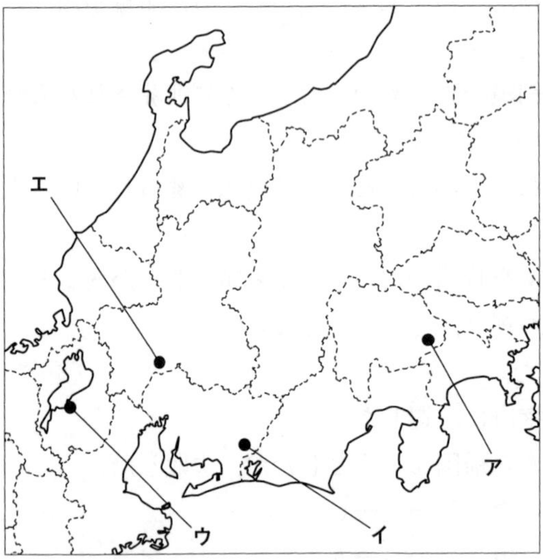

※都府県境は現在のものです。

問８　下線部⑧について，江戸幕府において，将軍の下で町奉行や勘定奉行などを指揮し，常に幕府の政治全体を取りしきっていた役職を**漢字**で答えなさい。

問９　下線部⑨について，18世紀後半以降の外交問題について述べた次のＡ～Ｃの文を時期の古いものから順に並べかえるとどうなりますか。正しいものを後の**ア**～**カ**から一つ選び，記号で答えなさい。

Ａ　海岸防備を強化するため，幕府は江戸湾に台場を築いた。

Ｂ　ロシアからラクスマンが根室に来航し，通商を要求した。

Ｃ　アヘン戦争の結果を受け，幕府は異国船打払令を撤回《てっかい》した。

ア　Ａ→Ｂ→Ｃ　**イ**　Ａ→Ｃ→Ｂ　**ウ**　Ｂ→Ａ→Ｃ

エ　Ｂ→Ｃ→Ａ　**オ**　Ｃ→Ａ→Ｂ　**カ**　Ｃ→Ｂ→Ａ

問10　下線部⑩を著《あらわ》した福沢諭吉のように，海外に渡航《とこう》した経験のある人物について述べた文として正しいものを次の**ア**～**エ**から一つ選び，記号で答えなさい。

ア　渋沢栄一はヨーロッパで教育制度を学び，帰国後に東京専門学校を創立した。

イ　伊藤博文はドイツで憲法などについて学び，帰国後に自由党を結成した。

ウ　津田梅子は幼くしてアメリカに留学し，帰国後は女性の教育に尽力《じんりょく》した。

エ　北里柴三郎はアフリカでの黄熱病の研究中，自身も感染《かんせん》して命を落とした。

問11　下線部⑪の内容として正しいものを次の**ア～エ**から一つ選び，記号で答えなさい。

ア　天皇は神聖で侵《おか》すことのできない国の元首であって，統治権を総攬《そうらん》し，憲法の条規によってこれを行使する。

イ　すべて司法権は，最高裁判所と法律によって定められる裁判所に属し，裁判官はその良心に従い独立してその職務を行う。

ウ　集会，結社，言論，出版など，すべての表現の自由を保障する。検閲《けんえつ》はしてはならない。

エ　議会は二つの議院で構成する。両議院は，全国で実施《じっし》する選挙によって当選した議員で組織する。

問12　下線部⑫について，江戸時代後期の農村では，凶作《きょうさく》などにより困窮《こんきゅう》した農民が増える一方，彼らから多くの土地を得た豊かな農民が成長していき，農民間の差が広がりました。こうした差は明治政府の政策によって解消されるどころか，むしろ豊かな農民はさらに土地を得て力を伸ばすことができるようになりました。その一つのきっかけとなった明治政府の土地に関する改革がどのようなものか，**２行以内**で説明しなさい。その際，**「地券」**という語句を必ず使用しなさい。

問13　下線部⑬について，大正期から昭和初期の経済発展に関連して述べた文として正しいものを次の**ア～エ**から一つ選び，記号で答えなさい。

ア　八幡製鉄所が操業を開始し，中国から輸入した鉄鉱石と筑豊炭田の石炭などを利用して，大量に鉄鋼を生産した。

イ　経営者の利益が優先される中，低賃金で長時間働かされた工場労働者たちは，日本初の労働組合を結成して，労働争議を起こすようになった。

ウ　中国やアメリカ向けの輸出が増え，製鉄業をはじめとする重化学工業や海運業を中心に発展し，工業生産額が農業生産額を初めて上回った。

エ　紡績業や製糸業を中心に発展した。特に，綿糸は国産の原料を用いて生産を伸ばし，生産額と輸出額がともに初めて世界一になった。

問14　下線部⑭のできごととして**正しくないもの**を次の**ア～エ**から一つ選び，記号で答えなさい。

ア　国家総動員法が制定された。

イ　日本が国際連盟を脱退《だったい》した。

ウ　陸軍の青年将校が中心となって二・二六事件を起こした。

エ　与謝野晶子が反戦的な詩「君死にたまふことなかれ」を発表した。

問15　下線部⑮に池田勇人内閣が発表した計画によって国民生活の向上がはかられ，経済成長がさらに進みました。この計画は何と呼ばれるものですか。解答らんに合うように**漢字４字**で答えなさい。

2 次の会話文は吉祥女子中学校の先生と生徒たちが2021年9月に話した内容です。これを読んで，後の問いに答えなさい。

先　生：みなさんは国立公園に行ったことはあるでしょうか。

生徒A：親戚《しんせき》の家に泊まったときに連れて行ってもらった尾瀬《おぜ》は，たしか国立公園だったと思います。

先　生：そうですね。①尾瀬国立公園は，②東京都から比較的《ひかくてき》近い国立公園の一つです。尾瀬は湿原が有名ですが，公園の範囲《はんい》には③ぶなの原生林が広がる会津駒《こま》ヶ《が》岳《たけ》も含《ふく》まれています。地図帳で位置を確認《かくにん》してみてください。また，他にも国立公園はないか探してみましょう。

生徒B：関東地方を中心に描《えが》いたページだけでも，日光，秩父多摩甲斐，富士箱根伊豆，上信越高原などの国立公園がありました。

先　生：たくさん見つかりましたね。上信越高原国立公園の中には④温泉やスキー場があり，私も行ったことがありますよ。⑤山梨県にある吉祥女子中学校の富士吉田《ふじよしだ》キャンパスも富士箱根伊豆国立公園の中にあるんですよ。

生徒C：えっ，そうなんですか。驚《おどろ》きました。でも，どうして国立公園の中に私立学校のキャンパスがあるのですか。

先　生：もともと国有地や私有地が入り組んでいた土地の所有の状態はそのままにして，後から法律で公園の範囲を決めるしくみが採用されたからです。日本で国立公園法が制定されたのは1931年のことでした。だから，公園内には私有地も含まれており，⑥野菜や果物を栽培したり，⑦家畜《かちく》を飼育したりしているところもあります。⑧工業が行われているところでは，例えば，自然の恵《めぐ》みをいかして，ミネラルウォーターを生産する工場が立地していますよ。また，公園内の⑨河川や海では⑩漁業が行われているところもあります。

生徒A：公園内で生産活動を行うことで，⑪環境問題は発生しないのでしょうか。

先　生：たしかに，経済活動と環境保全の両立は難しいテーマですよね。そもそも，国立公園には自然を守り，後世に伝えるという目的がありますから，その環境を守るために通常より厳しい規制があります。また，国立公園内もいくつかの区域に分けられており，区域ごとに規制にちがいがあります。まず，国立公園の土地は大きく特別地域と普通《ふつう》地域に分けられています。特別地域では，⑫森林を伐採《ばっさい》する場合にも国の許可が必要です。中でも一番規制が厳しい特別保護地区では，あるがままの自然を守るために，たき火をしたり，落ち葉を拾ったりすることでさえ許可が必要なんですよ。

生徒B：落ち葉を拾うのに許可がいるなんて，とても厳しい規制があるのですね。

先　生：そうなんですよ。ちなみに，富士吉田キャンパスが位置しているのは，普通地域です。普通地域では，大きな⑬建物を建設する際などには規制があり，建物の高さを周辺の木々の高さより低くおさえたり，環境にやさしい［　⑭　］をエネルギー源に使用したりして，景観や自然環境に配慮《はいりょ》をしている例が多く見られますよ。

生徒C：さまざまな工夫《くふう》をして，景観や自然環境を守ろうとしているのですね。

先　生：なお，1957年に国立公園法は自然公園法に変わり，国立公園，国定公園，都道府県立自然公園という3種類の公園体系が整えられました。そのうち国立公園は，国が指定し直接管理するものです。現在，日本には34カ所の国立公園があり，その面積は219万haを超《こ》え，国土面積の約5.8%を占《し》めています。では，⑮興味を持った国立公園の自然環境などを詳しく調べてみましょう。

問１　下線部①は，群馬県，栃木県，新潟県，福島県に広がっています。この４県のいずれかについて述べた文のうち，福島県について述べたものを次の**ア**～**エ**から一つ選び，記号で答えなさい。

ア　この県では，県の北部の盆地などで果物の栽培がさかんであり，ももの生産量は全国２位である。県の中央にある湖の水は農業用水などに利用されている。

イ　この県では，県の西部の高原などで葉物野菜の栽培がさかんであり，キャベツの生産量は全国１位である。冬に，からっ風が吹《ふ》き下《お》ろすことで有名な県である。

ウ　この県では，県の北部の高原などで乳用牛の飼育がさかんであり，生乳生産量は全国２位である。県の西部にある湖や滝《たき》は有名な観光地となっている。

エ　この県では，県の北部の平野などで米づくりがさかんであり，米の生産量は全国１位である。冬は山沿いを中心に豪雪《ごうせつ》地帯であることが有名な県である。

問２　下線部②について述べた文のうち，波線部が**正しくないもの**を次の**ア**～**エ**から一つ選び，記号で答えなさい。

ア　人口(2019年)は1300万人を超え，日本の人口の１割以上を占める。

イ　昼夜間人口比率(2015年)は，100を超えている。

ウ　産業別の有業者割合(2017年)は，第二次産業の割合がもっとも高い。

エ　65歳以上の人口の割合(2019年)は23.1％で，全国平均を下回る。

問３　下線部③が広がる，青森県と秋田県にまたがる世界自然遺産を何と言いますか。**漢字**で答えなさい。

問４　下線部④で有名な神奈川県箱根町の伝統的工芸品として正しいものを次の**ア**～**エ**から一つ選び，記号で答えなさい。

ア　有田焼　　**イ**　置賜紬　　**ウ**　曲げわっぱ　　**エ**　寄木細工

問５　下線部⑤に関連して，次のグラフＡ～Ｃは，後の地図に示した山梨県の甲府，千葉県の銚子，福井県の敦《つる》賀《が》のいずれかの地点における，※日最高《にちさいこう》気温《きおん》および日最低《にちさいてい》気温《きおん》の月別平年値を示したものです。Ａ～Ｃと地点の組み合わせとして正しいものを下の**ア**～**カ**から一つ選び，記号で答えなさい。

※　１日の最高気温と１日の最低気温について，各月ごとに平均値を求めた数値。なお，ここでは1991年から2020年の平均値です。

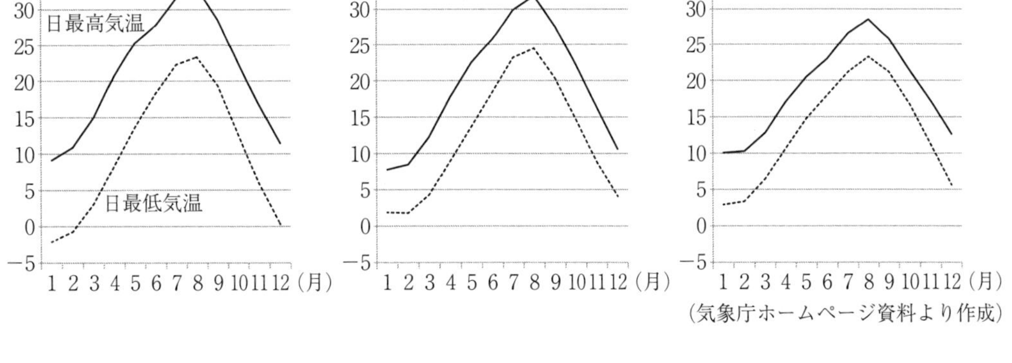

(気象庁ホームページ資料より作成)

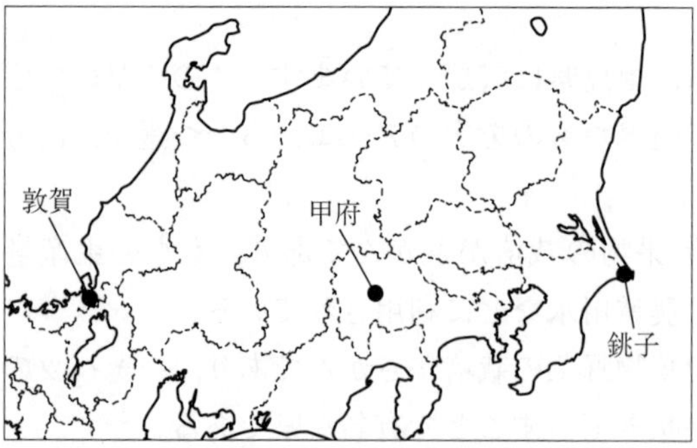

	A	B	C
ア	甲府	銚子	敦賀
イ	甲府	敦賀	銚子
ウ	銚子	甲府	敦賀
エ	銚子	敦賀	甲府
オ	敦賀	甲府	銚子
カ	敦賀	銚子	甲府

問６　下線部⑥に関連して，次の地図は，きゅうり，スイートコーン，日本なし，ピーマンのいずれかの生産量上位５位(2019年)の都道府県を示したものです。きゅうりの生産量上位５位を示したものとして正しいものを次の**ア**～**エ**から一つ選び，記号で答えなさい。

ア

イ

ウ

エ

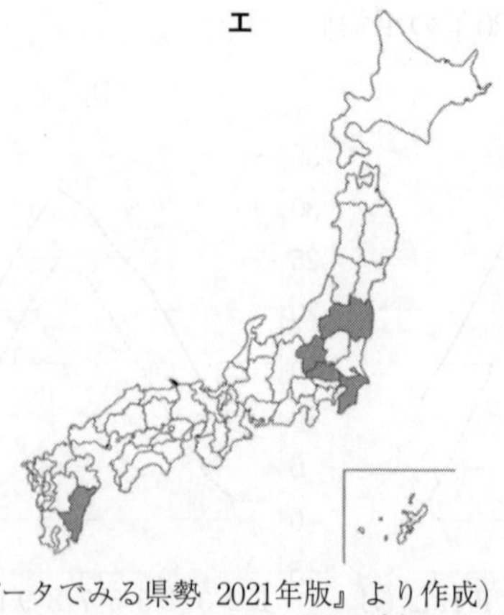

(『データでみる県勢 2021年版』より作成)

問７　下線部⑦に関連して，家畜がどこで，どのようなえさを与《あた》えられて育てられ，どこで加工されたのかなどを追跡《ついせき》可能な状態にして記録するしくみを何と言いますか。**カタカナ**で答えなさい。

問８　下線部⑧に関連して，次のグラフは，1968年から2017年までの日本のおもな工業の産業別製造品出荷額等を示したものであり，Ａ・Ｂは，機械工業または金属工業のいずれか，Ｃ・Ｄは，食料品工業または繊維工業のいずれかです。機械工業と食料品工業を示したものの組み合わせとして正しいものを後の**ア**～**エ**から一つ選び，記号で答えなさい。

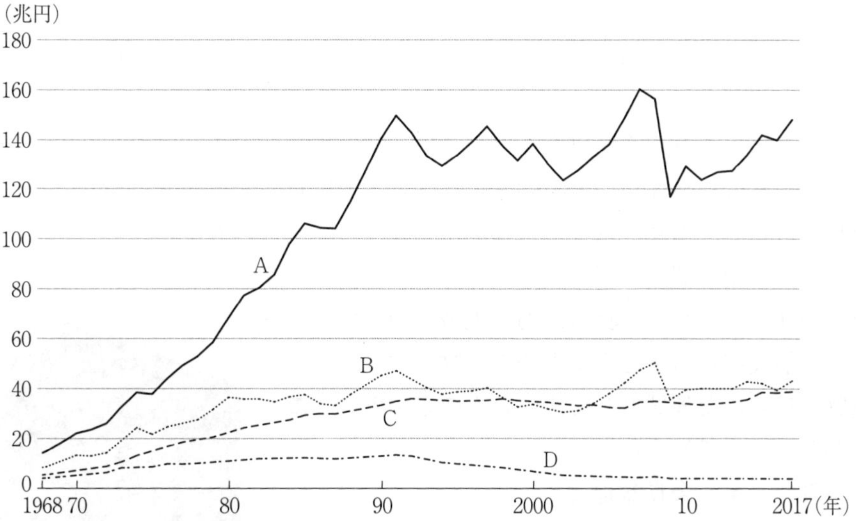

(『数字でみる日本の100年(改訂第７版)』より作成)

ア　ＡとＣ　　**イ**　ＡとＤ
ウ　ＢとＣ　　**エ**　ＢとＤ

問９　下線部⑨について述べた文として正しいものを次の**ア**～**エ**から一つ選び，記号で答えなさい。

ア　日本三大急流の一つである筑後川は，たたみ表の原料となるい草の生産がさかんな八代平野を流れ，有明海に注いでいる。

イ　四国山地から流れ出る四万十川は，「日本最後の清流」と言われており，その一部は香川用水によって讃岐平野に引かれている。

ウ　諏訪湖を水源とする天竜川は，木曽山脈と赤石山脈の間を流れ，うなぎの養殖が有名な浜名湖の東側で太平洋に注いでいる。

エ　奥羽山脈や北上高地の山々から水を集めた北上川は，稲作がさかんな庄内平野を流れ，男鹿半島の南側で日本海に注いでいる。

問10　下線部⑩について述べた文として正しいものを次の**ア**～**エ**から一つ選び，記号で答えなさい。

ア　大陸棚が広がる長崎県の沖合いは，赤潮が頻繁《ひんぱん》に発生するため良い漁場とは言えず，長崎県の漁業生産量は全国でも低い水準にある。

イ　石油危機や排他的経済水域の設定により遠洋漁業が衰退《すいたい》した結果，日本の漁獲量は1970年代の半ばをピークに減少傾向《けいこう》にある。

ウ　近年「育てる漁業」の重要度が増しており，愛媛県の宇和海でのほたて貝の養殖や青森県の陸奥湾でのマダイや真珠の養殖などが有名である。

エ　上流に豊かな森林がある川が流れこむ海では，水産物が良く育つため，漁業や養殖業を営む人々が植林活動を行い森林を保護している例がある。

問11　下線部⑪に関連して，激しいぜんそくの発作《ほっさ》が起きるという四大公害病の一つが発生した都市が位置するのはどの都道府県ですか。正しいものを次の**ア**～**エ**から一つ選び，記号で答えなさい。

ア　茨城県　　**イ**　大分県
ウ　富山県　　**エ**　三重県

問12　下線部⑫に関連して，日本の森林や林業について述べた文として**正しくないもの**を次の**ア**～**エ**から一つ選び，記号で答えなさい。

ア　国土面積に占める森林の面積割合(2018年)は，50％を下回っている。
イ　天然林と人工林の森林面積(2017年)を比べると，天然林の面積の方が広い。
ウ　1970年以降，日本で消費される木材は国産材よりも輸入材の方が多い。
エ　植林してから一定の期間が経《た》つと，一部の木を切り倒《たお》す間伐が行われる。

問13　下線部⑬に関連して，右の写真は，ある地域でかつてはよく見られた，自然災害から身を守るための建物です。

(1)　この建物が見られた地域として正しいものを次の**ア**～**エ**から一つ選び，記号で答えなさい。

ア　石狩平野　　**イ**　奈良盆地
ウ　濃尾平野　　**エ**　松本盆地

(2)　この建物に関連する自然災害として正しいものを次の**ア**～**エ**から一つ選び，記号で答えなさい。

ア　大雪　　**イ**　干ばつ
ウ　洪水　　**エ**　土砂崩れ

問14　空らん［⑭］にあてはまる，燃焼時《ねんしょうじ》の温室効果ガスの排出量《はいしゅつりょう》が化石燃料の中ではもっとも少ないと言われているエネルギー資源を答えなさい。

問15　下線部⑮に関連して，次の資料は，国立公園についての調べ学習をした３人の生徒の感想です。３人の生徒がそれぞれ調べた国立公園は，次ページの地図中のⅠ～Ⅲのいずれかに位置しています。３人の生徒がそれぞれ調べた国立公園とⅠ～Ⅲの組み合わせとして正しいものを次ページの**ア**～**カ**から一つ選び，記号で答えなさい。

生徒Ａ

私が調べた国立公園には，スダジイなどの常緑広葉樹林が広がっています。絶滅《ぜつめつ》が心配されている「飛べない鳥」がいるそうなのでぜひ見てみたいです。また，マングローブを見ながら湖でカヌーに乗る体験もしてみたいです。

生徒Ｂ

私が調べた国立公園には，複数の湖があります。例えば，湖岸に温泉が湧《わ》く湖があり，そこではオオハクチョウが越冬《えっとう》するそうです。他に，透明度《とうめいど》がとても高い湖やマリモが生息する湖もあるそうなので，実際に見てみたいです。

生徒C

私が調べた国立公園には，９万年前までの噴火によってできた，世界有数の大きさを誇《ほこ》るカルデラがあります。その中には，町や田畑もあれば，鉄道も通っているそうです。機会があれば，住んでいる人に話を聞いてみたいです。

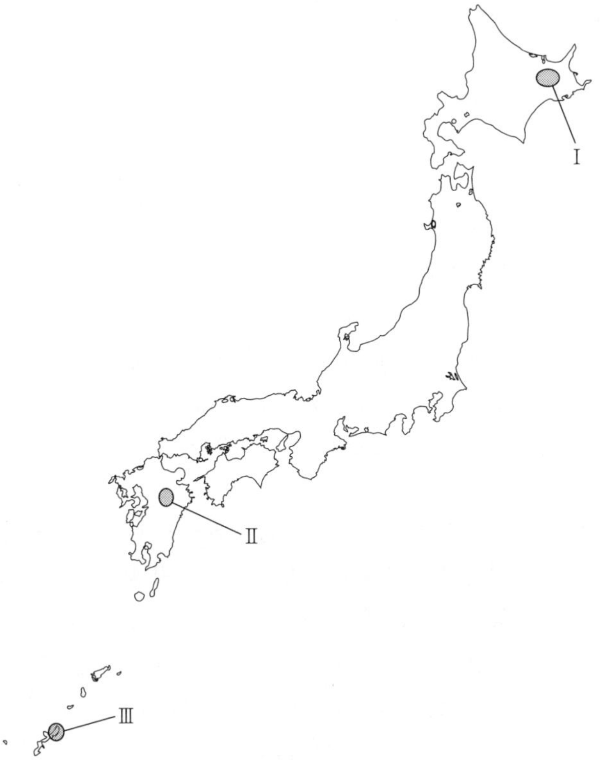

	生徒A	生徒B	生徒C
ア	Ⅰ	Ⅱ	Ⅲ
イ	Ⅰ	Ⅲ	Ⅱ
ウ	Ⅱ	Ⅰ	Ⅲ
エ	Ⅱ	Ⅲ	Ⅰ
オ	Ⅲ	Ⅰ	Ⅱ
カ	Ⅲ	Ⅱ	Ⅰ

3 次の文章を読んで，後の問いに答えなさい。

①選挙で投票できる年齢《ねんれい》は，現在は18歳《さい》以上となっています。従来，選挙権は20歳以上の国民が持っていました。2007年に成立した②憲法改正のための国民投票法で，投票権が18歳以上に認められたことから，選挙権も18歳に引き下げるべきだという議論が起こりました。その結果，2015年に③国会で公職選挙法が改正されたのです。18歳までに選挙権が認められている国は191の国と地域のうち約９割となっています。ですから，引き下げは世界的な状況《じょうきょう》に合わせたものと言えるでしょう。

若者世代に投票権は広がりましたが，問題もあります。年齢別の投票率を見ると，10代，20

代は60代以上の半分程度しかないのです。政治家は票を入れてくれる人たちの意見を取り入れがちなので，この結果，高齢者《こうれいしゃ》の意見が反映されやすいシルバー・デモクラシーの傾向《けいこう》が生じています。

近年，高齢化によって日本の④歳出のうち，⑤社会保障に関する支出が増加しています。例えば，年金制度の財源は税金と，現役《げんえき》世代が納めた保険料が中心になっています。今後ますます少子高齢化が進む中で，若者は負担した額に対して，高齢者になったときに支給される額が減少していくことが予想されます。教育や子育て支援策《しえんさく》など，若者世代への支出は他の先進国の水準と比べても低く，こうした分野での政策を強化していくためにも若者世代の投票が必要です。

若者に限らず，投票率が低く，選挙で投票する層が固定化してしまうと特定の人たちのための政治が行われやすい，という問題があります。特定の集団の利益を実現するために⑥政治活動を行う団体を圧力団体と言いますが，投票率が低いほど選挙の結果は圧力団体の組織票の影《えい》響《きょう》を受けやすくなります。すると選挙に勝って権力を得た政治家は，次の選挙でも組織票を獲得《かくとく》するために，特定の団体のための政策を進める傾向が強くなります。政治家をはじめ公務員が公平な政治を行うために，憲法15条では「すべて公務員は，全体の［　⑦　］であって，一部の［　⑦　］ではない」と規定しており，特定の人たちのための政治ばかりが行われてはならないはずです。

また，投票率が低いと世襲《せしゅう》議員が有利になりやすいという問題があります。世襲議員とは，一般的《いっぱんてき》に親や祖父などの親族が政治家で，彼《かれ》らの後援会組織などの支持基盤《きばん》をそのまま継承《けいしょう》して当選した政治家のことを指します。投票率が低いほど選挙の結果は組織票の影響を受けやすくなるため，世襲議員が有利になります。近年，衆議院議員の４人に１人，⑧内閣の閣僚《かくりょう》の６割以上が世襲議員となったこともありました。これは，他の先進国の水準と比較《ひかく》しても高く，例えば⑨アメリカだと，国会議員の中での世襲議員の割合は１割以下だと言われています。世襲が必ずしも悪いわけではありませんが，大きな傾向としては新しい血が政治の世界に入らず，また，世襲議員は親族から引き継《つ》いだ支持基盤に配慮《はいりょ》した政治を行うので，政策も固定されたものになりやすいことが指摘されています。

「権利の上に眠《ねむ》る者は保護に値《あたい》せず」という言葉があります。これは，権利というものは侵害《しんがい》される可能性が常にあり，自分で維持《いじ》する努力をしなければならないという意味です。憲法97条には「この憲法が日本国民に保障する⑩基本的人権は，人類の多年にわたる自由獲得の努力の成果」とあり，憲法12条には「この憲法が国民に保障する自由及《およ》び権利は，国民の不断の努力によって，これを保持しなければならない」とあります。将来の世代に権利をつなぎ，世の中をより良くしていくために，若者世代が選挙権を行使することは不可欠であると言えるでしょう。

問１　下線部①について述べた文として正しいものを次の**ア**～**エ**から一つ選び，記号で答えなさい。

ア　衆議院の選挙における小選挙区制では，それぞれの都道府県が一つの選挙区の単位となっている。

イ　国政選挙では都市と地方で一票の格差が生じているが，これに対して裁判所が憲法違反《いはん》の判決を下したことはない。

ウ　選挙では，投票に参加したかどうかを確認《かくにん》するために投票用紙に自分の名前を記載《きさい》することになっており，記載がない場合は無効となる。

エ　衆議院の選挙では，候補者は小選挙区と比例代表区の重複立候補が可能なため，小選挙区で敗北した候補者が比例代表区で復活当選をすることがある。

問２　下線部②について述べた文として正しいものを次の**ア**～**エ**から一つ選び，記号で答えなさい。

ア　大日本帝国憲法においても憲法改正の規定があり，憲法を改正する場合，帝国議会が発議し，天皇が国民の名で公布すると定められていた。

イ　現在の日本国憲法が制定される際に，手続き上は大日本帝国憲法を改正する形式がとられた。

ウ　現在の日本では，国会における一般的な議事は各議院で出席議員の過半数の賛成で議決されるが，憲法改正は各議院の総議員の過半数の賛成で発議される。

エ　国会の発議を受けて行う日本国憲法の改正を問う国民投票においては，有効投票の３分の２以上の賛成が必要であると規定されている。

問３　下線部③について述べた文として正しいものを次の**ア**～**エ**から一つ選び，記号で答えなさい。

ア　衆議院議員の総選挙が行われた場合，投開票日から40日以内に開かれる特別国会で内閣総理大臣が指名される。

イ　国会でもっとも多くの議席を占《し》める政党であっても，政権を担当しないことはある。

ウ　法案の議決について衆議院と参議院の議決が異なった場合，両院協議会を開かなければならない。

エ　予算案や重要な法案を審議する際に公聴会を開き，学者や専門家を呼んで意見を聞くことがあるが，利害関係のある人は呼ぶことができない。

問４　下線部④について，2020年度の国の一般会計の歳出(当初予算)に関する項目《こうもく》のうち，もっとも支出が多かったのは社会保障関係費でした。２番目に支出が多い項目として正しいものを次の**ア**～**エ**から一つ選び，記号で答えなさい。

ア　国債費　　　　　　**イ**　防衛費

ウ　公共事業関係費　　**エ**　地方交付税交付金

問５　下線部⑤に関連して，介護保険制度について述べた文として**正しくないもの**を次の**ア**～**エ**から一つ選び，記号で答えなさい。

ア　介護保険は高齢者を介護する家族の負担を減らし，介護の問題を社会全体で解決するために導入された。

イ　介護保険は市町村などによって運営され，介護が必要であると認定《にんてい》された人が必要に応じてサービスを受けることができる。

ウ　ケアマネージャーは介護の計画を立て，施設《しせつ》などとの連絡《れんらく》や調整を行う職業である。

エ　介護サービスにかかる費用は，全額が介護保険からまかなわれるため，介護を受ける人は自己負担をしなくても良い。

問６　下線部⑥に関連して，日本では国などの公の機関は特定の宗教団体を支援したり，特定の宗教団体のための政治活動を行ってはならないことになっています。この原則を何と言いますか。**漢字４字**で答えなさい。

問７　空らん［⑦］にあてはまる語句を**漢字３字**で答えなさい。

問８　下線部⑧に関連して，内閣が衆議院と特定の争点について対立した場合，内閣は衆議院を解散することができます。このような場合において，衆議院を解散することの国民にとっての利点は何ですか。**１行**で説明しなさい。

問９　下線部⑨について，2001年９月11日の同時多発テロを受けて，同年にアメリカが軍事介《かい》入《にゅう》した先の国として正しいものを次の**ア**～**エ**から一つ選び，記号で答えなさい。

ア　イラク　　**イ**　北朝鮮　　**ウ**　アフガニスタン　　**エ**　キューバ

問10　下線部⑩について述べた文として**正しくないもの**を次の**ア**～**エ**から一つ選び，記号で答えなさい。

ア　プライバシーの権利が憲法に明記されているにも関わらず，プライバシーが守られていないことが問題になっている。

イ　働く意思と能力のある者が，働くことを保障される勤労の権利は，社会権に分類される。

ウ　主権者である国民が政治について正しい判断ができるように，国などが持っている情報の公開を求める権利が法律で保障されている。

エ　刑事裁判で起《き》訴《そ》された人が無罪となった場合，国に抑留《よくりゅう》や拘禁《こうきん》などに対する補償を請求する権利がある。

【理　科】〈**第１回試験**〉（35分）〈満点：70点〉

1　太陽の動きについて，後の問いに答えなさい。

１日の太陽の動きを調べるために，東京の地点X（北緯《ほくい》35.7度，東経139.6度）で３月下旬《げじゅん》に次のような実験を行いました。

［実験］

① 図１のように，透明半《とうめいはん》球《きゅう》の円の中心が台紙の上の点Oと重なるように固定した。

② 日の出の時刻を記録した。

③ 太陽の位置を１時間おきに透明半球上に記録し，太陽の動きをなめらかに線で結び，動いた向きを書きこんだところ，図１のようになった。

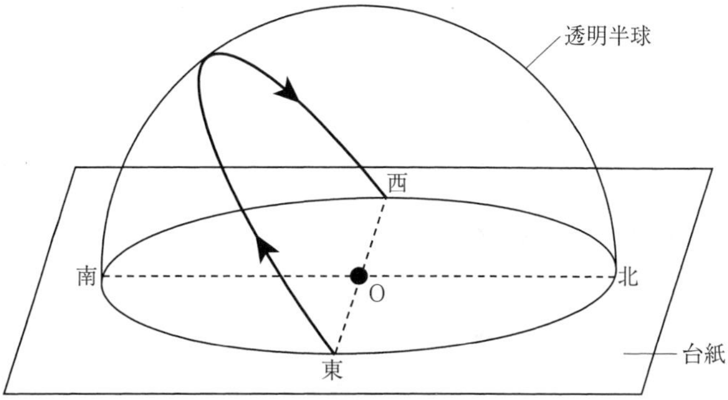

図１

(1)　この実験を行った日を何といいますか。**漢字２字**で答えなさい。

(2)　この実験を行った日の地点Xの太陽の南中高度は何度ですか。

(3)　６月下旬と12月下旬に，地点Xで同様の実験を行いました。実験によって得られる結果としてもっとも適当なものを，次の**ア**～**エ**からそれぞれ一つ選び，記号で答えなさい。

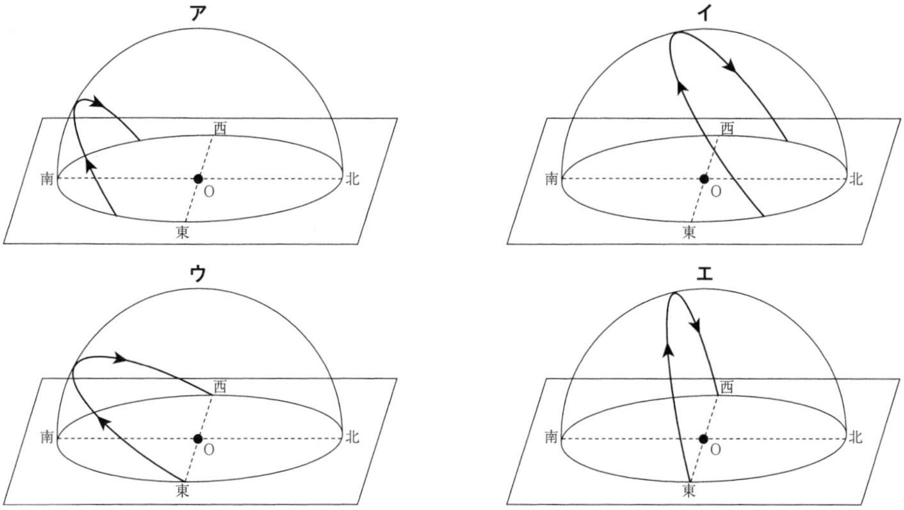

(4)　地点Xから北に500kmの地点をY，地点Xから西に500kmの地点をZとします。(1)と同じ日に地点Y，Zで同様の実験をすると地点Xと実験結果が異なりました。どのような違《ちが》いがあったと考えられますか。もっとも適当なものを，次の**ア**～**カ**からそれぞれ一つ選び，記号で答えなさい。ただし，観測地点の標高は同じものとします。

ア　透明半球に引いた曲線の長さが長くなった。

イ　透明半球に引いた曲線の長さが短くなった。

ウ　南中高度が高くなった。

エ　南中高度が低くなった。

オ　日の出の時刻が早くなった。

カ　日の出の時刻が遅《おそ》くなった。

(5)　(1)と同じ日に南半球にある地点W(南《なん》緯《い》35.7度，東経139.6度)で同じ実験をすると実験結果はどのようになりますか。もっとも適当なものを，次の**ア**～**エ**から一つ選び，記号で答えなさい。

ア

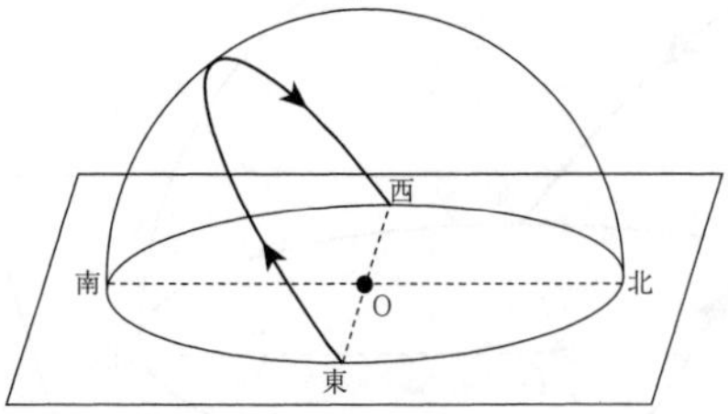

イ

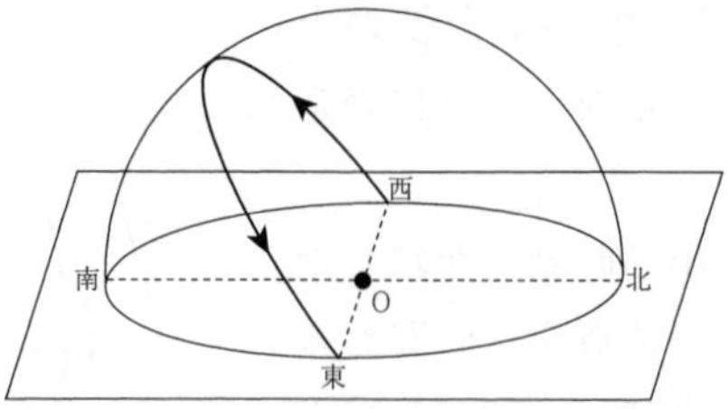

ウ

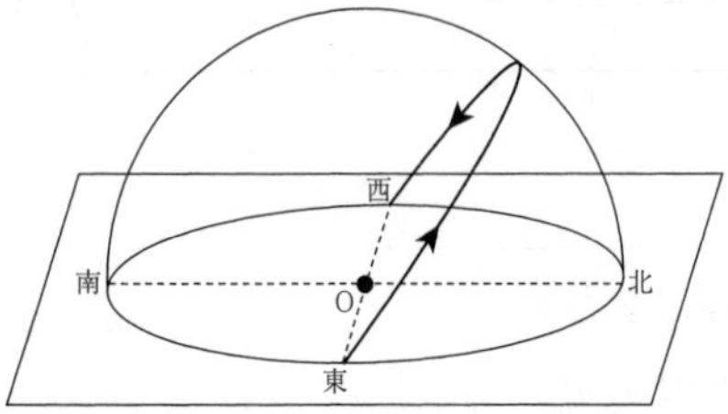

エ

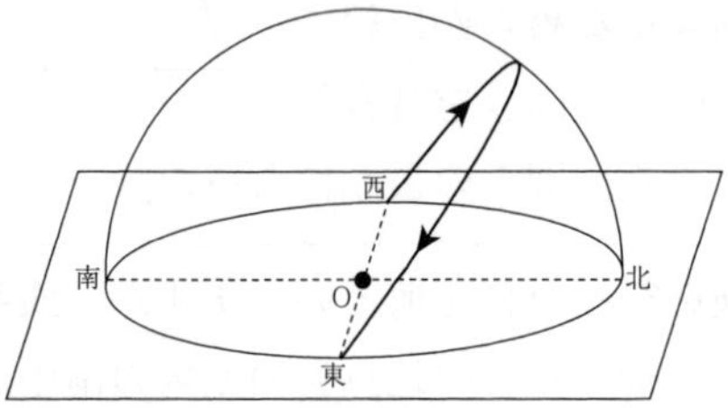

(6)　地点Wで12月下旬に同じ実験をすると実験結果はどのようになりますか。もっとも適当なものを，次の**ア**～**ク**から一つ選び，記号で答えなさい。

ア

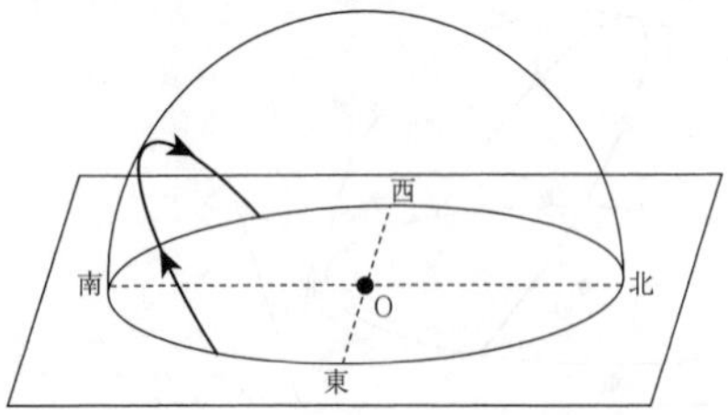

イ

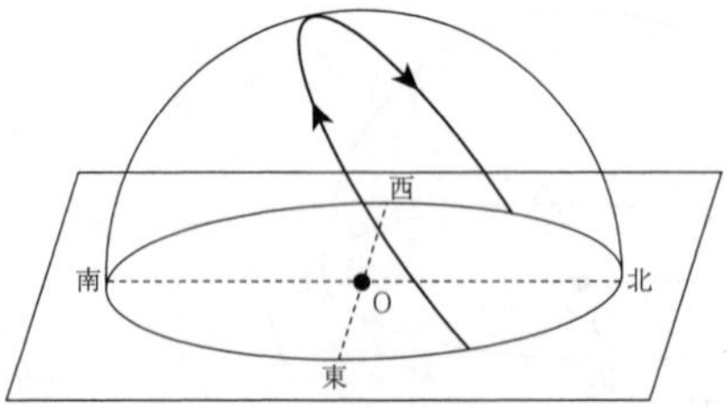

ウ

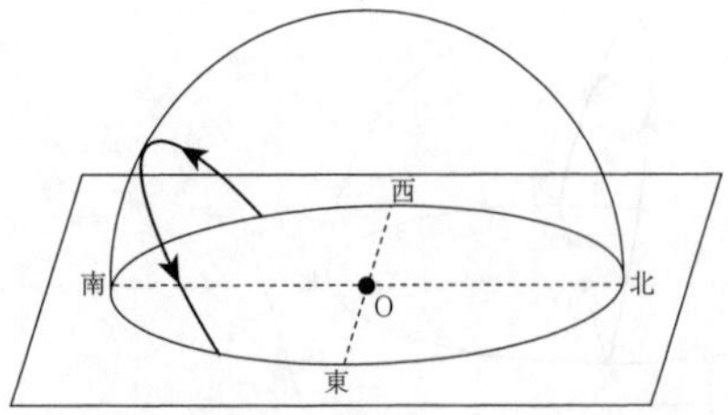

エ

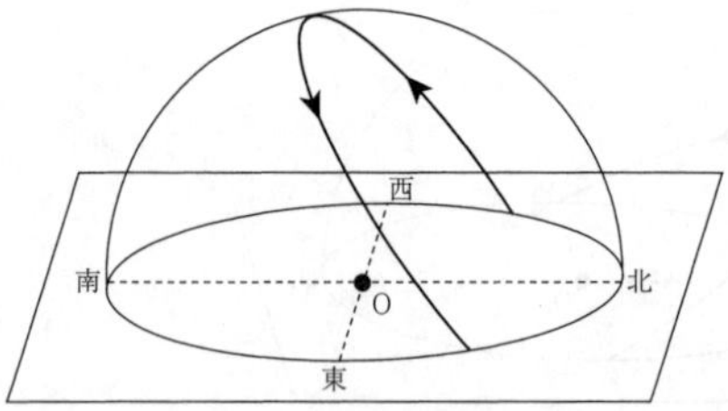

オ

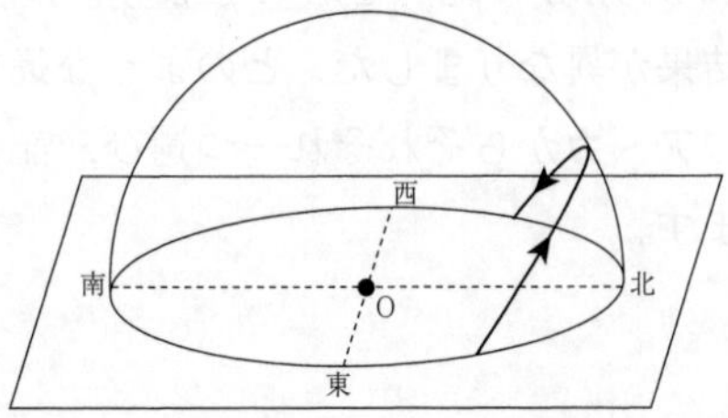

カ

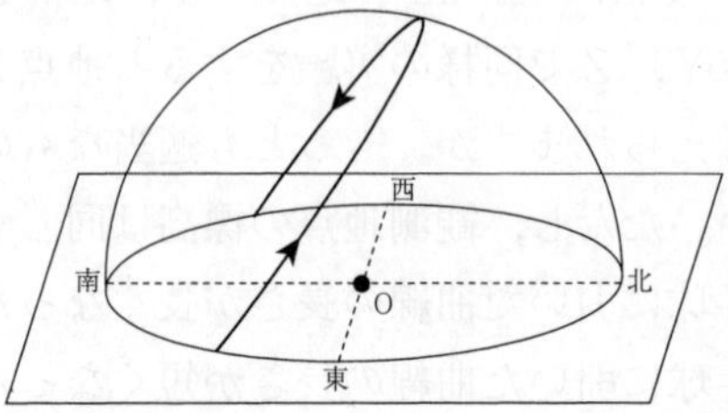

キ

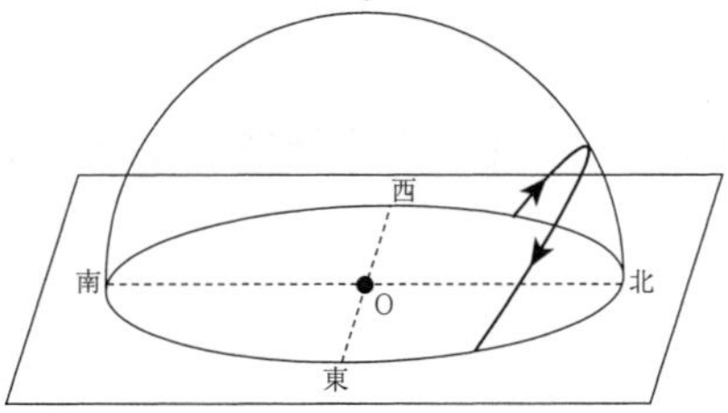

ク

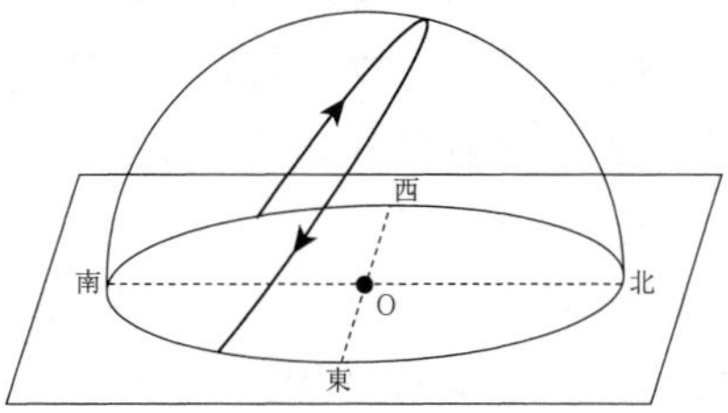

2　調味料のみりんについて，後の問いに答えなさい。

祥子さんは野菜の煮物《にもの》をつくろうと思い，自宅にある調味料を確認《かくにん》しました。そのとき，みりんが入ったボトルのラベルを見たところ，右のように表示されていました。

●名称《めいしょう》	本みりん
●原材料名	米，もち米，米こうじ，醸造《じょうぞう》アルコール，糖類
●アルコール分	12.5度以上13.5度未満

祥子さんはみりんの成分について興味をもち，調べました。

［調べたこと１］

・　醸造アルコールとは，食用のアルコールのことである。**a** デンプンなどの原料から得られた糖類を発酵《はっこう》させ，できたアルコールの純度を高めることでつくられている。

・　みりんのアルコール分「12.5度以上13.5度未満」とは，みりんに含《ふく》まれるアルコールの重さの割合が12.5％以上13.5％未満ということである。

・　みりんの成分のうち，約半分は水である。

(1)　［調べたこと１］の下線部 **a** について，デンプンが多く含まれる食品としてもっとも適当なものを次の**ア**～**エ**から一つ選び，記号で答えなさい。

ア　なっとう　　**イ**　パン　　**ウ**　みそ　　**エ**　ヨーグルト

(2)　アルコール分が13度のみりん 30g に含まれるアルコールは何 g ですか。

祥子さんはみりんにアルコールが含まれていることを知り，子供がみりんの入った料理を食べてもよいのか疑問に思いました。そこで，みりんの中のアルコールを取りのぞくことができるか調べました。

［調べたこと２］

水とアルコールなどが混ざった液体の混合物を，それぞれの物質に分ける操作のことを蒸留《じょうりゅう》という。図１は，蒸留を行うときに使われるガラス器具で，枝付きフラスコという。蒸留は図２のような装置を用いて行う。まず，液体の混合物を枝付きフラスコの中に入れてゴムせんをし，加熱して沸《ふっ》とうさせる。このとき枝の先から出てきた **b** 気体を冷やして液体にすることで，混合物を分けることができる。

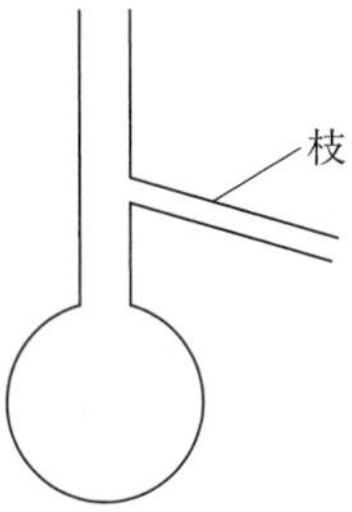

図１

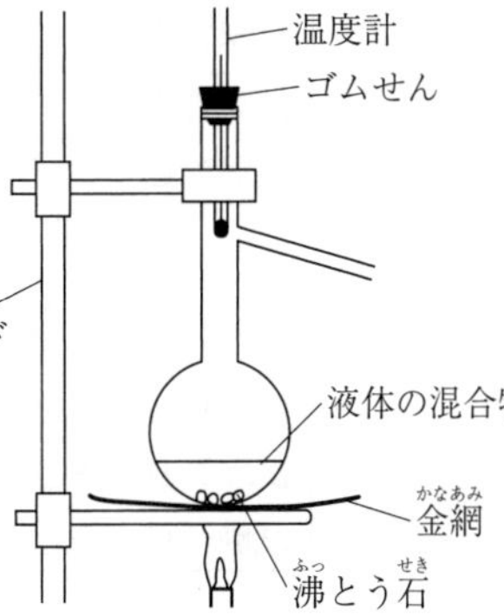

図２

(3)　混合物として正しいものを次の**ア**～**エ**から一つ選び，記号で答えなさい。

ア　水素　　**イ**　酸素　　**ウ**　塩酸　　**エ**　アンモニア

(4)　［調べたこと２］の下線部**b**と同じしくみで起きる現象として，もっとも適当なものを次の**ア**～**エ**から一つ選び，記号で答えなさい。

ア　ぬれた洗たく物を日当たりのよい場所に干すと乾《かわ》いた。

イ　コップに注いだ炭酸水の中から細かい泡《あわ》がたくさん出てきた。

ウ　冷凍庫《れいとうこ》に長い間入れていた氷が小さくなっていた。

エ　メガネをかけたまま風呂《ふろ》に入ったらメガネのレンズがくもった。

祥子さんは，枝付きフラスコを用いて市販《しはん》のみりんを蒸留しました。

［実験１］

①　市販のみりん $20cm^3$ と沸とう石を枝付きフラスコに入れ，図３のような装置を組み立ててガスバーナーで加熱した。

②　しばらく加熱すると，ガラス管から出た気体が冷水で冷やされ，試験管に液体が集まってきた。液体が $2\ cm^3$ 集まるまでの温度計の目盛りの変化を記録し，この試験管をAとした。

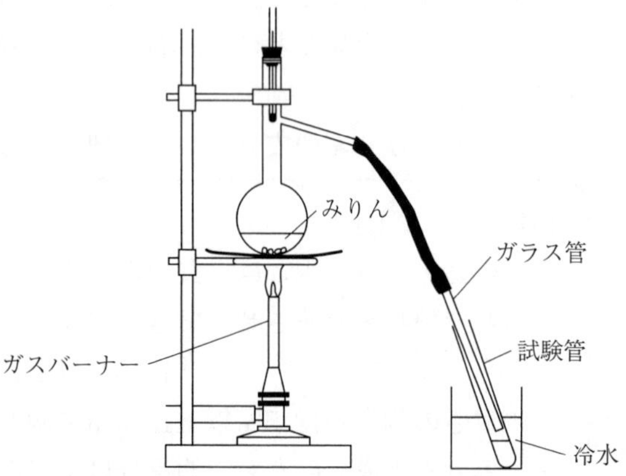

図３

③　試験管を取りかえて②と同様の操作を続けて行い，液体が集まった順に試験管Ｂ，Ｃとした。

④　試験管Ａ～Ｃに集まった液体の様子を調べた。

⑤　試験管Ａ～Ｃに集まった液体を塩化コバルト紙で調べた。

⑥　試験管Ａ～Ｃに集まった液体に火を近づけたときの様子を観察した。

［結果］　実験結果を表１，２にまとめた。

表１

	温度計の目盛り(℃)	集まった液体の様子
試験管Ａ	73～85	無色透明《むしょくとうめい》でみりんとは異なるにおいがした。
試験管Ｂ	85～92	無色透明でみりんとは異なるにおいがした。
試験管Ｃ	92～99	無色透明でにおいはほとんどなかった。

表２

	塩化コバルト紙の色の変化	火を近づけたときの様子
試験管Ａ	青色から赤色に変化した。	火がついてしばらく燃えた。
試験管Ｂ	青色から赤色に変化した。	火がついたがすぐ消えた。
試験管Ｃ	青色から赤色に変化した。	火がつかなかった。

(5)　［実験１］でガスバーナーの火を止めるときには，ガラス管の先が試験管内の液体の中に入っていないことを必ず確かめる必要があります。その理由を説明した次の文の空らん P ～ R にはどのような語句が入りますか。もっとも適当な組み合わせを後の**ア**～**ク**から一つ選

び，記号で答えなさい。

ガラス管の先が試験管内の液体に入ったままガスバーナーの火を止めると，枝付きフラスコ内の気体の温度が［ P ］，枝付きフラスコ内にもともとあった気体の体積が［ Q ］。このとき，試験管内の液体が［ R ］ため危険である。

	P	Q	R
ア	上がり	大きくなる	急に沸とうする
イ	上がり	大きくなる	枝付きフラスコ内に流れこむ
ウ	上がり	小さくなる	急に沸とうする
エ	上がり	小さくなる	枝付きフラスコ内に流れこむ
オ	下がり	大きくなる	急に沸とうする
カ	下がり	大きくなる	枝付きフラスコ内に流れこむ
キ	下がり	小さくなる	急に沸とうする
ク	下がり	小さくなる	枝付きフラスコ内に流れこむ

次に祥子さんは，水だけを加熱したときの様子について調べるため，［実験２］を行いました。

［実験２］

ビーカーに水と沸とう石を入れて，ガスバーナーで加熱したときの時間と温度の関係について調べたところ，次の図４のようになった。

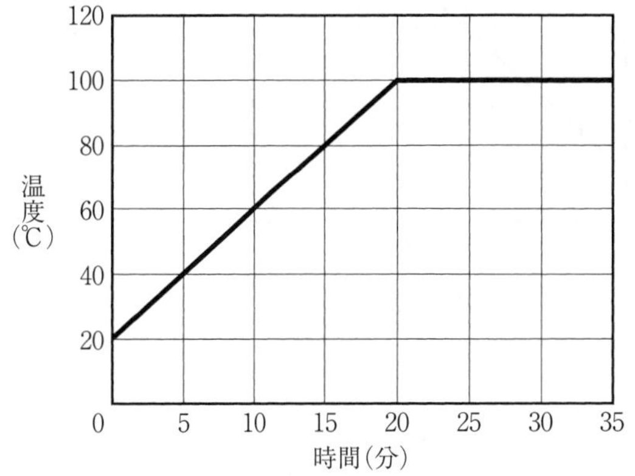

図４

(6)　加熱し始めてから20分以降，ビーカーの底からたくさんの泡が出ていました。この泡について説明した文としてもっとも適当なものを次の**ア**～**エ**から一つ選び，記号で答えなさい。

ア　泡は水の中に溶《と》けていた空気である。

イ　泡は沸とう石にもともと含まれていた空気である。

ウ　泡は水から出てきた湯気である。

エ　泡は水が液体から気体に変化したものである。

(7)　ビーカーに入れる水の量を半分にして［実験２］と同じように加熱した場合，図４のグラフの形はどのようになりますか。もっとも適当なグラフを実線で表したものを次の**ア**～**カ**から一つ選び，記号で答えなさい。ただし，**ア**～**カ**の図中の灰色の点線は図４のグラフを表しており，目盛りの数などは省略しています。

ア

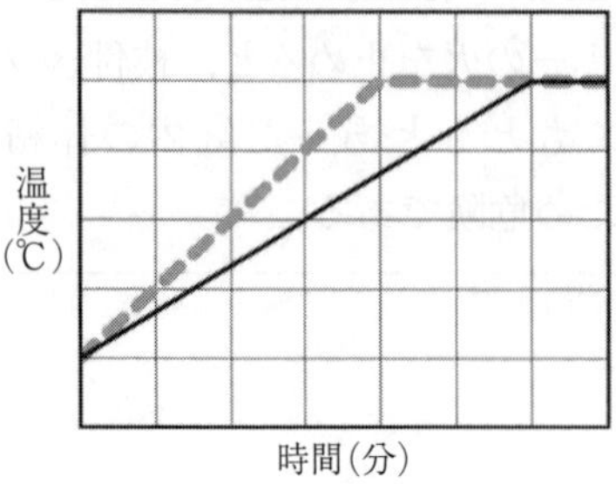

イ

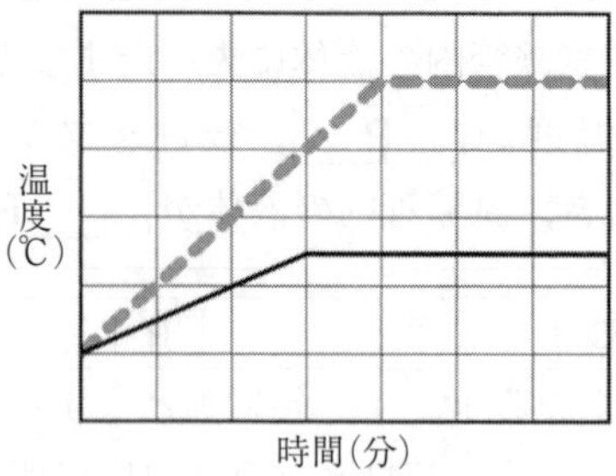

ウ

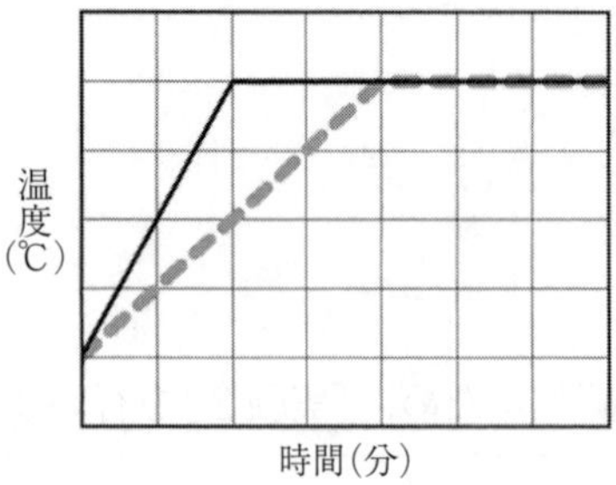

エ

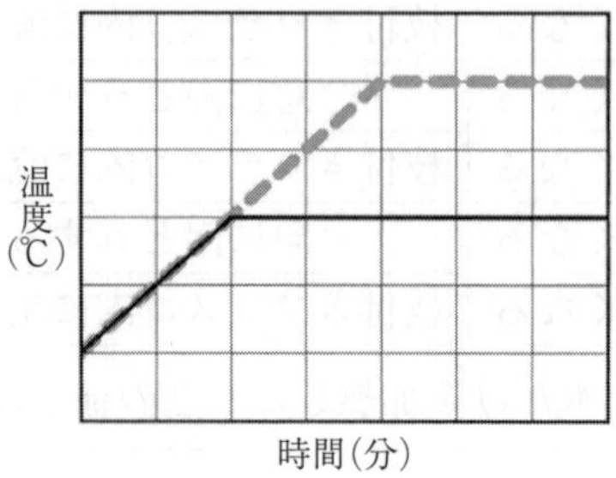

オ

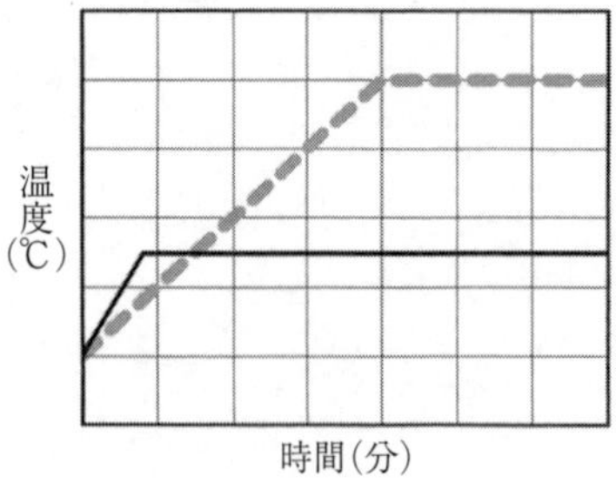

カ

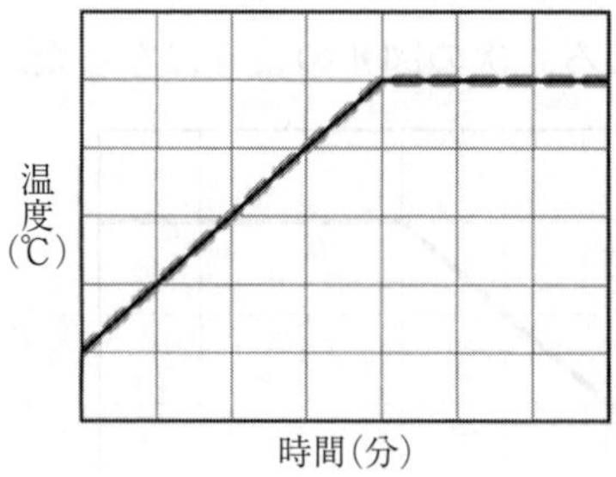

祥子さんは，[実験1]，[実験2]の結果から次のように考えました。

[考えたこと]

[実験1]の表2より，試験管A～Cに集まった液体にはすべて［ V ］が含まれていることがわかる。また，表1，2より試験管AとBに集まった液体にはそれぞれ［ W ］が含まれているが，Cには［ W ］がほとんど含まれていないことがわかる。[実験2]の結果とあわせて考えると，みりんを加熱すると73～85℃では［ X ］が気体となって出てくるが，しだいに温度が上がって85～92℃では［ Y ］が気体となって出てくると考えられる。これは［ Z ］ためである。したがってみりんを調味料として用いるときは，加熱することでアルコール分が蒸発し，そのほとんどは取りのぞかれるため，子供がみりんの入った料理を食べても問題ないのではないかと考えられる。

(8) [考えたこと]の空らん［ V ］～［ Z ］に入るもっとも適当な語句または文を，それぞれの選択《せんたく》肢《し》から一つ選び，記号で答えなさい。

［ V ］，［ W ］の選択肢

ア 水　**イ** アルコール　**ウ** 糖類

[X]，[Y] の選択肢

エ　アルコールのみ

オ　水のみ

カ　多くのアルコールと少しの水

キ　少しのアルコールと多くの水

[Z] の選択肢

ク　アルコールの方が水よりも沸とうする温度が高い

ケ　アルコールの方が水よりも沸とうする温度が低い

コ　アルコールと水の沸とうする温度がほぼ等しい

3　植物について，後の問いに答えなさい。

2021年８月に小笠原諸島《おがさわらしょとう》の近海で海底火山が噴火《ふんか》し，新しい島ができたことが話題になりました。このニュースをきっかけにして，まだ生物が存在しない場所に植物が生えて森林ができるまでにどのようなことが起こるのかを調べました。

［調べたこと１］

溶岩《ようがん》が冷え固まってできた土地にはまだ土がなく，植物が存在していない。このような場所には，**a** 他の場所から風や鳥によって運ばれてきた植物がまず生育を始める。

その後，岩が風化してできた砂と植物が枯《か》れたものなどが混ざって土ができる。さらに時間の経過とともに土の層が厚くなると，[①] などの草が生えて草原ができる。

草原が発達し，さらに土の層が厚くなると樹木が生え始める。このときに生えるのは明るいところを好む陽樹である。陽樹は草よりも高く成長するので，草はその陰《かげ》となり生育しにくくなる。そのため草原はやがて [②] などの陽樹からなる陽樹林となる。

陽樹林の中は暗く，陽樹林の地表付近では新たな陽樹の芽生えは育ちにくい。そのため陽樹林の地表付近で新たに生育できるのは，光が弱くても生育できる [③] などの陰《いん》樹《じゅ》の芽生えである。こうして陽樹林は，しだいに陽樹と陰樹の混ざった林となった後，陰樹林となる。

このようにしてできた陰樹林の地表付近で新たに生育するのは陰樹である。そのため，時間が経《た》っても陰樹林を構成する植物の種類は変化せず，陰樹林の状態がずっと続くこととなる。人の手が入っていない森林のことを原生林というが，原生林はこのようにして何百年もかかってできたものである。

(1)　［調べたこと１］の下線部 **a** について，溶岩が冷え固まってできた土地で最初に生育をはじめる植物の特徴《とくちょう》として，正しいものを次の**ア**～**エ**から**二つ**選び，記号で答えなさい。

ア　地下の深いところから水を吸収する。

イ　岩にはりつき，からだ全体で水を吸収する。

ウ　乾燥《かんそう》に強く，栄養の少ない場所でも育つことができる。

エ　栄養をたくわえた大きな種子をつける。

(2)　［調べたこと１］の空らん [①] ～ [③] に入る植物の名前の組み合わせとしてもっとも適当なものを次の**ア**～**カ**から一つ選び，記号で答えなさい。

	①	②	③
ア	アカマツ	ススキ	カシ
イ	アカマツ	カシ	ススキ
ウ	ススキ	アカマツ	カシ
エ	ススキ	カシ	アカマツ
オ	カシ	ススキ	アカマツ
カ	カシ	アカマツ	ススキ

次に，日本の各地にある原生林の種類について調べました。

［調べたこと2］

日本の国土は南北に細長く，地域によってその平均気温が異なっている。平均気温は植物の生育に大きく影響《えいきょう》するので，日本の各地に存在する **b** 原生林を構成する樹木の種類は，地域によって異なる。

たとえば，沖縄県《おきなわけん》の西表島《いりおもてじま》の低地には亜《あ》熱帯《ねったい》多《た》雨《う》林《りん》，和歌山県には **c** 照葉樹林が存在する。また，東北地方には広大な夏緑樹林が存在する。なお，照葉樹林は一年中葉をつけている森林，夏緑樹林は冬の間は葉を落としている森林である。

(3)［調べたこと2］の下線部 **b** について，原生林を構成する樹木の種類を決める条件には平均気温の他にどのようなものがありますか。もっとも適当なものを次の**ア**～**エ**から一つ選び，記号で答えなさい。

ア 年降水量　　**イ** 風の強さ

ウ 空気中の二酸化炭素濃度《のうど》　　**エ** 空気中の酸素濃度

(4)［調べたこと2］の下線部 **c** について，照葉樹の特徴として正しいものを次の**ア**～**エ**から**二つ**選び，記号で答えなさい。

ア 新しい葉が枝についた後，古い葉が落ちる。

イ 冬に日陰《ひかげ》をつくらないので街路樹として用いられることが多い。

ウ 秋には葉の色が赤や黄色に変わる。

エ 夏緑樹と比べると，夏の間の葉は緑色が濃《こ》く厚くて固い。

平均気温の違《ちが》いによって，ある地点にどのような森林が生育可能になるのかを推測する手がかりとして暖かさの指数があります。この暖かさの指数について調べました。

［調べたこと3］

一般《いっぱん》に植物の生育には月平均気温で5℃以上が必要とされる。1年間のうち，月平均気温が5℃を超《こ》える各月について，月平均気温から5℃を引いた数字の合計を，暖かさの指数という。

表1は2020年の地点Aの各月の月平均気温をまとめたものである。なお，太字は月平均気温が5℃を超えていることを示している。

表1　地点Aの各月の月平均気温(2020年)

月	1	2	3	4	5	6	7	8	9	10	11	12
月平均気温(℃)	1	1	5	**8**	**14**	**19**	**21**	**25**	**21**	**14**	**8**	1

表１を用いて，2020年の地点Aの暖かさの指数を求める。

(8−5)＋(14−5)＋(19−5)＋(21−5)＋(25−5)＋(21−5)＋(14−5)＋(8−5)＝90

これより2020年の地点Aの暖かさの指数は90となる。

表２は1920年の地点Aの各月の月平均気温をまとめたものである。

表２　地点Aの各月の月平均気温(1920年)

月	1	2	3	4	5	6	7	8	9	10	11	12
月平均気温(℃)	1	−2	2	8	12	17	23	24	18	13	8	0

1920年の地点Aの暖かさの指数は ④ となる。

表３は暖かさの指数と生育可能な森林の関係を示したものである。

表３

暖かさの指数	生育可能な森林
15～ 45	針葉樹林
45～ 85	夏緑樹林
85～180	照葉樹林
180～240	亜熱帯多雨林

暖かさの指数と表３から，地点Aで生育可能な森林は1920年は ⑤ であり，2020年は ⑥ であると考えられる。

近年，地球温暖化が問題となっているが，このまま地球温暖化が進んだ場合には，地点Aについて調べたのと同じように，日本各地に存在する原生林もその姿を変えていくことが予想される。

(5)　[調べたこと３]の空らん ④ に入る数を答えなさい。

(6)　[調べたこと３]の空らん ⑤ ， ⑥ に入る森林の種類の組み合わせとして正しいものを，次の**ア～シ**から一つ選び記号で答えなさい。

	⑤	⑥
ア	針葉樹林	夏緑樹林
イ	針葉樹林	照葉樹林
ウ	針葉樹林	亜熱帯多雨林
エ	夏緑樹林	針葉樹林
オ	夏緑樹林	照葉樹林
カ	夏緑樹林	亜熱帯多雨林
キ	照葉樹林	針葉樹林
ク	照葉樹林	夏緑樹林
ケ	照葉樹林	亜熱帯多雨林
コ	亜熱帯多雨林	針葉樹林
サ	亜熱帯多雨林	夏緑樹林
シ	亜熱帯多雨林	照葉樹林

(7)　地球温暖化によって起こると考えられる現象を説明した文として，適当なものを次の**ア～エ**から**二つ**選び，記号で答えなさい。

ア　ミカンを栽培《さいばい》できる地域の北の限界がしだいに南下していく。

イ　ある地域におけるケヤキの分布可能な標高の上限が次第に高くなる。

ウ　東京でソメイヨシノが開花する日が早くなる。

エ　東京でイチョウの葉が黄色に色づく日が早くなる。

4 浮力《ふりょく》について，後の問いに答えなさい。

体積 100 cm^3 で重さ 2 g の発泡《はっぽう》スチロール製の物体を水槽《すいそう》の水の中に完全に沈《しず》め，ばねAとつないだところ，ばねAは伸《の》びて物体は図1のように水中で静止しました。このとき，物体には物体がおしのけた水の重さと同じ大きさの浮力がはたらきます。また，水 1 cm^3 あたりの重さは 1 g であり，ばねAは 10 g の力で引くと 1 cm 伸びるものとします。

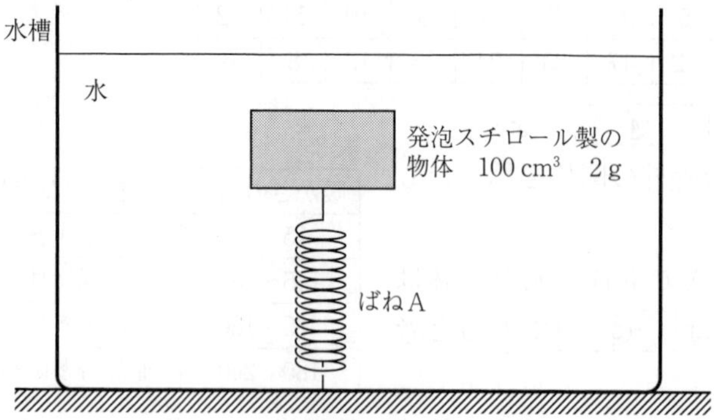

図1

(1) 図1のとき，ばねAの伸びは何 cm ですか。

水中で物体に浮力がはたらくのと同じように，空気中でも物体には浮力がはたらきます。空気中に浮《う》いている風船はこの浮力を利用したものです。

ヘリウムガスを入れた風船をばねBにつなげたところ，ばねBは伸びて図2のように空気中で静止しました。ヘリウムガスを入れる前の風船の重さは 4 g であり，ヘリウムガスを入れた風船の体積は 0.015 m^3 でした。ただし，風船の中の気圧は，風船の周りの空気の気圧と等しいものとします。また，風船の周りの空気の温度と風船の中のヘリウムガスの温度は常に20℃で，20℃のヘリウムガス 1 m^3 あたりの重さは 160 g とします。

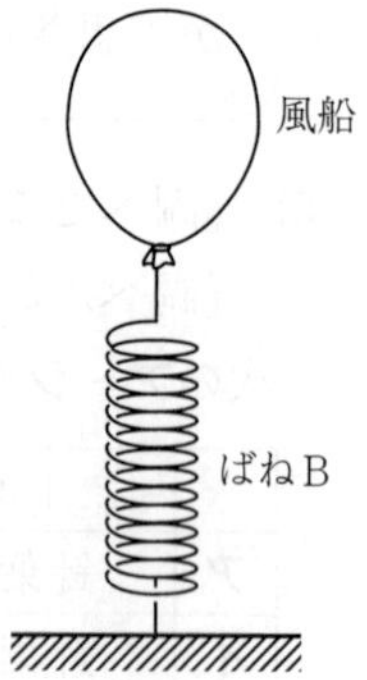

図2

(2) 風船の中には20℃のヘリウムガス 0.015 m^3 が入っています。風船の中のヘリウムガスの重さは何 g ですか。

風船には風船がおしのけた空気の重さと同じ大きさの浮力がはたらきます。20℃の空気 1 m^3 あたりの重さは 1200 g とし，ばねBは 10 g の力で引くと 10 cm 伸びるものとします。

(3) 20℃の空気 0.015 m^3 の重さは何 g ですか。

(4) 図2のとき，ばねBの伸びは何 cm ですか。

同様に熱気球にはたらく浮力を考えます。

空気を除いた風船部分と人が乗ったゴンドラ部分の重さの合計が 150 kg の熱気球があります。この熱気球の風船部分の体積は常に 1000 m^3 で一定です。風船部分の中の空気を暖めたところ熱気球は浮き，図3のように地面と熱気球をつないだゴムCが伸びて静止しました。

空気を暖めると空気 1 m^3 あたりの重さは図4のように変化します。また，熱気球の風船部分の中の気圧は，熱気球の周りの空気の気圧と等しいものとし，熱気球の周りの空気の温度は常に20℃であるものとします。

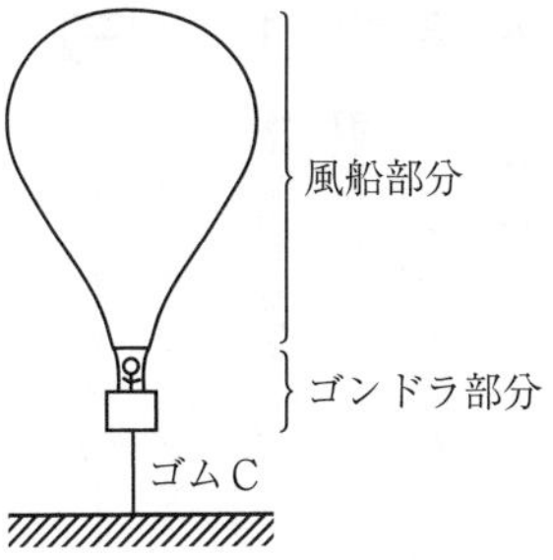

図3

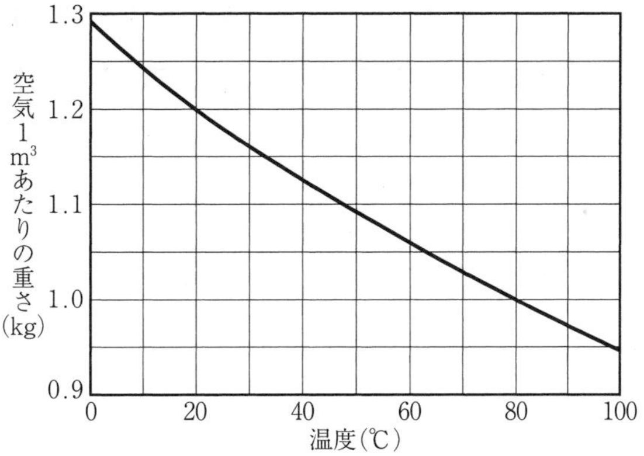

図4

(5) 20℃の空気1000 m³の重さは何kgですか。

(6) 熱気球の風船部分の中の空気を暖めたところ80℃になりました。80℃の空気1000 m³の重さを含《ふく》めた熱気球の重さは何kgですか。

(7) (6)のとき，ゴムCの伸びは何cmですか。ただし，ゴムCは10kgの力で引くと1cm伸びるものとし，ゴンドラ部分にはたらく浮力は無視できるものとします。また，熱気球の風船部分の中の空気の体積は1000 m³とします。

(8) 熱気球が浮く原理について説明した次の文の空らん［①］～［③］に入る語句を後の選択肢《せんたくし》からそれぞれ一つ選び，記号で答えなさい。

> 空気の温度が高くなると，空気1m³あたりの重さは［①］なるので，風船部分の中の空気を暖めると，風船部分の中の空気の重さを含めた熱気球の重さは［①］なる。また，熱気球の周りの空気の温度が一定であるとき，浮力は熱気球の風船部分がおしのけた空気の重さで決まるので，熱気球の風船部分の中の空気の温度が［②］。つまり，熱気球の風船部分の中の空気の温度が高くなると［③］ので熱気球は浮く。

［①］の選択肢

ア　重く　　**イ**　軽く　　**ウ**　一定に

［②］の選択肢

ア　高くなると浮力は大きくなる

イ　低くなると浮力は大きくなる

ウ　変化しても浮力は一定である

［③］の選択肢

ア　風船部分の中の空気の重さを含めた熱気球の重さがしだいに小さくなり，浮力の方が大きくなる

イ　浮力がしだいに大きくなり，風船部分の中の空気の重さを含めた熱気球の重さより，浮力の方が大きくなる

を用い、相手は友だちでなくてもかまいません。

三

次の**1**～**6**の――線のカタカナは漢字で書き、漢字は読みをひらがなで書きなさい。

1 若い苗《なえ》を庭にイショクする。

2 君の目はフシアナか。そこに書いてあるだろう。

3 コッカクの標本を作る。

4 人体に危害を及《およ》ぼすゲキヤクには注意が必要だ。

5 車がコショウしたので電車で出かけた。

6 木材に文様をほどこす。

分が正しいと思ったものを自信を持って取捨選択《しゅしゃせんたく》していくことが大切ね。

2　生徒B　でも、私たちって知らず知らずのうちに、何かを頭から決めつけてしまっていることが多いと思う。女子は理数系が苦手だとか、男子は不器用だとか。誰に教わったわけでもないのに、ある考えにとらわれてものを見ていると思うとこわいよね。

3　生徒C　考えにとらわれるというなら、インターネットから受け取る情報もこわいよ。一方的に配信して、受け取る側の気持ちなどにはお構いなしなんだもの。傷つけられても、それを訴《うった》える機会がないのは問題だよ。

4　生徒D　私もインターネットで動画を観《み》るんだけど、自分が好きな番組とか、関心があるものしか調べたり観なくなりがちじゃない？　これは「感受性のメガネ」がくもっているせいだからだと思う。

問六　――線④「〝正常な〟世界」とありますが、なぜ「正常」といえるのですか。もっとも適当なものを次の**1**～**4**から一つ選び、番号で答えなさい。

1　歪んだレンズで見る世界は本来異常なはずだが、その異常さを指摘《してき》されたり自分がそれに気づかない以上は「異常ではない」すなわち「正常」としかいえないから。

2　歪んだレンズのメガネは外すことができないので、歪みのないレンズで見る世界とは比べられない点において「正常」か「異常」かの比較《ひかく》は意味をなさないから。

3　たとえ歪んだレンズのメガネであっても、長い間かけていることによってその歪みは知らず知らずのうちに正しい方へと矯正《きょうせい》されて、結果として「正常」になるから。

4　他の人がどのような見方をしているかは自分のレンズの歪みに気づいた人にしかわからないので、たいていは他の人のレンズが「正常ではない」ことを指摘できないから。

問七　――線⑤「他者による承認」に**あてはまらないもの**を次の**1**～**5**から一つ選び、番号で答えなさい。

1　赤ちゃんが笑ったり何かを言ったりすると、母親や周りの人はそれに応じて笑ったり赤ちゃんの言葉をまねしたりする。

2　幼稚園《ようちえん》の時に祖母の家の大掃除《おおそうじ》を手伝ったことがあるが、祖母は何年たっても親類の集まる席でそのことを話題にする。

3　スーパーの会計で、ポイントがたまっていたので買い物に使えるか聞いたところ、使えますという返事をもらった。

4　自分が足をけがした時、学校で教室へ行くまでの階段ではいつも誰かが自分の荷物を持ってくれた。

5　通学路でいつも見守りをしてくれるおじさんにあいさつをしたところ、「今日は声がかれてるね。風邪《かぜ》気味なの？」と聞かれた。

問八　[B]にあてはまるもっとも適当な言葉を考えて、ひらがな四字で書きなさい。

問九　――線⑥「こうして欲望は、[　　]に似ていることが分かる」の[　　]にあてはまる言葉としてもっとも適当なものを次の**1**～**4**から一つ選び、番号で答えなさい。

1　環境　2　苦悩　3　人生　4　他者

問十　＝＝線X「友だちとのこういった『批評』しあう関係によってしか、人は、自分の『自己ルール』を理解することはできません」とありますが、あなたの周りでこの言葉にあてはまる具体例をさがし、どのような「自己ルール」を理解したのか百字以上百二十字以内で説明しなさい。ただし、本文に書かれている例以外られるのです。
　恋の欲望も野心への欲望も、いったん動き出したら、強力な指令となって目標の遂行《すいこう》をわれわれに命じます。しかし、この目標はいつも達成可能とは限らない。もしこの目標が高すぎるハードルであるとき、生きることは苦悩《くのう》に変わる。そして、しばしばそれは、＊挫折《ざせつ》と絶望をわれわれに与えるのです。
　⑥こうして欲望は、［　　］に似ていることが分かる。それはわれわれの一切《いっさい》の生の希望の源泉であり、また一切の絶望の源泉でもあるのです。欲望だけが、生の幸福の源泉だが、また、われわれは、自分の欲望をコントロールすることはできない。その意味で人間は、自分の欲望の奴隷《どれい》でもあると言えます。
　今見たように、われわれは自分の欲望がいつどこからどういう形で現われてくるかを知らないし、あらかじめ予測することもできない。それはあくまで〝向こうから〟やってきてわれわれをつかむだけです。しかし、一方で、われわれは欲望というものの、一般《いっぱん》構造については知ることができる。欲望はどこから現われてくるのか。それはわれわれの「よし悪し」「美醜」の内的なルールから出てくるのです。

（竹田青嗣『中学生からの哲学「超」入門』）

注　＊カント…ドイツの哲学者。
＊理性…筋道を立てて物事を考える能力。
＊美醜…美しいことと醜《みにく》いこと。
＊ロマン…感情的、理想的に物事をとらえること。
＊親和性（エロス）…親しみ結びつきやすい性質。エロスは愛。
＊ヘーゲル…ドイツの哲学者。
＊倫理感…行動の基準となる善悪および道徳的な考え方。本来の表記は「倫理観」。
＊自己欺瞞…自分で自分の心をあざむくこと。
＊マクベス…シェイクスピアの作品『マクベス』の主人公の将軍マクベスのこと。
＊挫折…仕事や計画が中途《ちゅうと》で失敗しだめになり、気力や意欲をなくすこと。

問一　～～線㋐「独善的な」とはどのような意味ですか。もっとも適当なものを次の**1**～**4**から一つ選び、番号で答えなさい。

1　ひとりよがりな　**2**　優先的な
3　本質的に孤独な　**4**　人よりすぐれた

問二　[A]にあてはまる言葉としてもっとも適当なものを次の**1**～**4**から一つ選び、番号で答えなさい。

1　前者は、後者の考えと一致《いっち》する
2　前者は、後者の考えには及《およ》ばない
3　前者は、後者の考えとは相いれない
4　前者は、後者の考えから取り出される

問三　――線①「言葉が〝たまる〟」とはどういうことですか。「〝たまる〟」という時間的な経過をふまえて説明した次の文の[Ⅰ]・[Ⅱ]にあてはまるように、[Ⅰ]は二十字以上二十五字以内で、[Ⅱ]は三十五字以上四十字以内でそれぞれ書きなさい。

［　Ⅰ　］が［　Ⅱ　］になること。

問四　――線②「他人こそは自分をうつす鏡だ」とありますが、どうすることをたとえたものですか。文中の★の部分から、それが書かれた一文を探し、初めの五字を書きなさい。

問五　――線③「感受性のメガネ」について四人の中学生が話をしています。筆者の考えに最も近い考えを述べている生徒は誰ですか。次の**1**～**4**から一つ選び、番号で答えなさい。

1　生徒A　「自己ルール」が「感受性のメガネ」といっているから、目で見たり耳で聞いたりして得られる情報から自

これは人間の生に必須《ひっす》のもので、例外はありません。人間は本来「孤独《こどく》」な存在であり、それが人間の本質である、と強く主張する人にとってさえ、この考えを誰かから承認されたいという動機なしには、この主張自体が意味をもちません。

（中略）

すでに見たように、人間にとって他者の存在は、生きることの根本要素です。他者は、一方で、自分に「承認」を与えてくれる唯一《ゆいいつ》の源泉だけれど、また反対に、承認、つまり自己価値を奪《うば》いうる唯一の存在でもある。動物なら、自分が承認されているかどうか気にかけないが、人間はそうではない。

この観点からは、誰にとっても他者は、最も極端《きょくたん》な両極の意味をもっている。つまり他者は、ある場合には、承認の正反対で、自分を完全に否定する、つまり殺しうる脅威《きょうい》ある存在でありうるし、しかし一方では、自分にとって、生きる上でどうしてもほかの人と取《と》り替《か》えられない、［B］のない存在になる可能性ももっています。

ともあれ、そんな具合で、人間はいろんな他者と関係を作りながら、承認ゲームを生きていく。できるだけ気持ちのよい他者との承認ゲームを作るべく人は生きるのですが、どんなゲームが自分にとってよいかは、人によって違うし、また個々人が事前にそれを知っているわけではない。人間の生はそういう試行錯誤《しこうさくご》で進んでゆくのです。

重要なのは、このとき、さまざまな他者と関係を作る土台になるのが、それぞれの「自己ルール」だということです。

それぞれが自分なりの「自己ルール」を、とくに親子関係の中で作り上げている。それがその人の感受性、美意識、そして＊倫理感《りんりかん》です。そして、人が他人とつきあうとは、それぞれの「自己ルール」が交わりあい、大なり小なり互いにそれを調整しあいながらやっていく、ということです。だから、ある人の「自己ルール」が具合が悪いと、相手の「自己ルール」とうまく調整できません。

たとえば、わがままに育てられた人は、㋐独善的な「自己ルール」をもち、人にそれを押《お》しつける態度をとり、無意識に他人はそれを認めて当然だと考えてしまう。逆に、親からしっかり愛情と承認を与えられなかった人は、自信がなく、防衛的になり、互いに自然な配慮や親和感を交換することができない。自己ルールが分裂《ぶんれつ》している人は、つねに＊自己欺瞞《ぎまん》、虚偽《きょぎ》の意識や無力感をもつことになる。

このような各人の「自己ルール」の形をもっと大きく言えば、その人の生への欲望と呼ぶことができます。

そもそも欲望というものは奇妙《きみょう》なもので、欲望があるからわれわれは生きていける。ときどき心の病気で欲望がなくなってしまう人がいます。そういうとき、人はどんなものに対しても希望や可能性をもてない。つまり、何が「よく」て何が「ステキ」（きれい）かのルールが存在せず、生きてゆく理由がなくなる。たいてい不安だけがあるので、とても苦しいのです。

なんらかの欲望をもつとは、根本的に、われわれの生きる理由が現われることです。憧《あこが》れ、期待、希望、可能性といった「欲望」こそは、われわれの生の土台です。ところが、われわれは欲望を意識的にコントロールすることはできない。欲望はいつでも必ず〝向こうからやってくる〟、これが欲望の第一の本質です（欲望の「到来性《とうらいせい》」）。

たとえば、恋《こい》の欲望は、われわれにその対象を〝告げ知らせる〟のであって、われわれが自分でそれを決めて始まるのではない。＊マクベスは、魔女《まじょ》の言葉で、自分の欲望の対象（王様になれる可能性）を、〝告げ知らされる〟。恋の欲望であれ、権力への欲望であれ、それが告げ知らされると、生きることの新しいしかも強力な理由が、突如《とつじょ》心のうちに出現します。生はわくわくする魅力《みりょく》に満ちたものとなり、人は生きる上での明瞭《めいりょう》な目標と、そこへ近づこうとする強い意欲を与えがって、それでいろんなものを「批判」(趣味判断)するようになる。でも、大事なのは、いろんなものを「批評」しあうことで、友だちと自分の「自己ルール」を交換しあい、確かめあい、そしてそのことでそれを調整しあっていくということです。

　これはちょうど、「哲学のテーブル」で、いろんな人が自分のよいアイディア(原理＝キーワード)を出しあってあれこれ言いあい、そのことでその「原理＝キーワード」をだんだん鍛《きた》えてゆくのと、同じ原理なのです。

　じつは、X友だちとのこういった「批評」しあう関係によってしか、人は、自分の「自己ルール」を理解することはできません。よく、「②他人こそは自分をうつす鏡だ」と言います。人間は他人を通してしか自分を理解することはできない、と。その通りですが、その意味を、哲学的に言うとこんな具合になります。

　われわれは誰でも、自分だけの善悪・美醜の「自己ルール」を、いわば③感受性のメガネとしてかけている。そしてそれは長い時間をかけて形成されたものなので、誰もこのメガネを外すことはできない。もし青いメガネをかけていたら、すべてが青っぽく見える。メガネのレンズが少しゆがんでいたら、すべてが歪《ゆが》んでみえる。でも、われわれがこのメガネを外せないなら、それがわれわれにとっては④〝正常な〟世界です。

　つまりふつうは、自分のメガネが歪んでいるのか、色がついているのか、誰にも決して分からない。このことに気がつくのは、他人がみているものと、自分が見ているものとの違い偏《かたよ》りに気づくときだけです。これを「視線の偏差《へんさ》」とか「視差」と言います。

　もしわれわれが、自分の好き嫌い、つまり趣味判断だけで生きていれば、「自己ルール」の形がどうなっているのか、理解することはできない。「批評」しあうことではじめて、人は自分の「良し悪し・美醜」のルールが他人と違うことに気づき、またそれを交換することができるのです。

★

　もちろん、他の人もみな自分の「自己ルール」を自分のメガネとしてかけている。だから、例えば相手の感受性や美意識が「正しい」とはかぎらない。厳密に言うと、すべての人が自分なりの「メガネ」をかけているので、絶対に正しい「メガネ」というものはないのです。

　しかし、われわれは相互《そうご》の批評を通して、さまざまな人の「自己ルール」と自分の「自己ルール」との偏差を少しずつ理解し、そのことではじめて自分の「自己ルール」の大きな傾向性や問題性を了解することができるわけです。

　じつは、ここに「人間関係」の基本の構図があります。人間関係の基本原理は、「承認《しょうにん》ゲーム」だということです(権力関係は承認ゲームの一形式にすぎません)。

　親子関係では、親がルールを与《あた》えたり、配慮《はいりょ》や愛情を与え、子供は何らかの仕方でそれに応える。友人関係では、いわば＊親和性(エロス)を与えあう関係です。社会に出たら、利害関係や権力関係という要素が強くなる。それぞれの関係でその内実が少しずつ違うけれど、どれにも共通しているのはそれが「承認のゲーム」だということです。権力(支配)関係は、一方が他方を上位者として〝承認〟している関係です。

　＊ヘーゲルによると、人間の欲望は自己価値欲望です。自己価値は、結局のところ、⑤他者による承認を必要とする。それは評価、賞賛、尊敬、配慮、そして愛情などの形をとるが、ちょうど動物の身体が「栄養」なしに生きられないように、また人間の心が、ロマンや情緒《じょうちょ》を必要とするように、人間の精神は「承認」を必要とするのです。

です（ただし、十分に理解されているとは言えません）。

近代以後の哲学は大きく二つの課題をもっている。一つは人間関係や社会をうまく調整するために必要な智恵《ちえ》を蓄《たくわ》えること。もう一つは、個々人がよく生きるための考えを成熟させることです。そして、[A]ので、やはり基本は「自己了解《りょうかい》」の智恵という点にある。

*カントによると、各人が、自己の「道徳」のルール（よし悪《あ》しのルール）を、自分の*理性の力で内的に打ち立てる点に、近代人の「道徳」の本質がある。たしかにその通りですが、私はこれにつけくわえて、そのためには、人は、青年期のうちに、それまで形成されてきた「自己ルール」の形をはっきり了解しなおす必要がある、と言いたいと思います。

では、どうしたら自分の「自己ルール」を了解しなおすことができるか。いくつかポイントがあります。まず重要なのは、①言葉が〝たまる〟ことです。

われわれは教育で、少しずつごく日常で使う言葉以外のいろんな言葉を覚えていくのだけど、自分を理解するのに必要な言葉がたまってくるのは、ふつうは高校から大学にかけてです。象徴的に言えば、それは「批評する言葉」としてたまってくる。

中学、高校くらいになると、誰《だれ》でも、まず親に対して批判的になって、批判の言葉をもちます。お母さんはいつも口うるさいけど、自分はきまぐれだとか、お父さんはいつも威張《いば》っているけどほんとは気が小さい、とか考えるようになる。

子供は、自分はまだ親に養われていて一人前ではないのだけど、周りのいろんなことを批判する言葉をもちはじめる。これがいわば人間の心の「自由」の開始点です。哲学ではこれを「自己意識の自由」と言います。「自己意識」の内側では自分のまわりのどんなことも批判できる。でも、まだ言葉が十分に成熟しないあいだは、子供の「批判」は、単なる不平不満、つまりこれこれは「気にくわない」、です。

中学生や高校生どうしでは、趣味《しゅみ》があうことが大事で、趣味があうと友だちになれる。「私、椎名林檎《しいなりんご》、好き」「うそ、私も大好き！　やったー！」。「あの映画見た？　めっちゃよかったよね？」、「うんすごーく、よかったー！」。「でも、私、あれは嫌《きら》い、ダサーい！」「そう、私も。超ダサーい！」。これが中学、高校生の趣味的「批判」ごっこです。好き嫌いがあるだけの批判です。

しかし、大学生くらいになると、「批判」はすこしずつ「批評」になってゆく。「私、あの音楽大好き、なぜって、ここのフレーズとこの歌詞がぴったりあってるんだ」、「あー、わかる、だけど、ちょっとイントロはゆるくない？」

「批評」は、単なる「好き嫌いの批判」ではなく、好きときらいの〝理由〟が入っています。好き嫌いの理由がちゃんと言えるようになると、趣味は「批評」に近づく。で友だちづきあいも、単に好きな者どうしではなく、趣味の違《ちが》いが許容できるつきあいになる。つまり、趣味自体よりも、美意識をちゃんともっているかどうかが問題になります。ともあれ、このことがとても大事だが、「批評」ができるには「言葉」がたまらないといけない。

友だちどうしで「批評」がしあえる、というのは、じつは、互《たが》いに「自己ルール」を交換《こうかん》しあっているということです。「自己ルール」とは、その人がいつの間にか身につけている「よい―悪い」のルール、また「*美醜《びしゅう》」のルールです。「美醜のルール」は簡単に言うと、各人が身につけた美的センス、美意識です。自己*ロマンの強い人は、美醜のルールが強く形成される傾向《けいこう》がある。

ともあれ、高校くらいまでに、人間は、自分の「よい―わるい」と「美醜」のルールを形成していく。で、「自己意識」が強くなるにした

(1) ――線⑥で使われている表現技法と同じものを次の**1**～**4**から一つ選び、番号で答えなさい。

1 立春を過ぎて、春の足音が聞こえてきた。
2 お礼はいりません、大した品物ではないから。
3 空に大根のうす切りのような月が浮かんでいる。
4 草木もかれ、人に嫌がられる冬。

(2) 「うまくいっていた」とはどういうことですか。四十字以上五十字以内で具体的に説明しなさい。

問十 ――線⑦「窓の外は、いま自分たちがいる空間は宇宙と一続きになっていることがよくわかるような青空で、それに比べると壮太の動作はなんだかとてもかわいらしいもののように見えた」とありますが、ここから美知代は壮太をどのように見ていることがわかりますか。もっとも適当なものを次の**1**～**4**から一つ選び、番号で答えなさい。

1 強がることで気の弱さを隠そうとふるまっている。
2 怖そうな外見にひょうきんさを隠している。
3 幼稚《ようち》な行動の中に意地の悪さがひそんでいる。
4 不良っぽさには不似合いな意外な幼さを持っている。

問十一 ――線⑧「美知代は、その首の角度を見たことがあると思った」とありますが、これは美知代が何を思い出したということですか。もっとも適当なものを次の**1**～**4**から一つ選び、番号で答えなさい。

1 壮太のTシャツの首元からにょきにょきと伸びている首を見ていたときのこと。
2 愛季の「美知代ちゃん」という声に気付いたときに壮太の動きが止まったこと。
3 壮太が指揮者の向こう側でピアノを弾いている愛季の姿をじっと見ていたこと。
4 壮太が興味のないことを言われたときには首を斜めに伸ばすくせがあること。

問十二 ――線⑨「もっともっと小さな美知代の心は、火で炙《あぶ》ったマシュマロのように一瞬で溶《と》けた」とありますが、この時の美知代の気持ちとしてもっとも適当なものを次の**1**～**4**から一つ選び、番号で答えなさい。

1 壮太が自分の班と自由行動を一緒にしてもよいという気持ちになるほど、愛季は何もかもが可愛《かわい》らしいということをつくづく感じて、一気に自信を失った。
2 容姿ばかりでなく仕草や話し方まで何もかもが可愛らしい愛季を見て、同じ女子としてとうていかなわないものを感じ、急にわけもなく嫉妬《しっと》した。
3 自分の勘違《かんちが》いからしおりのページが一枚提出されていないと言い張って、愛季によけいな苦労や手間をかけさせたことに対し、とっさに申《もう》し訳《わけ》なく思った。
4 壮太たちの班行動のページはもう提出されていたのに、調べもせずにしつこく追及《ついきゅう》したのは学級委員にあるまじき落ち度であったとわかり、すぐに恥じ入った。

二

次の文章を読んで、後の問いに答えなさい。字数指定のあるものは、句読点やかっこなどもすべて一字に数えます。

私ははじめに、哲学《てつがく》とはものごとについて「自分で考える方法」だと言いました。そしてまた、とくに「自己自身について考える方法」だとも言いました。というのは、近代哲学では、とくにこの「自己」自身について考えるためのすぐれた原理が、積み上げられてきたからくれていたということ。

問四　愛季はむつ美の才能を高く評価しています。それがわかるような愛季の態度がたとえで表されているところを、文中から十五字以上二十字以内でぬき出し、初めの五字を書きなさい。

問五　文中の★の部分「かわいい形で描かれた～読みやすかった」にはむつ美が作成したページについて書かれていますが、むつ美が作成したページはどのような点がすぐれていますか。四十字以上五十字以内で具体的に説明しなさい。

問六　――線③「美知代は全身の真ん中にある心臓の毛が逆立つ思いがした」とありますが、この時の美知代の気持ちを説明したものとしてもっとも適当なものを次の**1**～**4**から一つ選び、番号で答えなさい。

1　むつ美が作ったページの出来栄《できば》えは自分が思いえがくような仕上がりではない上に、ほめられたことを偉《えら》ぶるでもなく素直《すなお》に喜ぶむつ美の姿に心底嫌気《いやけ》がさした。

2　表紙をむつ美に分担してもらおうという愛季の提案は不快である上に、今まで従順だったむつ美がそれを辞退するそぶりをまったく見せないことが自信の表れのように見えて、内心恐怖《きょうふ》を感じた。

3　むつ美が持つイラストの才能を今初めて知った衝撃《しょうげき》は大きく平常心を保てないでいるが、目の前のむつ美はあくまで控《ひか》えめで、そのふるまいに嫌悪感《けんおかん》を抱いた。

4　委員長としては愛季の意見を取り入れるべきだと理解するのだが、ここでむつ美に表紙を描く機会を与《あた》えたらむつ美が注目され、今後自分の影響力《えいきょうりょく》が弱くなってしまうのではないかと心配した。

問七　――線④「取り巻きふたりが椅子を少しずらして道を空けた。とても自然な動作だった」について、

(1)　「取り巻きふたり」はそれぞれどのように呼ばれていますか。文中からぬき出して答えなさい。

(2)　「とても自然な動作だった」からわかることとしてもっとも適当なものを次の**1**～**4**から一つ選び、番号で答えなさい。

1　取り巻きふたりは美知代が勇気を出して壮太の班に苦情を言うとわかり、あわてて通り道を作っている。

2　取り巻きふたりは美知代の言動を無条件に受け入れ、その行動に協力的な態度を無意識にとっている。

3　取り巻きふたりは美知代を常に恐《おそ》れていて、いつもその行動を先読みして意にそうよう心がけている。

4　取り巻きふたりと美知代は信頼《しんらい》し合っていて、言葉にしなくてもお互《たが》いの行動が手に取るようにわかっている。

問八　――線⑤「『私、ちょっと図書室見てくるね』そう言うと、美知代はひとり、教室を出た」とありますが、なぜこのような行動をとったのですか。もっとも適当なものを次の**1**～**4**から一つ選び、番号で答えなさい。

1　愛季からの唐突《とうとつ》で無神経な提案が気にさわり、この不愉快《ふゆかい》な状況《じょうきょう》からいったん逃れようと思ったから。

2　愛季の提案をうけいれるつもりはなかったが、怒《おこ》ったまま断りたくはなかったので時間をかせごうとしたから。

3　このまま愛季の提案を無視し続ければ、愛季自身がこの提案が突拍子《とっぴょうし》もないものだったことに気づくだろうと考えたから。

4　愛季の提案は一方的なものだったし、それより今日中に班ごとのページを回収することの方が先だと判断したから。

問九　――線⑥「うまくいっていたのに。ずっと。あの教室の中で」について、

ありえねえだろ、と、図書室に戻《もど》ろうとした壮太の動きが、ぴたっと止まった。

背後から、声が聞こえる。

美知代は、青空のその向こうにある宇宙に、そのまま吸い込《こ》まれてしまうような気がした。

美知代ちゃん。

遠くの方から、そう呼ばれている。美知代ちゃん。

「……自由行動、いいよ、別に」

美知代が何か言うより早く、壮太はそう言った。そのとき、壮太の首が少し、斜《なな》めに伸びていた。

⑧美知代は、その首の角度を見たことがあると思った。

「美知代ちゃん」

自分を呼ぶ声が、ついにはっきりと聞こえた。美知代は振り返る。

「ごめん、五十嵐君たちの班のページ、あったー」

そこには、白い紙を持って立っている愛季がいた。「もう提出してもらってたみたい」美知代たちのものと比べると空白がとても多いその紙は、確かに、壮太たちの班のもののようだった。

壮太はあのときも、少しだけ首を伸ばして、指揮者の向こう側でピアノを弾《ひ》いている愛季のことを見ていた。

「ごめんね、さっき見逃《みのが》してたみたいで」

はあ、はあ、と、小さな口から息を漏《も》らしながら、愛季が両膝《りょうひざ》に手をついて自らの体を支えている。小さなてのひらが、もっと小さな膝小僧《ひざこぞう》を隠《かく》していて、⑨もっともっと小さな美知代の心は、火で炙《あぶ》ったマシュマロのように一瞬で溶《と》けた。

美知代は前に向き直る。

壮太はもう、図書室に戻っていた。

（朝井リョウ『スペードの３』）

問一 〰〰線㋐「もっぱら」・〰〰線㋑「名目」とはどのような意味ですか。もっとも適当なものを後の**１**～**４**からそれぞれ一つ選び、番号で答えなさい。

㋐「もっぱら」

１ いつも　**２** ひたすら

３ すすんで　**４** たのしそうに

㋑「名目」

１ もっともらしいこじつけ　**２** 反対できない行動

３ おおげさな理屈《りくつ》　**４** 表向きの理由

問二 ――線①「イラスト」とありますが、美知代はこれをどのようなイラストだと思っていますか。文中から二十五字以上三十字以内でぬき出し、初めの四字を書きなさい。

問三 ――線②「美知代が明言するわけでもなく、自然とそういうふうに仕事は分担されていた」とありますが、これはどういうことですか。もっとも適当なものを次の**１**～**４**から一つ選び、番号で答えなさい。

１ しおり作成委員会の中では美知代が望んだわけではないのに、偶然《ぐうぜん》にも美知代以外の班員が清書をすることを望んでいなかったということ。

２ しおり作成委員会の中では美知代が特に指示しなくても、班員が仕事にあぶれないようにめいめいの役割がなんとなく決まっていたということ。

３ しおり作成委員会の中では美知代がはっきり言わなくても、美知代に好都合なようにおのずとみんなの仕事が割り振られていたということ。

４ しおり作成委員会の中では美知代が頼《たの》んだわけではないのに、美知代が苦手なことはしなくてもいいように誰かが引き受けて

⑤「私、ちょっと図書室見てくるね」

そう言うと、美知代はひとり、教室を出た。ぐ、ぐ、と足を踏《ふ》み出していく。ゴムでできた上履《うわば》きの底が、リノリウムの廊下《ろうか》をぎゅう、ぎゅう、と少しずつ少しずつ潰《つぶ》していく。

学級委員。

理科の実験。

砂鉄。

伴奏。

しおりの表紙。

むつ美。

⑥うまくいっていたのに。ずっと。あの教室の中で。

「ハイ、おれいま図書室から出てるからセーフセーフ！」

突然、図書室のドアから壮太が飛び出て来た。「あぶねっ！」すぐに、何かをかわすように身をよじる。スリッパだ。図書室の中から飛んできたスリッパが、壮太に当たることなく、廊下の壁《かべ》にぶつかった。中には司書もいないのだろうか、男子たちが好き勝手に騒《さわ》いでいる声が聞こえてくる。

「……なんだよ」

その場に突《つ》き刺《さ》さったように立っている美知代に、壮太が気づく。

「睨《にら》んでんなよ」

みんなが怖がっている五十嵐《いがらし》壮太。最近は、眉《まゆ》が薄《うす》くなっただけではなくて、どこか髪の毛も茶色っぽくなったような気がする。中学生のお兄さんから、髪の毛の色を変える方法を教えてもらったのだろうか。

「……学級委員？」

壮太が一瞬《いっしゅん》、真顔になる。あのイラストばかり描いているふたりも、むつ美も愛季も、こうして壮太と真正面に向き合うことはできない。

「五十嵐君」

しおり、提出してよ。

そう言うつもりだった。だけど、少し大きなTシャツの首元からにょきにょきと伸びている首と、その真ん中で隆起《りゅうき》している小さな喉《のど》ぼとけを見ていると、全く違う言葉が美知代の口をついて出てきた。

「修学旅行の自由行動、一緒《いっしょ》にまわろうよ」

図書室のドアが、内側から閉められる。第三ラウンド、かいしー！という声が、ドアの向こう側から聞こえてきた。

「自由行動？　お前らの班と？」

廊下に残されてしまった壮太は、靴下だけを履《は》いた右足の爪先《つまさき》で、左足のふくらはぎのあたりをかいた。

美知代は、自分がどうしてこんなことを言ってしまったのかわからなかった。けれど不思議と、堂々としていられた。

壮太は美知代を見ている。この人はおでこが狭《せま》い、と、美知代は思った。

「……お前の班のメンバーって、誰」

細い眉の動きに伴《ともな》って、その小さな額も少しだけ波打つ。

「私と」美知代は唾《つば》をごくんと飲む。「いつも一緒にいるさっちゃんとゆっこ、……あと、むっちゃんと」

「明元むつ美？」

うげえ、と、壮太は何かを吐くような動作をした。⑦窓の外は、いま自分たちがいる空間は宇宙と一続きになっていることがよくわかるような青空で、それに比べると壮太の動作はなんだかとてもかわいらしいもののように見えた。

「そんな言い方しちゃダメだよ」

「だって明元むつ美って」

「もうほっとんどのところからは返ってきてるんだけど」ちょっと待ってね、と、愛季が各班から集められている用紙を確認《かくにん》する。「女子の班からは全部返ってきてるし、私たちのもうすぐできるから……」

男子もわりと出してくれてるはず〜、と、語尾《ごび》を伸ばしたと思うと、

「あっ。ねえ、美知代ちゃん」

と、愛季が突然《とつぜん》、声を弾《はず》ませた。こちらのほうに動く細い首は、くるん、と、おもちゃのような音が鳴りそうだと思った。

「え？」

「しおりの表紙、むっちゃんにも書いてもらわない？」

愛季は、ある一枚の紙を指でつまんだ。

「ほら見て、むっちゃん、すごく字がきれいなの」

きれいにむけた果物の皮をひろげるように、愛季は誇らしげな顔でその紙をピンと伸ばした。

「字だけじゃなくてね、絵とか、字を飾《かざ》り付けたりするのも上手なの。美知代ちゃん、他のページの清書で大変そうだから、一枚くらいむっちゃんにもやってもらおうよ」

「うっま」取り巻きどちらかの声が、美知代の耳たぶをかすめる。

★

かわいい形で描かれた文字に影《かげ》がつけられていて、文字ひとつひとつが立体的に浮《う》かび上がっているように見える。バランスよくスペースが分けられているから、ひとつひとつの寺、その歴史がとても読みやすい。文字はまるで教科書に載っているもののように美しく、ところどころに描かれているとぼけた仏像のイラストがとてもかわいらしかった。

むつ美は恥《は》ずかしそうにうつむいている。自由にうねる髪《かみ》の毛は、雨に降られた野良犬《のらいぬ》の毛のようだ。その謙虚《けんきょ》さを前面に押《お》し出した振る舞《ま》いに、③美知代は全身の真ん中にある心臓の毛が逆立つ思いがした。

むつ美の作ったページは、その場の誰《だれ》が見ても、美知代のそれよりも美しく、読みやすかった。

「一枚くらいむっちゃんにやってもらったほうが美知代ちゃんもラクじゃない？」

美知代をいつのまにかちゃん付けで呼んでいたように、愛季は、いつしかむつ美のことをむっちゃんと呼ぶようになっていた。

「ほら、手だってこんなに汚《よご》れちゃってるよ」

愛季は、ひょいと美知代の右手首を握《にぎ》った。小指の付け根から手首にかけて、鉛筆の黒鉛がこすれて真っ黒になってしまっている。

「ピアノの伴奏《ばんそう》は私が手伝うから、しおりはむっちゃんに手伝ってもらおうよ。美知代ちゃん、なんでもひとりでやろうとしすぎだよ」

「ねえ」

思わず少し低くなってしまった声を、美知代は整える。

「あそこの班って、しおり、提出してる？」

ほらあそこ、と、美知代は改めて思い出すフリをする。

「壮太《そうた》君のところ」

美知代がそう言うと、せっせとイラストを描いていた女子ふたりが、ちらりと教室の隅のほうに視線を泳がせた。このふたりは、クラスの女子の中でも特に、壮太のことを怖《こわ》がっているように見えた。教室の隅には、ただ寄せ合っているだけの机がある。机の上には紙もペンも載っていないし、机の主もいない。壮太の班は今日もまた、資料集めという㋑名目で図書室に遊びに行っているみたいだ。

「今日中に提出って言ったのに、しかたないな」

壮太君いつもこういうのちゃんとやらないんだから、と、美知代が立ち上がると、④取り巻きふたりが椅子を少しずらして道を空けた。とても自然な動作だった。

二〇二二年度　吉祥女子中学校

【国　語】〈第一回試験〉（五〇分）〈満点：一〇〇点〉

一　美知代たちは、修学旅行のために発足したしおり作成委員会で作業しています。この場面が書かれた次の文章を読んで、後の問いに答えなさい。字数指定のあるものは、句読点やかっこなどもすべて一字に数えます。

しおり作成委員会のリーダーは美知代だ。そして、美知代がいるところには、取り巻きのふたりも必ずいる。その流れで、同じ行動班である愛季《あき》とむつ美も、しおり作成委員会のメンバーとなっていた。

「えっ、それ、自分たちで描《か》いたの？」

愛季が、口元に手を当て、ガタッと椅子《いす》から立ち上がる。背中をまるめてせっせと①イラストを描いていた女子ふたりが、照れたように、だけどどこか誇《ほこ》らしげに笑い合う。

「すごーい、上手！　ちゃんと全部見てみたい」

愛季が、自分の机から身を乗り出したので、連動して美知代の机まで少し動いた。ボールペンで書いていた文字が、少しズレる。美知代は修正ペンを上下に振《ふ》り、カチャカチャと音をたてた。

美知代たちに加えてしおり作成委員会に参加してきた女子ふたりは、いつも教室の隅《すみ》でノートにイラストを描いて見せ合っているような子たちだった。このふたりは㋐もっぱら、しおりの余白に載《の》せるためのイラストをせっせと描いている。紙の上の女の子たちはみんな、マンガに出てくる高校生のような制服を着て笑っている。襟元《えりもと》に大きなリボンがついていて、ミニスカートから伸《の》びる足がすらりと長い。ソフトクリームや大人が持つような大きなカメラを持っているところから見ても、どうやら自分たちのことを描いているわけではないらしい。

この子たちには、読みやすいしおりを作ろうという気持ちはない。美知代は思った。背景や、描くのが難しそうな靴《くつ》などが都合よく切り取られた、空想の中のさらに楽しいところだけを抽出《ちゅうしゅつ》したようなイラストを描きたいだけなのだ。

美知代は、白い修正液にふうふうと息を吹《ふ》きかける。鉛筆《えんぴつ》の下書きの部分を消しゴムで消す作業は、取り巻きのふたりがやってくれる。修正液のところは、消しゴムで強くこすらないように気をつけてもらわなければならない。

イラストは有志のふたり、鉛筆での下書きは取り巻きのふたり、文字の部分を清書するのは美知代。②美知代が明言するわけでもなく、自然とそういうふうに仕事は分担されていた。その結果、班ごとに振り分けられているページは、愛季とむつ美が担当することになった。

美知代は、ていねいに、ていねいにボールペンを動かしていく。修学旅行の前日、みんなが一番しっかりと読むであろう持ち物のページだ。地図、筆箱、ハンカチ、ティッシュ。このページが終わったら、美知代はいよいよ、表紙に手をつけるつもりでいる。

みんなが必ず見るしおりの表紙。クラスのみんなどころか、その親や、先生の目にも必ず触《ふ》れる。

「アッキー」

美知代は愛季を呼ぶと、ふうと息を吐《は》いた。

「班ごとのページ、あと提出してないのどこ？」

きれいに、かつ、間違《まちが》ってはいけない状態で字を書き続けていると、体がみしみしと疲《つか》れる。美知代は自ら清書したページを手に取り、全体像を眺《なが》めた。

きれいで、読みやすい字だ。

2022年度

吉祥女子中学校 ▶解説と解答

算　数　＜第１回試験＞（50分）＜満点：100点＞

解　答

1 (1)　12　(2)　$\frac{2}{3}$　(3)　３分45秒　(4)　11個　(5)　10人　(6)　42分　(7)　720m
2 (1)　①　$40cm^2$　②　$62.8cm^2$　(2)　$106.76cm^2$　**3** (1)　$369cm^2$　(2)　$702cm^2$
(3)　$1890cm^2$　**4** (1)　ウ　(2)　２倍　(3)　３倍　(4)　２倍，５倍　(5)　２倍，３倍，５倍，11倍　(6)　10組　**5** (1)　３cm　(2)　①　$\frac{11}{15}$倍　②　3.3cm　(3)　14
(4)　①　2.8cm　②　27

解　説

1　逆算，仕事算，つるかめ算，差集め算，割合と比，速さと比

(1)　$2\frac{2}{3}\div\left(\frac{2}{3}-\frac{8}{9}\div\square\right)-4=0.5$より，$2\frac{2}{3}\div\left(\frac{2}{3}-\frac{8}{9}\div\square\right)=0.5+4=4.5$，$\frac{2}{3}-\frac{8}{9}\div\square=2\frac{2}{3}\div4.5=\frac{8}{3}\div\frac{9}{2}=\frac{8}{3}\times\frac{2}{9}=\frac{16}{27}$，$\frac{8}{9}\div\square=\frac{2}{3}-\frac{16}{27}=\frac{18}{27}-\frac{16}{27}=\frac{2}{27}$　よって，$\square=\frac{8}{9}\div\frac{2}{27}=\frac{8}{9}\times\frac{27}{2}=12$

(2)　$1.375-\frac{1}{6}=1\frac{3}{8}-\frac{1}{6}=1\frac{9}{24}-\frac{4}{24}=1\frac{5}{24}$より，$1\frac{5}{24}-\{6-(1.5\times\square+3)\}\div2\frac{2}{5}=\frac{3}{8}$，$\{6-(1.5\times\square+3)\}\div2\frac{2}{5}=1\frac{5}{24}-\frac{3}{8}=\frac{29}{24}-\frac{9}{24}=\frac{20}{24}=\frac{5}{6}$，$6-(1.5\times\square+3)=\frac{5}{6}\times2\frac{2}{5}=\frac{5}{6}\times\frac{12}{5}=2$，$1.5\times\square+3=6-2=4$，$1.5\times\square=4-3=1$　よって，$\square=1\div1.5=1\div\frac{3}{2}=1\times\frac{2}{3}=\frac{2}{3}$

(3)　仕事全体の量を６と10の最小公倍数である30とすると，Ａさんが１分間にやる仕事の量は，30÷６＝５，Ｂさんが１分間にやる仕事の量は，30÷10＝３となる。よって，２人でやると１分間に，５＋３＝８の仕事ができるから，仕事が終わるまでにかかる時間は，30÷８＝3.75(分)とわかる。これは，60×0.75＝45(秒)より，３分45秒となる。

(4)　30円のお菓子《かし》と50円のお菓子を同じ個数だけ買ったので，これらのお菓子の１個あたりの平均の値段は，(30＋50)÷２＝40(円)である。よって，右の図１のようにまとめることができる。40円のお菓子を43個買ったとすると，代金は，40×43＝1720(円)となり，実際よりも，2380−1720＝660(円)安くなる。40円のお菓子のかわりに100円のお菓子を買うと，代金は１個あたり，100−40＝60(円)高くなるから，100円のお菓子の個数は，660÷60＝11(個)と求められる。

図１

１個　40円｝合わせて
１個100円｝43個で2380円

(5)　２通りの配り方をア，イとして図に表すと，右の図２のようになる。イの配り方で，男子に配った分を回収すると，12×21＝252(枚)回収できるので，全部で，11＋252＝263(枚)余ることになる。つまり，女子だけに36枚ずつ配ると23枚余り，女子だけに12枚ずつ配ると263枚余ることになる。よって，36−12＝24(枚)の差が女子の人数だけ集まったものが，263−23＝240(枚)だから，女子の人数は，

図２

女子
ア　36枚，36枚，…，36枚　→ 23枚余る
イ　12枚，12枚，…，12枚，12枚，…，12枚　→ 11枚余る
女子　男子21人

240÷24＝10(人)とわかる。

(6)　管Aから2100L入れるのにかかる時間と，管Bから2000L出すのにかかる時間が同じなので，管Aから1分間に入れる水の量と，管Bから1分間に出す水の量の比は，$\frac{2100}{1}$：$\frac{2000}{1}$＝21：20である。よって，管Aから2000L入れるのにかかる時間と，管Bから2000L出すのにかかる時間の比は，$\frac{1}{21}$：$\frac{1}{20}$＝20：21となる。この差が2分だから，比の1にあたる時間は，2÷(21−20)＝2(分)となり，管Bから2000L出すのにかかる時間は，2×21＝42(分)と求められる。

(7)　走る道のりが長い方がかかる時間は短くなるので，AB間の道のりよりもBC間の道のりの方が長いことがわかる。そこで，AB＝BDとなる地点Dをとると，右の図3のように表すことができる。

図3

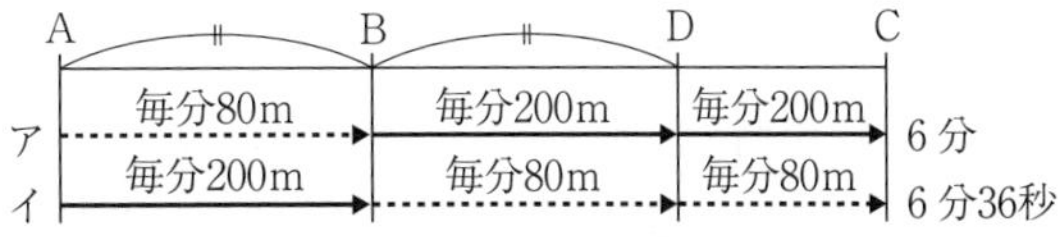

図3のアとイを比べると，AD間にかかる時間は同じだから，DC間にかかる時間の差が，6分36秒−6分＝36秒＝0.6分とわかる。また，図3のアとイのDC間の速さの比は，200：80＝5：2なので，DC間にかかる時間の比は，$\frac{1}{5}$：$\frac{1}{2}$＝2：5である。この差が0.6分だから，比の1にあたる時間は，0.6÷(5−2)＝0.2(分)となり，アでDC間にかかる時間は，0.2×2＝0.4(分)と求められ，DC間の道のりは，200×0.4＝80(m)とわかる。次に，AD間にかかる時間は，6−0.4＝5.6(分)であり，アでAB間とBD間の速さの比は，80：200＝2：5だから，時間の比は5：2なので，AB間にかかる時間は，5.6×$\frac{5}{5+2}$＝4(分)と求められる。よって，AB間(＝BD間)の道のりは，80×4＝320(m)だから，AC間の道のりは，320×2＋80＝720(m)とわかる。

2 平面図形—面積

(1)　①　右の図Iで，中央部分には1辺の長さが，6−2＝4(cm)の正方形ができるから，中央部分の面積は，4×4＝16(cm^2)とわかる。また，直角三角形1枚の面積は，2×6÷2＝6(cm^2)なので，正方形ABCDの面積は，16＋6×4＝40(cm^2)と求められる。　②　A，B，C，Dを通る円の半径を□cmとすると，□cmを1辺とする正方形の面積は，正方形ABCDの面積の半分になるから，□×□＝40÷2＝20とわかる。よって，この円の面積は，□×□×3.14＝20×3.14＝62.8(cm^2)と求められる。

図I

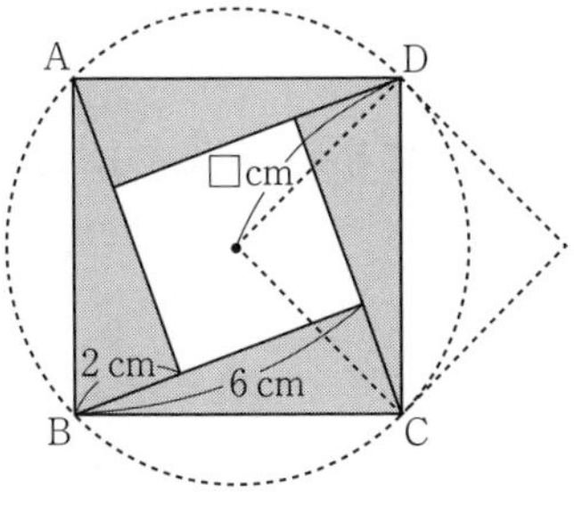

図II

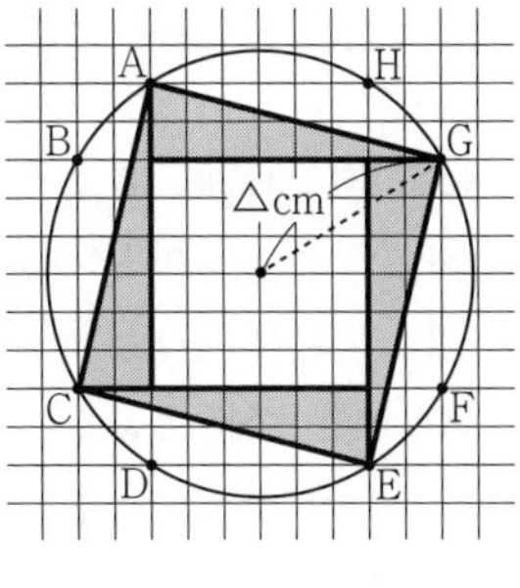

(2)　(1)と同様に考える。右上の図IIのように，底辺が2cmで高さが8cmの直角三角形を4枚並べると，正方形ACEGになる。中央部分は1辺の長さが6cmの正方形なので，その面積は，6×6＝36(cm^2)とわかる。また，直角三角形1枚の面積は，2×8÷2＝8(cm^2)だから，正方形ACEGの面積は，36＋8×4＝68(cm^2)と求められる。よって，円の半径を△cmとすると，△×△＝68÷2＝34となるので，円の面積は，△×△×3.14＝34×3.14＝106.76(cm^2)とわかる。

3 図形と規則

(1)　正方形1個の面積は，9×9＝81(cm^2)であり，重なる部分1カ所の面積は，3×3＝9(cm^2)である。5個の正方形を並べるとき，下の図Iのように，重なる部分は，5−1＝4(カ所)

図Ⅰ

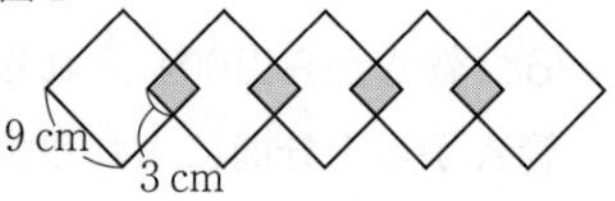

図Ⅱ

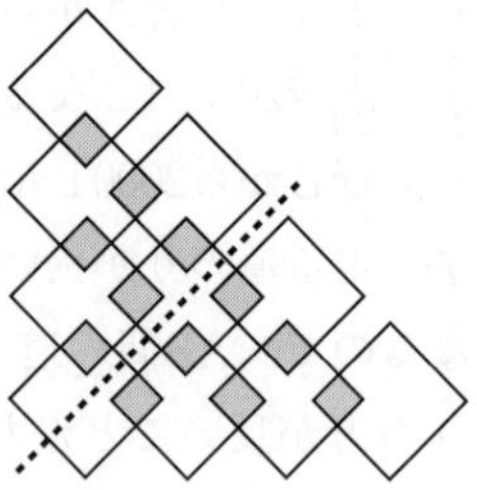

できる。よって，正方形５個分の面積から重なる部分の面積をひくと，図形の面積は，81×５－９×４＝369(cm²)と求められる。

⑵　４回目にできた図形は右下の図Ⅱのようになるから，正方形の数は，１＋２＋３＋４＝10(個)である。また，太点線で半分に分けると，片側の重なる部分の数は，１＋２＋３＝６(カ所)なので，重なる部分の数は全部で，６×２＝12(カ所)とわかる。よって，図形の面積は，81×10－９×12＝702(cm²)と求められる。

⑶　N回目にできた図形について，図Ⅱのように半分に分けて考えると，片側の重なる部分の数は，１＋２＋…＋(N－１)(カ所)と表すことができる。これが，42÷２＝21(カ所)だから，１＋２＋３＋４＋５＋６＝21より，N－１＝６，N＝６＋１＝７となる。つまり，重なる部分が42カ所になるのは７回目にできた図形である。また，N回目にできた図形の正方形の数は，１＋２＋…＋N(個)と表すことができるので，７回目にできた正方形の数は，１＋２＋…＋７＝(１＋７)×７÷２＝28(個)とわかる。よって，できた図形の面積は，81×28－９×42＝1890(cm²)と求められる。

４　整数の性質

⑴　$\frac{1}{A}+\frac{1}{B}=\frac{1}{C}$だから，$\frac{1}{C}$は$\frac{1}{A}$より必ず大きくなる。また，分子が等しいとき，分母が大きいほど分数は小さくなるので，CはAより小さくなる。よって，正しいのはウとわかる。

⑵　$A>C$だから，Aが３のとき，Cとして考えられるのは{１，２}である。C＝１とすると，$\frac{1}{3}+\frac{1}{B}=\frac{1}{1}$より，$\frac{1}{B}=\frac{1}{1}-\frac{1}{3}=\frac{2}{3}$となり，条件に合わない。また，$C$＝２とすると，$\frac{1}{3}+\frac{1}{B}=\frac{1}{2}$より，$\frac{1}{B}=\frac{1}{2}-\frac{1}{3}=\frac{1}{6}$となり，条件に合う。よって，$C$＝２，$B$＝６なので，$B$は$A$の，６÷３＝２(倍)である。

⑶　⑵と同様に考えると，Cとして考えられるのは{１，２，３}である。それぞれの場合について調べると下の図１のようになるから，条件に合うのは，C＝３，B＝12の場合であり，BはAの，12÷４＝３(倍)となる。

⑷　⑵と同様に考えると，Cとして考えられるのは{１，２，３，４，５}である。それぞれの場合について調べると下の図２のようになるので，条件に合うのは，C＝４，B＝12の場合と，C＝５，B＝30の場合とわかる。それぞれ，BはAの，12÷６＝２(倍)，30÷６＝５(倍)となる。

図１

C＝１の場合　$\frac{1}{4}+\frac{1}{B}=\frac{1}{1}$ ➡ $\frac{1}{B}=\frac{1}{1}-\frac{1}{4}=\frac{3}{4}$

C＝２の場合　$\frac{1}{4}+\frac{1}{B}=\frac{1}{2}$ ➡ $\frac{1}{B}=\frac{1}{2}-\frac{1}{4}=\frac{1}{4}$

C＝３の場合　$\frac{1}{4}+\frac{1}{B}=\frac{1}{3}$ ➡ $\frac{1}{B}=\frac{1}{3}-\frac{1}{4}=\frac{1}{12}$

図２

C＝１の場合　$\frac{1}{6}+\frac{1}{B}=\frac{1}{1}$ ➡ $\frac{1}{B}=\frac{1}{1}-\frac{1}{6}=\frac{5}{6}$

C＝２の場合　$\frac{1}{6}+\frac{1}{B}=\frac{1}{2}$ ➡ $\frac{1}{B}=\frac{1}{2}-\frac{1}{6}=\frac{1}{3}$

C＝３の場合　$\frac{1}{6}+\frac{1}{B}=\frac{1}{3}$ ➡ $\frac{1}{B}=\frac{1}{3}-\frac{1}{6}=\frac{1}{6}$

C＝４の場合　$\frac{1}{6}+\frac{1}{B}=\frac{1}{4}$ ➡ $\frac{1}{B}=\frac{1}{4}-\frac{1}{6}=\frac{1}{12}$

C＝５の場合　$\frac{1}{6}+\frac{1}{B}=\frac{1}{5}$ ➡ $\frac{1}{B}=\frac{1}{5}-\frac{1}{6}=\frac{1}{30}$

⑸　BはAの倍数だから，B＝12×□と表すことができる(BはAより大きいので，□は２以上の整数)。よって，$\frac{1}{A}+\frac{1}{B}=\frac{1}{12}+\frac{1}{12\times□}=\frac{□+1}{12\times□}$となる。□が２以上の整数のとき，(□＋１)は□の

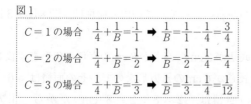

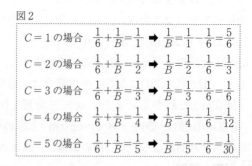

倍数にはならないので，(□＋１)が12の約数のとき，約分されて分子が１になる。つまり，□は12の約数である{1，2，3，4，6，12}から１ひいた数のうち，２以上の整数だから，□にあてはまる数は{2，3，5，11}の４個とわかる。よって，それぞれをあてはめると，BはAの，２倍，３倍，５倍，11倍のときとなる。

(6) (5)と同様に考えると，$\frac{1}{A}+\frac{1}{B}=\frac{1}{72}+\frac{1}{72\times\triangle}=\frac{\triangle+1}{72\times\triangle}$となるので，(△＋１)が72の約数のとき，約分されて分子が１になる。つまり，72の約数である{1，2，3，4，6，8，9，12，18，24，36，72}から１をひいた数が△になる。ただし，△は２以上の整数だから，条件に合う△の値は，{2，3，5，7，8，11，17，23，35，71}の10個あることがわかる。(△＋１)と△が約分されることはないので，B，Cの組は全部で10組ある。

5 立体図形―分割，相似

(1) 問題文中の図２で，AQとPGは平行だから，DQとPFの長さは等しくなる。また，DQ＝10－7＝3(cm)なので，PF＝3cmとわかる。

(2) ① 問題文中の図４で，BCの長さは，15－(2＋2)＝11(cm)になる。問題文中の図５でAQとPGは平行なので，三角形AQDと三角形GPFは相似になる。このとき，相似比は，AD：GF＝15：11だから，PGの長さはAQの長さの$\frac{11}{15}$倍とわかる。 ② QD：PF＝15：11である。また，QD＝10－5.5＝4.5(cm)なので，PF＝$4.5\times\frac{11}{15}$＝3.3(cm)と求められる。

(3) 問題文中の図８で，(2)と同様に三角形AQDと三角形GPFは相似になる。このとき，QD＝10－3.7＝6.3(cm)だから，相似比は，QD：PF＝6.3：2.7＝７：３となり，AD：GF＝AD：BC＝７：３とわかる。よって，問題文中の図７のADとBCの長さの差はこの比の，７－３＝４にあたり，この長さが，４＋４＝８(cm)なので，比の１にあたる長さは，８÷４＝２(cm)となる。したがって，アにあてはまる数(ADの長さ)は，２×７＝14(cm)と求められる。

(4) ① 右の図で，かげをつけた２つの台形は，高さが等しく，面積の差が16cm²だから，(上底)＋(下底)の差は，16×２÷５＝6.4(cm)となる。このうち，AEとQHの差が，10－6.4＝3.6(cm)なので，PFとRGの差は，6.4－3.6＝2.8(cm)である。 ② ①より，右の図のPIの長さは2.8cmとわかる。

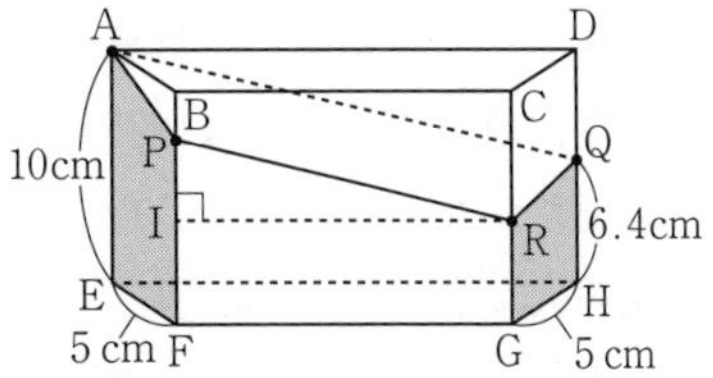

三角形AQDと三角形RPIは相似であり，相似比は，DQ：IP＝(10－6.4)：2.8＝９：７だから，AD：IR＝AD：BC＝９：７となる。よって，問題文中の図10のADとBCの長さの差はこの比の，９－７＝２にあたり，この長さが，３＋３＝６(cm)なので，比の１にあたる長さは，６÷２＝３(cm)となる。したがって，イにあてはまる数(ADの長さ)は，３×９＝27(cm)と求められる。

社 会 ＜第１回試験＞(35分)＜満点：70点＞

解 答

1 **問１** ウ **問２** カ **問３** イ **問４** 平将門 **問５** ア **問６** イ **問７** イ **問８** 老中 **問９** エ **問10** ウ **問11** ア **問12** (例) 土地の売買を公的に認め，地券を発行して土地の私有権を認める改革。 **問13** ウ **問14** エ **問15** 所得倍増(計画)　　2 問１　ア　問２　ウ　問３　白神山地　問４　エ　問５　イ　問６　エ　問７　トレーサビリティ　問８　ア　問９　ウ　問10　エ　問11　エ　問12　ア　問13　(1)　ウ　(2)　ウ　問14　液化天然ガス　問15　オ　　3 問１　エ　問２　イ　問３　イ　問４　ア　問５　エ　問６　政教分離　問７　奉仕者　問８　(例)　選挙で争点についての意思を表明できる点。　問９　ウ　問10　ア

解　説

1　各時代の歴史的なことがらについての問題

問１　ア　弥生時代になって稲作が広まるとともに，収穫物や水利などをめぐって集落どうしの争いが起きるようになった。首のない人骨や矢じりがささったままの人骨は，当時，戦いがあったことを示すものである。　イ「縄文時代」ではなく「古墳時代」が正しい。　ウ　弥生時代の埋葬《まいそう》について，正しく説明している。弥生時代に大陸から伝わった銅鏡などの青銅器は，おもに祭器として用いられ，これらとともに埋葬された人物は，まじないなどで人々を治めていた権力者と考えられている。　エ「弥生時代」ではなく「縄文時代」が正しい。

問２　Aは平安時代の1053年，Bは平安時代の901年，Cは奈良時代の753年のできごとなので，時期の古いものから順にC→B→Aとなる。

問３　山上憶良《やまのうえのおくら》は奈良時代の貴族で，現存最古の和歌集として知られる『万葉集』の代表歌人の一人である。「貧窮問答歌《ひんきゅうもんどうか》」は『万葉集』に収録された長歌で，当時の農民の苦しい暮らしぶりがつづられている。

問４　平将門《まさかど》は935年におじの国香《くにか》を殺害すると，939年には常陸《ひたち》国(茨城県)や下野《しもつけ》国(栃木県)などの国府を襲《おそ》って関東一帯を支配し，自ら「新皇」と名乗った。しかし，翌940年，国香の子の平貞《さだ》盛《もり》や藤原秀郷《ひでさと》らに討たれた。

問５　ア　源頼朝が鎌倉幕府の成立過程で行ったことを正しく説明している。　イ　鎌倉幕府の第３代執権《しっけん》北条泰時《やすとき》は1232年，最初の武家法として御成敗《ごせいばい》式目を定めたが，これは朝廷や貴族には適用されなかった。　ウ　足利尊氏は後醍醐《ごだいご》天皇が始めた建武の新政に反発し，1336年に京都に光明天皇を立てた(北朝)。これを受けて後醍醐天皇は大和《やまと》国(奈良県)の吉野に逃《のが》れ，皇位の正統性を主張した(南朝)。　エ　室町幕府の第３代将軍足利義満の時代には，国内で貨幣《かへい》が鋳造《ちゅうぞう》されなかったため，宋銭や明銭など，中国から輸入された貨幣が用いられた。

問６　鎌倉時代には，交通の要地や港で月３回の定期市(三斎市《さんさいいち》)が開かれるようになった。応仁の乱が起こった後には，定期市は月６回開かれるのが一般的となった(六斎市)。

問７　1575年，愛知県東部の長篠《ながしの》で，織田信長・徳川家康の連合軍と武田勝頼の軍が戦った。これが長篠の戦いで，織田・徳川の連合軍は当時の新兵器であった鉄砲を効果的に利用し，武田軍の騎《き》馬《ば》隊を破った。

問８　老中は江戸幕府の政務をまとめる最高職で，２万５千石以上の譜代《ふだい》大名から４・５名が選ばれ，その下に町奉行，勘定《かんじょう》奉行や大目付が置かれた。

問９　Aは1853年，Bは1792年，Cは1842年のできごとなので，古いものから順にB→C→Aとなる。

問10　ア　東京専門学校は現在の早稲田大学の前身で，大隈重信《おおくましげのぶ》が創立した。　イ　自由党は，

1881年に板垣退助が結成した政党である。　ウ　津田梅子について正しく説明している。　エ「北里柴三郎《しばさぶろう》」ではなく「野口英世」が正しい。

問11　「明治時代の憲法」とは，1889年に発布された大日本帝国憲法のことで，アはその内容を正しく説明している。イ～エは日本国憲法の内容で，イは第76条，ウは第21条，エは第42・43条に規定されている。

問12　江戸時代には田畑の売買が禁止されていたが，明治時代の1872年にはこれが解禁された。また，翌73年に実施された地租改正では，土地の価値を定めた地券が発行され，地券を持つ土地所有者が地価の３％を現金で税を納めることとされた。この一連の政策によって，土地が個人の私有する財産であることと，これを自由に売買することが公的に認められた。そのため，土地やお金がある農民は土地を買って広げることができた一方で，お金がないために土地を手放す農民も出て，その格差が広がった。

問13　大正時代の1914年，第一次世界大戦が発生し，輸出が増えて海運業や造船業が成長したほか，鉄鋼業や化学工業などの重化学工業が発展した。この結果，第一次世界大戦終戦の翌年にあたる1919年には，工業生産額が農業生産額を上回った。なお，アとイは明治時代のできごと。エについて，日本の紡績《ぼうせき》業は，綿花を輸入して綿糸を生産・輸出する加工貿易の形で発展した。

問14　歌人・詩人の与謝野晶子《よさのあきこ》は日露戦争(1904～05年)が始まると，戦地にいる弟の身を案じて雑誌「明星」に「君死にたまふことなかれ」を発表し，反戦の意思を示した。なお，満州事変は1931年に始まった。また，アは1938年，イは1933年，ウは1936年のできごと。

問15　1960年に成立した池田勇人《はやと》内閣は(国民)所得倍増計画を発表し，10年で国民の所得を倍にすることをめざしてさまざまな政策を打ち出した。これによって日本経済はめざましい成長をとげ，目標は７年あまりで達成された。

2　国立公園を題材にした地理の問題

問１　福島県は果物の栽培がさかんで，ももの生産量は山梨県についで全国第２位，りんごの生産量が全国第５位などとなっている。また，県の中央部には全国第４位の広さをほこる猪苗代《いなわしろ》湖がある。なお，イは群馬県，ウは栃木県，エは新潟県について述べた文。統計資料は『日本国勢図会』2021／22年版および『データでみる県勢』2022年版による(以下同じ)。

問２　東京都だけでなく，日本のすべての都道府県の産業別の有業者割合では，商業やサービス業などの第三次産業が最も多くの割合を占めている。

問３　青森県と秋田県にまたがる白神山地は，世界最大級のブナの原生林が残されていることや動植物の多様な生態系が育まれていることから，1993年にユネスコ(国連教育科学文化機関)の世界自然遺産に登録された。

問４　神奈川県箱根町は，伝統的工芸品の「寄木《よせぎ》細工」の産地として知られる。なお，有田焼は佐賀県，置賜紬《おいたまつむぎ》は山形県，(大館)曲げわっぱは秋田県の伝統的工芸品。

問５　甲府市(山梨県)は内陸に位置するため，昼と夜の気温の差が大きい。よって，日最高気温と日最低気温の差が最も大きいＡにあてはまる。ＢとＣのうち，冬の日最高気温が高いＣが銚子《ちょうし》市(千葉県)で，銚子市は沖合を流れる暖流の黒潮(日本海流)の影響で冬でも比較《ひかく》的温暖である。

問６　きゅうりの生産量は宮崎県が全国第１位で，以下，群馬・埼玉・福島・千葉の各県が続く。なお，アはスイートコーン，イはピーマン，ウは日本なし。

問７　食料品の品質管理のため，個々の食品がいつ，どこで生産され，どのような流通経路をたどって消費者のもとに届いたかを，その商品から追跡できるようにしたしくみをトレーサビリティという。各段階で正確な記録を残すことで，安全性に問題が生じた場合などに，原因究明や商品の回収が容易にできるようにしている。

問８　現在の日本の工業の中心は，自動車をはじめとする機械工業なので，Aが機械工業でBが金属工業だと判断できる。一方，かつて日本の工業の中心だった繊維工業は，第二次世界大戦後に発展した新興国におされておとろえ，安い外国製品が多く輸入されるようになっていった。よって，Dに繊維工業があてはまる。残ったCが食料品工業で，1990年代後半以降，製造品出荷額等がほぼ横ばいであることが特徴といえる。

問９　ア　「筑後《ちくご》川」ではなく「球磨《くま》川」が正しい。　イ　香川用水は，吉野川の水を讃岐《さぬき》平野に引きこんでいる。　ウ　天竜《てんりゅう》川について正しく説明している。　エ　北上川は，岩手県から宮城県へと南流し，追波《おっぱ》湾(太平洋)に注ぐ。庄内《しょうない》平野は山形県，男鹿《おが》半島は秋田県にある。

問10　ア　赤潮は，工業がさかんな地域や人口の多い都市部の沿岸など，工業廃水や生活排水が多く流される海で発生しやすい。また，大陸棚《だな》が広がる長崎県沖合の東シナ海は好漁場となっており，長崎県の漁業生産量は北海道，茨城県についで全国第３位となっている。　イ　遠洋漁業は1970年代後半に衰退《すいたい》し，かわって沖合漁業が日本の漁業の中心となったが，資源量の減少などにより，1980年代半ばをピークとして日本の漁獲《ぎょかく》量は減少傾向《けいこう》となった。　ウ　「愛媛県の宇和海」と「青森県の陸奥《むつ》湾」が逆である。　エ　森林と漁業の関係について正しく説明している。

問11　1960年代，三重県四日市市の石油化学コンビナートから，亜硫酸《ありゅうさん》ガス(二酸化硫黄《いおう》)をふくむ煙《けむり》が排出され，これを吸いこんだ人に激しいぜんそくの発作が起きるなどの被害が出た。これが四日市ぜんそくで，水俣《みなまた》病(熊本県)，新潟(第二)水俣病(新潟県)，イタイイタイ病(富山県)とともに四大公害病に数えられる。

問12　日本の国土は，およそ４分の３を山地・丘陵《きゅうりょう》地が，およそ３分の２を森林が占《し》めている。

問13　(1)，(2)　写真は，水屋とよばれる建物を写したものである。木曽川・長良《ながら》川・揖斐《いび》川という木曽三川が集中して流れる濃尾《のうび》平野南西部では，昔から洪水の被害に悩《なや》まされていたため，周りを堤防で囲んだ輪中という集落が発達した。輪中の中には，ふだんの住居である母屋《おもや》とは別に，洪水のさいの避難《ひなん》場所として水屋が設けられた。水屋は石垣の上など高い場所に建てられ，中には避難用の小舟や非常食などが備えられた。

問14　石油・石炭・天然ガスなどの化石燃料のうち，天然ガスは石油・石炭に比べて燃やす時に出る二酸化炭素の排出量が少ないとされている。現在，天然ガスの多くは火力発電の燃料として外国から輸入されるが，そのさいは液体にした液化天然ガス(LNG)として，専用のタンカーで運ばれる。

問15　生徒Aは，沖縄県にあるⅢのやんばる国立公園について説明している。「絶滅《ぜつめつ》が心配されている『飛ばない鳥』」とは，ヤンバルクイナのことである。また，マングローブは熱帯や亜《あ》熱帯地域の沿岸部に広がる植物群のことで，日本では沖縄県や鹿児島県などで見られる。生徒Bは北海道にあるⅠの阿寒摩周国立公園について説明しており，「湖岸に温泉が湧《わ》く湖」は屈斜路《くっしゃろ》湖，「透明度がとても高い湖」は摩周湖，「マリモが生息する湖」は阿寒湖を指している。生徒Cは熊本県と大分県にまたがるⅡの阿蘇くじゅう国立公園について説明しており，その中心となるのは世界最大級のカルデラが広がることで知られる阿蘇山である。

3 政治のしくみや憲法，現代の社会についての問題

問１　ア　衆議院の選挙における小選挙区制は，全国を289の小選挙区に分けて行われ，一つの選挙区から一人の当選者が出る。参議院の選挙区選挙は，徳島県・高知県と島根県・鳥取県が二県で一選挙区とされる合区になっている以外は，都道府県を単位とした選挙区で行われる。　イ　一票の格差についてはたびたび裁判が起こされ，最高裁判所が違憲判決を下したこともある。　ウ　現在の選挙では，誰《だれ》が誰に投票したかわからないという秘密選挙が原則となっている。　エ　衆議院の選挙について，正しく説明している。

問２　ア　大日本帝国憲法にも憲法改正の規定があり，憲法改正は天皇の命令にもとづいて改正案が帝国議会に発議されると定められていた。　イ　1946年に開かれた帝国議会で大日本帝国憲法の改正が審議《しんぎ》され，これによって成立した改正憲法が日本国憲法として1946年11月３日に公布された。よって，正しい。　ウ　日本国憲法の改正を発議するには，各議院の総議員の３分の２以上の賛成が必要となる。　エ　憲法改正の国民投票は，有効投票の過半数の賛成で承認される。

問３　ア「40日以内」ではなく「30日以内」が正しい。　イ　ある政党が国会で最も多くの議席を占めたとしても，議席が過半数に満たない場合，内閣総理大臣を自党の党員から選出できない可能性があるため，政権を担当しないこともありえる。よって，正しい。　ウ　法案(法律案)の議決において衆議院と参議院の議決が異なった場合，衆議院で出席議員の３分の２以上の賛成で再可決すると法律が成立する。このとき，両院協議会の開催は義務ではない。　エ　公聴会には，利害関係者も出席できる。

問４　2020年度の一般会計(当初予算)は約100兆8791億円で，歳出は社会保障関係費が約35.4％を占めて最も多く，２番目は約23.1％を占める国債費(国の借金にあたる国債の返済にあてる費用)だった。以下，地方交付税交付金，公共事業関係費，文教及《およ》び科学振興費，防衛費の順となっている。

問５　介護《かいご》サービスを受けた場合，所得に応じて，かかった費用の１～３割を本人が負担しなければならない。

問６　日本国憲法第20条３項は「国及びその機関は，宗教教育その他いかなる宗教的活動もしてはならない」と定めている。このように，政治と宗教を切り離すという原則を政教分離という。

問７　日本国憲法の第15条２項は公務員の地位を，「全体の奉仕者であって，一部の奉仕者ではない」と定めている。

問８　内閣と衆議院が対立し，内閣が衆議院の解散を選んだ場合，衆議院議員総選挙が行われる。ここで国民は，内閣を支持する場合にはその立場の政党に，内閣と対立する政党を支持する場合にはその政党に票を投じることで，政治についての意思を表明することができる。

問９　2001年９月11日，アメリカ合衆国でイスラム教過激派による同時多発テロ事件が起こった。アメリカ合衆国は，アフガニスタンがテロ事件の首謀者《しゅぼうしゃ》をかくまったとしてこれを攻撃《こうげき》し，当時の政権を崩壊《ほうかい》に追いこんだ。

問10　時代や社会の変化にともない，日本国憲法には直接規定がないものの，新しく主張されるようになった人権を「新しい人権」といい，プライバシーの権利や，環境権，知る権利，自己決定権などがこれにあたる。

理　科　＜第１回試験＞（35分）＜満点：70点＞

解　答

1　(1)　春分　(2)　54.3度　(3)　**6月**…イ　**12月**…ア　(4)　**Y**　エ　**Z**　カ　(5)　ウ　(6)　カ　2　(1)　イ　(2)　3.9ｇ　(3)　ウ　(4)　エ　(5)　ク　(6)　エ　(7)　ウ　(8)　**V**　ア　**W**　イ　**X**　カ　**Y**　キ　**Z**　ケ　3　(1)　イ，ウ　(2)　ウ　(3)　ア　(4)　ア，エ　(5)　83　(6)　オ　(7)　イ，ウ　4　(1)　9.8cm　(2)　2.4ｇ　(3)　18ｇ　(4)　11.6cm　(5)　1200kg　(6)　1150kg　(7)　5cm　(8)　①　イ　②　ウ　③　ア

解　説

1　太陽の動きについての問題

(1)　３月下旬《げじゅん》の春分と９月下旬の秋分には，図１のように，太陽が真東から出て真西に沈《しず》む。実験を行った日は３月下旬なので，春分である。

(2)　春分の南中高度は，90度からその土地の緯度《いど》を引いて求めることができる。したがって，この日の地点Ｘにおける太陽の南中高度は，90－35.7＝54.3(度)になる。

(3)　６月下旬は夏至《げし》のころなので，太陽が真東よりも北寄りから出て，真西よりも北寄りに沈む。一方，12月下旬は冬至のころにあたり，太陽が真東よりも南寄りから出て，真西よりも南寄りに沈んでいく。

(4)　地点Ｘの北に位置する地点Ｙでは，地点Ｘよりも緯度が大きくなるため，南中高度は低くなるが，経度が同じなので，日の出や日の入りの時刻は同じになる。また，地点Ｘの西に位置する地点Ｚでは，地点Ｘと比べて日の出や日の入りの時刻は遅《おそ》くなるが，緯度が同じなので南中高度は等しい。なお，この日は，どの地点でも昼と夜の長さがほぼ同じになるため，透明《とうめい》半球上に引いた曲線の長さは変わらない。

(5)　北半球の地点Ｘでも南半球の地点Ｗでも，春分には，太陽が真東から出て，真西に沈む。ただし，北半球の地点Ｘでは太陽が南の空を通るが，南半球の地点Ｗでは太陽が北の空を通る。

(6)　地点Ｗにおいて，12月下旬は夏であり，太陽は真東よりも南寄りから出て，北の空高くを通り，真西よりも南寄りに沈む。

2　みりんと混合物の蒸留についての問題

(1)　コメやムギのような穀類やイモとよばれるものなどはデンプンを多く含《ふく》んでいる。パンはコムギを加工した食品である。なお，なっとうはタンパク質を多く含んでいる。みそは製造過程でデンプンの多くがブドウ糖に分解されており，ヨーグルトに含まれる糖質のほとんどはデンプンではなく乳糖である。

(2)　みりんのアルコール分が13度ということは，みりんに含まれるアルコールの重さの割合が13％ということを意味している。よって，このみりん30ｇに含まれるアルコールは，30×0.13＝3.9(ｇ)になる。

(3)　混合物はいくつかの物質が混ざったもので，蒸留などの方法で分けることができる。塩酸は，水と塩化水素の混合物である。

⑷ エの風呂に入ったときにメガネのレンズがくもる現象は，空気中の水蒸気がレンズの表面で冷やされて液体の水のつぶに変化することで起こるため，下線部ｂと同じく気体が液体に変化することで起きる現象である。なお，アは液体が気体に変わること，イは水に溶《と》けていた二酸化炭素が溶けきれなくなること，ウは固体が気体に変わることで起こる。

⑸ 図３において，加熱している間，枝付きフラスコ内の気体の体積は大きくなっている。その後，ガスバーナーの火を止めると，枝付きフラスコ内の気体の温度が下がり，枝付きフラスコ内にある気体の体積が小さくなる。ガラス管の先が試験管内の液体に入ったままだと，試験管内の冷えた液体が高温の枝付きフラスコ内に流れこみ，枝付きフラスコが割れるおそれがある。

⑹ 加熱し始めてから20分以降は，温度が100℃になっているため，水が沸《ふっ》とうしている。このときに出てくる泡《あわ》は，液体の水が気体に変化した水蒸気である。

⑺ 水の量を半分にすると，100℃になるまでの時間も半分になる。水の量を変えても，水が沸とうする温度は100℃で変わらないので，20℃の水を加熱していくと温度は100℃まで上がっていき，100℃になると一定になる。

⑻ **Ｖ** 塩化コバルト紙は水分があると，青色から赤色に変化する。表２で，試験管Ａ～Ｃに集まった液体はいずれも塩化コバルト紙を赤色に変化させていることから，水を含んでいる。 **Ｗ** 表１と表２より，試験管Ａと試験管Ｂに集まった液体は，においがあり，火を近づけたときに火がついたことから，アルコールが含まれていることがわかる。一方，試験管Ｃに集まった液体は，においがほとんどなく，火を近づけても火がつかなかったため，アルコールがほとんど含まれていない。 **Ｘ，Ｙ** 試験管Ａに集まった液体は火を近づけるとしばらく燃えたことから，73～85℃では多くのアルコールと少しの水が気体となって出てくるが，試験管Ｂに集まった液体は火がついてもすぐ消えたことから，85～92℃では少しのアルコールと多くの水を含む気体が出てくると考えられる。 **Ｚ** アルコールの方が水よりも低い温度で気体になっていることから，アルコールの方が水よりも沸とうする温度が低い。

３ 植物の移り変わりについての問題

⑴ 溶岩《ようがん》が冷え固まってできた土地は，養分や水分を保つ力がないので，岩にはりついてからだ全体で水を吸収するような植物や，乾燥《かんそう》に強く栄養の少ない場所でも育つことができる植物が最初に生育する。

⑵ ① 溶岩が冷え固まってできた土地にはじめに生育するのは，養分が少なくても育つコケ類や地衣類で，その後，一年草などが生えるようになる。時間がたって土の層が厚くなると，ススキのように土の中に根やくきを残して冬をこす多年草が生えてくる。 ② 明るいところを好む陽樹には，アカマツやコナラ，シラカバなどがある。 ③ カシやシイ，ブナなどの陰《いん》樹は，比かく的弱い光でも生育できる。

⑶ 原生林は人の手が加えられていない森林で，構成される樹木の種類は平均気温と年間降水量などによって決まる。

⑷ 照葉樹は，新しい葉が枝についた後に古い葉が落ちるため，一年中緑の葉をつけている。また，夏緑樹に比べ，夏の間の葉は緑色が濃《こ》く，厚くて表面に照りがあるものが多い。

⑸ 表２より，1920年の地点Ａで月平均気温が５℃を超《こ》えているのは，４月から11月までである。よって，1920年の地点Ａの暖かさの指数は，（８－５）＋（12－５）＋（17－５）＋（23－５）＋（24－５）

＋(18－５)＋(13－５)＋(８－５)＝83と求められる。

⑹　表３から地点Ａで生育可能な森林を考えると，1920年は暖かさの指数が83なので夏緑樹林，2020年は暖かさの指数が90なので照葉樹林となる。

⑺　地球温暖化が進むと月平均気温が高くなり，暖かさの指数も大きくなる。また，夏緑樹のケヤキは，標高が高くなると気温が低くなり生育できないが，地球温暖化が進むと標高の高い地点の平均気温が高くなり，分布可能な標高の上限は高くなる。また，ソメイヨシノは，２月１日からの最高気温を足して600℃になると開花する法則などがあるように，気温が高くなると開花するため，地球温暖化が進めば開花日が早まると考えられる。なお，照葉樹のミカンは，地球温暖化が進むと栽培《さいばい》できる地域の北の限界が北上することになる。イチョウは気温が低下すると色づくため，温暖化が進むと気温の低下が遅くなり，イチョウの色づく日も遅くなる。

４　浮力《ふりょく》と熱気球についての問題

⑴　水100cm^3をおしのけた発泡《はっぽう》スチロールにはたらく浮力は，１×100＝100(ｇ)，発泡スチロールの重さは２ｇなので，ばねＡは上向きに，100－２＝98(ｇ)の力で引かれる。ばねＡは10ｇの力で引くと１cm伸《の》びることから，ばねＡの伸びは，$1\times\frac{98}{10}=9.8$(cm)である。

⑵　20℃のヘリウムガス１m^3あたりの重さは160ｇなので，0.015m^3のヘリウムガスの重さは，160×0.015＝2.4(ｇ)と求められる。

⑶　20℃の空気１m^3あたりの重さは1200ｇなので，0.015m^3の空気の重さは，1200×0.015＝18(ｇ)である。

⑷　図２で，風船には，18ｇの空気をおしのけたことによる上向きの浮力がはたらき，ヘリウムガスの重さ2.4ｇと風船の重さ４ｇが下向きにはたらいている。したがって，ばねＢは上向きに，18－2.4－４＝11.6(ｇ)の力で引かれている。ばねＢは10ｇの力で引くと10cm伸びることから，伸びが，$10\times\frac{11.6}{10}=11.6$(cm)になっている。

⑸　20℃の空気１m^3あたりの重さは1.2kgだから，20℃の空気1000m^3の重さは，1.2×1000＝1200(kg)である。

⑹　80℃の空気１m^3あたりの重さは1.0kgなので，80℃の空気1000m^3の重さを含めた熱気球の重さは，1.0×1000＋150＝1150(kg)になる。

⑺　熱気球は1200kgの空気をおしのけて上向きの浮力を受けていて，80℃の空気1000m^3の重さを含めた熱気球の重さが1150kgであることから，ゴムＣは上向きに，1200－1150＝50(kg)の力で引かれる。ゴムＣは10kgの力で引くと１cm伸びるため，伸びは，$1\times\frac{50}{10}=5$(cm)である。

⑻　①　図４からもわかるように，空気は温度が高くなるとぼう張して，空気１m^3あたりの重さが軽くなる。　②　熱気球の周りの空気の温度が一定であるとき，熱気球がおしのけた空気の重さは一定であるので，熱気球の風船部分の中の空気の温度が変化しても浮力は一定である。　③　熱気球の風船部分の中の空気の温度が高くなると，風船部分の中の空気の重さが軽くなり，風船部分の中の空気の重さを含めた熱気球の重さがしだいに小さくなって，浮力の方が大きくなるため，熱気球は浮《う》く。

国語　＜第１回試験＞（50分）＜満点：100点＞

解答

一　**問１**　㋐　2　㋑　4　**問２**　空想の中　**問３**　3　**問４**　きれいにむ　**問５**　（例）　美しい文字が立体的に浮かび上がってスペースも分けられている上，かわいいイラストがあって読みやすい点。　**問６**　3　**問７**　⑴　さっちゃん／ゆっこ　⑵　2　**問８**　1　**問９**　⑴　2　⑵　（例）　美知代が学級委員やしおり作成などクラスのことを思い通りにしていて，周りから認められていたということ。　**問10**　4　**問11**　3　**問12**　1

二　**問１**　1　**問２**　4　**問３**　Ⅰ　（例）　好き嫌いや不平不満を表現するための「批判する言葉」　Ⅱ　（例）　言葉が成熟するにつれて，好き嫌いに理由をつけて述べられる「批評する言葉」　**問４**　しかし，わ　**問５**　2　**問６**　1　**問７**　3　**問８**　かけがえ　**問９**　4　**問10**　（例）　合唱コンクールで私のクラスが入賞できなかったので，くやしくて指揮者の友人を責めてしまった。しかし友人は，はじめはばらばらだったクラスが団結できたからよかったと私に言った。勝ち負けの結果だけで物事を判断していた自分に気づくことができた。

三　**１～５**　下記を参照のこと。　**６**　もんよう

●漢字の書き取り

三　**1**　移植　**2**　節穴　**3**　骨格　**4**　劇薬　**5**　故障

解説

一　**出典は朝井《あさい》リョウの『スペードの３』による。**学級委員としてクラスの大事な役目は自分が仕切り，ずっとうまくやってきたと思っている美知代だが，その自負心がぐらつく場面である。

問１　㋐　似た意味の言葉に，「おもに」「ただただ」などがある。　㋑　似た意味の言葉に，「口実」「建前」などがある。

問２　続く部分から，愛季《あき》がほめたイラストを，美知代は批判《ひはん》的に見ていることが読み取れる。描《か》くのが難しいところは省き，「空想の中のさらに楽しいところだけを抽出《ちゅうしゅつ》したようなイラスト」だと見下している。

問３　あとの部分で，表紙はむっちゃんが，ピアノの伴奏《ばんそう》は自分が手伝うと愛季から提案されたが，美知代は話をそらしている。そのようすから，「クラスのみんなどころか，その親や，先生の目にも必ず触《ふ》れる」表紙をつくること，「ピアノの伴奏」で人前に立つことに，意欲と自負を持っていることがわかる。愛季が手伝いの提案をするまでは，美知代の自負を満たすような役割分担ができていたのだから，「美知代に好都合なように」とある３が合う。

問４　むっちゃんに表紙を手伝ってもらえばいいと愛季が提案する場面に，「きれいにむけた果物の皮をひろげるように，愛季は誇《ほこ》らしげな顔でその紙をピンと伸《の》ばした」とある。字や絵が「上手な」むっちゃんのセンスを自分のことのように「誇らし」く思っているのである。「たとえ」の表現をぬき出す指示があるので，丁寧《ていねい》にあつかうようすをたとえたこの部分がぬき出せる。

問５　文字，バランス，イラストの三点について，技術の高さを取り上げている。文字が立体的に見える工夫《くふう》，スペースを分けた配分，かわいいイラストで，読みやすく人目を引いているという趣旨《しゅし》でまとめる。

問６　「心臓の毛が逆立つ」ほどの激《はげ》しい感情の原因を読み取る。「毛が逆立つ」は，恐怖《きょうふ》や怒《いか》り，嫌悪《けんお》などの感情を表す。まず，「むつ美の作ったページは，その場の誰《だれ》が見ても，美知代のそれよりも美しく，読みやすかった」とあり，自分が担当するつもりだった美知代にはショックだったことがわかる。次に，むつ美の「恥《は》ずかしそうに」うつむく「謙虚《けんきょ》」な振《ふ》る舞《ま》いを不快に感じている。よって，むつ美のすぐれた才能と謙虚さ，不快に思った点を両方ともおさえた，３がよい。

問７　⑴　あとのほうで，修学旅行の「班のメンバー」を壮太《そうた》から聞かれた美知代が，「いつも一《いっ》緒《しょ》にいるさっちゃんとゆっこ，……あと，むっちゃんと」と答えている。「いつも一緒」の「さっちゃんとゆっこ」が，「取り巻き」にあたる。　⑵　「取り巻き」は，権力者に気に入られようとしてつきまとい，きげんを取る人。しおり作成でも，美知代が命じたわけでもないのに，「自然」と「下書きは取り巻きのふたり～清書するのは美知代」となっている。つまり，いつもふたりは，学級委員の美知代の意図を「自然」にくみとり，協力しているのだから，２が適する。なお，１のように「あわてて」行動したり，３のように美知代を「恐れ」たりするようすはない。また，取り巻きふたりと美知代の間に，４のような「信頼《しんらい》」し合うようすは描《えが》かれていない。

問８　前後の，美知代の心情をおさえる。愛季から表紙をむつ美に手伝ってもらえばいいと言われたときの怒りは，「心臓の毛が逆立つ」ほどである。その提案を無視して図書室に向かいながら，「学級委員」「伴奏」「しおりの表紙」など，自分が仕切っていたことを数え上げて「うまくいっていたのに。ずっと」とうらめしく思っている。つまり，怒りをかくすために席を外したのだから，１が合う。

問９　⑴　語順を入れかえることで，意味を強めたり語調を整えたりする倒置《とうち》法が用いられている。ふつうの語順は，「あの教室の中で」，「ずっと」「うまくいっていたのに」である。同じように，「大した品物ではないから」，「お礼はいりません」がふつうの語順となる２が倒置法である。１　「春の足音」が擬人《ぎじん》法にあたる。　３　「大根のうす切りのような月」は直ゆ。　４　名詞の「冬」で終わっているので，体言止めである。　⑵　「学級委員」，「伴奏」，「しおりの表紙」など，自分が仕切っていたことを数え上げている。表紙の作成をむつ美が，ピアノの伴奏は自分が手伝うと愛季に言われ，今まで「うまく」仕切ってきた自分の立場に，影《かげ》が差したのである。これをふまえ，「学級委員，しおり作り，ピアノの伴奏など大事なことは自分の役目で，うまく仕切って認められていたこと」のようにまとめる。

問10　壮太は，「みんなが怖《こわ》がっている」乱暴な男子である。いまむつ美の名前を聞いて，「うげえ」と「何かを吐《は》くような動作」をしたことが，美知代には「かわいらしいもの」に見えたのだから，４の「意外な幼さ」を感じたというのが合う。

問11　愛季の声を聞いた壮太のようすである。このあと美知代は，同じように「少しだけ首を伸ばして」壮太が「ピアノを弾《ひ》いている愛季のことを見ていた」のを思い出しているので，３である。

問12　壮太は，むつ美が一緒の班行動は「ありえねえ」と断ったのに，愛季がいるとわかると手の平を返すように「いいよ」と言っている。壮太の班のページを手に，走って美知代を追いかけて来た愛季は，「小さなてのひら」「小さな膝小僧《ひざこぞう》」などかわいらしく描かれている。学級委員として「うまく」やってきたはずの美知代だが，愛季の魅力《みりょく》を前にして，小さな「マシュマロ」ほどの自負心が火で炙《あぶ》られたように「一瞬《いっしゅん》で溶《と》け」てしまったのである。１が，この状況《じょうきょう》に合う。

二　出典は竹田青嗣《たけだせいじ》の『中学生からの哲学《てつがく》「超《ちょう》」入門―自分の意志を持つということ』による。自分の中に「自己ルール」を打ち立てるとき，独善的にならないためには他者と批評し合う必要があることについて説明されている。

問１　「独善的」は，他人のことを構わず，自分だけが正しいと考えるようす。

問２　近代以降の哲学の課題として，筆者は「人間関係や社会をうまく調整するために必要な智恵《ちえ》を蓄《たくわ》えること」と「個々人がよく生きるための考えを成熟させること」をあげており，空らんには前者と後者の関係が入る。すぐあとに，「基本は『自己了解《りょうかい》』の智恵」とあることに注目する。つまり，後者のように，個々人が自己の考えを成熟させ，それが，前者で述べている「人間関係」を「調整する」智恵につながるのである。4が，これに合う。

問３　次の段落で「『批評する言葉』としてたまってくる」と述べられていることに注目し，「批評する言葉」としてたまるまでの変化を確認《かくにん》する。　Ⅰ　中学から高校くらいまでの批評は，親や周りが「気に食わない」という「単なる不平不満」や，友だちどうしで「好き嫌《きら》い」を言う「趣味《しゅみ》的」な「批判」ごっこに過ぎないと述べられている。よって，「不平不満や好き嫌いを言うだけの『批判』ごっこの言葉」などのようにまとめればよい。　Ⅱ　大学生くらいになると，「好ききらい」に「理由」が加わって，「批判」から「批評」に近づくのである。この変化が，問2でみた「考えを成熟させること」，批評の言葉がたまってくることにあたる。よって，「成熟」し始めた言葉を，「考えが成熟していき，好き嫌いだけでなく理由を加えて言うことのできる『批評』の言葉」などのようにまとめる。

問４　「他人こそは自分をうつす鏡《かがみ》だ」とは「人間は他人を通してしか自分を理解することはできない」ということを表すが，それについては続く三つの段落で説明されている。誰《だれ》でも「自己ルール」という「自分のメガネ」をかけているが，メガネの歪《ゆが》みや色は自分では分からない。偏《かたよ》りが分かるのは「他人と違《ちが》うこと」に気づくときである。これをまとめているのが，★の部分の二段落目にある「しかし，われわれは相互《そうご》の批評を通して〜自分の『自己ルール』の大きな傾向《けいこう》性や問題性を了解することができる」という部分である。

問５　筆者は，自分のメガネの歪みや色は，自分では分からないと述べているので，2がよい。

問６　自分のメガネの歪みや色は，自分では分からないのだから，自分ではそれを「正常」としかとらえられないのである。1が，この内容に合う。

問７　続く部分で，他者による承認は「評価，賞賛，尊敬，配慮《はいりょ》，そして愛情などの形をとる」と述べられている。3は確認のための質問と返事なので，このどれにもあてはまらない。

問８　直前の「どうしてもほかの人と取り替《か》えられない」と同じ意味になるように言葉をあてはめる。「かけがえのない」は，替えがきかない大切なようすを表す。似た意味を持つ言葉に「無二の」などがある。

問９　「そもそも」から始まる段落よりあとで，「欲望」は「生きてゆく」ために不可欠のもので，自身ではコントロールできず必ず「向こうからやってくる」と説明されている。また，★の部分に，自己の価値を「他者」に「承認」されることは人間の精神，人間の生に必須《ひっす》だとある。つまり，「欲望」と「他者」は，人が生きるうえで欠かせない点で似ている。

問10　「自己ルール」の歪みや色，つまり無意識の思いこみはたくさんある。たとえば，性別や学歴や職業などで型にはめた決めつけをすることや，このままではいけない状況《じょうきょう》が明らかなのに，“まだ大丈夫《だいじょうぶ》だ”と思いこんでしまうこと，自分の考え方を肯定《こうてい》する情報ばかり集め，否定的な情報を無視して自分が正しいと思いこもうとすること，自分の判断より集団内の言動に合わせてしまうことなどがある。人と批評し合うことで，これらのような固定観念に気づいた体験を書く。

三 漢字の書き取りと読み

1　あるものを別の所に移し植えること。　**2**　見えるはずのものを見落としたり，洞察《どうさつ》力がなかったりする視野のせまさを見下した言い方。　**3**　骨が組み合わさって体を支える構造。　**4**　作用がはげしく，使い方を誤ると命にかかわる非常に危険な薬品。　**5**　機械や体などの機能が正常に働かなくなること。　**6**　ものの表面に装飾《そうしょく》された図形。

2022年度　吉祥女子中学校

〔電　話〕 (0422) 22―８１１７
〔所在地〕 〒180-0002　東京都武蔵野市吉祥寺東町４―12―20
〔交　通〕 JR中央線―「西荻窪駅」より徒歩８分
「上石神井駅」よりバス―「地蔵坂上」下車８分

【算　数】〈第２回試験〉 (50分) 〈満点：100点〉

1　次の問いに答えなさい。

(1)　次の空らん$\boxed{}$にあてはまる数を答えなさい。

$$5\frac{3}{4}-\left(\boxed{}\div1\frac{1}{5}-2\right)\times3.5=4$$

(2)　次の空らん$\boxed{}$にあてはまる数を答えなさい。

$$\left(2\frac{5}{8}-0.75\right)\div\left\{\frac{2}{7}+\left(1\frac{1}{6}-\boxed{}\right)\div\left(3-\frac{2}{3}\right)\right\}=2\frac{11}{12}$$

(3)　Ａさんの国語と算数のテストの平均点は72点でした。理科と社会のテストの点数は，社会の方が理科より８点高く，４つの教科の平均点は75点でした。社会の点数は何点ですか。

(4)　$\frac{3}{7}$のように，これ以上約分できない分数を既約《きやく》分数といいます。$\frac{1}{3}$と$\frac{1}{2}$の間にあって，分子が９である既約分数は何個ありますか。

(5)　縦の長さと横の長さの比が２：３の長方形があります。この長方形の縦をその長さの$\frac{1}{6}$だけのばし，横をその長さの$\frac{2}{5}$だけのばして新しい長方形を作ると，まわりの長さが46cm長くなりました。もとの長方形の横の長さは何cmですか。

(6)　Ａさんは１個30円のガムと１個100円のチョコレートを合わせて30個買いました。Ｂさん，Ｃさん，Ｄさん，Ｅさんもそれぞれ Ａさんと同じ個数のガムとチョコレートを買う予定でしたが，ＤさんとＥさんはガムの個数とチョコレートの個数をまちがえて逆にして買ってしまいました。その結果，５人が支《し》払《はら》ったお金の合計は9540円でした。Ａさんが買ったガムの個数は何個ですか。

(7)　流れの速さが時速２kmの川を，上流のＡ地点から下流のＢ地点までボートで移動します。Ａ地点から全体の$\frac{1}{3}$のＣ地点までは30分かかりました。そのあと静水時のボートの速さを1.25倍にしたところ，Ｃ地点からさらに50分でＢ地点に着きました。Ａ地点からＢ地点までの距離《きょり》は何kmですか。

2　図のような三角形ABCの辺AB，AC上に点Ｐ，Ｑをそれぞれ，

AP：PB＝２：３，AQ：QC＝２：１

となるようにとります。次の問いに答えなさい。

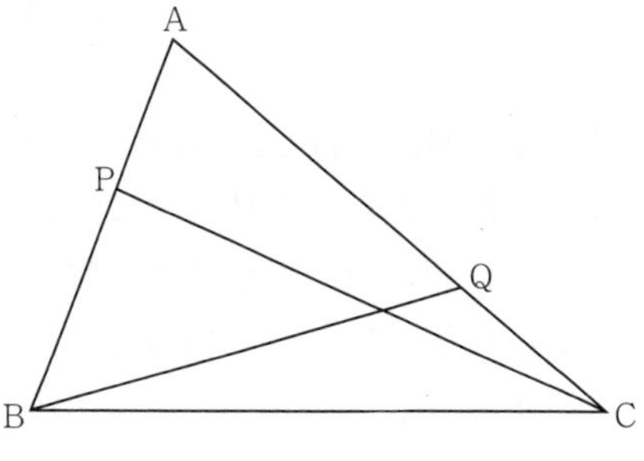

(1)　辺BCを底辺としたときの三角形PBCの高さと三角形QBCの高さの比をもっとも簡単な整数の比で答

えなさい。

(2)　次の図のように，PQ上に点RをPR：RQ＝1：3となるようにとります。辺BCを底辺としたときの三角形RBCの高さと三角形QBCの高さの比をもっとも簡単な整数の比で答えなさい。

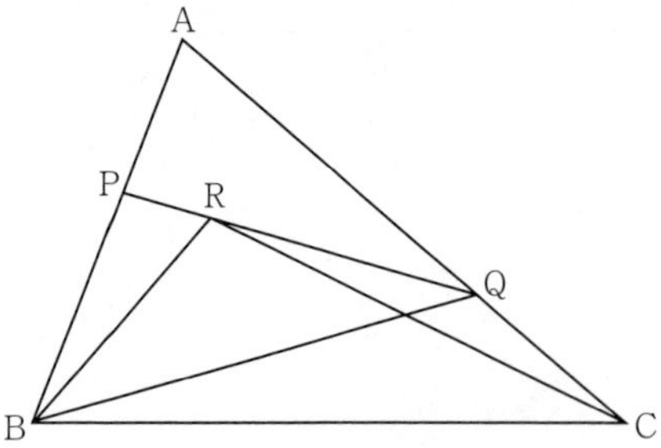

(3)　右の図のように，PQ上に点Sを，三角形SBCの面積と三角形ABCの面積の比が1：2となるようにとるとき，PS：SQをもっとも簡単な整数の比で答えなさい。途中《とちゅう》の式や考え方も書きなさい。

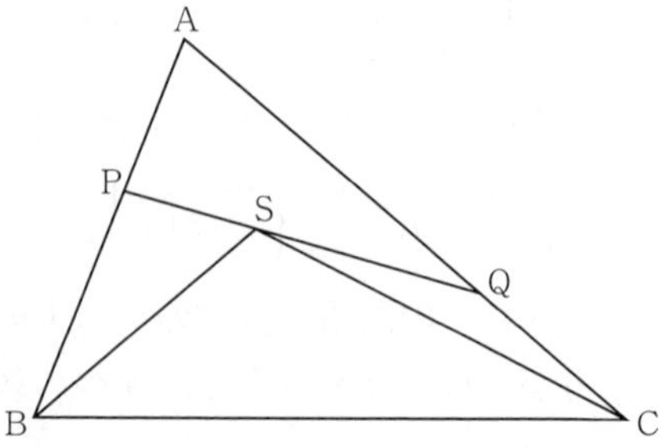

3　2つの容器A，Bがあり，容器Aには2％の食塩水が300g，容器Bには10.1％の食塩水が300g入っています。A，Bについて次の操作を4回行います。

【操作】
容器Aから食塩水100g，容器Bから食塩水100gを同時に取り出した後，Aから取り出した食塩水をBに，Bから取り出した食塩水をAに移し，それぞれの食塩水をよく混ぜる。

次の問いに答えなさい。

(1)　この操作を1回行った後の容器Aの食塩水の濃《こ》さは何％ですか。

(2)　この操作を2回行った後の容器Aの食塩水の濃さは何％ですか。

(3)　この操作を4回行った後の容器Bの食塩水の濃さは何％ですか。

4　整数を1から順に，次のように10個ずつ並べていきます。後の問いに答えなさい。

1段目	1	2	3	4	5	6	7	8	9	10
2段目	11	12	13	14	15	16	17	18	19	20
3段目	21	22	23	24	25	26	27	28	29	30
4段目	31	32	33	34	35	36	37	38	39	40
⋮	⋮	⋮	⋮	⋮	⋮	⋮	⋮	⋮	⋮	⋮

(1)　1段目，2段目，3段目の10個の数の和をそれぞれ答えなさい。

(2)　1段目から50段目までについて考えます。

①　10個の数の和が3の倍数となる段は全部で何段ありますか。

②　10個の数の和が45の倍数となる段は全部で何段ありますか。

(3)　1段目から150段目までについて考えます。

① 10個の数の和が11の倍数となる段は全部で何段ありますか。

② 10個の数の和が165の倍数となる段は全部で何段ありますか。

5 図１のような三角形 ABC と，図２のような点Ｏを中心とする半径 15cm の円があります。

三角形 ABC を，半径 OP と辺 AC が重なるように置いた様子が図３です。三角形 ABC は図３の位置から出発して，図４のように円の内側を，すべらないように回転しながら時計回りに移動します。図５は三角形 ABC が移動し，頂点Ａが円周に１回触《ふ》れたときの様子です。さらに三角形 ABC を，円の内側をすべらないように回転しながら時計回りに移動させていき，頂点Ａ，Ｂ，Ｃのどれかが円周に触れる回数と頂点Ａが動いてできる線の長さを考えます。後の問いに答えなさい。ただし，円周率は3.14とします。

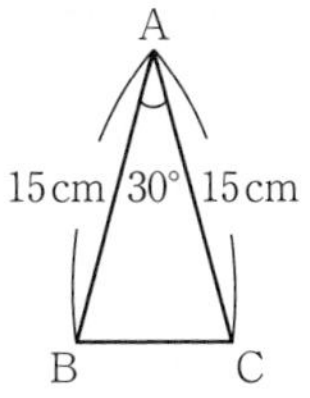

図１

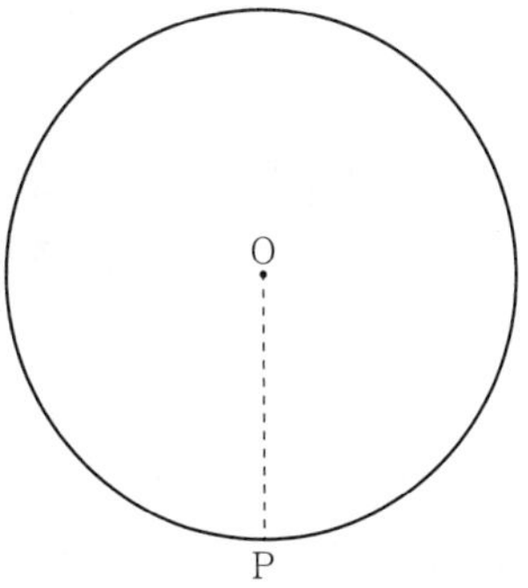

図２

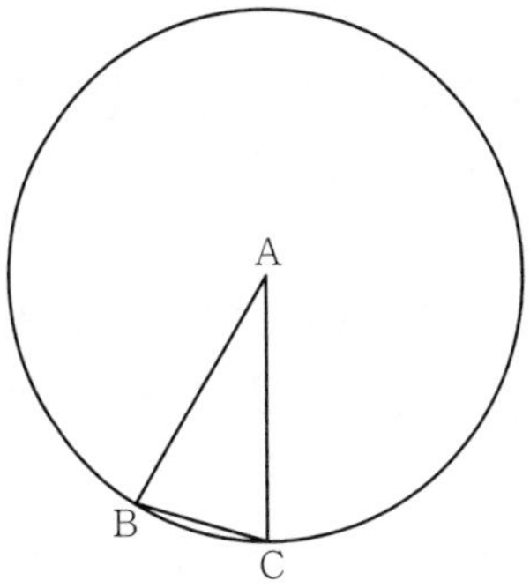

図３

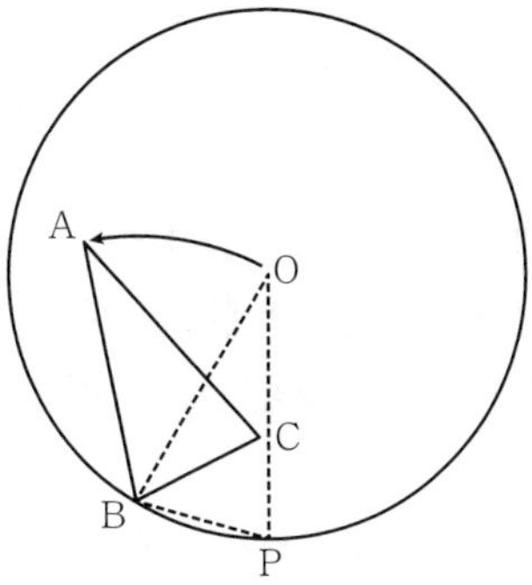

図４

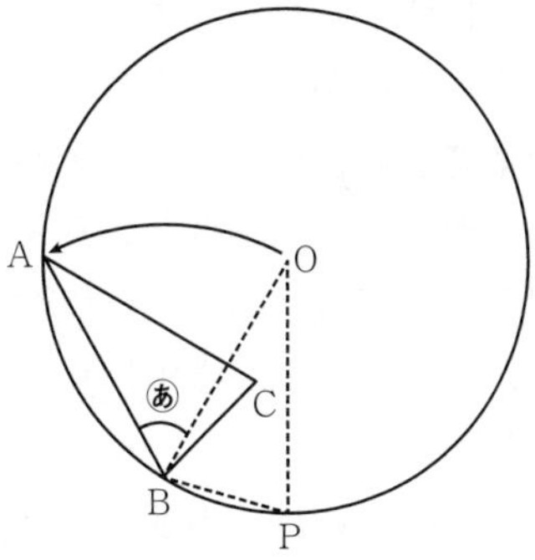

図５

(1) 図５において，あの大きさは何度ですか。

(2) 三角形 ABC を図３の状態から頂点が３回触れるまで移動させたとき，頂点Ａが動いてできる線の長さは何 cm ですか。

(3) 三角形 ABC を図３の状態から何回か移動させて，初めて図６のようになりました。

① 三角形 ABC の頂点は円周に何回触れましたか。

② 頂点Ａが動いてできる線の長さは何 cm ですか。

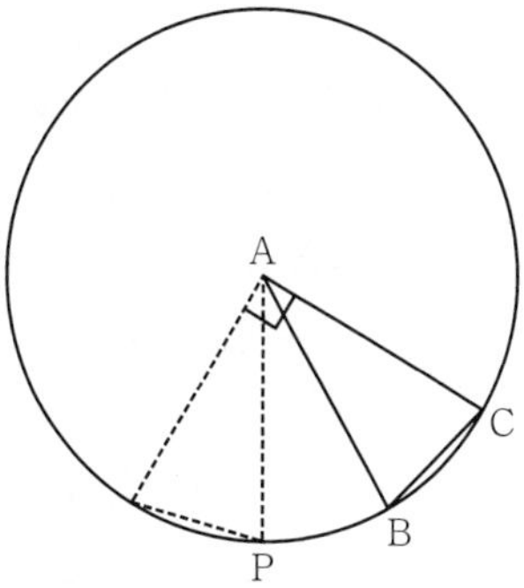

図６

(4) 三角形 ABC を図３の状態から何回か移動させ，初めて図３の状態に戻《もど》りました。

① 三角形 ABC の頂点は円周に何回触れましたか。

② 頂点Ａが動いてできる線の長さは何 cm ですか。途中《とちゅう》の式や考え方も書きなさい。

【社　会】〈第２回試験〉(35分)〈満点：70点〉

1 次の文章を読んで，後の問いに答えなさい。

日本国憲法の第30条には，「国民は，法律の定めるところにより，納税の義務を負ふ」と規定され，私たちはさまざまな税を負担しています。それぞれの時代の人々は，どのような税を納めてきたのでしょうか。その歴史をたどってみましょう。

①原始時代，人が集団で生活を送るようになると，自分の属する集団のために物品や労働力など，何らかの負担をするようになりました。農耕が始まって共同体や小国家が生まれてくるころ，そうした負担が税へと進化していったと考えられます。日本での納税が文字史料上で確《かく》認《にん》できるのは，弥生時代のことです。②３世紀のある中国王朝の歴史書に記された当時の日本の様子には，「租賦《そふ》を収む邸閣《ていかく》あり」と記されており，すでに税が徴収《ちょうしゅう》され，それを収める倉庫が建てられていたことがわかります。

律令国家が成立すると，全国一律の税制度が確立しました。③人々や土地に，さまざまな生産物や労働などの税が課されました。平安時代になって，荘園制が進展してくると，荘園の農民は，領主に年貢の米以外にも特産物や手工業品を納めたり，労働なども負担しました。一方で，④荘園領主はしだいに不輸の権を得て，国への納税を免除《めんじょ》されることが多くなり，勢力をさらに伸《の》ばしていきました。

鎌倉時代から⑤室町時代にかけては，経済が発展し，人々が集まる場所には⑥市が生まれ，同業者が集まって多くの座が形成されました。座は，領主から生産や販売《はんばい》の独占《どくせん》を保証してもらうかわりに，座役という税を納めていました。また，交通のかなめとなる場所には関所が設置され，関銭《せきせん》という通行税が徴収され，幕府や朝廷，荘園領主などの収入源になっていました。しかし，のちに⑦織田信長・豊臣秀吉らは支配地に関所の廃止《はいし》を命じ，商工業の発展をはかりました。

江戸時代には，農民は収穫《しゅうかく》の４～５割ほどを⑧幕府や大名に年貢として納め，それが幕府や大名の収入の大半を占《し》めました。この時代の京都では，家屋などの正面の幅《はば》(間口)の広さに応じて課される税があったため，節税のために間口は狭《せま》くし，奥行《おくゆ》きを長くする細長い家が多数つくられ，今でもその名残《なごり》が確認できます。間口への課税は，かつては⑨ベトナムやオランダなどにも存在しており，現在それらの国でも細長い家を多く見ることができるそうです。また，この時代に⑩蝦夷地や北方の産物を西廻り航路で大阪に運んだ船の中には，しだいに船の前方部の幅を広げたいびつな形となり，従来と比べて２倍近くの荷物を積めるものも現れました。これは松前藩が⑪函館などの港に入る船に対して重い税を課したため，商人が課税の対象となる部分の幅などは変えずに，それ以外の場所を広げた結果だと言われています。

明治時代になると，地租改正によって，従来からの年貢にかえて⑫新たな税を納めることになりました。1887年には，所得税が設けられました。当初の所得税は，高額所得者を対象とするもので，納税者は人口のわずか0.3％程度に過ぎなかったため，「名誉《めいよ》税」と呼ばれることもありました。衆議院議員選挙が始まった段階では，選挙権は納税額による制限があり，⑬選挙権を持っている人はごくわずかでした。また，⑭明治時代後半から大正・昭和時代にかけて相次いだ対外戦争に際して，軍備拡張や戦費調達のために，相続税やビール・炭酸飲料への課税などつぎつぎと新たな税がつくり出されました。

敗戦後，占領統治下の1949年に，アメリカのコロンビア大学教授のシャウプを団長とする使節団が来日し，税制度のあり方を日本政府に勧告《かんこく》しました。これにもとづいて，所得税を中心とし，納税者の負担能力に応じて課税するという公平性を重視した税制度の確立がはかられました。のち，⑮新たに消費税が導入されましたが，シャウプ勧告の内容は現在まで日本の税制度の基礎《きそ》となっています。

問１　下線部①について，2021年７月，ある地域の縄文遺跡群が世界文化遺産に登録されましたが，この遺跡群に含《ふく》まれる遺跡として正しいものを次の**ア～エ**から一つ選び，記号で答えなさい。

ア　吉野ケ里遺跡　　**イ**　大森貝塚

ウ　三内丸山遺跡　　**エ**　板付遺跡

問２　下線部②の王朝名として正しいものを次の**ア～エ**から一つ選び，記号で答えなさい。

ア　隋　　**イ**　魏　　**ウ**　宋　　**エ**　唐

問３　下線部③について述べた文として**正しくないもの**を次の**ア～エ**から一つ選び，記号で答えなさい。

ア　租は，与えられた口分田に課され，男女とも収穫した稲の一部を地方の役所に納める税である。

イ　雑徭は，成年男子を中心に課され，それぞれの国の国司の命令で年間60日以内の労働に従事する税である。

ウ　調は，都まで行って10日間働く労役の負担の代わりに，それぞれの地域の特産物を納める税である。

エ　兵役は，成年男子約３～４人につき一人を兵士として勤務させる労役で，その兵士の中から選ばれた防人は北九州で３年間の守りについた。

問４　下線部④が可能になった理由について述べた文として正しいものを次の**ア～エ**から一つ選び，記号で答えなさい。

ア　荘園領主は強大な武力を有しており，たびたび朝廷と軍事衝突《しょうとつ》をくり返し，戦いに勝利した場合に不輸が認められた。

イ　荘園領主の多くは有力な貴族や大寺社であるので，その権威《けんい》を背景として，朝廷から不輸が認められた。

ウ　墾田永年私財法で荘園は私有地とされ，そもそも課税対象地ではなかったので，荘園領主が申し出れば不輸は認められた。

エ　律令制が行きづまると，国司が任命されない地域が急増し，そうした国々の荘園は支配の対象外になり，不輸が認められた。

問５　下線部⑤に，酒屋や寺院などとともに庶民に高い利子で金を貸して利益を得ていた高利貸業者を何と言いますか。**漢字**で答えなさい。

問６　下線部⑥に関連して，鎌倉時代の定期市の様子を伝える資料として『一遍上人絵伝』があります。一遍とその宗派について述べた文として正しいものを次の**ア～エ**から一つ選び，記号で答えなさい。

ア　念仏をとなえればすべての人は救われると説き，諸国をまわって踊り念仏によって布教した。

イ　阿弥陀仏を信仰し，念仏をとなえれば救われるとし，悪人よりも善人こそが救われるべき存在であると説いた。

ウ　正しい教えは法華経にあるとし，他宗をはげしく攻撃《こうげき》し，題目をとなえることで救われると説いた。

エ　ひたすら座禅を組んで悟《さと》りに達することを重視し，武士の気風に合っていたため，鎌倉幕府から保護を受けた。

問７　下線部⑦に関連するできごとについて述べた次のＡ～Ｃの文を時期の古いものから順に並べかえるとどうなりますか。正しいものを後の**ア～カ**から一つ選び，記号で答えなさい。

Ａ　多数の僧兵をかかえる仏教勢力と対抗《たいこう》し，比叡山延暦寺を襲撃《しゅうげき》して，大半の建物を焼き払い多くの僧侶らを殺害した。

Ｂ　二度にわたって朝鮮へと大軍を派遣し，多くの朝鮮人を殺害したり，日本へと連行したりした。

Ｃ　九州の博多で宣教師の追放令を出し，キリスト教の布教を禁止して宣教師の国外追放を指令した。

ア　Ａ→Ｂ→Ｃ　　**イ**　Ａ→Ｃ→Ｂ　　**ウ**　Ｂ→Ａ→Ｃ
エ　Ｂ→Ｃ→Ａ　　**オ**　Ｃ→Ａ→Ｂ　　**カ**　Ｃ→Ｂ→Ａ

問８　下線部⑧について述べた文として，正しいものを次の**ア～エ**から一つ選び，記号で答えなさい。

ア　享保の改革では，大名から石高１万石につき100石の米を差し出させ，その代わりに参勤交代の負担をゆるめる上米の制が実施《じっし》された。

イ　外様大名とは，主に大阪の陣で豊臣側について戦い，敗れた後に幕府に従った大名のことである。

ウ　徳川家康は，将軍に就任した直後に，城の新築の禁止や参勤交代の義務など，大名を統制する武家諸法度を定めた。

エ　大老の井伊直弼は，幕政を批判した吉田松陰らの大名を処刑《しょけい》するなど，反対派を厳しく処罰《しょばつ》した。

問９　下線部⑨について，ベトナムまたはオランダと日本との関係について述べた文として正しいものを次の**ア～エ**から一つ選び，記号で答えなさい。

ア　朱印船がさかんに東南アジアへと渡航したころ，現在のベトナムのアユタヤにわたった山田長政は日本町の頭《かしら》になり活躍《かつやく》した。

イ　ベトナム戦争が起こると，特需景気が発生して日本経済は復興し，高度経済成長が始まるきっかけとなった。

ウ　鎖国下の長崎でオランダが出版した『オランダ風説書』は，海外事情を知る唯一《ゆいいつ》の情報源として庶民にも広く読まれた。

エ　江戸幕府は，アメリカ総領事ハリスの求めに応じて日米修好通商条約を結び，つづいてほぼ同内容の条約をオランダとも結んだ。

問10　下線部⑩の名称を**漢字**で答えなさい。

問11　下線部⑪には江戸幕府が築造した五稜郭があります。1868年の京都から始まり，この城の落城で終結した新政府軍と旧幕府軍との戦乱を何と言いますか。**漢字**で答えなさい。

問12　下線部⑫について述べた次のＡ～Ｄの文のうち正しいものの組み合わせを後の**ア～エ**から

一つ選び，記号で答えなさい。

A　地租の３％を現金で納入することになった。

B　地価の３％を現金で納入することになった。

C　江戸時代の年貢と比べて，その負担は大幅《おおはば》に軽減されることになった。

D　江戸時代の年貢と比べて，その負担はほとんど変わらなかった。

ア　AとC　　**イ**　AとD　　**ウ**　BとC　　**エ**　BとD

問13　下線部⑬について，第１回衆議院議員選挙の際に選挙権を持っていた人として正しいものを次の**ア**～**エ**から一つ選び，記号で答えなさい。

ア　直接国税10円以上を納める20歳以上の男子

イ　直接国税10円以上を納める25歳以上の男子

ウ　直接国税15円以上を納める20歳以上の男子

エ　直接国税15円以上を納める25歳以上の男子

問14　下線部⑭について述べた次のA～Cの文を時期の古いものから順に並べかえるとどうなりますか。正しいものを後の**ア**～**カ**から一つ選び，記号で答えなさい。

A　この戦争の講和会議はアメリカ東海岸の都市で行われ，当時の外務大臣が日本側の全権大使をつとめた。

B　この戦争で，日本は中国の青島を占領し，さらに中国の政治や財政に日本人顧問を採用することを要求した。

C　甲午農民戦争をきっかけに始まったこの戦争に日本は勝利し，莫大《ばくだい》な賠償金《ばいしょうきん》を得た。

ア　A→B→C　　**イ**　A→C→B　　**ウ**　B→A→C

エ　B→C→A　　**オ**　C→A→B　　**カ**　C→B→A

問15　下線部⑮について，日本で初めて消費税が導入された年と当初の税率の組み合わせとして正しいものを次の**ア**～**エ**から一つ選び，記号で答えなさい。

ア　1989年・３％　　**イ**　1989年・５％

ウ　1997年・３％　　**エ**　1997年・５％

2　次の地図と文章に関する，後の問いに答えなさい。

右の図１は，①東京を中心に描《えが》いた正距《せいきょ》方位図法による世界地図の全体図です。東京からの距離《きょり》と方位が正しく表現されるため，航空機の航路図などとして用いられます。図２はメルカトル図法で描いた世界地図の一部です。経線に対する角度が正しく表現されるため，船舶《せんぱく》の航路図などとして用いられます。これらの世界地図を見ながら，世界の中の日本について考えてみたいと思います。

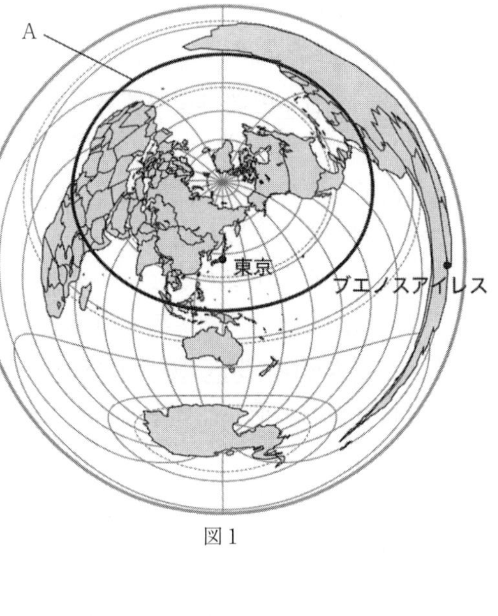

図１

まず，日本列島はユーラシア大陸の東に位置しています。そのため，日本は②大陸から吹《ふ》いてくる冬の季節風と，太平洋から吹いてくる夏の季節風の影響《えいきょう》を受けやすく，③世界の中でも降水量は多くなっています。また，地形的には，環太平洋造山帯に属するため，地震や④火山が多いという特徴《とくちょう》があります。

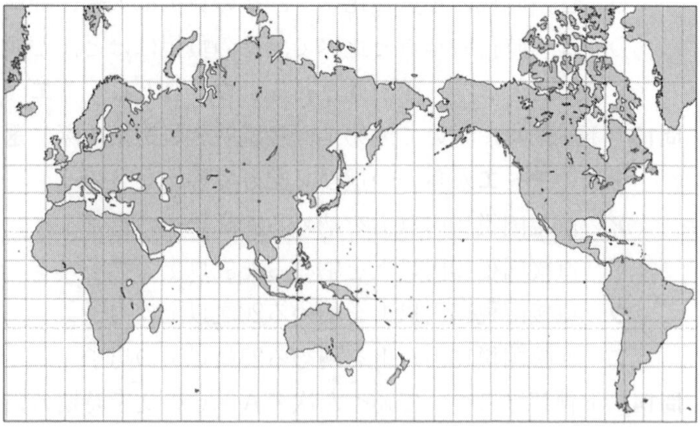

図2

このような⑤気候や地形の特徴をいかして日本の農林水産業は発達し，⑥地域特有の農産物が各地で生産されるようになりました。⑦1960年代からは外国産の農産物が日本の市場に多く出回るようになり，今では私たちの食卓《しょくたく》は世界の農業や水産業と深く結びついています。

一方，日本の近代的な工業は，早くから他国と結びつき⑧太平洋ベルトを中心に発展しました。産業革命以降，世界では発展途上国《とじょうこく》が農産物や鉱物資源などを生産し，先進国が工業製品をつくるようになりました。これを垂直的国際分業と言います。日本も戦後の長い間，⑨海外から資源を輸入し，⑩工業製品に加工して輸出してきました。そして，“Made in Japan”《メイドインジャパン》（「日本でつくられた」の意味）と記された製品が世界中で使われ，その品質は高く評価されるようになりました。しかし，⑪1980年代後半ぐらいから，日本の企《き》業《ぎょう》が海外の工場で製品をつくる動きが活発化します。また，最近では工業国どうしで部品をさかんに貿易し，どこかの国で製品を組み立てることが多くなっています。これを水平的国際分業と言い，スマートフォンの生産はこの分業の例にあたります。あるスマートフォンの一部の機種の背面には“Designed in California, Assembled in China”《デザインドインカリフォルニア アセンブルドインチャイナ》と刻まれています。これは「(アメリカの)カリフォルニア州で設計され，中国で組み立てられた」という意味です。その製品の多くは⑫カリフォルニア州にある本社が製品の設計を行い，日本や韓国などでつくられた部品が集められ，台湾の企業が持っている中国の工場で組み立てられているのです。現在は“Made in China”《メイドインチャイナ》と記された製品が世界中にあふれていますが，その製品の中にも日本をはじめとした多くの国の部品が使われています。このように工業国どうしの貿易が活発化したこともあり，⑬日本と諸外国の貿易は増えてきています。

コロナ禍《か》になる前は，多くの外国人観光客が⑭日本各地の観光地に訪《おとず》れるなど，日本と外国との間で人々の往来も活発化していました。それにともない，日本で生活する外国人や海外で生活する日本人の数も増えていきました。これからは，世界の中の日本を意識しながら生活していくことが大切であると言えます。

最後に，もう一度図1の地図を見てみましょう。これは東京を中心にして描いた世界地図ですが，⑮東京から見て地球の反対側にあるアルゼンチンの首都ブエノスアイレスの沖合いを中心に世界地図を描いて日本をながめたらどう見えるのでしょうか。そうしたことも考えてみたいものです。

問1　下線部①について，図1のAの線は緯線の一つです。この線を何と言いますか。**漢字**で答えなさい。

問２　下線部②について述べた次の文中の空らん[Ⅰ]・[Ⅱ]にあてはまる語句の組み合わせとして正しいものを後の**ア～エ**から一つ選び，記号で答えなさい。

> 大陸から吹いてくる冬の季節風はもともと乾《かわ》いた冷たい風だが，日本海を流れる[Ⅰ]という[Ⅱ]の上空を通過する時に湿気《しっけ》を含《ふく》む風となり，日本海側の地域に多くの降雨や降雪をもたらしている。

	Ⅰ	Ⅱ
ア	対馬海流	寒流
イ	対馬海流	暖流
ウ	千島海流	寒流
エ	千島海流	暖流

問３　下線部③に関連して，次の表は平均年降水量と一人あたりの※水資源賦存量《ふそんりょう》の関係を示したものです。この表について考察した，生徒Ａさん・Ｂさんの会話文中の空らん[Ⅰ]・[Ⅱ]にあてはまる語句の組み合わせとして正しいものを後の**ア～エ**から一つ選び，記号で答えなさい。

	平均年降水量(mm)	一人あたりの水資源賦存量(m^3)
北海道	1,148	10,467
東　北	1,652	7,686
関　東	1,608	896
東　海	2,037	3,787
北　陸	2,333	6,789
近　畿	1,791	1,482
中　国	1,694	4,412
四　国	2,202	7,195
九　州	2,299	4,774
沖　縄	2,086	1,739
全　国	1,718	3,332
世　界	1,171	7,254

※　水資源賦存量とは，降水量から蒸発などによって失われる水量を引いたもので，理論上人間が最大限利用可能な水量のことです。ここでは１年あたりの水量を示しています。

(国土交通省水資源部「令和２年版　日本の水資源の現況《げんきょう》について」より作成)

Ａさん：日本は世界に比べると，降水量は多いんだね。それなのに，一人あたりの水資源賦存量が少ないのはなぜかな。

Ｂさん：もっとも関連性が大きいのは[Ⅰ]だと思う。この表でいうと，関東の値が低いことからもわかるよ。

Ａさん：沖縄は水不足のニュースをよく聞くけど，関東や近畿より一人あたりの水資源賦存量が多いんだね。ちょっと意外。なんで水不足になるのかな。

Ｂさん：沖縄の場合は，日本の中でも[Ⅱ]という特徴があるから，水資源があってもその利用が難しいのかもね。

	Ⅰ	Ⅱ
ア	人口密度の高さ	河川が短い
イ	人口密度の高さ	湖沼が多い
ウ	面積の広さ	河川が短い
エ	面積の広さ	湖沼が多い

問４　下線部④に関連して，長崎県のある火山では，1991年の大噴火によって火砕流が起こり，40名以上の犠牲者《ぎせいしゃ》が出ました。この噴火が起こった山々を総称《そうしょう》して何と言いますか。解答らんに合うように**漢字**で答えなさい。

問５　下線部⑤に関連して，右の地図中のＡ～Ｄの地域で行われている農林水産業について述べた文として正しいものを次の**ア**～**エ**から一つ選び，記号で答えなさい。

ア　Ａの地域には夏でも涼《すず》しい気候を利用した日本有数の酪農地帯がある。また，冷たい海水温を利用したほたての養殖で有名な湖もある。

イ　Ｂの地域の盆地では寒暖差の大きい気候を利用した果樹栽培がさかんである。そのため，りんごやぶどうの生産でいずれも全国有数となっている。

ウ　Ｃの地域のほとんどは平地で雨が多い。生育する杉《すぎ》は品質が良く，費用や手間をかけずに出荷できるため，日本有数の林業地帯になっている。

エ　Ｄの地域には海水と淡水《たんすい》がまざった湖があり，そこではうなぎの養殖がさかんである。また，近海に浅瀬《あさせ》の海があるため，漁港として有名な境港がある。

問６　下線部⑥に関連して，各地の農産物とその生産量がもっとも多い県の組み合わせとして**正しくないもの**を次の**ア**～**エ**から一つ選び，記号で答えなさい。

ア　うめ－和歌山県　　**イ**　おうとう（さくらんぼ）－山形県

ウ　さとうきび－沖縄県　　**エ**　らっかせい－茨城県

問７　下線部⑦に関連して，日本による農産物の輸入について述べた文として正しいものを次の**ア**～**エ**から一つ選び，記号で答えなさい。

ア　1980年代に政府は諸外国との貿易自由化を積極的に進め，牛肉やオレンジの輸入を開始した。

イ　1990年代に政府は米の輸入を始めたが，その後も高い関税をかけているため，米の輸入は一部にとどまっている。

ウ　2000年代に政府はタイやマレーシアなどのASEAN諸国との間でWTOを結び，農産物の輸入を開始した。

エ　2010年代に政府はヨーロッパ諸国とTPPを結んで貿易自由化を進め，多くの農産物の関税を段階的に撤廃《てっぱい》することになった。

問8　下線部⑧に位置する工業地帯・工業地域について述べた文として正しいものを次の**ア**～**エ**から一つ選び，記号で答えなさい。

ア　瀬戸内工業地域は，軍用地や塩田の跡地《あとち》などを利用して工業が発展した。中でも岡山県倉敷市は電気機械工業の中心となった。

イ　阪神工業地帯は，遠浅の海につくられた掘り込み港の周辺で工業が発展した。中でも大阪府堺市は石油化学工業の中心となった。

ウ　東海工業地域は，陸上交通の便をいかして工業が発展した。中でも静岡県浜松市は楽器・オートバイ生産の中心となった。

エ　京葉工業地域は，東京湾の埋《う》め立て地を利用して工業が発展した。中でも千葉県市原市は自動車工業の中心となった。

問9　下線部⑨について，現在日本が鉄鉱石，石炭，ボーキサイトをもっとも多く輸入している国として正しいものを次の**ア**～**エ**から一つ選び，記号で答えなさい。

ア　アメリカ　　**イ**　オーストラリア

ウ　ブラジル　　**エ**　ロシア

問10　下線部⑩に関連して，次の表は苫小牧港，長崎港，名古屋港，成田空港における輸出品目の上位3位までとその割合・輸出総額(2019年)を示したものです。このうち，苫小牧港と成田空港のものとして正しいものを次の**ア**～**エ**からそれぞれ一つずつ選び，記号で答えなさい。

ア

半導体等製造装置	8.1%
半導体等電子部品	6.7%
科学光学機器	6.2%
総額　105,256億円	

イ

自動車	26.3%
自動車の部分品	16.7%
原動機	4.4%
総額　123,068億円	

ウ

自動車の部分品	20.2%
魚介類	16.3%
紙及び板紙	8.2%
総額　1,438億円	

エ

船舶類	85.2%
原動機	6.7%
電気回路等の機器	1.1%
総額　1,706億円	

（函館・長崎・名古屋・東京税関の「令和元年貿易年表」より作成）

問11　下線部⑪に関連して，このような動きが進んだ背景について述べた文として**正しくないもの**を次の**ア**～**エ**から一つ選び，記号で答えなさい。

ア　当時，円高が進んでいたから。

イ　アメリカとの間で貿易摩擦があったから。

ウ　日本人労働者の賃金が上昇《じょうしょう》してきたから。

エ　日本各地で産業の空洞化が進んでいたから。

問12　下線部⑫について述べた次の文章の空らん［　　］にあてはまる語句を**カタカナ**で答えなさい。なお，［　　］には同じ語句が入ります。

> カリフォルニア州にある本社は，サンフランシスコ市近郊《きんこう》の［　　　］バレーと呼ばれる情報産業の中心地にある。この地域名の由来となった［　　　］とは，コンピュータなど精密機器に欠かせない半導体製品の主な素材のことである。日本でも，半導体産業がさかんな九州を［　　　］アイランド，東北自動車道沿いの地域を［　　　］ロードと呼ぶことがある。

問13　下線部⑬に関連して，最近はヨーロッパとの間で物資を輸送する際，次の地図で示したような北極海航路を夏期に利用する動きが高まっています。例えば，ヨーロッパ最大の港であるユーロポートから物資を東京に運ぶ場合，スエズ運河を通過する従来の航路に比べ，北極海航路は利点が大きいとされています。

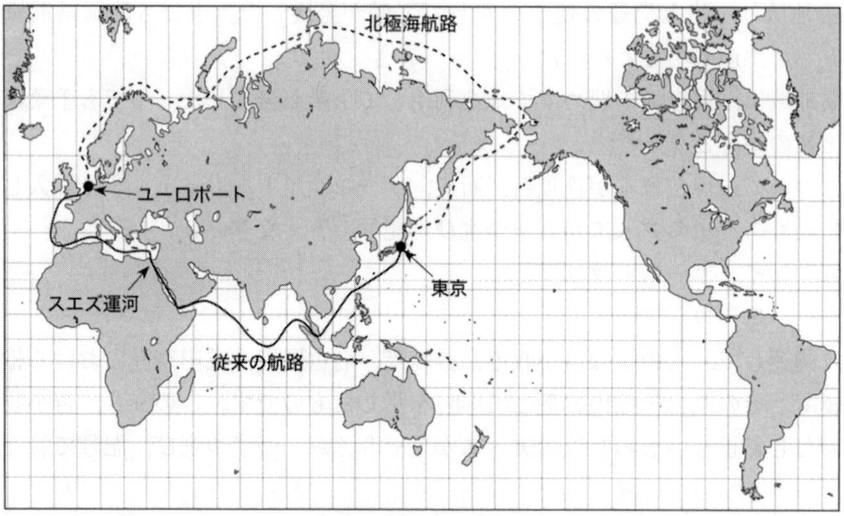

メルカトル図法による世界地図の一部

(1)　北極海航路は従来の航路に比べ，輸送時間がかからず，燃料費も安くなるという利点があると言われています。その理由を解答らんに合うように答えなさい。

(2)　(1)の利点にもかかわらず，北極海航路は航行の難しさからあまり利用されてきませんでした。しかし，最近になって北極海航路の利用が増加しています。増加した理由について**２行以内**で説明しなさい。

問14　下線部⑭に関連して，次の表はテーマパーク・レジャーランド，水族館，キャンプ場，温泉源泉の数が多い上位５都道府県とその数を示したものです。このうち，温泉源泉の数を示すものとして正しいものを次の**ア～エ**から一つ選び，記号で答えなさい。

	ア		イ		ウ		エ	
1位	北海道	10	北海道	227	千葉県	25	大分県	4445
2位	東京都	7	長野県	151	大阪府	21	鹿児島県	2755
3位	神奈川県	6	山梨県	102	北海道	20	静岡県	2252
4位	愛知県	5	岐阜県	98	長野県	19	北海道	2173
5位	和歌山県	5	兵庫県	78	岡山県	14	熊本県	1352

（『データでみる県勢 2021年版』より作成）

問15　下線部⑮について，東京のちょうど反対側（ブエノスアイレスの沖合いにあります）を中心に正距方位図法で世界地図を描くと，東京の位置はどこになりますか。正しいものを次の**ア**～**エ**から一つ選び，記号で答えなさい。

ア　地図の中心
イ　地図の中心を通る緯線の上（地図の中心を除く）
ウ　地図の一番外側にある円周の上
エ　地図のどこにも表現されない

3　吉祥女子中学校の社会科の授業では新聞ノートという課題を毎月提出してもらっています。新聞ノートとは，関心を持った新聞記事を切りぬき，その記事の要約文と自分の感想をまとめたノートです。次の会話文は，2021年９月に中学生のＡさん，Ｂさん，Ｃさん，Ｄさんがお互《たが》いの新聞ノートを見せ合いながら話したものです。会話文と【資料】を読んで後の問いに答えなさい。

Ａさん：今年の新聞ノートは，みんなコロナ関連の記事が多いね。

Ｂさん：確かに，私のノートもコロナの影響《えいきょう》で生活保護の受給者が増えたとか，介護施設で職員が不足しているとか，①社会保障に関連する記事が多いな。

Ｃさん：私は，５月には②憲法に関連する記事をいくつか取り上げたよ。５月３日の憲法記念日には憲法改正についてたくさん書かれていた。［　W　］新聞では，１面の※トップ記事で憲法が目指す男女平等が実現していないという問題を扱《あつか》っていたよ。

Ｄさん：［　X　］新聞は，５月３日の１面トップが③首相のインタビュー記事で，憲法を改正して④憲法第９条に自衛隊の存在を明記することを次の⑤選挙の公約にすると書いていたよ。他の記事も憲法改正に賛成の論調だった。

Ｃさん：［　W　］新聞では１面に世論調査の記事がのっていて，９条の改正について反対が賛成を31ポイント上回っているという内容だった。社説も憲法改正には批判的だったと思う。新聞によって同じ日に憲法を扱うのでも論調が大きくちがうんだね。

Ａさん：［　Y　］新聞でも同じ日の１面に世論調査の記事があって，９条を改正して自衛隊を明記することについて，賛成が反対を21ポイント上回っているという結果だった。ちなみに，憲法改正についても賛成が反対を17ポイント上回っていたから，９条を含《ふく》めて憲法を改正したい人が多いんだね。［　X　］新聞では世論についてどんな風に書かれているのかな。

Ｄさん：［　X　］新聞の世論調査の記事は別の日にのっていて，憲法改正について賛成が反対を18ポイント上回っていたよ。

Ｂさん：［　Z　］新聞でも５月３日に憲法改正についての世論調査がのっていたけど，９条に自衛隊を明記することに対して，賛成が反対を17ポイント上回っていた。憲法改正についても賛成が反対を16ポイント上回っていた。論調がちがうだけでなく，新聞によって世論調査の結果までちがうんだね。

Ｃさん：［　W　］新聞では憲法改正についての賛否の差が１ポイントしかなかったよ。比べてみると質問も選択肢《せんたくし》もちがうんだね。だから結果もちがってくるのかもしれない。

Ｂさん：６月17日には，前日に閉会した［　⑥　］国会についての記事がのっていたよ。この国会では⑦デジタル庁の設置が決まったね。今まで複数の省庁が別々にやってきた仕事を総合的に担《にな》うらしい。

Aさん：国会に関しては，私は育児介護休業法の改正についての記事を選んだよ。この改正で子どもが生まれた直後に父親が育児休業を取れるようになったり，非正規雇用の人も育児休業を取りやすくなったりしたんだよね。

Dさん：その点では今までより女性が働きやすくなったかもしれない。一方で６月には，最高裁が夫婦別姓を認めない規定について合憲判決を出したよね。判決では選択的夫婦別姓については国会で判断されるべきだとしていたけど，⑧憲法が保障する権利についての判断を「民主主義的なプロセスに委ねる」のはふさわしくないという反対意見も出されていたね。

Cさん：夫婦同姓を強制する民法の規定については⑨国際機関からも差別的だと勧告《かんこく》されているよね。なんで変わらないんだろう。

Bさん：国会では今の制度が差別的ではないと思っている人が多いからだよね。何が差別にあたるかは，いろいろな立場の人の意見を聞いて，ちゃんと学ばないとわからないものだと思う。私も性をめぐる差別とか，障害者に対する差別とか，勉強しなければ知らなかったし，差別する側になっていたかもしれない。

Aさん：私もそう思うし，今も気づかずに差別していることがあるかもしれない。いろいろな人の声に耳を傾《かたむ》けて，自分の偏見《へんけん》に気づける人になりたいな。

※　トップ記事とは紙面の右上に配置されていて，その面でもっとも大きく扱われている記事のこと。

【資料】（会話文に出てくる新聞 W ～ Z の４紙の世論調査の質問と回答）

【朝日新聞】（５月３日掲載）
Q．以下は、憲法第９条の条文です。
（憲法の条文は省略）
憲法第９条を変えるほうがよいと思いますか。変えないほうがよいと思いますか。
変えるほうがよい　30%
変えないほうがよい　61%
Q．いまの憲法を変える必要があると思いますか。変える必要はないと思いますか。
変える必要がある　45%
変える必要はない　44%

【産経新聞】（４月20日掲載）
Q．憲法改正に賛成か
賛成　53%　反対　35%　他　13%

【読売新聞】（５月３日掲載）
Q．今の憲法を、改正する方がよいと思いますか、改正しない方がよいと思いますか。
改正する方がよい　56%
改正しない方がよい　40%
Q．自民党は、戦力を持たないことを定めた憲法第９条２項を維持した上で、自衛隊の根拠規定を追加する案を検討しています。この案に賛成ですか、反対ですか。
賛成　55%　反対　38%　答えない　7%

【毎日新聞】（５月３日掲載）
Q．憲法改正に賛成ですか。
賛成　48%　反対　31%　わからない　21%
Q．憲法第９条を改正して自衛隊の存在を明記することに賛成ですか。
賛成　51%　反対　30%　わからない　19%

※　産経新聞の調査結果は小数点以下を四捨五入したため合計が100をこえています。

問１　下線部①について述べた文として正しいものを次の**ア～エ**から一つ選び，記号で答えなさい。

ア　仕事中に怪我《けが》をした際や，仕事が原因で病気になった際には雇用保険が適用され，療《りょう》養《よう》に必要な費用などを受け取ることができる。

イ　生活に困窮《こんきゅう》した際には生活保護を受けることができる。これにかかる費用は，国が支出する社会保障関係費のもっとも大きな割合を占《し》めている。

ウ　感染症《かんせんしょう》予防を担っている保健所の業務は社会福祉に分類され，財源はすべて国民が納めた税である。

エ　生命保険や損害保険は希望者だけが加入するが，国民年金は一定の年齢になったら希望の有無にかかわらず全国民が加入することになっている。

問２　下線部②に関連して，日本国憲法について述べた文として**正しくないもの**を次の**ア～エ**から一つ選び，記号で答えなさい。

ア　憲法は法律や命令などよりも効力が強く，憲法に反するものはすべて無効であると定められている。このような法を最高法規という。

イ　憲法には国民の権利を守るために権力を制限する役割があると考えられており，権力を使う立場である公務員に対して憲法を尊重し，擁護《ようご》する義務を定めている。

ウ　国民は個人として尊重され，国民の権利は公共の福祉に反しない限り，国政の上で最大限の尊重を必要とすると明記されている。

エ　憲法では国会・内閣・裁判所の制度が詳《くわ》しく定められており，国会議員の定数や裁判官の定年などが明記されている。

問３　下線部③に関連して，内閣総理大臣の権限として正しいものを次の**ア～エ**から一つ選び，記号で答えなさい。

ア　国務大臣の任命　　**イ**　国政調査権の行使

ウ　弾劾裁判所の設置　　**エ**　条約の承認

問４　下線部④に関連して，日本の平和主義や安全保障政策について述べた文として正しいものを次の**ア～エ**から一つ選び，記号で答えなさい。

ア　憲法では前文と第９条で平和主義について明記されているほか，憲法改正によって平和主義を放棄することはできないと書かれている。

イ　憲法第９条では戦力の保持が禁止されており，自衛隊は戦力にあたるため憲法違反であると批判されることがある。

ウ　自衛隊の最高指揮監督権は防衛大臣が持っているため，防衛大臣は文民でなければならないと憲法に定められている。

エ　日米の防衛協力について定めた日米安全保障条約は，1951年に締結されてから現在に至るまで改正されていない。

問５　下線部⑤に関連して，現在の日本の選挙制度について述べた文として正しいものを次の**ア～エ**から一つ選び，記号で答えなさい。

ア　地方公共団体の選挙は知事，市町村長，議員すべての任期が４年であるため，複数の選挙が同時に行われることがある。

イ　地方公共団体の首長は，議会の出席議員の４分の３以上の賛成で不信任された際には直ちに職を失い，30日以内に首長選挙が行われることになっている。

ウ　衆議院の比例代表制では有権者は投票用紙に政党名か候補者名のどちらかを書くが，参議院の比例代表制では有権者は政党名のみを書くことになっている。

エ　衆議院議員総選挙は，衆議院の４年の任期が終わった時か，衆議院が内閣不信任決議を可決して内閣が総辞職しなかった時にのみ行われる。

問６　空らん［⑥］にあてはまる語句を**漢字２字**で答えなさい。なお，この国会の会期は150日と決まっており，１回だけ延長できます。

問7　下線部⑦の業務にはマイナンバーカードの運用が含まれます。これを担当してきた省はほかに地方自治や選挙などに関する仕事も担当しています。この省の名称《めいしょう》を**漢字**で答えなさい。

問8　下線部⑧について，基本的人権についての判断を国会での民主主義的なプロセス(手続き)に委ねるのはふさわしくないとされる理由の一つに国会での議決方法が挙げられます。その理由を「**少数者**」という語句を用いて**2行以内**で説明しなさい。

問9　下線部⑨に関連して，国際連合の組織や専門機関として**正しくないもの**を次の**ア**～**エ**から一つ選び，記号で答えなさい。

ア　国際司法裁判所　　**イ**　世界保健機関

ウ　国際赤十字　　**エ**　経済社会理事会

問10　文中の空らん W ～ Z には，朝日，読売，毎日，産経のいずれかがあてはまります。その組み合わせとして正しいものを次の**ア**～**コ**から一つ選び，記号で答えなさい。

	W	X	Y	Z
ア	朝日	読売	産経	毎日
イ	朝日	産経	毎日	読売
ウ	朝日	毎日	産経	読売
エ	読売	産経	毎日	朝日
オ	読売	朝日	産経	毎日
カ	読売	毎日	産経	朝日
キ	毎日	産経	朝日	読売
ク	毎日	朝日	産経	読売
ケ	産経	朝日	読売	毎日
コ	産経	読売	毎日	朝日

【理　科】〈**第２回試験**〉(35分)〈満点：70点〉

1　植物について，次の問いに答えなさい。

(1)　次の**ア**～**エ**のうち，双子葉植物はどれですか。一つ選び，記号で答えなさい。

ア　アスパラガス　　**イ**　イネ　　**ウ**　ダイズ　　**エ**　イチョウ

双子葉植物の茎《くき》のつくりについて調べました。

［調べたこと１］

図１は双子葉植物の茎を先端《せんたん》付近で横に切ったときの断面を示している。表皮が表面をおおっている。ＡとＢを合わせて維管束という。形成層はリング状になっている。表皮，維管束，形成層以外の部分のうち，表皮と形成層の間の部分を皮層，形成層よりも内側の部分を髄《ずい》という。図２は，図１の点線のところで縦に切ったときの断面を示している。

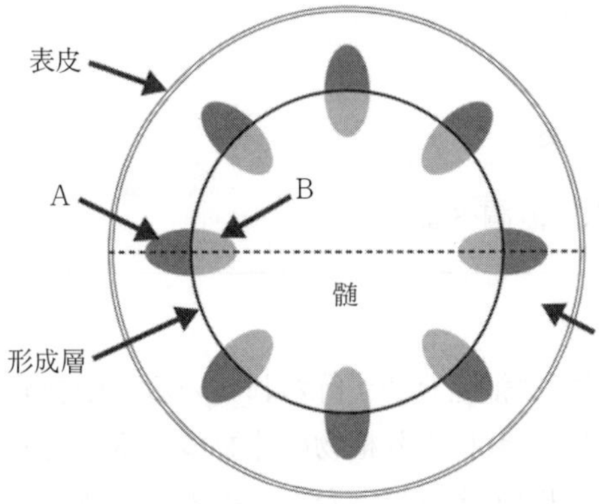

図１

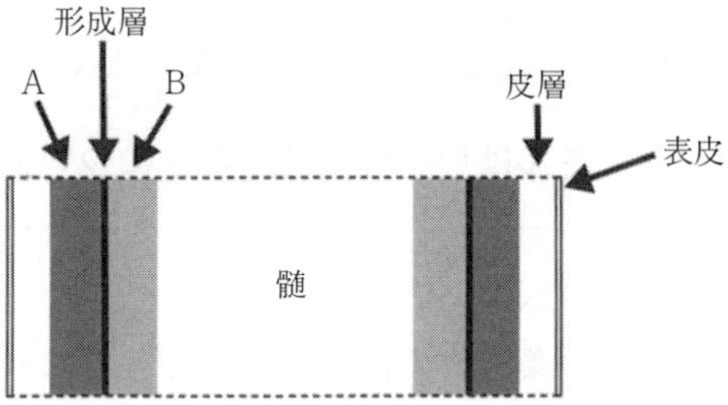

図２

(2)　水や肥料の通り道はＡ，Ｂのどちらですか。記号で答えなさい。また，その部分の名前を**漢字**で答えなさい。

(3)　単子葉植物の茎を，図２と同様に縦に切ったときの断面を示した図としてもっとも適当なものを次の**ア**～**エ**から一つ選び，記号で答えなさい。ただし，濃《こ》い灰色は図１，図２のＡと同じ部分，薄《うす》い灰色は図１，図２のＢと同じ部分をそれぞれ示しています。

ア

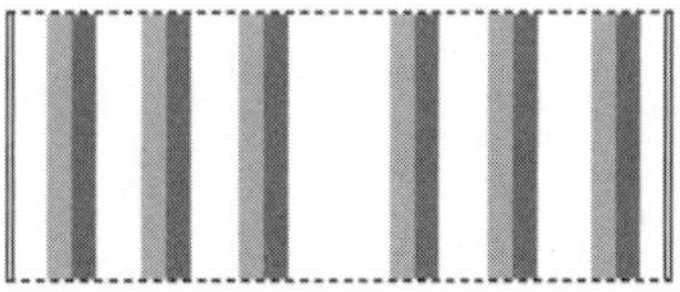

イ

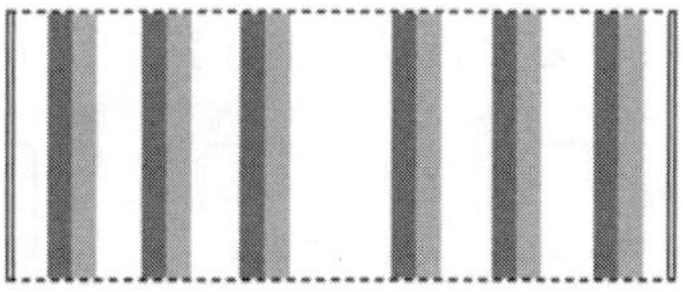

ウ

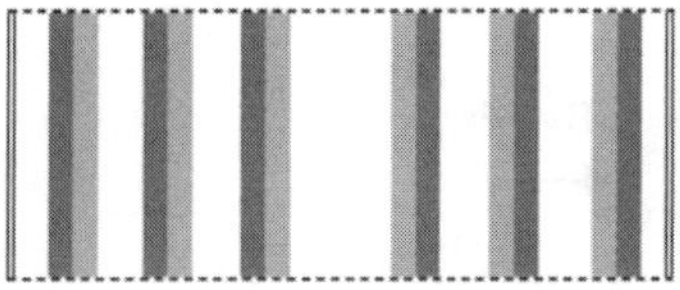

エ

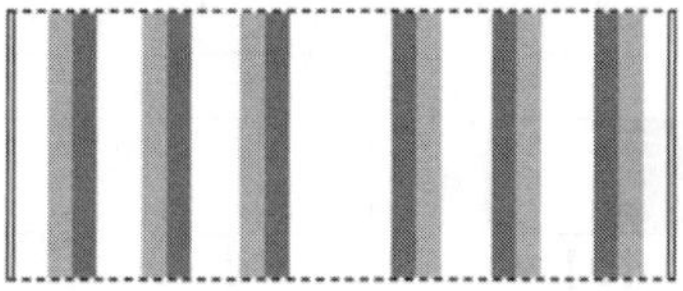

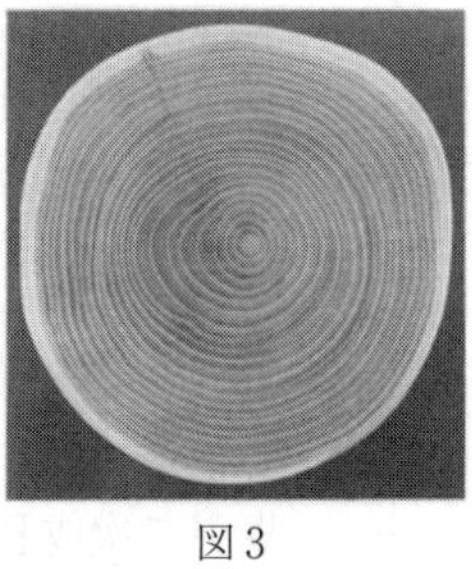

図３

図３は祥子さんの家で使っている木製のコースターで，ある双子葉植物の茎を輪切りにして加工したものです。

祥子さんは，このコースターで見られる断面の様子が図１とどのような関係にあるのか疑問に思い，双子葉植物の茎の成長について調べました。

［調べたこと２］

双子葉植物の茎の成長は，一次成長と二次成長に分けられる。一次成長は成長点のはたらきによって茎が［　X　］成長で，茎の先端付近だけで行われている。二次成長は形成層のはたらきによって茎が［　Y　］成長で，一次成長が完了《かんりょう》した部分で行われている。図１のようなつくりは一次成長によってつくられ，図３のような模様は二次成長によってつくられる。

(4)　［調べたこと２］の空らんに入る語句の組み合わせとしてもっとも適当なものを次の**ア**～**エ**から一つ選び，記号で答えなさい。

	X	Y		X	Y
ア	伸《の》びる	伸びる	**イ**	伸びる	太くなる
ウ	太くなる	伸びる	**エ**	太くなる	太くなる

祥子さんは形成層のはたらきについて疑問に思い，調べました。

［調べたこと３］

双子葉植物の体は細胞でできており，形成層では細胞分裂《さいぼうぶんれつ》が行われている。細胞分裂は１つの細胞が２つの細胞に分かれるはたらきで，これにより植物の体をつくる細胞の数が増える。細胞分裂直後の細胞の大きさはもとの細胞の半分ほどだが，その後に新しい細胞は成長してもとの細胞と同じ程度の大きさになる。

形成層の細胞分裂によってできた新しい細胞が成長してどのような細胞になるかをまとめると，図４のように次の３通りに分けられる。

【P】　一方は維管束のAの細胞になり，細胞分裂はしなくなる。もう一方は形成層の細胞のままで，しばらくすると再び細胞分裂を行う。

【Q】　両方とも形成層の細胞のままで，しばらくすると再び細胞分裂を行う。

【R】　一方は維管束のBの細胞になり，細胞分裂はしなくなる。もう一方は形成層の細胞のままで，しばらくすると再び細胞分裂を行う。

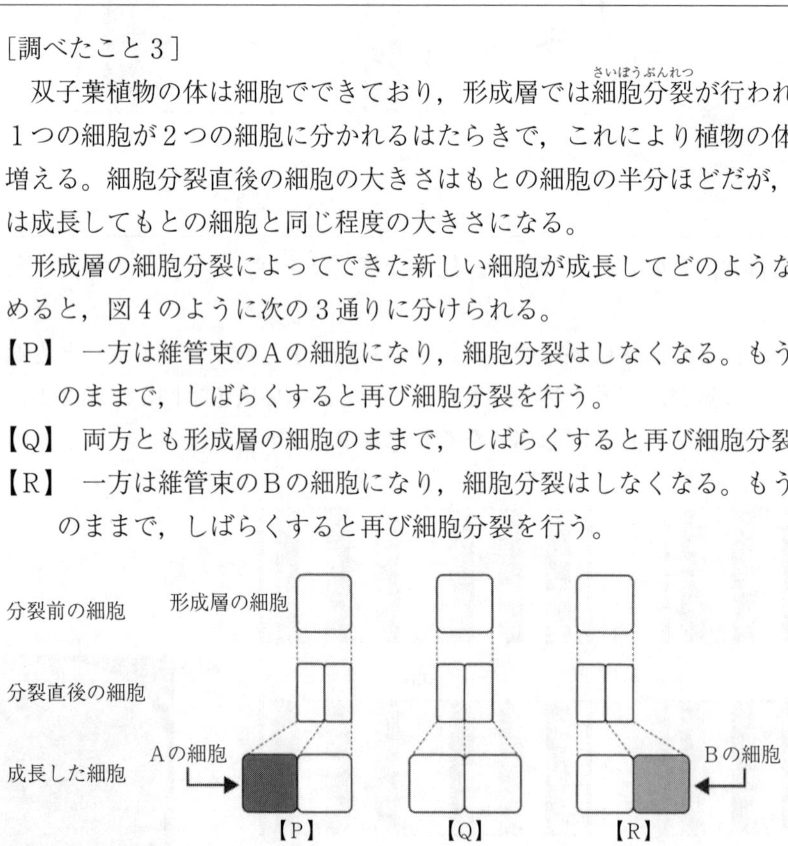

図４

茎が二次成長するとき，細胞分裂は適切な向きで行われる。維管束と形成層が図５のような位置関係になっているとき，この形成層の細胞１つを同じ向きで見ると図６のようになる。

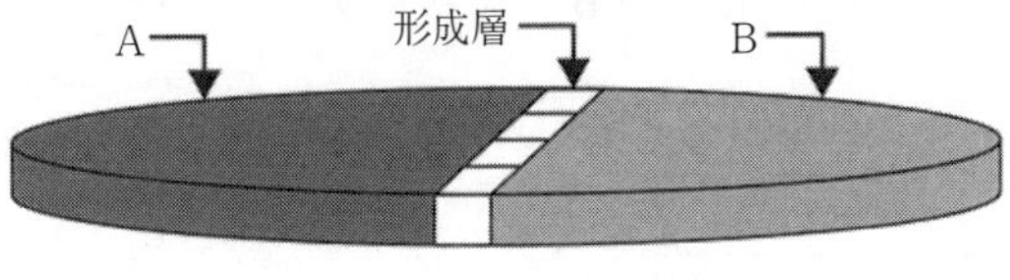

図５　維管束と形成層

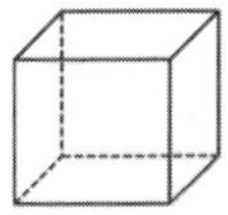

図６　形成層の細胞

【Ｐ】や【Ｒ】の場合，維管束の細胞になる新しい細胞は，形成層からはみ出るようにして維管束に付け足される。そのため，形成層は細胞分裂を行う細胞が１列のリング状に並んだつくりが保たれる。

(5)　［調べたこと３］の下線部について，図６の細胞は，どのような向きで細胞分裂を行うと考えられますか。【Ｐ】と【Ｑ】の場合について，もっとも適当なものを次の**ア**～**ウ**からそれぞれ一つ選び，記号で答えなさい。なお，灰色は分裂直後の細胞どうしの境界を表すものとします。

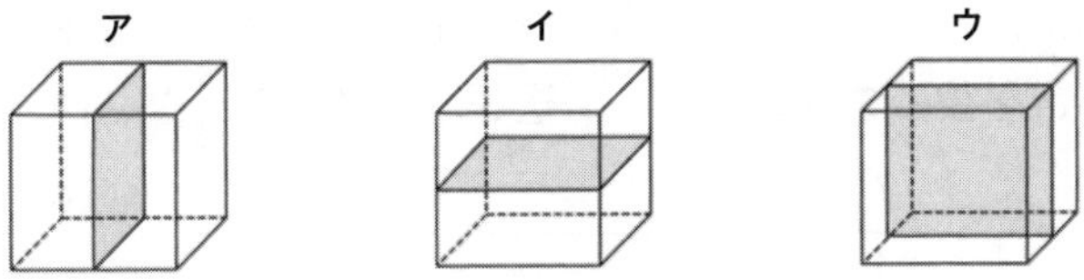

2　次の文は，祥子さんが夏休みにアメリカの西海岸にある都市シアトルでの短期留学中に書いた日記の一部です。この日記を読んで，後の問いに答えなさい。

７月20日

午後６時，日没《にちぼつ》直前の時刻に私は東京から出発した。太平洋上空で東向きの水平飛行に移り，飛行機は夕焼け［　①　］飛んでいた。私は今，地球の自転の向きに対してほぼ［　②　］向きに飛行機が飛んでいるのだなと思いつつ，機内での長い時間を過ごした。緊張《きんちょう》と興奮でほとんど寝られず，A約９時間のフライトの途中に日の出を迎《むか》え，あっという間にシアトル空港に着いてしまった。シアトルの現地は昼前くらいだったのに自分の感覚ではまだ夜中のようでとても不思議に思った。いつもなら目覚めのよい朝を迎えているはずなのに眠《ねむ》くて，頭がボーっとしてしまった。これがB時差ぼけなのだな，と実際に経験できたのはよかった。

７月26日

留学生活を何日か過ごしているうちにCシアトルでの昼の時間が東京より少し長いことに気が付いた。これは地球の地軸《ちじく》が傾《かたむ》いていることに加えて，シアトルと東京の［　③　］に違《ちが》いがあることで起こるものなのだなと，理科の授業で学習したことに気付いて，何だかうれしくなった。

７月30日

刺激的《しげきてき》な10日間も終わりを迎え，シアトルから東京に向かう飛行機に昼食後すぐ乗り込んで出発した。復路も夕焼けが見え，その夕焼けが見えている時間は７月20日の往路に見えた夕焼けよりも［　④　］感じた。D約10時間半もかかって飛行機が到着した時にはもう夜中だと思って空港の時計を見たら，まだ午後７時くらいだった。

(1)　空らん ① ， ② に入る語句の組み合わせとして正しいものを次の**ア**～**エ**から一つ選び，記号で答えなさい。

	①	②		①	②
ア	に向かって	同じ	**イ**	に向かって	反対
ウ	とは反対向きに	同じ	**エ**	とは反対向きに	反対

下線部**B**について祥子さんは興味をもったので調べてみました。

［調べたこと］
人間には24時間周期で時《とき》をきざむ１日のリズムが体内にそなわっている。このしくみを体内時計と呼ぶ。飛行機を使って長距離《ちょうきょり》を短時間で移動したときに，自分の体内時計と旅行先の時刻に大きなズレがあると，強い眠気《ねむけ》などの症状《しょうじょう》が出ることがある。

(2)　次の図１にある東京以外の４つの都市のうち，東京から飛行機で旅行した時に「時差ぼけ」がもっとも**起きにくい**と考えられる都市を後の**ア**～**エ**から一つ選び，記号で答えなさい。

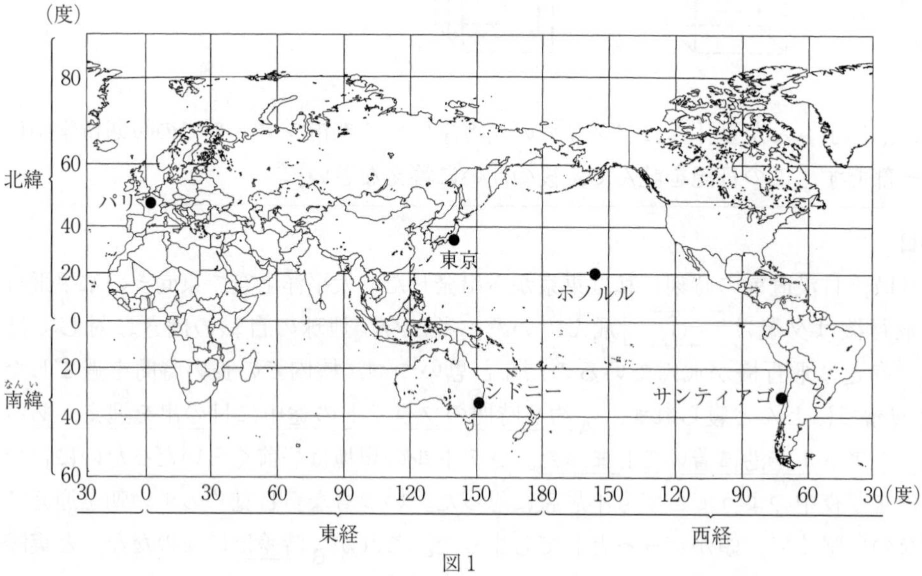

図１

ア　シドニー　　**イ**　ホノルル　　**ウ**　サンティアゴ　　**エ**　パリ

(3)　空らん ③ ， ④ に入る語句の組み合わせとしてもっとも適当なものを次の**ア**～**エ**から一つ選び，記号で答えなさい。

	③	④
ア	緯度《いど》	長く
イ	緯度	短く
ウ	経度	長く
エ	経度	短く

(4)　下線部**C**について，この時期の日没時のシアトルとその時の東京の地球上の位置を表す図としてもっとも適当なものを次の**ア**～**カ**から一つ選び，記号で答えなさい。ただし，図の白い部

分は昼に，灰色の部分は夜に相当する部分で，×印は北極点，細い曲線及び直線は緯度の線または経度の線とします。

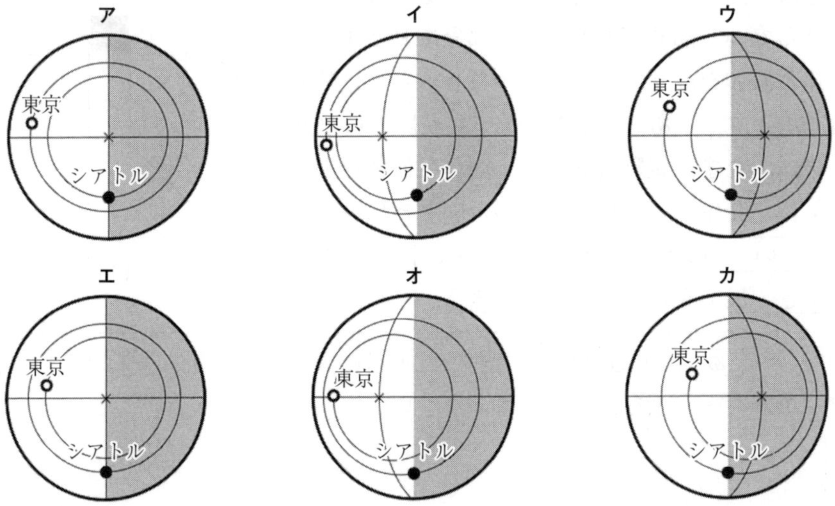

下線部**A**と**D**について，東京とシアトルの飛行時間が往路と復路でなぜ１時間半も違うのかをここでは単純化して考えてみました。

［考えたこと］

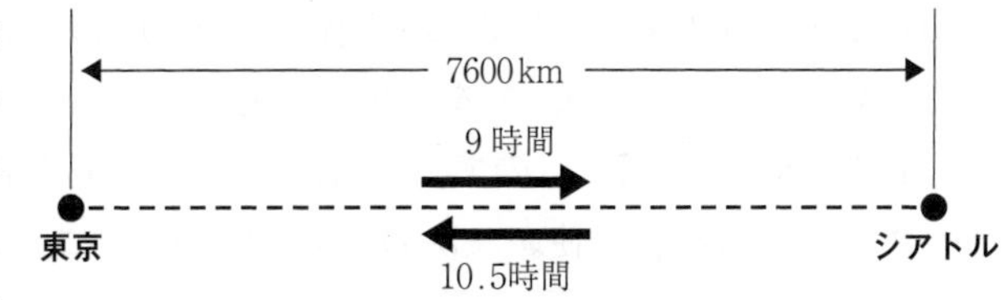

東京の真東にシアトルがあり，飛行機は東西方向にのみ飛行するものとして考える。また，往復飛行経路は同じでその距離は7600kmであり，飛行機の無風状態での速さは往復で同じとする。東京からシアトルまでの上空には ⑤ と呼ばれる強い西風が常に吹いているので往路は追い風，復路は向かい風となり，往復の飛行時間に差が出る。往路の飛行時間を９時間，復路の飛行時間を10.5時間，この風が常に一定の速さで真西から吹き，往路の風は飛行機に対して真後ろからの追い風，復路はその逆の風が吹いていると仮定する。この飛行機の往路の速さと復路の速さを平均して無風状態での速さを求めると，時速 ⑥ kmである。往路または復路の飛行機の速さと，この平均の速さの差から，この風の風速は時速 ⑦ kmと求められるので，往復の飛行時間に大きな差ができる原因となっている。

(5)　［考えたこと］の空らん ⑤ に入る語句を**ひらがな**で答えなさい。

(6)　［考えたこと］の空らん ⑥ ， ⑦ に入る数を答えなさい。**割り切れない場合は小数第１位を四捨五入して整数**で答えなさい。

3　気体の発生について，後の問いに答えなさい。

気体を発生させるときに使われるふたまた試験管という器具があります。ふたまた試験管について調べました。

[調べたこと]

ふたまた試験管は，図1のような構造をしている。管の片方には，内側にくぼんでいる部分があり，この部分をPとする。この器具は，固体と液体を混ぜて気体を発生させるときに使われる。まず，固体をPの [あ] 方に入れ，もう片方に液体を入れる。その後，ふたまた試験管を傾《かたむ》け，固体と液体を混ぜ合わせることで気体が発生する。反応を止めたいときには，ふたまた試験管を [い] の向きに傾けることで，固体と液体を分けることができ，反応を止めることができる。

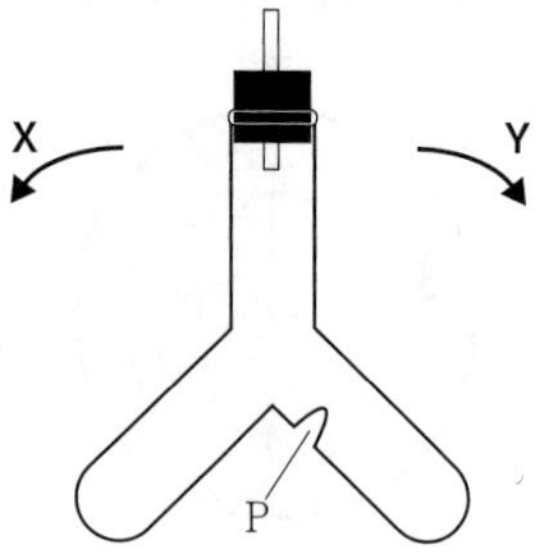

図1

(1) [調べたこと]の空らん [あ] に入る語句と，空らん [い] に入る向きの組み合わせとして，正しいものを次の**ア**～**エ**から一つ選び，記号で答えなさい。

	あ	い
ア	ある	X
イ	ある	Y
ウ	ない	X
エ	ない	Y

(2) [調べたこと]の下線部のように反応を止めることができるのは，ふたまた試験管にPがあるからです。次の文はPによって固体と液体が分けられる理由を説明したものです。文中の空らん [う]，[え] をうめ，文を完成させなさい。

Pの部分に [う] ので，[え] を反対側の管に移動させることができるから。

ふたまた試験管を使い，次の[実験1]を行いました。

[実験1]

① ふたまた試験管の片方の管に0.10gの物質A，もう片方にある濃《こ》さの塩酸を一定量入れた。

② 物質Aと塩酸を混ぜ合わせ，十分に反応させると気体Bが発生した。このとき発生した気体Bの体積を調べた。

③ 集めた気体Bに火のついたマッチを近づけると，気体Bは音を立てて燃えた。

④ ①，②の操作を塩酸の濃さと量は変えず，物質Aの重さのみを変えて行った。

実験結果から物質Aの重さと気体Bの体積の関係をまとめると，次の表のようになった。

表

物質Aの重さ(g)	0.10	0.15	0.20	0.25	0.30
気体Bの体積(cm^3)	30	45	60	60	60

(3) [実験1]で使用した物質Aとして，もっとも適当なものを次の**ア**～**エ**から一つ選び，記号で答えなさい。

ア 銅　**イ** 亜鉛《あえん》　**ウ** 貝がら　**エ** 重そう

(4) 物質Aの重さと気体Bの体積の関係を表すグラフを解答用紙にかきなさい。

(5) 48cm^3の気体Bが発生したとき，反応した物質Aの重さは何gですか。

(6)　0.27gの物質Aを反応させた後，物質Aが溶《と》け残りました。このとき溶け残った物質Aは何gですか。

次に塩酸と石灰石《せっかいせき》を使い，別の気体Cを発生させる[実験2]を行いました。

[実験2]

①　ふたまた試験管の片方の管に石灰石，もう片方に塩酸を入れ，混ぜ合わせると気体Cが発生した。

②　より純粋《じゅんすい》な気体Cを集めるために［　お　］置《ち》換法《かんほう》で，気体Cを集めた。

③　集めた気体Cを確認するために［　か　］。

④　集めた気体Cを図2のように火のついた長さの異なるろうそくP，Q，Rが入ったビーカーに静かに送ると，［　き　］。

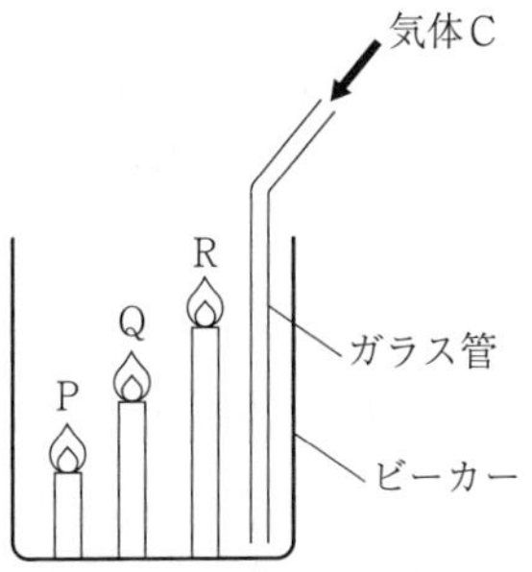

図2

(7)　[実験2]の空らん［お］に入る語句と，空らん［か］に入るものの組み合わせとして，もっとも適当なものを次の**ア**～**カ**から一つ選び，記号で答えなさい。

	お	か
ア	上方	火のついた線香を近づけると，線香が激しく燃えた
イ	上方	石灰水に通すと，石灰水が白くにごった
ウ	下方	火のついた線香を近づけると，線香が激しく燃えた
エ	下方	石灰水に通すと，石灰水が白くにごった
オ	水上	火のついた線香を近づけると，線香が激しく燃えた
カ	水上	石灰水に通すと，石灰水が白くにごった

(8)　空らん［き］に入るものとして，もっとも適当なものを次の**ア**～**カ**から一つ選び，記号で答えなさい。

ア　P→Q→Rの順にろうそくが激しく燃えた
イ　R→Q→Pの順にろうそくが激しく燃えた
ウ　ろうそくP，Q，Rは同時に激しく燃えた
エ　P→Q→Rの順にろうそくの火は消えた
オ　R→Q→Pの順にろうそくの火は消えた
カ　ろうそくP，Q，Rの火は同時に消えた

4　光について，後の問いに答えなさい。

図1に示すように，光が鏡に反射するときの［　P　］角と［　Q　］角は等しいことが知られていて，これを光の反射の法則といいます。ただし，図中の点線は鏡の面に垂直な線を表していて，光は矢印の向きに進んでいるものとします。

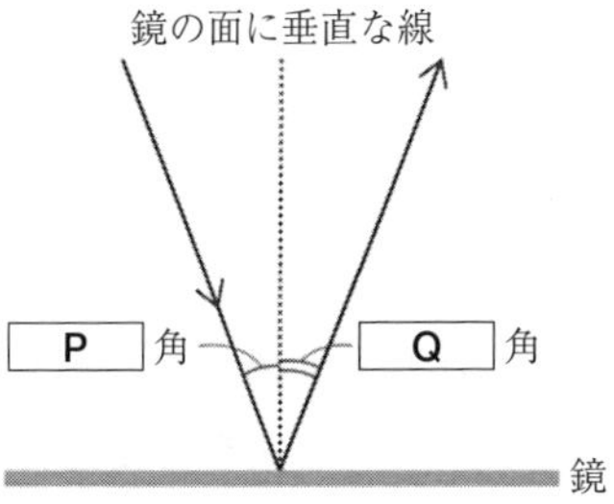

図1

(1)　空らん［P］，［Q］に入る語句をそれぞれ**漢字**で書きなさい。

ある角度で傾《かたむ》けた鏡A，鏡Bと光源をそれぞれ空気中の台の上に置きました。図2はこれを上から見た図で，光源から出た

光のその後の道すじを書き加えてあります。ただし，鏡の大きさは実際のものよりも大きく示しています。光源から出て鏡Ａの中心で反射した光は，鏡Ｂに垂直に当たって反射し，再び鏡Ａの中心に当たって反射しました。このとき，鏡Ａの中心と鏡Ｂとの距離《きょり》は250ｍでした。

⑵　光が鏡Ａで反射してから，鏡Ｂで反射して再び鏡Ａの中心に当たるまでの時間は，光が空気中を１km 進むのにかかる時間の何倍ですか。

次に，鏡Ａを，その中心を軸《じく》として１秒間あたり150回の一定の速さで回転させました。

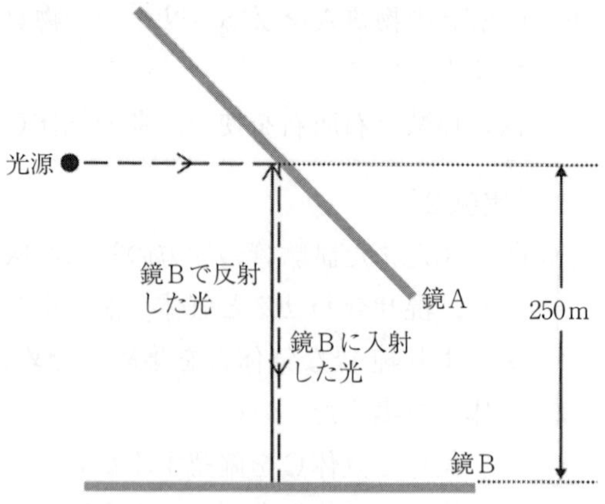

図２

⑶　鏡Ａが１回転するのにかかる時間は何秒ですか。**分数**で答えなさい。

⑷　⑶で求めた時間は，光が空気中を１km 進むのにかかる時間の何倍ですか。ただし，光は１秒間に空気中を30万 km 進むものとします。

光が鏡Ａで反射した後，鏡Ｂで反射して再び鏡Ａに当たるまでの間に，鏡Ａは0.09度回転しているものとします。光の反射の法則を満たしながら光が反射することから考えると，はじめて鏡Ａに当たる前の光の道すじと２回目に鏡Ａで反射した後の光の道すじの間には，図３の角Ｒだけずれが生じます。

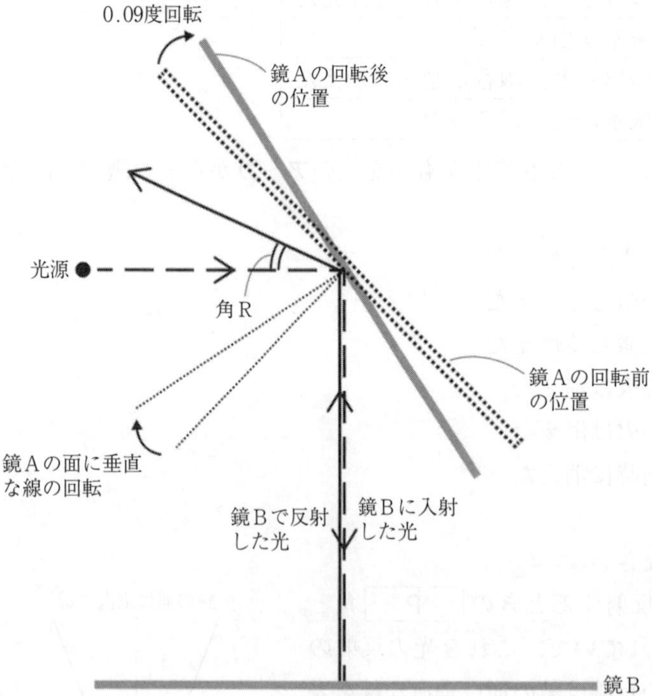

図３

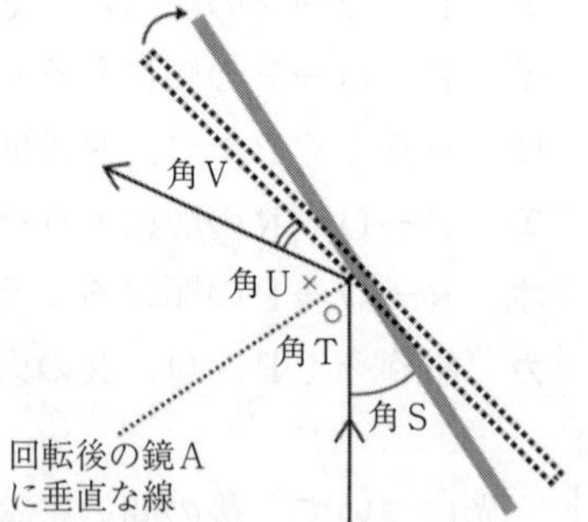

図４

⑸　図４は，図３中の鏡Ｂで反射した後の光の道すじを抜《ぬ》き出したものです。この図中の角Ｓ～Ｖの中から大きさが等しい角の組み合わせとして正しいものを，次の**ア**～**カ**から一つ選び記号で答えなさい。

ア　角Ｓと角Ｔ　　**イ**　角Ｓと角Ｕ　　**ウ**　角Ｓと角Ｖ
エ　角Ｔと角Ｕ　　**オ**　角Ｔと角Ｖ　　**カ**　角Ｕと角Ｖ

(6)　図３で鏡Ａが0.09度回転する間に，鏡Ａの面に垂直な線は何度回転しますか。また，角Ｒは何度ですか。

1850年にフランスの物理学者フーコーは，図３と同様の実験を行い，光の速さを測定することに成功しました。以下では，**光が空気中を１秒間に何ｍ進むかがわからない**ものとし，実験によって光の速さを測定することを考えます。

鏡Ａの中心と鏡Ｂとの間の距離を４ｍ，鏡Ａを１秒間あたり500回の一定の速さで回転させて図３と同様の実験を行ったところ，角Ｒは0.0096度となりました。

(7)　空気中の光の速さ（１秒間に何ｍ進むか）を計算する次の式の空らん $\boxed{X}$ ～ $\boxed{Z}$ に入る数の組み合わせとして正しいものを，後の**ア**～**コ**から一つ選び記号で答えなさい。

$$(\text{光の速さ})=(\boxed{X}\times 2)\div\left(\boxed{Y}\times\frac{\boxed{Z}\div 2}{360}\right)$$

	X	Y	Z
ア	4	500	0.0096
イ	4	$\frac{1}{500}$	0.0096
ウ	4	0.0096	500
エ	500	4	0.0096
オ	$\frac{1}{500}$	4	0.0096
カ	500	0.0096	4
キ	$\frac{1}{500}$	0.0096	4
ク	0.0096	500	4
ケ	0.0096	$\frac{1}{500}$	4
コ	0.0096	4	500

次に，鏡Ａの中心と鏡Ｂとの間の距離と，鏡Ａが回転する速さを(7)の値と変えずに，装置全体をある液体の中に沈《しず》めて同様の実験を行ったところ，図３の角Ｒは0.012度になりました。

(8)　この液体の中を光が進む速さは，空気中を光が進む速さの何倍ですか。

三　次の**1**～**6**の――線のカタカナを漢字で書きなさい。

1　人間のノウについて調べる。

2　よくジュクした果実。

3　彼女《かのじょ》のピアノエンソウはすばらしい。

4　大統領をゴエイする。

5　社会のコンカンを揺《ゆ》るがすような出来事。

6　空港でリョケンを見せるよう求められた。

五十字以上六十字以内で説明しなさい。

問四 **A**・**B** にあてはまる言葉の組み合わせとしてもっとも適当なものを次の**1**～**4**から一つ選び、番号で答えなさい。

1 **A** すると **B** たしかに
2 **A** そして **B** それゆえ
3 **A** だから **B** つまり
4 **A** しかし **B** もちろん

問五 ――線④「現代の科学者・技術者たちの『想定の箱』」とありますが、

(1) それはどういうことですか。もっとも適当なものを次の**1**～**4**から一つ選び、番号で答えなさい。

1 空想を含《ふく》めあらゆる科学技術を結集して創り上げた物語。
2 これまで蓄積《ちくせき》して来た経験を元に科学的に推測した知見。
3 すべての歴史的事実を解明してきた現代の最先端《さいせんたん》科学技術。
4 技術の進展も考慮《こうりょ》に入れた今後の世界の科学的展望。

(2) 『想定の箱』は、**[文章Ⅱ]**では何と言いかえられていますか。文中から漢字二字でぬき出しなさい。

問六 ――線⑤「災いを上回る恵み」とありますが、「恵み」とはどのようなことですか。――線⑤より**前の**文中の言葉を用いて三十字以上四十字以内で説明しなさい。

問七 ――線⑥「一万年に一度の災害」とありますが、筆者の言う「一万年に一度の災害」にあてはまるものを次の**1**～**4**から一つ選び、番号で答えなさい。

1 熊本地震　**2** 東日本大震災
3 貞観地震　**4** 鬼界アカホヤ噴火

問八 ――線⑦「目で見ることができる物体でさえ、ときに『見えない』状態になる」とはどういうことですか。次の**1**～**4**からもっとも適当なものを一つ選び、番号で答えなさい。

1 生き物は種に応じて頑固で強力な基準を共有しているが、その基準がときに変化するということ。
2 生き物には確立した生態系があるため、その範囲《はんい》を越《こ》えてしまうと対応しきれないということ。
3 自分が予測し得る範囲を越えてしまったときには、見えていても認識ができないということ。
4 これまでの経験にとらわれずに多様な見方ができる人というのは、ごく少数しかいないということ。

問九 ――線⑧「多様な人」とはどのような人のことですか。次の**1**～**4**からもっとも適当なものを一つ選び、番号で答えなさい。

1 「想定の箱」という考え方がそもそもないために、自由な発想によって発言を色々に変えて人々を惑《まど》わす人。
2 いくつもの「想定の箱」を持っているため、柔軟《じゅうなん》な発想によってその場に応じた臨機応変な対応のできる人。
3 自由な発想によって常に「想定の箱」の外に思いを巡らすことで、人々の悲しみを取り除くことのできる人。
4 「想定の箱」に収まらない柔軟な発想で世界を見ることで、人々とは異なる方法を模索《もさく》することのできる人。

問十 ＝＝線**X**「私たちに恵みをもたらすものと、災いをもたらすものは、全く同一なのではないか」とありますが、私たちに恵みと災いをもたらすものの例を一つ挙げ、その両面について七十字以上八十字以内で説明しなさい。ただし、本文中の例を用いてはいけません。

であると考えるならば、私たちを産みだしたものと、私たちを滅《ほろ》ぼすものもまた、同一不可分のものではないか、ということです。

[文章Ⅱ]

球が飛んでくれば、ぱっと避《さ》けるように、動物には、「考えずに、反射的に動く」能力が備わっているはずですから、車が車として認識《にんしき》できなくても、そういう反射的な反応を引き起こす状態であれば、カンガルーは逃《に》げるでしょう。

でも、そうでない瞬間が、存在するのかもしれません。車が、避けるべきものとは感じられない、とても異質な――自分が認識できる世界にはない――ものとして、彼《かれ》らの前に姿を現す瞬間が。

目の前に忽然《こつぜん》と姿を現す、途方《とほう》もなく大きな風車。足音をさせずに高速で近づいてくる物体。そういう「異質な」ものは、見えているのに、見えない、ということが、あり得るのかもしれない。

⑦目で見ることができる物体でさえ、ときに「見えない」状態になるというのは、なんとも不思議ですが、私には、このことが、生き物の認識の本質に深く関わっているような気がしてならないのです。

もしかすると、生き物はそれぞれ、「想定」の箱の中で暮らしているのではないか。自分と、自分を取り巻く世界が「こういうものである」という「想定の箱」の中で。

その想定の外にあるものは、見えない。認識できない。――そういうことが、あるのかもしれません。

津田先生が前回のお便りで多様性について触《ふ》れておられましたが、ある生き物にとっての「想定の箱」は、意外に共通していて、多様性の幅《はば》は狭いのかもしれないという気がしています。

例えばヒトのように、視覚――目で見ること――が、とても大切になっている生き物にとっては、「見えるか、見えないか」が、「あるか、ないか」を想定する基準になっていて、それは、とても頑固《がんこ》で強力な基準として共有されているような気がするのです。

でも、世の中には、ふと、「想定の箱」の外に思いを巡《めぐ》らし、見えないものでも、在るのではないか？ と考えることができる人もいて、そういう人が、常識の中に埋没《まいぼつ》していては決して気づくことのできぬ、思いもかけぬ何かに気づき、新しい道を見出《みいだ》してきたのかもしれません。だとすれば、津田先生が前回のお便りで書いておられたように、一様な「想定の箱」の中にいられない、⑧多様な人がいることが、人類をここまで生き残らせてきたのかもしれませんね。

（上橋菜穂子、津田篤太郎『ほの暗い永久《とわ》から出《い》で　生と死を巡る対話』）

問一　――線①「『鼃始鳴』は七十二候と呼ばれる、一年の季節の分け方の一つ」とありますが、この季節にもっとも近いものを次の**1**～**4**から一つ選び、番号で答えなさい。

1　立春　**2**　立夏　**3**　立秋　**4**　立冬

問二　――線②「日本の気候風土」とありますが、文中で述べられている日本の気候風土の説明として正しいものを次の**1**～**4**から一つ選び、番号で答えなさい。

1　国土の大半を森林が占《し》めているため、雨がよく降って水資源が豊富である。

2　豊かな水によって土壌が耕しやすくなり、季節ごとに多くの食物を得てきた。

3　国土を海に囲まれていることが、水による災いの原因の一つになっている。

4　季節によって異なる方向から風が吹いて雲を運ぶために、雨が多くなる。

問三　――線③「巨大なシワ寄せ」とは具体的に何を指していますか。

り込み続けており、めり込む際に太平洋側のプレートに長年かけて降り積もった堆積物《たいせきぶつ》がユーラシア側に乗り上げたもの（付加体）が列島の原型になったそうです。その後数億年かけてユーラシア側から列島を切《き》り離《はな》す動きも起こり、最終的に日本海と、いまの形の四つの大きな島になりました。

つまりは、プレートとプレートの③巨大なシワ寄せの上に私たちは立っていて、そこに風が吹き、雨が降り、深山幽谷《しんざんゆうこく》が形作られています。さらには太古の地球を偲《しの》ばせる溶岩が噴《ふ》き出《だ》す世界有数の火山国でもあり、美しい自然の風景を目にしながら温泉を楽しむことができます。

A、先ほどの「水」と同様、地球の「火」のエネルギーは、私たちに恵みだけではなくすさまじい災《わざわ》いをもたらします。前回のお手紙では、それを八重山《やえやま》の昔語りとして書きましたが、上橋さんからのお便りを待つうちに、嘆《なげ》かわしくも、またもや新たなる災いを現在進行形の形で目にすることとなってしまいました。

今回の熊本《くまもと》地震《じしん》を、さきの東日本大震災と関連したものととらえ、日本は九世紀以来の地震活動期に入ったのだ、と言う専門家もいます。確かに、熊本地震は震度7が立て続けに二回起こるという、観測史上いままで例のないものでしたし、東日本大震災の津波《つなみ》は、明治や昭和に経験された大津波を上回る規模で、同規模の津波は八六九年の貞《じょう》観《がん》地震にまでさかのぼると言われています。一千年を軽く上回る時間のスパンというものは、④現代の科学者・技術者たちの「想定の箱」を遥《はる》かに外れていたために、私たちはこの国で史上最悪の原発事故を目撃《もくげき》することになりました。

考えてみれば、地震や津波、火山噴火《ふんか》のほか、大雨・大雪・洪水、山崩《やまくず》れや雪崩《なだれ》、暴風や高潮、旱害《かんがい》や冷害などなど、自然災害の塊のような土地に、一億二千万人もの人口が住んでいるのは不思議なことです。⑤災いを上回る恵みがあるからでしょうか？ そうとも考えられますが、火山学者の研究によると、南九州では数千年に一度巨大なカルデラ噴火が起きており、直近の……といっても七千三百年前ですが……鬼界《きかい》アカホヤ噴火と呼ばれる大規模な噴火では、九州一円の縄《じょう》文《もん》文明が壊滅《かいめつ》したそうです。このような破局的出来事に対しては、どのような防災技術を以《も》ってしても対策とはなりません。できることがあるとすれば、いまのうちに九州から全人口を退避《たいひ》させ、立ち入り禁止区域にすることぐらいですが、それは現実的な選択肢《せんたくし》とはならないでしょう。

B、ここまで大きな災害でなければ、対策を立てられることはいくらでもあるので、私たちはある程度の安全を確保してこの地に住み続けています。一千年に一度の災害には、見通しの立たない原発災害を抱《かか》えながらも、何とか耐《た》え忍《しの》んで生きていますが、⑥一万年に一度の災害には、全くなす術《すべ》がないものであろうと予測します。この国で生きていくには、百％の安全を諦《あきら》め、日々うすうす死ぬ覚悟《かくご》をしておくことが必要なのかもしれません。

こんなことを考えだすと、一刻も早く日本を脱出《だっしゅつ》し、どこか安全な外国で命の心配をしないで生きていきたい……と思わなくもないのですが、外国暮らしは外国暮らしでリスクがあります。一万年に一度の災害に遭《あ》うことを心配するのであれば、だいたい飛行機や船だって乗れません。日本より治安の悪い国はたくさんあるし、安定した収入や住居を確保できないかもしれません。

結局、私たちは一生、災いと付き合っていかねばならないのだ、と思った瞬間《しゅんかん》、あることがひらめきました。X私たちに恵みをもたらすものと、災いをもたらすものは、全く同一なのではないか。不可分

二　次の［**文章Ⅰ**］、［**文章Ⅱ**］を読んで、後の問いに答えなさい。字数指定のあるものは、句読点やかっこなどもすべて一字に数えます。なお、［**文章Ⅱ**］は［**文章Ⅰ**］の中にある〰〰線「上橋さんからのお便り」にあたる文章で、オオワシやオジロワシが巨大《きょだい》風車のブレード(三枚羽)に一刀両断されたり、オーストラリアのカンガルーが交通事故にあったりしていることに続く部分です。

［**文章Ⅰ**］

一年で最もさわやかな季節になりました。

私の友人がこのあいだブログに「鼃《かわず》始《はじめて》鳴《なく》とはよく言ったもの……」と書いていました。東京に住んでいると蛙《かえる》の鳴き声は聞こえてきませんが、動物の行動はかなり正確に季節の移り変わりを反映するようです。

この①「鼃始鳴」は七十二候と呼ばれる、一年の季節の分け方の一つです。季節といえば、現代の私たちにとっては春夏秋冬の四季がお馴染《なじ》みですが、四季の始まりとピークで仕切ると、立春・春分・立夏・夏至《げし》・立秋・秋分・立冬・冬至の八つになり、これを八節というのだそうです。四季と八節で「季節」というわけですね。

さらに、こよみを開いてみると、八節の三倍、一年を二十四に分けた二十四節気があり、そのまた三倍に細かく分けたのが七十二候、というわけです。

一年を七十二にも分けてしまうと、ほんの五日ぐらいで次の区切りにうつろいゆくのですが、「蛙の鳴き始めが聞けるのは一年でこの時期だけ」とばかりに、儚《はかな》い時候の変化を惜《お》しむことができるのは、②日本の気候風土がそれだけダイナミックで変化に富んでいるからなのでしょう。

日本列島は国土は狭《せま》いですが、国土の三分の二が森林におおわれ、先進国ではフィンランド・スウェーデンに次ぐ規模の割合なのだそうです。これだけ森林が豊かなのは、雨がよく降り、水資源に恵《めぐ》まれているということがあり、湿度《しつど》の高い環境《かんきょう》で落ち葉や枯《か》れ木が朽《く》ちると肥沃《ひよく》な土となります。私たちのご先祖様はこの土壌《どじょう》を耕して、豊かな実りを享受《きょうじゅ》してきました。

なぜ日本は雨が多いかというと、海に囲まれていて、切り立った山地があり、風が吹《ふ》くからですね。冬はシベリアの凍《い》てついた大地から、夏は太平洋の暑い大海原《おおうなばら》から季節風が起こり、海上を吹《ふ》き渡《わた》る間に大量の水蒸気を帯びて、日本の山地にぶつかって雲となり、降水をもたらします。水は大いなる恵みの源ですが、しばしば大雪・大雨・洪水《こうずい》という形で私たちに襲《おそ》い掛《か》かってくる、厄介《やっかい》な存在でもあります。

そしてもうひとつ、なぜ日本列島が大陸と大洋の狭間《はざま》にあり、山がちの地形であるのか、ということについては、地球惑星《わくせい》科学が答えてくれます。

地球は太古の昔、ドロドロに溶《と》けた溶岩《ようがん》の塊《かたまり》でしたが、時間の経過とともに表面が冷え、溶岩は固まって厚い岩盤《がんばん》となり、その上に大陸と海洋が形成されました。ところが、一皮めくるとその下は液体状の溶岩ですから、溶岩が流れ動くのにしたがいその上の岩盤も徐々《じょじょ》に動きます。そのうちに、岩盤同士がぶつかって盛り上がったり、ある岩盤の下にもう一方の岩盤がめり込《こ》んだりします。こうして高い山脈と深い海溝《かいこう》が形成された、という説をプレートテクトニクス説といいます。

日本列島は、ユーラシア側の巨大な岩盤《プレート》に、太平洋側のこれまた大きなプレートがめり込んでできた、巨大な海溝(日本海溝)のすぐ西側に位置します。太平洋側のプレートはいまなお一年に数センチずつめ

2　あざ笑うような視線に対して声を荒《あら》げてしまった「僕」が、軽率《けいそつ》なことをした自分を恥ずかしく思った。

3　友人がおらず、休み時間もひとりで本を読んでいる「僕」が、周囲になじめないさびしさを感じている。

4　みんなとちがうことをする「僕」が、周囲からひそかに嘲《ちょう》笑《しょう》されているのを感じて、心に痛みを覚えた。

問六　――線④「犬の集団にアヒルが入ってきたら、あつかいに困る」とはどういうことですか。もっとも適当なものを次の**1**～**4**から一つ選び、番号で答えなさい。

1　どの人の個性も尊重されるべきであり、異質な存在があれば周囲のみんなの方が接し方を考えるべきなのだということ。

2　集団の中で認められる個性にも許容の範囲《はんい》があって、まったく異質な存在は周囲にとって迷惑《めいわく》なのだということ。

3　個性を尊重しようとしても、言葉の通じない異質な存在にはどう接したらよいか誰も見当がつかないということ。

4　個性が大事とはいえ集団の中に一つだけ異質な存在があれば周囲が困るため、立場をわきまえるべきだということ。

問七　――線⑤「石の意思という話」とありますが、くるみがこの話を通して「僕」に伝えようとしていることの説明としてもっとも適当なものを次の**1**～**4**から一つ選び、番号で答えなさい。

1　他人に流されないかたい意思を持っている人は貴重な存在であるため、大切にすべきだということ。

2　才能を磨くよりも、荒削《あらけず》りのままの方がまばゆいかがやきを放つことができるものだということ。

3　必ずしも周囲に合わせて自分を変える必要はなく、それぞれの考えが認められるべきだということ。

4　気の合う友人同士で集まるよりも、異なる意見を持つ人と話す方がはるかにおもしろいということ。

問八　――線⑥「自分の好きなことを好きではないふりをする」・⑦「好きではないことを好きなふりをする」とありますが、「僕」にとってそれぞれにあてはまるものを次の**1**～**6**から一つずつ選び、番号で答えなさい。同じ番号をくり返し使ってはいけません。

1　スマホゲーム　2　猫　3　友だち
4　本　5　刺繍　6　石

問九　――線⑧「文字を入力する指がひどく震《ふる》える」のはなぜですか。五十字以上六十字以内で説明しなさい。

問十　――線⑨「あれ」とは何ですか。四十字以上五十字以内で書きなさい。

問十一　――線⑩「靴紐をきつく締《し》め直《なお》して、歩く速度をはやめる」とありますが、この時の「僕」の気持ちとしてもっとも適当なものを次の**1**～**4**から一つ選び、番号で答えなさい。

1　宮多たちのことをもっとよく知るため勇気を出して話しかけようと固く誓《ちか》うと同時に、きっと理解してもらえるはずだと胸躍《おど》らせる気持ち。

2　好きなものを追い求めることは楽しいと同時に苦しいが、その苦しさに耐える覚悟を決め、どんな困難をも乗《の》り越《こ》えようと決心する気持ち。

3　好きなものを追い求めることや周囲の人々と理解し合うことをあきらめないと強く決意すると同時に、それがかなうことを期待する気持ち。

4　無理なことなどないと気づき、努力すれば何だって成《な》し遂《と》げられるはずだと実感すると同時に、姉を絶対に感動させたいと意気込《いきご》む気持ち。

いいのか。それを考えはじめたら、いてもたってもいられなくなる。

それから、明日。明日、学校に行ったら、宮多に例のにゃんこなんとかというゲームのことを、教えてもらおう。好きじゃないものを好きなふりをする必要はない。でも僕はまだ宮多たちのことをよく知らない。知ろうともしていなかった。

⑩靴紐をきつく締《し》め直《なお》して、歩く速度をはやめる。

（寺地はるな『水を縫《ぬ》う』）

注　＊某…その人物の名前が不明な場合に代わりに用いる語。
　　＊ナポリタン・マスティフ、ポメラニアン…どちらも犬の種類。

問一　**A**～**C**にあてはまる言葉を次の**1**～**6**からそれぞれ一つ選び、番号で答えなさい。同じ番号をくり返し使ってはいけません。

1　どんどん　**2**　じろじろ　**3**　そろそろ
4　めいめい　**5**　しげしげ　**6**　もごもご

問二　〰線㋐「虚勢《きょせい》を張る」・〰線㋑「心もとない」とはどのような意味ですか。もっとも適当なものを後の**1**～**4**からそれぞれ一つ選び、番号で答えなさい。

㋐「虚勢を張る」
1　恥《は》ずかしそうにする　**2**　つらそうにする
3　好きなふりをする　**4**　からいばりをする

㋑「心もとない」
1　悲しい　**2**　頼《たよ》りない
3　うしろめたい　**4**　気が置けない

問三　――線①「世界地図なら、砂粒《すなつぶ》ほどのサイズで描《えが》かれる孤島《ことう》。そこに彼女《かのじょ》はいた」とはどういうことですか。もっとも適当なものを次の**1**～**4**から一つ選び、番号で答えなさい。

1　高校はグループごとに自由に昼食をとるが、その中で高杉くるみだけが敢《あ》えてひとりでいたということ。
2　高校には色々なタイプのクラスメートがいる中でも、高杉くるみは特に際立《きわだ》った存在だったということ。
3　友だち同士机をくっつけてにぎわっている中、高杉くるみはたったひとりで昼食をとっていたということ。
4　高杉くるみが大きなグループの横でひとり昼食をとりつつ、仲間に入る機会をうかがっていたということ。

問四　――線②「その顔を見た瞬間《しゅんかん》『ごめん』と口走っていた」とありますが、この時の「僕」の気持ちとしてもっとも適当なものを次の**1**～**4**から一つ選び、番号で答えなさい。

1　自然体で昼食を楽しんでいる高杉くるみの顔を見た瞬間、自分はひとりになるのを恐《おそ》れて周囲に合わせ、楽しいふりをしていただけだったということに気がついた。
2　淡《あわ》い恋心《こいごころ》を抱《いだ》いている高杉くるみの顔を見た瞬間に、たとえ友人を傷つけることになっても良いから自分の好きなことに対して正直でいようという勇気が生まれた。
3　自分の好きなことに対していつもまっすぐな高杉くるみの顔を見た瞬間、好みや生活習慣のちがう宮多たちとは自分はわかりあえないことに気づき、悲しくなった。
4　誰に対しても気丈《きじょう》に自分の意見を表明する高杉くるみの顔を見た瞬間、いつも友人の言いなりになって何も言い返すことができない気の弱い自分に嫌気がさした。

問五　――線③「耳たぶをちりっと掠《かす》めた」とありますが、この時の「僕」の気持ちとしてもっとも適当なものを次の**1**～**4**から一つ選び、番号で答えなさい。

1　せっかく楽しく本を読んでいたのに、クラスメートにじゃまをされた「僕」が、怒《いか》りを押《お》し殺《ころ》している。

がわからない。

「石の意思、わかんの?」

「わかりたい、といつも思ってる。それに、ぴかぴかしてないときれいやないってわけでもないやんか。ごつごつのざらざらの石のきれいさってあるから。そこは尊重してやらんとな」

　じゃあね。その挨拶《あいさつ》があまりに唐突《とうとつ》でそっけなかったので、怒《おこ》ったのかと一瞬焦《あせ》った。

「キヨくん、まっすぐやろ。私、こっちやから」

　川沿いの道を一歩踏《ふ》み出《だ》してから振り返った。ずんずんと前進していくるみの後ろ姿は、巨大《きょだい》なリュックが移動しているように見えた。

　石を磨くのが楽しいという話も、⑤石の意思という話も、よくわからなかった。わからなくて、おもしろい。わからないことに触《ふ》れるということ。似たもの同士で「わかるわかる」と言い合うより、そのほうが楽しい。

　ポケットの中でスマートフォンが鳴って、宮多からのメッセージが表示された。

「昼、なんか怒ってた? もしや俺あかんこと言うた?」

　違う。声に出して言いそうになる。宮多はなにも悪いことをしていない。ただ僕があの時、気づいてしまっただけだ。自分が楽しいふりをしていることに。

　いつも、ひとりだった。

　教科書を忘れた時に気軽に借りる相手がいないのは、㋑心もとない。ひとりでぽつんと弁当を食べるのは、わびしい。でもさびしさをごまかすために、⑥自分の好きなことを好きではないふりをするのは、⑦好きではないことを好きなふりをするのは、もっともっとさびしい。

　好きなものを追い求めることは、楽しいと同時にとても苦しい。その苦しさに耐《た》える覚悟《かくご》が、僕にはあるのか。

　⑧文字を入力する指がひどく震《ふる》える。

「ちゃうねん。ほんまに本読みたかっただけ。刺繍の本」

　ポケットからハンカチを取り出した。祖母に褒《ほ》められた猫の刺繍を撮影《さつえい》して送った。すぐに既読《きどく》の通知がつく。

「こうやって刺繍するのが趣味《しゅみ》で、ゲームとかほんまはぜんぜん興味なくて、自分の席に戻りたかった。ごめん」

　ポケットにスマートフォンをつっこんだ。数歩歩いたところで、またスマートフォンが鳴った。

「え、めっちゃうまいやん。松岡くんすごいな」

　そのメッセージを、何度も繰《く》り返《かえ》し読んだ。

　わかってもらえるわけがない。どうして勝手にそう思いこんでいたのだろう。

　今まで出会ってきた人間が、みんなそうだったから。だとしても、宮多は彼らではないのに。

　いつのまにか、また靴紐《くつひも》がほどけていた。しゃがんだ瞬間、川で魚がぱしゃんと跳《は》ねた。波紋《はもん》が幾重《いくえ》にも広がる。太陽の光を受けた川の水面《みなも》が風で波打つ。まぶしさに目の奥《おく》が痛くなって、じんわりと涙《なみだ》が滲《にじ》む。

　きらめくもの。揺《ゆ》らめくもの。目に見えていても、かたちのないものには触れられない。すくいとって保管することはできない。太陽が翳《かげ》ればたちまち消《き》え失《う》せる。だからこそ美しいのだとわかっていても、願う。布の上で、⑨あれを再現できたらいい。そうすれば指で触れてたしかめられる。身にまとうことだって。そういうドレスをつくりたい。着てほしい。すべてのものを「無理」と遠ざける姉にこそ。きらめくもの。揺らめくもの。どうせ触れられないのだから、なんてあきらめる必要などない。無理なんかじゃないから、ぜったい。

　どんな布を、どんなかたちに裁断して、どんな装飾《そうしょく》をほどこせば校門を出たところでキヨくん、と呼ばれた。振《ふ》り返《かえ》ったその瞬間に、強い風が吹《ふ》く。

キヨくん。小学校低学年の頃《ころ》のままに、高杉くるみは僕の名を呼ぶ。当時は僕も彼女を「くるみちゃん」と親しげな感じで呼んでいたのだが、学年が上がるにつれて会話の機会が減り、今ではもうどう呼べばいいのかわからない。

「高杉さん。くるみさん。どっちで呼んだらええかな?」

「どっちでも」

名字が高杉というだけで塾《じゅく》の子らに「晋作《しんさく》」と呼ばれていた時期があって嫌《いや》だった、なので晋作でなければ、なんと呼ばれても構わないらしい。

「高杉晋作、嫌《きら》いなん?」

「嫌いじゃないけど、もうちょい長生きしたいやん」

「なるほど。じゃあ……くるみさん、かな」

歩いていると、グラウンドの野球部やサッカー部の声がどんどん遠くなっていく。今日は世界がうっすらと黄色くて、遠くの山がぼやけて見えた。春はいつもそうだ。すべての輪郭《りんかく》があいまいになる。

「あんまり気にせんほうがええよ。山田くんたちのことは」

「山田って誰《だれ》?」

僕の手つきを真似て笑っていたのが山田*某《なにがし》らしい。

「私らと同じ中学やったで」

「覚えてない」

個性は大事、というようなことを人はよく言うが、学校以上に「個性を尊重すること、伸《の》ばすこと」に向いていない場所は、たぶんない。柴犬《しばいぬ》の群れに交じった*ナポリタン・マスティフ。あるいは*ポメラニアン。集団の中でもてはやされる個性なんて、せいぜいその程度のものだ。④犬の集団にアヒルが入ってきたら、あつかいに困る。アヒルはアヒルの群れに交じれば見分けがつかなくなる。その程度のめずらしさであっても、学校ではもてあまされる。浮《う》く。くすくす笑いながら仕草を真似される。

「だいじょうぶ。慣れてるし」

けど、お気遣《きづか》いありがとう。そう言って隣を見たら、くるみはいなかった。数メートル後方でしゃがんでいる。灰色の石をつまみあげて、[C]と観察しはじめた。

「なにしてんの?」

「うん、石」

うん、石。ぜんぜん答えになってない。入学式の日に「石が好き」だと言っていたことはもちろんちゃんと覚えていたが、まさか道端《みちばた》の石を拾っているとは思わなかった。

「いつも石拾ってんの? 帰る時に」

「いつもではないよ。だいたい土日にさがしにいく。河原とか、山に」

「土日に? わざわざ?」

「やすりで磨《みが》くの。つるつるのぴかぴかになるまで」

放課後の時間はすべて石の研磨《けんま》にあてているという。ほんまにきれいになんねんで、と言う頬がかすかに上気している。

ポケットから取り出して見せられた石は三角のおにぎりのような形状だった。たしかによく磨かれている。触《さわ》ってもええよ、と言われて、手を伸ばした。指先で、しばらくすべすべとした感触《かんしょく》を楽しむ。

「さっき拾った石も磨くの?」

くるみはすこし考えて、これはたぶん磨かへん、と答えた。

「磨かれたくない石もあるから。つるつるのぴかぴかになりたくないってこの石が言うてる」

石には石の意思がある。駄洒落《だじゃれ》のようなことを真顔で言うが、意味

二〇二二年度 吉祥女子中学校

【国語】〈第二回試験〉（五〇分）〈満点：一〇〇点〉

一 次の文章を読んで、後の問いに答えなさい。字数指定のあるものは、句読点やかっこなどもすべて一字に数えます。

昼休みの教室には、机をくっつけたいくつもの島ができていた。大陸と呼びたいような大所帯もある。中学の給食の時間とは違《ちが》う。 A 仲の良い相手と昼食をともにすることができる。入学式から半月以上過ぎた。僕《ぼく》は教卓《きょうたく》の近くの、机みっつ分の島にいる。宮多を中心とする、五人組のグループだ。

宮多たちは、にゃんこなんとかという僕の知らないスマホゲームの話で盛り上がっている。猫《ねこ》のキャラクターがたくさん出てきて戦うのだという。ゲームをする習慣がないから、意味がよくわからない。さっきからぜんぜん会話に入れない。課金とかログインボーナスという単語が飛《と》び交《か》っている。もう、相槌《あいづち》すら打てなくなってきた。

祖母の顔を思い出して、懸命《けんめい》に話についていこうとした。だって友だちがいないのは、よくないことなのだ。家族に心配されるようなことなのだから。

「なあ、松岡《まつおか》くんは」

宮多の話す声が、途中《とちゅう》で聞こえなくなった。ふいに高杉《たかすぎ》くるみが視界に入ったから。

①世界地図なら、砂粒《すなつぶ》ほどのサイズで描《えが》かれる孤島《ことう》。そこに彼女《かのじょ》はいた。箸《はし》でつまんだたまごやきを口に運んでいる。唇《くちびる》の両端《りょうたん》がきゅっと持ち上がった。㋐虚勢《きょせい》を張るわけでもなく、おどおどするでもなく、たまごやきを味わっている。②その顔を見た瞬間《しゅんかん》「ごめん」と口走っていた。

「え」

「ごめん。俺《おれ》、見たい本あるから席に戻《もど》るわ」

ぽかんと口を開ける宮多たちに、背を向ける。

図書室で借りた、世界各国の民族衣装《いしょう》に施《ほどこ》された刺繍《ししゅう》を集めた本を開く。宮多たちがこの本に興味を示すとは到底《とうてい》思えない。わかってもらえるわけがない。ほんとうは『明治の刺繍絵画名品集』というぶあつい図録がよかった。残念ながらそちらは貸出禁止になっていたのだ。どのように糸を重ねてあるか、食い入るように眺《なが》める。ここはこうなって、こうなってて。勝手に指が動く。

ふと顔を上げると、近くにいた数名がこっちを見ていた。男女混合の四人グループのうちのひとりが僕の手つきを真似《まね》て、くすくす笑っている。

「なに？」

自分で思っていたより、大きな声が出た。他の島の生徒たちが気づいて、こちらに注目しているのがわかった。宮多たちも。でももう、あとには引けない。

「なあ、なんか用？」

まさか話しかけられるとは思っていなかったのか、ひとりがぎょっとしたように目を見開く。その隣《となり》の男子が「は？　なんなん」と頬《ほお》をひきつらせた。

「いや、なんなん？　そっちこそ」

べつに。なあ。うん。彼《かれ》らは B と言い合い、視線を逸《そ》らす。

教室に、ざわめきが戻る。遠くで交わされるひそやかなささやきや笑い声が、③耳たぶをちりっと掠《かす》めた。

2022年度

吉祥女子中学校　▶解説と解答

算　数　＜第２回試験＞（50分）＜満点：100点＞

解　答

1 (1)　3　(2)　$\frac{1}{3}$　(3)　82点　(4)　6個　(5)　45cm　(6)　18個　(7)　15km
2 (1)　9：5　(2)　8：5　(3)　3：5　**3** (1)　4.7％　(2)　5.6％　(3)　6.1％
4 (1)　**1段目**…55，**2段目**…155，**3段目**…255　(2)　①　16段　②　5段　(3)　①　14段　②　5段　**5** (1)　60度　(2)　31.4cm　(3)　①　6回　②　62.8cm　(4)　①　36回　②　376.8cm

解　説

1　逆算，平均とのべ，和差算，分数の性質，相当算，つるかめ算，流水算，速さと比

(1)　$5\frac{3}{4}-\left(□\div1\frac{1}{5}-2\right)\times3.5=4$ より，$\left(□\div1\frac{1}{5}-2\right)\times3.5=5\frac{3}{4}-4=1\frac{3}{4}$，$□\div1\frac{1}{5}-2=1\frac{3}{4}\div3.5=\frac{7}{4}\div\frac{7}{2}=\frac{7}{4}\times\frac{2}{7}=\frac{1}{2}$，$□\div1\frac{1}{5}=\frac{1}{2}+2=2\frac{1}{2}$　よって，$□=2\frac{1}{2}\times1\frac{1}{5}=\frac{5}{2}\times\frac{6}{5}=3$

(2)　$2\frac{5}{8}-0.75=\frac{21}{8}-\frac{3}{4}=\frac{21}{8}-\frac{6}{8}=\frac{15}{8}$，$3-\frac{2}{3}=\frac{9}{3}-\frac{2}{3}=\frac{7}{3}$ より，$\frac{15}{8}\div\left\{\frac{2}{7}+\left(1\frac{1}{6}-□\right)\div\frac{7}{3}\right\}=2\frac{11}{12}$，$\frac{2}{7}+\left(1\frac{1}{6}-□\right)\div\frac{7}{3}=\frac{15}{8}\div2\frac{11}{12}=\frac{15}{8}\div\frac{35}{12}=\frac{15}{8}\times\frac{12}{35}=\frac{9}{14}$，$\left(1\frac{1}{6}-□\right)\div\frac{7}{3}=\frac{9}{14}-\frac{2}{7}=\frac{9}{14}-\frac{4}{14}=\frac{5}{14}$，$1\frac{1}{6}-□=\frac{5}{14}\times\frac{7}{3}=\frac{5}{6}$　よって，$□=1\frac{1}{6}-\frac{5}{6}=\frac{7}{6}-\frac{5}{6}=\frac{2}{6}=\frac{1}{3}$

(3)　(平均点)＝(合計点)÷(教科数)より，(合計点)＝(平均点)×(教科数)となるから，国語と算数の合計点は，72×２＝144(点)，４教科の合計点は，75×４＝300(点)とわかる。よって，理科と社会の合計点は，300−144＝156(点)なので，右上の図１のように表すことができる。したがって，社会の点数は，(156＋８)÷２＝82(点)と求められる。

図１
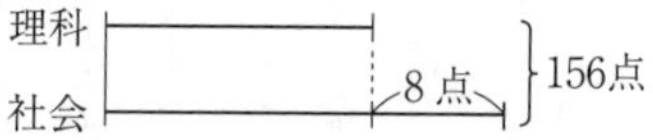

(4)　$\frac{1}{3}<\frac{9}{□}<\frac{1}{2}$の分子を９にそろえると，$\frac{9}{27}<\frac{9}{□}<\frac{9}{18}$となるから，18＜□＜27とわかる。よって，□にあてはまる数は{19，20，21，22，23，24，25，26}であり，このうち９と約分できない数は，{19，20，22，23，25，26}の６個ある。

(5)　もとの長方形の縦の長さを２，横の長さを３とすると，もとの長方形のまわりの長さは，(２＋３)×２＝10となる。また，新しい長方形の縦の長さは，$2\times\left(1+\frac{1}{6}\right)=\frac{7}{3}$，横の長さは，$3\times\left(1+\frac{2}{5}\right)=\frac{21}{5}$なので，新しい長方形のまわりの長さは，$\left(\frac{7}{3}+\frac{21}{5}\right)\times2=\frac{196}{15}$とわかる。よって，$\frac{196}{15}-10=\frac{46}{15}$にあたる長さが46cmだから，１にあたる長さは，$46\div\frac{46}{15}=15$(cm)と求められる。したがって，もとの長方形の横の長さは，15×３＝45(cm)である。

(6)　ＢさんとＤさんはそれぞれガムとチョコレートを逆の個数ずつ，合わせて30個買ったので，ＢさんとＤさんを組にすると，この組はガムとチョコレートを30個ずつ

図２

ガム　　　　（１個 30円）｝合わせて
チョコレート（１個100円）｝30個で1740円

買ったことになる。よって，ＢさんとＤさんが支《し》払《はら》ったお金の合計は，(30＋100)×30＝3900(円)とわかる。同様に考えると，ＣさんとＥさんが支払ったお金の合計も3900円だから，Ａさんが支払ったお金は，9540－3900×２＝1740(円)と求められる。したがって，Ａさんの買い方は上の図２のようにまとめることができる。チョコレートを30個買ったとすると，100×30＝3000(円)となり，実際よりも，3000－1740＝1260(円)高くなる。チョコレートのかわりにガムを買うと，１個あたり，100－30＝70(円)ずつ安くなるので，Ａさんが買ったガムの個数は，1260÷70＝18(個)とわかる。

(7)　AC間とCB間の距離《きょり》の比は，$\frac{1}{3}:\left(1-\frac{1}{3}\right)=1:2$であり，AC間とCB間にかかった時間の比は，30：50＝３：５だから，AC間とCB間の速さの比は，$\frac{1}{3}:\frac{2}{5}=5:6$とわかる。よって，はじめの静水時の速さを[1]とすると，右の図３のように表すことができる。

図３

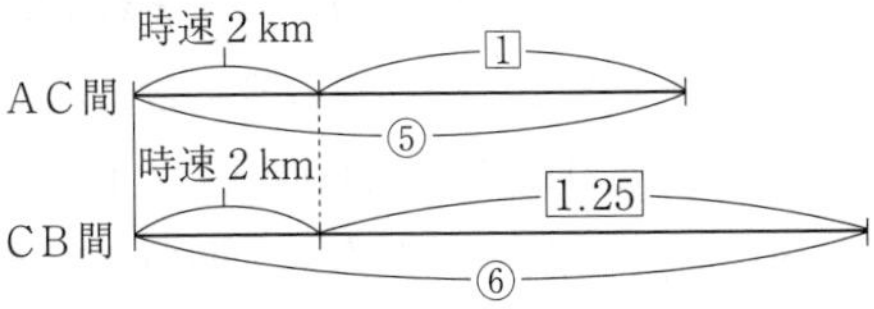

図３で，⑥－⑤＝[1.25]－[1]より，①＝[0.25]となるので，⑤＝[0.25]×５＝[1.25]とわかる。したがって，[1.25]－[1]＝[0.25]にあたる速さが時速２kmだから，[1]にあたる速さは時速，２÷0.25＝８(km)と求められる。つまり，AC間は時速，２＋８＝10(km)で30分かかり，CB間は時速，２＋８×1.25＝12(km)で50分かかったことになるので，AB間の距離は，$10\times\frac{30}{60}+12\times\frac{50}{60}=15$(km)とわかる。

[2] 平面図形―相似

(1)　下の図１で，PDとQEの長さの比を求めればよい。AFの長さを，２＋３＝５と，２＋１＝３の最小公倍数である15とすると，三角形ABFと三角形PBDは相似であり，相似比は，AB：PB＝(２＋３)：３＝５：３だから，PD＝$15\times\frac{3}{5}=9$となる。また，三角形AFCと三角形QECも相似であり，相似比は，AC：QC＝(２＋１)：１＝３：１なので，QE＝$15\times\frac{1}{3}=5$とわかる。よって，PD：QE＝９：５である。

(2)　下の図２で，RGとQEの長さの比を求めればよい。図のようにかげをつけた三角形を作り，(1)の比を用いると，PH＝９－５＝４となる。また，三角形QPHと三角形QRIは相似であり，相似比は，QP：QR＝(３＋１)：３＝４：３だから，RI＝$4\times\frac{3}{4}=3$とわかる。よって，RG＝３＋５＝８なので，RG：QE＝８：５と求められる。

(3)　下の図３で，三角形ABCと三角形SBCの面積の比が２：１だから，図１のAFと図３のSJの長さの比も２：１である。よって，SJ＝$15\times\frac{1}{2}=7.5$，SK＝7.5－５＝2.5となる。また，三角形QPHと三角形QSKは相似であり，相似比は，PH：SK＝４：2.5＝８：５なので，QP：QS＝８：５とわかる。したがって，PS：SQ＝(８－５)：５＝３：５と求められる。

図１

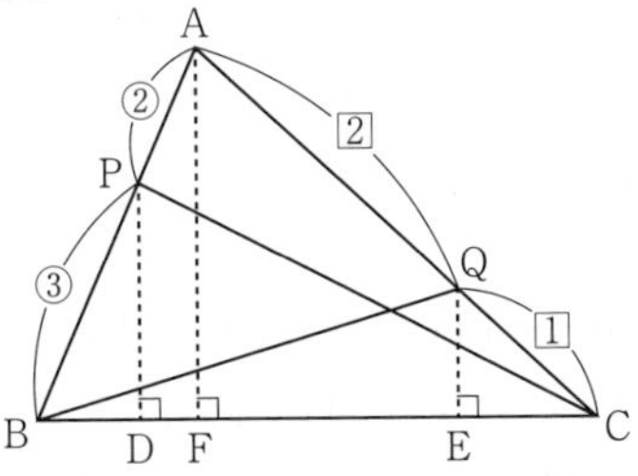

図２

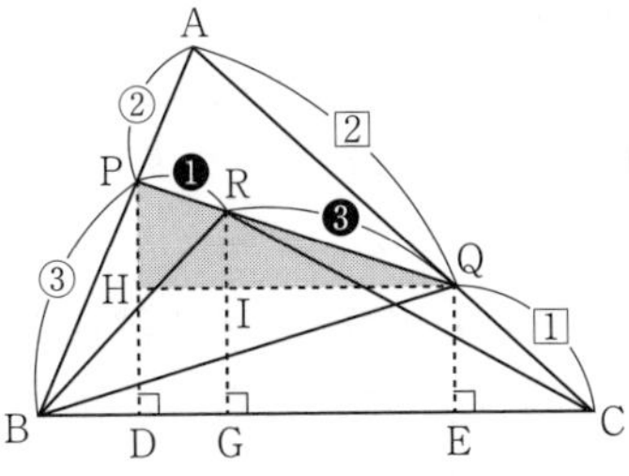

図３

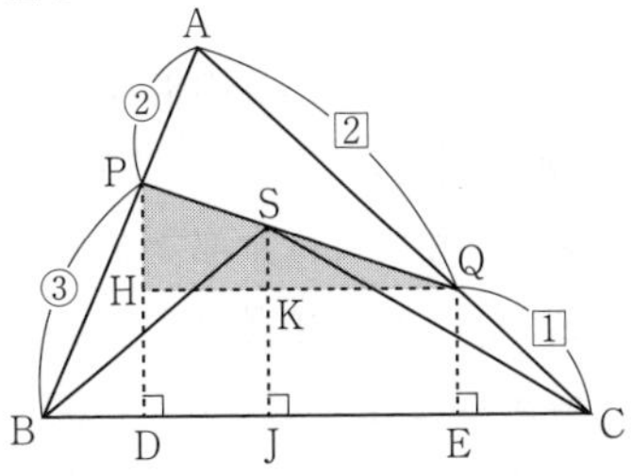

[3] 濃度《のうど》

(1)　１回目の操作では，容器Ａには，濃《こ》さが２％の食塩水を，300－100＝200（ｇ）と，濃さが10.1％の食塩水を100ｇ混ぜた食塩水ができる。（食塩の重さ）＝（食塩水の重さ）×（濃さ）より，混ぜた食塩水に含《ふく》まれる食塩の重さは，200×0.02＋100×0.101＝14.1（ｇ）とわかる。また，食塩水の重さははじめと変わらず300ｇのままだから，Ａの濃さは，14.1÷300×100＝4.7（％）と求められる。

〔ほかの解き方〕　食塩の重さの変化に注目する。ＡからＢ，ＢからＡに移す食塩水の重さは，それぞれの容器に入っている食塩水の，$\frac{100}{300}=\frac{1}{3}$にあたるので，このとき移す食塩の重さも$\frac{1}{3}$になる。つまり，操作後のＡに含まれている食塩の重さは，操作前のＡに含まれている食塩の重さの，$1-\frac{1}{3}=\frac{2}{3}$と，操作前のＢに含まれている食塩の重さの$\frac{1}{3}$の合計になる。操作前のＡに含まれている食塩の重さは，300×0.02＝６（ｇ），操作前のＢに含まれている食塩の重さは，300×0.101＝30.3（ｇ）だから，操作を１回行った後のＡに含まれている食塩の重さは，$6\times\frac{2}{3}+30.3\times\frac{1}{3}=$ 14.1（ｇ）とわかり，操作後のＡの濃さは，14.1÷300×100＝4.7（％）と求めることもできる。

(2)　はじめにＡとＢに含まれている食塩の重さの合計は，300×0.02＋300×0.101＝36.3（ｇ）であり，これは操作の後も変わらない。よって，操作を１回行った後のＢに含まれている食塩の重さは，36.3－14.1＝22.2（ｇ）なので，(1)の〔ほかの解き方〕と同様に考えると，操作を２回行った後のＡに含まれている食塩の重さは，$14.1\times\frac{2}{3}+22.2\times\frac{1}{3}=16.8$（ｇ）とわかる。したがって，操作を２回行った後のＡの濃さは，16.8÷300×100＝5.6（％）である。

(3)　操作を２回行った後のＢに含まれている食塩の重さは，36.3－16.8＝19.5（ｇ）だから，操作を３回行った後のＡに含まれている食塩の重さは，$16.8\times\frac{2}{3}+19.5\times\frac{1}{3}=17.7$（ｇ），Ｂに含まれている食塩の重さは，36.3－17.7＝18.6（ｇ）となる。よって，操作を４回行った後のＡに含まれている食塩の重さは，$17.7\times\frac{2}{3}+18.6\times\frac{1}{3}=18$（ｇ），Ｂに含まれている食塩の重さは，36.3－18＝18.3（ｇ）とわかる。したがって，操作を４回行った後のＢの濃さは，18.3÷300×100＝6.1（％）と求められる。

4　数列，整数の性質

(1)　１段目の和は，１＋２＋…＋10＝（１＋10）×10÷２＝55である。また，各列の数は１段ごとに10ずつ大きくなるから，１つの段の和は１段ごとに，10×10＝100ずつ大きくなる。よって，２段目の和は，55＋100＝155，３段目の和は，155＋100＝255とわかる。

(2)　①　各段の和は，{55，155，255，355，455，555，655，755，855，955，1055，…}のように100ずつ大きくなる。３の倍数は，和がはじめて３の倍数になる３段目(255)から，100と３の最小公倍数の300増えるごと，つまり，300÷100＝３(段)ごとにあらわれる。よって，50÷３＝16余り２より，50段目までには全部で16段あることがわかる。　②　45＝５×９なので，45は５と９の公倍数である。また，各段の和は必ず５の倍数だから，45の倍数になるためには９の倍数になればよい。さらに，９の倍数は，和がはじめて９の倍数になる９段目(855)から，100と９の最小公倍数の900増えるごと，つまり，900÷100＝９(段)ごとにあらわれる。よって，50÷９＝５余り５より，50段目までには全部で５段あることがわかる。

(3)　①　11の倍数は，和がはじめて11の倍数になる１段目(55)から，100と11の最小公倍数の1100増えるごと，つまり，1100÷100＝11(段)ごとにあらわれる。よって，150÷11＝13余り７より，150段目までには全部で，13＋１＝14(段)あると求められる。　②　165＝３×５×11より，(2)と同様に考えると，165の倍数は，和がはじめて165の倍数になる12段目(1155)から，100と３と11の最小公倍数の3300増えるごと，つまり，3300÷100＝33(段)ごとにあらわれる。よって，150÷33＝４余り18より，150段目までには全部で，４＋１＝５(段)あるとわかる。

5　平面図形―図形の移動，角度，長さ，周期算，整数の性質

(1)　下の図Ⅰで，同じ印をつけた部分の長さはすべて等しい。よって，三角形OABは正三角形だから，㋐の大きさは60度である。

(2)　下の図Ⅱの太線部分の長さを求めればよい。(1)と同様に考えると，これは，半径が15cmで中心角が60度のおうぎ形の弧《こ》２つ分なので，$15\times 2\times 3.14\times \frac{60}{360}\times 2=10\times 3.14=31.4$(cm)となる。

図Ⅰ

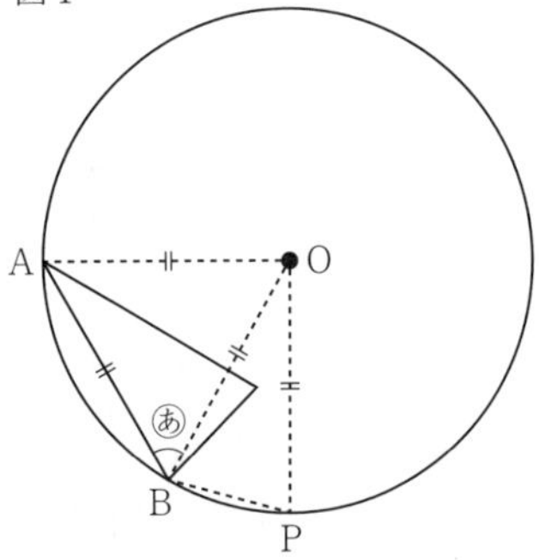

図Ⅱ

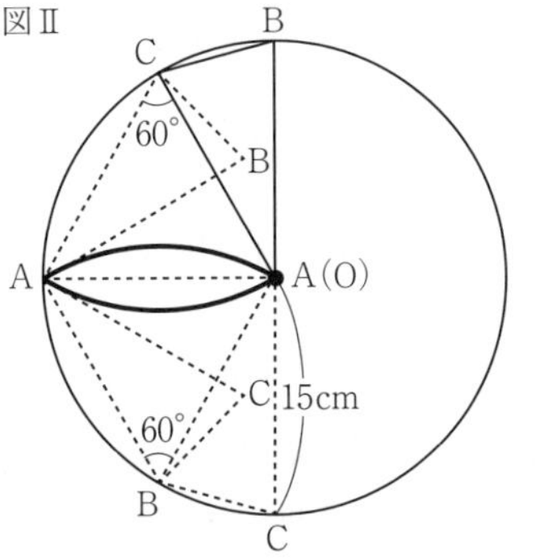

図Ⅲ

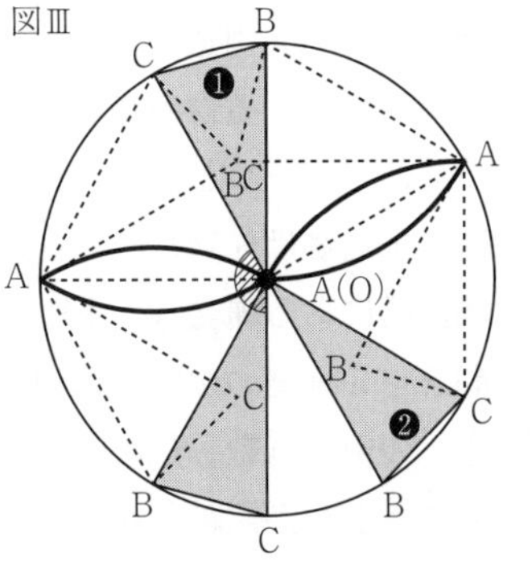

(3)　①　上の図Ⅲのように，❷の位置まで移動させると，問題文中の図６のようになるから，頂点は，A，C，B，A，C，Bの順に円周に６回触《ふ》れる。　②　図Ⅲの太線部分の長さを求めればよい。これは，半径が15cmで中心角が60度のおうぎ形の弧４つ分なので，(2)で求めた長さの２倍であり，10×3.14×２＝62.8(cm)と求められる。

(4)　①　図Ⅲのかげをつけた三角形のように，三角形の頂点Aと円の中心Oが重なるときを考える。最初の状態から❶の状態になるまでを１つ目の周期とすると，１つの周期を終えるたびに辺ACが動く角(斜線《しゃせん》部分の角)の大きさは，30＋60＋60＝150(度)であり，このとき三角形の頂点は円周と３回触れる。また，三角形ＡＢＣが最初の状態に戻《もど》るのは，辺ACが動いた角の大きさの合計が360の倍数になるときである。右の図Ⅳの計算から，150と360の最小公倍数は，30×５×12＝1800と求められるから，最初の状態に戻るのは，1800÷150＝12(周期)を終えたときとわかる。よって，それまでに三角形の頂点は円周に，３×12＝36(回)触れる。　②　１つの周期で頂点Aが動く長さは，(2)で求めた長さである。この12倍を求めればよいので，10×3.14×12＝376.8(cm)となる。

図Ⅳ

30) 150　360
　　　5　 12

社会　<第２回試験>（35分）<満点：70点>

解答

1　**問１**　ウ　**問２**　イ　**問３**　ウ　**問４**　イ　**問５**　土倉　**問６**　ア　**問７**　イ　**問８**　ア　**問９**　エ　**問10**　北前船　**問11**　戊辰戦争　**問12**　エ　**問13**　エ　**問14**　オ　**問15**　ア　**2**　**問１**　赤道　**問２**　イ　**問３**　ア　**問４**　雲仙(普賢)(岳)　**問５**　イ　**問６**　エ　**問７**　イ　**問８**　ウ　**問９**　イ　**問10**　苫小牧港…ウ　成田

空港…ア　**問11**　エ　**問12**　シリコン　**問13**　(1)　(例)　(北極海航路は従来の航路に比べ)距離が短い(から。)　(2)　(例)　地球温暖化の影響で，夏になると北極海の氷が解けるから。
問14　エ　**問15**　ウ　**3**　**問１**　エ　**問２**　エ　**問３**　ア　**問４**　イ　**問５**　ア
問６　通常　**問７**　総務省　**問８**　(例)　国会では過半数の賛成で議決するため，少数者の権利が軽視されやすいから。　**問９**　ウ　**問10**　イ

解　説

1　各時代の歴史的なことがらについての問題

問１　三内丸山遺跡は青森市郊外で発掘《はっくつ》された縄文時代の大規模集落跡で，大型掘立柱《ほったてばしら》建物跡や大型住居跡，植物の栽培跡など多くの遺物が見つかっている。2021年には「北海道・北東北の縄文遺跡群」の一つとして，ユネスコ(国連教育科学文化機関)の世界文化遺産に登録された。なお，吉野ヶ里遺跡は佐賀県にある弥生時代の遺跡，大森貝塚は東京都にある縄文時代の遺跡，板付遺跡は福岡県にある縄文時代末期～弥生時代初期の遺跡。

問２　３世紀の中国には魏《ぎ》・呉《ご》・蜀《しょく》という三つの王朝があった。その歴史を記した歴史書『三国志』の中の『魏志』には「倭人《わじん》伝」とよばれる部分があり，弥生時代の倭(日本)の風俗や邪馬台国《やまたいこく》のことなどが記録されている。なお，隋は６世紀後半～７世紀前半，唐は７世紀前半～10世紀前半に中国を支配した王朝。宋とよばれる王朝は複数回中国を支配したが，日本との関係では，倭の五王が使いを送った５世紀の王朝と，日宋貿易を行った10世紀後半～13世紀後半の王朝が知られる。

問３　律令制度のもと，農民に租庸調《そようちょう》といった税や兵役，労役の義務が課された。このうち，租は収穫した稲の約３％を地方に納める税，庸は10日間働く労役の負担の代わりに布などを納める税，調は各地の特産物を都まで運んで納める税であった。

問４　奈良時代の743年に墾田《こんでん》永年私財法が出され，新たに開墾した土地の私有が認められるようになると，有力な貴族や大寺社は人を動員して開墾を進め，のちに荘園とよばれる私有地を増やしていった。荘園も課税対象とされたが，有力な貴族や大寺社はその権威《けんい》を背景として，みずからの私有地である荘園に役人が立ち入ることを拒《こば》む権利である不入の権や，税の納入を免除される不輸の権を認められるようになった。また，保護を受けてこうした権利を得ようと，有力な貴族や大寺社に土地を寄進する者が増えたため，彼らの荘園はますます広がっていった。

問５　鎌倉時代後半から室町時代には，貨幣《かへい》経済の発達にともなって高利貸業者が増えていった。財力のあった寺院のほか，お金を貸す代わりに預かった物品を保管するための大きな倉庫を持っていた酒屋などの富裕な商工業者が土倉とよばれる高利貸業を営むことが多かったが，そのためにたびたび一揆《いっき》で襲撃《しゅうげき》された。

問６　一遍《いっぺん》は時宗の開祖で，諸国を遊行して踊《おど》り念仏を広めた。なお，イは浄土《じょうど》真宗を開いた親鸞，ウは法華《ほっけ》宗(日蓮《にちれん》宗)を開いた日蓮について述べた文，エは栄西が伝えた臨済宗について述べた文。

問７　Ａは織田信長が1571年に行ったこと，Ｂは豊臣秀吉が1592～93年(文禄の役)と1597～98年(慶長の役)に行ったこと，Ｃは豊臣秀吉が1587年に出したバテレン追放令について述べた文なので，時期の古い順にＡ→Ｃ→Ｂとなる。

問８　ア　江戸幕府の第８代将軍徳川吉宗が行った享保の改革について，正しく説明している。

イ　「大阪の陣《じん》」(1614・15年)ではなく「関ヶ原の戦い」(1600年)が正しい。　ウ　徳川家康は1603年に征夷《せいい》大将軍に任命され，江戸幕府の初代将軍となった。武家諸法度《しょはっと》は第２代将軍徳川秀忠のときの1615年に初めて出され，第３代将軍徳川家光が1635年に改定したさい，参勤交代が義務化された。　エ　吉田松陰《しょういん》は長州藩(山口県)の藩士で，大名ではない。

問９　ア　「ベトナム」ではなく「タイ」が正しい。　イ　「ベトナム戦争」ではなく「朝鮮戦争」が正しい。朝鮮戦争は1950年に始まり，1953年に休戦した。　ウ　「オランダ風説書」は，長崎出島にオランダ船が入港するたび，幕府への提出が義務づけられた海外事情の報告書で，一般庶民《しょみん》が目にすることはなかった。　エ　江戸幕府は1858年にアメリカ総領事ハリスとの間で日米修好通商条約を結ぶと，その後，オランダ・ロシア・イギリス・フランスとも同様の条約を結んだ(安政の五か国条約)。

問10　北前船は江戸時代に開発された西廻《まわ》り航路に就航した船で，蝦夷《えぞ》地(北海道)や東北地方の産物を，日本海沿岸各地で商売しながら大阪まで運んだ。

問11　1867年に大政奉還が行われ，王政復古の大号令が出されると，その対応に不満を持った旧幕府軍と新政府軍の間で争いが起こった。これが戊辰《ぼしん》戦争で，1868年１月の鳥羽《とば》・伏見《ふしみ》の戦い(京都府)から始まり，江戸城無血開城や会津戦争などを経たのち，1869年５月の五稜郭《ごりょうかく》の戦い(箱館戦争，北海道)で旧幕府軍が降伏《こうふく》して終結した。

問12　明治政府は，税収の安定を目指して1873年に地租改正を行い，地租(税)は土地所有者が地価の３％を現金で納めることとした。その基準は江戸時代の年貢の負担とほとんど変わらなかったため，各地で地租改正反対一揆が起き，税率は1877年に2.5％へと引き下げられた。

問13　1890年の帝国議会開設にともなって行われた第１回衆議院議員総選挙では，選挙権は直接国税15円以上を納める満25歳以上の男子にしか与えられなかった。

問14　Ａの「この戦争」は日露戦争(1904～05年)，Ｂの「この戦争」は第一次世界大戦(1914～18年)，Ｃの「この戦争」は日清戦争(1894～95年)を指しているので，時期の古い順にＣ→Ａ→Ｂとなる。なお，Ａの「当時の外務大臣」とは，関税自主権の回復を成しとげたことで知られる小村寿《じゅ》太郎《たろう》である。

問15　消費税は1989年に税率３％で初めて導入され，税率はその後，1997年に５％，2014年に８％，2019年に10％へと引き上げられた。

２　世界地図や日本の地形，気候などについての問題

問１　赤道は０度の緯線のことで，アフリカ大陸中央部や東南アジア(スマトラ島やカリマンタン島など)，南アメリカ大陸の北部(ブラジルなど)を通る。

問２　冬に大陸から吹《ふ》く冷たく乾いた北西の季節風は，日本海を渡るときに暖流の対馬海流の影響を受けて大量の水蒸気をふくむ。これが，日本海に面する高い山々にぶつかって雲をつくるため，日本海側の地域では冬の降水(雪)量が多くなる。

問３　「一人あたりの水資源賦存《ふそん》量」は，全体の水資源賦存量を人口で割って求めた数値だと考えられるので，人口密度の高さとの関連性が大きいと判断できる。人口の集中する関東地方の数値が低いのはそのためである。また，沖縄地方は雨は多いが，大きな河川がなく長さも短いため，降った雨がすぐに海に流れ出てしまう。そのため，水不足におちいることがある。

問４　雲仙《うんぜん》普賢岳《ふげんだけ》は長崎県南東部の島原半島にそびえる火山で，1990年から活発な火山活動が始ま

り，翌91年には大規模な火砕流《かさいりゅう》が発生して多くの犠牲《ぎせい》者が出た。

問5　ア　前半は，Aの地域に広がる根釧《こんせん》台地について正しく説明している。後半は，オホーツク海に面したサロマ湖の説明となっている。　　イ　Bの地域に位置する長野盆地や佐久盆地について，正しく説明している。　　ウ　Cの地域には紀伊山地があり，平地は少ない。ここには，人工の三大美林に数えられる吉野杉と尾鷲《おわせ》ひのきの人工林が広がっている。　　エ　前半はDの地域にある宍道《しんじ》湖の説明だが，「うなぎ」ではなく「しじみ」が正しい。後半は，境港について正しく説明している。

問6　らっかせいの収穫量は千葉県が全国第1位で，茨城県はこれにつぐ第2位となっている。統計資料は『日本国勢図会』2021／22年版による(以下同じ)。

問7　ア　1980年代，日本は特にアメリカから，貿易摩擦《まさつ》の解消を目的として，農産物の輸入自由化を強くうながされた。そして，1991年に牛肉とオレンジの輸入が自由化された。　　イ　1995年に始まった米の輸入自由化について，正しく説明している。　　ウ「WTO(世界貿易機関)」ではなく「EPA(経済連携《れんけい》協定)」が正しい。なお，日本がASEAN(東南アジア諸国連合)諸国とEPAを結んだのは2008年のこと。　　エ「TPP(環太平洋パートナーシップ協定)」ではなく「EPA」が正しい。日本は2018年にEU(ヨーロッパ連合)とEPAを結んでいる。

問8　ア「電気機械工業」ではなく「石油化学工業」が正しい。なお，岡山県倉敷《くらしき》市では鉄鋼業や繊維工業もさかんである。　　イ　阪神工業地帯は大阪湾沿岸の埋《う》め立て地を中心に発展し，掘《ほ》り込《こ》み港はつくられていない。掘り込み港を中心に発展した地域としては，鹿島臨海工業地域がよく知られる。　　ウ　東海工業地域について正しく説明している。　　エ「自動車工業」ではなく「石油化学工業」が正しい。

問9　日本はオーストラリアから多くの天然資源を輸入しており，鉄鉱石・石炭・液化天然ガスの最大の輸入先となっている。なお，ボーキサイトはアルミニウムの原料となる鉱石で，ボーキサイトをアルミニウムに精製するには多くの電力が必要となるため，日本では現在ボーキサイトではなく，アルミニウムとして輸入されている。

問10　苫小牧《とまこまい》市(北海道)は製紙・パルプ工業がさかんなので，輸出品の上位に「紙及《およ》び板紙」が入っているウがあてはまる。成田空港(千葉県)は，小型・軽量で高価という航空機輸送に適した品目が中心となるので，「半導体等電子部品」「科学光学機器」が上位に入っているアがあてはまる。なお，イは名古屋港(愛知県)，エは長崎港。

問11　日本企業が海外に生産拠点《きょてん》を移すようになると，国内の産業がおとろえて産業の空洞《くうどう》化が進む。これは背景ではなく結果なので，エが正しくない。

問12　シリコンは，電気を通す性質と電気を通さない性質をあわせ持つ素材で，半導体製品のおもな材料となる。半導体はコンピュータなどの精密機器に用いられ，情報通信産業を支えていることから，世界でもいち早く先端産業や情報通信産業が発達したアメリカ・カリフォルニア州サンフランシスコ市の近郊はシリコンバレーとよばれるようになった。これにちなみ，日本で半導体製造業がさかんになった九州は「シリコンアイランド」，東北自動車道周辺は「シリコンロード」とよばれるようになった。

問13　(1)　示されたメルカトル図法の地図上では，従来の航路と北極海航路は距離的にほとんど変わらないように見える。しかし，メルカトル図法では高緯度の地域の面積が実際よりも大きく表されるため，実際の北極海航路は従来の航路よりも距離がずっと短くなる。そのため，輸送時間が短く，燃料費も安くなるのである。　(2)　北極周辺の北極海は寒さが厳しいため，厚い氷でおおわれている。しかし，地球温暖化の影響によって，夏になると周辺の氷が解け，船の航行が可能になる。そのため，北極海航路の積極的な利用が試みられるようになっている。

問14　大分県は温泉源泉数と温泉湧出《ゆうしゅつ》量が全国で最も多く，みずから「おんせん県」を名乗り観光業の中心としている。アは水族館，イはキャンプ場，ウはテーマパーク・レジャーランド。

問15　図１の正距方位図法の地図で，東京のほぼ反対側にあるブエノスアイレスが地図の一番外側の円周付近にあることから，ある地点を中心とする正距方位図法を描いた場合，そのちょうど反対側にある地点は，一番外側にある円周上にくると判断できる。

3　政治のしくみや憲法，現代の社会などについての問題

問１　ア　「雇用《こよう》保険」ではなく「労働者災害保険(労災保険)」が正しい。雇用保険は，失業したさいの保障として給付される。　イ　社会保障費の中では，年金や健康保険などの社会保険にかかる費用が最も大きい。　ウ　「社会福祉」ではなく「公衆衛生」が正しい。　エ　国民年金は原則として，満20歳以上の全国民に加入が義務づけられている。一方で，生命保険や損害保険は民間企業が行う保険なので，希望者だけが加入する。よって，正しい。

問２　日本国憲法には，国会・内閣・裁判所の持つ権限などが規定されてはいるが，国会議員の定数や裁判官の定年年齢といった細かい規則は法律によって規定されている。

問３　内閣総理大臣は，国務大臣を任命したり罷免《ひめん》(辞めさせること)したりする権限を持っている。なお，イ～エは国会の権限。

問４　ア　日本国憲法は第96条で憲法改正について規定しているが，個別の条文の改正を禁止するような内容はふくまれていない。　イ　自衛隊をめぐる憲法解釈《かいしゃく》について正しく説明している。　ウ　自衛隊の最高指揮監督《かんとく》権は，内閣総理大臣が持っている。　エ　1951年に締結《ていけつ》された日米安全保障条約は，激しい反対運動が起こったにもかかわらず，1960年に改定された。

問５　ア　地方公共団体の選挙について正しく説明されている。なお，このように同時に行われる選挙は，「統一地方選挙」とよばれる。　イ　地方公共団体の首長(都道府県知事や市区町村長)は，地方議会で不信任決議案が可決された場合，辞職するか，地方議会を解散するかを選ぶことができる。　ウ　「衆議院」と「参議院」が逆である。なお，衆議院議員選挙の比例代表制は拘束《こうそく》名簿《めいぼ》方式，参議院議員選挙の比例代表制は非拘束名簿方式とよばれる。　エ　衆議院が解散された場合には，４年の任期を満了する前に衆議院議員総選挙が行われる。

問６　通常国会(常会)は毎年１月に会期150日で召集される国会で，会期は１回だけ延長でき，おもに次年度の予算が審議される。

問７　総務省は地方自治や選挙のほか，郵便事業や情報通信，消防などの仕事を担当している。

問８　国会の議決方法には，多数決が採用されている。多数決では，少数派になったほうの意見は採用されにくくなるため，特に基本的人権についての判断において，少数者の意見を切り捨てるような議決方法はふさわしくないという意見もある。

問９　国際赤十字は，国際連合やその専門機関，各国政府から独立して，戦争・紛争での負傷者の看護や医療《いりょう》に関する活動を行っている。

問10　会話文と【資料】より，「９条の改正について反対が賛成を31ポイント上回っている」とあるＷには朝日新聞があてはまる。同様に，「憲法改正について賛成が反対を18ポイント上回っていた」とあるＸは産経新聞，「９条を改正して自衛隊を明記することについて，賛成が反対を21ポイント上回っている」とあるＹは毎日新聞，「憲法改正についても賛成が反対を16ポイント上回っていた」とあるＺは読売新聞だとわかる。

理　科　＜第２回試験＞（35分）＜満点：70点＞

解　答

1 ⑴ ウ　⑵ **記号**…Ｂ　**名前**…（例） 道管　⑶ ウ　⑷ イ　⑸ **P** ア　**Q** ウ　2 ⑴ ウ　⑵ ア　⑶ ア　⑷ イ　⑸ へんせいふう　⑹ ⑥ 784　⑦ 60　3 ⑴ ア　⑵ （例） **う** 固体が引っかかる　**え** 液体のみ　⑶ イ　⑷ 右の図　⑸ 0.16ｇ　⑹ 0.07ｇ　⑺ カ　⑻ エ　4 ⑴ **P** 入射　**Q** 反射　⑵ $0.5\left(\frac{1}{2}\right)$倍　⑶ $\frac{1}{150}$秒　⑷ 2000倍　⑸ エ　⑹ **回転**…0.09度　**角R**…0.18度　⑺ イ　⑻ 0.8倍

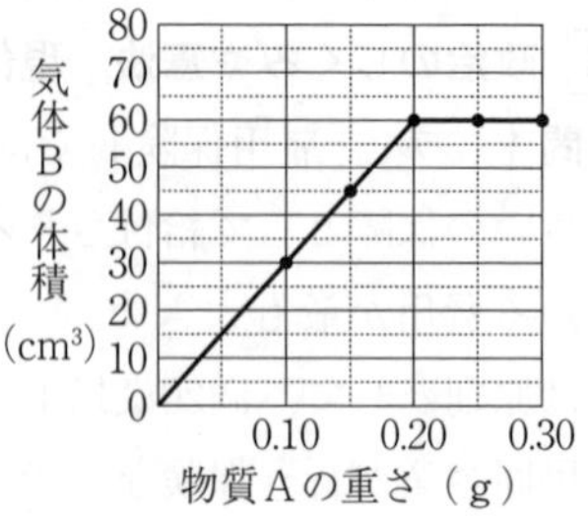

解　説

1 植物の茎《くき》のつくりについての問題

⑴ ダイズは２枚の子葉をもつ双子《そうし》葉植物である。双子葉植物は葉に網状《もうじょう》脈（網目《あみめ》状の葉脈）が見られ，根が主根と呼ばれる太い根と，主根から分かれてのびる側根とでできている。

⑵ 維管束《いかんそく》のうち，形成層の外側にあるＡは師部と呼ばれる部分で師管があり，内側にあるＢは木部と呼ばれる部分で道管や仮道管がある。根から吸収された水や肥料は道管や仮道管を通って体の各部分に運ばれる。

⑶ 単子葉植物にも維管束があるが形成層はなく，維管束は茎の全体に散らばるように並んでいる。単子葉植物でも維管束のうち，師管は茎の外側にあり，道管は茎の内側にあるので，茎の断面を縦に切るとウのように見える。

⑷ Ｘ 茎の先端《せんたん》付近で行われている一次成長は，茎が伸《の》びる成長である。　Ｙ 図３で，模様が同心円状に広がっているようすから，二次成長は，茎が太くなる成長であることがわかる。

⑸ **P** 二次成長で，細胞《さいぼう》は茎を太くする方向に成長する。Ｐの場合はアの向きに分裂《ぶんれつ》し，茎の外側が新たにＡの細胞になり，内側が新たな形成層の細胞になることで茎が太くなる。　**Q** 図３の年輪は外側のものほど円周の長さが長くなっている。これは，形成層の細胞は横方向（ウの向き）に分裂することによって長さを伸ばしていることを示す。なお，二次成長は茎を太くする方向の成長なので，イは適切ではない。

2 経度と緯《い》度についての問題

⑴ 地球は西から東に向かって自転している。飛行機が自転の向きと同じ東向きに飛んでいるとき，夕焼けは飛んでいる方向と反対向きの西の空に見える。

⑵ 地球が自転していることによって時差が生まれる。時差はおよそ経度の差で考えることができ

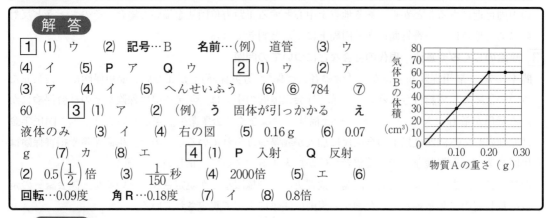

るので，日本と経度の差がもっとも小さいシドニーは日本と時差が少なく，「時差ぼけ」が起こりにくい。

⑶　③　春分（３月21日ごろ）から秋分（９月23日ごろ）の間は北の地方ほど昼の長さが長くなる。すると，７月26日の日記で，シアトルの方が東京より昼が長いと書かれていることから，シアトルの方が東京より北に位置している，つまり緯度が高いことがわかる。なお，シアトルはおよそ北緯47度にあり，東京はおよそ北緯36度にある。　④　太陽は東から西に向かって移動しているように見えるので，復路では飛行機が太陽を追いかけるように飛行している。そのため，東へ向かう往路よりも，西に向かう復路の方が夕焼けが見えている時間は長くなる。

⑷　春分から秋分までは地軸《じく》は太陽の方向に傾《かたむ》いているので，北極点は太陽のある方向，つまり，イやオのように昼と夜の境目より左側にある。また，⑶より，シアトルの方が東京より北にあることからイが選べる。

⑸　日本付近の上空には，地球の自転の影響《えいきょう》で，１年中強い西風が吹《ふ》いている。この西風を偏西《へんせい》風《ふう》と呼ぶ。

⑹　往路の見かけの速さは，7600÷９＝844.4…より，時速844km，復路の見かけの速さは，7600÷10.5＝723.8…より，時速724kmと求められる。また，往路は追い風となるので，見かけの速さは(無風状態の速さ)＋(風の速さ)となり，復路は向かい風となるので，見かけの速さは(無風状態の速さ)－(風の速さ)となる。よって，無風状態の速さは，{(往路の見かけの速さ)＋(復路の見かけの速さ)}÷２で求められ，時速，(844＋724)÷２＝784(km)である。また，風の速さは，往路の見かけの速さと無風状態の速さの差から，時速，844－784＝60(km)となる。

3　気体の発生についての問題

⑴，⑵　固体はふたまた試験管のくぼみＰのある方に入れ，液体は反対側に入れる。ふたまた試験管をＹの向きに傾けると液体がくぼみＰのある方に流れて固体と混ざり合い，化学反応がおこって気体が発生しはじめる。実験の途中《とちゅう》で気体の発生を止めたいときは，ふたまた試験管をＸの向きに傾ける。すると，固体はくぼみＰに引っかかって止まり，液体だけが反対側の管に移動するので反応がおさまり気体の発生が止まる。

⑶　マッチの火を近づけると音を立てて燃えたことから気体Ｂは水素とわかる。よって，塩酸と反応して水素を発生させる亜鉛《あえん》を選ぶ。なお，塩酸は銅とは反応せず，貝がらや重そうとは反応して二酸化炭素を発生させる。

⑷　表のそれぞれの値に当てはまる交点に●を印す。すると，物質Ａの重さが0.20ｇで，発生した気体Ｂの体積が60cm^{3}の点までは比例のグラフ，それ以降は横軸に平行になるグラフがかける。

⑸　気体Ｂが60cm^{3}発生するまでは物質Ａの重さと気体Ｂの体積が比例しているから，気体Ｂが45cm^{3}発生したときに反応した物質Ａは，$0.10\times\frac{48}{30}=0.16$(ｇ)である。

⑹　⑷より，加えた塩酸と過不足なく反応する物質Ａの重さは0.20ｇだから，0.20ｇより多い物質Ａは溶《と》け残る。よって，溶け残りは，0.27－0.20＝0.07(ｇ)とわかる。

⑺　石灰石に塩酸を加えると石灰石が溶けて二酸化炭素が発生する。二酸化炭素を石灰水に通すと，水に溶けにくい炭酸カルシウムの固体ができ，石灰水が白くにごる。また，二酸化炭素は水に少し溶けるが，純粋《じゅんすい》な二酸化炭素を集めたい場合には水上置換《ちかん》法で集める。なお，二酸化炭素は空気より重い(約1.5倍の重さ)のため，下方置換法で集めることもできるが，集めるときに空気が混じ

ってしまうので，集めた気体を実験で使用するのには適していない。

⑻　二酸化炭素は空気より重いので，図２のようにしてビーカーの中に静かに二酸化炭素を送ると，ビーカーの底から二酸化炭素がたまっていく。ろうそくの火が燃えるには酸素が必要であるから，火の位置まで二酸化炭素がたまると酸素とふれなくなって火は消える。

4　光の反射についての問題

⑴　光が鏡に当たって反射するとき，光が鏡に向かって進む線と鏡の面に垂直な線のなす角を入射角と呼び，光が反射して進む線と鏡の面に垂直な線のなす角を反射角と呼ぶ。この２つの角度は等しくなる。

⑵　光が鏡Ａの中心と鏡Ｂの間を往復する距離《きょり》は，250×２＝500(m)である。光が空気中を１km(1000m)進むときと比べると，進む距離が，500÷1000＝0.5(倍)になるので，進むのにかかる時間も0.5$\left(\frac{1}{2}\right)$倍となる。

⑶　鏡は１秒間で150回転するので，１回転するのにかかる時間は，１÷150＝$\frac{1}{150}$(秒)になる。

⑷　光が空気中を１km進むのにかかる時間は，１÷300000＝$\frac{1}{300000}$(秒)である。よって，鏡が１回転するのにかかる時間は，光が空気中を１km進むのにかかる時間の，$\frac{1}{150}\div\frac{1}{300000}$＝2000(倍)である。

⑸　入射角である角Ｔと反射角である角Ｕは大きさが等しい。

⑹　鏡Ａの面に垂直な線は，垂直を保ったまま鏡と同じように回転するから鏡Ａが回転する角度と等しく0.09度回転する。また，鏡Ａが0.09度回転した場合，鏡Ｂで反射した光が鏡Ａに当たるときの入射角は，光源から出た光が鏡Ａで反射するときの入射角と比べて0.09度大きくなる。すると，入射角と反射角の合計は，0.09×２＝0.18(度)大きくなるので，角Ｒは0.18度である。

⑺　速さは，(道のり)÷(かかった時間)で求められる。すると，(X×２)には，光が鏡Ａと鏡Ｂの間を往復した距離が当てはまるので，Xには４が入る。次に，$\left(Y\times\frac{Z\div 2}{360}\right)$には，光が鏡Ａと鏡Ｂの間を往復した時間(角Ｒが0.0096度になる時間)が当てはまる。ここで，鏡が１回転(360度回転)するのにかかる時間は，１÷500＝$\frac{1}{500}$(秒)である。また，⑹より，角Ｒは鏡が回転した角度の２倍になるので，角Ｒが0.0096度のとき，鏡Ａは(0.0096÷２)度回転したことになる。よって，鏡が(0.0096÷２)度回転するのにかかる時間は，$\left(\frac{1}{500}\times\frac{0.0096\div 2}{360}\right)$秒となるので，$Y$には$\frac{1}{500}$，$Z$には0.0096が当てはまる。

⑻　装置全体をある液体の中に沈《しず》めたとき，沈める前と比べて，角Ｒの大きさが，0.012÷0.0096＝1.25(倍)になる。すると，鏡Ａと鏡Ｂの間を往復するのにかかる時間も1.25倍になるので，ある液体の中を進む光の速さは，空気中の，１÷1.25＝0.8(倍)になる。

国　語　＜第２回試験＞（50分）＜満点：100点＞

解　答

一　**問１**　**A**　4　**B**　6　**C**　5　**問２**　㋐　4　㋑　2　**問３**　3　**問４**　1
問５　4　**問６**　2　**問７**　3　**問８**　⑥　5　⑦　1　**問９**　（例）　自分の好きな

ものを相手に伝えるこわさと同時に，理解されずひとりになってしまうかもしれないという不安を感じているから。　**問10**　（例）　波打つ水面のきらめきやゆらめきのように，見えてはいてもふれられず，すぐに消え失せてしまう美しさ。　**問11**　3　　二　**問1**　2　**問2**　3　**問3**　（例）　太平洋側のプレートがユーラシア側のプレートに少しずつめりこむさいに，たい積物がユーラシア側に乗り上げてできた日本列島。　**問4**　4　**問5**　(1)　2　(2)　常識　**問6**　（例）「水」や「火」のエネルギーから，豊かな実りや美しい自然の風景がもたらされたこと。　**問7**　4　**問8**　3　**問9**　4　**問10**　（例）　科学技術は，様々な電化製品を生み出すことで人々の生活を便利で豊かなものにしてきたが，高性能の兵器が開発されることで多くの人命が失われるなど負の側面も持っている。　三　下記を参照のこと。

●漢字の書き取り

三　1　脳　2　熟(した)　3　演奏　4　護衛　5　根幹　6　旅券

解説

一　**出典は寺地《てらち》はるなの『水を縫《ぬ》う』による。**一人になるのがこわくて周りに話を合わせていた「僕《ぼく》」は，高杉《たかすぎ》に勇気をもらい，好きなものを追い求めると同時に，周囲とも理解し合いたいと決意する。

問1　**A**　どの生徒もそれぞれ仲のよい相手と一緒《いっしょ》に昼食をとれるというのだから，“それぞれ”という意味の「めいめい」が入る。　**B**　刺繍《ししゅう》の本に熱中する「僕」を変わり者だとばかりに見ていた者たちは，「僕」が何か用かと声をかけると，言葉をにごして視線をそらしている。何か用かと言われ，返答に困ったのだから，あいまいに言葉をにごして言うようすをいう「もごもご」が合う。　**C**　やすりで磨《みが》くのに適した石かどうか，石の声を聞き取りつつ，よく観察しているのだから，目をこらしてよく見るようすをいう「しげしげ」がよい。

問2　㋐「虚勢《きょせい》を張る」は，“弱いところをかくして，見た目だけはいせいのよいふりをする”“からいばりする”という意味。　㋑「心もとない」は“頼《たよ》りなく不安だ”という意味。

問3　最初の二段落にあるとおり，昼休みの教室では，めいめいが好きなように気の合う相手と机をくっつけて昼食をともにしていた。本文ではくっつけた机を「島」にたとえているが，高杉くるみだけはだれかと一緒ではなく，一人だけで昼食をとっていたのだから，3があてはまる。

問4　「僕」は宮多たちのグループに入っていたが，ゲームの話題についていけずにいた。友だちがいないと家族に心配されると思い，グループの会話に合わせていると，一人で昼食を楽しむ自然体の高杉くるみが目に入り，自分も周囲に合わせるのはやめようと思ったのだから，1が合う。

問5　グループから離《はな》れ，刺繍の本に熱中している「僕」を遠くからながめ，こっそり笑いものにしている人たちの声を「僕」の耳がとらえ，心が痛んでいるのだから，4がよい。

問6　直前の三文に注意する。柴犬《しばいぬ》の群れにちがう種類の犬が交じったらもてはやされるかもしれないが，犬でさえないアヒルなどの全く異質なものが柴犬のなかに交じったら迷惑《めいわく》になるというのだから，2があてはまる。「個性は大事」とはいえ，周囲とのちがいが大きければ，なかなかすんなりとは受け入れてもらえないと「僕」は考えているのである。

問7　石にも意思があるのでそれを尊重し，磨かれたくない石は磨かないとくるみは言っている。ましてや，人間が自分の意思を曲げて無理に他人に合わせる必要はなく，それぞれの考えが認められるべきだとくるみは伝えようとしていると考えられるので，３が選べる。

問８　⑥，⑦　両方とも「僕」がさびしさをごまかすためにしていたことなので，宮多たちのグループで弁当を食べていたときの「僕」の状況《じょうきょう》を考える。刺繍が好きな「僕」はそれをかくし，興味のないスマホゲームの話題についていこうと必死だったのだから，ぼう線⑥には刺繍，ぼう線⑦にはスマホゲームがあてはまる。

問９　直前の部分に注意してまとめる。メッセージをくれた宮多に，「僕」は刺繍が好きなのだと明かす決心をするが，刺繍の本に熱中する姿をほかの生徒に笑われた後でもあり，伝えるのがこわく，また，理解してもらえずに一人になってしまうかもしれないと不安を感じ，指が震《ふる》えるのだと考えられる。

問10　布の上で再現できたら，「あれ」に指でふれられると「僕」が考えていることが続く部分からわかる。「あれ」は前の部分を指すので，風で波打つ水面《みなも》のきらめきやゆらめきのように，見えてはいてもふれられずに，たちまち消え失せてしまう美しさのことになる。

問11　きらめくものやゆらめくものを刺繍で形にしたいと強く願い，実現に向けて思いをめぐらすとともに，宮多たちのことももっと理解したいと「僕」が思っていることが直前に書かれている。ぼう線⑩からは，気持ちも新たにそう決意し，「僕」が未来に向かおうとしていることがうかがえる。

二　**出典は上橋菜穂子《うえはしなほこ》，津田篤太郎《つだとくたろう》の『ほの暗い永久《とわ》から出《い》でて　生と死を巡《めぐ》る対話』による。**［文章Ⅰ］では，日本列島の成立と気候風土や自然災害について述べられ，［文章Ⅱ］では，多様な発想の重要性について説明されている。

問１　「鼃始鳴《かわずはじめてなく》」は蛙《かえる》の鳴き始め，つまり春になってオスの蛙がメスの蛙を呼んで鳴く時期を指すので，立夏に近い五月五日～十日ころのことになる。筆者がこの時期を「一年で最もさわやかな季節」とよんでいることもヒントになる。

問２　１は因果関係が逆で，雨がよく降り，水資源が豊富なので森林が豊かになると書かれている。２の「豊かな実り」は，土が「肥沃《ひよく》」であることとの関連から説明されている。４の雲は，風に運ばれるのではなく，水蒸気を帯びた風が日本の山地にぶつかって発生すると本文にある。よって，１，２，４は誤り。

問３　ぼう線③をふくむ文の最初に，前の内容を言いかえるのに使う「つまり」があるので，直前の部分に注目する。太平洋側のプレートがユーラシア側のプレートに少しずつめりこむさい，太平洋側の堆積物《たいせきぶつ》がユーラシア側に乗り上げてできた日本列島を，ぼう線③のように言っている。

問４　Ａ　前には，日本は火山国で美しい自然と温泉が楽しめるというよい点が述べられている。後には，「火」のエネルギーは災《わざわ》いももたらすという悪い点が述べられているので，前のことがらを受けて，それに反する内容を述べるときに用いる「しかし」が合う。　Ｂ　後には，鬼界《きかい》アカホヤ噴火《ふんか》ほどの大きな災害でなければ対策を立てられるため，私たちは日本列島に住み続けているという，当然の内容が続くので，“言うまでもなく”という意味の「もちろん」がよい。

問５　⑴　科学者や技術者たちが科学的に推測した規模をこえた災害が起こったため，想定外の規模の事故につながったのだから，２が選べる。　⑵　［文章Ⅱ］の最後の段落に注目する。「想定の箱」の外に思いを巡《めぐ》らす人に対し，「常識の中に埋没《まいぼつ》していては決して気づくことのできぬ」何かに気づくことで，「新しい道を見出《みいだ》」す可能性を筆者は感じているので，「想定の箱」とは「常識」のことになる。

問６　ここでいう「災い」は直前の文にあげられた自然災害を指し，これらは二つ前の段落にあるとおり，「水」や「火」のエネルギーによってもたらされる。一方で「水」や「火」のエネルギーは，豊かな実りや森林，美しい自然の風景や温泉などの恵《めぐ》みをもたらしたと，さらに前で述べられている。

問７　七千三百年前に起こった鬼界アカホヤ噴火では，「九州一円の縄文《じょうもん》文明が壊滅《かいめつ》した」と直前の段落に書かれているので，４がよい。直前の部分から，「見通しの立たない原発災害」を引き起こした東日本大震災《だいしんさい》は，「一千年に一度の災害」にあたることがわかる。

問８　続く二つの段落に，ぼう線⑦に対する筆者の考えが書かれている。「自分と，自分を取り巻く世界が『こういうものである』という『想定の箱』」のなかで生き物は暮らしていて，「想定の外にあるもの」は見えないのではないかと述べられているので，３があてはまる。

問９　直前に「一様な『想定の箱』の中にいられない」と直前に書かれていることに着目する。二つ前の段落にある，ある生き物にとっての「想定の箱」は意外に共通しているという考え方に筆者は同意しており，「多様性の幅《はば》は狭《せま》いのかもしれない」と述べているが，そんな狭い「想定の箱」におさまっていられない人が，「思いもかけぬ何か」に気づくことができるというのだから，４がよい。そもそも「想定の箱」という考え方がない人や，「想定の箱」が複数ある人について書いた１と２は不適当。また，「想定の箱」のなかから外に思いを巡らすことについて述べている３も合わない。

問10　本文では，私たちに恵みと災いの両方をもたらすものとして「水」や「火」のエネルギーがあげられている。解答例では科学技術を取り上げ，生活を便利で豊かにする一方で，兵器の開発が多くの人命を失わせるとしている。このほか，原子力や情報ネットワークなども例として考えられる。

三　漢字の書き取り

１　頭のなかにある，考えたり，感じたり，覚えたり，体を動かしたりするはたらきを受け持つところ。　**２**　果実などが十分に実ること。　**３**　楽器を鳴らし，音楽をかなでること。　**４**　重要な人物のそばについてその人を守ること。　**５**　ものごとの大もととなる大切なところ。　**６**　政府が発行する，外国旅行のさいに必要な旅行許可証。パスポート。

Dr.福井の

入試に勝つ！脳とからだのウルトラ科学

試験場でアガらない秘けつ

キミたちの多くは，今まで何度か模擬試験（たとえば合不合判定テストや首都圏模試）を受けていて，大勢のライバルに囲まれながらテストを受ける雰囲気を味わっているだろう。しかし，模擬試験と本番とでは雰囲気がまったくちがう。そういうところでも緊張しない性格ならば問題ないが，入試独特の雰囲気に飲みこまれてアガってしまうと，実力を出せなくなってしまう。

試験場でアガらないためには，試験を突破するぞという意気ごみを持つこと。つまり，気合いを入れることだ。たとえば，中学の校門前にはあちこちの塾の先生が激励《げきれい》のために立っている。もし，キミが通った塾の先生を見つけたら，「がんばります！」とあいさつをしよう。そうすれば先生は必ずはげましてくれる。これだけでもかなり気合いが入るはずだ。ちなみに，ヤル気が出るのは，TRHホルモンという物質の作用によるもので，十分な睡眠をとる，運動する（特に歩く），ガムをかむことなどで出されやすい。

試験開始の直前になってもアガっているときは，腹式呼吸が効果的だ。目を閉じ，おなかをふくらませるようにしながら，ゆっくりと大きく息を吸う。ここでは「ゆっくり」「大きく」がポイントだ。そして，ゆっくりと息をはく。これをくり返し何回も行うと，ノルアドレナリンという悪いホルモンが減っていくので，アガりを解消することができる。

よく「手のひらに“人”の字を書いて飲みこむことを3回行う」とアガらないというが，そのようなおまじないを信じて実行し，自分に暗示をかけてもいいだろう。要は，入試に対するさまざまな不安な気持ちを消し去って，試験に集中できるようなくふうをこらせばいいのだ。

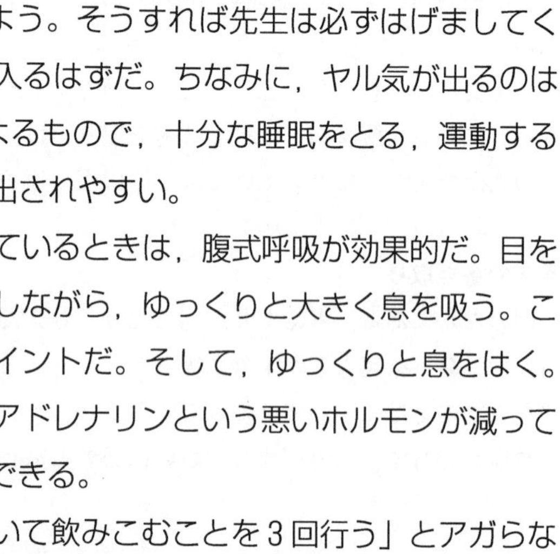

Dr.福井（福井《ふくい》一成《かずしげ》）…医学博士。開成中・高から東大・文Ⅱに入学後，再受験して翌年東大・理Ⅲに合格。同大医学部卒。さまざまな勉強法や脳科学に関する著書多数。

2021年度　吉祥女子中学校

〔電　話〕 (0422) 22―８１１７
〔所在地〕 〒180-0002　東京都武蔵野市吉祥寺東町４―12―20
〔交　通〕 JR中央線―「西荻窪駅」より徒歩８分
「上石神井駅」よりバス―「地蔵坂上」下車８分

【算　数】〈第１回試験〉（50分）〈満点：100点〉

１　次の問いに答えなさい。

(1)　次の空らん□にあてはまる数を答えなさい。

$$\frac{1}{9}+\left(1\frac{5}{12}-\boxed{}\div 4\right)\times 2\frac{1}{3}=1\frac{2}{3}$$

(2)　次の空らん□にあてはまる数を答えなさい。

$$\left(1.25-\frac{1}{8}\right)\times\left\{\frac{2}{3}+\left(2-\frac{4}{9}\right)\div(0.5-\boxed{})\right\}=6$$

(3)　長さ12cmのテープを，のりしろをどこも２cmにしてまっすぐにつなげたところ，全体の長さが132cmになりました。テープを何本つなげましたか。

(4)　Ａ店のりんごの値段はＢ店のりんごより60％高いです。Ｂ店と同じ値段にするにはＡ店は値段を何％割り引きすればよいですか。

(5)　下の図で，半円上にある点は半円の弧《こ》を６等分する点です。このとき，あの角度は何度ですか。

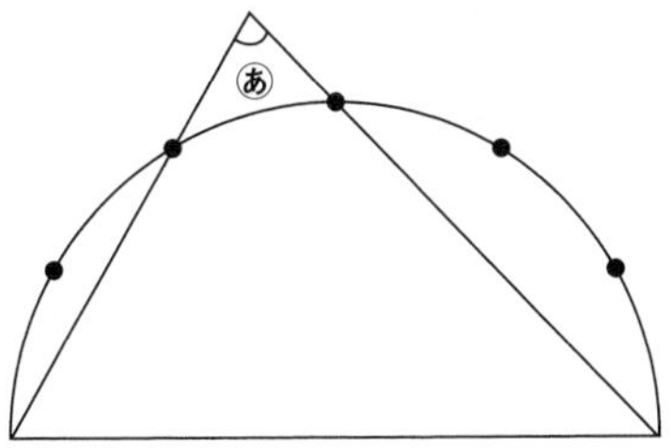

(6)　静水上で一定の速さで進むボートがあります。このボートで，川の上流にあるＡ地点から下流にあるＢ地点まで下ったところ，８分かかりました。また，同じボートでＢ地点からＡ地点まで上ったところ，14分かかりました。川の流れる速さが毎分36ｍであるとき，Ａ地点からＢ地点までの距離《きょり》は何ｍですか。

(7)　14で割ると，商と余りが同じ数になる整数はいくつかあります。それらの整数を全部足すといくつですか。

２　Ａさんは，母，兄，姉とお金を出し合って，父にプレゼントを買いました。母はプレゼント代の $\frac{2}{3}$ を，兄はその残りの $\frac{2}{3}$ を出し，残りの金額を姉とＡさんで支払いました。Ａさんが出した金額は，兄と姉の２人が出した金額の合計の $\frac{1}{7}$ でした。次の問いに答えなさい。

(1)　兄が出した金額はプレゼント代の何倍ですか。

(2)　Ａさんが出した金額はプレゼント代の何倍ですか。途中《とちゅう》の式や考え方なども書きなさい。

(3)　姉はＡさんより200円多く出しました。プレゼント代は何円ですか。

3　4個の整数が小さい方から順にA，B，C，Dと並んでいます。この4個の整数の中から異なる3個を取り出してその和を計算したところ，

14，21，28，［ア］

となりました。次の問いに答えなさい。ただし，［ア］は28より大きい整数です。

(1)　$A+B+D$はいくつですか。

(2)　$C-B$はいくつですか。

(3)　［ア］にあてはまる整数を答えなさい。

4　次の問いに答えなさい。

(1)　図1のように，一辺の長さが4 cmの正方形Xと，一辺の長さが5 cmの正方形Yがあり，それぞれに2本の対角線を引いてあります。

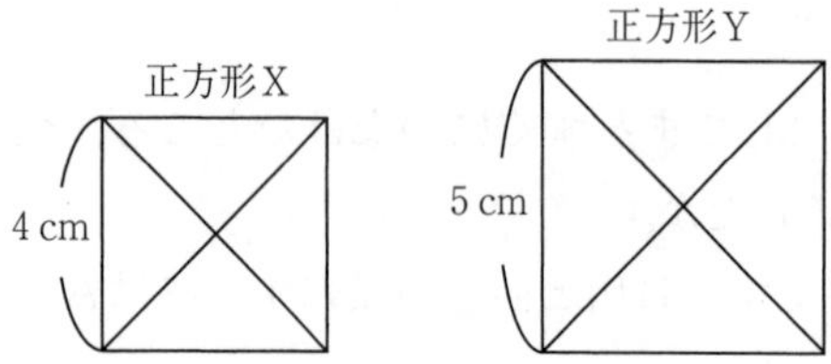

図1

①　図2において，正方形Xの影《かげ》の部分と正方形Yの影の部分の面積の比を，もっとも簡単な整数の比で答えなさい。

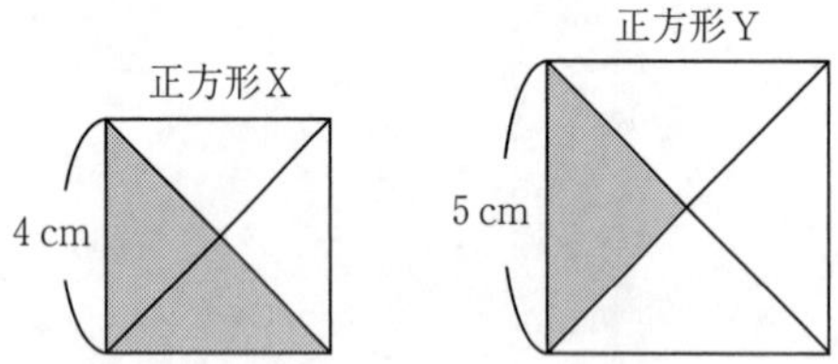

図2

②　図3において，正方形Xの影の部分と正方形Yの影の部分の面積の比を，もっとも簡単な整数の比で答えなさい。

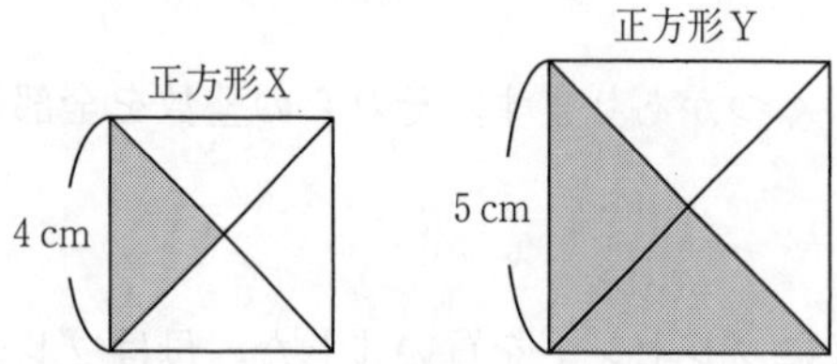

図3

(2)　図4のように，2つの直角二等辺三角形ABC，DEFがあります。三角形ABCと三角形DEFの面積の比は18：25です。

①　ABとDFの長さの比を，もっとも簡単な整数の比で答えなさい。

②　ACとDEの長さの比を，もっとも簡単な整数の比で答えなさい。

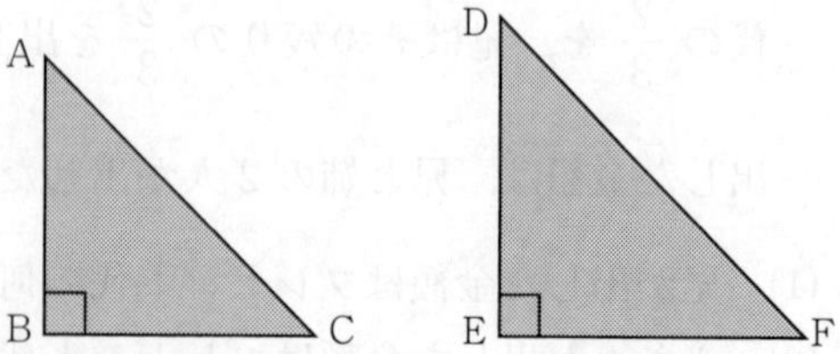

図4

(3) 図５のように，２つの直角二等辺三角形ABC，ADEがあります。三角形ABCと三角形ADEの面積の比は25：98です。ABとAEの長さの比を，もっとも簡単な整数の比で答えなさい。

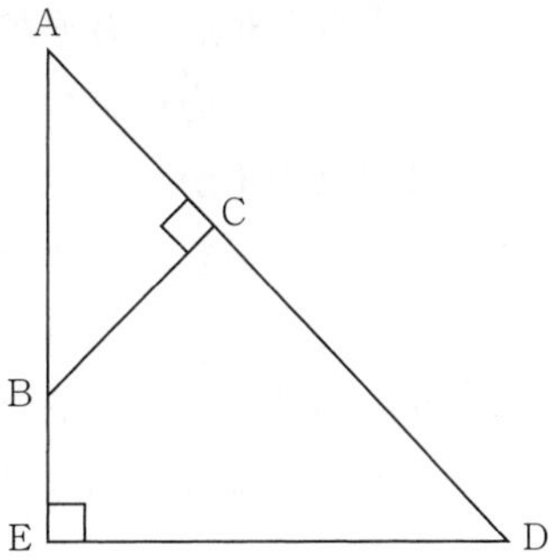

図５

(4) 図６のように，２つの直角二等辺三角形ABC，ADEがあります。三角形BEFと三角形DFCの面積の比は49：50です。

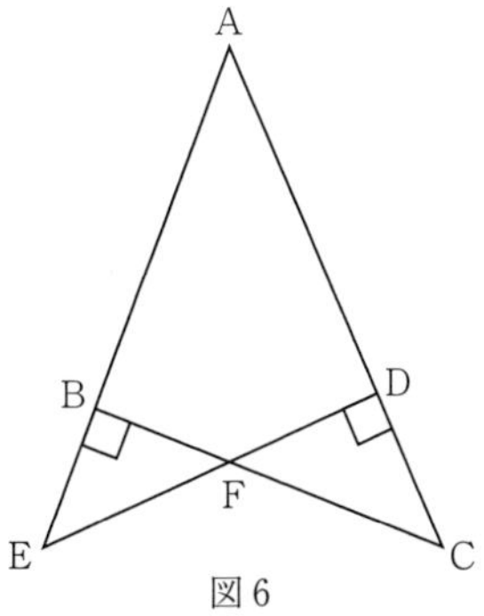

図６

① ABとBEの長さの比を，もっとも簡単な整数の比で答えなさい。

② 三角形ABCと三角形ADEの面積の比を，もっとも簡単な整数の比で答えなさい。

5 41人の生徒に対してテストを行ったところ，以下のような結果になりました。

女子について
・女子の人数は21人
・最高点は82点，最低点は40点
・女子の得点を高い順に並べたとき，11番目の得点は61点

男子について
・男子の人数は20人
・最高点は80点，最低点は44点
・男子の得点を高い順に並べたとき，10番目と11番目の得点の合計は130点

ただし，得点を高い順に並べたとき，80点，70点，70点，60点のように同じ得点が２人以上いるときは，１番目は80点，２番目は70点，３番目は70点，４番目は60点となります。次の問いに答えなさい。

(1) 女子21人の平均点がもっとも高くなる場合について，次の空らん［ア］～［ウ］にあてはまる数を答えなさい。

女子の平均点がもっとも高くなるのは82点の生徒が［ア］人，61点の生徒が［イ］人のときで，そのときの平均点は［ウ］点となる。

(2) 男子20人の平均点について考えます。

① 得点が80点の男子が10人であるとき，もっとも高くなる男子の平均点は何点ですか。

② 得点が80点の男子が９人であるとき，もっとも高くなる男子の平均点は何点ですか。

③ 男子の平均点がもっとも高くなる場合，男子の得点を高い順に並べたときの11番目の得点は何点ですか。

(3) 女子と男子を合わせた41人の平均点はもっとも高くて何点が考えられますか。途中《とちゅう》の式や考え方なども書きなさい。ただし，答えは小数第２位を四捨五入して答えなさい。

(4) 女子の平均点が男子の平均点よりも８点高く，女子と男子合わせて65点以上の生徒がもっとも多くなる場合，65点以上の生徒は全部で何人いますか。

【社　会】〈第１回試験〉（35分）〈満点：70点〉

1　次の文章を読んで，後の問いに答えなさい。

近年，毎年のように発生している猛暑《もうしょ》や豪雨《ごうう》災害などは，地球温暖化が原因とも言われています。古来から温暖化や寒冷化などはくり返し起こっており，こうした気候変動による天候不順や異常気象は，人々の生活を支える農業などに大きな影響《えいきょう》を与《あた》えてきました。最近では，ⓐききんや疫病《えきびょう》，戦争，政治の混乱が起こるさまざまな要因の一つとして，気候変動をあげる見方も出てきています。この見方にもとづいて歴史をたどってみましょう。

約１万２千年前，地球の気候は急激に温暖化し氷河期が終わりをむかえます。①これによって日本の人々の生活環境も大きく変化していきました。この後も，温暖化と寒冷化は，小規模ながらもくり返されていきます。２世紀後半以降には，東アジアで寒冷な気候が続くようになり，このころの日本は，②『後漢書』東夷伝に「倭国大乱」と記されるような混乱期に入りました。

５世紀から太陽の活動が弱まって地球に届く太陽光が減少し，世界の各地でさらに寒冷化が進みますが，７世紀後半からは太陽活動が活発化し，次第に温暖化していきました。温暖な気候は人々の生活の安定をもたらし，８世紀のヨーロッパでは，フランク王国というフランス・ドイツ・イタリアの基礎《きそ》となる国が発展し，③東アジアでも唐などが繁栄《はんえい》することにつながりました。しかし，気候の温暖化は干ばつや大雨という災害ももたらします。この温暖化は1100年ごろがピークであり，日本では1180年代前半に相次いだ日照りや大雨・洪水《こうずい》が，特に西国の平氏の領地に，より多くの被害《ひがい》をもたらしました。これがⓑ平氏の没落《ぼつらく》に影響したのではないかとも言われます。

気候が温暖化すると，高緯度で寒冷傾向《けいこう》が強い東日本は，気温の上昇《じょうしょう》によって生産力が高まります。一方で，寒冷化すると冷害に悩《なや》まされることが多くなります。鎌倉時代に④幕府が東日本の関東に成立したのは，このころが温暖期にあたるからだとする説があります。同様に，関東を拠点《きょてん》としていた足利氏が京都に移って幕府を開いたのは，14世紀以降に起きた寒冷化の影響が西日本は比較的《ひかくてき》小さかったからとも考えられます。その後日本では，15世紀に冷夏や長雨といった天候不順にみまわれ，1420年から1470年の間は約４年に一度，広域のききんが起こりました。⑤その間に発生した都での戦乱を経て，室町幕府は統治能力を失い，世の中には下剋上の風潮が広がるようになりました。また⑥国人から農民まで多くの者が武器を持ち，一揆を起こすことも増えました。

16世紀後半から17世紀はじめは比較的気候が温暖となり，ちょうどこの時期に⑦豊臣秀吉や徳川家康による天下統一の世が実現しました。その後，寒冷期と温暖期をくり返し，天候不順が続いた時期には⑧一揆や打ちこわしが何度も起こりました。18世紀の特に寒冷な時期には，西日本より東日本，日本海側より太平洋側で冷害などの影響を大きく受けました。このことが，東日本にある江戸幕府の弱体化と，西日本にある長州・薩摩・土佐・肥前藩の経済力向上に影響し，そして⑨これら西日本の四つの藩から，明治の一連の改革を行う人物らが多く出てきたと考えることもできます。

「明治凶作《きょうさく》群」に含《ふく》まれる⑩1902年や1905年，「昭和凶作群」に含まれる1931年や1934年は，寒冷化によって米などの収穫量《しゅうかくりょう》が激減しました。さらに1930年代の恐慌の影響もあって人々の生活がより苦しくなったことが，日本による中国侵略《しんりゃく》の背景の一つとなりました。また，

⑪1941年や1945年にも寒冷化は起こっています。特に1945年の寒冷化は，収穫量減少によって食糧《しょくりょう》が不足するという予測につながり，日本が終戦を決意する背景の一つになったとする説もあります。

このように見てくると，気候変動は時に，政治や社会に直接的にも間接的にも大きな影響を与えると考えることができます。⑫1980年代以降はかつてないスピードで温暖化が進んでいます。これは，太陽の活動などの自然的要因よりも，温室効果ガスの排出《はいしゅつ》や森林伐採《ばっさい》などの人為《じんい》的《てき》要因が大きいと考えられています。安定した社会や生活のためにも，私たちは温暖化防止に向けた取り組みや，気候変動の影響を抑《おさ》えるための政策を考え，より積極的に行動していかなければなりません。

問１　下線部①に関連して述べた文として**正しくないもの**を次の**ア**～**エ**から一つ選び，記号で答えなさい。

ア　落葉樹林など温帯の森林が広がるようになった地域では，どんぐりや，くりなどの木の実が多く食べられるようになった。

イ　海面が上昇して入り江《え》などが形成され，漁がさかんに行われるようになったことで，動物の骨や角などを材料とする漁労の道具が発達した。

ウ　マンモスなどの大型の動物が絶滅《ぜつめつ》して，イノシシなどの中型・小型動物が増えたことで，人々は弓矢や落とし穴を使用するようになった。

エ　移住生活から定住生活に変化し，原始農耕も行われて食糧が豊かになったため，はっきりとした貧富《ひんぷ》の差や身分のちがいが社会に生まれた。

問２　下線部②のように，倭国の様子はたびたび中国の古い歴史書に記されてきました。中国の歴史書に記された内容について述べた次のＡ～Ｃの文を時期の古いものから順に並べかえるとどうなりますか。正しいものを後の**ア**～**カ**から一つ選び，記号で答えなさい。

Ａ　倭王武が「私の祖先は，よろいやかぶとを身につけて山や川をかけめぐり…」と記した文書を皇帝に送った。

Ｂ　倭の国王が「太陽の昇《のぼ》る東方の国の天子が，手紙を太陽の沈《しず》む西方の国の天子にいたす…」と記した文書を皇帝に送った。

Ｃ　倭の女王が「今，あなたを『親魏倭王』とし，金印紫綬《しじゅ》をさずけ…銅鏡は百枚を与える…」という文書を皇帝から授かった。

ア　Ａ→Ｂ→Ｃ　　**イ**　Ａ→Ｃ→Ｂ　　**ウ**　Ｂ→Ａ→Ｃ

エ　Ｂ→Ｃ→Ａ　　**オ**　Ｃ→Ａ→Ｂ　　**カ**　Ｃ→Ｂ→Ａ

問３　下線部③に関連して，唐の知識や技術は，日本にも伝えられて大きな影響を与えました。遣唐使などを通じた唐初期の文化の流入を背景に，７世紀後半ころから８世紀はじめころを中心に栄えた日本の文化を解答らんに合うように**漢字**で答えなさい。

問４　下線部④に関連して，鎌倉幕府の将軍や執権について述べた文として正しいものを次の**ア**～**エ**から一つ選び，記号で答えなさい。

ア　初代将軍となった人物は，征夷大将軍に任命されたことをきっかけに，朝廷の許可を得て初めて全国に守護と地頭を設置した。

イ　２代将軍となった人物は，北条氏出身の女性を母としていたが，北条氏によって，その地位を失った。

ウ　初代執権となった人物は，執権追討を命じた後鳥羽上皇を破り，これを隠岐へ流した上で，京都に六波羅探題を設置して西国を監視《かんし》した。

エ　８代執権となった人物は，元に従うよう求めてきたチンギス・ハンの要求を拒《こば》んだため，日本は２度にわたって元に襲撃《しゅうげき》された。

問５　下線部⑤について，この戦乱は，幕府の将軍の跡継《あとつ》ぎをめぐる対立に，有力守護大名家や管領家の争いがからんで起こったものでした。この戦乱で東軍の総大将になった細川勝元に対し，西軍の総大将となった守護大名を**漢字**で答えなさい。

問６　下線部⑥に関連して，農民がたびたび武器を持って蜂起《ほうき》するようになった背景として，農業技術の発展や鉄製農具の普及《ふきゅう》によって農民たちの生活が安定し，かれらが力を付けたことが考えられます。日本の農業の発達について述べた次のＡ～Ｃの文を時期の古いものから順に並べかえるとどうなりますか。正しいものを後の**ア**～**カ**から一つ選び，記号で答えなさい。

Ａ　国内で綿花栽培が開始されたほか，畿内では三毛作が始まった。

Ｂ　牛馬を利用した耕作を行い，刈敷《かりしき》や草木灰を肥料として利用し始めた。

Ｃ　千歯こきや，唐みが普及するなどして，農業の作業効率が向上した。

ア　Ａ→Ｂ→Ｃ　　**イ**　Ａ→Ｃ→Ｂ

ウ　Ｂ→Ａ→Ｃ　　**エ**　Ｂ→Ｃ→Ａ

オ　Ｃ→Ａ→Ｂ　　**カ**　Ｃ→Ｂ→Ａ

問７　下線部⑦に関連して述べた文として正しいものを次の**ア**～**エ**から一つ選び，記号で答えなさい。

ア　豊臣秀吉は山崎の戦いで明智光秀を破ると，石山本願寺の跡地《あとち》に姫路城を築いて天下統一の本拠地《ほんきょち》とした。

イ　豊臣秀吉には，茶道を大成した千利休や，「唐獅子図屛風」を描《えが》いた狩野永徳などの文化人が仕えた。

ウ　徳川家康は，大阪冬の陣，夏の陣で豊臣氏を滅《ほろ》ぼすと，息子に将軍職をゆずり，その地位は徳川氏が世襲《せしゅう》することを世に示した。

エ　徳川家康がオランダなどとの貿易を許可すると国内のキリスト教信者が増え，これを背景に大友宗麟らキリシタン大名が少年使節を教皇のもとに派遣《はけん》した。

問８　下線部⑧について，次のグラフは18世紀から19世紀前半までに発生した百姓一揆や打ちこわしの件数を示したものです。Ａの時期に，百姓一揆や打ちこわしがその前後に比べて飛びぬけて多い背景として考えられることを，右の絵図に描かれたできごととその影響にふれて**２行以内**で説明しなさい。

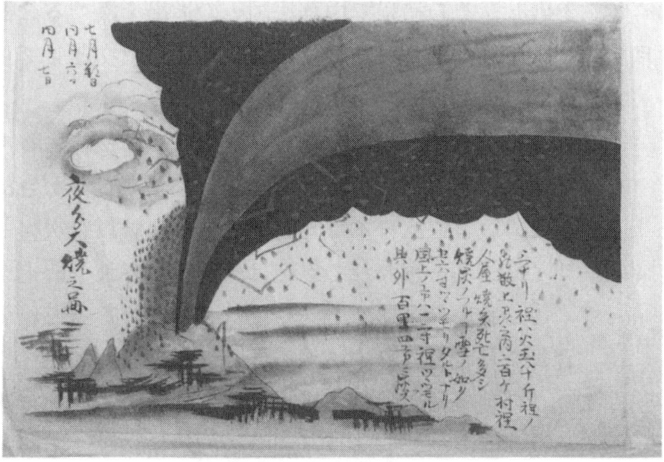

＜夜分大焼之図《やぶんおおやけのず》（美斉津洋夫《びさいづひろお》蔵）＞

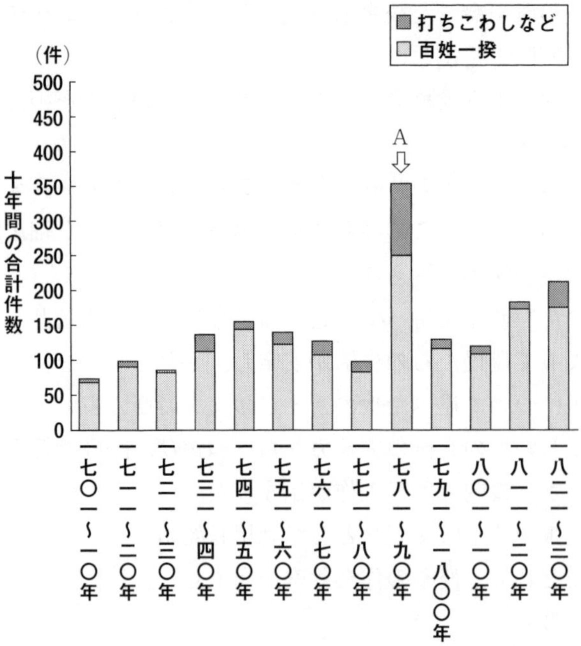

（『百姓一揆総合年表』より作成）

問９　下線部⑨に関連して，長州・薩摩・土佐・肥前藩出身の人物について述べた文として**正しくないもの**を次の**ア**～**エ**から一つ選び，記号で答えなさい。

ア　長州藩出身の木戸孝允は，不平等条約の改正に向けての予備交渉《こうしょう》や，外国の制度・文物の調査のため，岩倉使節団の一員として欧米に派遣された。

イ　薩摩藩出身の西郷隆盛は，征韓論を否定されて政府を去り，その後，鹿児島の士族に推《お》されて西南戦争を起こした。

ウ　土佐藩出身の板垣退助は，新聞紙条例や集会条例で自由民権運動が弾圧《だんあつ》される中，藩閥政治を批判して民撰議院設立建白書を明治政府に提出した。

エ　肥前藩出身の大隈重信は，明治政府が国会の開設の時期を明示したことを受けて，同志らとともに立憲改進党を結成した。

問10　下線部⑩に日本はある国と同盟を結びました。この同盟をよりどころにして日本が途中から参戦し，その過程で中華民国への進出を深めることになった戦争を**漢字**で答えなさい。

問11　下線部⑪に始まった戦争について述べた文として正しいものを次の**ア**～**エ**から一つ選び，記号で答えなさい。

ア　この戦争は，日本の陸軍がイギリスの支配するマレー半島に上陸し，海軍がアメリカ海軍基地のあるハワイの真珠湾を攻撃《こうげき》したことがきっかけで始まった。

イ　この戦争で，日本はミッドウェー海戦以来次々と戦いに勝利して占領地を増やしたが，サイパン島を奪《うば》われてからは，次第《しだい》に各地で敗退を重ねた。

ウ　この戦争の末期，アメリカは２度にわたって原子爆弾を日本に投下したのち，ポツダム宣言を発表して日本に無条件降伏《こうふく》を迫《せま》った。

エ　この戦争は，戦後の日本の領土の範囲《はんい》や，連合国軍が日本を占領することなどを取り決めたサンフランシスコ平和条約の締結《ていけつ》によって終結した。

問12　下線部⑫の世界と日本のできごとについて述べた文として正しいものを次の**ア**～**エ**から

一つ選び，記号で答えなさい。

ア　イラクがクウェートに侵攻《しんこう》したことをきっかけに湾岸戦争が勃発《ぼっぱつ》すると，日本も国際社会の一員としての貢献《こうけん》が求められ，軍事資金などを提供した。

イ　第四次中東戦争の影響を受けて，日本では物価が急上昇して経済が混乱し，高度経済成長は終わりをむかえた。

ウ　日本の首相がモスクワを訪問して，ソ連との間に共同宣言を調印し国交を回復したことで，日本は国際連合への加盟が認められた。

エ　太平洋のビキニ環礁におけるアメリカの水爆実験で第五福竜丸が被爆《ひばく》したことをきっかけに，日本で第一回原水爆禁止世界大会が開催《かいさい》された。

問13　波線部ⓐに関連して，聖武天皇は，ききんや疫病，災害が多発して社会不安が増したことを背景に，仏教を利用してこれを鎮《しず》めようとしました。その一環《いっかん》として各国ごとに建てられた国分寺の場所として**正しくないもの**を右の地図中の**ア**～**エ**から一つ選び，記号で答えなさい。

※国境は旧国のものです。

問14　波線部ⓑに関連して，1180年代における，平氏が源氏に敗れた戦いを正しい順番に並べたものを次の**ア**～**エ**から一つ選び，記号で答えなさい。

ア　一ノ谷の戦い→平治の乱　　→富士川の戦い

イ　平治の乱　　→富士川の戦い→壇ノ浦の戦い

ウ　一ノ谷の戦い→壇ノ浦の戦い→富士川の戦い

エ　富士川の戦い→一ノ谷の戦い→壇ノ浦の戦い

2　次の文章を読んで，後の問いに答えなさい。

国土地理院の調査によれば，47都道府県を合わせた2020年１月時点の日本の国土面積は377,975.21km²あります。1972年に①沖縄県が本土に復帰したことで，ほぼ現在の姿になりましたが，その後も各都道府県の面積は変化を続けています。面積が増加する例としては，②干拓による農地などの拡大や臨海部の埋《う》め立てが一般的《いっぱんてき》ですが，小笠原諸島の西之島のように，海底の火山が噴火《ふんか》してできた新島がつながって面積が大きくなる場合もあります。

また，③隣接《りんせつ》する都道府県どうしで領域が変更《へんこう》され，面積が増減する場合があります。例えば，2005年に長野県山口村が岐阜県中津川市と合併《がっぺい》して，岐阜県の面積が増加することがありました。ところで，都道府県の境界はどのように決められたのでしょうか。現在の境界の多くは，奈良時代に設置された60以上の「国」の境が由来《ゆらい》とも言われています。具体的にはⓐ森林に深くおおわれた山地や山脈を境界としている場合や，湖や河川が境界となる場合が多く見られます。これは④交通の障害となる地形を境界としたこととも関係しています。また，⑤北海道・本州・四国・⑥九州の4島のほか，多くの島々からなる日本では，小さな島の中に県境が設置されている例も複数あります。このうち⑦瀬戸内海の石島《いしま》(井島)は，領地の線引きがあいまいであった江戸時代に，二つの藩が島の領有や周辺の⑧漁業に関する権利をめぐって争った結果，幕府の裁定で領地が分けられた歴史があり，現在も島を分断するように県境が引かれています。その名残《なごり》として，「いしま」という一つの島でありながら，現在でも岡山県側と香川県側で漢字の表記が異なっています。

さて，⑨富士山の頂上は何県かと問われた時に，おそらく多くの人が⑩静岡県か山梨県のどちらかと考えることでしょう。しかし実際には，富士山の山頂を含《ふく》む東側の斜面《しゃめん》は県境が確定していません。実は2020年1月時点で，都道府県にまたがる境界未定地域は全国に14ヵ所あり，21の都県に関わっています。その総面積は12,780.26km^{2}にも及《およ》び，ⓑ新潟県の面積とほぼ同じ大きさです。これまで，国の裁定によって県境が確定したものの，特異な形の県境ができてしまった事例もあります。福島県の北西部には，山形県と新潟県に挟《はさ》まれた，狭《せま》いところだと幅《はば》が1m未満，長さが約7.5kmにわたる領域があります。これは，福島県民が五穀豊穣《ごこくほうじょう》を願って長い間信仰《しんこう》の対象としてきた飯豊山《いいでさん》の神社へと続く参道ですが，明治時代にこの参道の周辺が新潟県に編入されたことをきっかけに，県境紛争《ふんそう》へと発展しました。結局この問題は，両県とも一歩も引かずに泥沼化《どろぬまか》したため，国が介入《かいにゅう》してようやく決着しました。また，青森県と秋田県にまたがる⑪十和田湖は，明治時代以来長きにわたって境界が未定でしたが，関連する自治体による話し合いにより，2008年に双方《そうほう》の合意で県境が確定しました。

⑫人口減少と過疎化が進む中で，今後も市町村合併による境界の変更が増えていく可能性がありますが，行政の都合を優先するのではなく，住民感情に配慮《はいりょ》した境界画定が行われることが望ましいでしょう。

問1　下線部①について述べた文として**正しくないもの**を次の**ア**～**エ**から一つ選び，記号で答えなさい。

ア　一年を通して温暖で，年平均気温は20℃を上回る一方，台風の影響《えいきょう》を受けやすいため，県庁所在地の年間降水量は約2000mmにもなる。

イ　沖縄の島々の多くは，水を通しやすい岩でできているため，水不足になりやすいことから，屋上に給水タンクを設置する家も見られる。

ウ　日本にあるアメリカ軍専用施設《しせつ》の総面積のうち，沖縄県のアメリカ軍専用施設が占《し》める割合は3割程度である。

エ　豊かな自然や美しい文化遺産が残されていることもあって観光業がさかんで，全就業人口のうち第三次産業に従事する人の割合は約8割である。

問2　下線部②について，400年以上前から大規模な干拓が進められて水田が造成された，岡山県南部にある湾を何と言いますか。解答らんに合うように**漢字**で答えなさい。

問3　下線部③に関連して，2020年12月1日，東京都町田市と神奈川県相模原市の間で土地が交《こう》換《かん》され，両市および東京都と神奈川県の境界が変更されました。その目的は，以前と同じように境川を都と県の境界とすることです。次の地図は，今回境界が変更された地域の一部について，変更前の様子を示したものですが，境川と都と県の境界が一致しなくなった理由として考えられることを**2行以内**で説明しなさい。

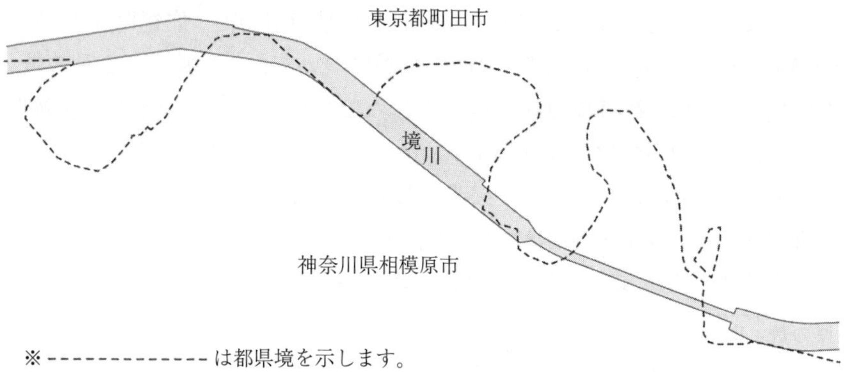

※ ------------- は都県境を示します。

（相模原市議会ホームページ資料より作成）

問４　下線部④について，日本の交通について述べた文として正しいものを次の**ア**～**エ**から一つ選び，記号で答えなさい。

ア　船舶は一度に大量の物を安く運ぶことができるため，貨物輸送では自動車に次ぐ輸送量を担《にな》っている。

イ　日本初の中央高速道路（中央自動車道）の開通以降，日本では高速道路の建設が進んだが，現在でも高速道路が通っていない県がある。

ウ　日本の航空輸送のうち，旅客《りょかく》輸送量がもっとも多いのは東京（羽田空港）と大阪（伊丹空港）を結ぶ路線である。

エ　近年，環境《かんきょう》への悪影響を減らすため，鉄道で行われている貨物輸送をトラック等の自動車の利用へと転換《てんかん》するモーダルシフトが注目されている。

問５　下線部⑤について，次のＡ～Ｃの雨温図は，北海道にある３都市（札幌・函館・旭川）のいずれかの都市のものである。Ａ～Ｃと都市の組み合わせとして正しいものを後の**ア**～**カ**から一つ選び，記号で答えなさい。

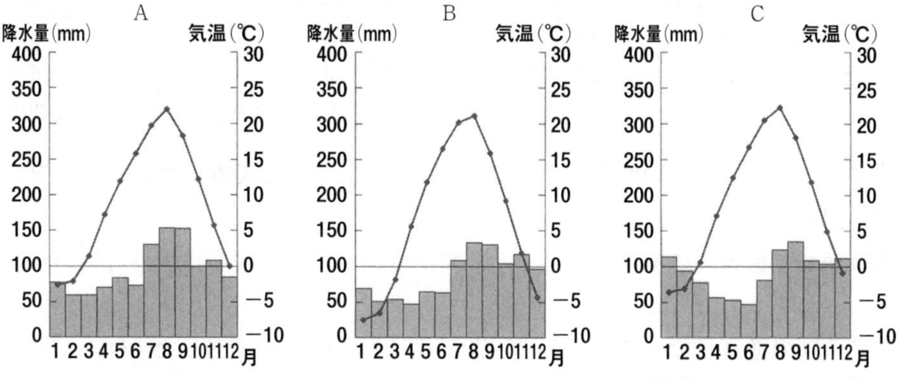

（『理科年表 2020』より作成）

	A	B	C
ア	札幌	函館	旭川
イ	札幌	旭川	函館
ウ	函館	札幌	旭川
エ	函館	旭川	札幌
オ	旭川	札幌	函館
カ	旭川	函館	札幌

問６　下線部⑥について，次の表は，九州地方に属する８県（福岡県・佐賀県・長崎県・熊本県・大分県・宮崎県・鹿児島県・沖縄県）のいずれかについて，※1隣接《りんせつ》する県の数，※2東端と西端の経度差，※2北端と南端の緯度差をまとめたものです。このうち，長崎県と鹿児島県にあてはまるものを表中の**ア～ク**からそれぞれ一つ選び，記号で答えなさい。

※１　「隣接する県の数」は陸上で接している県の数です。

※２　各県の東端・西端・北端・南端は離島部も含まれます。経度差と緯度差の「分」は，60分で１度となります。「分」以下の数字については切り捨てています。

	隣接する県の数	東端と西端の経度差	北端と南端の緯度差
ア	3	１度10分	１度28分
イ	1	２度16分	２度44分
ウ	3	１度21分	１度01分
エ	2	０度48分	０度40分
オ	3	１度12分	１度14分
カ	0	８度23分	３度50分
キ	2	２度48分	５度17分
ク	4	１度23分	１度06分

（国土地理院ホームページ資料より作成）

問７　下線部⑦について，次の表は，瀬戸内海に面する４県（兵庫県・岡山県・徳島県・愛媛県）のいずれかについて，農産物産出額の上位５位までの品目とその構成割合（2018年）を示したものです。このうち兵庫県にあてはまるものを表中の**ア～エ**から一つ選び，記号で答えなさい。

（単位：％）

	１位	２位	３位	４位	５位
ア	米　22.8	鶏卵　17.4	ぶどう　12.1	生乳　7.9	肉用牛　6.4
イ	米　31.0	肉用牛　11.9	鶏卵　11.4	たまねぎ　6.0	生乳　6.0
ウ	みかん　20.4	米　13.6	豚　8.1	鶏卵　4.0	いよかん　3.8
エ	米　13.7	ブロイラー　7.6	肉用牛　7.2	にんじん　7.2	かんしょ　6.5

（農林水産省「平成30年生産農業所得統計」より作成）

問８　下線部⑧について，日本の漁業について述べた文として**正しくないもの**を次の**ア～エ**から一つ選び，記号で答えなさい。

ア　日本はかつて世界一の漁獲量をほこった時期もあったが，現在は世界有数の水産物輸入国である。

イ　漁業種類別の漁獲量で見てみると，1970年代に遠洋漁業が衰退《すいたい》した後は，主に日本の排他的経済水域内で行う沖合漁業が１位となっている。

ウ　貴重な漁業資源を守るため，養殖漁業や栽培漁業などのいわゆる「育てる漁業」が重要になってきている。

エ　漁港別の水揚げ量では，鳥取県の境港が現在も１位をほこり，はえなわ漁によるさんまが漁獲量の大部分を占めている。

問９　下線部⑨に関連して，次の地形図は，富士山の北側に位置する富士吉田市付近を示したものです。この地形図から読み取れることについて述べた文として正しいものを後の**ア～エ**から一つ選び，記号で答えなさい。

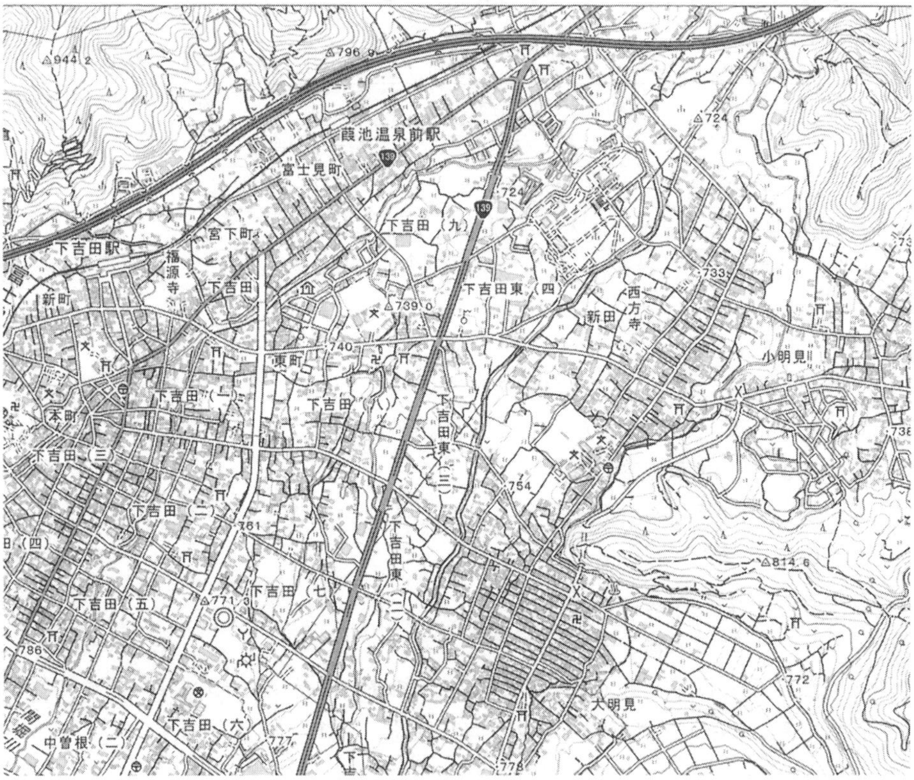

（国土地理院作成　2万5千分の1地形図「富士吉田」より作成）

ア　この地形図中の最高地点の標高は1000mを超《こ》えており，最低地点の標高は600mを下回っている。

イ　地形図中のほぼ中央を南北に走る国道139号線の道路は，北から南に向かってゆるやかな下り坂となっている。

ウ　下吉田駅から葭池《よしいけ》温泉前駅までの地形図上の長さが3cmであるとすると，実際の距離《きょり》は750mである。

エ　市役所の南側には税務署や工場，小中学校が見られるほか，水田として利用されている場所もある。

問10　下線部⑩について，次の表は静岡県が製造品出荷額等で上位に入る三つの産業（木材・木製品，飲料・たばこ・飼料，輸送用機械器具）のいずれかについて，上位5位までの都道府県とその出荷額（2017年）を示したものです。表中のA～Cと産業の組み合わせとして正しいものを後の**ア**～**カ**から一つ選び，記号で答えなさい。

（単位：億円）

	A		B		C	
1位	愛知県	264,951	静岡県	9,357	静岡県	2,193
2位	静岡県	43,249	栃木県	9,324	北海道	1,726
3位	神奈川県	41,002	京都府	9,165	茨城県	1,663
4位	群馬県	36,794	福岡県	6,609	愛知県	1,472
5位	広島県	36,226	茨城県	5,273	広島県	1,405

（『データでみる県勢 2020年版』より作成）

	A	B	C
ア	木材・木製品	飲料・たばこ・飼料	輸送用機械器具
イ	木材・木製品	輸送用機械器具	飲料・たばこ・飼料
ウ	飲料・たばこ・飼料	木材・木製品	輸送用機械器具
エ	飲料・たばこ・飼料	輸送用機械器具	木材・木製品
オ	輸送用機械器具	木材・木製品	飲料・たばこ・飼料
カ	輸送用機械器具	飲料・たばこ・飼料	木材・木製品

問11　下線部⑪のように，火山活動によってできた大きな凹地《おうち》に水がたまってできた湖を何と言いますか。解答らんに合うように**カタカナ**で答えなさい。

問12　下線部⑫に関連して，65歳《さい》以上の人口が総人口の21％以上を占める社会を何と言いますか。解答らんに合うように**漢字**で答えなさい。

問13　波線部ⓐについて，天然の三大美林として**正しくないもの**を次の**ア**～**エ**から一つ選び，記号で答えなさい。

ア　木曽ひのき　　**イ**　青森ひば(津軽ひば)

ウ　秋田すぎ　　**エ**　尾鷲ひのき

問14　波線部ⓑの伝統的工芸品として正しいものを次の**ア**～**エ**から一つ選び，記号で答えなさい。

ア　小千谷ちぢみ　　**イ**　信楽焼　　**ウ**　南部鉄器　　**エ**　加賀友禅

3　次の文章を読んで，後の問いに答えなさい。

平和を維持《いじ》するのは，一つの①国だけでは難しく，国際的な協力が不可欠です。これまでさまざまな②国際機関がつくられ，ⓐ国際紛争の解決・③環境問題・感染症《かんせんしょう》対策などに取り組んできました。しかし近年は，自分の国を優先するために，国際機関から脱退《だったい》する動きも見られるようになってきました。このままでは世界的な課題に対して，各国が協力して解決を目指すことが難しくなり，平和が脅《おびや》かされてしまうかもしれません。そこで，平和を維持するためにはどのような条件が必要であるか考えてみたいと思います。

世界の平和と安全を守るために創設された初期の国際機関の一つが国際連盟です。この国家間の連合という構想は18世紀の哲学者《てつがくしゃ》であるカントという人物から大きな影響《えいきょう》を受けています。カントは『永遠平和のために』という本の中で，永遠平和を実現するための六つの項目を掲《かか》げました。まず，将来的に戦争の原因となりそうなものを含《ふく》んだ条約は，平和条約とは呼んではならないということをあげています。カントはⓑ平和とはすべての敵意がない状態と考えています。そのため，将来の戦争につながる要素を含んだ条約では敵対関係が残ってしまい，永遠の平和は実現しないのです。二つ目が，ある国を別の国が所有してはならないというものです。カントは，国とは人間が集まってできたものであり，その国の人たち以外は誰《だれ》もその国を支配することはできないと考えています。これは他国を不当に侵略《しんりゃく》することを禁止していることと言えます。三つ目が，いつでも戦争が始められるような軍隊を持たないようにすべきであるというものです。このような軍隊を持つ国があると他の国は常に戦争の危険にさらされてしまうからです。戦争を避《さ》けるために戦力を持たないというこの考え方は④日本国憲法の第9条にも取り入れられています。四つ目が，戦争をするために⑤国が借金をすることの禁止です。戦争にはたくさんのお金が必要になりますから，戦争のためにお金を集める方法を制限することで戦争を防ぐことができます。五つ目が，ある国の⑥政治体制や統治のあり方に対して，他国が暴力を使って干渉《かんしょう》してはならないというものです。他国による干渉は，独立した国の⑦国民の権利を侵害《しんがい》することになってしまうからです。最後が，他国の信頼《しんらい》を損《そこ》ねるような行為をしてはいけないというものです。信頼関係がくずれてしまうと，平和を維持するために国どうしが協力できなくなってしまうのです。

カントは18世紀の人ですから，かれが生きていた世界は私たちが生きている世界の状況とはちがう部分がたくさんあるでしょう。しかしかれの考えは，今でも私たちが平和について考えるときのヒントになります。みなさんも⑧将来は有権者として，自分が住む地域や国のあり方を決定していくことになります。一人ひとりが，平和のためには何が必要なのかを考えることが，より良い世界の実現につながるのです。

問１　下線部①のルールを決定するのは，日本においては主に国会の役割です。現在の日本の国会の制度において，衆議院で可決され，参議院で否決された法律案を成立させるために，衆議院の本会議で必要な賛成の人数は最低何人ですか。正しいものを次の**ア**～**エ**から一つ選び，記号で答えなさい。なお，衆議院の総議員数は465人とします。

ア　78人　　**イ**　104人

ウ　233人　　**エ**　311人

問２　下線部②の一つである国際連合について述べた文として正しいものを次の**ア**～**エ**から一つ選び，記号で答えなさい。

ア　世界各地で民族紛争や地域紛争が起こっているため，信託統治理事会の役割は増大している。

イ　安全保障理事会の非常任理事国10ヵ国は任期が２年で，日本も非常任理事国に選出されたことがある。

ウ　国連総会では，世界の人々の意見が正確に反映されるように，人口の多い国は，少ない国よりも多くの投票権を持っている。

エ　国際連合が武力制裁を禁止しているのは，国際連盟が武力制裁を行う権限をたびたび行使して国際情勢の混乱を招いたためである。

問３　下線部③への取り組みについて述べた文として正しいものを次の**ア**～**エ**から一つ選び，記号で答えなさい。

ア　国連人間環境会議は，「かけがえのない地球」というスローガンを掲げ，ブラジルで開かれた。

イ　外国には，住民などが土地を買い取って自然を守るナショナル・トラストという運動があるが，日本ではまだ行われていない。

ウ　国連で採択された「持続可能な開発目標(SDGs)」の一つとして，気候変動に具体的な対策をとることが掲げられている。

エ　2020年度以降の温室効果ガス削減などのための国際的枠組みとして，京都議定書が採択された。

問４　下線部④について，次の条文は日本国憲法第21条です。条文中の空らんに入る語句を**５字**で答えなさい。

> ①　集会，結社及び言論，出版その他一切の［　　　　］は，これを保障する。
> ②　検閲は，これをしてはならない。通信の秘密は，これを侵してはならない。

問５　下線部⑤に関連して，道路や橋などをつくることを目的として国がお金を借りる際に発行するものを何と言いますか。**漢字４字**で答えなさい。

問６　下線部⑥に関連して，現在の日本の統治機構について述べた文として正しいものを次の**ア**～**エ**から一つ選び，記号で答えなさい。

ア　内閣は，司法権を担う裁判所の権力を抑制《よくせい》するために，長官も含めた15名の最高裁判所の裁判官を任命する。

イ　国会は立法権を持つが，行政権を持つ内閣が出す政令の範囲内《はんいない》で法律を定めなければならない。

ウ　すべての裁判所は，内閣の行政処分などが憲法に違反《いはん》しているかどうかを判断する権限を持っている。

エ　議院内閣制にもとづき，衆議院と参議院はどちらも内閣不信任決議を行う権限を持っている。

問７　下線部⑦に関連して，日本における基本的人権のあつかいについて述べた文として正しいものを次の**ア**～**エ**から一つ選び，記号で答えなさい。

ア　日本国憲法において基本的人権は，現在の国民だけでなく将来の国民に与えられるものであると規定されている。

イ　法の下の平等を保障するために男女雇用機会均等法などの法整備が進んだことで，男女の格差が少ない国であると国際的にも高く評価されている。

ウ　健康で文化的な最低限度の生活を営む権利を保障するために，所得のない人や低い人に対して生活費などを支給する健康保険の制度がある。

エ　日本国憲法で，どんな職業にでもつくことができる権利がすべての人に保障されているため，職業選択の自由を法律によって制限することはできない。

問８　下線部⑧に関連して，有権者がちょうど12万人の地方自治体における住民の請求権について述べた文として正しいものを次の**ア**～**エ**から一つ選び，記号で答えなさい。

ア　市議会の解散を請求する場合には，2400人以上の有権者の署名を集めて，首長に提出する。

イ　市の収入・支出などを公表させるための監査を請求する場合には，４万人以上の有権者の署名を集めて，首長に提出する。

ウ　首長の解職を請求する場合には，４万人以上の有権者の署名を集めて，市議会に提出する。

エ　新しい条例の制定を請求する場合には，2400人以上の有権者の署名を集めて，首長に提出する。

問９　波線部ⓐに関連して，アラブ諸国と長年対立してきた国で，2020年８月にアラブ首長国連邦と国交正常化の合意をした国があります。その国として正しいものを次の**ア**～**エ**から一つ選び，記号で答えなさい。

ア　バーレーン　　**イ**　パレスチナ　　**ウ**　イラン　　**エ**　イスラエル

問10　波線部ⓑに関連して，「戦争は人の心の中で生まれるものであるから，人の心の中に平和の砦《とりで》を築かなければならない」という考え方にもとづいて設立された組織として正しいものを次の**ア**～**エ**から一つ選び，記号で答えなさい。

ア　UNESCO　　**イ**　UNICEF　　**ウ**　UNEP　　**エ**　UNCTAD

【理　科】〈第１回試験〉（35分）〈満点：70点〉

1　湿度《しつど》について，後の問いに答えなさい。

私たちの生活空間にある空気は常に水蒸気を含《ふく》んでいますが，一定量の空気が含むことができる水蒸気の量には限界があり，その限界量のことを飽和水蒸気量《ほうわすいじょうきりょう》と言います。飽和水蒸気量は，空気１m^3が最大限含むことのできる水蒸気の重さで表します。

湿度は，空気のしめりぐあいを表したものです。ある温度の空気１m^3に含まれる水蒸気の重さが，その温度での飽和水蒸気量に対してどれくらいの割合かを百分率(％)で表します。

図１は乾湿計《かんしつけい》で，乾球温度計《かんきゅうおんどけい》と湿球温度計《しつきゅうおんどけい》がならべてあります。湿度表《しつどひょう》を用いると，乾球温度計と湿球温度計が示す温度の差から湿度を求めることができます。

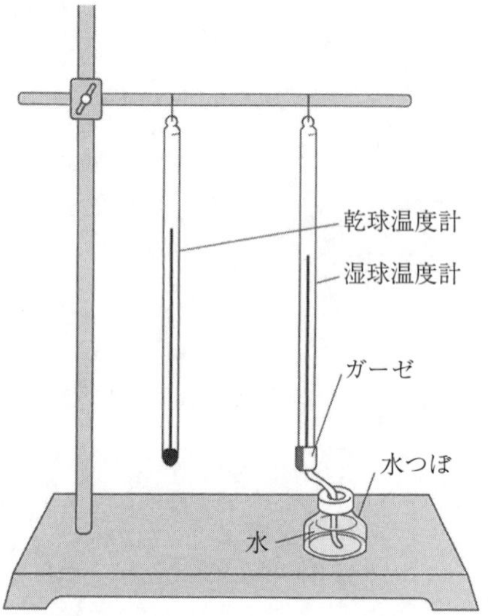

図１

(1)　ある日のある場所の乾湿計は，図２のようになっていました。このときの湿度は何％ですか。表１の湿度表を用いて答えなさい。

表１

乾球温度計が示す温度(℃)	乾球温度計と湿球温度計が示す温度の差(℃)				
	1	2	3	4	5
17	90	80	70	61	51
16	89	79	69	59	50
15	89	78	68	58	48
14	89	78	67	57	46
13	88	77	66	55	45
12	88	76	65	53	43
11	87	75	63	52	40

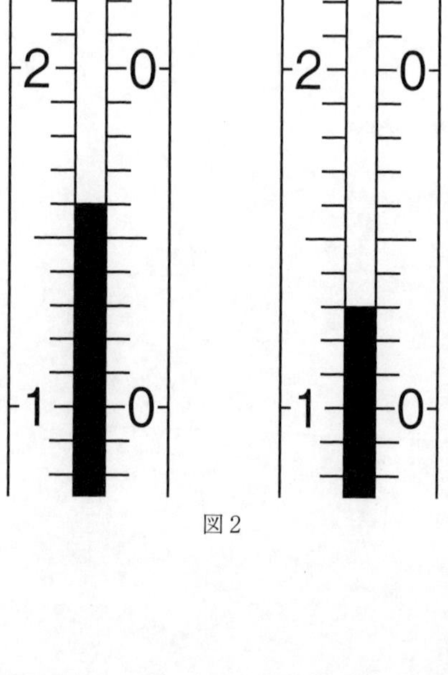

図２

図3は気温と飽和水蒸気量の関係を表したグラフです。湿度は，このグラフを用いても求めることができます。

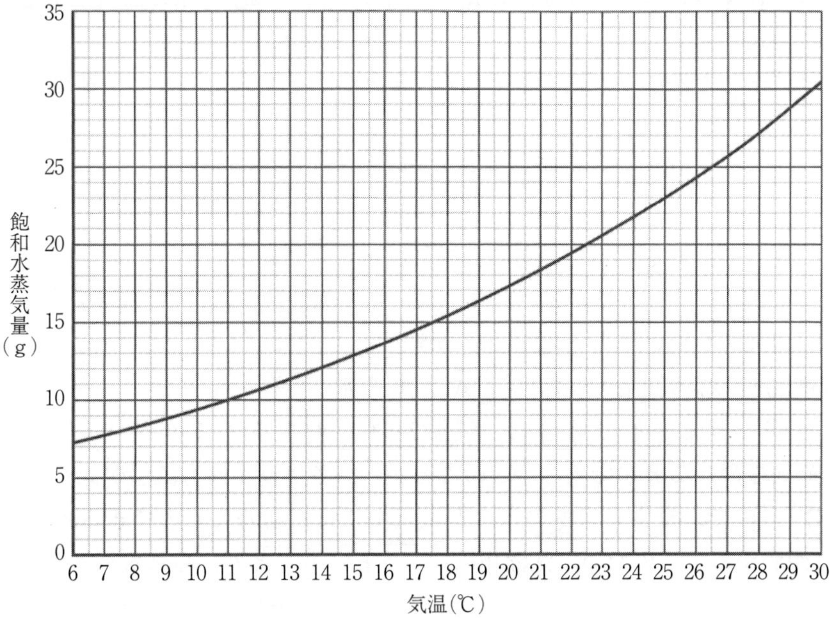

図3

(2) 気温が25℃の空気1 m^3 に含まれている水蒸気の重さが11.5gであるとすると，この空気の湿度は何%ですか。

祥子さんは，空気中の水蒸気が水滴《すいてき》に変わる様子を調べるため，次のような[実験]を行いました。

[実験]

① 祥子さんの部屋の温度と湿度を測定した。

② 水槽《すいそう》にくんでおいた水を，金属《きんぞく》でできたコップに三分の一くらい入れ，水の温度を測定すると祥子さんの部屋の温度と同じであった。

③ 図4のように，コップの中の水をガラス棒でかき混ぜながら，氷水を少しずつ入れ，コップの側面を観察した。

④ コップの側面がくもり始めたら，氷水を入れるのをやめて，コップの中の水の温度を測定した。

[実験]の結果をまとめると表2のようになった。

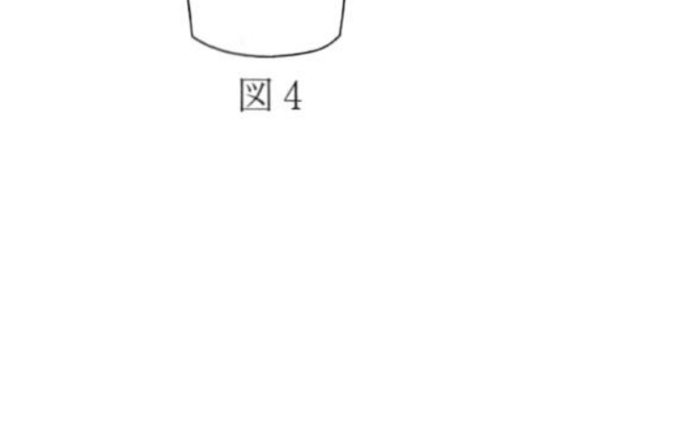

図4

表2

祥子さんの部屋の温度(℃)	X
氷水を入れる前の水の温度(℃)	X
コップの側面がくもり始めた時の水の温度(℃)	11
祥子さんの部屋の湿度(%)	40

(3) 表2の空らん X に入る数を答えなさい。

(4) 祥子さんの部屋の温度を[実験]と同じ温度に保ったまま湿度を60%にあげるためには，加湿《かしつ》器《き》で何gの水を水蒸気にすればよいですか。ただし，祥子さんの部屋の床《ゆか》の面積は$10m^2$で，天井《てんじょう》までの高さは2.5mです。

祥子さんは，屋外に干した洗濯物《せんたくもの》が乾《かわ》きやすいのは夏と冬のどちらなのかと，疑問に思いました。

[考えたこと]

表3は，東京の夏(8月)と冬(2月)のある日の気温と湿度をまとめたものである。

表3

	気温(℃)	湿度(%)
夏(8月)	28.5	80
冬(2月)	7.5	60

表3と19ページの図3を用いて考えると，夏の場合は，気温28.5℃，湿度80%の空気$1m^3$にあと A gの水蒸気を含むことができる。冬の場合は，気温7.5℃，湿度60%の空気$1m^3$にあと B gの水蒸気を含むことができる。このことから，冬は夏よりも気温が低く，飽和水蒸気量が C ので，夏よりも冬のほうが空気中にまだ含むことのできる水蒸気量が D ことがわかる。そのため，洗濯物は E と考えられる。

(5) [考えたこと]について，空らん A ， B に入る数をそれぞれ答えなさい。

(6) [考えたこと]について，空らん C ～ E に入る語句の組み合わせとしてもっとも適当なものを次の**ア**～**エ**から一つ選び，記号で答えなさい。

	C	D	E
ア	多い	多い	夏よりも冬のほうが乾きやすい
イ	多い	少ない	冬よりも夏のほうが乾きやすい
ウ	少ない	多い	夏よりも冬のほうが乾きやすい
エ	少ない	少ない	冬よりも夏のほうが乾きやすい

2

回路と回路図について，後の問いに答えなさい。

豆電球2個と乾電池《かんでんち》2個を用いて図1のような回路をつくりました。

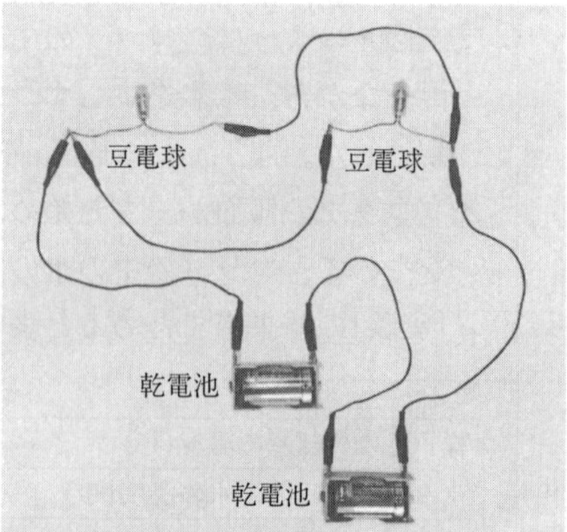

図1

(1) 図1の回路の回路図として正しいものを次の**ア**～**エ**から一つ選び，記号で答えなさい。

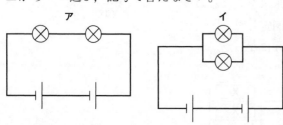

ア

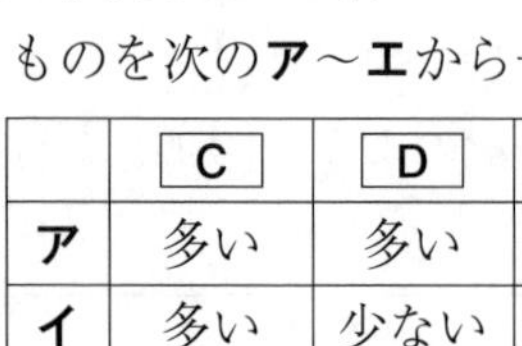

イ

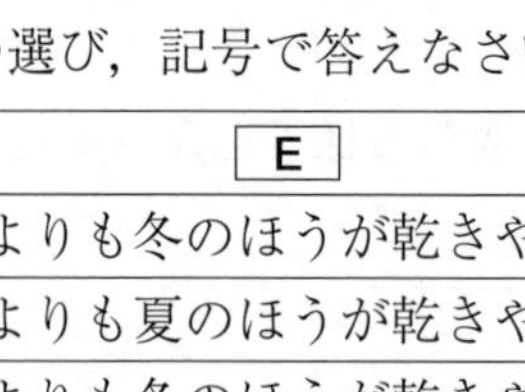

ウ

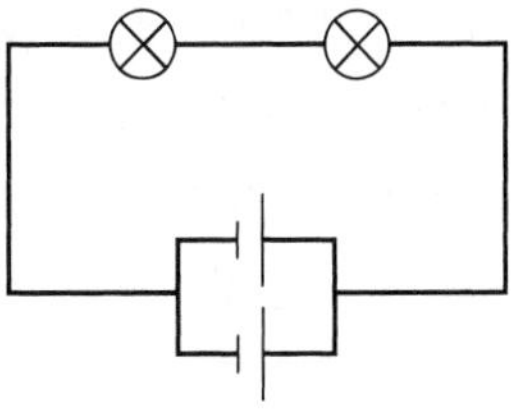

エ

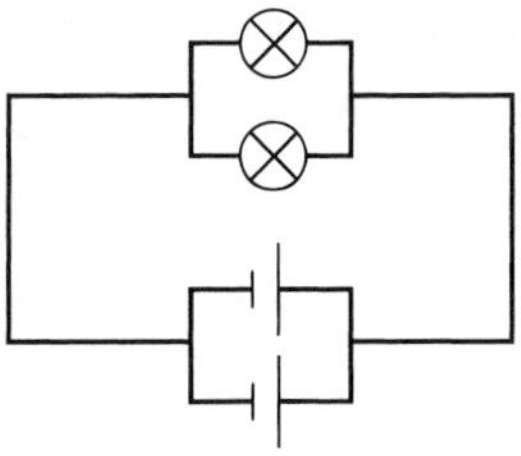

豆電球２個と乾電池２個を用いて図２のような回路をつくりました。

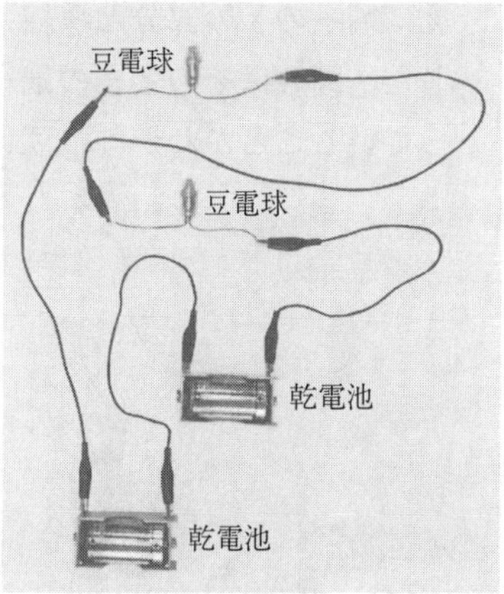

図２

(2)　図２の回路の回路図として正しいものを次の**ア**～**エ**から一つ選び，記号で答えなさい。

ア

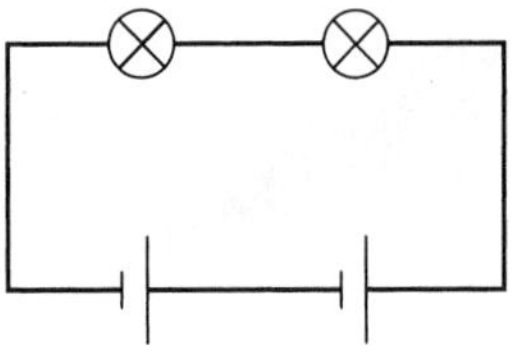

イ

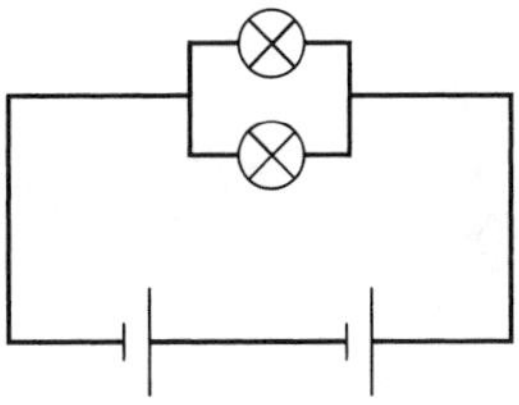

ウ

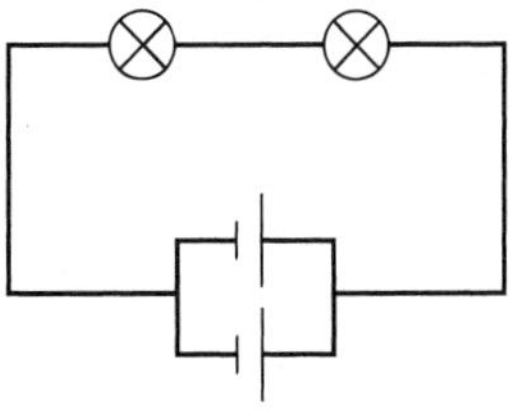

エ

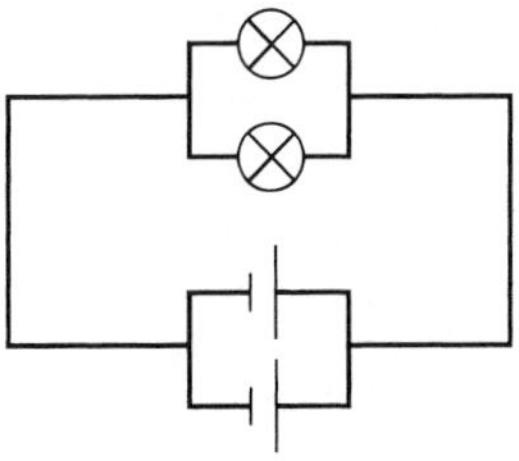

豆電球３個と乾電池２個を用いて図３のような回路をつくりました。

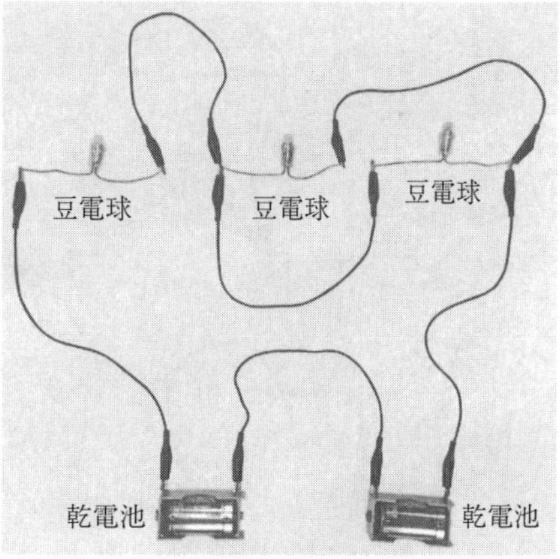

図３

(3)　図３の回路の回路図として正しいものを次の**ア**～**カ**から一つ選び，記号で答えなさい。

ア

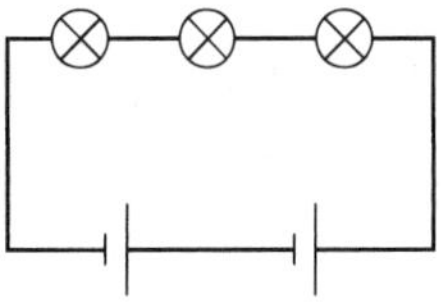

イ

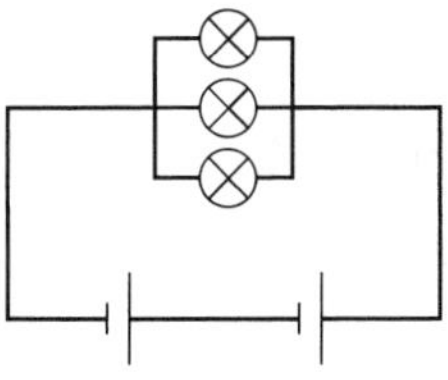

ウ

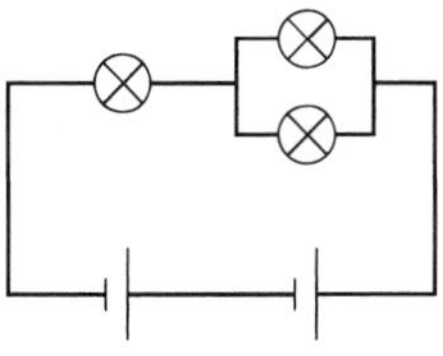

エ

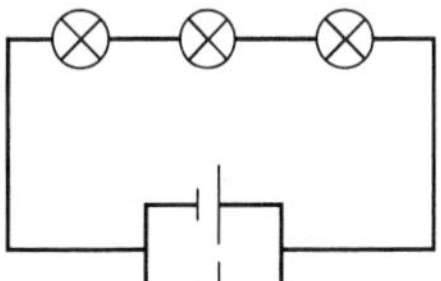

オ

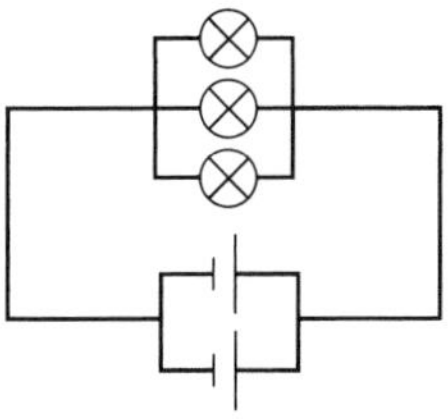

カ

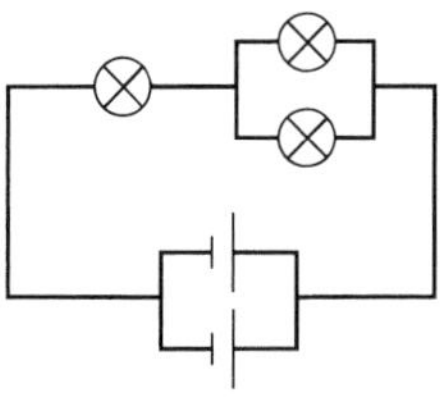

図４のような市販《しはん》の有線イヤホンは２つのイヤホンの部分と端子《たんし》がコードでつながっています。このイヤホンを切り取ったところ，図５のように２本のコードの中にはそれぞれ２本ずつの導線があり，合計４本の導線Ａ～Ｄがあることがわかりました。また，端子は図６のようにＸ～Ｚの３つの部分に分かれていることがわかりました。そこで，乾電池と豆電球を使って端子のＸ～Ｚの３つの部分と４本の導線Ａ～Ｄがどのようにつながっているかを調べました。例えば端子のＸの部分と導線Ａがつながっているかどうかを図７のような回路をつくって調べました。図８はそのときの端子の部分を拡大したものです。豆電球が点灯するとＸとＡがつながっていることがわかり，豆電球が点灯しなければＸとＡがつながっていないことがわかります。

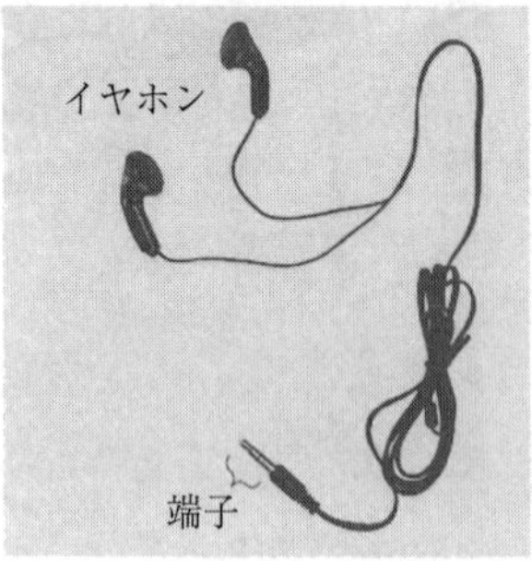

図４

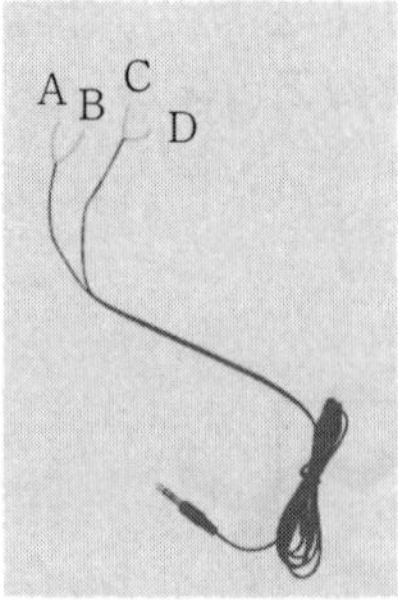

図５

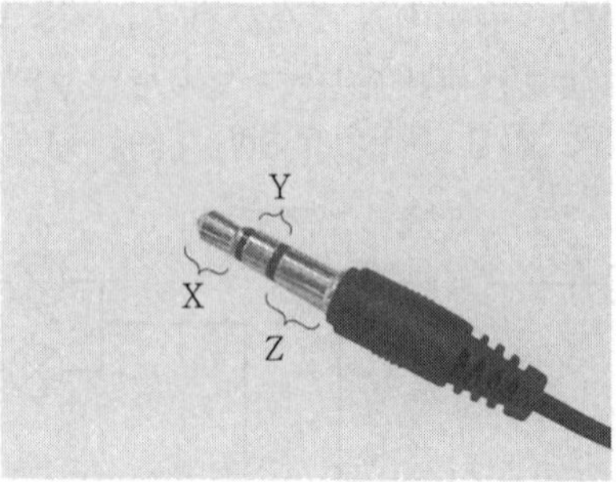

図６

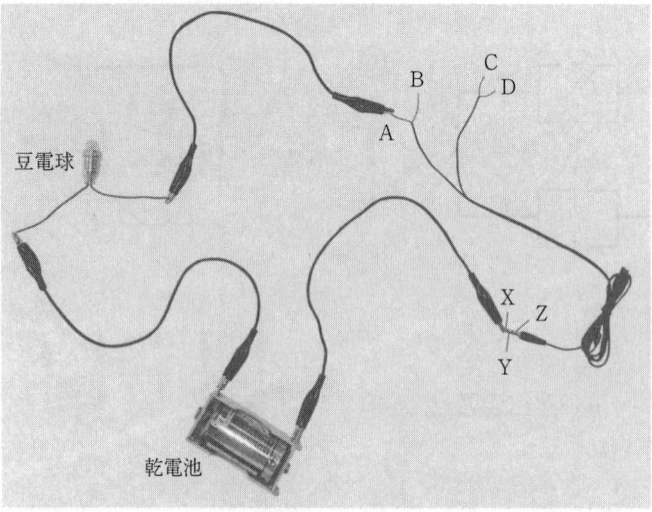

図７

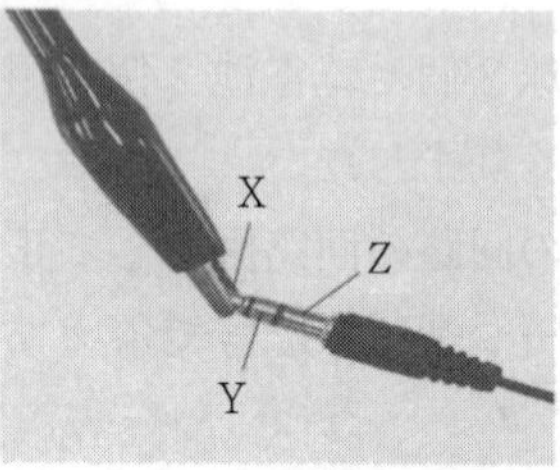

図８

端子のＸ～Ｚの部分と導線Ａ～Ｄがどのようにつながっているかを調べた結果，表１のようになりました。豆電球が点灯した場合は○，点灯しなかった場合は×で示しています。

表１

	A	B	C	D
X	×	×	×	○
Y	○	×	×	×
Z	×	○	○	×

(4)　端子のＸ～Ｚの部分と導線Ａ～Ｄがどのようにつながっているかを模式的に表したものとして，もっとも適当なものを次の**ア～カ**から一つ選び，記号で答えなさい。ただし，選択肢《せんたくし》の中の図９のような部分は導線どうしがつながっていないことを表しています。

図９

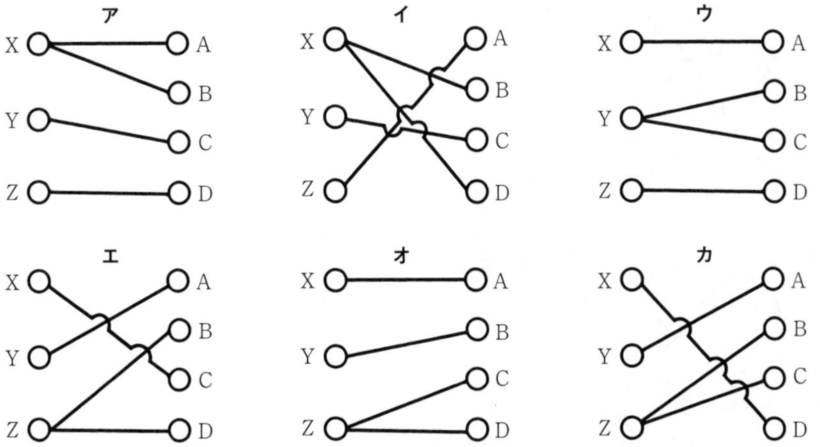

次に，乾電池と豆電球を使って端子のＸ～Ｚの部分どうしがどのようにつながっているかを調べました。例えば端子のＸとＺの部分がつながっているかどうかを図10のような回路をつくって調べました。図11はそのときの端子部分を拡大したものです。また，導線Ａ～Ｄどうしがどのようにつながっているかも同様に調べました。

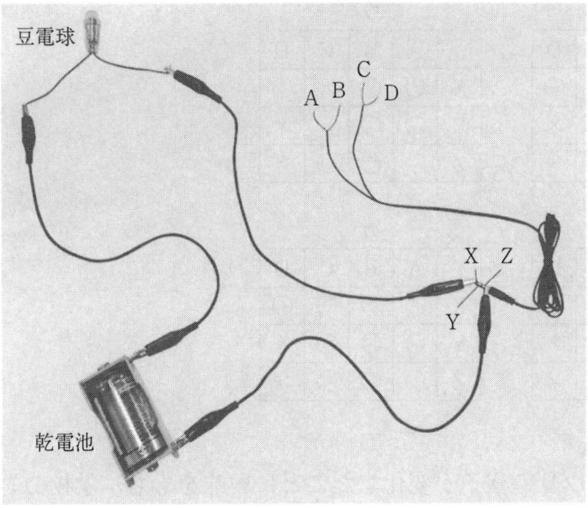

図10

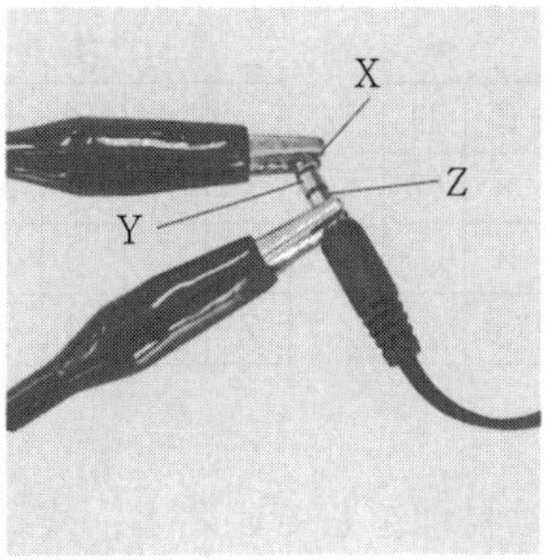

図11

(5)　調べた結果，豆電球が点灯する組み合わせが一つだけありました。正しいものを次の**ア～ケ**から一つ選び，記号で答えなさい。

ア　ＸとＹ　　**イ**　ＸとＺ　　**ウ**　ＹとＺ

エ　ＡとＢ　　**オ**　ＡとＣ　　**カ**　ＡとＤ

キ　ＢとＣ　　**ク**　ＢとＤ　　**ケ**　ＣとＤ

次に，導線ＡとＢをつなげた状態で，乾電池と豆電球を使って端子のＸ～Ｚの部分と導線Ａ～Ｄをつなげたときに豆電球が点灯するかどうかを調べました。例えば，端子のＸの部分と導線Ｄをつなげたときに豆電球が点灯するかどうかを，図12のような回路をつくって調べました。

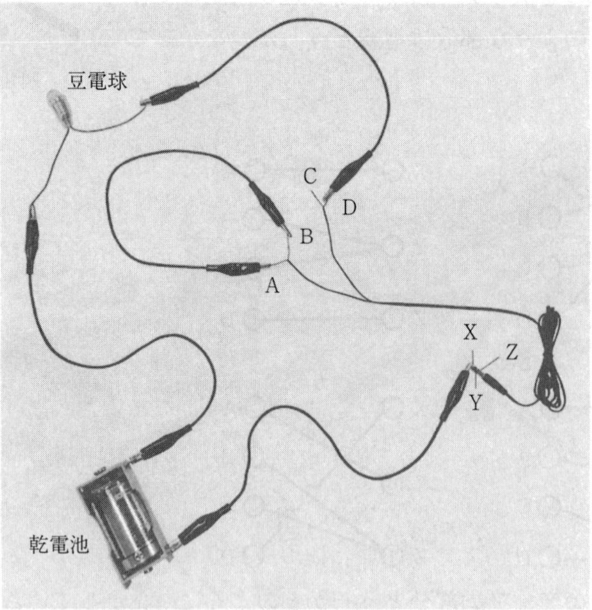

図12

(6)　調べた結果として正しいものを次の**ア**～**カ**から一つ選び，記号で答えなさい。ただし，豆電球が点灯した場合は○，点灯しなかった場合は×で示しています。

ア

	A	B	C	D
X	×	×	×	○
Y	○	○	×	×
Z	○	○	○	×

イ

	A	B	C	D
X	×	×	×	○
Y	○	×	×	×
Z	○	○	○	×

ウ

	A	B	C	D
X	○	○	×	○
Y	○	○	×	×
Z	○	○	○	×

エ

	A	B	C	D
X	○	○	×	○
Y	○	○	×	○
Z	○	○	○	○

オ

	A	B	C	D
X	×	×	×	○
Y	○	○	○	×
Z	○	○	○	×

カ

	A	B	C	D
X	○	○	○	○
Y	○	○	○	×
Z	○	○	○	×

3　祥子さんは料理をしていると，キュウリの様子が変化したことに興味をもち，学校の先生に質問しました。次の文はそのときの二人の会話です。後の問いに答えなさい。

祥子「家で料理の手伝いをしていてキュウリに塩をかけてもんだら，水が出てやわらかくなりました。一方，キュウリを冷たい水に入れておいたらシャキッとしました。」

先生「それは浸透《しんとう》という現象によるものですね。植物や動物を構成している細胞《さいぼう》は半透性《はんとうせい》という性質を持った膜《まく》で包まれています。この膜を半透膜《はんとうまく》と言い，半透膜を通しておこる水の移動を浸透と言います。内側と外側の液体の濃《こ》さのちがいによって水が移動します。」

祥子「その現象を実際に確かめてみたいです。」

先生「細胞の一種である赤血球を使った実験で調べられますよ。実験してみませんか？」

(1)　キュウリの特徴《とくちょう》の組み合わせとして正しいものを次の**ア**～**エ**から一つ選び，記号で答えなさい。

ア　双子葉植物・単性花

イ　双子葉植物・両性花

ウ　単子葉植物・単性花

エ　単子葉植物・両性花

(2)　赤血球の体内でのはたらきとしてもっとも適当なものを次の**ア**～**エ**から一つ選び，記号で答えなさい。

ア　体に入ってきた細菌《さいきん》などをとらえて，病気になるのを防ぐ。

イ　血管が傷ついたときに，血を固めて出血を防ぐ。

ウ　全身に酸素を運ぶ。

エ　全身にタンパク質や糖分などの養分を運ぶ。

(3)　赤血球が作られている場所としてもっとも適当なものを次の**ア**～**エ**から一つ選び，記号で答えなさい。

ア　えんずい　　**イ**　せきずい

ウ　こつずい　　**エ**　せきつい

祥子さんは半透膜の性質を調べるために，次のような[実験]を行いました。

[実験]

①　シャーレに蒸留水やいろいろな濃さの食塩水を用意した。

②　それぞれのシャーレにウマの血液を一滴《いってき》入れて，よくかき混ぜた。15分後，顕微鏡《けんびきょう》で観察して，赤血球の体積を測定した。

結果をまとめたのが次の表である。ただし，実験前の赤血球の体積を100とする。また，蒸留水に入れたものは赤血球が破裂《はれつ》してしまい，体積を測定できなかった。

表

食塩水の濃度(%)	0.6	0.9	1.5	3.0
赤血球の体積	110	100	80	50

(4)　次の**ア**～**キ**は顕微鏡の使い方についての文です。正しい順に並べたときに５番目にくる文として，もっとも適当なものを次の**ア**～**キ**から一つ選び，記号で答えなさい。ただし，１番目は**ア**とします。

ア　顕微鏡を，直射日光の当たらない水平な台の上に置く。

イ　プレパラートをステージにのせて，クリップでとめる。

ウ　接眼レンズを取り付け，次に対物レンズを取り付ける。

エ　顕微鏡をのぞきながら反射鏡の向きを調節して，一番明るくなるようにする。

オ　顕微鏡をのぞきながら，ステージと対物レンズが離れるようにゆっくりと調節ねじを回し，ピントを合わせる。

カ　プレパラートを動かして，観察したいものが中央に見えるようにする。

キ　横から見ながら調節ねじを回して，対物レンズをプレパラートにできるだけ近づける。

祥子さんは実験結果について，次のように考えました。

[考えたこと]

食塩水の濃さが0.9％よりも濃くなると赤血球の体積が小さくなっていることから，赤血球を包んでいる半透膜を通して，赤血球の **あ** に水が移動したことがわかる。次に，蒸留水に入れると赤血球が破裂するのは，半透膜を通して赤血球の **い** に水が移動したためだとわかる。つまり，半透膜を通してうすい方から濃い方へ水が移動すると考えられる。また，0.9％食塩水に血液を入れたとき，赤血球の体積が変化していないことから，見かけ上は赤血球の内部と外部で水の出入りはないと考えられる。

(5) [考えたこと]の空らん **あ** ，**い** に入る語句の組み合わせとしてもっとも適当なものを次の**ア**～**エ**から一つ選び，記号で答えなさい。

	あ	**い**
ア	内部から外部	内部から外部
イ	内部から外部	外部から内部
ウ	外部から内部	内部から外部
エ	外部から内部	外部から内部

祥子さんは，実験結果を考えるなかで，海にも川にも魚類が生活していることを疑問に思い，調べました。

[調べたこと]

魚類は半透性の皮膚《ひふ》を持ち，周囲の環境に応じて水の出入りがあるため，体液(血液などの液体成分)の濃さが変化してしまう。よって，次のようにえらのはたらきや，尿《にょう》の濃さと量の調節により，体液の濃さや体液に含《ふく》まれる塩分量が一定になるようにしている。

海水は魚の体液よりも塩分が濃い。つまり，海水魚は体液の水分が **う** する環境にすんでいるため，海水を飲むことで水分を補給しているが，このとき塩分も取り入れてしまう。したがって，海水魚は取り過ぎた塩分をえらのはたらきで排出《はいしゅつ》している。また，失う水分を減らすため，尿を少量しか出していない。

淡水《たんすい》は魚の体液よりも塩分がうすい。つまり，淡水魚《たんすいぎょ》は体液の水分が **え** する環境にすんでいるため，周囲にある水を **お** 。さらに，余計な水分を排出するために， **か** 出している。しかし，尿を排出することで塩分が失われてしまうので，えらで周囲から塩分を **き** している。

海と川を行き来する魚は，海では海水魚の調節方法，川では淡水魚の調節方法で生活している。行き来するときは，河口付近でその調節方法を切り替えている。

(6) [調べたこと]の空らん **う** ～ **お** に入る語句の組み合わせとしてもっとも適当なものを次の**ア**～**ク**から一つ選び，記号で答えなさい。

	う	え	お
ア	減少	減少	大量に飲む
イ	減少	減少	ほとんど飲まない
ウ	減少	増加	大量に飲む
エ	減少	増加	ほとんど飲まない
オ	増加	減少	大量に飲む
カ	増加	減少	ほとんど飲まない
キ	増加	増加	大量に飲む
ク	増加	増加	ほとんど飲まない

(7) ［調べたこと］の空らん か ， き に入る語句の組み合わせとしてもっとも適当なものを次の**ア**～**ク**から一つ選び，記号で答えなさい。

	か	き
ア	体液よりも濃い濃さの尿を少量	排出
イ	体液よりも濃い濃さの尿を少量	吸収
ウ	体液よりも濃い濃さの尿を大量に	排出
エ	体液よりも濃い濃さの尿を大量に	吸収
オ	体液よりもうすい濃さの尿を少量	排出
カ	体液よりもうすい濃さの尿を少量	吸収
キ	体液よりもうすい濃さの尿を大量に	排出
ク	体液よりもうすい濃さの尿を大量に	吸収

(8) ［調べたこと］の下線部の魚は，川で産卵《さんらん》して海で成長する魚と，海で産卵して川で成長する魚に分けられる。その組み合わせとしてもっとも適当なものを次の**ア**～**カ**から一つ選び，記号で答えなさい。

	川で産卵し，海で成長する魚	海で産卵し，川で成長する魚
ア	ウナギ	サケ
イ	ウナギ	ドジョウ
ウ	サケ	ウナギ
エ	サケ	ドジョウ
オ	ドジョウ	ウナギ
カ	ドジョウ	サケ

4　水素と酸素の反応について，後の問いに答えなさい。

水素が酸素と反応して燃焼《ねんしょう》すると水ができます。この反応について調べるために次の[実験１]を行いました。ただし，実験室の気圧と室温は常に一定であり，燃焼後にできた水はすべて液体であったものとします。

[実験１]

①　図１のような目盛り付きガラス管の上に点火装置のついたゴム栓《せん》を取り付けた。

②　①のガラス管の中を水で満たした後，下にもゴム栓を取り付け，図２のように水の入った水槽《すいそう》の中に立ててスタンドで固定した。

③　ガラス管の下のゴム栓をはずし，下から注射器で20cm^{3}の酸素と10cm^{3}の水素を入れた。

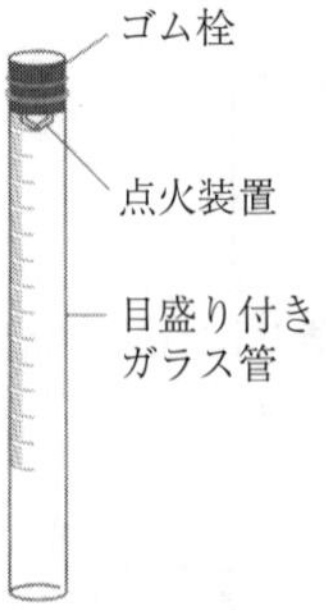

図１

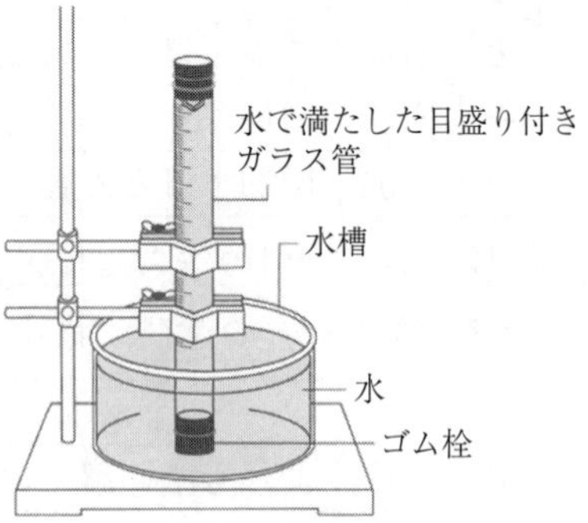

図２

④　ガラス管内の気体に点火した。

⑤　反応後，ガラス管内に残った気体の体積を測定した。

⑥　酸素の体積は変えずに，水素の体積を変えて同様の操作を行った。

[実験１]の結果を次の表にまとめた。

表

加えた水素の体積(cm^3)	10	20	30	40	50	60
残った気体の体積(cm^3)	15	10	5	0	10	20

(1)　[実験１]で，加えた水素の体積が10cm^{3}のとき，残った気体としてもっとも適当なものを，次の**ア**～**ウ**から一つ選び，記号で答えなさい。

ア　酸素　　**イ**　水素　　**ウ**　水素と酸素の両方

(2)　[実験１]で，加える水素の体積を24cm^{3}にした場合，残る気体の体積は何cm^{3}ですか。

(3)　50cm^{3}の酸素に，ある体積の水素を加えて[実験１]と同じ操作を行ったところ，水素が10cm^{3}残りました。このとき，はじめに加えた水素の体積は何cm^{3}ですか。

次に，水素と酸素の反応の様子を観察するために[実験２]を行いました。

[実験２]

図３のように，ポリエチレン製の袋《ふくろ》の中に，30cm^{3}の酸素と80cm^{3}の水素を入れ，点火装置のついたゴム栓を取り付けて密閉し，袋の中の気体に点火した。反応後，袋の中の様子を観察した。

図３

(4)　[実験２]で，反応後の袋の中の様子としてもっとも適当なものを，次の**ア**～**エ**から一つ選び，記号で答えなさい。

ア　袋の内側が白くくもり，袋が反応前よりもふくらんだ。

イ　袋の内側が白くくもり，袋が反応前よりも縮んだ。

ウ　袋の内側には変化はなく，袋が反応前よりもふくらんだ。

エ　袋の内側には変化はなく，袋が反応前よりも縮んだ。

[実験１]，[実験２]では，反応直後のガラス管や袋が熱くなっていたため，水素と酸素が反応すると熱が発生することがわかりました。次に，化学反応によって生じる熱について調べました。

[調べたこと１]

化学反応が起きると，必ずエネルギーが放出されたり吸収されたりする。水素が酸素と反応して燃焼すると，熱エネルギーが放出されて周りの物質が温められる。エネルギーには，熱エネルギーの他に電気エネルギーなどがあり，このような化学反応によって放出されるエネルギーを私たちは日常生活で利用している。

図４は，家庭用燃料電池によるエネルギーの利用について模式的に表したものである。燃料電池は，燃料となる水素と空気中の酸素を反応させ，そのときに生じたエネルギーを電気エネルギーに変える発電装置である。家庭用燃料電池では，発電するときに同時に放出される熱エネルギーを利用して給湯器で湯を作ることができる。それでも一部の熱エネルギーは利用することができずに外に逃げてしまうが，この量が少ないことが特徴《とくちょう》である。また，水素と酸素が反応した後には水しか生じないため，有害な排気《はいき》ガスが出ないという観点からも注目されている。

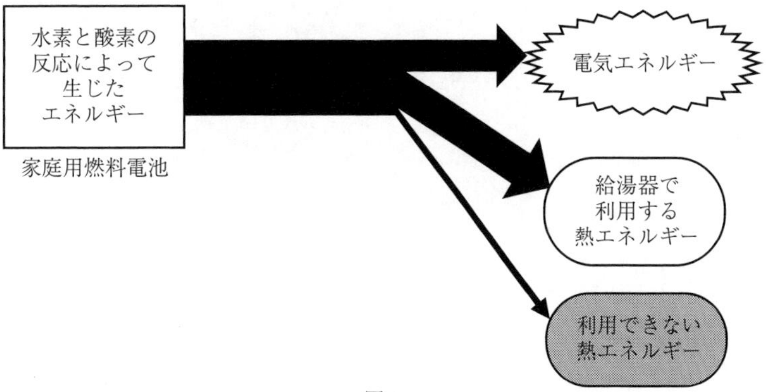

図４

さらに，家庭用燃料電池を用いるとどれくらいのエネルギーを利用することができるか，調べました。

[調べたこと２]

ある家庭用燃料電池について調べたところ，水素４ｇと十分な量の空気を燃料電池内で反応させたときに生じるエネルギーは580キロジュールである。また，この燃料電池では生じたエネルギーのうち40％が電気エネルギーになる。なお，キロジュールはエネルギーの量を表す単位である。

[調べたこと２]の燃料電池を用いて1450キロジュールのエネルギーを発生させました。1450キロジュールのエネルギーのうち，給湯器で利用した熱エネルギーによって湯をわかしたとこ

ろ，20℃の水4.5kgの温度を60℃まで上昇《じょうしょう》させることができました。

(5)　燃料電池内で反応した水素は何ｇですか。

(6)　給湯器で水の温度上昇に利用された熱エネルギーは何キロジュールですか。ただし，１kgの水の温度を１℃上昇させるのに必要な熱エネルギーは4.2キロジュールであるものとします。

(7)　燃料電池で発生した1450キロジュールのエネルギーのうち，利用できない熱エネルギーは，全体のおよそ何％ですか。もっとも適当なものを次の**ア**～**オ**から一つ選び，記号で答えなさい。

ア　４％　　**イ**　８％　　**ウ**　26％　　**エ**　48％　　**オ**　52％

科学的でないと言えるのか九十字以上百字以内で書きなさい。ただし、本文中の例を用いてはいけません。

三

次の**1**～**6**の――線のカタカナは漢字で書き、漢字は読みをひらがなで書きなさい。

1 山のイタダキに立つ。

2 スイスはエイセイ中立国だ。

3 万国ハクラン会を訪《おとず》れる。

4 国のソンボウをかけて戦う。

5 学校は火気ゲンキンである。

6 類いまれな才能をもつ。

もっとも適当なものを次の**１**～**４**から一つ選び、番号で答えなさい。

１　「科学的」な思考の訓練の不足によって、発言の責任を追及《ついきゅう》されることをおそれるから。

２　物事の原因を追究する際に、個人の意見をはさむことで、客観的に判断してしまうから。

３　考える際に、自分の見解に基《もと》づいて判断することで、正しい結論が生み出せなくなるから。

４　思考の途中で、想像や願望を取り込んでしまうことで、論点が明確になってしまうから。

問四　――線③「自己の主張を『正しく』述べているつもり」とありますが、「正しく」にかぎかっこがついている理由としてもっとも適当なものを次の**１**～**４**から一つ選び、番号で答えなさい。

１　本人が何と言おうと私情として受け入れず、何事も正しく述べようとする専門家を批判するため。

２　本人はどんなに客観的に述べたつもりでも、正しく伝えるのはとても難しいことを強調するため。

３　本人がどう感じたかが重要であるため、自己の主張に正しさは本来必要ないことを暗示するため。

４　本人は正しいと思っているものの、客観的に見れば実は正しくないことを皮肉を込めて表すため。

問五　**X** に入る言葉としてもっとも適当なものを次の**１**～**４**から一つ選び、番号で答えなさい。

１　客観的な事実と個人の主観的な願望

２　具体的な事実と客観的な理由

３　主観的な感情と熱意のある意見や主張

４　個人的な見解と集団的な結論

問六　――線④「これは経験した者でないとわからない」という発言のどのような点が問題だと筆者は考えていますか。もっとも適当なものを次の**１**～**４**から一つ選び、番号で答えなさい。

１　自分に対する批判や疑問を受け入れるだけの優《やさ》しさが欠けている点。

２　自分の経験に見間違いや思い違いがある可能性を一切排除《はいじょ》している点。

３　他者との関わりを拒絶し、経験を他者と分かち合おうとしない点。

４　自分の経験に強い確信を持ち、他者に自分の考えを強引《ごういん》に押しつける点。

問七　――線⑤「**Y** が合う」の空らんに適当なひらがな四字を補って、慣用句を完成させなさい。

問八　――線⑥「『科学的』になされるべき作業」とは、どのような作業ですか。もっとも適当なものを次の**１**～**４**から一つ選び、番号で答えなさい。

１　何が起きたかを論理的に絞り込み、結論を導きだしていく作業。

２　これまでの事例を参考に、類推を重ねることで決断を下す作業。

３　事実だけを見るのではなく、その背景まで考えるべき作業。

４　誤りを許さず、完全な状態を追求しなければならない作業。

問九　――線⑦「個人の経験の絶対視は危険である」とありますが、それはなぜですか。五十字以上六十字以内で説明しなさい。

問十　＝線「どんな場合に筋道から外れて『科学的』でなくなるか」とありますが、あなたの日常生活や社会の出来事の中で科学的でない思考が表れている具体例を挙げ、どのような点において先の「個人の感情を交えないこと」と関連しているのですが、これと似ていて少し違った「非科学的」な言い方があることを述べておきましょう。私たちは、よく「④これは経験した者でないとわからない」とか「あなたには私の気持ちはわからない」と言われたり、あるいは「私がこの目で見たことを信用しないの？」と詰《つ》め寄られたりしたことはありませんか？　このように言われると、もはや議論したり、それ以上問いかけたりすることができなくなり、互《たが》いにもはや理解できないという気持ちにさせられますね。

このように言う人は自分の経験を絶対視しており、それはどう批判されようと絶対に正しく誰も否定できないと思い込んでいるのです。確かに自分が経験し、実際に自分の目で見たのだから、他人には否定しようがないとの自信もあるのでしょう。そのため、それを疑う言葉を一切受け付けなくなります。人から少しでも批判されると、自分の経験を絶対正しいとして人の言い分を何ら聞き入れず、自分の言っていることを立ち止まって考え直したり、違った目で見直したりすることがなくなってしまうのです。

それどころか、最初は自分の経験に曖昧な部分があったのですが、知らず知らずのうちにそれを補うように想像して付け足してストーリーを完全にし、いっそう自信を持って主張するようになることが多くあります。そうなると、実は本人もどこまでが実際に経験したことなのか、どこからが想像の産物であるのかがわからなくなるのですが、その迷いを振り切って自分が作り上げたストーリーにいっそう固執《こしつ》するようになるというわけです。

たとえば、犯罪を偶然目撃《ぐうぜんもくげき》した人の証言は信用できないことが多いと、よく言われますね。何回か証言しているうちに、目撃していないはずなのに、そのように話すとよけい信用してくれるだろうと期待する気持ちから、⑤［Y］が合うよう知らず知らずのうちに話を作り出していくからです。そして、話の矛盾《むじゅん》が少しでも指摘《してき》されると、「私がこの目で確かに見たことを信用しないの？」と居直るのです。こうなると、最初の目撃証言に含《ふく》まれていた真実の部分すら疑わしくなってしまい、せっかく目撃した事実そのものも信用されなくなります。犯人探しというような⑥「科学的」になされるべき作業には、⑦個人の経験の絶対視は危険であることがわかると思います。客観性が失われ、修正することができなくなるからです。

個人の経験を「科学的」な事実として活《い》かすためには、あたかも外から見ているかのように客観的な視点で、曖昧な部分、途切《とぎ》れている部分を正直に認めて、どのような経験をしたかを他人と共有する態度が不可欠なのです。自分の経験が絶対に正しいと信じ込み、疑問を抱かれるのを拒否《きょひ》する人の言うことは、かえって信用してはいけないということです。

（池内　了『なぜ科学を学ぶのか』）

問一　［A］～［C］にあてはまる言葉としてもっとも適当なものを次の**1**～**6**からそれぞれ一つずつ選び、番号で答えなさい。

1　なぜなら　**2**　そこで　**3**　たとえば
4　それゆえ　**5**　ところが　**6**　つまり

問二　――線①「その間の思考の流れをコントロール」するとありますが、ここでの「コントロール」とはどうすることですか。もっとも適当なものを次の**1**～**4**から一つ選び、番号で答えなさい。

1　誤った考え方をしないように抑止《よくし》すること。
2　より深い考え方ができるようにおし進めること。
3　考えることをやめないように管理すること。
4　考えることが楽しくなるように促《うなが》すこと。

問三　――線②「なぜでしょうか？」とありますが、その答えとしていて、本来あるべき筋道から外れているからです。［C］、どんな場合に筋道から外れて「科学的」でなくなるかを考え、「科学的」であるためにはいかなる思考が大事であるかを探ることにしましょう。

「科学的」思考とは、誰にでも共通する前提と事実を組み合わせて、そこで何事が起こったかを推測し、考え得《う》る範囲《はんい》を絞《しぼ》り込《こ》んでいく作業のことですが、最初に言っておきたいことは、その過程に個人の感情を交えてはいけないということです。

　私たちが物事を考えるときには、(1)の段階で、つい「こうあって欲《ほ》しい」とか、「こうあるはず」とか、「こうあるべきだ」とかの、個人的な願いや意見や私情を交えたくなります。しかし、このような個人の意見や願望や私情が入り込むと、論点が発散して焦点《しょうてん》がぼけ、何を問題にしていたかがわからなくなってしまいます。というのは、各個人の勝手な見解が幅《はば》を利《き》かせるため、各人の主張がバラバラに提示され、まとまりがなくなってしまうためです。その結果、何が事実であり、何が個人的で勝手な意見なのかの区別がつかなくなってしまいます。特に、(2)の客観的な事実を積み上げながら筋道をたどる段階では、このような主観的な意見を交えるのは混乱を招くだけになることは明らかでしょう。

　あるいは、(3)の何らかの結論が見えてきても、自分の「気に食わないから」とか、「嫌《きら》いだから」とか、「主義に合わないから」というような、個人的感情で結論を受け入れないのも「科学的」とは言えません。その客観的な理由を明確に示さず、ただ自分のわがままを言っているに過ぎないからです。結論に反対して受け入れられない場合には、「事実に反するから」とか、「論理が飛躍《ひやく》しているから」とか、「筋道に混乱があるから」と理由をあげて、具体的に事実や論理や筋道について納得《なっとく》できない点を明示すべきです。というより、明示できねばならないのです。ここには、一切《いっさい》私情が入る余地はありません。

　時々、個人の勝手な意見や主張を押《お》し付けようとする行動が目立つ人にお目にかかります。いかにも熱心に自分の熱い思いを述べ立てているように見えますが、単に混乱を持ち込むだけで、真の解決を曖昧《あいまい》にしてしまう人がいるので要注意です。本人はひたすら③自己の主張を「正しく」述べているつもりなのですが、それが身勝手な振《ふ》る舞《ま》いであることに気がついていないことが多くあります。［X］をきちんと区別することが「科学的思考」の第一歩なのです。

　原発が事故を起こしたとき、テレビに出た専門家の多くは事故の詳細《しょうさい》がまだわからないのに、「事故はたいしたことはない」と言い続けました。まさに、自らの願望を優先させて、事実を見ようとしなかったのです。そのうちに大事故であることが徐々《じょじょ》にわかってくると、この事故は「想定外」の津波《つなみ》が原因だから、どうしようもなかったのだというふうに言い始めました。責任が問われてはかなわないとの気持ちから、事故の真相を客観的に調査する前に、自己本位の結論を出して原因を曖昧にしようとしたのです。このような態度は決して「科学的」とは言えないことは明らかです。現実に起こった事実を正面から受け止めて、私情を交えずに証拠《しょうこ》を積み上げて、客観的に結論を導く態度が何ら見られなかったからです。

　おそらく、原発の大事故という結果に圧倒《あっとう》されて慌《あわ》ててしまい、順を追って思考し、どこに問題があったかを明示すべき科学者としての道を踏《ふ》み外し、自己本位な主張をしてしまったのでしょう。事故が起こることをまったく考えたことがなく、日頃《ひごろ》「科学的」思考を鍛《きた》えていなかったことを物語っています。「科学的」であるためには、私情を交えず、スジが通っていて公正であり、道理や理屈《りくつ》にかなっていて合理的でなければならず、それは日常的思考で鍛えておかねばならないのです。

して、はるかは割り切れない思いを抱《かか》えていた。

2 うみかは鉄棒の練習を見ていてほしいと思うくらいはるかを頼りに思い、一緒にいることに安心しているが、その気持ちがうまく伝わらず、時にはるかをいらだたせてしまう。

3 はるかは鉄棒の練習につきあうことでうみかとの距離《きょり》が近づいたことを感じているが、友人の多いはるかにとってこういう楽しさはよくあることで、うみかほどにはこの時間を大切には感じていない。

4 うみかはエンデバーの打ち上げをずっと楽しみにしていて、鉄棒の練習もそれを励みに頑張《がんば》っていた。怪我をしても夢に向かっていきたいと思う自分の気持ちを、はるかに知ってもらいたいと思っている。

5 はるかは怪我をしたうみかにどう接して良いか分からなかった。そんな自分に大事なことを打ち明けてくれたことで、今まで気づかなかったうみかの気持ちを感じ、力づけたいと強く思っている。

二 次の文章を読んで、後の問いに答えなさい。字数指定のあるものは、句読点やかっこなどもすべて一字に数えます。

通常の科学の研究では、ばらばらでしか（あるいは部分的にしか）手に入らない事実を組み合わせ、足りない部分はさまざまに推理して、現実に生じていると思われる現象の説明や謎《なぞ》の解明を行っています。それに加え、現実に生じている事柄《ことがら》の解釈《かいしゃく》や説明だけでなく、将来どうなるかについて予測しなければなりません。予言力が求められるわけです。[A]、現象（結果）を前にしてその理由（原因）を探《さぐ》り、その理由の説明とともに、将来にどのようなことが予言できるかを提示し、理由と予言が実際に正しいと認められなければならないのです。①その間の思考の流れをコントロールしているのが、「科学的な考え方」なのです。

実は、この「科学的な考え方」は科学の研究だけでなく、私たちの日常生活におけるさまざまな事柄にも適用できることであり、現に、みんなそれなりに科学的に考えています。実際に、私たちは意識しているかどうかは別として、何か事があるたびに、

(1) なぜそうなったのだろうと考え、

(2) 筋道が立った推論（推理・推測によって立てた論理）を客観的にたどり、

(3) もっとも合理的と思われる考えを最終的な結論とする、

という思考過程を採っているのは事実ですから。人は誰《だれ》でも、そのような思考法を自然のうちに身につけているのです。

[B]、誰もがそのような「科学的な考え方」をするなら、みんな似たような結論に到達《とうたつ》するはずなのに、ぜんぜん違《ちが》った結論になってしまうことがたびたびあります。②なぜでしょうか？ それは各個人の思考の中の、(1)から(3)の間のどこかで「科学的」ではなくなって

4　生意気なうみかに対してこれまで懸命《けんめい》に気持ちを抑《おさ》えてきた「私」だったが、旅先でまで姉の言葉に感情的に反論してくる妹に、ついに我慢《がまん》も限界に達し、怒りが瞬間的に爆発した。

問五　――線④「表情をなくす」とありますが、それはなぜですか。もっとも適当なものを次の**1**～**4**から一つ選び、番号で答えなさい。

1　怪我をしたにも関わらず、帰らせてくれないうみかを不思議に思ったから。

2　助けがなければ、うみかはできるようにはならないだろうと心配したから。

3　うみかが回れるようになるまで練習につきあおうと覚悟を決めたから。

4　うみかが「私」を必要としてくれるとは思わず、想定外の返答に驚いたから。

問六　――線⑤「別の理由」とありますが、どのような理由ですか。四十字以上五十字以内で書きなさい。

問七　――線⑥「ほっとしたような、残念なような気持ち」とはどのような気持ちですか。もっとも適当なものを次の**1**～**4**から一つ選び、番号で答えなさい。

1　うみかが自分との約束を信じて待ち続けていなかったことを安心する一方、自分のことを頼《たよ》りにして一緒に練習できるように待っていてほしかったという気持ち。

2　うみかが遅い時間まで一人で練習に励み、無理をしすぎていなかったことを安心すると同時に、あまり練習熱心ではない妹に対して歯がゆく思う気持ち。

3　二日連続で帰宅が遅くなっては両親に一層叱られてしまうため、うみかの姿がなくて安心したが、自分を待たずに帰ってしまう妹には何だかがっかりする気持ち。

4　妹の練習に付き合うという恥ずかしいことをしなくて済んだと安心する反面、できるだけ協力して妹ができるようになる瞬間に一緒にいたかったと思う気持ち。

問八　――線⑦「貝殻を当てて音を聞くように、遠く聞こえる声だった」とありますが、それはなぜですか。もっとも適当なものを次の**1**～**4**から一つ選び、番号で答えなさい。

1　どうしてこのような事態になってしまったのかをもう一度考え直したから。

2　うみかとの海での思い出を振り返り、妹へのいとおしさを再確認したから。

3　怪我をさせてしまったことを両親に責められるのではないかと思ったから。

4　思いもよらないことを聞き、驚きのあまり現実を受け止めきれなかったから。

問九　――線⑧「頭の奥でずっと、お前のせいだ、という誰のものかわからない声がしてる」とありますが、「私」はどのような点で自分のせいだと思っているのですか。二十字以内で二つ書きなさい。

問十　――線⑨「出てこなかった涙《なみだ》が、その書き直しの名前を見たら、じわっと目の奥に滲《にじ》んだ」とありますが、それはなぜですか。四十字以上五十字以内で書きなさい。

問十一　この文章におけるはるかとうみかの関係についての説明として、**あてはまらないもの**を次の**1**～**5**から一つ選び、番号で答えなさい。

1　人からどう見られるかを気にする自分とちがい、相手がどう受け取るかも気にせずに自分の考えのまま行動するうみかに対寝《ね》たままで言ううみかが怯《おび》えていることに、声の途中で気づいた。人の目なんて気にしない、『科学』を面白《おもしろ》がるセンスのある、風変わりで強い、私の妹が弱気になっている。

「なれるよ」と私は答えた。水の中に放り込まれたように、鼻の奥がつんと痛んで、涙がこらえきれなくなる。

「なってよ」

もう一度、今度はそう言い直した。

（辻村深月『家族シアター』）

注　＊『科学』…小学生向け学習雑誌の名称《めいしょう》。

問一　〰〰線㋐「しれっと」、〰〰線㋑「うかつに」、〰〰線㋒「安請《やすう》け合い」とはどのような意味ですか。もっとも適当なものを後の**1**～**4**からそれぞれ一つ選び、番号で答えなさい。

㋐「しれっと」

1　平然と　　**2**　漠然《ばくぜん》と

3　はればれと　　**4**　きょとんと

㋑「うかつに」

1　不自然に　　**2**　不用意に

3　不意に　　**4**　不必要に

㋒「安請け合い」

1　無理をして引き受けること

2　嫌々ながら引き受けること

3　見栄《みえ》を張って引き受けること

4　軽々しく引き受けること

問二　――線①「ビー玉を散らしたようにきれいな夜空」と同じ表現技法が用いられているものを次の**1**～**4**から一つ選び、番号で答えなさい。

1　夕日のオレンジ色がだんだんと藍色に押され、空が夜になっていく

2　うみかの名前の中には「海」がある

3　作り物みたいにきれいな形をした貝殻がたくさん落ちていた

4　貝が記憶して一緒に持ってくるのかな

問三　――線②「自分がとても贅沢《ぜいたく》なことをしている気分になる」とありますが、この時の「私」の気持ちとしてもっとも適当なものを次の**1**～**4**から一つ選び、番号で答えなさい。

1　ピンク色に光る貝の内側から遠い海の底で鳴るような音が聞こえてきて、視覚的にも聴覚《ちょうかく》的にも楽しい気分になっている。

2　きれいな星空を眺めながら貝が沈んでいた深い海底の音を聞くという、空と海の両方を楽しめている気分になっている。

3　辺りには人影もなく、まるで自分たち家族だけでこの美しい星空や海の音を独り占《じ》めにしているような気分になっている。

4　普段は自分の言うことに従わないうみかが今日はおとなしく聞いてくれているので嬉《うれ》しくなり、楽しい気分になっている。

問四　――線③「頭の奥《おく》で真っ白い光が弾《はじ》けた」とありますが、この時の「私」の様子としてもっとも適当なものを次の**1**～**4**から一つ選び、番号で答えなさい。

1　感動を妹と共有したくて話しかけたのに、そんな姉の気持ちにはお構いなしに、「私」の誤りを淡々《たんたん》と指摘《してき》し続けるうみかの無神経さに、積もり積もった怒《いか》りが瞬間的にこみ上げてきた。

2　何か言うと必ず言い返してくる妹に対して、今度こそ自分が優位に立てると思って話しかけたのに、自らの知識を得意げに披露《ひろう》する様子に悔《くや》しさが募《つの》り、瞬間的に怒りがこみ上げた。

3　旅の興奮から気がゆるんで、つい恥ずかしいセリフを言ってしまっただけなのに、妹に誤りを次々と正されて、家族の前で恥《はじ》をかかされ、今まで蓄積《ちくせき》されてきた怒りがとうとう爆発《ばくはつ》した。

がしてる。

車の中、私の隣《となり》で、お母さんに持ってくるように言われたうみかの着替《きが》えが、半透明《はんとうめい》の袋《ふくろ》の中から透《す》けていた。灰色の、私のお下がりの下着。「はるか」と書かれた名前がマジックの線で消されて、下に、あの子の名前が「うみか」と書いてある。

うみかが怪我をしたと聞かされた時から、ずっと泣けたらいいのにと思いながら、⑨出てこなかった涙《なみだ》が、その書き直しの名前を見たら、じわっと目の奥に滲《にじ》んだ。車の外で、国道の向こうの夜景が筋を引いて流れていく。

骨折したことがある子は、うちのクラスにも何人かいた。みんなギプスをしながら学校に来てた。だけど、入院したという話はあんまり聞かない。うみかはそんなにひどい怪我なのか。

あの子は、練習に来なかった私を怒ってるに違いない。きちんと謝《あやま》ろうと思ってたのに、薬の匂いのする病室に一歩入った途端《とたん》、口が利《き》けなくなった。

うみかはとろんとしたいつもの二重瞼《ふたえまぶた》をさらに重そうにして、うっすらと目を開けて、ベッドに横になっていた。力と、光のない目で私たちの方を見る。朝までのうみかとまったく違った。顔を見たら、走っていって、抱《だ》きついて、謝りたい気持ちになったけど、私は足を開いて立ったまま、妹に近づくことさえできなかった。

「うみか、お姉ちゃんが来てくれたよ」

お母さんが励《はげ》ますように言うのが苦しかった。私は約束を破った。何も言えずに、せめて目だけはそらさないようにしていると、うみかが「うん」と頷いた。右腕が白い包帯で何重にも固定されて、ベッドの上に吊《つ》られている。手がどんなふうになってるのかは、包帯に覆《おお》われてるせいでわからなかった。

私のせいだ。

怪我をした時の詳《くわ》しい状況《じょうきょう》はわからないけど、私が弾みをつけた方がいいって教えた。うみかはその勢いのまま、鉄棒の向こうに落ちたんじゃないのか。

責められることを覚悟《かくご》した。お母さんたちにも、きっと怒られる。だけど、うみかは何も言わなかった。ぼんやりと天井《てんじょう》を見てる。

お母さんに言われて、私はうみかのすぐそばに座《すわ》った。謝らなきゃ、と思うけど、ここまで来ても、言葉は口から出てこなかった。

両親が二人とも、入院のことで先生と話すため病室を出て行ってしまう。私は下を向いて、沈黙《ちんもく》の時間にただ耐《た》えていた。

「九月までに、手、よくなるかな」

うみかがぽつりと言った声に顔を上げる。うみかの唇《くちびる》が、かさかさに乾《かわ》いて白くなっていた。「痛いなぁ」と呟いて、顔を歪《ゆが》める。

「エンデバーの打ち上げ、家で、見たい」

「……見ようよ、一緒に」

一緒に、を言う声が震《ふる》えた。

一緒に練習しよう、の約束を破った私が口にしていい言葉じゃないのかもしれない。だけどうみかがゆっくりと私を見た。その口元が、なぜか笑った。

「私ね、お姉ちゃん」

「うん」

「宇宙飛行士になりたいんだ」

どうして、この時を選んでうみかがそう言ったのかはわからなかった。だけど、大事な秘密を打ち明けるように、うみかが「ナイショだよ」と続ける。

「うん」

私は頷いた。そして、唇を噛《か》んだ。そうしていないとまた涙が出てきそうだった。痛いのはうみかなのに、私が泣いちゃダメなのに。

した。毎月、発売日の放課後にミーナとコンビニに一冊ずつそれぞれ買いに行って、どちらかの家で一緒に読むのが、いつの間にかルールみたいになっていた。

その二冊読みたさに私たちの仲間に入りたがっている子は他にもいる。でも、ミーナは「はるかは親友だから」と、私だけを誘《さそ》ってくれる。

「行く！」

漫画《まんが》が読みたいのはもちろんだったけど、すぐに返事をしたのは⑤別の理由からだった。「親友」のミーナの誘いを断ったら、ミーナは次から早苗《さなえ》ちゃんとか、誰か別の子を誘うようになってしまうかもしれない。もう、次から私を呼んでくれなくなるかもしれない。

うみかと鉄棒のことが頭を掠めたけど、練習はどうせ明日もあさってもするだろう。今日の放課後に付き合えなくなったことを伝えるため五年の教室に寄ると、うみかはすでに帰ってしまった後だった。

どうしようか迷ったけど、すぐに、まぁいいか、と考え直す。

学校を出る時、「おでこ、どうしたの？」と、ミーナに聞かれた。

「朝から気になってたけど、ちょっと赤いね」

「あ、本当？　気がつかなかった。――ね、『りぼん』って、今月ふろくなんだっけ？」

妹の鉄棒練習に付き合ってたなんて話したら、ミーナはきっと私を「優《やさ》しい」って言うだろう。「妹と仲がいいんだね」って言うだろう。

そう思ったら、何も話したくなかった。

ミーナは一人っ子だからわかんないかもしれない。だけど、私は嫌《いや》だった。いいお姉ちゃんだなんて思われるのは、なんだか違う。もう六年と五年なのに、妹の練習に付き合ってるのも、かっこ悪く思えた。

ミーナの家を後にしたのは六時過ぎだった。

家と田んぼと畑、舗装《ほそう》されたアスファルトの道と砂利道《じゃりみち》がランダムに続くいつもの帰り道を自転車で通っている時、こんな時間になってもまだ鳴く蝉《せみ》の声を聞いて、ああ、夏休みが来るんだなぁと思った。田んぼに、背が高くなった稲《いね》のまっすぐな影《かげ》がさわさわ揺れている。蛙《かえる》の鳴き声が聞こえた。

『ちびっこ広場』に、もううみかはいないだろうと思ったけど、帰り道だから一応寄った。

広場を囲んだ灰色のフェンス越《ご》しに見える鉄棒の付近に人影はなくて、私はそれを確認したら⑥ほっとしたような、残念なような気持ちになった。

自転車を停《と》めて家の中に入ると、「ただいま」を言う間もなく、おじいちゃんとおばあちゃんから「どこに行ってた」と問いつめられた。剣幕《けんまく》に圧倒《あっとう》されて、私はうまく答えられないで、ただ二人の顔を見つめ返す。

お母さんがいなかった。

何かがおかしいことに気づいて、私は台所の方向を見つめる。この時間いつもしているご飯の匂いがしない。台所の電気が消えていた。

――うみかが怪我《けが》をして、右腕《みぎうで》を折って、病院にいること。

お母さんは、そっちに行ってて、うみかはひょっとしたらこのまま入院するかもしれないこと。

おばあちゃんたちが説明する声を、私はぼんやりと聞いた。⑦貝殻を当てて音を聞くように、遠く聞こえる声だった。

うみかは、鉄棒から落ちたのだと言う。

仕事から帰ってきたお父さんと一緒に病院に向かう時、私はずっと俯《うつむ》いていた。

⑧頭の奥でずっと、お前のせいだ、という誰のものかわからない声

㋒安請《やすう》け合いしたけど、うみかがえいっと足を蹴り上げたらかなり迫力《はくりょく》があった。捕まえそこねて、さらにもう一回。思いきって手を伸《の》ばしたらうみかの靴《くつ》の先が額を掠《かす》めた。

「いたっ」

「あ、ごめん」

ぶつかった場所を押さえて蹲《うずくま》った私に、うみかが近寄る。「だから言ったのに」と。

「いいよ。私、自分で回れるようになるから」

「私はいなくてもいいってこと？」

じんじん痛む額を押さえながら見たうみかの顔が、表情をなくした。

おや、と思う間もなく、うみかが首を振《ふ》る。

「ううん。いて欲《ほ》しい」

今度は私が④表情をなくす番だった。そんなふうに素直に言われたら、逆らえなかった。

「――見てれば、いいの？」

「うん。お願い」

こくりと頷《うなず》いて、それから何度も何度も、空に向けて足を蹴る。

「エンデバーってどういう意味か知ってる？」

何度目かの失敗の後で、うみかが息を切らして言った。手のひらが赤茶色になって、見ているだけで鉄の匂《にお》いがかげそうだ。

私は「知らない」と首を振った。

「努力」とうみかが答えた。

空にうっすらと藍色が降りてきて、濃《こ》い色の月が見え始めてしばらくした頃、うみかがとうとう練習をやめた。妹が鉄棒を離《はな》れたのと入れ違いに、今度は私が逆上がりをする。

足を上げる時、つま先の向こうに白い月が見えた。今日、うみかは何度も何度もこうやって、私と同じように、月を蹴ってたんだなぁと思った。

逆上がりを成功させて、すとっと地面に降りた私に向け、うみかが「いいなぁ」と呟《つぶや》いた。

「思いっきり走ってきて、その弾《はず》みの力を借りるって手もあるよ」

自分が最初の頃、そうやって初めて回れたことを思い出す。こんなふうに、とお手本で回って見せた。二、三メートル離れた場所から走り、その勢いで鉄棒を摑《つか》む。月を蹴り、ぐるんと回る。

「こう？」

うみかが真似《まね》して、同じように走る。ぎこちない走り方だったけど、そのまま鉄棒を摑んだら、これまでで一番勢いよく足が上がった。あと少しできれいな円が描《えが》けそうだった。

「惜《お》しいっ！」

思わず声が出た。うみか自身、驚《おどろ》いた顔をしていた。

「まだ、練習してもいい？」

「このやり方で、明日からもやってみなよ。今日はもう遅《おそ》いよ」

家に帰ると、もう七時を回っていて、私たちは、おじいちゃんとお母さんに叱《しか》られた。お父さんがまだ帰ってきてなくて、よかった。

「明日も練習、一緒に来てくれる？」

うみかとひさしぶりにお風呂《ふろ》に一緒に入った。鉄棒を摑みすぎたせいで感覚がおかしいのか、うみかが何度も手をグーとパーに動かしている。

「いいよ」と私は答えた。

誰《だれ》かが何かできるようになる瞬間《しゅんかん》に立ち会うのが、こんなに楽しいとは思わなかった。

翌日が、『りぼん』と『なかよし』の発売日だったことを、私はすっかり忘れていた。ミーナが「うち来るでしょ？」と聞く声にはっと

「この貝、どのぐらい深いとこに沈んでたのかな。なんで、海の音がするんだろう。貝が記憶《きおく》して一緒に持ってくるのかな。だとしたら、テープレコーダーみたい」

うみかにも聞かせたくて、貝を手渡《てわた》す。貝を耳に当てたうみかは、私と同じようにしばらく音を聞いた後で「お姉ちゃん」と呼びかけてきた。

「何？」

「貝の中から聞こえる音は、海の音じゃなくて、自分の耳の音なんだよ」

うみかはにこりともしていなかった。

「よく、貝殻から海の音が聞こえるっていうけど、それを出してるのはお姉ちゃん自身。保健室で、耳の断面図の写真見たことない？　耳って、かたつむりの殻みたいな蝸牛《かぎゅう》って器官があるんだ。あの中、聞いた音を鼓膜《こまく》から脳に伝える役割をする体液が入ってるんだけど、それ、波みたいに揺《ゆ》れて動くんだって。お姉ちゃんが聞いたのは、その、蝸牛の体液が動いて認識《にんしき》した音だよ。普段は小さくて聞こえないんだけど、貝殻にぶつかると耳に跳《は》ね返って聞こえる。——だからこの音は海の音じゃないし、貝殻の記憶でもないよ」

浮《う》かべていた笑《え》みが強張《こわば》って、表情が固まる。うみかが私を見て「その音は——」と続けようとしたところで、③頭の奥《おく》で真っ白い光が弾《はじ》けた。

猛烈《もうれつ》に腹が立った。無言でホテルの方に歩き出す。急に引き返した私を、うみかがびっくりしたように追いかけてくる。

「待ってよ。どうしたの、お姉ちゃん」

「知らない！」

実際、どう言えばいいのかわからなかった。

「あ、貝殻……」

うみかから、「返すね、はい」と渡されても、受け取る気がしなかった。

うみかはいっつもそうだ。こういうところが生意気だ。私が何か言うと必ず言い返してくるし、そのことで私が怒《おこ》っても、自分の何が悪いのかわかってない。他の子の妹はみんな、お姉ちゃんの言うことは素直《すなお》に聞いてるみたいなのに。

学校で、うみかに特定の仲良しがいるふうじゃないことを、私が気にしてることだって、きっと気づいてない。

（中略）

鉄棒の特訓は、近所の『ちびっこ広場』で放課後にやることにした。私が一緒にやろうと言う前から、うみかは毎日ここで練習していたらしい。

毛利さんが宇宙に行くのは九月。スペースシャトルエンデバーの名前をテレビでも少し前から紹介《しょうかい》してる。

「そんなに楽しみなの？」

「楽しみ」

別に意地悪で聞いたわけじゃなかったけど、うみかの返答は短かった。

鉄棒を両手で握《にぎ》り、えいっと空に向けて蹴《け》り上げたうみかの足が、重力に負けたようにばたん、と下に落ちる。

「足、持ってあげようか」

私が逆上がりができたのは一年生の時だ。その時、先生やお父さんが、練習する私の足を捕《つか》まえて回してくれた。

「重いよ」

「大丈夫《だいじょうぶ》だよ」

二〇二一年度　吉祥女子中学校

【国　語】〈第一回試験〉（五〇分）〈満点：一〇〇点〉

一　次の文章を読んで、後の問いに答えなさい。字数指定のあるものは、句読点やかっこなどもすべて一字に数えます。なお、問題の都合上、元の文章から一部省略した部分があります。

思えば、うみかは低学年の頃《ころ》からちょっと変わってた。

うみかの＊『科学』についてきたミニミキサーで作った、粉末が材料のバナナジュースを飲ませてもらった時のこと。学校で買う本のふろくでおやつができるなんて、と感動する私を横目に、「やっぱり、粉と水の味だね」と㋐しれっとした顔で言う。あの頃から、かわいくなかった。

うちの妹は、あんまり人にどう見られるかを気にしないんだと思う。

そして、私はそういうあの子に、よくイライラさせられる。

去年の夏、家族で海に行った。

海岸沿いのホテルに泊《と》まって、両親と私たち、家族四人で夜の浜辺《はまべ》を散歩した。夕日のオレンジ色がだんだんと藍色《あいいろ》に押《お》され、空が夜になっていく。遮《さえぎ》るもののない視界いっぱいの海と空を見上げていると、いつの間にか、うみかが横に来ていた。

実を言うと、私は、うみかの名前が羨《うらや》ましかった。

はるかとうみか。似てる名前だけど、一つだけで見た時に、はるかは普通《ふつう》の名前で、うみかの方が個性的でかわいい感じがした。うみかの名前の中には「海」がある。暗い夜の海とうみかは、よく似合ってる。

普段から『科学』派で、宇宙に関する本だっていっぱい読んでる妹は、私より、今もずっとたくさんのことを考えて、感動しながら星空を眺《なが》めているかもしれない。そう考えたら、㋑うかつに声をかけてはいけない気がした。少し迷ってから、ようやく「いいね」と話しかけた。

「きれいだね。私、絵を描《か》く時、月を黄色く塗《ぬ》ってたけど、本当は白に近い金色なんだって、今、気づいた」

遠い場所に来たことで、①ビー玉を散らしたようにきれいな夜空は、自分の家から見る空と違《ちが》って『宇宙』なのだとはっきり思えた。波の音がしていた。

「空っていうと普通、昼間の水色の空を想像するけど、それって実は薄《うす》い膜《まく》みたいなもので、こっちの夜の色が地球を包んでる本当の空なんだって思えるね。不思議。暗いけど、怖《こわ》くない。暖かい感じがする」

旅の興奮と、日中海で泳ぎ疲《つか》れたことと、何より家族と一緒《いっしょ》にいるという気のゆるみが、いつになく暗闇《くらやみ》を身近に感じさせてくれた。

うみかが「え？」と短く声を上げ、私を見た。聞き取れなかったのかもしれない。我ながら恥《は》ずかしいセリフだったから、私は言い直さずに下を向いた。

砂浜には、作り物みたいにきれいな形をした貝殻《かいがら》がたくさん落ちていた。ザリガニのハサミのように表面がごつごつした巻き貝を手に取る。耳に当て、そして「うわぁ」と声を上げた。

「海の音がするよ、うみか」

ピンク色につやつや光った貝の内側から、水の底で聞くような遠い音が流れ込《こ》んできた。②自分がとても贅沢《ぜいたく》なことをしている気分になる。だって、貝が沈《しず》んでいた海底では、こんなにはっきりと星は見えなかったはずだ。

2021年度

吉祥女子中学校

▶解説と解答

算　数　＜第１回試験＞（50分）＜満点：100点＞

解　答

1 (1)　3　(2)　$\frac{1}{6}$　(3)　13本　(4)　37.5％　(5)　75度　(6)　1344m　(7)　1365
2 (1)　$\frac{2}{9}$倍　(2)　$\frac{1}{24}$倍　(3)　7200円　**3** (1)　21　(2)　7　(3)　30　**4** (1)　①　32：25　②　8：25　(2)　①　3：5　②　6：5　(3)　5：7　(4)　①　17：7　②　289：288　**5** (1)　ア　10　イ　10　ウ　70　(2)　①　64.7点　②　70.7点　③　65点　(3)　70.3点　(4)　26人

解　説

1 **逆算，周期算，売買損益，割合と比，角度，流水算，速さと比，整数の性質**

(1)　$\frac{1}{9}+\left(1\frac{5}{12}-\square\div 4\right)\times 2\frac{1}{3}=1\frac{2}{3}$より，$\left(1\frac{5}{12}-\square\div 4\right)\times 2\frac{1}{3}=1\frac{2}{3}-\frac{1}{9}=\frac{5}{3}-\frac{1}{9}=\frac{15}{9}-\frac{1}{9}=\frac{14}{9}$，$1\frac{5}{12}-\square\div 4=\frac{14}{9}\div 2\frac{1}{3}=\frac{14}{9}\div\frac{7}{3}=\frac{14}{9}\times\frac{3}{7}=\frac{2}{3}$，$\square\div 4=1\frac{5}{12}-\frac{2}{3}=\frac{17}{12}-\frac{8}{12}=\frac{9}{12}=\frac{3}{4}$　よって，$\square=\frac{3}{4}\times 4=3$

(2)　$1.25-\frac{1}{8}=1\frac{1}{4}-\frac{1}{8}=\frac{5}{4}-\frac{1}{8}=\frac{10}{8}-\frac{1}{8}=\frac{9}{8}$，$2-\frac{4}{9}=\frac{18}{9}-\frac{4}{9}=\frac{14}{9}$より，$\frac{9}{8}\times\left\{\frac{2}{3}+\frac{14}{9}\div(0.5-\square)\right\}=6$，$\frac{2}{3}+\frac{14}{9}\div(0.5-\square)=6\div\frac{9}{8}=6\times\frac{8}{9}=\frac{16}{3}$，$\frac{14}{9}\div(0.5-\square)=\frac{16}{3}-\frac{2}{3}=\frac{14}{3}$，$0.5-\square=\frac{14}{9}\div\frac{14}{3}=\frac{14}{9}\times\frac{3}{14}=\frac{1}{3}$　よって，$\square=0.5-\frac{1}{3}=\frac{1}{2}-\frac{1}{3}=\frac{3}{6}-\frac{2}{6}=\frac{1}{6}$

(3)　右の図１のように，それぞれのテープの右側にできるのりしろを除くと，テープ１本の長さは，12－２＝10(cm)になる。ただし，最後のテープだけは右側ののりしろがないことに注意する。ここで，最後のテープを除いた長さの合計は，132－12＝120(cm)なので，最後のテープを除いた本数は，120÷10＝12(本)となる。よって，つなげたテープの本数は全部で，12＋１＝13(本)と求められる。

図１

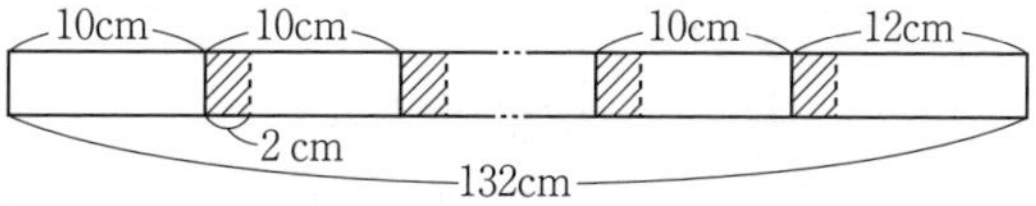

(4)　Ｂ店のりんごの値段を１とすると，Ａ店の値段は，１×(１＋0.6)＝1.6となる。よって，Ａ店の値段をＢ店と同じにするには，Ａ店の値段を，1.6－１＝0.6安くする必要がある。これはもとのＡ店の値段の，0.6÷1.6＝0.375(倍)にあたるから，0.375×100＝37.5(％)割り引きすればよいことになる。

(5)　右の図２のように，半円の中心をＯとして，Ｏと円周上の点を結ぶ。すると，OAとOBの長さは等しく，角AOBの大きさは，180÷６×２＝60(度)なので，三角形OABは

図２

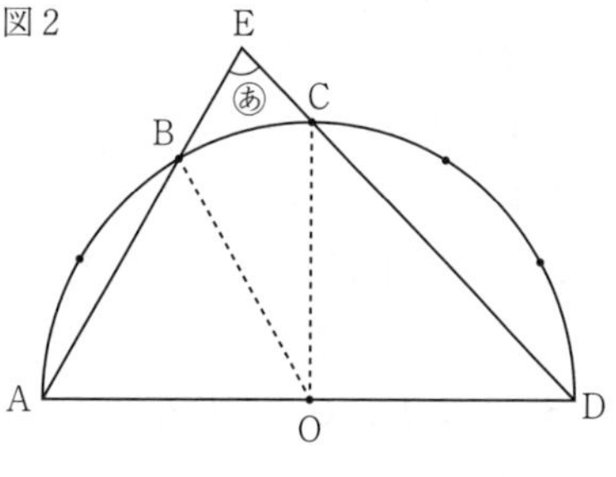

正三角形となり，角OABの大きさは60度とわかる。また，角CODの大きさは，180÷６×３＝90(度)で，三角形OCDは直角二等辺三角形だから，角ODCの大きさは45度である。よって，三角形EADの内角に注目すると，㋐の角度は，180－(60＋45)＝75(度)と求められる。

(6)　上りと下りにかかった時間の比が，14：８＝７：４なので，上りと下りの速さの比は，$\frac{1}{7}:\frac{1}{4}=4:7$であり，右の図３のように表すことができる。図３で，流れの速さは，($\boxed{7}-\boxed{4}$)÷２＝$\boxed{1.5}$となり，これが毎分36mにあたるから，$\boxed{1}$にあたる速さは毎分，36÷1.5＝24(m)と求められる。よって，上りの速さは毎分，24×４＝96(m)なので，Ａ地点からＢ地点までの距離《きょり》は，96×14＝1344(m)とわかる。

図３

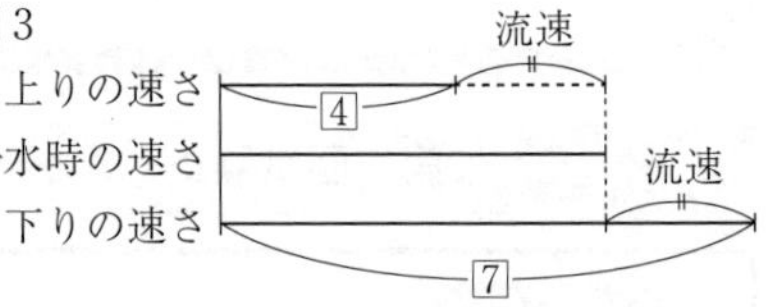

(7)　条件に合う整数をPとし，Pを14で割ったときの商と余りをQとすると，P÷14＝Q余りQより，P＝14×Q＋Q＝15×Qとなる。14で割ったときの余りは14未満なので，Qにあてはまる整数は１から13までの13個あり，Pにあてはまる整数は，(15×１)から(15×13)までの13個である。よって，それらの和は，15×１＋15×２＋…＋15×13＝15×(１＋２＋…＋13)＝15×{(１＋13)×13÷２}＝15×91＝1365と求められる。

2　割合と比，相当算

(1)　プレゼント代を１とすると，母が出した金額は，$1\times\frac{2}{3}=\frac{2}{3}$だから，その残りは，$1-\frac{2}{3}=\frac{1}{3}$となる。兄が出した金額はこの$\frac{2}{3}$なので，兄が出した金額は，$\frac{1}{3}\times\frac{2}{3}=\frac{2}{9}$とわかる。よって，兄が出した金額はプレゼント代の，$\frac{2}{9}\div1=\frac{2}{9}$(倍)である。

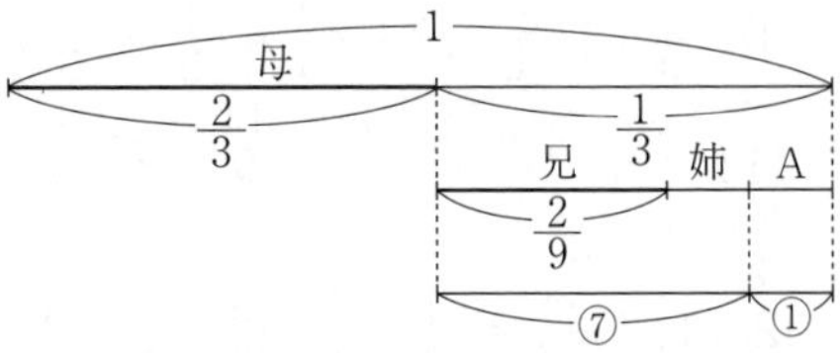

(2)「兄と姉の２人が出した金額の合計」とＡさんが出した金額の比は，$1:\frac{1}{7}=7:1$だから，右上の図のように表すことができる。よって，Ａさんが出した金額は，母が出した残りの金額の，$\frac{1}{7+1}=\frac{1}{8}$にあたるので，$\frac{1}{3}\times\frac{1}{8}=\frac{1}{24}$と求められる。したがって，Ａさんが出した金額はプレゼント代の，$\frac{1}{24}\div1=\frac{1}{24}$(倍)である。

(3)　姉が出した金額は，$\frac{1}{3}-\left(\frac{2}{9}+\frac{1}{24}\right)=\frac{5}{72}$だから，姉が出した金額とＡさんが出した金額の差は，$\frac{5}{72}-\frac{1}{24}=\frac{1}{36}$となる。これが200円にあたるので，(プレゼント代)×$\frac{1}{36}$＝200(円)と表すことができる。よって，プレゼント代は，$200\div\frac{1}{36}$＝7200(円)と求められる。

3　消去算，条件の整理

(1)　３個の整数の和が最も小さくなるのは，最も大きいDを除いた３個の整数を加えたときだから，$A+B+C$＝14となる。また，３個の整数の和が２番目に小さくなるのは，２番目に大きいCを除いた３個の整数を加えたときなので，$A+B+D$＝21とわかる。

図１

$A+B+C$　　＝14…①
$A+B$　　$+D$＝21…②
A　　$+C+D$＝28…③
　　$B+C+D$＝ア…④

(2)　(1)と同様に考えると右上の図１のようになる。②の式と③の式ではAとDが共通しているから，$C-B$＝28－21＝７とわかる。

図２

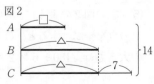

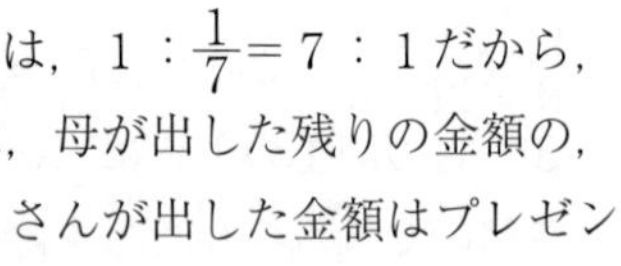

(3)　A，B，Cの関係を図に表すと，右の図２のようになる。図２で，太線部分の和は，14－７＝７なので，条件に合うのは，□

＝1，△＝3の場合だけであり，A＝1，B＝3，C＝3＋7＝10と決まる。また，図1で，①の式と②の式にはAとBが共通しているので，D－C＝21－14＝7とわかる。よって，D＝10＋7＝17だから，アにあてはまる数は，3＋10＋17＝30と求められる。

4 平面図形―辺の比と面積の比

(1) ① 右の図アで，Pの面積は正方形Xの面積の$\frac{1}{4}$だから，4×4×$\frac{1}{4}$＝4(cm^2)となり，Qの面積は正方形Yの面積の$\frac{1}{4}$なので，5×5×$\frac{1}{4}$＝$\frac{25}{4}$(cm^2)とわかる。求めるのはP2個とQ1個の面積の比だから，(4×2)：$\frac{25}{4}$＝32：25となる。

図ア

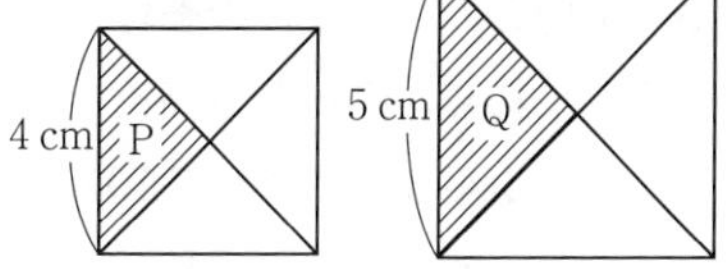

正方形X　正方形Y

② 求めるのはP1個とQ2個の面積の比なので，4：$\left(\frac{25}{4}\times 2\right)$＝4：$\frac{25}{2}$＝8：25とわかる。

(2) ① 右の図イで，三角形ABCの面積はABを1辺とする正方形の面積の$\frac{1}{2}$だから，AB×AB×$\frac{1}{2}$と表すことができる。また，三角形DEFの面積はDFを1辺とする正方形の面積の$\frac{1}{4}$なので，DF×DF×$\frac{1}{4}$と表すことができる。これらの比が18：25だから，$\left(\text{AB}\times\text{AB}\times\frac{1}{2}\right)$：$\left(\text{DF}\times\text{DF}\times\frac{1}{4}\right)$＝18：25より，(AB×AB)：(DF×DF)＝$\left(18\div\frac{1}{2}\right)$：$\left(25\div\frac{1}{4}\right)$＝36：100＝9：25＝(3×3)：(5×5)となる。よって，AB：DF＝3：5と求められる。

図イ

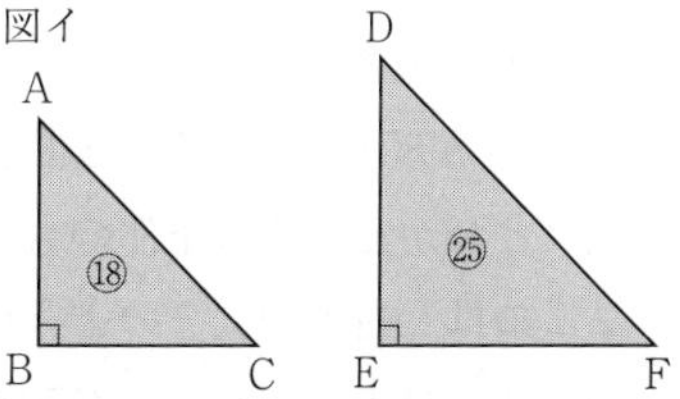

② 図イで，三角形ABCの面積はACを1辺とする正方形の面積の$\frac{1}{4}$なので，AC×AC×$\frac{1}{4}$と表すことができ，三角形DEFの面積はDEを1辺とする正方形の面積の$\frac{1}{2}$だから，DE×DE×$\frac{1}{2}$と表すことができる。これらの比が18：25なので，$\left(\text{AC}\times\text{AC}\times\frac{1}{4}\right)$：$\left(\text{DE}\times\text{DE}\times\frac{1}{2}\right)$＝18：25より，(AC×AC)：(DE×DE)＝$\left(18\div\frac{1}{4}\right)$：$\left(25\div\frac{1}{2}\right)$＝72：50＝36：25＝(6×6)：(5×5)とわかる。よって，AC：DE＝6：5である。

(3) 右の図ウで，三角形ABCの面積はABを1辺とする正方形の面積の$\frac{1}{4}$だから，AB×AB×$\frac{1}{4}$と表すことができ，三角形ADEの面積はAEを1辺とする正方形の面積の$\frac{1}{2}$なので，AE×AE×$\frac{1}{2}$と表すことができる。これらの比が25：98だから，$\left(\text{AB}\times\text{AB}\times\frac{1}{4}\right)$：$\left(\text{AE}\times\text{AE}\times\frac{1}{2}\right)$＝25：98より，(AB×AB)：(AE×AE)＝$\left(25\div\frac{1}{4}\right)$：$\left(98\div\frac{1}{2}\right)$＝100：196＝25：49＝(5×5)：(7×7)とわかる。よって，AB：AE＝5：7と求められる。

図ウ

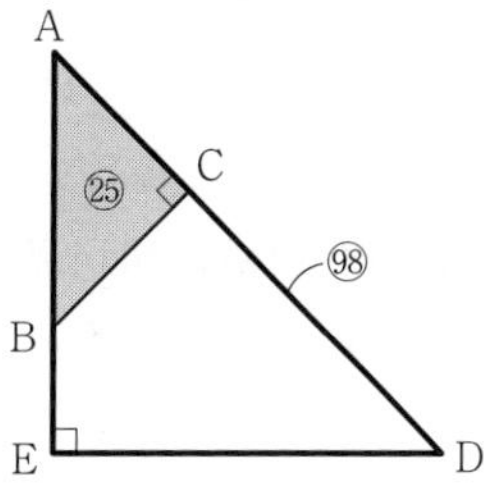

図エ

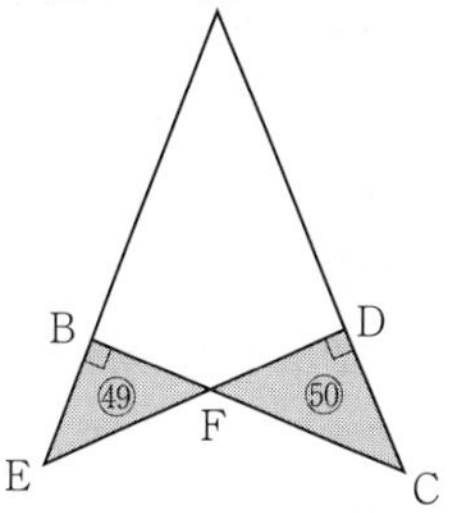

(4) ① 右上の図エで，三角形BEFと三角形DFCも直角二等辺三角形である。三角形BEFの面積はBFを1辺とする正方形の面積の$\frac{1}{2}$なので，BF×BF×$\frac{1}{2}$と表すことができ，三角形DFCの面積はFCを1辺とする正方形の面積の$\frac{1}{4}$だから，FC×FC×$\frac{1}{4}$と表すことができる。これらの比が49：50なので，$\left(\text{BF}\times\text{BF}\times\frac{1}{2}\right)$：$\left(\text{FC}\times\text{FC}\times\frac{1}{4}\right)$＝49：50より，(BF×BF)：(FC×FC)＝$\left(49\div\frac{1}{2}\right)$：$\left(50\div\frac{1}{4}\right)$＝98：200＝49：100＝(7×7)：(10×10)とわかる。よって，BF：FC＝7：10となる。また，BFとBE，BCとABの長さはそれぞれ等しいから，AB：BE＝BC：BF＝(7＋10)：7＝

17：７と求められる。　② 三角形ABCの面積はABを１辺とする正方形の面積の$\frac{1}{2}$であり，三角形ADEの面積はAEを１辺とする正方形の面積の$\frac{1}{4}$である。また，AB：AE＝17：(17＋７)＝17：24なので，三角形ABCと三角形ADEの面積の比は，$\left(17\times17\times\frac{1}{2}\right):\left(24\times24\times\frac{1}{4}\right)=\frac{289}{2}:144$＝289：288と求められる。

5 平均とのべ，条件の整理

⑴　平均点がもっとも高くなるのは，右の図１のように，１番目から10番目までの10人が82点，11番目から20番目までの，20－11＋１＝10(人)が61点，21番目が40点の場合である。このとき，21人の合計点は，82×10＋61×10＋40＝1470(点)だから，平均点は，1470÷21＝70(点)となる。つまり，アは10，イは10，ウは70である。

図１(女子)

①　②　　⑨　⑩　⑪　⑫　　⑳　㉑
82，82，…，82，82，61，61，…，61，40

⑵　①　10番目と11番目の合計が130点であり，10番目の得点が80点なので，11番目の得点は，130－80＝50(点)とわかる。この条件のもとで平均点がもっとも高くなるのは，右上の図２のように，11番目から19番目までの，19－11＋１＝９(人)が50点で，20番目が44点の場合である。このとき，20人の合計点は，80×10＋50×９＋44＝1294(点)だから，平均点は，1294÷20＝64.7(点)と求められる。　②　図２からわかるように，平均点をできるだけ高くするには，11番目から19番目までの得点を同じにすればよい。また，10番目と11番目の合計が130点なので，11番目から19番目までの得点をできるだけ高くするとき，右上の図３のように，10番目と11番目の得点が同じになり，10番目から19番目までの，19－10＋１＝10(人)の得点がすべて，130÷２＝65(点)になる。すると，20人の合計点は，80×９＋65×10＋44＝1414(点)になるから，このときの平均点は，1414÷20＝70.7(点)と求められる。　③　男子の平均点がもっとも高くなるのは図３の場合なので，11番目の得点は65点である。

図２(男子)

①　②　　⑨　⑩　⑪　⑫　　⑲　⑳
80，80，…，80，80，50，50，…，50，44
合計130（⑩と⑪）

図３(男子)

①　②　　⑨　⑩　⑪　⑫　　⑲　⑳
80，80，…，80，65，65，65，…，65，44
合計130（⑩と⑪）

⑶　⑴より，女子の平均点はもっとも高くて70点(合計点は1470点)であり，⑵②より，男子の平均点はもっとも高くて70.7点(合計点は1414点)とわかる。よって，41人の合計点はもっとも高くて，1470＋1414＝2884(点)だから，もっとも高い41人の平均点は，2884÷41＝70.34…(点)とわかる。これは，小数第２位を四捨五入すると70.3点となる。

⑷　女子と男子合わせて65点以上の人数がもっとも多くなる場合，それぞれの平均点もできるだけ高くする必要がある。女子の平均点がもっとも高いとき，女子は図１のようになるので，女子で65点以上の人数がもっとも多い場合は10人とわかる。またこのとき，女子の平均点は70点だから，女子の平均点が男子の平均点よりも８点高いとき，男子の平均点は，70－８＝62(点)となる。そこで，男子の合計点を，62×20＝1240(点)にすればよい。さらに，65点以上の人数をもっとも多くするから，はじめに上の図４のように，最高点と最低点以外がすべて65点の場合を考える。このときの合計点は，65×(20－２)＋

図４(男子)

①　②　　⑨　⑩　⑪　⑫　　⑯　⑰　⑱　⑲　⑳
80，65，…，65，65，65，65，…，65，65，65，65，44
⑰ 65 → 53（－12）
⑱ 65 → 44（－21）
⑲ 65 → 44（－21）

80＋44＝1294(点)なので，実際よりも，1294－1240＝54(点)多くなる。この状態から，図４のように下位の人の得点を下げていくと，３人の得点を下げることで，全部で54点下げることができる。よって，男子で65点以上の人数はもっとも多くて，20－４＝16(人)だから，男子と女子合わせて65点以上の人数はもっとも多くて，10＋16＝26(人)と求められる。

社　会　＜第１回試験＞（35分）＜満点：70点＞

解　答

1 **問１**　エ　**問２**　オ　**問３**　白鳳(文化)　**問４**　イ　**問５**　山名持豊(山名宗全)　**問６**　ウ　**問７**　イ　**問８**　(例)　浅間山の噴火などによって凶作となり，天明の大ききんが起こっていたこと。　**問９**　ウ　**問10**　第一次世界大戦　**問11**　ア　**問12**　ア　**問13**　ア　**問14**　エ　**2** **問１**　ウ　**問２**　児島(湾)　**問３**　(例)　曲がりくねっていた川の流路をまっすぐにしたため。　**問４**　ア　**問５**　エ　**問６**　**長崎**…イ　**鹿児島**…キ　**問７**　イ　**問８**　エ　**問９**　ウ　**問10**　カ　**問11**　カルデラ(湖)　**問12**　超高齢(社会)　**問13**　エ　**問14**　ア　**3** **問１**　イ　**問２**　イ　**問３**　ウ　**問４**　表現の自由　**問５**　建設国債　**問６**　ウ　**問７**　ア　**問８**　エ　**問９**　エ　**問10**　ア

解　説

1 **気候が社会に与えた影響を題材とした総合問題**

問１　約１万２千年前には縄文時代が始まった。ア～ウは縄文時代の説明として正しいが，原始農耕と定住生活が広まり，貧富の差や身分のちがいが生まれたのは弥生時代のことなので，エが正しくない。

問２　Aは『宋書』倭国《わこく》伝，Bは『隋書《ずいしょ》』倭国伝，Cは『魏志《ぎし》』倭人伝の記述で，それぞれ５世紀，７世紀初め，３世紀の日本のようすが述べられている。

問３　７世紀後半ころから８世紀初めころ，都があった飛鳥地方(奈良県)を中心に栄えた文化は，白鳳《はくほう》文化とよばれる。白鳳文化は唐(中国)の影響が強い文化で，代表的な文化財としては，薬師寺東塔，薬師寺金堂の薬師三尊像，興福寺の仏頭(山田寺の薬師三尊像の頭部と考えられている)，高松塚古墳の壁画などがあげられる。

問４　ア「征夷《せいい》大将軍に任命されたことをきっかけに」ではなく，「不仲となった弟の義経《よしつね》をとらえるという名目で」が正しい。源頼朝が全国に守護と地頭を置いたのは1185年，征夷大将軍に任命されたのは1192年のことである。　イ　鎌倉幕府の第２代将軍源頼家《よりいえ》は，頼朝と北条政子の間に生まれた子だが，自身の妻の実家である比企《ひき》氏との結びつきが強かったことなどから北条氏と対立したため，将軍を退けられて伊豆(静岡県)に幽閉《ゆうへい》されたのち，殺害された。　ウ「初代」ではなく「第２代」が正しい。承久《じょうきゅう》の乱(1221年)で幕府を勝利に導き，六波羅探題《ろくはらたんだい》を設置したのは第２代執権《しっけん》北条義時《よしとき》(初代執権北条時政の子で，政子の弟)である。　エ「チンギス」ではなく「フビライ」が正しい。第８代執権北条時宗が元(中国)の皇帝フビライ・ハンの要求を退けたことがきっかけで，２度にわたる元寇《げんこう》(1274年の文永の役と，1281年の弘安の役)が起きた。なお，チンギス・ハンはモンゴル帝国の初代皇帝で，フビライの祖父にあたる。

問５　応仁の乱(1467～77年)は，室町幕府の第８代将軍足利義政の後継《こうけい》者争いや，有力守護大名どうしの対立などが原因となって起こった。戦いは，諸国の守護大名が東西両軍に分かれ，京都を中心に11年も続いたため，京都の町はすっかり荒れはててしまった。この戦乱では，守護大名であった細川勝元が東軍の総大将，山名持豊《やまなもちとよ》(宗全)が西軍の総大将であった。

問６　Ａは室町時代，Ｂは平安時代末期から鎌倉時代にかけて，Ｃは江戸時代の農業のようすなので，時期の古い順にＢ→Ａ→Ｃとなる。

問７　ア　「姫路城」(兵庫県)ではなく「大阪(大坂)城」が正しい。　　イ　豊臣秀吉についての説明として正しい。　　ウ　1603年に江戸幕府を開いた徳川家康は，1605年，わずか２年で将軍職を息子の秀忠《ひでただ》にゆずり，大御所《おおごしょ》として政治の実権をにぎったまま駿府《すんぷ》(静岡市)に移った。これは，徳川氏が将軍職を受け継《つ》ぐことを示すためであった。また，豊臣氏は秀吉が病死したのち，秀吉の子の秀頼《ひでより》が，大阪の陣(1614年の「冬の陣」と翌15年の「夏の陣」)で家康に滅《ほろ》ぼされた。　　エ　オランダはキリスト教の布教には熱心ではなかった。また，大友宗麟《そうりん》ら九州のキリシタン大名が少年使節をローマ教皇のもとに派遣したのは16世紀末の1582年のことで，オランダとの貿易が始まったのは17世紀になってからである。

問８　グラフ中のＡの時期には，天明のききん(1782～87年)が発生している。また，絵図は浅間山(群馬県・長野県)の天明の大噴火《ふんか》(1783年)のようすを描いたものである。1780年代は気候が不順だったため各地で冷害が発生し，浅間山から噴出した火山灰によって日照不足が引き起こされたために凶作がいっそう広まり，多数の餓死《がし》者が出る大ききんとなった。その結果，生活に苦しむ人々による百姓一揆《いっき》や打ちこわしが各地で多発した。

問９　1874年に板垣退助らが民撰(選)議院設立建白書を出したことをきっかけとして，国会開設を求める自由民権運動が全国に広まっていった。この運動を弾圧するため，明治政府は新聞紙条例(1875年)や集会条例(1880年)などを制定した。よって，ウが正しくない。

問10　1902年，日本とイギリスはロシアに対する利害が一致《いっち》したことから，日英同盟を結んだ。その後，1914年にヨーロッパで第一次世界大戦が発生すると，日本は日英同盟を理由として連合国側に立って参戦した。そして，中国におけるドイツの根拠《こんきょ》地であった山東《シャントン》半島に出兵して青島《チンタオ》を占領し，太平洋のドイツ領南洋諸島も占領した。

問11　ア　1941年12月８日，日本海軍がハワイの真珠《しんじゅ》湾にあったアメリカ軍基地を攻撃《こうげき》するとともに，陸軍がイギリス領のマレー半島に上陸を開始し，日本はアメリカ・イギリスなど連合国との太平洋戦争に突入《とつにゅう》した。よって，正しい。　　イ　太平洋戦争が始まると，日本軍は東南アジアや太平洋の島々などを次々と占領したが，1942年のミッドウェー海戦での敗北をきっかけに各地で敗退し続け，1944年にはサイパン島がアメリカ軍に占領されたことで，日本本土への本格的な空襲《くうしゅう》が始まった。　　ウ　1945年７月，アメリカやイギリスは日本に無条件降伏《こうふく》を勧告《かんこく》するポツダム宣言を発表した。日本政府は当初，これを無視したが，８月６日に広島，３日後の９日に長崎に原子爆弾《ばくだん》(原爆)を投下されたことや，８日にソ連が日ソ中立条約を破って日本に宣戦布告したことを受けて宣言の受諾《じゅだく》(受け入れること)を決定し，15日，天皇によるラジオ放送で国民にこれを知らせた。
エ　戦後の日本の領土の範囲《はんい》や，連合国が日本を占領することなどを内容としているのは，ポツダム宣言である。1951年に調印されたサンフランシスコ平和条約により，連合国軍による占領が終了し，日本は独立を回復した。同時に，太平洋戦争の終結や日本の領土の範囲が確定した。

問12　アは1991年，イは1970年代初め，ウは1956年，エは1954～55年のできごとなので，アが正しい。

問13　奈良時代の聖武天皇の時代，朝廷の支配は現在の青森県にまではおよんでいなかったので，アが正しくない。奈良時代の前半には，東北地方に住む蝦夷《えみし》に対する軍事拠点として多賀《たが》城(宮城県)が築かれ，陸奥《むつ》国(東北地方の太平洋側)の国府と鎮守《ちんじゅ》府が置かれた。そして平安時代初め，征夷大将軍に任命された坂上田村麻呂が胆沢《いさわ》城・志波《しわ》城(いずれも岩手県)を築き，朝廷の勢力範囲を拡大させた。なお，国分寺はその多くが国府の近くに建てられており，武蔵《むさし》国(東京都・埼玉県・神奈川県東部)ではイの位置(現在の東京都国分寺市)，伊賀国(三重県西部)ではウの位置(現在の三重県伊賀市)，筑前《ちくぜん》国(福岡県北部)ではエの位置(現在の福岡県太宰府《だざいふ》市)，陸奥国では現在の宮城県仙台市にあった。

問14　源平の戦いでは，石橋山の戦い(神奈川県)，富士川の戦い(静岡県)，倶利伽羅峠《くりからとうげ》の戦い(石川県・富山県)，一ノ谷の戦い(兵庫県)，屋島の戦い(香川県)などが行われたのち，1185年に壇ノ《だんの》浦《うら》の戦い(山口県)が起こり，源義経の率いる源氏の軍によって平氏は滅ぼされた。

2　都道府県の境界を題材とした問題

問１　日本にあるアメリカ軍専用施設の総面積のうち，７割以上が沖縄県に集中しているから，ウが正しくない。

問２　岡山県南部の児島《こじま》湾は古くから干拓が行われ，九州地方北西部の有明海，秋田県の八郎潟干拓地(大潟村)とともに三大干拓地に数えられる。

問３　変更前の都県境が曲がりくねっていることと，「以前と同じように境川を都と県の境界とする」とあることから考える。境川はかつて蛇行《だこう》して(曲がりくねって)流れていて，その流路に合わせて都県境が定められていたが，その後，氾濫《はんらん》を防ぐために流路をまっすぐにする改修工事が行われたことで，流路と都県境が一致しなくなったのだと推測できる。

問４　ア　船舶《せんぱく》の説明として正しい。2018年における交通手段別の国内の貨物輸送量(トンキロ)に占《し》める割合は，自動車が51.1％，内航海運(船舶)が43.5％，鉄道が5.2％，航空が0.3％の順となっている。統計資料は『日本国勢図会』2020／21年版による(以下同じ)。　イ　日本初の高速道路は，1965年に小牧(愛知県)―西宮(兵庫県)間で全線が開通した名神高速道路である。　ウ　日本のおもな国内航空路線の旅客輸送量の上位は，東京国際空港(羽田空港)から発着する路線が占めており，東京―札幌(新千歳《ちとせ》空港)間，東京―福岡(福岡空港)間，東京―那覇《なは》(那覇空港)間，東京―大阪(伊《い》丹《たみ》空港)間の順となっている。　エ　モーダルシフトは，トラックなどの自動車輸送を，鉄道や船による輸送を組み合わせた輸送手段に切りかえることである。モーダルシフトを推進することによって自動車での輸送量をおさえ，自動車に比べて二酸化炭素の排出量が少ない鉄道や船による輸送量を増やすことは，環境の保全につながる。

問５　１月の平均気温が低いＢ，Ｃ，Ａの順に，旭川《あさひかわ》市，札幌市，函館市である。内陸の盆地に位置する旭川市は，夏と冬，昼と夜の気温差が大きい。また，日本海側に位置する札幌市の冬の降水(雪)量が比較《ひかく》的多いことも，判断材料になる。

問６　隣接《りんせつ》する県の数が０であるカは沖縄県，１つであるイが長崎県(陸上では佐賀県としか接していない)で，４つであるクは熊本県である。隣接する県の数が２つであるエとキについて，北端と南端の緯度差が大きいキが鹿児島県(薩南《さつなん》諸島など多くの離島がある)で，エは佐賀県と判断できる。なお，アは宮崎県，ウは大分県，オは福岡県である。

問７　兵庫県ではブランド牛である肉用牛の飼育がさかんで，県庁所在地の名をつけた神戸ビーフ(神戸牛)は，但馬《たじま》地方(兵庫県北部)や淡路島《あわじしま》など，兵庫県内で生まれ育った黒毛和牛(但馬牛)の中から選ばれる。また，淡路島はたまねぎの生産量が特に多いことで知られる。したがって，肉用牛とたまねぎが入っているイがあてはまる。なお，ぶどうが入っているアは岡山県，みかんが第１位であるウは愛媛県，にんじんが入っているエは徳島県である。

問８　漁港別の水揚《みずあ》げ量は，近年は銚子《ちょうし》港(千葉県)が全国第１位となっているから，エが正しくない。2017年における境港(鳥取県)の水揚げ量は，銚子港，焼津《やいづ》港(静岡県)，釧路《くしろ》港(北海道)について全国第４位となっている。

問９　ア　２万５千分の１の地形図では，等高線の主曲線(細い線)は10ｍごと，計曲線(太い線)は50ｍごとに引かれる。地形図中の北西部に標高944.2ｍを表す三角点(△)があり，その北側に計曲線と主曲線が１本ずつあることから，最高地点の標高は960ｍ前後とわかる。また，北東部に標高724.1ｍを表す三角点があり，そのさらに北東に主曲線や計曲線があることから，最低地点の標高は700ｍ前後とわかる。　　イ　国道139号線の南部に標高777ｍを表す標高点(・)，北部に標高724ｍを表す標高点があることから，南から北に向かってゆるやかな下り坂となっていることがわかる。　ウ　実際の距離は，(地形図上の長さ)×(縮尺の分母)で求められるので，２万５千分の１の地形図上の３cmの実際の距離は，３(cm)×25000＝75000(cm)＝750(ｍ)となる。　エ　市役所(◎)の南側には水田(Ⅱ)のほか消防署(Y)，発電所・変電所(☼)，高等学校(⊗)が見られるが，税務署(◇)，工場(☼)，小・中学校(文)は見られない。なお，工場のほか，くわ畑(Y)，採石地(⚒)などの地図記号は，近年の２万５千分の１の地形図では使われなくなっている。

問10　愛知県がほかの県を引き離して第１位となっているＡは，自動車などの「輸送用機械器具」である。残る２つについては，出荷額がより多いＢが「飲料・たばこ・飼料」，もう一方のＣが「木材・木製品」と判断できる。

問11　火山の噴火《ふんか》により頂上付近が吹《ふ》き飛ばされたり，溶岩などの噴出により地下に空洞《くうどう》ができ，火山の中心部が陥没《かんぼつ》したりすることでできる大きな凹地《おうち》を，カルデラという。カルデラに水がたまってできた湖がカルデラ湖で，深い湖が多い。十和田《とわだ》湖(青森県・秋田県)のほか，支笏《しこつ》湖・洞爺《とうや》湖・阿寒《あかん》湖(いずれも北海道)などがよく知られている。

問12　人口統計では，０～14歳を年少人口，15～64歳を生産年齢人口，65歳以上を老年人口(高齢者人口)という。国際連合(国連)は総人口に占める老年人口の割合が７％を超《こ》えた社会を「高齢化社会」，14％を超えた社会を「高齢社会」，21％を超えた社会を「超《ちょう》高齢社会」としており，日本は2007年以降，「超高齢社会」となっている。なお，2019年の日本の老年人口の割合は28.4％となっている。

問13　天然の三大美林とよばれるのは木曽ひのき(長野県)，青森(津軽《つがる》)ひば，秋田すぎである。なお，尾鷲《おわせ》ひのき(三重県)は吉野すぎ(奈良県)，天竜《てんりゅう》すぎ(静岡県)とともに人工の三大美林とよばれる。

問14　小千谷《おぢや》ちぢみは新潟県の伝統的工芸品で，小千谷市周辺で生産される麻織物である。なお，信楽《しがらき》焼は滋賀県，南部鉄器は岩手県，加賀友禅《ゆうぜん》は石川県の伝統的工芸品。

3　世界平和と国際組織を題材とした問題

問１　衆議院で可決され，参議院で否決された法律案は，衆議院が出席議員の３分の２以上の賛成で再可決すれば成立する。国会の本会議の定足数(会議を開くのに必要な最低出席数)は，総議員の３分の１以上，つまり，$465\times\frac{1}{3}=155$(人)以上である。よって，その３分の２の，$155\times\frac{2}{3}=103\frac{1}{3}$(人)以上，つまり，最低104人の賛成が必要となる。

問２　ア　信託《しんたく》統治理事会は，旧植民地などの非独立地域について，国際連合(国連)の監督のもとで統治を行い，発展途上地域の将来の独立を目指すための機関で，指定されていた11の地域がすべて独立をはたしたため，1994年以降，活動を休止している。　イ　安全保障理事会の説明として正しい。安全保障理事会は，常任理事国５ヵ国(アメリカ，ロシア，イギリス，フランス，中国)と，非常任理事国10ヵ国の計15ヵ国で構成されている。非常任理事国は任期２年で，１年ごとに選挙で５ヵ国ずつが選出される。日本は2020年までに加盟国中で最多の11回，非常任理事国を務めている。　ウ　国連総会の議決は１国１票制で行われる。　エ　国連は海外侵略《しんりゃく》を行った国などに武力制裁を行うことができる。これは，侵略国に対する制裁として，国際連盟が経済制裁しかできなかったことに対する反省にもとづいている。

問３　ア　国連人間環境会議は，1972年にスウェーデンの首都ストックホルムで開かれた。なお，ブラジルのリオデジャネイロでは1992年に「持続可能な開発」を基本姿勢として国連環境開発会議(地球サミット)が開かれ，「環境と開発に関するリオ宣言」などが採択《さいたく》されている。　イ　ナショナル・トラストは，日本でも和歌山県の天神崎《てんじんざき》や北海道の知床《しれとこ》半島，埼玉県の狭山丘陵《さやまきゅうりょう》(トトロの森)など，各地で行われている。　ウ　「持続可能な開発目標(SDGs)」は，2015年の国連総会で採択された，2030年までに進めるべき行動指針である。17分野にわたる目標の１つに，「気候変動に具体的な対策を」がある。　エ　京都議定書は1997年に開かれた地球温暖化防止京都会議(国連気候変動枠組《わくぐみ》条約第３回締約《ていやく》国会議，COP3)で調印されたもので，温室効果ガスの排出量削《さく》減《げん》に向けての2008年から2012年までの行動計画を示していた。

問４　日本国憲法第21条は，集会・結社・表現の自由を定めた条文である。表現の自由は，自由権のうちの精神の自由にあてはまる。

問５　税収だけでは歳入が足りない場合，国は国債《こくさい》を発行して不足分を補う。国債には，道路や橋の建設などを行う公共事業の費用にあてられる「建設国債」と，幅広い分野での費用を補てんするための「赤字国債(特例国債)」の２つがある。

問６　ア　最高裁判所の裁判官は長官をふくめて15人おり，長官は内閣が指名して天皇が任命し，その他の裁判官は内閣が任命する。　イ　法律は，国会が憲法の範囲内で定める。政令は，法律の施行に必要な細則として，内閣が憲法と法律の範囲内で定める。　ウ　違憲立法審査権(法令審査権)の説明として正しい。すべての裁判所は，国会が制定した法律や内閣が行った処分などが憲法に違反していないかどうかを，具体的な裁判を通して判断することができる。　エ　内閣不信任案(信任案)の議決は衆議院だけの権限で，「衆議院の優越《ゆうえつ》」の１つである。

問７　ア　日本国憲法第11条は，「この憲法が国民に保障する基本的人権は，侵《おか》すことのできない永久の権利として，現在及《およ》び将来の国民に与えられる」と定めているので，正しい。　イ　「世界経済フォーラム」が発表した2021年版の報告書によると，男女平等の実現度について，日本は156ヵ国中第120位とされている。日本の順位が低い要因としては，国会議員や企業の役員などに占める女性の割合が低いことなどがあげられている。　ウ　「健康保険」ではなく「公的扶助《ふじょ》(生活保護)」が正しい。なお，健康保険は，病気やけがのときにかかった費用を，国・会社などが補うための保険である。　エ　職業選択の自由も，公共の福祉《ふくし》との関係で制限されることがある。例えば，医師免許を持たない人の医療行為《いりょうこうい》は，医師法などで禁止されている。

問８　地方自治において，住民には直接請求《せいきゅう》権が認められており，右の表のようになっている。有権者が12万人である場合，その50分の１は2400人，３分の１は４万人となる。　ア「2400人」ではなく「４万人」が正しい。また，「首長」ではなく「選挙管理委員会」が正しい。　イ「４万人」ではなく「2400人」でよい。また，「首長」ではなく「監査委員」が正しい。　ウ「市議会」ではなく「選挙管理委員会」が正しい。　エ　請求の種類，請求先，必要な署名数の組み合わせとして正しい。

請求の種類		請求先	必要な署名数
条例の制定・改廃請求		首長	有権者の50分の１以上
監査請求		監査委員	
解散請求		選挙管理委員会	有権者の３分の１以上（ただし，有権者が40万人以下の場合）
解職請求（リコール）	首長・議員		
	その他の役職者	首長	

問９　イスラエルはこれまでに４度にわたる中東戦争を起こすなど，周辺のアラブ諸国と対立を続けてきたが，アメリカの仲立ちにより2020年８月にアラブ首長国連邦と，９月にはバーレーンと，それぞれ国交を正常化した。背景にはアラブ諸国の間での意見の対立など，さまざまな事情がある。

問10　UNESCO《ユネスコ》(国連教育科学文化機関)は国連の専門機関の１つで，教育・科学・文化などの分野での国際協力を進め，世界平和に貢献《こうけん》することを目的としている。問題文で引用された一節は，1946年の設立時に発表された「ユネスコ憲章」の最初の部分である。なお，イのUNICEF《ユニセフ》は国連児童基金，ウのUNEP《ユネップ》は国連環境計画，エのUNCTAD《アンクタッド》は国連貿易開発会議の略称である。

理　科　＜第１回試験＞（35分）＜満点：70点＞

解　答

[1] (1) 69%　(2) 50%　(3) 26.5　(4) 125 g　(5) **A** 5.6　**B** 3.2　(6) エ

[2] (1) イ　(2) ア　(3) ウ　(4) カ　(5) キ　(6) オ

[3] (1) ア(イ)　(2) ウ　(3) ウ　(4) キ　(5) イ　(6) エ　(7) ク　(8) ウ

[4] (1) ア　(2) 8 cm^3　(3) 110cm^3　(4) イ　(5) 10 g　(6) 756キロジュール　(7) イ

解　説

[1] 湿度《しつど》についての問題

(1) 乾湿《かんしつ》計には，気温を測るための乾球温度計と，球部にしめったガーゼを巻き付けた湿球温度計とがある。湿球温度計の球部から水が蒸発するときに熱を奪《うば》うため，湿球温度計の示す温度は乾球温度計の示す温度より低くなり，これらの温度の差は，空気が乾燥《かんそう》しているときほど大きくなる。図２では，乾球温度計が16℃，湿球温度計が13℃を示しているので，これらの温度の差は，16－13＝３(℃)である。したがって，表１で，乾球温度計が示す温度が16℃の行と，乾球温度計と湿球温度計が示す温度の差が３℃の列が交わった位置の数値を読み取ると，湿度は69%となる。

(2) 図３より，25℃のときの飽和《ほうわ》水蒸気量は23 gと読み取れる。また，湿度(%)は，(１m^3の空気中に含《ふく》まれる水蒸気量)÷(その気温での飽和水蒸気量)×100で求められる。よって，気温が25℃の空気１m^3に含まれている水蒸気量が11.5ｇであるとき，湿度は，11.5÷23×100＝50(％)となる。

⑶　金属は熱を伝えやすいので，金属製のコップは内側と外側の温度がほぼ同じになる。この実験でコップの表面がくもるのは，コップの周りの空気が冷たいコップで冷やされて，空気が含みきれなくなった水蒸気が水滴《すいてき》となってつくからである。このときの温度を露点《ろてん》といい，部屋の空気１m^3に含まれている水蒸気量は，露点のときの飽和水蒸気量と等しくなる。表２より露点は11℃となり，図３より11℃のときの飽和水蒸気量は10ｇと読み取れるので，部屋の空気１m^3に含まれている水蒸気量は10ｇとわかる。さらに，表２より部屋の湿度が40％なので，部屋の温度のときの飽和水蒸気量は，10÷0.4＝25(ｇ)となる。図３より，この飽和水蒸気量になる気温を読み取ると，部屋の温度は26.5℃と求められる。

⑷　部屋の温度を保ったまま湿度を60％にあげるためには，部屋の空気に含まれている水蒸気量を１m^3あたり，25×0.6−10＝５(ｇ)増やす必要がある。また，部屋の空気の体積は，10×2.5＝25(m^3)である。したがって，加湿器で，５×25＝125(ｇ)の水を水蒸気にすればよい。

⑸　**Ａ**　気温28.5℃のときの飽和水蒸気量を図３から読み取ると，28ｇである。よって，あと，28×(１−0.8)＝5.6(ｇ)の水蒸気を含むことができる。　**Ｂ**　気温7.5℃のときの飽和水蒸気量を図３から読み取ると，８ｇである。したがって，あと，８×(１−0.6)＝3.2(ｇ)の水蒸気を含むことができる。

⑹　Ｃ　図３より，気温の低い冬は，夏よりも飽和水蒸気量が少ないことがわかる。　Ｄ，Ｅ　飽和水蒸気量が少ないと，⑸で計算したように，空気中にまだ含むことのできる水蒸気量が少なくなる。そのため，洗濯《せんたく》物は冬よりも夏のほうが乾《かわ》きやすいと考えられる。

2　電気回路と回路図についての問題

⑴　図１で，２個の豆電球は並列つなぎになっていて，２個の乾電池は直列つなぎになっているので，イが選べる。

⑵　図２で，２個の豆電球は直列つなぎになっていて，２個の乾電池も直列つなぎになっているので，アが選べる。

⑶　図３で，真ん中の豆電球といちばん右側の豆電球は並列つなぎになっていて，これにいちばん左側の豆電球が直列につながっている。また，２個の乾電池は直列つなぎになっている。よって，ウが選べる。

⑷　表１より，ＡとＹ，ＢとＺ，ＣとＺ，ＤとＸがそれぞれつながっていることがわかるので，カがあてはまる。

⑸　⑷のカの図で，Ｂ―Ｚ―Ｃとつながっているので，ＢとＣの組み合わせでは豆電球が点灯する。

⑹　⑷のカの図でＡとＢをつなぐと，Ｙ―Ａ―Ｂ―Ｚ―Ｃというつながりができ，ＹとＡ，ＹとＢ，ＹとＣは同じ結果(豆電球が点灯する)になるので，オまたはカとわかる。次に，ＸとＡの組み合わせでは豆電球が点灯しないので，カはあてはまらない。したがって，オと決まる。

3　半透膜《はんとうまく》の性質とはたらきについての問題

⑴　キュウリはウリ科の植物で，発芽のときに２枚の子葉が出る双《そう》子葉植物に分類される。ウリ科の植物の花は単性花で，雌《め》しべを欠いた雄《お》花と雄しべを欠いた雌花が，１つの株に分かれて咲《さ》く。ただし，１つの花に雄しべと雌しべの両方がそろっている両性花をつける種類もある。

⑵　赤血球にはヘモグロビンとよばれる赤色のタンパク質が含まれていて，このヘモグロビンが酸

素の多いところでは酸素と結びつき，酸素の少ないところでは酸素を放すことで，体の各部分まで酸素が運ばれていく。なお，アは白血球，イは血小板，エは血しょうのはたらきである。

⑶　骨の一番内側にはこつずいとよばれる部分があり，そこでは血液の成分である赤血球，白血球，血小板などが作られている。なお，アのえんずいは脳の最下部で，その下にイのせきずいがつながっている。また，エのせきついは背骨を作っている骨で，その内側にせきずいが通っている。

⑷　顕微鏡《けんびきょう》を使うときの操作の順序は，ア→ウ→エ→イ→キ→オ→カとなる。なお，ウで接眼レンズを対物レンズよりも先に取り付けるのは，鏡筒《きょうとう》の中にチリが入らないようにするためである。また，キ→オの順で操作するのは，対物レンズとプレパラートがぶつからないようにするためである。

⑸「つまり，半透膜を通してうすい方から濃《こ》い方へ水が移動する」とまとめられているので，「あ」には「内部から外部」，「い」には「外部から内部」が入る。

⑹　う　海水は魚の体液よりも塩分が濃いので，海水魚は体液の水分が皮膚《ひふ》から出ていきやすい。つまり，海水魚は体液の水分が減少する環境にすんでいる。　　え，お　淡水《たんすい》は魚の体液よりも塩分がうすいので，淡水魚は体液に水分が皮膚から入りこみやすい。つまり，淡水魚は体液の水分が増加する環境にすんでいるため，周囲にある水をほとんど飲まない。

⑺　淡水魚は，体液中の余分な水分を排出《はいしゅつ》するために，尿《にょう》を大量に排出している。この尿は体液よりもうすい濃さのもので，体内の塩分が失われにくくなっている。しかし，それでも塩分は失われてしまうので，えらで周囲から塩分を吸収するしくみを持っている。

⑻　サケは川で生まれ，川を下って海に入り海で成長する。産卵するときは，自分が生まれた川にもどってさかのぼり，川底にオレンジ色の卵を産む。また，日本のウナギは，グアム島に近いマリアナ諸島の西側の沖の深海の海底で産卵し，卵からふ化した稚魚《ちぎょ》（シラスウナギ）は海流に乗って日本付近までやってくる。日本に着くと川をさかのぼり，川で生活しながら成長する。なお，ドジョウは淡水にだけすむ魚類である。

4　水素と酸素の反応，反応と熱についての問題

⑴　表で，加えた水素の体積が40cm^3のときに，残った気体の体積が0cm^3になっていることから，水素40cm^3と酸素20cm^3が過不足なく反応して水になったことがわかる。よって，水素と酸素は，40：20＝2：1の体積比で過不足なく反応するので，水素を10cm^3加えたときには，$10\times\frac{1}{2}=5$（cm^3）の酸素が反応し，$20-5=15$（cm^3）の酸素が残る。

⑵　加える水素の体積を24cm^3にした場合，$24\times\frac{1}{2}=12$（cm^3）の酸素と反応し，$20-12=8$（cm^3）の酸素が残る。

⑶　50cm^3の酸素は，$50\times\frac{2}{1}=100$（cm^3）の水素と反応する。よって，反応後に水素が10cm^3残っているから，はじめに加えた水素の体積は，$100+10=110$（cm^3）である。

⑷　実験2では，30cm^3の酸素と，$30\times\frac{2}{1}=60$（cm^3）の水素が反応して水になり，$80-60=20$（cm^3）の水素が残る。発生した水は液体になって体積が非常に小さくなるので，反応後の袋《ふくろ》の中の気体の体積はほぼ20cm^3となり，袋は反応前よりも縮む。また，発生した水は細かい水滴となるので，袋の内側が白くくもる。

⑸　4gの水素で580キロジュールのエネルギーを得られるので，1450キロジュールのエネルギーを得られたときに燃料電池内で反応した水素は，$4\times\frac{1450}{580}=10$（g）である。

(6)　水4.5kgの温度が，60－20＝40(℃) 上昇《じょうしょう》したので，給湯器で水の温度上昇に利用された熱エネルギーは，4.2×4.5×40＝756(キロジュール)と求められる。

(7)　756÷1450×100＝52.1…より，(6)で求めた熱エネルギーは，燃料電池で発生したエネルギーのうちのおよそ52％にあたる。また，この燃料電池では，発生したエネルギーのうち，40％が電気エネルギーになる。よって，燃料電池で発生したエネルギーのうち，利用できない熱エネルギーは，全体のおよそ，100－(52＋40)＝８(％)とわかる。

国　語　＜第１回試験＞ (50分) ＜満点：100点＞

解　答

一 **問１**　㋐　1　　㋑　2　　㋒　4　　**問２**　3　　**問３**　2　　**問４**　1　　**問５**　4
問６　(例)　ミーナの誘いを断ったら，親友という特別な立場を失い，誘われなくなるのではないかと心配になったから。　**問７**　1　　**問８**　4　　**問９**　(例)　練習に付きそうという約束を破った点。／弾みをつけるという危険な方法を教えた点。　**問10**　(例)　自分のお下がりに書かれている名前を見て，自分の大切な妹に怪我をさせたという実感がわいてきたから。
問11　3　　**二** **問１**　**A**　6　　**B**　5　　**C**　2　　**問２**　1　　**問３**　3　　**問４**　4
問５　1　　**問６**　2　　**問７**　つじつま　　**問８**　1　　**問９**　(例)　自分の経験について立ち止まって考え直すことができず，自分が作り上げたストーリーに固執して，客観性が失われてしまうから。　**問10**　(例)　サイコロを振って同じ目が続くと次はもう同じ目は出ないような気がしてくるが，これは主観的な思い込みに基づいた非科学的な考えであり，次にどの目が出るかは，これまで出た目に関係なく六分の一の確率である。　**三**　**１～５**　下記を参照のこと。
６　たぐ(い)

●漢字の書き取り

三　**１**　頂　　**２**　永世　　**３**　博覧　　**４**　存亡　　**５**　厳禁

解　説

一 **出典は辻村《つじむら》深月《みづき》の『家族シアター』による。**うみかが鉄棒の練習中に骨折してしまい，そのことに「私」は罪悪感を感じる。

問１　㋐　「しれっと」は，何事もなかったかのような態度であること。　㋑　「うかつ」は，うっかりして注意がたりないようす。　㋒　「安請《う》け合い」は，十分考えずに簡単に引き受けること。

問２　「ように」とあるので，「ようだ(な)」「みたいだ(な)」などの，直接たとえを示す言葉を用いた比喩《ひゆ》の「直喩」である。よって，３が選べる。

問３　「私」は，「こっちの夜の色が地球を包んでる本当の空なんだって思えるね」と感動しながら星空を眺《なが》めている。また，傍線《ぼうせん》②のすぐ前に「貝の内側から，水の底で聞くような遠い音が流れ込《こ》んできた」とあることから，「私」が海底の音を想像して興奮《こうふん》していることがわかる。したがって，「星空」と「海底の音」にふれている２がよい。

問４　１　「感動」しがちな「私」と「普段《ふだん》から『科学』派」のうみかの性格の違《ちが》いをとらえてい

るので，ふさわしい。　2，4「うみかは低学年の頃《ころ》からちょっと変わってた」とあるように，「私」はうみかを少し変わった人物ととらえているので，「今度こそ自分が優位《ゆうい》に立てると思って」は合わない。また，「うみかはにこりともしていなかった」とあるように，うみかは科学的な事実を淡々《たんたん》と述べているだけなので，「自らの知識を得意げに披露《ひろう》する」や「姉の言葉に感情的に反論してくる」もあてはまらない。　3「家族の前で恥《はじ》をかかされ」ているようすは描《えが》かれていないので，ふさわしくない。

問５　「私はいなくてもいいってこと？」と聞かれたうみかが「表情をなくし」，それを見た「私」が「おや，と思う間もなく」「いてほしい」と言ったことが理由だから，４が選べる。

問６　続く二文で理由が説明されているので，「ミーナに親友と思ってもらえているのに，誘《さそ》いを断ったらその立場を失うのではないかと心配になったから」のようにまとめる。

問７　前日，うみかに「明日も練習，一緒《いっしょ》に来てくれる？」と聞かれた「私」は，「いいよ」と言って約束している。また，ミーナの家に行くときも，「うみかと鉄棒のことが頭を掠《かす》めた」とあるように，「私」はうみかとの約束を気にしている。よって，うみかとの約束にふれている１があてはまる。

問８　すぐ前に「おばあちゃんたちが説明する声を，私はぼんやりと聞いた」とあり，うみかが怪《け》我《が》をしたという事態を「私」が受け止められていないことがわかるので，４がよい。

問９　後の方に「私のせいだ」とあり，その前後に「私は約束を破った」，「私が弾《はず》みをつけた方がいいって教えた」とある。この二点を「私」は悔《く》やんでいるのだから，「一緒に練習に行くという約束を破った点」，「走って弾みをつける危険な方法を教えた点」のようにまとめる。

問10　前に「灰色の，私のお下がりの下着。『はるか』と書かれた名前がマジックの線で消されて，下に，あの子の名前が『うみか』と書いてある」とある。うみかは間違いなく自分の妹で，その大切な妹に怪我をさせてしまったという実感がわいてきたため，「私」は罪悪感から涙《なみだ》が出そうになったのだと考えられる。

問11　「『親友』のミーナの誘いを断ったら〜もう，次から私を呼んでくれなくなるかもしれない」などの描写《びょうしゃ》から，「私」は友人が少ないと推測できる。また，「誰《だれ》かが何かできるようになる瞬間《しゅんかん》に立ち会うのが，こんなに楽しいとは思わなかった」とあるように，「私」はうみかとの時間を大切に感じている。よって，３があてはまらない。

二　**出典は池内了《いけうちさとる》の『なぜ科学を学ぶのか』による。**「科学的な考え方」とはどういうものかを説明し，なぜ人はものごとを科学的に考えられなくなることがたびたびあるのかについて考察している。

問１　**A**　前の部分で述べている「現象の説明や謎《なぞ》の解明」や「予測」について，続く部分で別の表現で説明し直しているので，まとめて言いかえるはたらきの「つまり」が入る。　**B**　人は誰でも「科学的な考え方」を「自然のうちに身につけている」ので「みんな似たような結論に到達《とうたつ》するはず」だが，実際には「ぜんぜん違った結論になってしまうことがたびたび」あるのだから，前のことがらを受けて，それに反する内容を述べるときに用いる「ところが」が合う。　**C**　直前の「⑴から⑶の間のどこかで『科学的』ではなくなっていて，本来あるべき筋道から外れている」ことについて，続く部分でその解決法を「探《さぐ》ることにしましょう」というつながりなので，前のことがらを解決する行為《こうい》が続くことを表す「そこで」がふさわしい。

問２　人の「思考の流れ」はたびたび「筋道から外れて『科学的』でなくなる」が，そうならないようにすることが「コントロール」にあたるので，１が選べる。

問３　１「原発が事故を起こしたとき，テレビに出た専門家の多く」が取った態度からわかるように，「発言の責任を追及《ついきゅう》されることをおそれる」ことは，「『科学的』な思考の訓練」が十分かどうかとは関係がない。　２「客観的」ではなく「主観的」が正しい。　３　続く三つの段落の内容と合う。　４「明確」ではなく「不明確」が正しい。

問４　「個人の勝手な意見や主張」は，「主観的な意見」であって「客観的」ではないのだから，「客観的に見れば実は正しくない」とある４がよい。

問５　空欄《くうらん》Ｘに１を入れて，「客観的な事実と個人の主観的な願望をきちんと区別する」とすると，二つ前の段落の「客観的な事実を積み上げながら筋道をたどる段階では～主観的な意見を交えるのは混乱を招《まね》くだけになる」とほぼ同じ内容を述べることになり，文意が通る。

問６　１「自分に対する批判や疑問を受け入れる」ことができない人は，「優《やさ》しさ」ではなく「科学的思考」が欠けている。　２　直後の段落の内容と合う。　３，４　傍線④のように言う人は，「他人には否定しようがないとの自信」は持っているが，「他者との関わりを拒絶《きょぜつ》し」たり「他者に自分の考えを強引に押《お》しつけ」たりしているわけではない。

問７　「つじつまが合う」は，“細かい点まで食い違いがなく筋道が通り，合うべきところが合う”という意味。

問８　「犯人探し」においては，犯罪の過程で「何事が起きたかを推測」し，動機や容疑者や犯行時間などについて「考え得《う》る範囲《はんい》を絞《しぼ》り込んでいく作業」を行って，「もっとも合理的と思われる考えを最終的な結論とする」のだから，１がふさわしい。

問９　傍線⑦の理由は，直接的には直後の一文の「客観性が失われ，修正することができなくなるから」である。「修正することができなくなる」ことについて，「自分の言っていることを立ち止まって考え直したり，違った目で見直したりすることがなくなってしまう」，「自分が作り上げたストーリーにいっそう固執《こしつ》する」と説明されていることをふまえてまとめる。

問10　解答例のほかには，SF映画で宇宙船が爆発するときに音を出す例などがあげられる。宇宙空間には空気がないので，音は伝わらないはずである。

三　漢字の書き取りと読み

１　音読みは「チョウ」で，「頂上」などの熟語がある。訓読みにはほかに「いただ(く)」がある。
２　永久に。ずっと。「永世中立国」は，他国間で戦争が起こっても中立を守ることを宣言し，諸外国もその中立を保障・承認している国で，スイスなどの例がある。　**３**　広く一般《いっぱん》の人が見ること。「万国博覧会」は，世界各国が工業製品や美術品などを出品・展示する国際的な博覧会。
４　存続するか，滅亡《めつぼう》するかということ。　**５**　厳しく禁止すること。　**６**　音読みは「ルイ」で，「種類」などの熟語がある。「類まれな」は，めったにないほどすぐれているようす。

Dr.福井の
入試に勝つ！脳とからだのウルトラ科学

入試当日の朝食で，脳力をアップ！

朝食を食べない学生は，朝食をきちんと食べる学生に比べて成績が悪かった――という研究発表がある。まあ，ちょっと考えればわかると思うけど，朝食を食べないということは，車にガソリンを入れないで走らせようとするようなものだ。体がガス欠になった状態では，頭が十分に働くわけがない。入試当日の朝食はちゃんと食べよう！　朝食を食べた効果があらわれるように，試験開始の２時間以上前に食べるようにするとよい。

では，入試当日の朝食にふさわしいものは何か？

まず，脳の直接のエネルギー源はブドウ糖だけであるから，それを補給するためのご飯やパン，これは絶対に必要だ。また，砂糖や果物の糖分は吸収されやすく，効果が速くあらわれやすいので，パンにジャムをぬったり果物を食べたりするのもよいだろう。

次に，タンパク質。これは脳の温度を上げる作用がある。温度が低いままでは十分に働かないからね。タンパク質を多くふくむのは肉や魚，牛乳，卵，大豆などだが，ここでは大豆でできたとうふのみそ汁や納豆をオススメする。そして，記憶力がアップするDHAを多くふくんでいる青魚，つまりサバやイワシなども食べておきたい。

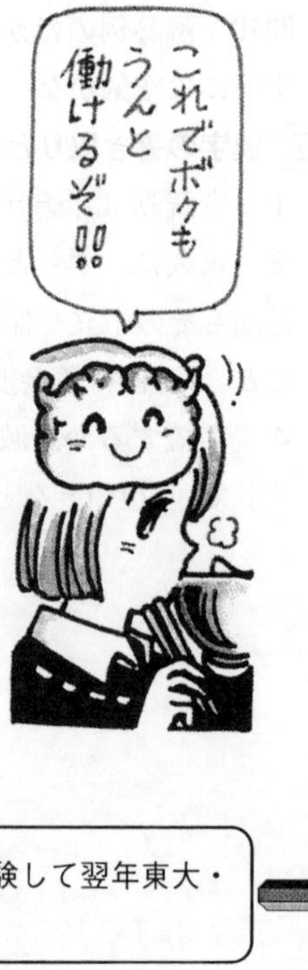

生野菜も忘れてはならない。その中にふくまれるビタミンBは，ブドウ糖を脳に吸収しやすくする働きを持つので，結果的に脳力アップにつながるんだ。

コーヒーや紅茶，緑茶は，カフェインという成分の作用で目覚めをうながすが，トイレが近くなってしまうので，飲みすぎに注意！　試験当日はひかえたほうがよいだろう。眠気を覚ましたいときはガムをかむといい。脳が刺激《しげき》されて活性化し，目が覚めるんだ。

Dr.福井（福井《ふくい》一成《かずしげ》）…医学博士。開成中・高から東大・文Ⅱに入学後，再受験して翌年東大・理Ⅲに合格。同大医学部卒。さまざまな勉強法や脳科学に関する著書多数。

2025年度用
中学スーパー過去問

■編集人 声の教育社・編集部
■発行所 株式会社 声の教育社

〒162-0814 東京都新宿区新小川町8-15
☎03-5261-5061(代) FAX03-5261-5062
https://www.koenokyoikusha.co.jp

※本書の内容についての一切の責任は当社にあります。内容・解説・解答・その他は当社ホームページよりお問い合わせ下さい。

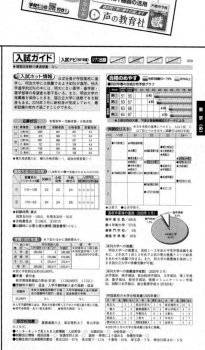

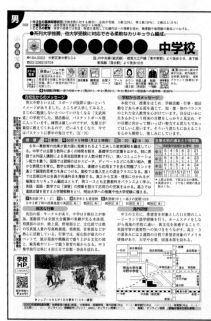

よくある解答用紙のご質問

01

実物のサイズにできない

拡大率にしたがってコピーすると，「解答欄」が実物大になります。配点などを含むため，用紙は実物よりも大きくなることがあります。

02

A3用紙に収まらない

拡大率164％以上の解答用紙は実物のサイズ（「出題傾向＆対策」をご覧ください）が大きいために，Ａ３に収まらない場合があります。

03

拡大率が書かれていない

複数ページにわたる解答用紙は，いずれかのページに拡大率を記載しています。どこにも表記がない場合は，正確な拡大率が不明です。

04

１ページに２つある

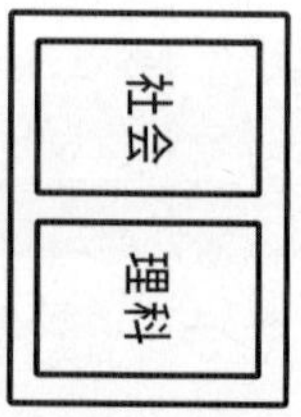

１ページに２つ解答用紙が掲載されている場合は，正確な拡大率が不明です。ほかの試験回の同じ教科をご参考になさってください。

吉祥女子中学校

【別冊】入試問題解答用紙編

禁無断転載

解答用紙は本体からていねいに抜きとり、別冊としてご使用ください。

※　実際の解答欄の大きさで練習するには、指定の倍率で拡大コピーしてください。なお、ページの上下に小社作成の見出しや配点を記載しているため、コピー後の用紙サイズが実物の解答用紙と異なる場合があります。

●入試結果表

年度	回	項目	国語	算数	社会	理科	4科合計	合格者
2024	第１回	配点(満点)	100	100	70	70	340	最高点
		合格者平均点	73.3	69.4	50.5	52.6	245.8	283
		受験者平均点	66.5	57.6	44.7	46.2	215.0	最低点
		キミの得点						229
	第２回	配点(満点)	100	100	70	70	340	最高点
		合格者平均点	73.1	75.9	51.1	55.2	255.3	298
		受験者平均点	63.9	61.2	44.5	48.2	217.8	最低点
		キミの得点						238
2023	第１回	配点(満点)	100	100	70	70	340	最高点
		合格者平均点	69.3	75.2	50.0	55.9	250.4	293
		受験者平均点	62.4	62.1	45.1	51.5	221.1	最低点
		キミの得点						233
	第２回	配点(満点)	100	100	70	70	340	最高点
		合格者平均点	78.9	81.6	52.8	53.0	266.3	307
		受験者平均点	73.7	65.2	46.8	46.0	231.7	最低点
		キミの得点						250
2022	第１回	配点(満点)	100	100	70	70	340	最高点
		合格者平均点	65.7	76.9	50.8	53.4	246.8	283
		受験者平均点	59.4	64.4	46.5	47.2	217.5	最低点
		キミの得点						230
	第２回	配点(満点)	100	100	70	70	340	最高点
		合格者平均点	73.6	68.7	53.7	52.5	248.5	301
		受験者平均点	66.6	53.3	47.6	46.9	214.4	最低点
		キミの得点						228
2021	第１回	配点(満点)	100	100	70	70	340	最高点
		合格者平均点	72.9	71.5	41.3	55.2	240.9	284
		受験者平均点	67.2	59.6	36.0	47.5	210.3	最低点
		キミの得点						222

※　表中のデータは学校公表のものです。ただし、４科合計は各教科の平均点を合計したものなので、目安としてご覧ください。

声の教育社

2024年度 吉祥女子中学校

算数解答用紙 第1回

番号 | 氏名 | 評点 /100

1
(1)　(2)　(3) g　(4) 点
(5) ：　(6)　(7) 倍

2
(1)　(2)　(3)

3
(1) 分　(2) 時間 分
(3) 途中の式や考え方など
答え 分 秒

4
(1) m　(2) 分　(3) m
(4) 時間 分後　(5) 回

5
(1) cm　(2) cm^2
(3) cm^2　(4) cm^2
(5) ①

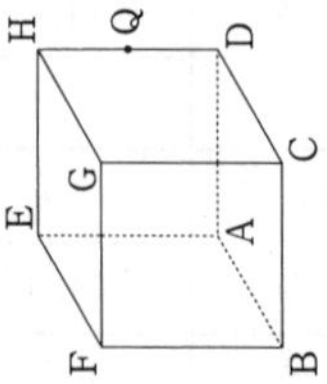

② 途中の式や考え方など
答え cm^2
(6) cm^2

（注）この解答用紙は実物を縮小してあります。Ｂ５→Ａ３（163%）に拡大コピーすると，ほぼ実物大の解答欄になります。

〔算　数〕100点（学校配点）

1 (1)〜(5)　各４点×５　(6)，(7)　各５点×２　2 (1)　３点　(2)，(3)　各４点×２　3 (1)，(2)　各３点×２　(3)　途中の式や考え方など…６点，答え…２点　4 各４点×５　5 (1)〜(4)　各３点×４　(5)　①　２点　②　途中の式や考え方など…４点，答え…２点　(6)　５点

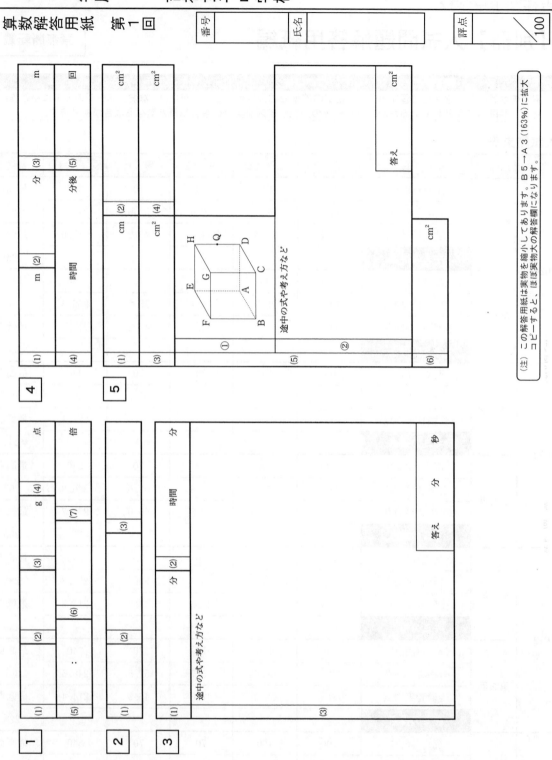

2024年度　吉祥女子中学校

社会解答用紙　第1回

番号		氏名		評点	/70

1

問1
問2
問3
問4
問5
問6
問7
問8
問9
問10
問11
問12
問13　条約
問14

2

問1
問2　デザイン
問3
問4
問5
問6
問7
問8
問9　中部地方　近畿地方
問10
問11
問12
問13　湖
問14

3

問1
問2
問3
問4
問5
問6
問7
問8　権
問9
問10

(注) この解答用紙は実物を縮小してあります。169%拡大コピーをすると、ほぼ実物大の解答欄になります。

〔社　会〕70点(学校配点)

1　問1　2点　問2　3点　問3　1点　問4～問8　各2点×5　問9　1点　問10　2点　問11　1点　問12～問14　各2点×3　2　問1～問3　各2点×3　問4　1点　問5　2点　問6　1点　問7, 問8　各2点×2　問9　各1点×2　問10～問14　各2点×5　3　問1　2点　問2　1点　問3　2点　問4　1点　問5～問10　各2点×6

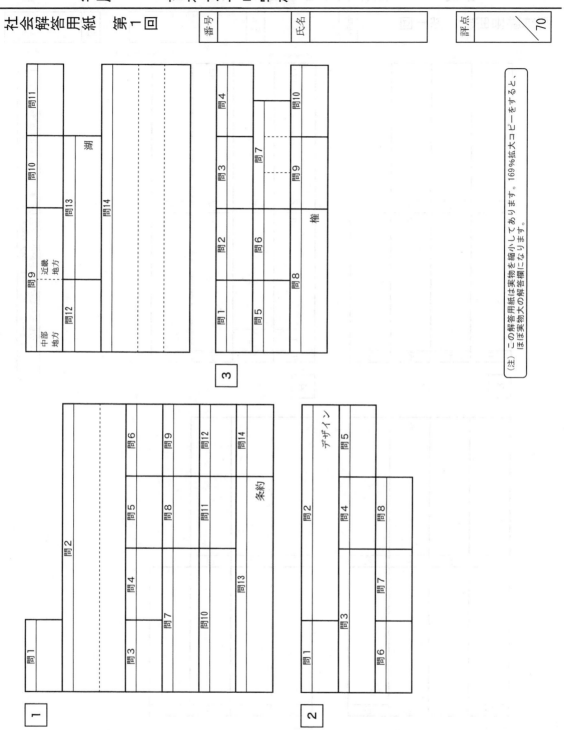

2024年度　吉祥女子中学校

理科解答用紙　第1回

番号		氏名		評点	/70

1

(1)		(2)	
(3)		(4)	
(5)		(6)	個
(7)		(8)	

2

(1)		(2)	
(3)		(4)	
(5)		(6)	
(7)			

3

(1)		(2)	
(3)		(4)	
(5)	g	(6)	
(7)			

4

(1)	1　cm	2	cm
(2)	記号	数	cm
(3)	g	(4)	cm
(5)	g	(6)	

（注）この解答用紙は実物を縮小してあります。B５→A３（163%）に拡大コピーすると、ほぼ実物大の解答欄になります。

〔理　科〕70点(学校配点)

1　(1)，(2)　各１点×2＜(2)は完答＞　(3)～(5)　各２点×3　(6)～(8)　各３点×3　2　(1)，(2)　各２点×2　(3)　３点　(4)　２点　(5)～(7)　各３点×3　3　(1)～(4)　各２点×4　(5)～(7)　各３点×3＜(7)は完答＞　4　(1)～(4)　各２点×6　(5)，(6)　各３点×2

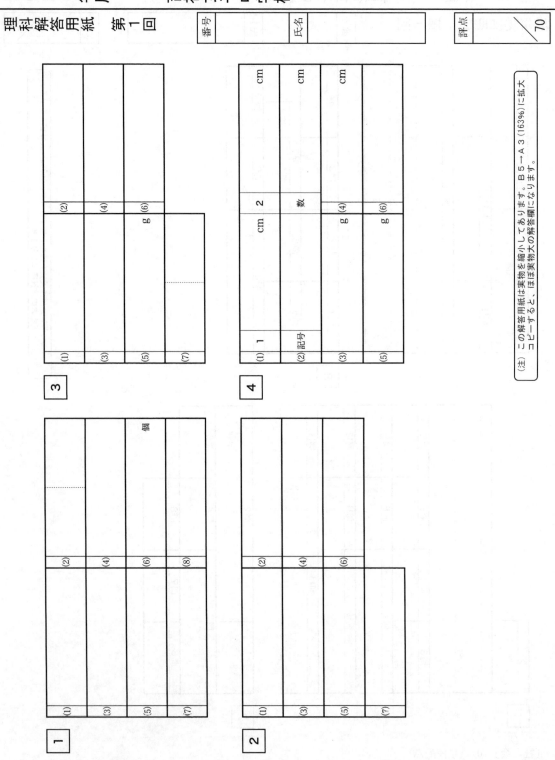

2024年度　吉祥女子中学校

国語解答用紙　第一回

番号　　氏名　　評点 ／100

一

問一 ㋐ ㋑　問二 A B C　問三　問四

問五 (1) (2)　問六　問七　問八

問九（60字）

問十　問十一

問十二（90字）

二

問一

問二（40字）

問三（50字）

問四

問五（……の間で揺れていた。）

問六　問七　問八　問九

問十　問十一 (1) (2)

三

1 キンベン　2 コウセキ　3 アむ

4 リョウイキ　5 ボウハン　6 アブなげ

（注）この解答用紙は実物を縮小してあります。167％拡大コピーをすると、ほぼ実物大の解答欄になります。

〔国　語〕100点（学校配点）

一 問1～問8　各3点×9<問2，問5は完答>　問9　5点　問10，問11　各3点×2　問12　7点　二 問1　3点　問2　4点　問3　6点　問4　3点　問5　6点　問6～問11　各3点×7<問11の(1)は完答>　三 各2点×6

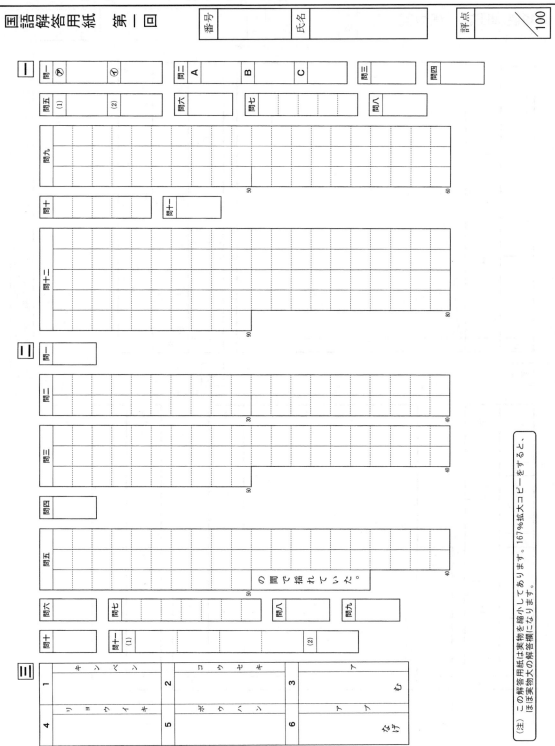

2024年度　吉祥女子中学校

算数解答用紙　第2回

番号		氏名		評点	/100

1

(1)		(2)		(3)	ページ
(4)	:	(5)	年後	(6)	円
(7)	cm²				

2

(1)	時速　　　km
(2)	途中の式や考え方など　　答え　　分　　秒
(3)	m

3

(1)	円
(2)	ヵ月目
(3)	① 円　② 円

4

(1)	cm
(2)	三角形ABP　cm²　三角形ADQ　cm²
(3)	秒後　cm²
(4)	途中の式や考え方など　　答え　cm²

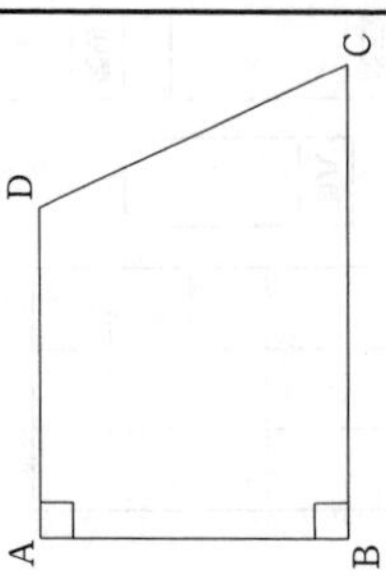

5

(1)	点
(2)	Aさん　　点，Bさん　　点
(3)	勝ち　回　負け　回　引き分け　回，勝ち　回　負け　回　引き分け　回
(4)	①　回　②　回
(5)	勝ち　回　負け　回　引き分け　回

（注）この解答用紙は実物を縮小してあります。169%拡大コピーをすると、ほぼ実物大の解答欄になります。

〔算　数〕100点(学校配点)

1　(1)～(5)　各4点×5　(6), (7)　各5点×2　2　(1)　4点　(2)　途中の式や考え方など…5点, 答え…2点　(3)　3点　3　(1), (2)　各3点×2　(3)　①　2点　②　3点　4　(1), (2)　各3点×3　(3)　何秒後か…4点, 面積…3点　(4)　途中の式や考え方など…6点, 答え…2点　5　(1), (2)　各3点×2＜(2)は完答＞　(3)　4点＜完答＞　(4)　各3点×2　(5)　5点

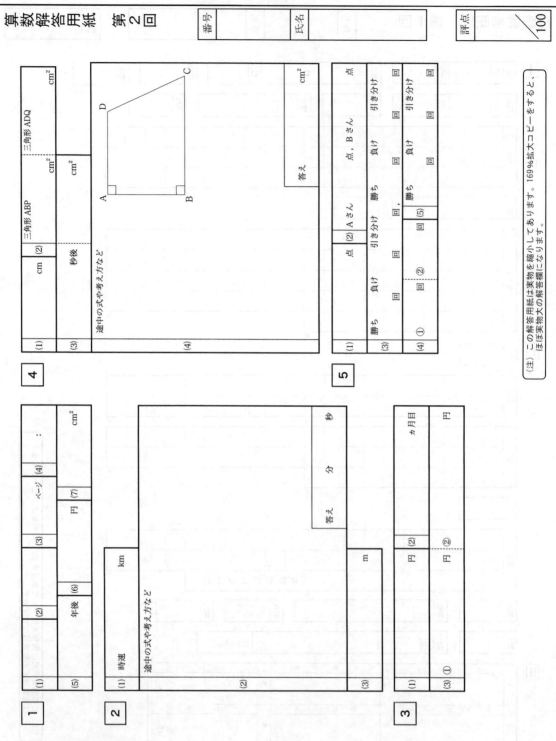

2024年度　吉祥女子中学校

社会解答用紙　第2回

番号		氏名	

評点	／70

1

問1　問2　問3　問4　問5　問6　問7　問8　問9　問10　問11　問12　問13　問14

2

問1　問2　問3　問4　問5　問6　問7　問8　問9　問10　問11　問12　問13　問14

3

問1　問2　参議院の　問3　問4　問5　問6　問7　問8　問9　問10

（注）この解答用紙は実物を縮小してあります。Ｂ５→Ａ３（163%）に拡大コピーすると、ほぼ実物大の解答欄になります。

〔社　会〕70点(学校配点)

1　問１　１点　問２～問12　各２点×11　問13　１点　問14　２点　2　問１，問２　各２点×２　問３　各１点×２　問４～問６　各２点×３　問７　１点　問８～問12　各２点×５　問13　１点　問14　２点　3　問１～問７　各２点×７　問８，問９　各１点×２　問10　２点

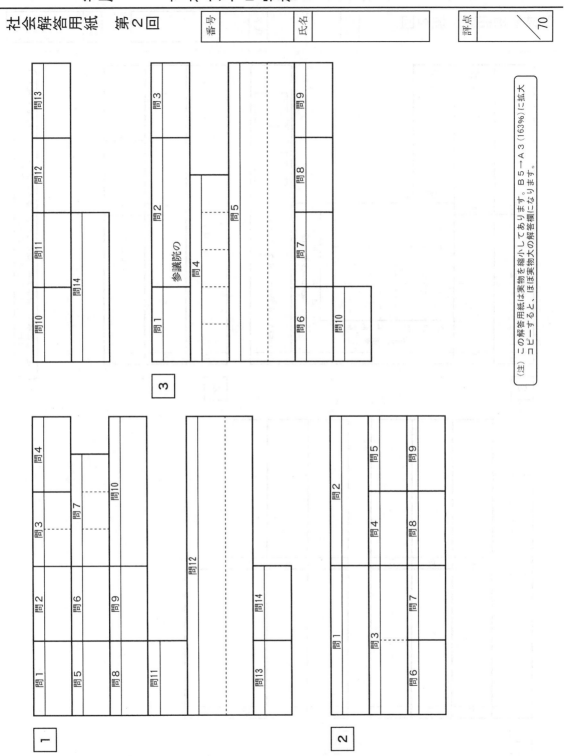

２０２４年度　吉祥女子中学校

理科解答用紙　第２回

番号		氏名		評点	/70

1

(1) エネルギー
(2)
(3)
(4)
(5)
(6)
(7)

2

(1)
(2)
(3)
(4)
(5)
(6)
(7)

3

(1) 1　2
(2)
(3)
(4) cm^3
(5)

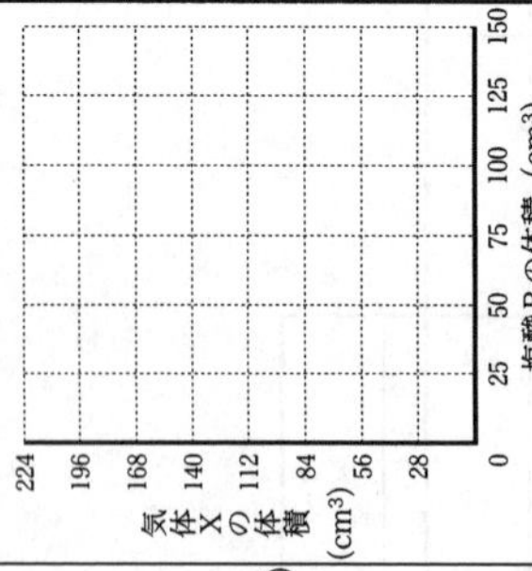

(6) cm^3
(7) 塩酸A：水酸化ナトリウム水溶液C＝　：

4

(1) ①　キロカロリー　②　キロカロリー
(2) ℃
(3)
(4) キロカロリー
(5)
(6)

（注）この解答用紙は実物を縮小してあります。B５→A３（163%）に拡大コピーすると、ほぼ実物大の解答欄になります。

〔理　科〕70点（学校配点）

1　(1)　３点　(2)〜(4)　各２点×３　(5)　３点　(6)　２点＜完答＞　(7)　３点　2　(1)〜(3)　各２点×３　(4)　３点　(5)　２点　(6)　３点　(7)　４点　3　(1)　各１点×２　(2)，(3)　各２点×２＜(3)は完答＞　(4)〜(7)　各３点×４　4　(1)　各１点×２　(2)〜(6)　各３点×５

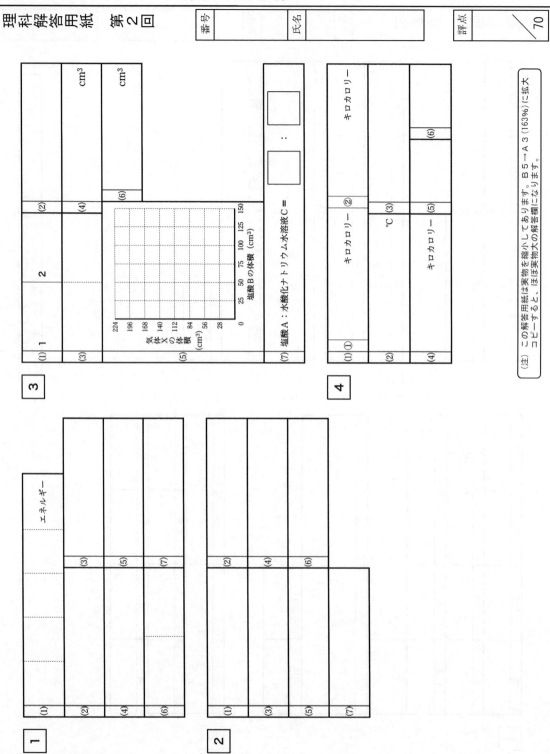

2024年度　吉祥女子中学校

国語解答用紙　第二回

番号		氏名		評点	/100

一

問一 ㋐　㋑

問二

問三

問四

問五

問六

問七

問八（60字）

問九　水墨画は（40字）という意味。

問十

問十一（80字）

二

問一

問二

問三

問四　(1)　こと。　(2)（20字）という工夫。

問五　A　B

問六

問七　〜

問八（40字）

三

1	ギョセン	2	サンサク	3	トトウ
4	ジュウオウ	5	リッ　する	6	ソウ　がかり

（注）この解答用紙は実物を縮小してあります。B５→A３（163%）に拡大コピーすると、ほぼ実物大の解答欄になります。

〔国　語〕100点(学校配点)

一　問１～問３　各３点×４　問４～問７　各４点×４　問８　６点　問９　５点　問10　４点　問11　７点

二　問１～問７　各４点×８＜問５は完答＞　問８　６点　三　各２点×６

2023年度　吉祥女子中学校

算数解答用紙　第1回

番号		氏名		評点	/100

1

(1)		(2)		(3)	点	(4)	
(5)	分	(6)	度	(7)	円		

2

(1)		(2)	個	(3)	

3

(1)	cm²	(2) ①	: :

(2) ② 途中の式や考え方など

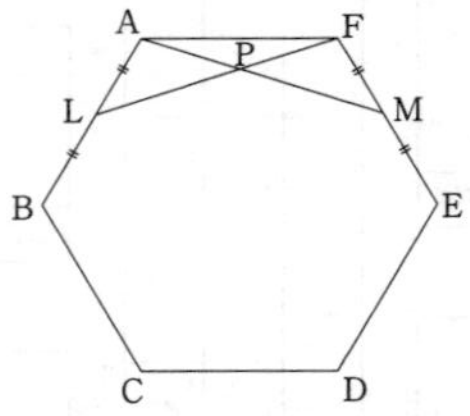

答え　　cm²

③　　cm²

4

(1)	時速　　km	(2)	時速　　km

(3) 途中の式や考え方など

答え　　時間　　分

(4)	①　　km	②　　km	(5)　　km

5

(1)	ア	イ	
(2)		(3) ① ウ	② エ
(4)		(5)	
(6)	① オ　カ	② キ　ク	

（注）この解答用紙は実物を縮小してあります。Ｂ５→Ａ３（163%）に拡大コピーすると、ほぼ実物大の解答欄になります。

〔算　数〕100点(学校配点)

1　(1)〜(5)　各４点×5　(6), (7)　各５点×2　2　(1)　４点　(2), (3)　各３点×2　3　(1)　３点　(2)　①　３点　②　途中の式や考え方など…4点, 答え…2点　③　３点　4　(1), (2)　各３点×2　(3)　途中の式や考え方など…5点, 答え…2点　(4), (5)　各４点×3　5　各２点×10＜(1)は完答＞

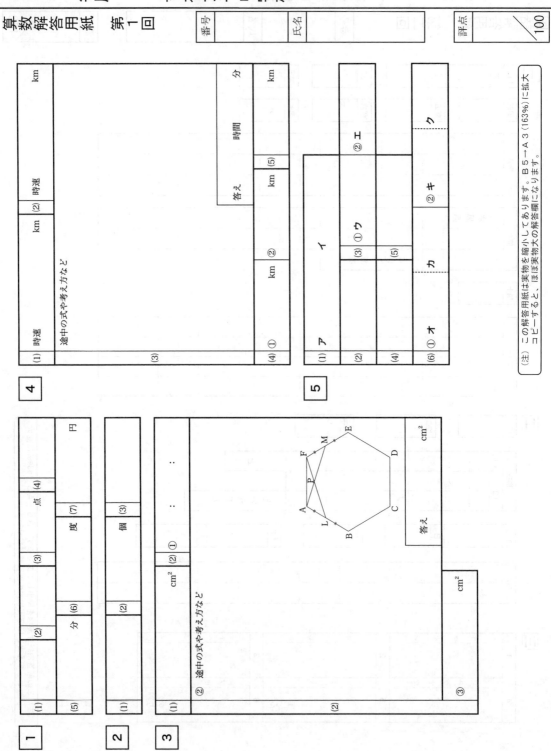

２０２３年度　吉祥女子中学校

社会解答用紙　第１回

番号		氏名		評点	/70

1

問１　問２　問３　問４　問５　問６　問７　問８　問９　問10　問11　問12　問13　問14

2

問１　問２　問３　問４　湖　問５　問６　問７　問８　問９

養殖漁業は稚魚を

栽培漁業は稚魚を

問10　問11　問12

3

問１　問２　問３　問４　問５

問６ (1)　第　条の変更です。なぜなら、

問６ (2)　問７　問８　問９

問13　問14　問15

（注）この解答用紙は実物を縮小してあります。169%拡大コピーをすると、ほぼ実物大の解答欄になります。

〔社　会〕70点(学校配点)

1　問１～問８　各２点×８　問９　２点　問10　１点　問11，問12　各２点×２　問13　１点　問14　２点　2　問１　１点　問２～問７　各２点×６　問８　１点＜完答＞　問９　２点　問10　１点　問11～問13　各２点×３　問14　１点　問15　２点　3　問１　１点　問２～問４　各２点×３　問５　１点　問６～問９　各２点×５

２０２３年度　吉祥女子中学校

理科解答用紙　第１回

番号		氏名		評点	/70

1

(1)		(2)	⑤　⑥
(3)		(4)	
(5)		(6)	
(7)		(8)	

2

(1)		(2)	
(3)		(4)	
(5)	P　Q　R		
(6)		(7)	

3

(1)		(2)	B　C
(3)	図3　図4	(4)	B　倍　C　倍
(5)		(6)	アンペア
(7)		(8)	円

4

(1)		(2)	
(3)		(4)	cm^3
(5)	cm^3	(6)	g
(7)	g	(8)	g

（注）この解答用紙は実物を縮小してあります。169%拡大コピーをすると、ほぼ実物大の解答欄になります。

〔理　科〕70点(学校配点)

1 (1) 1点 (2)〜(6) 各2点×5＜(2)は完答＞ (7), (8) 各3点×2 2 (1)〜(4) 各2点×4＜(1)は完答＞ (5) 各1点×3 (6), (7) 各3点×2 3 (1)〜(4) 各2点×4＜各々完答＞ (5) 3点 (6) 2点 (7) 3点 (8) 2点 4 (1), (2) 各2点×2 (3) 1点 (4), (5) 各2点×2 (6)〜(8) 各3点×3

二〇二三年度　吉祥女子中学校

国語解答用紙　第一回

番号		氏名		評点	/100

一

問一　㋐　㋑　㋒

問二　ため。

問三　問四

問五

問六

問七

問八　問九　問十　問十一

問十二

問十三

二

問一　問二　問三　問四

問五　Ⅰ　Ⅱ

問六

問七　問八　問九

問十

三

1 コウヒョウ

2 ウチュウ

3 ノ　ぼす

4 イチヨウ

5 ア　びて

6 トウロク

（注）この解答用紙は実物を縮小してあります。Ｂ５→Ａ３（163％）に拡大コピーすると、ほぼ実物大の解答欄になります。

〔国　語〕100点(学校配点)

一　問１　各３点×３　問２　４点　問３～問６　各３点×４　問７　４点　問８～問12　各３点×５　問13　６点　二　問１～問９　各３点×10　問10　８点　三　各２点×６

2023年度　吉祥女子中学校

算数解答用紙　第2回

番号		氏名		評点	/100

1
(1)　(2)　(3)　円　(4)　個
(5)　円　(6)　cm　(7)　%

2
(1)　：　(2)　cm²　(3)　cm²

3
(1)　：　(2)　：
(3)　途中の式や考え方など
答え　分後

4
(1)　cm²　(2)　cm²　(3)　cm²
(4)　cm　(5)　cm
(6)

5
(1)　あ　い
(2)　ア　イ　ウ　エ
(3)　(4)
(5)　途中の式や考え方など
答え

(注)　この解答用紙は実物を縮小してあります。169%拡大コピーをすると、ほぼ実物大の解答欄になります。

〔算　数〕100点(学校配点)

1　(1)～(5)　各4点×5　(6)，(7)　各5点×2　2　(1)，(2)　各3点×2　(3)　5点　3　(1)，(2)　各3点×2　(3)　途中の式や考え方など…6点，答え…2点　4　(1)　2点　(2)～(4)　各3点×3　(5)　4点　(6)　6点<完答>　5　(1)，(2)　各1点×6　(3)，(4)　各5点×2　(5)　途中の式や考え方など…6点，答え…2点<完答>

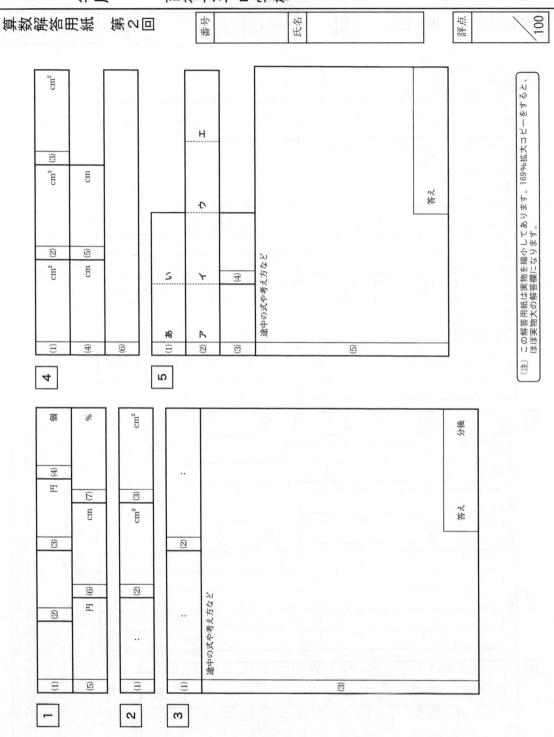

2023年度　吉祥女子中学校

社会解答用紙　第2回

番号　　氏名　　評点　/70

（注）この解答用紙は実物を縮小してあります。B5→A3（163%）に拡大コピーすると、ほぼ実物大の解答欄になります。

1

問1　問2　問3　問4　問5　問6　問7　問8　問9　問10　問11　問12　問13　問14

問10　問11　問12　問13　問14

2

問1　海峡　問2　問3　問4　川　問5　問6　問7　問8　問9

3

問1　問2　問3　問4　半島　問5　問6　問7　問8　問9　問10

〔社　会〕70点(学校配点)

1 問1　2点　問2　1点　問3～問12　各2点×10　問13　1点　問14　2点　2 問1～問9　各2点×9　問10，問11　各1点×2　問12～問14　各2点×3　3 問1～問4　各2点×4　問5　1点　問6，問7　各2点×2　問8　1点　問9，問10　各2点×2

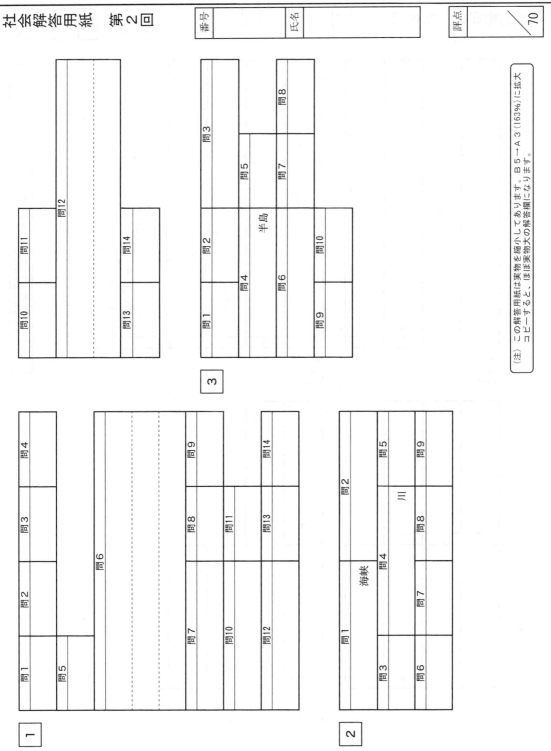

2023年度　吉祥女子中学校

理科解答用紙　第2回

番号　　氏名　　評点　/70

1

(1)　(2)　(3)　(4)　座　(5)　(6)　(7)

2

(1)　(2) A　B　(3) C　D　E　(4)　(5)

3

(1)　(2)　(3)　(4)　(5) 消化器官　説明　(6) P　Q　R　S

4

(1)　度　(2)　度　(3)　度　(4)　(5)　(6)　(7)

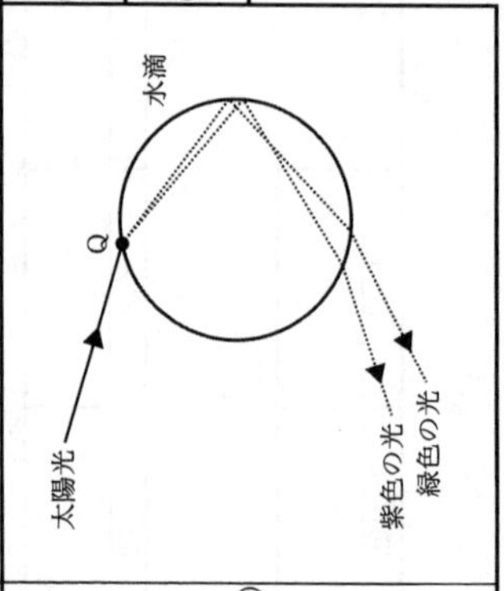

（注）この解答用紙は実物を縮小してあります。169%拡大コピーをすると、ほぼ実物大の解答欄になります。

〔理　科〕70点(学校配点)

1　(1)～(3)　各2点×3　(4)　3点　(5)　2点　(6)，(7)　各3点×2　2　(1)　2点　(2)　3点<完答>　(3)　C　3点　D　2点　E　3点　(4)　3点　(5)　2点　3　(1)，(2)　各2点×2　(3)　3点　(4)　2点　(5)　各2点×2　(6)　4点<完答>　4　(1)，(2)　各2点×2　(3)　3点　(4)　2点　(5)～(7)　各3点×3

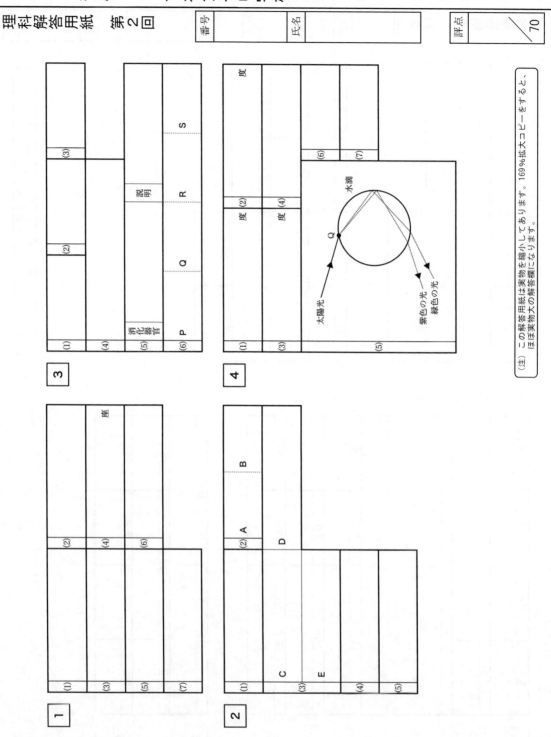

二〇二三年度　吉祥女子中学校

国語解答用紙　第二回

番号		氏名		評点	/100

一

問一 ㋐ ㋑　問二 Ⅰ Ⅱ　問三　問四

問五（20／30）

問六

問七（20／30）

問八　問九　問十　問十一　問十二　問十三

問十四（50／60）

二

問一　問二

問三（40／50）

問四　問五　問六 (Ⅰ) (Ⅱ)

問七 ～ こと　問八

問九（90／100）

三

1	ケワしい	2	キテキ	3	チュウセイ
4	ボウエンキョウ	5	奮う	6	トウギ

（注）この解答用紙は実物を縮小してあります。B５→A３（163%）に拡大コピーすると、ほぼ実物大の解答欄になります。

〔国　語〕100点（学校配点）

一　問1～問4　各3点×5<問2は完答>　問5　4点　問6　3点　問7　4点　問8～問13　各3点×6　問14　6点　二　問1，問2　各3点×2　問3　6点　問4～問8　各3点×6　問9　8点　三　各2点×6

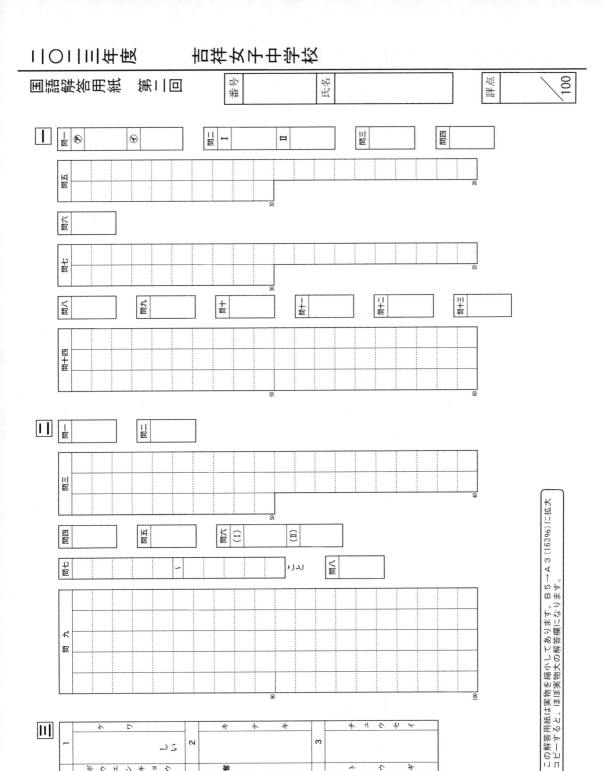

2022年度　吉祥女子中学校

算数解答用紙　第1回

番号　　氏名　　評点 ／100

1

(1)　(2)　(3)　分　秒

(4)　個　(5)　(6)　人　(7)　分　m

2

(1) ①　cm²　②　cm²

(2)　cm²

3

(1)　cm²

(2)　cm²

(3) 途中の式や考え方など

答え　cm²

4

(1)

(2)　倍　(3)　倍　(4)　倍，　倍

(5)　倍，　倍，　倍，　倍

(6)　組

5

(1)　cm

(2) ①　倍　②　cm

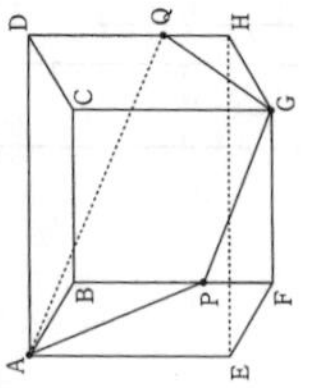

(3) 途中の式や考え方など

答え

(4) ①　cm　②

（注）この解答用紙は実物を縮小してあります。172%拡大コピーをすると、ほぼ実物大の解答欄になります。

〔算　数〕100点(学校配点)

1　(1)〜(5)　各4点×5　(6)，(7)　各5点×2　2　(1)　各3点×2　(2)　4点　3　(1)　3点　(2)　4点　(3)　途中の式や考え方など…6点，答え…2点　4　(1)　2点　(2)〜(4)　各3点×3＜(4)は完答＞　(5)　4点＜完答＞　(6)　5点　5　(1)，(2)　各3点×3　(3)　途中の式や考え方など…6点，答え…2点　(4)　各4点×2

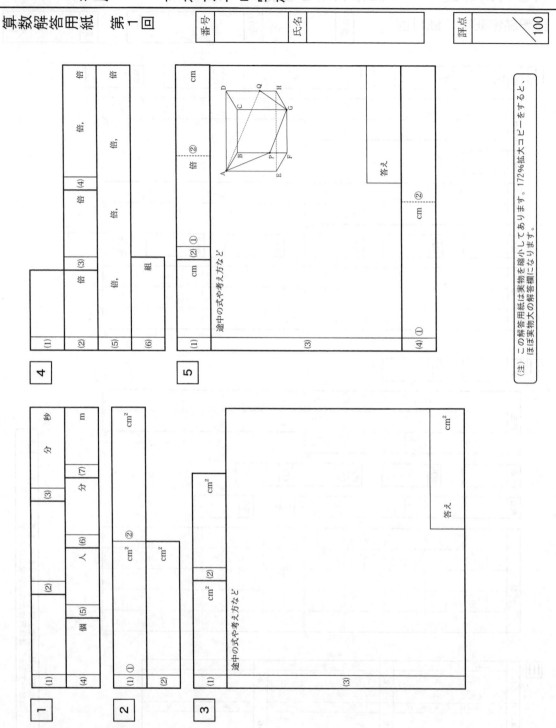

２０２２年度　吉祥女子中学校

社会解答用紙　第１回

番号		氏名		評点	／70

1

問1　問2　問3　問4　問5　問6　問7　問8　問9　問10　問11　問12　問13　問14　問15　計画

2

問1　問2　問3　問4　問5　問6　問7　問8　問9　問10　問11　問12　問13 (1) (2)　問14　問15

3

問1　問2　問3　問4　問5　問6　問7　問8　問9　問10

（注）この解答用紙は実物を縮小してあります。172%拡大コピーをすると、ほぼ実物大の解答欄になります。

〔社　会〕70点(学校配点)

1　問1，問2　各2点×2　問3　1点　問4～問6　各2点×3　問7　1点　問8，問9　各2点×2　問10　1点　問11～問13　各2点×3　問14　1点　問15　2点　2　問1　2点　問2　1点　問3　2点　問4　1点　問5～問10　各2点×6　問11，問12　各1点×2　問13～問15　各2点×3<問13は完答>　3　問1～問3　各2点×3　問4　1点　問5～問8　各2点×4　問9　1点　問10　2点

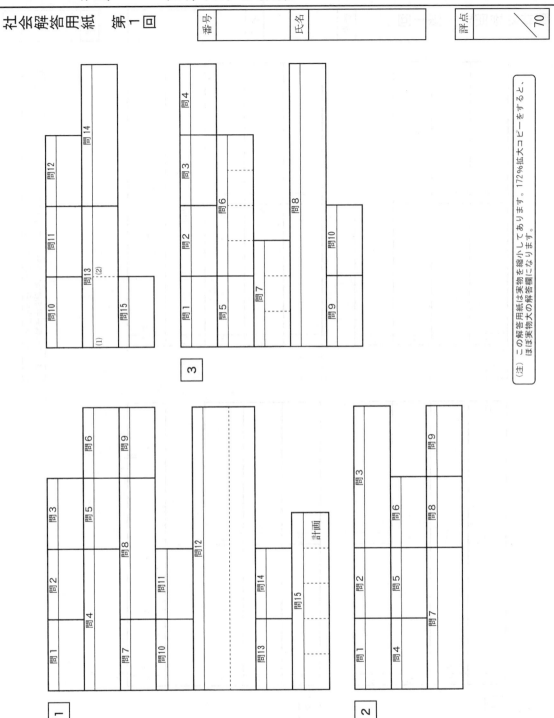

2022年度　吉祥女子中学校

理科解答用紙　第1回

番号		氏名		評点	/70

1

(1)	(2) 度
(3) 6月	12月
(4) Y	Z
(5)	(6)

2

(1)	(2) g
(3)	(4)
(5)	(6)
(7)	
(8) V　W	X　Y　Z

3

(1)	(2)
(3)	(4)
(5)	(6)
(7)	

4

(1) cm	(2) g
(3) g	(4) cm
(5) kg	(6) kg
(7) cm	
(8) ①　②	③

（注）この解答用紙は実物を縮小してあります。172%拡大コピーをすると、ほぼ実物大の解答欄になります。

〔理　科〕70点(学校配点)

1 (1)～(3)　各2点×3<(3)は完答>　(4)　各3点×2　(5)　2点　(6)　3点　2 (1)　1点　(2)～(7)　各2点×6　(8)　V・W　2点　X・Y　1点　Z　2点　3 (1)　3点<完答>　(2)～(4)　各2点×3<(4)は完答>　(5)　3点　(6)　2点　(7)　3点<完答>　4 (1)～(6)　各2点×6　(7)　3点　(8)　①　1点　②・③　2点<完答>

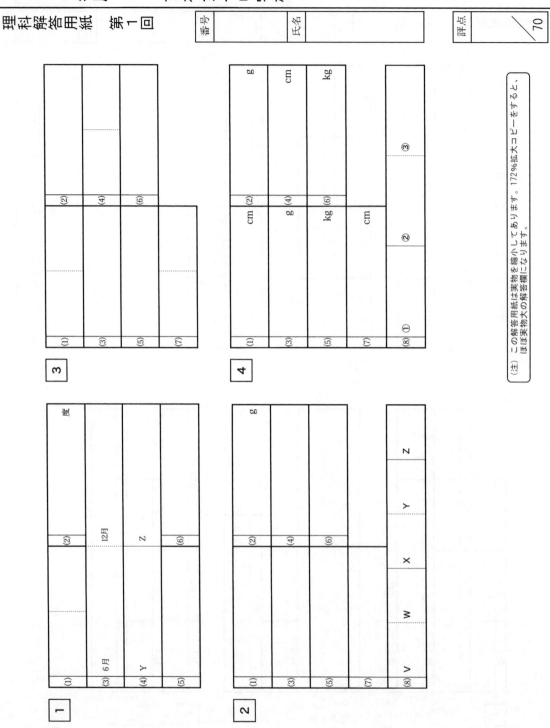

二〇二二年度　吉祥女子中学校

国語解答用紙　第一回

番号		氏名		評点	／100

一

問一 ㋐ ㋑

問二

問三

問四

問五（40／50）

問六

問七 (1) (2)

問八

問九 (1) (2)（40／50）

問十

問十一

問十二

二

問一

問二

問三 Ⅰ（20）が（25）

Ⅱ（35／40）になること。

問四

問五

問六

問七

問八

問九

問十（100／120）

三

1	イショク	2	フシアナ	3	コッカク
4	ゲキヤク	5	コショウ	6	文　様

（注）この解答用紙は実物を縮小してあります。B５→A３（163％）に拡大コピーすると、ほぼ実物大の解答欄になります。

〔国　語〕100点（学校配点）

一　問１〜問４　各３点×５　問５　４点　問６〜問８　各３点×４＜問７の(1)は完答＞　問９　(1)　３点　(2)　４点　問10〜問12　各３点×３　二　問１，問２　各３点×２　問３　７点　問４，問５　各４点×２　問６〜問９　各３点×４　問10　８点　三　各２点×６

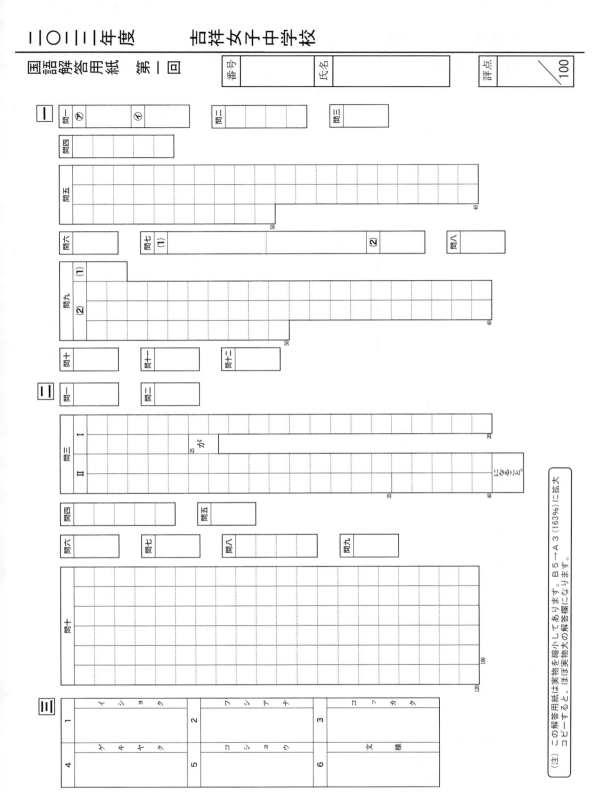

2022年度　吉祥女子中学校

算数解答用紙　第2回

番号		氏名		評点	/100

1

(1)		(2)	
(3)	点	(4)	個
(5)	cm	(6)	個
(7)	km		

2

(1)	：
(2)	：

(3) 途中の式や考え方など

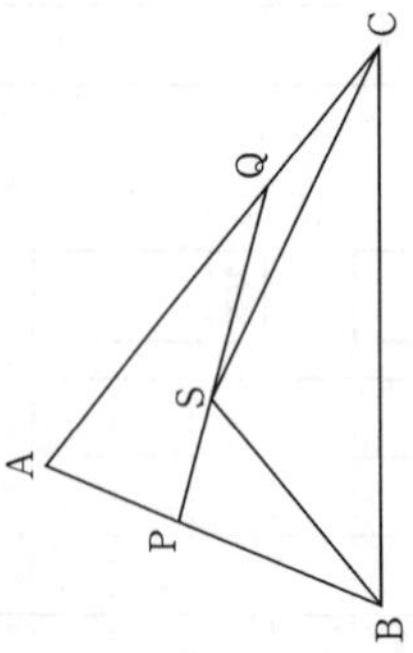

答え　：

3

(1)	%
(2)	%
(3)	%

4

(1)	1段目　　,2段目　　,3段目	
(2)	①　　段	②　　段
(3)	①　　段	②　　段

5

(1)	度	(2)	cm
(3)	①　　回	②　　cm	
(4)	①　　回		

(4) ②途中の式や考え方など

答え　cm

（注）この解答用紙は実物を縮小してあります。B5→A3（163%）に拡大コピーすると、ほぼ実物大の解答欄になります。

〔算　数〕100点（学校配点）

1 (1)～(5)　各4点×5　(6), (7)　各5点×2　2 (1)　3点　(2)　4点　(3)　途中の式や考え方など…6点, 答え…2点　3 (1), (2)　各3点×2　(3)　4点　4 各4点×5＜(1)は完答＞　5 (1)　3点　(2)　5点　(3)　各3点×2　(4)　①　5点　②　途中の式や考え方など…4点, 答え…2点

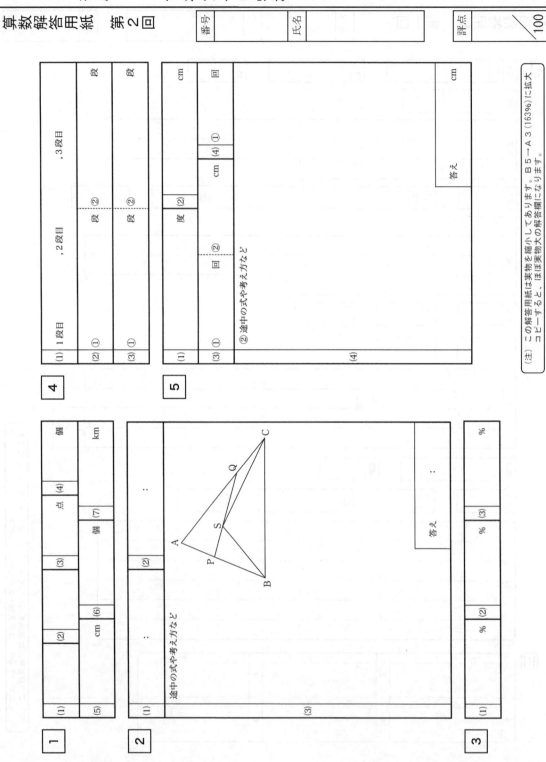

２０２２年度　吉祥女子中学校

社会解答用紙　第２回

番号		氏名		評点	/70

(注) この解答用紙は実物を縮小してあります。172%拡大コピーをすると、ほぼ実物大の解答欄になります。

1

問1　問2　問3　問4
問5　問6　問7
問8　問9　問10
問11　問12　問13
問14　問15

2

問1　問2　問3
問4　問5　問6
岳
問7　問8　問9
問10　苫小牧港　成田空港　問11
問12

問13 (1)　北極海航路は従来の航路に比べ　から。
問13 (2)
問14　問15

3

問1　問2　問3　問4
問5　問6　問7
問8
問9　問10

〔社　会〕70点(学校配点)

1　問1，問2　各1点×2　問3～問12　各2点×10　問13　1点　問14　2点　問15　1点　2　問1～問5　各2点×5　問6　1点　問7，問8　各2点×2　問9　1点　問10　2点＜完答＞　問11　1点　問12　2点　問13　(1)　1点　(2)　2点　問14，問15　各1点×2　3　問1，問2　各2点×2　問3　1点　問4～問8　各2点×5　問9　1点　問10　2点

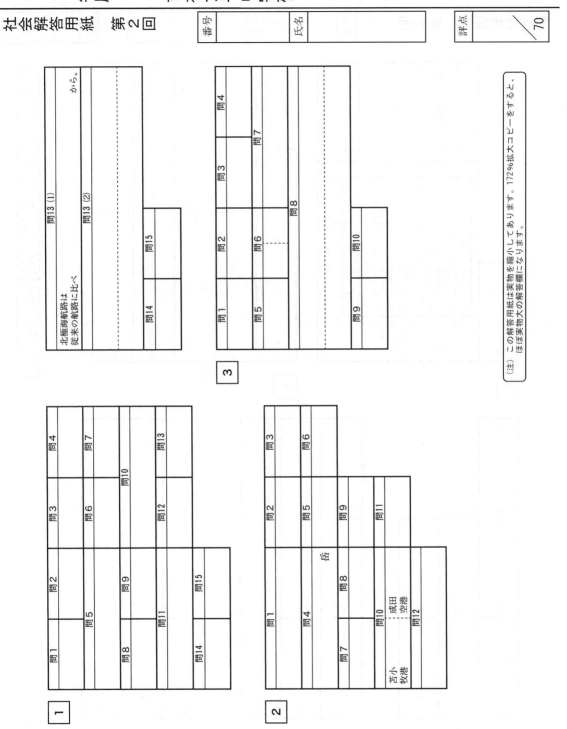

2022年度　吉祥女子中学校

理科解答用紙　第2回

番号		氏名		評点	/70

1

(1)

(2) 記号　名前

(3)

(4)

(5) P　Q

2

(1)

(2)

(3)

(4)

(5)

(6) ⑥　⑦

3

(1)

(2) う　え

3

(3)

(4)

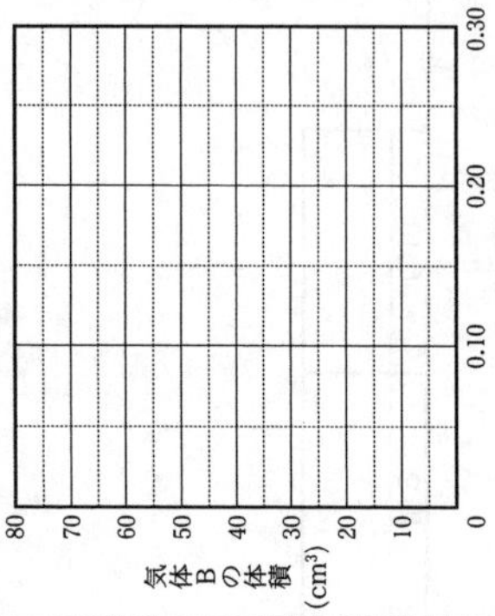

(5) g

(6) g

(7)

(8)

4

(1) P　Q

(2) 倍

(3) 秒

(4) 倍

(5)

(6) 回転　度　角R　度

(7) 倍

(8) 倍

（注）この解答用紙は実物を縮小してあります。B5→A3（163%）に拡大コピーすると、ほぼ実物大の解答欄になります。

〔理　科〕70点(学校配点)

1 (1)，(2)　各2点×3　(3)　3点　(4)　2点　(5)　各3点×2　**2** (1)～(3)　各2点×3　(4)　3点　(5)　2点　(6)　各3点×2　**3** (1)　2点　(2)　3点<完答>　(3)　2点　(4)　3点　(5)～(8)　各2点×4　**4** (1)～(6)　各2点×6<(1)，(6)は完答>　(7)，(8)　各3点×2

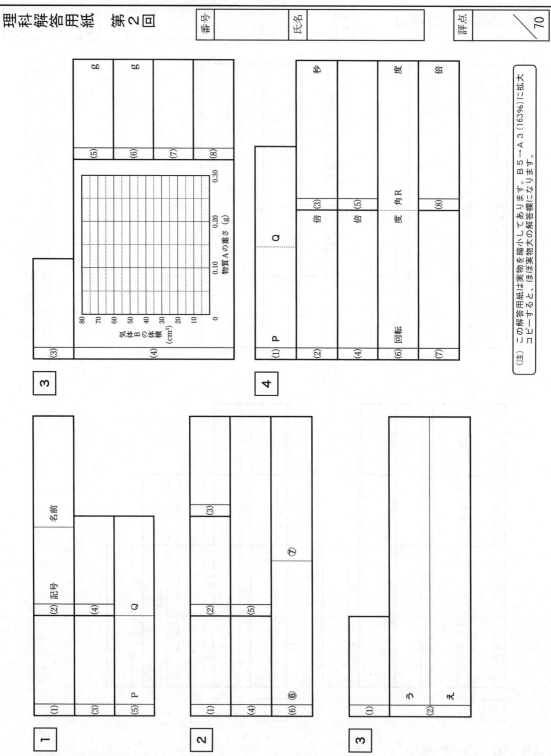

二〇二三年度　吉祥女子中学校

国語解答用紙　第二回

番号		氏名		評点	/100

一

問一 A　B　C

問二 ㋐　㋑

問三

問四

問五

問六

問七

問八 ⑥　⑦

問九（50・60）

問十（40・50）

問十一

二

問一

問二

問三（50・60）

問四

問五 (1)　(2)

問六（30・40）

問七

問八

問九

問十（70・80）

三

1	ノウ	2	ジュク した	3	エンソウ
4	ゴエイ	5	コンカン	6	リョケン

（注）この解答用紙は実物を縮小してあります。B5→A3（163%）に拡大コピーすると、ほぼ実物大の解答欄になります。

〔国　語〕100点（学校配点）

一　問1～問3　各3点×4＜問1は完答＞　問4～問8　各4点×5＜問8は完答＞　問9，問10　各5点×2　問11　4点　二　問1，問2　各3点×2　問3　5点　問4，問5　各3点×3　問6　5点　問7　3点　問8，問9　各4点×2　問10　6点　三　各2点×6

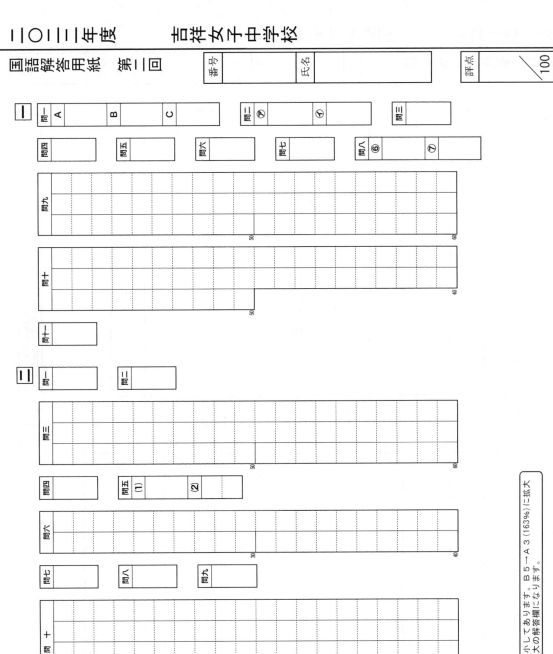

2021年度　吉祥女子中学校

算数解答用紙　第1回

番号　　氏名　　評点　/100

1　(1)　(2)　(3)　本　(4)　%　(5)　度　(6)　m　(7)

2　(1)　倍　(2)　途中の式や考え方など　答え　倍　(3)　円

3　(1)　(2)　(3)

4　(1) ①　：　②　：　(2) ①　：　②　：　(3)　：　(4) ①　：　②　：

5　(1) ア　イ　ウ　(2) ①　点　②　点　③　点　(3)　途中の式や考え方など　答え　点　(4)　人

（注）この解答用紙は実物を縮小してあります。172%拡大コピーをすると、ほぼ実物大の解答欄になります。

〔算　数〕100点(学校配点)

1　(1)～(5)　各4点×5　(6)，(7)　各5点×2　2　(1)　3点　(2)　途中の式や考え方など…5点，答え…2点　(3)　4点　3　(1)，(2)　各3点×2　(3)　5点　4　(1)　各2点×2　(2)，(3)　各3点×3　(4)　各4点×2　5　(1)　各2点×3　(2)　①　2点　②　3点　③　2点　(3)　途中の式や考え方など…4点，答え…2点　(4)　5点

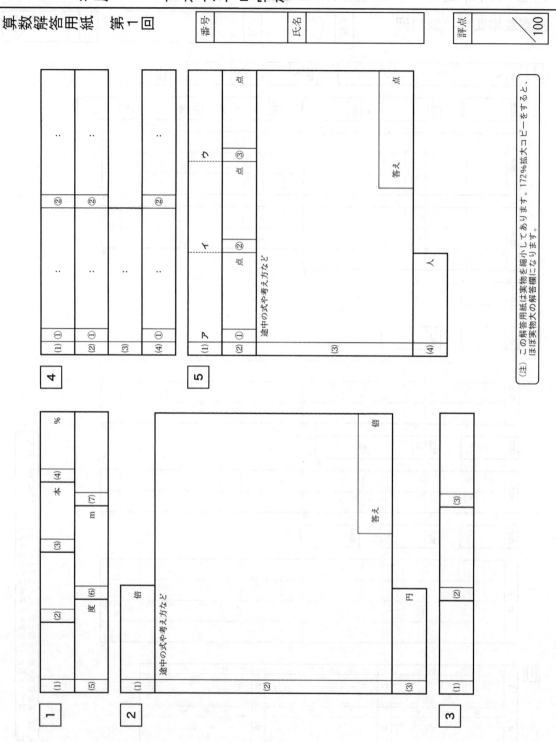

２０２１年度　吉祥女子中学校

社会解答用紙　第１回

番号　　氏名　　評点　／70

1

問1　問2　問3 文化

問4　問5　問6

問7

問8

問9　問10　問11

問12

問13　問14

2

問1　問2 湾

問3

（続き 1）

問4　問5　問6 長崎・鹿児島

問7　問8　問9　問10

問11 湖　問12 社会

問13　問14

3

問1　問2　問3

問4

問5

問6　問7　問8

問9　問10

〔社　会〕70点(学校配点)

1　問1～問12　各2点×12　問13，問14　各1点×2　2　問1～問12　各2点×12<問6は完答>　問13，問14　各1点×2　3　問1～問8　各2点×8　問9，問10　各1点×2

２０２１年度　吉祥女子中学校

理科解答用紙　第１回

番号　　氏名　　評点　／70

1

(1) %　(2) %

(3)　(4) g

(5) A　B

(6)

2

(1)　(2)

(3)　(4)

(5)　(6)

3

(1)　(2)

(3)　(4)

(5)　(6)

(7)　(8)

4

(1)　(2) cm^3

(3) cm^3　(4)

(5) g　(6) キロジュール

(7)

〔理　科〕70点(学校配点)

1　(1)　2点　(2)～(4)　各3点×3　(5)　各2点×2　(6)　3点　2　(1)～(3)　各2点×3　(4)　4点　(5)　3点　(6)　4点　3　(1)～(3)　各2点×3　(4)　3点　(5)～(8)　各2点×4　4　(1)，(2)　各2点×2　(3)　3点　(4)　2点　(5)～(7)　各3点×3

二〇二二年度　吉祥女子中学校

国語解答用紙　第一回

番号　　氏名　　評点　／100

一

問一　㋐　㋑　㋒　　問二

問三　問四　問五

問六（50）

問七　問八

問九　・　・（20）（20）

問十（50）

問十一

二

問一　A　B　C　　問二

問三　問四　問五　問六

問七　問八

問九（60）

問十（100）

三

1　イタダキ　　2　エイセイ　　3　ハクラン

4　ソンボウ　　5　ゲンキン　　6　類い

（注）この解答用紙は実物を縮小してあります。B５→A３（163％）に拡大コピーすると、ほぼ実物大の解答欄になります。

〔国　語〕100点（学校配点）

一　問１　各２点×３　問２　３点　問３～問５　各４点×３　問６　５点　問７　４点　問８，問９　各３点×３　問10　５点　問11　４点　二　問１，問２　各３点×２<問１は完答>　問３～問６　各４点×４　問７，問８　各３点×２　問９　５点　問10　７点　三　各２点×６

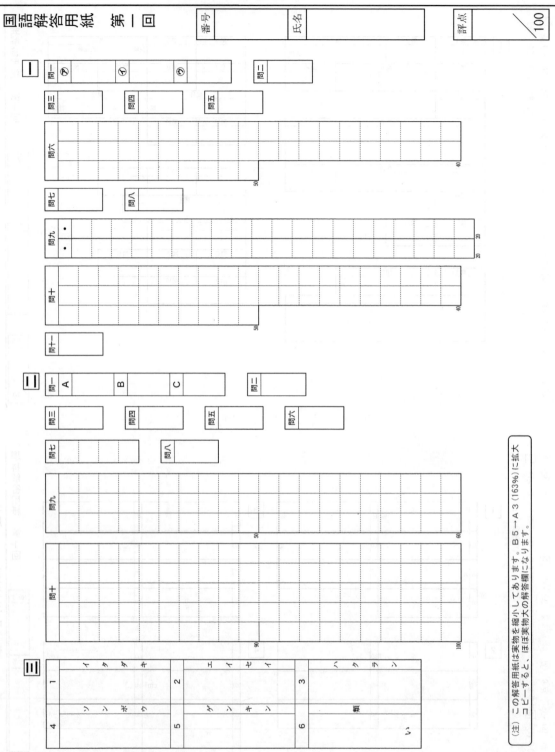